제5판

CURRICULUM FOR YOUNG CHILDREN

유아교육과정

제5판

CURRICULUM FOR YOUNG CHILDREN

유아교육과정

이기숙 지음

교문사

이 책은 1982년에 처음 발행되어 1992년에 1차 개정되었고, 2000년에 2차로 개정되었다. 2008년에 이르러 3차 개정판을 내고 2013년에 다시 4차로 개정하게 되었으니 개인적으로는 다섯 번에 걸친 집필 작업이라고 할 수 있다. 유아교육과정이라는 단일 저서가 이렇게 오랫동안 유아교육계에서 사용되고 있다는 사실에 감사하고 더욱 그 내용에 대해 책임감을 느끼게 된다. 과거와 달리 최근 들어 유아교육과정분야는 보육과정이라는 제목 등으로 상당히 다양한 저서들이 출판되고 있다. 본서에서는 보육과정이라는 용어 대신에 유아교육과정이라는 용어를 계속 사용하고 있다. 이는 어린 영유아기에도 보육을 포함하는 교육의 과정이 중요하며, 모든 교육장의 맥락에서 유아교육은 가장 기초가 되는 교육의 단계이기 때문이다.

개정작업에 임하면서 유아교육과 보육을 전공하거나 현장에 종사하고 있는 교사들에게 최신 이론과 동향을 기존의 책보다 좀 더 쉽게 접할 수 있도록 하고자 노력하면서 가능하면 모든 내용을 알기 쉽고 간결하게 설명하고자 하였다. 또한 2012년에 유치원교육과정과 표준보육과정을 통합하여 5세 누리과정이 생겨나고 2013년부터는 3∼5세 연령별 누리과정이 시행되고 있으므로 이에 대하여서도 새롭게 논의되어야 할 필요성이 있었다.

이 책은 총 6장으로 구성되어 있으며 부록으로 3∼5세 연령별 누리과정과 표준보육과정(0∼2세)을 제시하고, 유아교육과 관련한 주요 웹사이트, NAEYC 등의 유아교육과정, 유아평가, 프로그램평가에 대한 입장 등을 소개하였다.

제1장은 유아교육과 유아교육과정에 대한 이해로써 유아교육과정을 연구하기 위하여 기초적으로 요구되는 유아교육 특성에 대한 이해, 유아교육의 개념 및 기관의 유형을 고찰하고 유아교육에서 유아교육과정의 개념을 어떻게 보고 있는지를 밝히는데 중점을 두었다. 최근의 통계자료를 업데이트하였다.

제2장은 유아교육과정의 기초로써 교육과정구성의 철학적 사회적 심리적 기초를 전반적으로 분석하였다. 또한 최근 유아교육과정 구성에 영향을 주고 있는 다중인지/뇌과학 이론, 다문화, 포스트모더니즘과 재개념주의 등을 소개하였다

제3장은 우리나라의 유아교육과정으로써 유치원 교육과정의 변천과정과 표준보육과정의 제정을 살펴보고, 특히 3∼5세 연령별 누리과정을 중심으로 분석·제시하였다.

제4장은 유아교육 프로그램으로써 현대 유아교육에서 많이 논의되고 있는 주요 프로그램들을 소개하였다. 전통적인 유아교육프로그램부터 현대까지 이어오고 있는 프로그램과 더불어 새로운 사회적, 문화적, 철학적 기초 위에서 대두되는 현대의 다양한 유아교육 프로그램 모델 가운데 우리나라에 많이 알려진 접근법과 프로그램을 소개하고자 하였다. 또, 영유아교육과정의 구성 및 유형으로써 교육과정을 구성하기 위한 목표설정, 교

육내용 및 활동 선정, 교수학습 방법과 평가를 종합 정리하였다.

제5장은 교사가 교육과정을 계획하고 체계적으로 실천하기 위하여 반드시 알아야 하는 여러 가지 교육과정의 구성요소로 교육목표의 설정, 교육내용의 선정과 조직, 교수-학습방법, 평가의 필요성과 중요성을 살펴보고 국가적으로 유치원과 어린이집을 대상으로 이루어지고 있는 유치원 평가, 보육시설 평가인증 등에 대하여 살펴보았다.

제6장은 유아교육과정의 운영 계획 시 고려사항과 교육과정의 통합적인 운영에 대해서 살펴보았다. 또한 영아와 걸음마기 유아를 위한 일과 계획과 운영실제, 만 3~5세 유아를 위한 일과 운영 계획과 실제를 통해 일과의 계획과 운영의 기본 원리 계획을 종합적으로 분석해 보고자 하였다. 유아교육기관의 환경구성의 원리와 유아교육과정을 운영하기 위한 교사의 역할을 논의해 보았다.

이상의 내용들은 대학에서 한 학기에 다루기에 아직도 그 분량이 다소 많다고 생각되어진다. 그만큼 유아교육과정에서는 그 대상연령과 기관들이 다양하여 다루어야 할 내용이 많다는 것을 알 수 있다.

기존의 영유아교육과정 책들이 많은 이론을 소개하고 있지만 너무 방대하고 이해하기 어렵다는 평을 듣고 있다. 따라서 독자들이 충분히 쉽게 이해할 수 있도록 분량도 조절하고 그 내용도 풀어 쓰려고 애를 썼다. 그러나 아직도 많은 부분이 부족하고 좀 더 보충되어야 할 곳이 있어 아쉽기만 하다. 그러나 앞으로 계속해서 개정 작업을 해 나간다는 생각으로 마무리를 지었다. 이 책이 나올 수 있도록 열심히 도와 준 석·박사 제자들과 계속해서 기꺼이 개정판을 맡아 주시는 교문사 사장님을 비롯한 임직원 여러분께 감사를 드린다.

2013년 1월
저자 이기숙

차 례
CONTENTS

CHAPTER 4

유아교육 접근법 및
프로그램

CHAPTER 6

유아교육과정의
운영

이 장에서는 유아교육과정을 연구하기 위하여 기초적으로 요구되는 유아교육 특성에 대한 이해, 유아교육의 개념 및 기관의 유형을 고찰하고 유아교육에서 유아교육과정의 개념을 어떻게 보고 있는지를 밝히는 데 중점을 두었다.

유아교육은 출생에서부터 8세까지의 유아를 대상으로 유아원, 유치원, 가정 및 어린이집과 초등학교 저학년에서 이루어지는 교육이라고 할 수 있다. 유치원과 어린이집으로 나누어진 우리나라의 유아교육기관의 유형에 대해 알아보고, 관할부서와 관련 법규 등을 비교해 본다.

유아교육과정의 개념을 이해하기 위하여 먼저 학자들에 의해 정의된 유아교육과정의 개념 정의에 대한 이해와 함께 이를 교육과정 관점의 변천과정에서 유아교육과정의 특성과 경향을 살펴보고자 한다.

EARLY CHILDHOOD
CURRICULUM

유아교육과 유아교육과정

1. 유아교육을 보는 시각
2. 유아교육과정의 개념

CHAPTER

01

유아교육과
유아교육과정

1. 유아교육을 보는 시각

본 장에서는 유아교육과정을 연구하기 위하여 기초적으로 요구되는 유아교육특성에 대한 이해, 유아교육의 개념 및 기관의 유형을 고찰하고 유아교육에서 유아교육과정의 개념을 어떻게 보고 있는지를 밝히는 데 중점을 두었다.

1) 유아교육의 특성

유아교육은 그 학문적 특성이나 대상 연령과 기관 유형의 다양성에 비추어 볼 때 애매하며 복잡한 성격을 가지고 있는 분야라고 생각되기 쉽다. '유아교육'이라는 말 자체가 어떠한 종류의 연구 영역과 내용을 지칭하는 것인가도 분명하지 않았다. 유아교육이 유치원교육만으로 인식되거나 유아심리 및 발달 정도를 지칭하는 것으로 생각될 수도 있으며 유아교육의 내용이 특기교육 내지는 기능교육이 될 수 있다고도 생각되고 있다. 그것은 현재 유아교육이 각종 기능 중심의 학원에서 만연되고 있는 현상으로도 잘 나타나고 있다. 이러한 유아교육에 대한 개념의 모호성은 다음의 두 가지 특성에 의해서 그 원인을 찾아볼 수 있다.

첫째는 유아교육에 있어 연구 영역의 다양성과 다분히 실천적이며 응용과학적인 특성이 유아교육을 하나의 특정한 학문으로 간주하기에는 개념 정립을 불명료하게 한다는 것이다. 유아교육은 철학, 심리학, 사회학, 보건학, 문학, 수학, 언어학 등의 타 학문의 종합적인 집합체 성격을 가지며 그러한 성격은 순수학문 분야 쪽의 연구에 의존하게 되기 때문에 통합적인 교육 내용을 구성하기보다는 교과교육화하는 경향을 보일 수 있다. 또한 이러한 유아교육의 특성은 인접 학문 분야에서 얼마든지 쉽게 유아교육 분야를 대신할 수 있다고 생각할 수 있는 가능성을 매우 크게 한다. 유아교육은 원래 그 학문의 통합적인 특성으로 인하여 연구 분야가 세분화되기 힘들다. 예를 들면 유아교육과정, 유아교육철학, 유아교육의 여러 영역(예 : 문학, 사회, 언어, 미술 등)이 하나의 독립된 전공 영역 분야로 발달되어 왔다기보다는 각 분야의 순수이론과 그 이론을 현장에 응용하고 적용하는 실천적인 면이 통합적으로 이루어지는 것이 그 주요 특성이라고 하겠다. 그러므로 유아교육의 성격은 순수학문이나 이론적 학문이라기보다는 실천적이며 응용적인 학문의 성격을 가지게 된다. 유아교육의 전문성은 이러한 이론을 어떻게 효율적으로 실제에 잘 적용할 수 있느냐는 문제에 가장 초점을 둔다. 물론 유아교육이 학문으로서의 전문성을 이루어 나가기 위해서는 이론적·실증적 연구가 부단히 이루어져야 하며 단순히 교사의 개인적 경험과 직관에 의해서만 이루어지는 비전문적인 유아교육연구에서 탈피되어야 한다.

두 번째는 대상 연령과 기관의 다양성이다. 초·중등교육기관이라면 우리는 쉽게 그 기관의 유형과 교육장소, 연령 범위에 대해 어느 정도 정확하게 윤곽이 떠오른다. 그러나 유아교육기관 유형이라고 하면 '어떤 유형의, 어느 정도의 연령을 지칭하는 것인가?'라는 물음에 대해 합치하는 결론을 얻기가 힘들다. 유아교육기관을 유치원이라고 해석할 수도 있고, 또는 직장을 가진 어머니를 위해 보육을 중심으로 하여 기관이나 가정에서도 이루어질 수 있는 것으로 해석할 수도 있다. 이러한 특성은 유아교육이 전체 교육의 맥락 속에서 있어도 되고 없어도 되는 기관으로서 인식될 수가 있다는 것이다. 즉, 유아교육기관은 확대되고 연령에 있어서도 다양화되고 있으나 그 팽창이 교육기관으로서 반드시 필요한 곳이라고 인식되지는 못하고 있다. 이러한 인식을 바로잡기 위하여 교육개혁위원회(1997)는 유치원을 유아학교로 전환하는 교육개혁 방안을 추진하였고 유아교육법에 이를 제정할 것을 건의하였으나 관련 단체들의 반대로 추진되지 못하였다. 그 후 유아교육법은 2004년 1월에 제정되었으나 아직까지 유아학교로 전환되지는 않고 있다. 유아교육이 가지고 있는 이러한 특성들을 분석해 보기 위하여 먼저 유아교육의 개념과 유형을 이론적으로 고찰해 보고자 한다.

2) 유아교육의 개념

유아교육은 일반적으로 만 6세 이전의 유아를 대상으로 1~2년간 해주는 교육으로 인식되어 왔고 취학 전 교육, 학령 전 교육, 조기교육, 보육 등의 용어와 함께 그 동안 여러 가지 이름으로 혼동되어 사용되었다. 그러나 현대에 와서 취학 전/학령 전(preschool)이라는 용어는 유아교육(early childhood education)으로 점점 대치되고 있다. 즉, 유아교육은 취학 전 교육보다 좀더 광의로 해석되기 때문에 취학 전/학령 전 교육을 포함하는 것으로서 이해되어야 한다는 것이다. 왜냐하면 유치원(kindergarten)은 이미 학교 체제 안에서 이해되고 있으며 취학 전/학령 전이라는 용어는 유치원 이전의 만 3~4세 유아를 대상으로 하는 유아원(nursery)교육을 흔히 지칭하는 것으로 해석되고 있기 때문이다(Decker and Decker, 1984). 취학 전 교육이라고 할 때의 개념은 학교에 들어가기 이전의 교육, 다시 말해서 유아교육을 학교체제 안에 포함시키지 않는다는 뜻을 내포하고 있다. 따라서 현대에 와서 취학 전/학령 전 교육이라는 용어가 유아교육으로 전환되어야 하는 이유가 여기에 있다.

유아교육을 학교 시스템과 연결시켜서 생각해야 한다는 것은 유아교육의 연령에 관한 것에서도 볼 수 있다. 여러 학자들의 의견을 종합해 보면 유아교육은 만 0~8세를 대상으로 하는 교육으로 정의하고 있다(Williams, 1999). 물론 우리나라에서는 이러한 정의가 이론상으로만 존재하고 있으며 현재는 주로 만 3~5세의 유아를 대상으로 이루어지고 있다. 이러한 정의는 유아교육기관의 유형을 고찰함에 있어서 중요한 의미를 갖는다. 즉, 유아교육기관이란 유치원뿐 아니라 유아원 및 영아를 대상으로 하는 연령이 하향화된 영아교육기관과 초등학교 저학년을 포함하는 상향된 개념도 모두 포함하는 것이다. 예를 들면 유아교육 프로그램은 유치원 단계 이전의 영아교육 프로그램, 보육(child care) 프로그램으로 다양하게 개발되고 있으며, 유치원교육을 초등학교 저학년까지(K-3) 연결하여 운영하고 있다.

이상의 논의를 요약해 보면 유아교육은 출생에서부터 만 8세까지의 유아를 대상으로 유아원, 유치원, 가정 및 어린이집과 초등학교 저학년에서 이루어지는 교육이라고 할 수 있다.

3) 유아교육기관의 유형 분류

유아교육기관의 유형 분류는 나라마다 차이가 있으며 여러 학자들에 의해 정리되고 있다(Lay-Dopyera, 1982; Morrison, 2005; Seefeldt, 1974). 이상과 같은 유형 분류는 데커와 데커(Decker & Decker, 2005)에 의해서 좀더 분석적으로 정리되었다. 즉, 유아교육기관의 유형을 '재정'에 근거하여 구분하였는데, ① 공립(유치원 등), ② 사립(3~4세 유아원, 유치원, 부모협동, 기업체 직장보육 프로그램, 교회에서 운영하는 유아 프로그램, 봉사단체 등), ③ 정부 주도 프로그램(헤드 스타트와 부모-아동센터), ④ 전국 사립단체 프로그램(몬테소리학교 등), ⑤ 대학 부설/실험 프로그램(3~4세 유아원, 유치원, 초등학교 저학년 등)의 5가지로 구분하였다.

이상과 같이 다양하게 분류되는 유아교육기관의 보편적인 기관 유형과 그 특성을 우리나라 유아교육기관을 중심으로 요약·종합해 보면 다음과 같다.

(1) 유치원

① 설립 유형에 따른 분류

유치원은 설립 유형에 따라 국·공립 유치원과 사립 유치원으로 구분된다. 국·공립 유치원은 초등학교 내에서 병설 유치원으로 운영되거나, 단독 건물에서 단설 유치원으로 운영되기도 한다. 사립 유치원은 법인이 설립·운영하는 유치원과 개인이 설립·운영하는 유치원이 있으며 사업주 단독 혹은 공동으로 설치하는 직장 유치원이 포함된다.

설립 유형에 따른 유치원 분류

표 1-1 유형	분류	
국립유치원	국가가 설립·경영하는 유치원	
공립유치원	지방자치단체가 설립·경영하는 유치원	·단설 유치원 ·병설 유치원
사립유치원	법인 또는 사인(私人)이 설립·경영하는 유치원	·법인 : 학교법인, 재단법인, 사단법인, 사회복지법인 ·종교단체 : 기독교, 천주교, 불교, 기타 종교 단체 ·사업장(직장 유치원) : 사업주 단독 혹은 사업주 공동으로 설치 ·개인 ·군부대 및 기타

② 운영에 따른 분류

유치원의 경우에는 3~5시간 교육하는 것을 원칙으로 하고 이후에 이루어지는 것을 방과후 과정이라고 한다. 유아교육법(법률 제11382호. 시행 2012.9.22.) 13조에 의하면 '유치원은 교육과정을 운영하여야 하며, 교육과정 운영 이후에는 방과후 과정을 운영할 수 있다' 라고 명시하고 있다. '방과후 과정' 이란 교육과정 이후에 이루어지는 그 밖의 교육활동과 돌봄활동을 의미하는 것으로 유치원은 교육과정과 방과후 과정으로 편성되어 운영된다고 말할 수 있다. 따라서 기존의 종일제 유치원의 개념은 방과후 과정으로 바뀌게 되었다.

우리나라 유치원 수와 취원율을 정리하면 다음과 같다.

유치원 수 및 취원율

표 1-2	유치원(학급)[1] 수				취원대상아[2](취원아[3]) 수				취원율[4](%)			
	계	국립	공립	사립	계	3세	4세	5세	계	3세	4세	5세
	8,424 (26,990)	3 (15)	4,499 (7,264)	3,922 (19,711)	1,409,969 (608,825)	466,807 (129,111)	494,388 (227,630)	448,774 (252,084)	43.2	27.7	46.0	56.2

출처 : 1) 교육과학기술부(2012b) 2012년 4월 기준 내부자료
　　　 2) 주민등록 인구통계(2011.12. 31.기준)
　　　 3) 교과부 자체조사 자료(2012.3.10. 기준)
　　　 4) 취원율은 각 연령별 취원대상아 대비 비율임

(2) 어린이집

어린이집을 설치 주체와 운영 시간에 따라 분류하면 다음과 같다.

① 설치 주체에 따른 분류

영유아보육법(법률 제11002호. 시행 2012.8.5.)에 나타난 어린이집 유형은 설치 주체에 따라 국·공립어린이집, 사회복지법인어린이집, 법인·단체등어린이집, 직장어린이집, 가정어린이집, 부모협동어린이집, 민간어린이집으로 구분된다. 영유아보육법 제10조 어린이집 종류에 제시된 각 유형의 정의는 다음과 같다.

- 국·공립어린이집 : 국가나 지방자치단체가 설치·운영(위탁운영 포함)하는 직장어린이집을 제외한 어린이집으로 상시 영유아 11인 이상을 보육할 수 있는 어린이집을 말한다.

- 사회복지법인어린이집 : 「사회복지사업법」에 따른 사회복지법인이 설치·운영하는 어린이집으로 상시 영유아 21인 이상을 보육할 수 있는 시설을 갖추어야 한다.
- 법인·단체등어린이집 : 각종 법인(사회복지법인을 제외한 비영리법인)이나 단체 등이 설치·운영하는 어린이집으로 상시 영유아 21인 이상을 보육할 수 있는 시설을 갖추어야 한다.
- 직장어린이집 : 사업주가 사업장의 근로자를 위하여 설치·운영하는 어린이집(국가나 지방자치단체의 장이 소속 공무원을 위하여 설치·운영하는 어린이집을 포함)으로 단독 또는 공동으로 사업장 내 또는 그에 준하는 인근 지역과 사원주택 등 사업장 근로자 밀집 거주지역에 설치·운영하는 어린이집을 말한다. 보육정원의 1/3 이상이 직장어린이집을 설치한 사업장의 근로자의 자녀이어야 하는 것을 원칙으로 한다.
- 가정어린이집 : 개인이 가정이나 그에 준하는 곳에 설치·운영하는 어린이집으로 상시 영유아 5인 이상 20인 이하를 보육할 수 있는 어린이집을 말한다.
- 부모협동어린이집 : 보호자 15인 이상이 조합을 결성하여 설치·운영하는 어린이집으로 상시 영유아 11인 이상을 보육할 수 있는 어린이집을 말한다.

설치 주체에 따른 어린이집 분류

표 1-3	유형별 종류 및 명칭	규모	설치·운영 주체	설치 절차
	국·공립어린이집	11인 이상	국가, 지방자치단체	국가 및 지방자치단체장이 인가 없이 직접 설치(신고)
	사회복지법인 어린이집	21인 이상	'사회복지사업법'에 의한 사회복지법인	관할 시장·군소 또는 구청장(인가)
	법인·단체등 어린이집	21인 이상	각종 법인(사회복지법인을 제외한 비영리법인)이나 단체	관할 시장·군소 또는 구청장(인가)
	직장어린이집	5인 이상	사업주 단독 혹은 공동운영	관할 시장·군소 또는 구청장(인가)
	가정어린이집	5인 이상 20인 이하	개 인	관할 시장·군소 또는 구청장(인가)
	부모협동어린이집	11인 이상	보호자 15인 이상이 조합을 결성하여 설치·운영	관할 시장·군소 또는 구청장(인가)
	민간어린이집	21인 이상	개 인	관할 시장·군소 또는 구청장(인가)

■ 민간어린이집 : 국·공립, 사회복지법인, 법인·단체 등, 직장, 가정, 부모협동 어린이집이 아닌 어린이집으로 상시 영유아 21인 이상을 보육할 수 있는 시설을 갖추어야 한다.

② 운영 시간에 따른 분류

어린이집은 일반적으로 오전 7시 30분부터 오후 7시 30분까지 하루 12시간 동안 운영되는 종일제 운영을 원칙으로 하나 지역사회 및 부모의 특성과 요구에 따라 다음과 같이 다양한 시간으로 운영할 수 있다.

운영시간에 따른 어린이집 분류

표 1-4	운영 시간별 어린이집
시간 연장 보육	기준 보육 시간(7:30~19:30)을 경과하여 24:00까지 시간을 연장하여 보육
야간 보육	야간보육(19:30~익일 07:30) 지원이 필요하다고 판단되는 아동에 한하여 보육
휴일 보육	일요일 및 공휴일에 이루어지는 보육
시간제 보육	종일제 보육을 이용하지 않는 아동이 부득이한 경우에 비정기적으로 보육을 받는 경우를 말함. 예를 들어, 백화점, 공연장, 병원 등 부모의 필요에 따라 일정한 시간 동안 보육
방과 전·후 보육	학령기 아동의 방과 전·후 동안 운영되며 과제나 특별활동 지도가 기본적으로 이루어짐
전일제 보육	24시간 운영되는 형태로, 잠자리와 식사가 제공되는 보호적 보육

다음으로 어린이집 및 보육영유아 현황을 살펴보면 아래와 같다.

어린이집 및 보육영유아 현황 (단위 : %)

표 1-5 구 분	계	국·공립	법 인	민 간			부모협동	가 정	직 장
				소 계	법인 외	민간 개인			
어린이집 수 개소(%)	42,527 (100)	2,203 (5.2)	1,444 (3.4)	15,309 (36.0)	869 (2.0)	14,440 (34.0)	113 (0.3)	22,935 (53.9)	523 (1.2)
보육영유아 수 명(%)	1,487,361 (100)	149,677 (10.1)	113,049 (7.6)	820,170 (55.1)	51,914 (3.5)	768,256 (51.7)	2,913 (0.2)	371,671 (25.0)	29,881 (2.0)

출처 : 보건복지부. 2012년 보육통계

이상으로 유치원과 어린이집의 유형에 대해 살펴보았는데, 유치원과 어린이집의 특성을 비교하면 다음 표 1-6과 같다.

유치원과 어린이집의 비교

표 1-6	구 분		유치원	어린이집
	관련 법령		유아교육법	영유아보육법
	관할 부서 및 운영지침		• 교육과학기술부 유아교육과 소속 • 관할 '교육감'의 지도, 감독 • 교육과학기술부의 지침에 따라 운영	• 보건복지부 보육정책관 소속 • '보건복지부장관, 시·도지사 및 시·군·구청'의 지도, 감독 • 보건복지부의 보육 사업 지침에 따라 운영
	인 가		관할 교육감	보건복지부장관, 시·도지사 및 시장, 군수, 구청장
	운영 주체		국·공립, 법인, 단체, 사업자, 개인	국·공립 및 사회복지법인, 비영리 법인, 단체, 개인
교 사	자격증		유치원 정교사 자격증	보육교사 자격증
	급여 기준		교육과학기술부 '공무원 보수 규정'의 '유치원·초등학교·중학교·고등학교 교원 등의 봉급표, 수당표'	보건복지가족부 '어린이집 종사자 보수 기준'에서 '보육교사의 봉급표, 수당표'
	직 급		원장, 원감, 1급 정교사, 2급 정교사	어린이집 원장, 보육교사 1급, 보육교사 2급, 보육교사 3급
	교육 대상		만 3~5세(취학전)	0~12세(방과후 보육 포함)
	대상 계층		모든 계층 대상	모든 계층 대상
	교육 내용		3~5세 누리과정	3~5세 보육과정(누리과정) 0~1세 보육과정 2세 보육과정

2013년 새 정부의 대통령직인수위원회는 "만 0~5세 무상보육시대가 열리고 있지만 행·재정 체계는 교육과학기술부와 보건복지부로 이원화되어 있는 등 상당히 후진적인 게 현실"이라고 지적하면서 교과부가 유치원과 어린이집을 유아학교로 통합하고 만 3~5세 공통과정을 운영하는 방안을 신중하게 논의하고 있는 것으로 알려졌다. 현행 만 3~5세 유아 대상 교육과정은 이미 유치원, 어린이집 구분없이 '누리과정'으로 통합되어 있다. 그러나 이를 위해 교사 자격 및 양성체계 통합 등 해결해야 할 많은 문제로 인해 앞으로 상당한 시간과 조율이 필요할 것으로 보인다.

2. 유아교육과정의 개념

유아교육과정은 유아교육에 대한 학문적 논의의 핵심이 된다. 그러나 유아교육은 앞에서도 설명한 바와 같이 통합적이며 실천적·응용적인 특성을 가지고 있기 때문에 분리된 학문 분야로 연구하기보다는 유아교육 안에서 그 주요 내용을 핵심적으로 다루는 영역이라고 할 수 있다. 그것은 유아교육 분야에서 다루고 있는 유아심리, 유아교육철학, 유아사회교육, 유아교육행정 등이 교육학의 교육과정, 교육심리, 교육철학, 교육사회학, 교육행정과 같이 나누어져서 분리된 연구 분야로 발전되지 않았다는 것과도 같다. 왜냐하면 유아교육은 이러한 인접 영역을 포괄하여 통합적으로 그 이론과 실제를 접목시키는 데 그 특징이 있기 때문이다. 그러므로 유아교육과정을 연구하기 위해서는 유아교육의 전반적인 영역을 이해하면서 특히 유아교육의 핵심적 요소로서 유아들에게 어떤 내용을 어떻게 가르칠 것인가에 그 초점을 맞추어야 할 것이다. 이와 같이 유아교육과정은 교육 내용과 함께 유아교육의 본질, 유아교육의 목적과 내용, 교수학습방법, 유아교육의 효율성 등을 탐구하는 유아교육의 기본적 연구 영역이라고 할 수 있다.

그러나 아직 유아교육과정의 개념화는 미흡한 단계이다. 그 이유 중의 하나는 역사적으로 유아교육자들은 교육과정에 대한 논의에서 교사가 유아의 반응에 따라서 유아와 함께 이루어 나가게 되는 우발적이며 그때그때 일어나는 상황에 적절한 발현적 교육과정(emergent curriculum)에 큰 비중을 두었기 때문에 교육과정을 형식적으로 규정짓기를 꺼려 왔기 때문이기도 하다. 이 절에서는 먼저 유아교육과정을 개념화하기 위한 하나의 토대로서 교육과정의 개념체계들을 살펴본 다음 유아교육과정의 개념을 살펴보고자 한다.

1) 교육과정의 개념

교육과정에 대한 개념은 학자들마다 보는 시각과 관점에 따라 매우 다양하게 규정되고 있으며 합의된 정의는 없다. 교육과정을 넓게 생각하느냐, 좁게 생각하느냐에 따라 그 의미가 달라질 수 있으며 어디에 중점을 두고 있느냐에 따라서도 달라질 수 있다. 이와 같이 교육과정에 대한 개념규정의 어려움은 근본적으로 교육을 보는 시각, 인간과 사회를 보는 시각, 즉 사물을 보는 철학적 견해의 차이에서 온다. 이곳에서는 교육과정의 정의와 개념을 자세하게 제시하기보다는 유아교육과정의 개념을 이해하기 위한 기초로서 간단히 살펴보기로 한다. 원래 쿠레레(curere)라는 어원으로부터 출발한 교육과정을 의미하는 커리큘럼(curriculum)이라는 용어는 경기코스, 트랙, 나아가 가르쳐야 할 교수요목(course of study)을 의미한다.

테너 등(Tanner & Tanner, 1980)은 교육과정의 다양한 개념을 대체로 목적과 수단, 내용과 방법이라는 이원론으로 나누어진다고 보았다. 즉, 학생들이 달성해야 되는 목적이나 내용, 혹은 계획으로 보는 입장과 그 목적을 달성해 가는 과정이나 환경 혹은 학교의 지도하에 갖게 되는 경험으로 보는 입장의 두 부류로 나누어진다는 것이다. 그러나 이것은 교육과정을 서로 다른 측면에서 정의 내린 것에 불과하며, 교육과정 개념의 논의에는 내용과 방법의 두 측면에 모두 포함되어야 할 것이다. 교육과정은 내용(content)으로서의 교육과정, 경험(experience)으로서의 교육과정, 계획(plan)으로서의 교육과정, 결과(outcome)로서의 교육과정으로 나누어 생각할 수도 있고, 의도된 교육과정, 전개된 교육과정, 실현된 교육과정으로 구분하기도 한다.

문서화된 의미로서의 형식적인 교육과정, 비형식적인 교육과정으로 분류하거나 표면적 교육과정, 잠재적 교육과정, 영교육과정으로 나누어 생각할 수도 있다. 또 교육 내용의 결정 주체의 역할 분담에 따라 국가수준의 교육과정, 지역수준의 교육과정, 학교수준의 교육과정, 교사수준의 교육과정으로 나누어 생각할 수도 있다.

교육과정에 대한 다양한 개념들을 정리하여 이귀윤(1996)은 교육활동에 있어 교사를 중심으로 생각하는 사람들은 대체로 교육과정을 가르치는 내용이나 교과로 보는 경향이 있으며, 배우는 학생들을 중심으로 생각하는 사람들은 경험으로 보는 경향이 있다고 정리하였다. 한편 교육활동 그 자체에 의미를 두는 사람들은 교육과정을 학교에서 일어나는 의도적이든 비의도적이든 간에 모든 활동 또는 과정으로 본다고 하였다.

교육과정에 대한 개념 정의들이 다양해지자 교육과정의 입장을 정의하기 위하여 분류체계가 등장하였다. 아이즈너와 발렌스(Eisner & Vallence, 1974)는 다양한 교육과정의 개념들을 교육에서 추구해야 할 목적을 기준으로 하여 '인지과정의 발달에 중심을 둔 교육과정', '기술로서의 교육과정', '자아실현으로서의 교육과정', '학문적 이성주의로서의 교육과정', '사회 재건으로서의 교육과정'의 다섯 가지 입장으로 분류하였다. 이는 학습자 중심과 사회 중심, 가치교육과 기술교육, 현재와 미래의 차원 중에서 어느 것에 더 치중하는가, 그리고 어떤 심리적 모델을 사용하고 있는가와 같은 요인들에 의해서 구분된 것이다. 이 중에서 개인적 적절성과 인지과정발달의 교육과정 입장은 미국의 전국유아교육협회(NAEYC : National Association for the Education of Young Children)가 제안한 '유아발달에 적합한 실제'의 입장과 같은 맥락이라고 할 수 있다(Kessler, 1991).

파이나(Pinar, 1988) 등은 현대의 교육과정 동향을 교과의 효율적 운영과 같은 실천적 해답을 추구하는 '전통주의 입장', 교육과정을 하나의 학문 분야로 연구하려는 '개념-경험주의 입장', 기존의 교육과정 개념을 비판하면서 새로운 관점에서 교육과정을 재개념화하려 시도하는 '재개념주의적 입장'으로 분류한다. 전통주의 입장이란 교육과정개발의 차원에서 교육 목표를 규명하고 학습 경험을 선정·조직하며, 교육 프로그램을 평가하는 체계적 계획에 초점을 둔 입장으로서 타일러(Tyler)와 타바(Taba) 등의 이론을 들 수 있다. 이들의 연구는 실천지향적이며 이론개발보다는 교실과 학교현장의 실질적인 문제해결에 초점을 두는 것으로서 교육 행정가들이 할 일을 분명히 밝혀 준다. 우리나라의 현행 유치원교육과정도 많은 부분이 전통주의자의 이론을 따르고 있다고 하겠다. 개념-경험주의는 흔히 학문 중심 교육과정이라고 불리며 교육의 당면문제를 해결함에 있어 문제들을 분류, 조사, 연구하는 학문적 접근방법을 도입함으로써 교육과정연구의 이론 정립에 공헌하였다. 그러나 교과 전문가에 의해 이끌어진 교육과정은 결국 다시 교과 중심의 교육과정으로 환원하게 되었다는 비난도 받게 되었다. 재개념주의는 교육과정을 과거의 관심에서 벗어나 새로운 시각으로 재규명해 보고자 하는 것으로 교육과정의 개념을 학교 밖의 사회문제와 관련지어서 파악하기 위하여 정치·경제·문화의 제 구조와의 관련 속에서 이해하려 한다. 유아교육은 그 역사적 발전과정에 있어 사회적·정치적인 요인과 불가분의 관계를 가지고 있는 것이 그 특징이라고 할 수 있다. 따라서 앞으로 유아교육에서도 재개념주의적 관점에서 유아교육과정에 미치는 사회적인 요인에 대한 분석, 유아에 대한 학업성취 압력에 대한 요인들을 규명하는 등 사회·경제·문화적인 가치 추구의 여러 측면에 대한 연구도 이루어져야 할 것이다.

이상의 분류 준거를 토대로 지금까지 교육과정 문헌에서 자주 언급되었던 교육과정의 제 유형들을 이귀윤(1996)의 분류를 이용하여 다음과 같이 분류해 보았다. 이는 교육과정에 대한 의미파악에 많은 도움을 줄 수 있다.

첫째, 교과 중심 교육과정으로 이는 학교의 지도하에 학생이 배우는 모든 교과와 교재를 말한다. 교과 중심 교육과정은 철학적 관점을 분류 기준으로 삼을 경우 전통주의적 입장이라 볼 수 있고, 또 지식이나 학문을 강조했다는 점에서 내용 선정의 원천 중 지식을 분류 기준으로 한 것이다.

둘째, 학문 중심 교육과정으로 이는 지식이나 학문의 구조를 가르쳐야 한다는 입장이다. 지식이나 학문의 구조는 학습의 전이를 높이며 기억을 오래가게 할 뿐만 아니라 고등지식과 기초지식 간의 간격을 좁힐 수 있다는 주장을 한다. 학문 중심 교육과정도 교과 중심 교육과정과 마찬가지로 철학적 관점에서의 분류에서는 전통주의적 입장에 기초하고 있으며 내용 선정의 분류 기준에서 보면 지식에 비중을 두고 있다.

셋째, 인지과정 중심 교육과정은 탐구결과로서의 지식 그 자체를 가르치기보다는 문제해결력, 창의력, 비판적 사고력 등 사고의 방식이나 학습하는 방법을 중시하는 교육과정 유형이다. 이 유형의 교육과정은 인지과정을 중시한다는 점에서 교육과정의 구조에서 보면 교수계획과 교육과정을 일원적인 것으로, 그리고 내용 선정 기준에서는 지식에 속한다고 볼 수 있다.

넷째, 경험 중심 교육과정은 교육의 수단과 목적이 하나의 과정, 즉 경험과 분리될 수 없다는 입장으로 교사와 학생 간의 상호작용을 중시한다. 경험 중심 교육과정은 철학적 관점에서 진보적 입장으로 분류될 수 있으며 교육의 목적에서 보면 개인과 사회를 동시에 중시하고 있다. 또한 내용 선정의 원천에서 보면 문화적 측면을 많이 강조하고 있다.

다섯째, 인간 중심 교육과정은 인간의 성장가능성을 최대한으로 신장시키고 개인적으로 만족스러운 삶을 살 수 있도록 도와줌으로써 개인의 자아실현을 지향하는 데 궁극적인 목적이 있다. 인간 중심 교육과정은 철학적 관점에서 보았을 때 진보주의적 가치관에 입각하고 있으며 내용 선정의 원천으로 보면 생활 경험으로 분류될 수 있다.

여섯째, 사회재건 중심 교육과정은 학교가 사회의 중요한 문제들을 분석하여 이를 실천에 옮기도록 하는 데 주안점을 두어야 한다는 입장이다. 이 교육과정은 교육의 목적 중 사회에 초점을 둔 교육과정 유형에 속한다고 할 수 있다.

이상과 같은 교육과정에 대한 개념 체계는 지식, 인간, 사회, 자연, 환경, 문화 등을 보는 시각에 따라 다양한 의미로 해석될 수는 있으나, 의도적이고 계획적인 학교교육에 적용하고자 하는 교육과정은 '형식적인 교육을 위한 교육 목표나 교육 내용, 방법, 평가를 체계적으로 조직한 교육계획'이라고 포괄적으로 정의할 수 있다.

이상에서 살펴본 바와 같이 교육과정에 대한 개념 정의들은 혼란스러우리만큼 매우 다양하다. 이렇듯 합치된 개념 정의가 존재하지 않는다는 것은 결국 교육과정 분야가 존재하지 않음을 의미하는 것이라고 비판적으로 주장하는 사람도 있으나 반면에 교육의 현상이 역동적이기 때문에 그것을 보는 시각에 따라 다르게 인식되기 때문일 수도 있고 '교육과정에 대한 모든 정의는 성취해야 할 목적에 따라 필연적으로 다양하게 제시될 수밖에 없는 것'이기 때문일 수도 있다(Zais, 1981)고 주장하기도 한다. 어쨌든 다양하고 수많은 교육과정 정의가 주장되고 있는 것은 교육과정 분야 종사자들의 다양한 사고와 활발하고 역동적인 탐구활동을 나타내 주는 바람직한 현상으로 해석될 수 있다.

2) 유아교육과정의 특성

유아교육기관에 가서 교사에게 그 기관의 교육과정을 보여 달라고 하면, 대부분의 교사는 교육부에서 나온 월별 유아교육 지도자료집이나 그 기관의 교육계획안을 내놓으면서 연중 다루고 있는 교육 내용을 설명하는 경우가 많을 것이다. 이와 같이 많은 유아교육 교사들이 '교육과정'은 문서로서 작성된 교육계획안을 의미하는 것으로 생각하는 경우가 많다. 그러나 교육과정의 정의는 앞에서 살펴보았듯이 교육학 분야에서 학자나 학파에 따라서 또한 시대적 변천과정에 따라서 그 의견이 다르므로 한마디로 교육과정을 정의하기는 쉬운 일이 아니다. 교육과정의 개념을 규정하는 데 있어서도 사실상 아직 어떤 합의점을 찾을 수 없기 때문에 특히 유아교육과정의 의미를 탐구해 나가는 데 있어서는 그 독특한 특성을 신중하게 고려해야 할 것이다.

교육과정이란 용어가 유아교육에서부터 고등교육까지 포괄적으로 쓰이는 용어지만, 특히 유아교육에서는 다음 같은 여러 가지 관점에서 다르게 쓰여진다고 정의하고 있다(Spodek, 1991).

첫째, 가장 분명한 차이점은 대상 아동에게 있다는 점이다. 즉, 모든 단계의 교육이 대상자의 발달을 고려해야 한다는 것은 당연한 일이지만 유아를 위한 교육과정의 결정은 좀더 유아 개인의 개별성과 개인차에 따른 발달단계를 고려해야 한다는 것이다. NAEYC에서 제안한 '발달에 적합한 실제(Developmentally Appropriate Practice)' 의 관점이 바로 그것이다. '발달에 적합한 실제' 란 일정하게 합의된 지식을 모든 유아에게 일관되게 제시하기보다는 유아의 발달수준과 흥미에 따라 다양하게 교육할 것을 강조하고 있기 때문이다.

둘째, 유아교육자들은 교육 목적에서도 다양한 개념을 갖고 있다는 점이다. 유아교육과정의 특성을 살펴볼 때 양극적인 특성을 볼 수 있는데, 광범위한 발달 목적에 근거한 유아교육과정과 인지 목적에 초점을 둔 교육과정으로 구분해 볼 수 있다. 즉, 어떤 유아교육자는 초등학교 준비와 같은 특별한 학습결과에 초점을 맞추는 반면에 또 어떤 학자는 유아의 발달을 도와주는 것과 같은 포괄적인 면에 관심을 갖는다.

셋째, 교구와 교재에 차이가 있다는 점이다. 즉, 유아교육의 교수방법과 교재·교구 또한 초·중등 영역의 교육과는 큰 차이가 있다는 것이다. 상급학교단계의 교육에 있어서 가장 중요한 교재는 교과서인 반면 유아교육에 있어서는 다양한 교재·교구를 사용한 상호작용과 교사 – 유아의 상호작용, 유아 – 유아의 상호작용과 같이 환경과의 상호작용이 중요한 교육 내용이 된다.

그러나 이와 같은 주장은 유아교육과정과 교육학의 교육과정연구와는 공통점이 없다는 것을 뜻하는 것이 아니다. 이미 지적한 바와 같이 교육과정에 사회적 가치를 반영하고, 이러한 가치를 학습자를 위한 경험으로 전환시켜야 된다는 것은 초·중등교육과정이나 유아교육과정에서 하등 다를 바가 없다. 또한 유아교육과정 역시 그러한 관점을 교육 프로그램 속에 포함시켜서 조직화하고 실천해 나가도록 해야 한다고 본다. 그러나 유아교육에서 개발된 프로그램의 구조와 내용은 유아교육 역사의 변천과정을 살펴볼 때 아주 독특하다고 볼 수 있다. 따라서 스포텍(Spodek, 1991)은 유아교육과정의 연구는 다른 단계의 교육과정연구와는 구별되어야 할 필요가 있다고 주장한다. 맥카시와 휴스턴(McCarthy & Houston, 1980)은 교육과정이란 일반적으로 교과목의 내용을 말하는 것이라고 정의하면서 유아교육에서는 교과목별로 내용을 구별할 수 없기 때문에 교육과정의 의미는 일반 교육과정과 약간 다르며 좀더 모호한 의미를 가진다고 하였다. 즉, 유아교육과정이란 유아에게 가르치는 것 혹은 유아가 배우는 것이라고 정의할 수 있으나 다른 교육단계처럼 제시된 다양한 교과목의 개념으로 볼 수는 없다는 것이다.

이와 같이 유아교육과정의 의미는 교육과정의 관점에 그 근거를 둘 수 있으나 교육과정의 이론과는 다른 독특한 특성을 가지고 있음을 알 수 있다. 따라서 유아교육과정을 이해하는 데 있어서는 그 특성을 무시하고 교육과정이론에만 기초할 수는 없을 것이다. 그러므로 유아교육과정의 개념을 이해하기 위하여 먼저 학자들에 의해 정의된 유아교육과정의 개념 정의에 대한 이해와 함께 이를 교육과정 관점의 변천과정과 비교해 보는 것은 중요한 일일 것이다.

3) 유아교육과정의 개념

NAEYC와 NAECS/SDE는 유아교육의 효과적인 체제 구축을 위하여 유아교육에서의 교육과정, 유아평가, 프로그램 평가에 대한 입장을 표명하였다(부록 4 참조). 유아를 위한 교육과정은 철저하게 계획되고, 도전적이며 매력적이어야 하며 특히 발달적으로 적합하고 문화적·언어적으로 반응적이고 포괄적인, 모든 유아의 긍정적인 성취를 촉진하는 교육과정이어야 함을 제안하고 있다. 특히 교육과정은 재미있는 활동들을 모아놓는 것이어서는 안 되며 그 이상이어야 한다는 것을 강조하고 있다. 교육과정은 목적, 내용, 교수방법 및 교수실제와 같은 다양한 요인을 내포하는 복합적인 개념이다. 따라서 교육과정은 사회의 가치, 내용기준, 책무성, 연구결과, 지역사회기대, 문화와 언어 유아의 개인적 특성과 같은 많은 요소에 의해 영향을 받게 된다(NAEYC & NAECS/SDE, 2003).

유아교육과정의 개념 정의를 살펴보기 위하여 여러 학자들에 의해 제시된 개념 정의를 정리해 보면 다음과 같다.

OECD(2012)의 보고서에 의하면 "교육과정이란 무엇인가?" 하는 질문에 대해 교육과정은 유아의 학습과 발달을 견고하게 해주는 교육내용과 방법을 말한다고 정의하고 있다. 특히 연구결과들을 인용하면서 "무엇을 가르칠 것인가?"와 "어떻게 가르칠 것인가 하는 질문에 대한 답을 해주는 것이며(NIEER, 2007) 유아교육에서는 좀 더 포괄적인 개념으로써 유아교육의 목적, 내용, 교수방법과 같은 복합적인 요소를 가진다고 설명하고 있다(Litjens and Taguma, 2010).

알미(Almy, 1975)는 유아교육에서는 교육과정이 프로그램이란 용어로 자주 대치되어 사용되며 프로그램이란 학교 안에서 일어날 수 있는 모든 계획적인 경험뿐만이 아니라 그것을 넘어서서 흔히 가정과 지역 사회에까지 연장될 수 있는 교육적 경험이라고 하였다. 윌리엄스(Williams, 1987)는 교육과정이란 용어는 교사, 행정가, 부모들에게 각기 다른 의미를 가질 수 있으며, 오랫동안 논쟁의 대상이 되어 왔다고 하였다. 그러므로 유아교육과정에 대한 정의는 아직 충분하게 이론화가 이루어진 것은 아니며, 유아교육의 대상이 지니는 특수성으로 인하여 초·중등 일반 교육과정의 의미와는 차이가 있다고 본다. 그는 유아교육에서 교육과정이란 '전인아동'을 의미한다고 보았다. 대부분의 유아교육자들은 이러한 '전인아동'이라는 말이 유아의 지적(인지적)·정서적·사회적·신체적 능력의 통합을 의미하는 것이라고 본다. 따라서 각각이 분리된 것이 아니라 한 영역에 있어서의 학습은 반드시 다른 영역들을 함께 포함해야 하며 효과적인 교수방법도 그들 각 영역 간의 내적 통합 속에서 이루어져야 한다고 보고 있다(Williams, 1999).

이 외에도 유아교육과정이 유아교육기관에서 일어나는 모든 우연한 사건(what happens)으로서 설명될 수 있다고 보며, 그것은 교사가 유아의 요구를 충족시켜 주고 계획된 목적들을 성취하는 방식이라고 하였다(Eliason & Jenkins, 1986; Hildebrand, 1986).

앞에서 살펴본 일반 교육과정의 개념이 다양했던 것과 같이 영유아교육과정의 개념도 다음과 같이 다양하게 정의되고 있다.

- 유아교육과정은 유아가 학습할 내용(content), 교육과정 목표를 성취해 나가는 과정(process), 유아의 이러한 목표 성취를 돕기 위한 교사의 역할, 교수와 학습이 발생하는 상황에 관해 서술한 조직화된 틀(framework)이다(NAEYC & NAECS/SDE, 1991·1997).
- 유아교육과정은 프로그램의 교육 목적에 따라 계획되고 조직된 학습 경험들의 목록이다(Spodek, 1991).
- 유치원교육과정은 유아의 전인적 성장과 발달을 돕기 위해 유아가 학습할 내용, 교육과정 목표를 성취해 나가는 과정, 유아의 목표 성취를 돕기 위한 교사의 역할, 교수와 학습이 발생하는 상황에 관해 계획된 조직화된 틀이다(한국유아교육학회, 1996).

■ 보육과정은 출생부터 만 5세까지 모든 영유아의 성장과 발달을 촉진하고 전인적 인간 형성 및 기본 생활 형성을 돕는 어린이집에서 영유아가 경험하는 모든 내용의 총체이다(김명순·이기숙·이옥, 2005).

슈바르츠와 로비손(Schwartz & Robison, 1982)은《유아를 위한 교육과정 설계(designing curriculum for early childhood)》라는 저서에서 다양한 유아교육과정의 개념을 ① 우연히 일어난 것, ② 유아가 학교에서 갖게 되는 모든 경험, ③ 교수계획, ④ 교수요목, ⑤ 프로그램 등 다섯 가지로 분류하여 다음과 같이 정리하고 있다.

(1) 우연히 일어난 것으로서의 교육과정

교사가 미리 교육 내용을 선별하거나 계획하기보다는 유아들에게 많은 선택을 주어서 개별 유아의 요구와 흥미를 중심으로 하는 유아교육과정을 말한다. 교사는 유아가 스스로 학습할 수 있으며 선택한 것에 능동적으로 참여하여 학습해 나갈 수 있다고 믿는다. 따라서 유아의 흥미와 요구가 다양하게 이루어질 수 있도록 교사는 교육환경을 체계적으로 마련해 주어야 한다. 이와 같이 교육과정을 우연히 일어난 사건으로 여길 때는 학습의 구체적인 내용보다는 학습하는 과정에 그 가치를 둔다. 왜냐하면 학습활동과 경험 속에 포함된 유아의 흥미 그 자체를 가치 있는 것으로 보기 때문이다. 따라서 교육활동은 유아의 선택과 행동으로부터 나오게 되며 미리 계획될 수 없다. 이 입장에서 중요한 것은 유아 자신이다. 따라서 교사는 유아의 요구와 흥미를 기초로 하여 자연스럽게 활동할 수 있는 분위기를 마련해 주고 끊임없는 관찰과 배려로서 그들을 안내하도록 힘써야 한다. 유아를 중심으로 하는 개별화된 교육이라는 장점은 있으나 교육과정의 범위가 너무 모호하고 유능한 교사를 필요로 하는 단점이 있다.

(2) 유아의 학교에서 갖게 되는 모든 경험으로서의 교육과정

유아가 학교에서 갖게 되는 모든 경험을 교육과정으로 보는 입장으로서 교사의 의도적인 경험뿐 이니라 의도하지 않았지만 유아에게 영향을 줄 수 있는 잠재된 교육과정까지를 포함하는 것이다. 따라서 의도된 경험뿐 아니라 계획되지 않은 많은 요인이 유아에게 영향을 미친다는 점에서 교사의 민감성이 요구된다. 예컨대 교실의 분위기, 교사와 유아, 유아와 유아, 유아와 교구와의 상호작용, 언어적인 의사소통 등과 같은 모든 물적·인적 환경이 중요시 된다. 교사는 학습이 일어나는 상황에 좀더 세심하게 주의를 기울일 필요가 있으며 사회적 변화에 민감해야 하고 학습결과에 영향을 끼칠 수 있는 많은 예측할 수 없는 요인들에 대해 좀더 세심한 배려를 해야 한다.

(3) 교수를 위한 계획으로서의 교육과정

교수계획으로서의 교육과정 입장은 오래 전부터 교육과정의 개념으로 이해되어 오고 있는 보편적인 정의라고 할 수 있다. 의도된 계획으로서의 교육과정은 매우 구체적일 수도 있고 포괄적일 수도 있으며 장기적 계획일 수도 있고 단기적 계획일 수도 있다. 최근의 많은 유아교육 프로그램 속에서 이와 같은 교육과정계획들의 예를 찾아볼 수 있다. 유아들을 위한 교육 목표, 내용, 방법 등의 계획을 중심으로 하여 그 형태는 매일매일의 교육 내용을 진술하고 있는 것에서부터 주제나 내용 영역에 따라 일련의 활동들을 진술하는 것까지 다양하다. 이러한 교육과정계획은 교사와 유아들의 활동을 묘사하는 활동에 대한 계획, 유아들이 학습해야 할 사실, 기능, 정보 등을 강조하는 내용에 대한 계획, 유아들의 장기적 발달형태(예 : 분류 개념)를 강조하는 과정에 대한 계획 및 이들 세 가지를 종합한 계획으로 구분될 수 있다. 따라서 이 입장은 계획을 유아를 위한 교수의 기초로 보는 것이다. 왜냐하면 이러한 교수계획은 유아의 요구, 흥미, 활동을 예견하고 자료와 환경을 체계화하도록 도와줌으로써 경험이 풍부한 교사나 초보적 교사 모두에게 큰 어려움이 없게 하기 때문이다. 그러나 이러한 교사의 미리 짜여진 교수계획은 유아의 매일매일의 요구, 흥미에 대한 융통성 있는 교육을 감소시킬 수 있는 가능성이 높다고 비판받고 있다.

(4) 교수요목으로서의 교육과정

유아들에게 가르칠 교육 목표와 내용, 순서를 일련의 문서로 작성한 교수요목을 교육과정으로 규정한 매우 좁은 의미의 교육과정 정의이다. 이와 같이 문서화된 교육과정은 국가적으로 믿을 만한 공식적인 문서의 성격을 가지므로 목표 설정이나 수행과정을 관찰하기가 용이한 장점이 있다. 또한 교사들이 실제로 교수계획안을 짜는 데 참여한다면 유아들의 학습 욕구에 대한 생각을 재검토하고 교실 내의 적용을 평가해 보는 데 도움을 주는 자료가 될 수 있으며 교사들로 하여금 자신의 생각을 명료하게 하도록 도와줄 수 있을 것이다. 그러나 이와 같은 교수요목으로서의 교육과정이 국가수준에서 중앙집권적으로 획일화된 문서로서 제시된다면 유아교육의 특징을 살리기는 힘들 것이다. 왜냐하면 유아교육기관과 지역 사회의 특성, 유아들의 흥미와 요구, 현장에서의 실제적인 경험들이 반영되기 힘들기 때문이다.

(5) 프로그램으로서의 교육과정

유아교육에서 찾아볼 수 있는 독특한 관점으로서 몬테소리 프로그램, 디스타 프로그램과 같이 특별한 이름을 가진 유아교육의 모델 유형을 말한다. 특히 1960년 이후 헤드 스타트 운동의 일환으로 개발된 다양한 보상 프로그램 모델들과 팔로우 스루(Follow Through) 프로그램 모델들은 유아교육과정을 유아교육 프로그램으로 부르게 되는 경향을 가져왔다.

이상과 같은 유아교육과정의 다양한 개념은 중등교육에서 교육과정을 보는 입장과 관점의 시대적 변천과정과 연결시켜 볼 때 많은 부분에서 비슷한 과정을 살펴볼 수 있다. 일반적으로 교육과정의 유형은 네 개의 큰 흐름에 따라 변천해 온 것으로 볼 수 있다. 흔히 교과 중심 교육과정, 경험 중심 교육과정, 학문 중심 교육과정과 인간 중심 교육과정이다(김종서, 1980). 초기의 교육과정에 대한 관심은 거의 교과를 가르치는 일에 국한되어 있었다. 여기서 교과라고 하는 것은 곧 교사가 아동에게 가르쳐야 하는 내용의 주제 또는 제목을 열거한 것을 의미한다. 이것은 교육과정의 초기 개념으로서 보통 교수요목이라는 말로 불린다. 그러므로 슈바르츠와 로비손의 유아교육과정의 개념으로는 교수계획과 교수요목의 정의와 같다고 할 수 있다. 교육과정을 이와 같이 의도적으로 계획된 교수계획으로 보는 견해는 교육과정에 대한 초기의 개념으로서 오늘날에도 널리 퍼져 있는 견해이다. 대부분의 유아교육기관의 원장, 장학사, 교장들과 같이 교육의 운영에 책임을 맡고 있는 교육 행정가들이 받아들이고 있는 개념이라고 할 수 있다. 교육과정을 형식적으로 정의하지는 않았지만 이와 같이 문서로서의 교육과정을 계획할 때 그 과학적인 진술을 위하여 큰 공헌을 한 학자로는 타일러를 들 수 있다. 즉, ① 달성하고자 하는 교육 목적, ② 이러한 목적을 달성하는 데 필요한 학습 내용의 선정, ③ 학습활동의 효과적인 조직, ④ 학습활동의 효율적인 평가이다.

이러한 관점에서 본다면 유아교육과정은 교사가 유아를 가르치기 위하여 의도적으로 구조화된 학습 내용 및 자료를 조직적으로 열거한 것을 의미한다. 그러므로 가르칠 내용은 이미 사전에 교사나 교육과정 개발자, 교과 전문가들이 선정하고 조직하게 된다. 학습 내용을 의도적으로 조직하기 위하여 타일러가 제시한 네 가지 모형은 오랫동안 교육과정을 운영하는 데 있어 상당히 유용한 것으로 인식되었다.

다음으로 경험 중심 교육과정의 개념은 슈바르츠와 로비손의 유아교육과정의 정의 중에서 유아의 모든 경험이 교육과정의 중요한 자원이기 때문에 유아의 요구와 흥미를 중심으로 활동을 계획해 나가야 한다는 것이다. 유아 개인이 중요하며 우발적이고 비계획적인 사건들이 잠재적 교육과정으로서 큰 비중을 차지한다고 본다. 유아교육에서는 오랫동안 이러한 경험 중심, 아동 중심, 생활 중심 교육과정의 입장을 선호하였다. 경험 중심, 생활 중심의 교육과정에 대한 견해는 흔히 지식의 계열성이 소홀하다는 비판과 함께 학문 중심 교육과정이라는 개념이 교육과정이론에 새롭게 도입되었다. 이 관점에서의 교육과정은 곧 각 교과의 전문가들이 각 교과가 나타내고 있는 지식의 본질(구조)을 가장 명백히 표현할 수 있도록 그 지식을 체계적으로 조직해 놓은 것을 가리킨다. 유아교육에서는 흔히 유아의 흥미나 경험이 중요하다고 생각하여 교사가 유아에게 흥미 있는 것이라면 무엇이나 하게 하며 그러다 보면 그때그때 주먹구구식의 교육을 하거나 유아를 방임된 상태에 놓이게 하기 쉽다. 그러나 이러한 학문 중심의 교육과정 개념에서 제시하는 바와 같이 흥미에 의존하는 애매성을 탈피하기 위하여 교육활동을 어떻게 구조화하고 체계화하여 나선형 교육과정에서와 같이 개념화할 수 있는가는 유아교육에 많은 시사점을 준다고 하겠다.

여기서 유아의 모든 경험을 논의할 때 경험의 두 가지 관점을 생각해 보아야 할 것이다. 즉, 종래의 교육과정 사고에 있어서는 계획된, 의도된, 구조화된 문서나 경험에 관심의 초점이 있었으나 점차 경험에는 교육기관에서 의도한 바와는 무관한 경험이 있을 수 있다는 것을 강조하게 되었다. 여기서 전자를 표면적 교육과정이라 하고 후자를 잠재적 교육과정이라 한다. 특히 유아교육에서는 후자의 개념이 중요하다고 하겠다.

끝으로 유아교육과정에서 1960년 이후 가장 많이 논의되고 있는 개념은 '프로그램'의 개념이다. 유아교육에서 교육과정이라고 하면 흔히 특정 프로그램을 의미하고 있다. 예를 들면 몬테소리 프로그램, 다중지능이론에 기초한 프로그램, 레지오 에밀리아 프로그램 등 1960년 이후 자주 논의되고 있는 교육과정 모델 프로그램을 말한다. 과거 10년 이상 유아교육에 관한 전문서적들을 찾아보면 이러한 프로그램 모형들에 대한 내용들이 상세하게 소개되고 있으며 여러 연구결과들이 보고되고 있다. 이것은 물론 특정 유아교육이론이나 연구들, 아동발달에 관한 심리학적 이론들에 따라 다양하게 발달되고 연구되어 현장에 적용되고 있어서 위에서 살펴본 교육과정 개념 중 어느 한 가지 형태를 각각 가질 수 있다. 그러나 이러한 다양한 유아교육과정 모형의 개발은 중등교육과 유아교육을 구별하는 큰 차이점이 될 수 있으며 유아교육과정의 개념을 프로그램으로 동일시하게 하는 원인이 된다. 따라서 유아교육에서는 유아교육과정이라는 용어가 흔히 유아교육 프로그램이라는 용어로 대치되어 쓰이기도 한다. 또한 유아교육 프로그램이라고 할 때는 어떤 특정 이론에 의해 조직된 교육과정 모델로서 일반적인 교육과정의 개념보다는 구체화되고 실제 현장에서 가르치는 교육 내용을 상세하게 기술한 협의의 개념으로 이해된다.

토의문제

1. 유아교육과정을 계획하기 위하여 먼저 생각해야 할 유아교육의 특성은 무엇이며 이것은 교육과정구성에 어떠한 영향을 미칠 것인가?
2. 우리나라 유아교육기관의 유형과 그 특징을 정리해 본다.
3. 유치원, 어린이집을 방문하여 교사가 가지고 있는 유아교육과정의 개념은 어떠한지 알아본다.

Memo

이 장에서는 유아교육과정을 구성하기 위해 상호밀접한 관련을 이루고 있는 철학적 기초, 심리학적 기초, 사회적 기초를 살펴보려고 한다. 유아교육은 인류의 역사와 함께 오랫동안 계속되어 왔다. 각 세대와 사회는 그들의 규범, 가치, 태도에 따라 유아들을 사회화하고 지식과 기술을 전수해 왔다. 이러한 문제는 유아교육 전문가나 심리학자 이전에도 많은 철학자와 교육가들에 의해 논의되어 왔던 부분이다.

그러므로 유아교육과정 이해를 위한 기초로 교육과정의 철학적 기초, 심리학적 기초, 사회적 기초 등에 관련된 지식을 아는 것이 필요하다. 철학적 기초는 교육과정계획 시에 요구되는 이슈와 문제를 명료화하고 의사결정을 하는 데 여러 관점과 체계적 절차를 제공한다. 심리학적 기초는 학습자의 성장·발달 그리고 학습에 관련된 지침을 제공해 주며, 사회적 기초는 교육과정을 계획할 때 고려해야 힐 사회의 가치, 변화, 문제, 상대 등에 대한 정보를 제공해 준다.

유아교육과정 구성의 기초

CHAPTER

02

유아교육과정
구성의 기초

영유아를 대상으로 한 보호와 교육의 과정은 인류의 역사와 함께해 왔다고 볼 수 있다. 유아교육과정의 변화를 살펴볼 때, 유아교육은 인간 본성과 발달에 대한 이론, 학습원리, 사회적 관심에 민감하게 반응하여 왔다. 1900~1925년까지의 유치원 교육과정은 철학사상에 기반을 둔 프뢰벨(Froebel)의 영향을 받았고, 그 이후 진보주의-듀이(Dewey)사상, 홀(Hall)의 아동연구, 손다이크(Thorndike)의 학습이론 속에서 재구성된 교육과정을 지지하는 새로운 이론적 뼈대를 추구했다. 보수주의에서 진보주의로의 변화를 통해 유아에게는 시행착오를 통해 활동을 선택할 수 있는 자유가 허용되었다. 20세기 후반에는 게젤(Gesell)의 인간발달이론에 영향을 받아 유아는 나이별로 수집된 표준적이고 평균적인 행동목록에 의하여 교육되었다. 특히 유아원은 프로이트(Freud)의 사상을 받아들였으며, 1960년대 이후 피아제(Piaget)이론에 의하여 초기의 환경적 상호작용의 중요성과 함께 유아기 이후의 학습을 위한 어린 시기 자극의 중요성을 역설한 인지발달과 사회문화적 접근법으로써 비고스키의 이론이 새로운 교육과정 향상을 이룩하였다. 이와 같이 유아교육은 오랜 역사를 지닌 과정이라고 할 수 있겠으나 실제로 영유아를 위하여 체계적인 교육 프로그램에 대한 연구와 적용이 구체화되기 시작한 것은 1960년대 이후의 일이다.

아직 과학문명이 그리 발달하지 못했던 20세기 이전의 유아교육은 주로 자연스러운 일상생활 속에서 유아들의 모습을 관찰하고 관찰결과에서 발견된 행동특성들을 깊이 사유하여 어린이의 본성이나 교육의 큰 흐름을 제시하는 철학적이고 관념론적인 측면에서 연구되었다. 그 이후 1920년대로 접어들면서 다양한 심리학이론들이 제시되어 영유아가 어떻게 발달하고 학습하는가에 관한 정보를 제시하게 되자, 보다 과학적인 연구결과에 기초하여 유아교육과정을 체계화하려는 시도가 이루어지기 시작하였다. 1960년대 이후부터는 산업화로 인한 가족제도의 변화, 여성의 사회참여, 복지사회에 대한 관심, 정보화·세계화 등 각종 사회적인 이슈들이 영유아교육에 큰 변화를 불러일으키며 기존의 철학적·심리학적 기반 위에 유아교육과정의 사회적 관점이 개입되었다.

현대 유아교육과정을 이해하고 평가하기 위해서는 유아교육과정에 영향을 미치고 있는 다양한 이론적 근거들을 엄밀히 분석해 볼 필요가 있다. 즉, 우리가 가르치는 영유아들이 앞으로 어떤 인간상으로 성장하기를 바라는가? 과거와 달리 빠르게 변화하며 성장을 거듭하고 있는 오늘날 영유아의 발달적 특징은 무엇이며, 영유아의 발달을 유도해 줄 수 있는 적합한 교육방법은 무엇인가? 우리 사회의 다양한 변화와 요구는 유아교육과정의 방향 및 내용과 어떤 관계를 가질 것인가? 등의 요소를 함께 고려해 보아야 한다.

이에 교육과정을 이루는 기초로 이귀윤(1991)은 교육과정의 철학적 기초, 심리적 기초, 사회적 기초 등에 관련된 지식을 아는 것이 필수라고 하였다. 철학적 기초는 교육과정계획 시에 요구되는 이슈와 문제를 명료화하고 의사결정을 하는 데 여러 관점과 체계적 절차를 제공해 준다. 역사적 기초는 과거 교육과정 개발의 배경, 특징을 알게 함으로써 현재 교육과정의 특징을 이해하는 데 도움을 준다. 심리적 기초는 학습자의 성장, 발달 그리고 학습에 관련된 지침을 제공해 주며, 사회적 기초는 교육과정을 계획할 때 고려해야 할 사회의 가치, 변화, 문제, 상태 등에 대한 정보를 제공해 준다. 이 외에도 각 사회에 영향을 미치고 있는 문화적 요소와 영유아교육과 관련된 정책을 결정하는 정치적 요소 등도 사회적 측면에서 유아교육과정을 구성하는 데 영향을 미칠 수 있다. 그러므로 영유아를 위한 교육과정을 제대로 설계하거나 이해하고 실천하기 위해서는 다학문적인 접근이 필수적이라 할 수 있다. 본 장에서는 유아교육과정을 구성하기 위하여 상호밀접한 관련을 이루고 있는 철학적 기초, 심리학적 기초, 사회적 기초 등을 살펴보려고 한다.

이 장에서 유아교육과정의 철학적 기초로써 프뢰벨을 기준으로 한 것은 유아를 대상으로 유치원이라는 기관에서 처음으로 교육과정을 실현하였기 때문이다.

1. 철학적 기초

1) 프뢰벨 이전

유아교육의 철학적 기원은 고대 그리스의 플라톤(Platon, B.C 427~347)에서 시작하여 중세를 거쳐 근대와 현대로 이어지는 오랜 역사를 지녔다. 고대 그리스의 플라톤은 《국가론(Republic, 國家論)》에서 정의가 실현되는 이상적인 국가를 건설하기 위해서는 교육이 매우 중요함을 강조하고 특히 가소성이 풍부한 어린 시기에 가급적 빨리 교육을 시작하여야 한다고 하였다. 더불어 어린 시기부터 습관과 성격이 형성되므로 유아기부터 놀이를 통해 교육할 것을 주장하였다.

그러나 그리스 문명 이후에 이어진 중세에는 성서를 바탕으로 한 기독교 사상이 모든 면에 영향을 주어 교육에서도 예외가 아니었다. 기독교의 원죄설에 따라 영유아를 엄격하게 훈육하였고, 아기들은 이미 수태되는 순간에 작지만 완전하게 만들어진 인간으로 세상에 태어난다는 전성설(preformation, 前成說)을 믿었다. 그러므로 중세의 어린이들은 성인과 똑같이 성인사회에 참여하여 일하고 놀이하였으며, 어린이 나름대로의 독특한 발달적 요구는 고려되지 않았다.

중세의 기독교적 인간관에 반기를 들었던 르네상스와 종교개혁을 거쳐, 16세기 자연과학의 발달은 17세기 이후의 교육사상에 영향을 주었다. 경험을 통한 감각교육의 중요성을 강조한 코메니우스, 아동은 성인과 분리된 독자적인 존재라는 루소와 페스탈로치의 아동존중사상들이 이어서 등장하였다. 이러한 교육사상가들이 피력한 아동존중사상을 이어받아 프뢰벨은 유치원을 창설하였고, 몬테소리는 어린이의 집을 운영하면서 유아교육을 실천에 옮겼다.

17세기 대표적 교육사상가인 코메니우스(John Amos Comenius, 1592~1670)는 세계 최초의 체계적인 교육학서인 《대교수학(Didactina Magna, 大敎授學)》에서 어린이는 신의 가장 귀중한 선물이며 헤아릴 수 없이 소중한 보배이고 인간의 교육은 어릴 때에 가장 잘 이루어진다고 하였다. 놀이를 통한 교육을 강조하고 감각교육이 모든 학습의 기초가 된다는 생각에서 최초로 그림이 들어간 책인 《세계도회(Orbis Sensualum Pictus)》를 편찬하였다.

이어서 등장한 로크(John Locke, 1632~1704)는 인간의 발달에 미치는 환경의 영향을 중요하게 여겨 백지설(tabula rasa)을 주장하였다. 로크에 따르면 인간은 마치 백지나 깨끗하게 닦여진 칠판과 같은 상태로 태어나므로 이후에 어떤 경험을 하느냐에 따라 다른 그림이 그려지게 된다는 것이다. 즉, 태어난 이후에 아동이 경험하는 모든 것이 그의 모습을 결정하게 된다고 보았다. 그러므로 로크는 바람직한 성격 형성을 위해 유아기의 습관형성을 강조하였고, 심신의 조화로운 발달과 함께 체벌이나 질책보다는 칭찬으로 교육할 것을 주장하였다.

18세기의 대표적인 계몽주의 사상가인 루소(Jean Jacques Rousseau, 1712~1778)는 아동존중사상과 자연주의사상을 강조하였다. 그는 대표적인 저서《에밀(Emile)》을 통하여 성선설에 입각한 아동관을 주장하며 아동이 어떻게 존중되어야 하는가를 서술하였다. 아동은 본래 선한 자연의 상태로 태어난다는 성선설과 아동 존중사상은 인간의 본성을 무시한 전통적인 지식 위주의 교육으로부터 유아 중심 교육으로의 전환을 강조했다는 점에서 당시의 권위적이고 전통적인 교육관과 대립되었다. 루소의 자연주의사상은 19세기 이후의 페스탈로치(John Heinrich Pestalozzi, 1746~1827), 프뢰벨(Friedrich Wilhelm Froebel, 1782~1852), 듀이(John Dewey, 1859~1952) 등에게 많은 영향을 주었다.

루소의 뒤를 이은 페스탈로치는 루소의 사상을 이어받아 합자연의 원리를 바탕으로 인간 중심, 아동 중심 교육을 실천하고자 노력한 자연주의 교육사상가이자 교육

18세기의 유아교육

표 2-1	구 분	내 용
	아동관	• 중세 유럽에서 유래된 부정적 아동관 • 성악설 : 성서구절을 읽는 학습이 구원에 이르는 길임 • 교사는 엄격한 규율을 통해 악한 본성을 억제함
	교육환경 및 교육과정	• 쓰기와 읽기를 위한 도구의 제한 • 고전적 교육과정에 따르도록 강요하고 규칙을 따르게 함 • 교육과정 : 찬송가와 알파벳을 암송하는 것과 규율을 강조함
	교사의 역할	• 집단교육은 하지 않고 개별적으로 유아들이 교사 앞에서 암송을 함 • 신체적 체벌이 교육방법으로 존재함(2세부터) : 조롱하기, 유아를 부끄럼 의자에 앉히기 등
	학교·부모·지역 사회	• 쓰기, 라틴어, 예술, 경제 같은 교육은 상류층 유아(특히 남아)의 특권임 • 읽기를 가르치는 것이 일반적이며 교수법은 교사의 성향에 의존함 • 학교교육의 주요 요소 : 규율과 체벌 • 매를 아끼는 것은 유아의 상태를 나쁘게 한다고 여김

19세기 페스탈로치의 유아교육

표 2-2	구 분	내 용
	아동관	• 성선설 지지 • 인간발달은 자연의 법칙을 따르게 된다는 루소의 견해에 동의함 • 자연의 법칙 : 지속적이며 점진적인 성장, 다음 단계로 가기 위해서는 이전 단계의 완성이 필수적임
	교육환경 및 교육과정	• 유아의 경험적 학습을 위해 가정과 유사한 환경을 준비하는 것을 강조 • 자연적 발달 관점에 기초하여 연속적 교육과정을 고안 : 자료와 교수법은 유아의 발달단계에 맞도록 고안 • 가까운 곳에서 먼 곳으로의 학습 : 학습자의 즉각적인 경험이 시작되면 교육과정은 점차적으로 새로운 것, 보다 먼 맥락으로 옮겨져야 함
	교사의 역할	• 교사와 유아 간의 관계에 기초하여 교육과정이 구성됨 • 과제를 학습하는 데 체벌과 보상의 사용을 피함 • 집단교수를 창안 : 읽고, 암송하는 것을 다른 유아와 함께 하도록 하여 서로의 학습동기를 유발시키도록 함
	학교 · 부모 · 지역 사회	• 가정과 학교의 환경은 연속적이고 밀접하게 연결되어 있음 • 가정에서의 유아교육과 사랑, 지원이 학습의 기초가 됨 • 교사의 교육태도와 언어교육, 도덕교육, 가정의 신체교육은 유아의 바람직한 성장에 필수적임

실천가이다. 페스탈로치는 교육의 출발점을 가정으로 보고 가정교육, 특히 어머니에 의한 교육의 중요성을 강조하였으며, 교육은 가급적 어린 시절부터 이루어져야한다고 보았다. 페스탈로치의 교육사상과 교육실천은 최초의 유치원을 창설한 프뢰벨과 경험 중심 교육이론을 강조한 듀이에게도 지대한 영향을 주었다.

2) 프뢰벨의 유치원

코메니우스, 루소, 페스탈로치 등에 의하여 유아교육에 대한 사상이 전개되었으나, 프뢰벨은 유아교육의 중요성에 대한 사상적 강조에 머무르지 않고 실제로 유치원을 창설하여 처음으로 유아를 위하여 교육과정을 계획하고 적용하였다(이기숙, 2000). 프뢰벨에 의해서 만들어진 유아교육과정은 유아의 본성과 세계관에 기초한그의 사상을 전개한 것이었다. 프뢰벨은 조화와 통합을 중시하는 유아교육철학을 바탕으로 어린이를 의미하는 'kinder' 와 어린이들이 마음껏 뛰어놀 수 있는 정원을 뜻하는 'garten' 을 합성하여 '어린이의 정원' 이라는 뜻을 가진 유치원(kindergarten)

에서 자신의 교육사상을 실천에 옮겼으며《인간교육
(Die Menschener Zeihung)》을 저술하였다.

　프뢰벨의 교육사상은 이상주의 혹은 상징주의라고 불
리며, 이를 바탕으로 프뢰벨의 유치원에서 이루어졌던
교육과정과 철학의 기본 개념은 '통합의 개념'이라고
할 수 있다. 그는 세상의 모든 만물은 신의 조화이며 교
육의 궁극적 목적은 신과 인간과 자연과의 통합을 이해
하는 것이라고 강조하였다. 유아에게 지나치게 인위적

그림 2-1　프뢰벨

으로 무엇을 부과하거나 수정하기보다는 유아 자신이 가지고 있는 능력을 자연스럽
게 전개(unfolding)해 주어야 한다고 믿었으며 이를 위하여 유치원교육과정에서 상
징적인 활동들을 많이 다루었다. 프뢰벨이 어린이들의 교육을 위하여 고안한 세계
최초의 교육용 놀잇감인 '은물(gift)'도 유아들이 은물을 가지고 놀이함으로써 궁극
적으로 통합의 개념을 상징적으로 학습시키기 위한 것이었다. 프뢰벨은 유아들이
은물을 가지고 놀이함으로써 자발적인 '자기활동'을 통하여 유아 스스로 내적인 동
기에 입각하여 자신이 가지고 있는 내면의 힘을 기르도록 하였다.

　프뢰벨 유치원교육과정의 가장 두드러진 특징은 놀이(play)로서, 자연스럽게 놀
이를 통한 교육을 실천하기 위하여 은물, 작업(occupation), 게임과 노래, 자연학습
과 언어ㆍ수교육 등을 교육과정의 기본 요소로 하였다는 것이다. 은물은 제1은물에
서 제10은물까지이며 세상만물 중 가장 완벽한 형태를 상징하는 구(球), 즉 여섯 가
지 색깔의 공과 나무로 만들어진 여러 가지 육면체, 직선과 곡선, 점을 상징하는 작
은 나무구슬 등으로 구성되어 프뢰벨이 추구하는 통합의 개념을 가르치는 데 사용
되었다. 11가지의 작업은 구멍 뚫기, 바느질하기, 그림 그리기, 색칠하기, 종이접기
와 오리기, 점토놀이 등으로 구성되었으며 다양한 작업활동을 통하여 유아들이 소
근육이나 손과 눈의 협응력, 색과 수에 대한 개념을 기를 수 있도록 하였다. 게임과
노래시간에는 통합의 개념을 길러 주기 위하여 주로 원으로 모여 앉아 율동과 손유
희를 하였고, 자연학에서는 동ㆍ식물의 관찰과 자연의 경이에 대한 관찰로 종교적
인 심성을 길러 주었다.

　이와 같은 프뢰벨의 유치원교육은 유아교육의 발달에 중대한 영향을 미쳤다. 유
치원을 설립하였고, 당시의 성인 중심적인 교육에서 벗어나 놀이 중심 교육의 장을
열었으며, 유아에 대한 존중과 수동적 학습보다는 놀이를 통한 신체적 움직임이 중

프뢰벨의 유아교육

표 2-3	구 분	내 용
	아동관	• 유아기는 고결하고, 온순한 시기이며 타고난 지식과 기술을 가지고 있다고 생각함 • 유럽의 선험철학, 인간을 신성하다고 보는 시각 • 유아의 신성이 그들 안에 있다는 개념들을 강조. 종교적인 교리보다는 종교적인 양육 강조 : 유아의 의지를 꺾는 것은 죄이고 유아 개개인을 존중함
	교육사상	• 통합의 원리(principle of unity) : 인간과 자연은 신과 조화를 이룬다는 것에 영향을 받음. 이는 가정에서 최초로 실현되며, 이후 확장된 가족인 유치원과 같은 사회적 맥락에서 성취됨 • 유아의 자기활동(self-activity) : 유아의 타고난 선함과 창의적인 잠재력은 유치원에서 자연스럽게 전개될 수 있다고 생각함
	유치원의 특징	• 자유놀이(free play) 강조 : 노래, 율동과 게임, 놀이를 교육의 중요한 매개체로 소개함 • 은물(gifts) : 특별하게 고안된 교구로 상징적 학습에 사용됨 • 작업(occupation) : 소근육발달과 주의력 향상에 초점을 둔 짜기, 점토소조, 종이접기, 자수 같은 구성놀이활동
	교사의 역할	• 관찰하고 친절히 안내하되 유아의 창조적 조작을 방해해서는 안 됨 • 유아가 은물을 탐구하고 창조하는 것을 허락하기보다는 그 방법으로만 하도록 하였음 • 프뢰벨은 놀이를 통해 학습을 고무시키려 한 것이었지만 현대의 놀이에 대한 개념과는 차이가 있음. 특히 프뢰벨의 놀이는 그의 본래의 의도보다는 현장에서 좀더 교사 지시적이며 구조적인 형태로 발전됨
	학교 · 부모 · 지역 사회	• 조기 가정교육과 학교교육 사이의 연결을 중요시함 • mother play : 가족 간의 사랑과 관계를 찬사, 부모교육의 초기형태 • 독일정부의 반대로 유치원교육이 금지되고 유럽, 미국으로 그의 사상이 널리 전파됨

요하다는 노작교육의 기초를 이룩하였다. 또한 유치원은 유아기 아동들에게 또래집단과의 상호작용을 통한 사회성 발달과 같은 새로운 유아교육의 모형을 가장 먼저 제시하였다(Lazerson, 1972). 프뢰벨의 철학적 이상주의는 1900년대 듀이의 등장 이후에 아동의 발달단계에 적합하지 않고 학습이 지나치게 단계적이며 상징적이라는 비판을 받았으나, 유아의 자발성과 자연적인 흥미를 중시하고 유치원의 교육 내용과 교수방법을 처음으로 체계화시켰다는 점에서 유아교육과정에 공헌한 바가 매우 크다고 할 수 있다.

3) 듀이의 실험학교

20세기에 접어들어 인간의 성장과 발달에 있어서 유 아기의 중요성이 부각되고 유아를 과학적으로 이해하 려는 시도가 이루어지면서 등장한 듀이는 실용주의 철 학을 강조하면서 프뢰벨의 상징주의를 비판하였다. 듀 이는 프뢰벨의 이론을 더욱 발전시키고 유아에 관한 사상에 있어 많은 공통점을 가지고 있었으나, 인간과 환경 간의 사회적 상호작용의 개념을 제시하였다. 그 는 교육이란 이상이나 관념의 추구가 아니라 생활이

그림 2-2 듀이

며, 성장이고, 계속적인 경험의 재구성인 동시에 사회적 과정이라고 보았다. 학교는 어떤 막연한 미래를 위해서라기보다는 현실을 위해 존재해야 하며, 교육은 삶의 과 정이지 미래의 삶을 위한 준비가 아니라고 하였다.

그러므로 그는 교육의 원리로 경험을 통한 '상호작용 · 변화 · 계속성'을 강조하 면서 이는 생활 속에서 자신과 사회적 환경과의 상호작용이 현재뿐 아니라 과거의 경험과도 연결되어 연속성을 가짐으로써 이것이 성장과 연결되어 교육이 이루어진 다고 보았다. 듀이는 경험이 이와 같은 계속성을 갖지 않으면 성장에 연결되지 않으 며, 성장에 연결되지 못하는 경험은 교육적이라고 할 수 없다고 보았다. 듀이에 있 어서의 '경험'이란 개념은 흔히 우리가 '겪는다', '해본다'는 식으로 이해되는 그 러한 경험을 의미하는 것이 아니다. 말하자면 개인의 경험만으로 이해되는 개념이 아니라 목적을 추구하는 인간 사회가 지력(知力)의 기능과 더불어 성취한 모든 것을 뜻한다. 듀이는 진보주의에서 강조한 아동의 내적 조건뿐만 아니라 외적 조건인 환 경, 특히 사회적 환경을 중시하였으며, 아동의 내적 조건에 관해서도 정서나 감정을 지력과 연결시켜 의미 있는 습관의 형성을 항상 사회적 적응과 관련시켜 생각하였 다(교육고전문헌연구회 편, 1981). 듀이는 자신의 교육이론의 핵심이 되는 '경험의 원리'를 두 가지로 특징지었는데, 하나는 '계속성의 원리'이며 다른 하나는 '상호 작용의 원리'로 보았다(Dewey, 1916). 계속성의 원리는 이전의 경험과 현재의 경험 이 따로 따로 분리되어 존재하는 것이 아니라 서로 연결되어 연속성을 가진다고 보 는 것이다. 듀이는 경험이 이와 같이 계속성을 가지지 않으면 성장에 연결되지 아니 하며 성장에 연결되지 못하는 경험은 교육적이라고 할 수 없다고 보았다. 또한 상호

작용을 일으킬 수 있는 방안으로서는 유아의 흥미를 중심으로 교육할 것을 제시하였다. 이는 유아가 흥미를 갖고 적극적으로 활동에 참여할 때 자발적이고 창의적인 상호작용이 일어난다고 보았기 때문이다. 이러한 의미에서 콜버그(Kohlberg)는 현대 유아교육의 목적은 듀이의 진보주의이론과 인지발달이론에 근원을 두어 개발되어야 한다고 주장하였다(Kohlberg & Mayer, 1972). 그는 유아가 사회적 상호작용을 통한 성장을 이루기 위해서는 유아 스스로가 자발적으로 흥미 있는 활동에 적극적으로 참여하여야 한다고 보았다.

듀이는 유아 스스로가 성장의 가능성을 가지고 있다고 보았고 이 성장의 가능성이 주변 환경과의 상호작용을 통해 변화하면서 교육이 이루어지는 것이라고 생각하였다. 이와 같은 듀이의 영향으로 진보주의 입장에 기초한 유아교육학자들은 유아의 흥미, 활동, 상호작용, 협동적 태도 등을 교육과정계획의 중요 요소로 삼게 되었다(이기숙, 2000).

듀이는 1896년 자신이 재직하고 있던 미국의 시카고대학 내에 4~5세 유아를 위한 실험학교인 준초등학교(sub-primary)를 세워 기존의 프뢰벨식 유치원교육과정과는 다른 점이 많은 새로운 교육과정을 소개하였다. 두 사람 모두 교육의 목적을 성격형성(character building)에 두었으나, 학습활동과 교사역할에서 관점이 달랐다. 프뢰벨의 유치원에서는 성격이란 유아가 상징적 놀잇감인 은물을 가지고 교사에 의해 전달되는 짜여진 프로그램을 경험함으로써 얻어지는 것으로 본 반면, 듀이의 준초등학교에서는 놀이를 통한 매일의 경험이 유아의 문제해결력을 길러 줌으로써 발달이 이루어지는 것으로 보았다. 따라서 듀이의 입장에서 교사는 안내자의 역할을 해야 하고, 성장이란 유아 스스로가 계획하고 수행하며 경험을 구성함으로써 촉진되는 것이었다. 또한 프뢰벨의 이상적인 견해는 아동 자신이 학습의 '씨'를 내면에 가지고 있어서 교육의 역할은 이러한 정신적 이상과 상징적 활동을 자연스럽게 전개하는 것인 반면에, 듀이의 실용주의적 견해는 아동은 단지 성장의 가능성만을 가지고 있으며 이것은 환경적 힘과의 상호작용에 의하여 변화하는 것이라고 하였다.

진보주의자들은 유아의 관심을 사회적 목적과 공동체 생활(community life)의 상호의존적 성격에 초점을 맞추어 가면서, 유아의 경험을 교육적으로 재구성하기 위해 유아의 일상생활에서 선정된 단원(unit) 또는 프로젝트(project)를 중심으로 교육활동을 전개하였다.

　일단 프로젝트의 아이디어와 주제가 제시되면, 교사가 받아쓰기를 실시하거나 시범을 보이는 대신, 유아가 주도권을 쥐고 자신의 경험을 바탕으로 스스로의 작업을 해나가고, 때로는 계획하지 않은 방향으로도 일을 이끌어 나갈 수 있다는 데 진보주의 교육개혁의 핵심이 있다.

　이들이 사용하는 교구는 미리 모든 것이 결정되어 있는 교과서가 아니다. 유아가 유목화할 수 있고, 조직할 수 있으며, 유아가 모은 정보를 의미화시킬 수 있는 도구이다. 유아가 사회적·물리적 세계에 대한 이해를 구축해 가는 과정에서, 유아는 연관성(connections)과 관계(relationships)를 발견하게 된다. 이러한 유목적 활동이 듀이가 말한 경험으로부터의 학습, 즉 "세계가 어떤 것인지 알기 위해 세상을 가지고 실험하는 것"이다(Cuffaro, 1991).

　유아교육에 대한 듀이의 이러한 영향은 아동연구운동과 함께 1920년대에 기존의 프뢰벨식 유치원교육과정을 개혁하려는 개혁유치원(reconstructed kindergarten)의 개혁 유아교육과정(reconstructed curriculum)을 구성하도록 이끌었으며, 단원학습과 흥미 영역(centers of interest)의 개념을 처음으로 강조하게 되었다. 유아를 위한 단원(unit) 또는 프로젝트(project)는 주로 계절과 휴일에 관한 것이었으며 그 외에도 일상생활과 주변의 지역 사회에서 유아들에게 흥미의 대상이 되는 가족, 우리 집, 동네, 경찰관, 소방서 등이 채택되었다. 흥미 영역도 오늘날 유아교육기관에서 볼 수 있는 것과 유사하게 쌓기놀이, 극화놀이, 목공놀이, 미술, 과학, 도서와 그림 맞추기 등의 영역으로 구성되었다. 단원과 프로젝트를 통한 학습은 유아 주변에서 쉽게 접할 수 있는 교육적 주제들을 중심으로 통합적인 접근을 시도하는 것이므로 학습에 효율적인 것으로 판단되었고, 특히 프로젝트를 통한 학습방법은 유아가 자신이 선택한 주제에 관하여 주도권을 갖고 심층적으로 학습해 나가기 때문에 자연스럽고 자발적인 학습이 이루어지는 것으로 보았다. 당시의 진보주의에서 시도한 단원학습과 프로젝트 학습은 현재까지도 유치원교육과정의 운영에 주축이 되고 있다.

　유치원교육은 프뢰벨의 상징주의와 진보주의이론의 갈등으로 인해 1900년부터 1920년대에 상당한 혼란을 가져왔다. 진보주의 입장에서는 교육과정의 변화가 필요하고 불가피한 것으로 판단하였으나 프뢰벨의 교육과정을 주장하는 유아교육자들은 그들의 입장을 계속 고수하였다. 20세기 초 유치원계는 보수파와 자유파로 양분되어 1900년대 국제유치원연맹의 교육자대회는 격렬한 논쟁의 장소가 되었다. 프뢰벨의 '은물'이 지나치게 형식적이고 단계적으로 사용되는 것은 비난의 대상이 되었다. 특히 교육이론에서는 유아의 흥미를 강조하였으나 실제현장에서는 형식적인 교사 중심의 교육이 되었고, 은물은 지나치게 작아서 유아들이 조작하기 어렵다고 생각되었다. 구체적 매개물을 통해 유아의 자기활동을 중시한 점은 과학적 방법이라 할 수 있으나 프뢰벨의 철학이 너무 형이상학적이고 관념적이라는 데서 비판을 받았다. 이러한 과정에서 유아의 흥미 중심, 경험 중심, 생활 중심 교육을 강조한 듀이의 실용주의 철학은 유아교육과정 틀을 다지는 데 큰 영향을 주었다. 프뢰벨의 사상을 새롭게 발전시켰으며 인간과 환경 간의 사회적 상호작용의 개념을 제시하여, 프뢰벨 이후 유아교육과정 개혁의 근본이 되었다.

4) 몬테소리 어린이의 집

그림 2-3 몬테소리

몬테소리(Maria Montessori, 1870~1952)는 이탈리아 최초의 여의사로서 정신지체아를 대상으로 교육을 실시하다가 이후 로마에 3~7세 도시 빈민 유아를 대상으로 '어린이의 집(casa dei bambini)'을 설립하고 그곳에서 자신만의 독특한 교구와 교수법을 개발하여 어린이를 교육하였다. 몬테소리는 유아가 스스로 발달을 이룰 수 있는 능력을 가지고 있으며, 유아 자신으로부터 발달이 전개되어 가는 과정을 교육의 핵심으로 삼았다.

유아는 지적 흡수력이 왕성하여 특정기술을 보다 쉽게 배울 수 있는 민감기에 마치 스펀지가 물을 흡수하듯 몰입하여 집중적으로 학습을 하므로 외적 환경을 교육적으로 잘 준비해 주면 유아 스스로가 자기 자신의 관심과 수준에 따라 자기 자신을 교육하게 된다는 몬테소리교육방법을 고안하였다. 교육방법은 자동교육(auto-education)으로서 유아는 자료와의 상호작용을 통하여 시행착오를 거쳐 스스로 잘못을 수정할 수 있게 된다. 따라서 몬테소리교육에서는 집단학습은 거의 없고 '개인적인 활동'이 주가 된다. 이러한 개인적인 활동이 일어나기 위해서는 환경을 준비해 주는 것이 중요하므로 '준비된 환경(prepared environment)'의 개념을 강조하였다.

이러한 자기 자신만의 교육방법을 설명하기 위하여 몬테소리는 아동존중사상을 기본으로 정상화된 어린이, 민감기, 흡수정신, 준비된 환경, 제한된 자유, 자기교육 등의 교육원리를 소개하였다. 정상화란 몬테소리교육의 목적이 되는 상태라고 볼 수 있는데, 유아가 작업을 선택하여 흥미를 가지고 집중하여 만족감을 느끼는 상태를 말한다. 준비된 환경이란 유아를 관찰한 후 유아의 발달에 가장 적합한 활동들로 환경을 조성해 줌으로써 자발적인 선택을 통하여 발달이 이루어질 수 있도록 교사가 준비해 놓은 환경을 의미한다. 몬테소리는 특별히 잘 준비된 교육환경을 준비해 주기 위하여 유명한 몬테소리 교구를 고안해 내었는데, 시각, 미각, 청각, 촉각 등을 발달시켜 주는 감각 교구와 유아가 스스로 입고 벗고 먹는 것을 연습함으로써 자조 능력을 키워 주는 일상생활 훈련 교구, 인지적 발달을 도모하는 수 교구와 언어 교구 등으로 구성되었다. 이 교구들은 유아 스스로가 자신의 실수나 오류를 발견할 수 있도록 고안되어 교사가 잘못을 정정해 주지 않아도 수정이 가능하였다. 몬테소리교육과정에서 유아는 이처럼 다양한 교구로 잘 준비된 환경에서 정해진 원리와 방법에 따라 제한된 자유를 누리며 스스로 놀잇감을 가지고 놀이함으로써 자기교육이 이루어지므로 '지도자'라고 불리는 교사는 유아를 방해하지 않고 주로 관찰하며 필요시에만 도와주는 소극적인 역할을 하였다.

몬테소리교육은 유아가 스스로 선택한 교구와의 상호작용이 강조되고 또래나 교사와의 상호작용이 거의 없어, 1900년대 이후 개혁유치원운동으로 집단활동과 사회성 발달을 강조하는 사회적 분위기와 맞지 않아 쇠퇴하게 되었다. 그러나 1960년대 이후 피아제를 중심으로 한 인지이론이 대두되면서 다시 부각되었으며, 그녀만의 독특한 교육방법과 다양한 교구로 대표되는 몬테소리교육과정은 오늘날까지도 전 세계의 많은 국가에서 보완을 거듭하며 꾸준히 이어지고 있다. 다시 요약하면 몬테소리의 교구와 교육철학은 유아교육에 상당한 영향을 미치게 되어 1910~1915년에 많은 논의가 되었으나 1920년 이후부터 점차 쇠퇴하게 되었다. 그 중요한 원인으로는 1900년부터 일어난 개혁유치원의 움직임이 놀이, 창조성, 상상력을 강조하고 있었으며 무엇보다도 집단활동과 사회화를 강조하고 있었으므로 몬테소리교육의 개인주의적 개념은 갈등을 불러일으키게 되었다. 헌트는 몬테소리가 현대에 와서 인지이론의 대두와 함께 다시 유아교육과정에 중요한 위치를 차지한다고 보며, 그 당시 몬테소리이론이 받아들여지지 않았던 이유를 다음과 같은 개념으로 설명한다 (Torrence & Chattin-McNicholas, 2000).

- 3~4세를 위한 유아교육의 경험이 후기 발달에 중대한 영향을 미친다는 개념이 무시되었다. 왜냐하면 인간의 발달은 유전에 의하여 미리 정해진다고 생각되었기 때문이다.
- 지능이 고정되어 발전한다는 고정된 지능(fixed intelligence)의 개념이 있었다.
- 고정된 발달에 대한 개념 : 1920년대에 게젤의 표준행동목록은 발달의 고정적·표준적 개념을 확장시켰다.
- 인간의 모든 행동은 충동이나 자극에 의해서 동기유발될 수 있다는 개념이 지배적이었다. 손다이크(Thorndike), 왓슨(Watson) 등의 연구는 외적 자극에 대한 인간의 행동과정에 주로 관심을 두었다. 따라서 몬테소리의 학습에 있어서 '아동의 자발적 흥미' 의 강조는 의미가 없었다.
- 전통적으로 교사는 잘 정돈된 교실과 교육적 과정의 통제에 대한 욕구가 있었다. 전통적으로 교사는 대집단으로 교수를 하거나 프뢰벨의 은물 등을 가지고 교사 중심의 교육을 선호하였다. 이와 상반되게 몬테소리는 교사의 역할을 안내자, 촉진자로 보면서 환경을 통한 교수와 교구를 가지고 개별화 교육을 주장하였다.

몬테소리의 교육방법은 진보주의 교육에 기초한 유아교육자들에게 많은 비판을 받게 되었으며, 특히 킬패트릭(Kilpatrick, 1914)의 몬테소리교육에 대한 비평으로 인하여 현대의 인지이론에 입각한 교육과정이 대두되기까지는 빛을 보지 못하였다. 1960년대 이후 몬테소리이론이 다시 유아교육에 영향을 미치게 되는데, 이것은 인지이론과 많은 유사점을 가지고 있기 때문으로 평가된다(Elkind, 1966).

1960년에는 미국몬테소리협회로써 AMS(American Montessori Society)가 설립되었다. 이로 인해 좀더 보수적이며 1929년에 이미 창설된 국제몬테소리협회인 AMI(Association Montessori Internationale)와 함께 크게 두 가지의 협회가 설립되어 있다.

이상과 같이 1960년대 이전 유아교육과정에 주로 영향을 미친 철학적 기초는 프뢰벨의 상징주의, 듀이를 중심으로 한 진보주의, 몬테소리 등이었으며, 이후 1920년대부터 일어난 아동연구운동에 기초한 심리학연구의 결과와 1960년대 이후의 다양한 사회적 변화 요인은 철학적 기초와 더불어 유아교육과정을 구성하는 데 많은 영향을 미치며 오늘에 이르고 있다.

5) 현대적 경향

현대에 들어와서 유아교육을 위한 새로운 교육철학이 대두되거나 커다랗게 변화되는 일은 거의 찾아볼 수 없다. 가드너는 교육과정의 기초가 되는 심리학이론이 오랜 학문의 역사를 통하여 상당히 분명해진 것에 비하여 철학적 기초는 아직도 모호하고 파악하기가 힘들다고 하면서, 유아교육의 미래에 있어 가장 큰 요구는 유아교육의 철학적 기초를 구성하는 일이라고 하였다(Gardner, 1969). 이에 웨버(Weber, 1970)는 유아교육의 명료한 철학이 설정될 것을 주장하면서 독창성, 창조성, 적절성을 오늘날 유아교육에서 강조하는 세 가지 우세한 가치라고 보았다(이기숙, 2000 재인용). 독창성은 인간의 성장에 있어 개개인이 자아실현을 할 수 있는 역동적인 힘을 말하는 것이고, 창조성은 인간 최대의 잠재력을 충분히 실현하는 것에 대한 관심이며, 적절성은 어린 유아의 초기 경험과 발달에 의미 있는 적절한 교육을 제공한다는 것이다.

교육과정의 기초가 되는 철학이 단일하게 합의되어 있으면 교육과정을 개발하는 과정이 매우 수월하겠지만 현대 사회는 다양한 가치와 철학이 공존하는 특성을 갖기 때문에 새로운 교육철학의 창출이나 기존 교육과정 철학에의 합의는 이루어지기 어려운 일이다. 특히 교육과정에서의 포스트모더니즘의 현상은 유아교육과정에서 교육과정 유형의 다원화와 교육 내용과 방법의 탈구조화를 불러오게 되었다. 유아들에게 무엇을 가르칠 것인가에 대한 철학적 관점에 대하여 그 동안 유아교육에서 중심이 되었던 발달이론에 기초한 교육 내용들이 많은 비판을 받게 된 것이다. 또한 비고스키 등 개인의 문화적·사회적 특수성에 대한 사회문화적 구성주의 등장과 유아교육에서의 재개념화는 이제까지 보편적이고 절대적이라는 인지이론의 관점을 탈피하게 하였다.

교육과정 유형의 다원화는 발현적 교육과정(emergent curriculum)으로써 레지오 에밀리아 접근법, 프로젝트 접근법과 발도르프교육에 관심을 모으게 되고 특히 다문화교육, 반편견교육, 장애아 통합교육 등에 대해 강조하게 되었다. 특히 오랫동안 유아교육에서 강조되었던 발달에 적절한 것과 부적절한 관점을 강조하던 NAEYC의 발달에 적합한 실제(DAP)에 비판을 가하게 되고, 이것이 기존의 발달에 적합한 실제에 대한 재개념화를 가져오면서, 유아의 개별성과 사회문화적 관점을 보강한 새로운 내용을 첨가하게 되었다. 또한 이제까지 아동의 흥미를 중심으로 교육해야 한다는 미명 아래 교육 내용의 지식 없이 단순히 유아가 좋아하는 활동이나 방법을 중심으로 이루어졌던 유아교육의 관점도 비판을 받게 되었다. 유아에게 제시되는 내용들이 유아에게 가르칠 만한 가치가 있는 것인가? 교과 내용지식을 교사는 충분히 숙지하고 있는가? 교수지식 또한 유아에게 적합한 내용인가? 혹은 유아교육에서 통합교육의 중요성이 단순히 음악, 과학, 미술, 언어, 수 등의 활동들을 나열한 것인가? 등에 대한 반성이 이루어지면서, 그 어느 때보다도 유아교육에서의 내용지식과 교수방법에 대한 논의가 이루어지고 있다. 이러한 경향은 유아교육에서 유아에게 무엇을, 왜 가르쳐야 하는가에 대하여 단순히 유아의 발달에 맞기 때문에 주어지는 것이 아니라 그 근본 철학적 관점을 재조명해 보고자 하는 시도로써 앞으로 많은 논의가 이루어져야 할 것이다.

2. 심리학적 기초

유아는 성인과 다르며 유아기의 경험이 이후의 성장과 발달에 지속적인 영향을 미친다는 생각은 이미 오래 전부터 많은 사람들에 의해 제시되어 왔다. 이러한 생각들이 20세기에 들어와 과학문명의 발달로 과학적인 연구를 통하여 구체적으로 검증되기 시작하면서, 1900~1920년대에는 아동연구운동으로 이어져 유아의 발달을 측정하고 이해할 수 있는 다양한 방법들이 시도되었다. 1900~1925년은 유아교육과정의 혼란과 실험, 재수정의 시기라고 할 수 있다. 프뢰벨의 이상주의와 듀이의 진보주의의 이념적 논쟁으로 개혁유치원운동이 일어났고, 유아와 유아교육에 관한 과학적인 연구가 집중적으로 시작되어 유아원 등에 적용해 보는 시기였다.

학습자인 유아가 어떤 사고과정이나 활동을 통하여 주변의 사상들을 학습한다고 볼 때 학습자가 어떤 단계와 과정을 거쳐 성장하고 어떻게 학습하는지에 대한 정보를 제공해 주는 학습자에 대한 심리학적 이해는 유아교육과정을 구성하는 데 많은 도움이 된다. 20세기 초에 듀이의 아동에 대한 연구에 힘을 얻어 심리학자들의 아동연구운동(child study movement)이 시작되었다. 이러한 아동연구운동과 유아원에 대해 정리해 보면 표 2-4와 같다.

1920년대 아동연구운동을 시작으로 오늘날 다양한 유아교육의 심리학적 이론들

아동연구운동과 유아원

표 2-4	구 분	내 용
	아동연구의 흐름	• 홀(Stanley Hall, 1844~1924) – 다윈의 '종의 기원'의 영향으로 유아의 발달에 대한 과학적인 연구 촉진 – 《The Contents of children's minds on Entering school》(1893) : 부모, 유아와의 인터뷰 결과를 토대로 출판, 아동발달 분야의 시작 • 게젤(Arnold Gesell, 1880~1961) 유아행동에 대한 과학적인 관찰 및 분석을 토대로 발달규준 작성 : 연령에 적합한 발달에 대한 자료로 현재까지 적용 • 왓슨(John Watson, 1878~1958) 습관형성 모델(habit-training model) : 규칙적이고 일상적인 생활을 강조함. 손다이크와 왓슨의 이러한 습관형성은 20세기 초의 유아원과 유치원교육에 상당한 영향을 미치게 되고 특히 힐(Patty Smith Hill)의 《Conduct Curriculum for the kindergarten and first grade》(1923)는 습관형성과 진보주의사상을 혼합하여 유아교육현장에 적용한 대표적인 저서임
	아동연구의 영향	• 아동연구운동과 유아원교육이 사회의 이목을 끌게 됨 1923년 록펠러(Rockfeller) 기금이 아동연구와 부모교육의 영역에 투자 – 대학에 실험유아원 설립이 활성화됨 – 부모협동유아원(parent cooperative nursery school)이 1923년 처음 설립됨 : 1928년 뉴욕에서 전국부모교육협의회(National Council of Parental Education)가 구성됨

이 유아교육과정에 영향을 미치고 있다. 그 대표적인 이론으로 성숙주의이론, 정신분석이론, 행동주의이론, 인지발달이론 그리고 최근 많은 관심을 받고 있는 생태학적 체계이론 등이 있다. 유아교육과정은 이러한 이론적 입장의 차이에 따라 각기 다른 이름으로 다르게 구성되고 운영되기도 한다. 유아교육과정의 심리적 기초가 되는 이론들을 정리하면 다음과 같다.

1) 성숙주의이론

유아의 발달이 주로 생물학적·유전적·혹은 내재적 요인에 의해 이루어진다는 입장으로 루소의 주장처럼 인간은 태어나면서부터 모든 발달의 가능성을 가지고 태어나기 때문에 스스로 자연스럽게 성숙할 수 있다고 믿는다. 이 이론은 루소의 자연주의사상에서 비롯되어 프뢰벨의 유치원교육과정으로 이어졌으며 다윈(Darwin), 홀(Hall), 게젤(Gesell) 등의 심리학자로 발전하였다. 특히 게젤은 표준행동목록

(normative data)을 만들었고 성숙이라는 용어를 사용하면서 아동의 성장과 발달은 유전적으로 프로그램된 내적인 생물학적 시간표에 따라 이루어진다고 하였다. 게젤의 표준행동목록은 출생에서 청년기까지의 성장과 발달을 직접 관찰과 부모면담을 통하여 자료를 수집하여 각 연령단계에 맞는 행동목록을 만든 것이었다. 이 표준행동목록은 유아의 신체적·사회적·지적·언어적 행동을 각 나이별로 상세히 모은 자료로써 각각의 연령수준에 따른 특성과 능력이 서술되고 그대로 행동하도록 기대되었다. 따라서 당시 유치원 교사들에게 유아교육 내용 그 자체가 되어버리는 경우가 많아서 각 유아의 개인차를 고려하기보다는 연령에 따른 고정된 발달을 강조하는 경우가 많았다(이기숙, 2000). 그러나 게젤 학파들은 미리 설계해 놓은 틀에 유아들을 맞추려고 강요해서는 안 되며, 유아의 발달에 지나친 기대를 함으로써 유아의 발달을 넘어서는 성취를 강요하지 말 것을 경고하였다. 교육은 어린이가 성장의 기본적인 힘을 표현할 때 거기에서 나오는 단서에 따라야 한다고 주장했는데, 준비도(readiness)의 개념은 그러한 견해의 중심이 된다. 성숙주의 견해에 기초한 유아교육 프로그램에서 교사는 정서적으로 풍부한 환경을 제공함으로써 자기표현을 충분히 하도록 도와주며 유아가 학습활동을 자유롭게 선택하도록 안내해 주는 역할을 한다.

2) 정신분석이론

프로이트(Freud)에 의해 창안된 정신분석이론은 인간의 정서, 동기, 인성 등 정신적인 과정을 이해함으로써 인간의 행동을 설명하는 데 관심을 가졌다. 프로이트에 의하면 인성은 원초아(id), 자아(ego), 초자아(superego)의 세 가지 구성 요소로 개념화된다. 원초아는 본능적 욕구나 충동으로 쾌락원리에 의해 지배되기 때문에 반드시 충족되어야 하며 출생 시부터 존재한다. 자아는 자신의 욕구와 현실과의 조화를 고려하여 현실적으로 실현가능한가를 판단하는 현실원리에 의해 지배를 받으며 2~4세경에 발달하기 시작한다. 마지막으로 초자아는 자아이상이나 양심과 같은 도덕적이고 초월적인 가치이며 약 4~5세경 오이디푸스 콤플렉스를 해결하고 부모와의 동일시를 이루면서 발달되기 시작한다. 프로이트에 따르면 인간의 성격은 자아의 현실원리가 원초아의 욕구와 초자아의 이상 사이에서 중재하는 구조로 이루어져 있으며, 따라서 인간의 이상성격이나 정신이상은 원초아와 초자아 사이의 갈등을 자아가 제대로 조절하지 못할 때 발생하는 것으로 보았다.

프로이트는 인간에게는 리비도(libido)라고 부르는 성적인 에너지가 존재한다고 보고, 유아가 성장함에 따라 이 리비도가 신체의 특정부위로 이동하는 것에 따라서 출생에서 사춘기까지의 발달단계를 설명하였다. 그에 따르면 리비도는 입에서 항문, 성기를 거쳐 잠재하였다가 다시 생식기로 옮겨가므로, 발달단계는 구강기, 항문기, 남근기, 잠복기, 생식기의 다섯 단계로 진행되어 간다. 각 발달단계에는 충분히 충족되어야 할 독특한 욕구가 존재하는데, 이 욕구가 지나치게 충족되거나 결핍되면 발달에 문제가 생기게 된다고 보았다. 즉, 영유아기에 충분히 충족되지 못한 욕구는 인간의 행동에 결정적인 영향을 주는 무의식 속에 부정적인 정서로 잠재되어 영유아가 건전한 인성을 갖춘 성인으로 성장하는 데 방해 요소가 될 수도 있다. 이에 정신분석학자들은 잠재된 부정적인 정서를 해소하기 위해서 영유아기의 '놀이'가 반드시 필요하다고 보았다. 정신분석이론은 유아교육에 있어 매우 중요한 놀이 활동에 이론적 근거와 합리성을 부여해 주었다(Nourot, 2005). 유아는 놀이를 통하여 자신의 내적 감정을 표현하며, 부정적인 정서, 갈등, 긴장, 적대감 등을 해소시켜 건전한 인성으로 성장하는 기초를 다지게 된다.

정신분석이론과 유아교육

표 2-5	구 분	내 용

	아동관	• 유아들의 정서생활에 초점을 둠
		• 무의식적으로 나오는 유아들의 일련의 행동들(수줍음, 두려움 등)을 새로운 의미를 나타내는 것으로 보고 교사는 이를 주의 깊게 기록하도록 함
		• 감정의 표현으로서의 놀이와 정화로서의 놀이를 유아 경험의 중추로 봄
		  – 정신건강 예방과 교육적 치료로써 놀이를 생각함
		  – 에릭슨의 연구로 상징적 놀이를 통해 갈등을 재구성해 줌으로써 현재의 갈등을 해소해 주는 놀이의 역할이 추가됨

	교육환경 및 교육과정	• 높은 수준의 자유와 허용(아동 중심적 환경이 특징) : 물감, 모래 등과 같은 원 자료들이 유아의 무의식적 충동을 자유롭게 표현해 준다고 믿어 인형 같은 교구들과 함께 교실에 제공됨 • 일상적인 일과 생활습관에 대해 강조하지 않음. 즉, 습관훈련으로 특성화되었던 일상적인 일에 대한 지나친 강조로부터의 전환을 의미함
	교사의 역할	• 교사의 수동적인 역할 강조 : 유아의 감정표현을 방해하지 않고 이를 표현하도록 격려할 것을 권고함 • 교사를 비롯한 성인의 감정도 함께 인식 • 교사들은 가정과 학교의 연계를 시도함(부모교육)

한편 같은 정신분석이론가인 에릭슨(Erikson, 1902~1994)은 심리성적 이론을 주장한 프로이트와 달리 심리사회적 이론을 주장하였다. 에릭슨은 인성의 발달은 각 개인이 접하고 있는 사회, 역사, 문화 등과의 상호작용을 통해 이루어진다고 보았고, 출생에서 노년기까지 인간의 발달단계를 8단계로 구분하며 특히 건전한 자아의 발달을 중요하게 여겼다.

프로이트에서 시작되어 에릭슨으로 이어지는 정신분석이론은 유아교육과정에 상당한 영향을 미쳐 유아의 정서발달과 사회성 발달의 중요성을 강조하게 되었다. 유아의 발달에서 양육자와 초기 영아의 정서적 질의 중요성에 관심을 집중시키고, 유아의 요구나 발달과업은 연령에 따라 변하며 부모와 교사는 이처럼 변화하는 유아에게 맞추도록 노력할 것을 제안하였다. 정신분석이론은 객관적으로 측정하기 어려운 인간의 내면에 관한 이론으로 객관화에 한계를 갖기도 하지만 인간의 인성적 발달을 연구하고 유아기 놀이의 중요성과 역할을 부각시켰다는 점에서 커다란 공헌을 하였다.

3) 행동주의이론

행동주의이론은 인간이 백지상태로 태어난다고 본 로크의 철학에 뿌리를 두고 파블로프(Pavlov), 왓슨(Watson), 손다이크(Thorndike), 스키너(Skinner) 등의 심리학자를 통해 발전하였다. 이 이론에서는 눈에 보이지 않는 인간의 내적인 과정보다는 직접 관찰이 가능한 자극과 반응의 결과 나타나는 외적인 행동의 변화에 관심을 가졌다. 행동주의이론을 집대성한 스키너는 인간이 일정한 자극에 일정하게 반응하게 되어 있다는 자극-반응이론, 어떤 자극은 반응의 빈도를 높이며 어떤 자극은 반대로 반응의 빈도를 떨어뜨린다는 강화와 소멸의 원리, 반복적인 경험은 습관이 된다는 습관형성의 원리 등을 여러 가지 실험을 통하여 객관적으로 증명해 보임으로써 인간이 환경적 자극에 단순히 수동적으로만 반응하지 않고 능동적 존재임을 보여주었다.

그러므로 행동주의이론에 의하면 유아는 계속적인 반복과 연습 및 모방을 통해 학습하며 강화나 보상을 주면 더욱 잘 학습하게 된다. 유아는 만족스러운 결과를 가져다 준 행동은 반복해서 하고, 만족스럽지 못한 결과가 따르는 행동은 하지 않으려고 한다. 따라서 교사나 부모는 유아의 바람직한 행동의 빈도를 높이기 위해 직접적인 교수, 여러 가지 물질적인 보상, 칭찬과 같은 사회적 격려와 인정 등의 방법을 적절히 활용할 수 있어야 한다.

행동주의는 학습을 전체적 · 통합적으로 보려는 것이 아니라 요소별 분석의 방법으로 보려는 입장으로서, 학습은 학습주체자의 목적이나 심리적 필요에서 기인하는 것이 아니고 생리적인 충동이나 외부의 기계적인 통제에서 기인한다고 보았다. 그러므로 이 이론은 유아의 행동을 이해하는 데 많은 도움을 주지만 유아의 행동을 기본적인 단위나 단순한 요소들로 나누어 이해하려 하기 때문에 발달의 총체적인 모습을 파악하기 힘들다는 문제점을 갖는다.

행동주의이론에 영향을 받은 유아교육과정은 학습 내용을 조각들로 아주 작게 나누어 위계적으로 서열화하여 교사에 의해 구조적이며 반복적으로 교육한다. 특히 강화의 개념이 행동주의적 유아교육과정에 중요한 역할을 하고 있으며 학습자를 수동적인 존재로 보고 교사 주도적이며 조직적 · 반복적이고 학습의 논리적 순서를 강조한다.

4) 인지발달이론

인지란 인간이 지식을 획득하여 사물을 알게 되는 과정과 이 지식을 활용하여 문제를 해결하는 정신적 활동을 가리킨다(최경숙, 2001). 그러므로 인지발달이론의 주된 관심은 인간의 지적 능력이 어떤 과정을 통하여 획득되는지에 있다. 즉, 인간의 지적 능력이 환경과의 상호작용을 통하여 어떻게 변화되어 가는가를 연구하였으며 피아제(Piaget)와 비고스키(Vygotsky)로 대표된다. 이 이론에서는 영유아가 주변 환경과 적극적으로 상호작용을 함으로써 경험을 통해 자기 스스로 지식을 구성해 나간다고 보았으므로 상호작용주의 혹은 구성주의라고 불린다. 그러나 피아제는 사고의 근원을 영유아의 개인적인 탐구에서 찾은 반면 비고스키는 사회적 상호작용을 중시한 관계로 피아제를 인지적 상호작용주의, 비고스키를 사회적 상호작용주의로 구분한다. 최근에는 가드너(Gardner)의 다중지능이론이 대두되어 기존에 인지적 영역에 국한되어 있던 지능의 개념을 확장시켜 교육에 다양한 시사점을 주고 있다. 인간의 지적 능력을 연구한 심리학이론을 피아제, 비고스키, 가드너의 순으로 살펴보기로 한다.

(1) 피아제이론

피아제는 인지구조의 기본 단위를 도식(scheme/schema)이라 칭하였는데, 이는 유기체가 외계의 사물을 인지하기 위해 사용하는 이해의 틀이다. 이 도식은 환경 속에서 적극적으로 상호작용을 함으로써 점차 확장되고 정교화되어 가는데, 이 과정이 인지가 발달하는 과정이다. 인지가 발달해 나가는 과정은 동화와 조절, 평형의 세 과정을 반복함으로써 이루어지며 발달단계는 감각운동기, 전조작기, 구체적 조작기, 형식적 조작기의 순서로 진행된다. 이때 인간은 각 단계마다 질적으로 전혀 다른 사고를 하게 된다고 하였다. 피아제이론은 어린이의 성장에 따른 지적 능력의 발달에서 양적인 문제가 아니라 생각하는 방법에서의 질적인 차이를 다루고자 하였다.

(2) 비고스키이론

비고스키는 피아제와 마찬가지로 일차적으로 지식의 근원을 이해하는 데 관심이 있었으나 사회적 상호작용을 강조한 면에서 차이가 있다. 그는 어린이가 스스로 과제를 해결할 수 있는 현재의 실제적 발달수준과 자신보다 인지적으로 유능한 성인이나 또래의 도움을 받아 과제를 해결할 수 있을 것으로 기대되는 잠재적 발달수준과의 차이를 근접발달지대(ZPD : Zone of Proximal Development)라고 명명하고, 교사는 유아에게 도전적인 과제를 제시하여 비계설정(scaffolding)을 해줌으로써 이 근접발달지대의 발달을 도모해야 한다고 보았다. 따라서 유아들이 자신보다 발달이 빠른 또래나 성인과의 사회적 상호작용을 통하여 발달을 앞당길 수 있다고 보았다.

인지발달이론은 유아의 발달에서 인지의 중요성을 부각시키고 유아의 외적인 행동에 대한 관심에서 내적인 인지과정으로 관심을 변화시켰다. 피아제의 이론은 교육이 유아의 발달수준에 적합하여야 하고, 유아가 능동적으로 환경을 탐색하며 교육과정에 적극적으로 참여할 때 학습이 효과적으로 이루어진다는 원리를 강조하였다. 비고스키 또한 유아가 학습에 능동적으로 참여하는 것의 중요성과 더불어 교사 역할의 중요성을 강조하였다. 그러므로 피아제나 비고스키와 같이 구성주의 심리학에 기초한 유아교육과정에서는 유아에게 구체적인 자료와 다양한 경험을 제공하고, 유아 스스로 활동할 수 있는 충분한 시간이 주어지며, 교사 및 또래와의 활발한 상호작용이 강조된다.

(3) 가드너이론

근래에 와서 가드너(1993)는 과거지능이론이 일차원적인 개념 아래 이루어졌기 때문에 인간의 지적 능력을 너무 좁게 해석하여 모두 파악하는 데 한계가 있으며, 행동에 결정적인 영향을 주는 정서나 사회적 측면을 고려하지 못하고 있다면서 다원적인 지능을 이해해야 한다고 주장하였다. 즉, 지능을 일상생활에서 직면하는 문제를 해결하는 능력, 해결해야 할 문제를 발견하는 능력 그리고 특정한 문화상황 속에서 가치가 있다고 인정되는 것을 만들어 내는 능력 등 다원적인 시각에서 접근하였다(Armstrong, 1994). 가드너는 인간은 수백만 년을 통하여 적어도 여덟 가지 형식의 앎의 방식 또는 정보처리 형식을 수행할 수 있도록 진화해 왔다고 한다. 정상적인 인간은 이 여덟 개 영역의 각각에서 어느 정도의 능력을 소유하고 있으며, 특정 영역에서는 탁월한 능력을 보일 수 있다고 하였다(Gardner, 2001). 가드너가 초창기에 제시했던 일곱 가지 지능은 음악적 지능(musical intelligence), 신체-운동적 지능(bodily-kinesthetic intelligence), 논리-수학적 지능(logical-mathematical-intelligence), 언어적 지능(linguistic intelligence), 공간적 지능(spatial intelligence), 대인관계지능(interpersonal intelligence), 자기이해지능(intrapersonal intelligence)이었다. 이러한 지능은 어디까지나 가드너가 제시한 8가지 조건을 충족시키는 것이며, 이외에도 다른 많은 지능들이 있을 수 있다는 문을 열어 놓았다. 가드너(Gardner, 1999)는 여덟 번째 지능인 자연탐구지능(naturalist intelligence)을 새롭게 목록에 첨가하였고, 아홉 번째에는 실존적 지능(existential intelligence)을 제기하기도 했지만, 아직 널리 인정되지는 않았다. 가드너의 여덟 가지 지능의 정의를 유아기에 맞추어 제시한 내용을 소개하면 표 2-6과 같다(신화식, 2007; Gardner, 1993).

가드너는 모든 인간은 여덟 개의 상이한 능력을 가지고 태어나며 환경과의 상호작용을 통해 지능의 프로파일을 형성한다고 하였다(Gardner, 1993). 이는 1970년대까지 심리측정적 입장에서 개념화되었던 지능이론과 지능검사, 지능지수 및 지능의 요인이론 등을 비판하면서 대안적 관점에서 인간의 능력을 재해석함으로써 교육자들로 하여금 어떻게 교육할 것인가에 대한 매우 실제적인 문제에 대하여 논의할 수 있는 기초를 마련하였다(최영애, 2006). 지능에 대한 이처럼 새로운 관점은 각 개인이 지닌 다양성을 수용하고 각자의 지적 가능성을 극대화할 수 있어야 한다는 점에서 교육에 시사하는 바가 크며, 개인차를 중시하고 전인아동을 교육의 목적으로 하는 유아교육에서는 더욱 의미 있게 받아들여질 수 있다.

유아교육과정의 구성이 기초

가드너의 다중지능 : 하위 영역

표 2-6 종류	정 의
음악적 지능	• 음악적 능력 : 리듬, 소리 그리고 멜로디에 대한 지식과 민감성 • 악기 : 악기를 다루는 기술이나 경험 • 가창력 : 가창에 맞고 조화롭게 노래 부르는 능력 • 감상 : 음악을 적극적으로 즐기는 능력
언어적 지능	• 언어적 민감성 : 실용적인 목적이나 표현을 위해 언어를 사용하는 기술 • 읽기 : 읽는 기술 • 쓰기 : 시, 이야기, 책이나 편지와 같은 쓰는 과제에 대한 흥미와 능력 • 말하기 : 설득, 기억, 서술에 언어적인 의사소통을 사용하는 기술
논리 · 수학적 지능	• 문제해결 : 조직화, 논리적 추론기술, 호기심과 조사 • 계산 : 덧셈, 나눗셈과 같은 수학적 작업을 위해 수를 가지고 작업하는 능력
공간적 지능	• 심상 : 관찰, 예술적 · 창조적 그리고 다른 시각적 활동들에 심상을 사용하는 것 • 예술적 디자인 : 예술적 디자인, 그림, 채색 또는 다른 공예들을 창조하는 것
신체 · 운동적 지능	• 신체기술 : 균형, 조정, 스포츠와 같은 신체적인 활동에 전신을 움직일 수 있는 능력 • 춤추기, 움직이기 : 표현적이고 리드믹하며 모방적인 방법으로 신체를 사용하는 것 • 손작업 : 구체적인 활동들과 세밀한 작업에 기술과 손재주를 가지고 손을 사용하는 것
개인 간 지능 (대인관계지능)	• 사람 이해 : 다른 사람의 기분, 느낌 그리고 관점의 이해와 민감성 • 다른 사람과 지내기 : 다른 사람들, 특히 친구들, 형제, 자매들과 좋은 관계를 유지하는 능력 • 리더십 : 문제해결과정에서 다른 사람 사이에서 통솔하는 능력
개인 내 지능 (자기이해지능)	• 자기 자신 알기 : 자신의 아이디어, 능력에 대한 자각, 개인적 의사결정 기술 • 목표알기 : 목표의 견지에서 목표와 자기수정과 모니터링에의 자각 • 감정관리 : 자신의 느낌, 기분 그리고 감정적인 반응들을 조절하는 능력 • 행동관리 : 자신의 정신적 활동들과 행동을 조절하는 능력
자연탐구지능	• 동물 돌보기 : 동물행동, 욕구, 특성을 이해하는 기술 • 식물 돌보기 : 식물, 조원, 농장경영, 원예를 할 수 있는 능력 • 과학 : 음식, 계절, 물리를 포함한 자연적인 삶의 에너지와 힘에 대한 지식

5) 생태학적 체계이론

생태학적 체계이론의 대표적인 학자 브론펜브레너(Bronfenbrenner)는 영유아의 발달은 영유아를 둘러싼 환경들 긴에 끊임없이 얽혀 있는 상호관계의 영향을 받아 이루어지는 것이라고 생각하였다. 유아가 접하고 있는 환경을 여러 수준의 체계로 구분하고 이러한 체계들의 복잡한 관계 속에서 유아의 발달이 직접적이거나 간접적으로 영향을 받을 수 있다고 본 것이다. 영유아는 가까이로는 가족, 친구, 친척으로부터 유아교육기관, 종교단체, 이웃, TV 등의 대중매체의 영향을 받는다. 브론펜브레너는 유아가 속한 환경생태계를 미시체계(microsystem), 중간체계(mesosystem), 외체계(exosystem), 거시체계(macrosystem), 시간체계(chronosystem)의 다섯 가지로 나누어 그 환경들 간의 상호관계를 분석하고 설명하였다. 그에 의하면 환경은 역동적이며 늘 변화하고, 환경의 변화는 유아의 발달에 영향을 미친다. 발달에 영향을 주는 사건은 외적으로 부과될 수도 있지만 유아 내에서 일어날 수도 있다. 유아는 자신의 주위 환경과 경험을 선택하고, 수정하며 창조할 수도 있다. 그러므로 유아는 환경의 산물이면서 동시에 산출자이며 이 두 가지는 서로 상호의존적인 영향을 주는 관계에 있다(최경숙, 2001).

브론펜브레너는 개인과 환경 간의 상호작용뿐만 아니라 환경 간의 상호작용도 강조하였다. 피아제의 인지발달에서 강조되는 상호작용은 개인이 속해 있는 즉각적인 환경으로 브론펜브레너의 미시체계적인 환경을 의미하고, 비고스키는 더 큰 맥락으로 보아 유아의 사회문화적 환경을 강조하였다. 그러나 생태학적 관점에서는 미시체계와 거시체계를 연결하는 중간체계나 외체계를 간과하였다고 볼 수 있다(전인옥·박선희, 2001). 결과적으로 이 이론은 유아를 둘러싼 환경에 대한 새롭고 폭넓은 시각을 제공해 줌으로써 우리가 유아를 보다 더 잘 이해하고 교육하기 위해서는 유아를 둘러싼 환경을 이해해야 할 것을 강조하고 있다.

6) 심리학이론과 유아교육 프로그램

1920년대 아동연구운동 이후 다양하게 발달해 온 심리학이론들은 이후 학습자의 발달적 특성에 대한 이해 및 교수방법 측면에서 유아교육과정에 꾸준히 영향을 미쳐 왔고, 유사한 성격을 가진 이론들을 중심으로 세 가지의 현저한 주류로 구분되었다. 각각의 입장은 특별한 발달이론에 그 가정을 두고 있으며 행동주의적 입장, 아동발달 모델, 구성주의이론이 세 가지 주류를 대표한다(이기숙, 2000).

행동주의적 입장에서 교사는 유아의 행동에 보상을 해주고 유아에게 정확한 행동목표를 제시하고 원하는 행동을 만들기 위하여 단계적 전략을 활용한다. 로크로부터 스키너까지에 이르는 이론들을 따르는 프로그램이며 문화적 전달 모델이라고도 한다. 아동발달 모델은 기본 목표가 유아 개개인이 자신의 학습에 깊이 젖어들어 독자적인 학습을 하도록 도와주는 데 있다. 이 형태는 사회·정서발달을 중심으로 하며 1960년대 이전의 프뢰벨, 프로이트, 게젤 등의 심리학이론이 바탕이 된다. 마지막으로 구성주의이론은 피아제, 비고스키이론 등을 중심으로 하는 프로그램 모델들로 학습은 환경이나 성숙적 요인보다는 유기체와 환경의 상호작용을 통해서 일어나는 것으로 본다. 피아제이론을 현장에 적용시킨 프로그램으로는 카미, 와이카트, 라바텔리 등의 프로그램이 대표적이다. 현대의 많은 유아교육 프로그램들은 비고스키의 이론을 적용하고 있으며 최근에는 가드너의 다중지능이론을 적용한 프로젝트 스펙트럼과 같은 접근법도 등장하고 있다.

3. 사회적 기초

1920년대부터 활발하게 이루어진 심리학적 연구결과들의 성과와 더불어 1960년대 이후 산업화·도시화와 함께 다양하게 변화된 사회적 요인들은 유아교육과정에 영향을 주는 중요한 요인이다. 20세기 후반 전 세계는 농경사회에서 산업사회로의 빠른 변화를 이루었고, 21세기로 접어들어서는 정보화 사회로 진보하였다. 이와 같은 사회적 변화는 가족의 구조 및 기능과 역할 등에 변화를 가져왔고, 여성의 사회적 진출이 일반화되었으며, 사람들로 하여금 복지사회와 환경, 미래사회에 대한 준비 등에 대한 많은 관심을 불러일으키게 되었다.

인간의 삶은 그가 속해 있는 사회적 분위기와 무관할 수 없고, 사회적 차원에서 교육이란 사회구성원들에게 특정 상황에서 어떻게 행동하는가 하는 행동양식을 가르쳐 주는 사회화라고 폭넓게 정의될 수 있다. 따라서 인간은 교육을 통해 사회적으로 성장하고 발달한다고 볼 수 있으며, 교육은 사회가 추구하는 인간상을 목표로 하여 그 사회의 이상이나 요구, 변화를 교육의 실제에 반영할 수밖에 없다(윤기영, 1998). 한 사회의 차세대를 교육하는 교육과정은 그 사회의 변화를 반영하며, 유아교육도 사회적 개혁과 변화를 위한 시도와 불가분의 관계를 가지고 발달하였다(Lazerson, 1972). 미래 사회의 구성원인 유아를 대상으로 하는 유아교육과정은 현재 사회의 모습에 대한 통찰과 다가올 미래 사회의 변화에 대한 예견이 동시에 이루어져, 현재 사회에 잘 적응하고 미래 사회에 적절히 대처할 수 있는 능력을 길러 주는 것이어야 한다. 그러므로 과거 유아교육에 영향을 주었거나 현재 영향을 미치고 있는 사회적

인 요인과 더불어 앞으로 전개될 미래 사회의 변화와 유아교육과정에서의 강조점을
분석해 볼 필요가 있다.

1) 변화하는 가족

(1) 가족구조의 변화

전통적인 농경 사회에서는 집안의 노동력을 확보하기 위하여 대가족제도가 일반
적이었으나 사회가 산업화·도시화되면서 가족의 구조는 독립된 부부 중심의 핵가
족이 일반화되었다. 이와 같은 핵가족화 경향은 부모의 역할과 책임에 변화를 가져
왔으며, 가족의 고립이 촉진되고 가족의 본래 기능이었던 자녀양육 및 사회화의 기
능이 약화되었다(Morrison, 1998). 또한 핵가족화 현상은 가정 내에서 대인관계 기
회의 감소를 초래하고, 소수의 특수한 인간관계만을 체험하게 되어 결국 인간 상호
작용의 결핍을 가져올 수도 있으며 유아의 사회화 과정의 기능약화를 초래하기도
한다(Bronfenbrenner, 1986).

이러한 핵가족화 이외에도 현대 사회는 '가족해체'라는 표현이 있을 만큼 가족의
구조가 다양화되고 있다. 조이혼율은 1985년 1.0%에서 2003년 3.5%로 급속히 증가
하였으며 2012년에는 2.1%로 약간 감소하였지만 과거에 비해 현저히 증가함을 알
수 있다(여성가족부, 2005; 한국여성개발원, 2006). 표 2-7은 우리나라 가족형태의
변화를 보여 준다.

가족형태의 변화(1970~2010년)　　　　　　　　　　　　　　　　(단위 : %)

표 2-7	가족형태	연 도								
		1970	1975	1980	1985	1990	1995	2000	2005	2010
핵가족	부부	5.4	5.0	6.4	7.8	9.3	12.6	14.8	18.0	20.6
	부부와 미혼자녀	55.5	55.6	56.5	57.8	58.0	58.6	57.8	53.7	49.4
	편부모와 미혼자녀	10.6	10.1	10.0	9.7	8.7	8.6	9.4	11.0	12.3
직계 가족	부부와 양(편)친	1.4	0.5	0.6	0.8	0.9	1.1	1.2	1.2	1.2
	부부와 양(편)친과 자녀	17.4	10.9	10.4	9.9	9.3	8.0	6.8	5.7	5.0
기 타	기타 가족	9.7	17.9	16.1	14.0	13.8	11.2	10.1	10.4	11.6

출처 : 통계청. 인구주택총조사 해당년도(1970~2010)

다양한 가족구조의 예로 잦은 이혼으로 인한 편부모 가족, 결혼이나 입양으로 맺어진 복합 가족, 가족처럼 살고 있는 동성애 가족, 주말부부 가족, 십대 부모들의 가정 등이 있다. 생물학적 부모와 그 자녀로 구성된 가족을 의미하던 핵가족의 정의에 이러한 가족들을 모두 포함시키는 데는 어려움이 있다. 이에 우리나라의 국가수준 교육과정 사회생활 영역에서는 이미 우리 사회 가족구조의 변화를 반영하여 유아들에게 가족의 소중함을 알고 가족과 화목하게 지내는 것의 중요성을 일차적으로 강조하고 있다. 외국의 경우에도 유아교육을 통하여 인간관계 경험을 넓혀 주고자 다양한 연령을 함께 교육하는 혼합연령집단, 대화 중심으로 인간 상호간의 관계를 도모하는 인간발달 프로그램, 긍정적 자아상을 갖게 하는 프로그램 등이 개발되었다 (이기숙, 2000).

(2) 여성의 사회 진출

1960년대 이후에는 여성해방운동의 영향으로 대부분 국가의 여성들이 사회생활을 하기 시작하였다. 전통 사회에서와 달리 여성도 남성과 동등한 교육을 받고 자아실현과 경제적 자립의 욕구가 강해졌으며, 변화된 사회의 산업구조는 여성인력을 필요로 하게 되었다. 우리나라도 여성의 경제활동이 해마다 증가하여 1970년에는 전체 여성인구의 38.5%, 1990년에는 47.0%, 2000년에는 48.8%, 2005년에는 50.1%로 증가하였고, 1970년 이후 15세 이상의 여성 경제활동 참가율은 표 2-8과 같다.

여성의 사회참여는 전통적인 가정의 역할과 기능에 큰 변화를 가져오게 되었다. 긍정적으로는 여성의 경제력이 향상됨에 따라 평등한 부부관계가 형성되기 시작하였고, 남아선호 경향도 감소하게 되었다. 그러나 가족 내 자녀의 수가 심각할 정도로 줄어들었고, 여성이 가정 내에서 전통적으로 담당해 오던 대표적인 두 가지 업무, 즉 가사와 육아에도 커다란 변화가 초래되었다. 가사의 경우 가전제품의 끊임없는 개발로 시간과 노력을 절약하여 간편하게 해결이 가능해졌으나, 아이를 낳고 양육

여성 경제활동 참가율　　　　　　　　　　　　　　　　　　(단위 : %)

표 2-8	연 도	1970	1980	1990	2000	2005	2006	2007	2008	2009	2010	2011	2012
	참가율	38.5	42.8	47.0	48.8	50.1	50.3	50.2	50.0	49.2	49.4	49.7	49.9

주 : 만 15세 이상의 인구를 대상으로 경제활동인구를 계산함
출처 : 통계청 홈페이지(2013). 경제활동인구연보

하는 육아의 문제는 그리 간단히 해결할 수 있는 문제가 아니므로 사회적으로 많은 고민을 낳게 되었다. 유치원에서는 유아들이 좀 더 장시간 교육을 받을 수 있는 시간 연장제와 종일제 프로그램에 대한 욕구가 급증하고 있고, 보육에 대한 절대적인 수요의 증가로 어린이집도 그 숫자가 날로 늘어가고 있는 추세이다.

시설 수의 경우 1990년 1,919개소에서 2012년 41,967개소로 22배 정도 증가하였고, 아동 수 또한 1990년 48,000명에서 2012년 1,468,373명으로 31배 정도 증가하였다. 설립주체별로 보면 민간개인시설이 14,351개소에 759,878명의 아동으로 가장 많았고, 시설선호도가 높은 국·공립시설이 2,180개소에 149,707명의 아동이 보육되고 있다(보육통계, 2012).

앞으로는 근무형태의 유연화 및 비정규직의 확산으로 인해 우리나라의 노동시장이 더욱 다양하게 세분화될 것으로 볼 때 더욱 많은 보육 수요의 증가와 함께 보육 서비스의 다양화에 대한 요구도 늘어날 것으로 전망된다. 특히 3세 이전 영아에 대한 보육, 초등학교 저학년에 재학하고 있는 어린이들에 대한 보육 수요도 증가할 것이므로 자녀양육의 책임을 사회와 국가가 함께 나누어야 할 것이다.

(3) 아버지 역할의 변화

현대 사회의 산업화·도시화로 인한 핵가족화와 더불어 진행된 여성의 사회 진출은 과거 어머니가 주로 담당했던 자녀교육을 아버지도 함께 담당할 필요성을 가져왔다. 이러한 아버지 역할에 대한 관심은 1970년대 중반부터 증가하였으며 아버지의 역할에 관한 많은 연구결과들은 기존의 인식과는 달리 아버지도 어머니 못지않게 자녀를 잘 돌볼 수 있는 능력이 있으며 자녀의 성장과 발달에 매우 큰 영향을 미친다고 하였다(Lamb, 1987).

과거 한국 전통사회에서의 이상적인 아버지상은 효를 절대적인 윤리규범으로 삼고 자녀에게 일방적인 명령과 복종, 지배와 의존을 당연시하는 권위적인 존재였다. 그러므로 아버지는 생계부담자로서의 역할을 주로 담당해 왔고, 어머니는 가사와 자녀의 양육을 주로 맡아왔다. 그러나 현대 사회의 아버지는 가정 내에서 가정의 경제를 책임지는 도구적 역할과 자녀에게 애정을 표현해 주는 표현적 역할을 할 수 있는 능력과 의욕이 있으며 양성적인 아버지의 역할을 하게 되었다. 양성적인 아버지 역할의 특징은 성역할 고정관념의 영향으로부터 자녀를 자유롭게 해주며, 아버지가

전보다 더 자주 양육에 참여하고 자녀와 상호작용을 많이 하는 아버지라고 한다. 또한 어머니가 인식하는 아버지의 역할도 변화되어 대부분의 어머니들이 아버지에게 양성적인 역할을 기대한다는 연구가 있다(김정옥, 1990). 그러나 실제 생활에서는 이러한 아버지에 대한 역할이 기대에 못 미치고 있음을 알 수 있다. 이기숙 등(2007)이 연구한 한국·중국·일본 3개국의 유아의 일상생활비교연구 발표에서 한국 3~5세 자녀를 둔 가정에서 아버지의 자녀양육과 가사 참여도에 대한 어머니들의 만족도를 조사해 본 결과 아직도 아버지의 자녀양육·가사에 대한 참여가 부족하다고 인식하고 있었다.

이와 같이 아직 현실적으로 자녀양육에서 차지하는 아버지의 역할 및 교육적 기능이 미약한 실정이므로 아버지교육에 대한 사회적 관심이 요구되며, 특히 늘어나고 있는 이혼가정 편부의 경우 더욱 많은 사회적 관심이 요구된다. 많은 선진국들에서는 아버지에게도 부모의 역할을 원활히 수행하도록 돕는 육아휴직제, 유연한 근무시간, 가족이 아플 때의 병가 등 많은 사회적 지원을 하고 있다. 오늘날 대부분의 유아교육기관에서는 아버지의 자녀교육에 대한 관심을 불러일으키고 자녀와의 친밀감을 더욱 강화해 주고자 '아버지 참여수업'을 실시하고 있다.

(4) 한국사회 저출산의 문제

1960년대에 우리나라는 경제성장을 이룩하고 빈곤에서 탈출하고자 늘어나는 인구의 증가를 억제할 필요가 있었다. 이러한 이유로 국가가 가족계획사업을 추진하여 1960년에 합계출산율이 6.0명이었던 것이 1983년에는 2.1명으로 감소하였고, 1985년에서 1995년 사이에는 출산율이 1.6명 전후를 유지하다가 2005년에는 1.08명으로 떨어져 세계에서 가장 낮은 출산율을 기록하였다(박정한, 2007). 그러나 2006년 이후 범사회적인 출산장려 움직임에 힘입어 세계 최저 수준까지 급락했던 우리나라의 출산율이 상승세로 돌아섰고, 2011년 1.24명이 되었다. 출산율의 변화

합계출산율의 변화 추이

(단위 : 명)

표 2-9 연 도	1960	1974	1983	2000	2005	2006	2007	2008	2009	2010	2011
합계 출산율	6.0	3.6	2.1	1.47	1.08	1.12	1.25	1.19	1.15	1.22	1.24

출처 : 경제기획원 조사통계국·가족계획연구원(1977), 1974년 한국 출산력 조사
　　　통계청 홈페이지(2012, 인구동태 건수 및 동태율 추이)

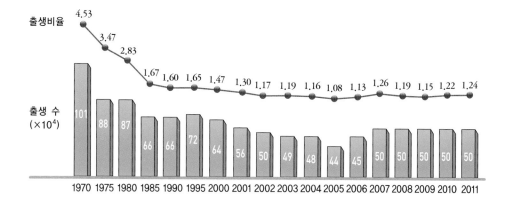

출생비율

출생 수
(×10⁴)

그림 2-4   연도별 출생 수와 출생비율 추이

출처 : 박정한(2007). 임산부와 신생아의 건강을 위한 적령기 출산, 부모기 탐색 : 건강한 육아를 위한 예비부모 지원.
한국육아지원학회 춘계학술대회 발표자료에서 저자허락으로 인용

추이를 제시하면 표 2-9와 같다.

출산율의 감소는 인구구조를 고령화하는 데 기여하여, 1970년에 3.1%에 지나지 않았던 65세 이상 노령인구의 구성비가 2000년에 7.2%로 고령화 사회에 접어들었고, 2020년에는 15.7%, 2030년에는 24.1%로 고령사회로 진입하게 될 것으로 예측한다(통계청, 2006). 우리나라 노인인구의 이러한 증가속도는 세계에서 유래가 없이 빠른 것으로 사회적으로 해결해야 할 많은 문제가 발생될 것으로 본다. 노동인력의 부족으로 경제성장이 둔화되어 국가경제가 위축되는 반면 노인부양 비용부담은 증가할 것이다.

이와 같은 출산율의 저하에는 개인적 요인, 사회적 요인, 정책적 요인 등 다양한 원인이 존재한다. 개인적 요인으로는 가장 먼저 자녀에 대한 가치관의 변화로 과거처럼 결혼을 하면 반드시 자녀를 가져야 한다는 생각을 하지 않는 사람이 늘어났다는 점이다. 맞벌이는 하겠으나 자녀는 갖지 않겠다는 DINK(Duble Income No Kid)족의 등장이 있는가 하면, 여대생의 30%가량이 자녀양육의 경제적 부담과 사회제도 및 시설의 미비를 이유로 들어 '자녀계획이 없다'고 응답한 충격적인 설문조사결과도 있다(www.joins.com, 2003. 11. 3). 결혼에 대한 가치관도 변화하여 결혼이 과거처럼 필수가 아닌 선택이 되었으며 독신을 희망하는 사람들의 숫자도 증가하였는데, 특히 교육수준이 높은 여성의 경우 육아와 가사의 부담이 남성에 비해 상대적으

로 높기 때문에 더욱 결혼을 기피하거나 늦추는 경향이 증가하였다. 대부분의 젊은 이들이 결혼에 대한 욕구보다는 직장에 대한 욕구가 높아져 초혼연령이 1960년에 남자 25.4세, 여자 21.6세이던 것이 2000년에는 남자 29.28세, 여자 29.49세, 2011년에는 남자 31.9세, 여자 29.14세로 나날이 늦어지고 있고(통계청, 2012), 결혼을 하더라도 사회적·경제적 지위가 안정될 때까지는 출산을 미루는 경향이 있어 첫 자녀의 출산시기가 늦어지는 것도 저출산의 원인이 되고 있다. 저출산의 사회적 요인으로는 여성의 사회참여로 출산과 육아에 대한 부담이 증가하는 현실과 도시화·산업화로 인한 개인주의적 사고의 확산, 가족계획 사업의 성공 등이 있다.

이렇듯 다양한 저출산의 원인들 중에서도 특히 자녀를 키우는 데 드는 경제적 부담이 아이를 낳지 않는 가장 큰 원인이라는, 즉 양육에 대한 경제적 부담이 너무 크다는 관점이 있다(김승권, 2005). 이미 30년 전부터 출산율을 높이는 데 관심을 가졌던 프랑스, 핀란드, 스웨덴 등의 국가들은 적극적인 양육부담 완화정책으로 이제 출산걱정을 하지 않고 있다. 이들 국가들이 하고 있는 대표적인 육아지원정책으로는 아동수당 지급, 무상 유아교육 제공, 공적 재정으로 운영하는 시설 확충, 출산휴가와 육아휴직 등이다(나정, 2005). 우리나라도 저출산 극복을 위한 육아지원정책으로 연말정산 시 보육료와 교육비의 소득공제, 출산휴가와 육아휴직제의 실시, 만 5세 유아의 점진적인 무상교육 실시 확대, 저소득층 가정 취학 전 영유아에 대한 보육료와 교육비 지원 등의 노력을 기울이고 있다.

2) 복지사회와 건강한 삶에 대한 노력

(1) 보상교육

1960년을 전후하여 교육학자, 사회학자, 행정가 등은 인간의 발달에 있어 조기 경험의 중요성을 인식하고 유아교육에 대한 관심도가 상당히 높아졌다. 이러한 관심은 미국의 헤드 스타트 프로젝트(Head Start project), 세서미 스트리트(sesame street)와 같은 불우아동을 위한 교육 프로그램을 등장시키고 이들에게 보상해 줄 수 있는 교육을 시작하였다. 특히 미국의 헤드 스타트 프로젝트는 정부가 '가난의 극복(war on poverty)' 이라는 사회복지정책의 일환으로 개입한 저소득층을 위한 집중적이고 포괄적인 유아교육 접근법이었기 때문에 많은 시사점을 주었다(이기숙, 2000). 이는 가난이 미치는 부정적 효과를 방지하고 교육의 기회를 균등하게 주기 위하여 문화적으로 혜택받지 못하는 '불리한 환경의 유아들(disadvantaged children)'에게 보다 더 체계적이고 조직적인 교육을 실시함으로써 그 불리함을 극복하자는 국가적 차원의 개입 노력이었다. 저소득층 유아들의 복지 차원에서 이루어진 헤드 스타트 프로그램은 교육, 부모참여, 건강진단, 사회봉사, 영양, 교사와 부모들을 위한 진로지도 등의 여섯 가지 주된 프로그램으로 구성되었다. 헤드 스타트의 이러한 노력은 유아교육의 중요성에 대한 국가적 관심과 인식, 다양한 유아교육 프로그램의 개발과 기관의 설립, 더 나아가 헤드 스타트의 효과를 검증하는 장·단기의 연구들로까지 이어져 유아교육 및 유아교육과정의 발전에 많은 기여를 하였다.

우리나라의 경우 헤드 스타트와 유사한 노력으로 1980년대 초반 제5공화국이 들어서면서 취업모 자녀의 증가와 저소득층 유아에 대한 교육의 일환으로 정부가 적극적으로 개입하여 전국에 새마을유아원을 설립하였다. 새마을유아원은 1991년 영유아보육법이 제정되면서 유치원과 어린이집으로 전환하도록 하여 현재는 존재하지 않는다. 최근에는 정부가 2013년부터 만 0~5세 전 계층에 무상보육을 실시하고 유치원과 어린이집에 연령별로 보육료와 양육수당을 지급함으로써 보편적 복지정책을 시도하고 있다. 또한, 보건복지부는 2004년부터 민간단체와 지자체를 중심으로 추진되었던 '위스타트 마을 만들기 사업'을 모델로 하여 2007년부터 한국형 포괄적 빈곤아동 조기지원 서비스를 제공하는 것을 목적으로 드림스타트 사업을 추진하고 있다. 또한 교육과학기술부는 교육복지투자우선지역지원사업의 일환으로 유치원 단계의 저소득층 영유아들에게 예방적, 치료적인 개입을 통해 교육, 복지 문화 측면에서 평등한 출발을 보장하기 위하여 2003년부터 이 사업을 시작하여 전국적으로 확대하게 되었다. 교육과학기술부가 주관하고 교육청, 단위학교 및 지역사회 단체 및 기관들이 네트워킹하여 수행되는 것을 특징으로 하며 2011년부터 그 명칭을 교육복지우선지원사업으로 변경하였다. 이 사업은 저소득층 밀집 지역을 중심으로 저소득층 유아들에게 요구되는 교육적 지원을 하고, 문화, 복지의 영역에 대한 지원까지 함께 제공함으로써 좀 더 적극적 개념의 교육불평등과 격차를 해소해 나가기 위해 시도되고 있다(교육복지우선지원사업, 2013).

(2) 환경교육의 강조

오늘날 현대 사회의 급속한 산업화와 무분별한 경제성장, 인구증가로 인한 소비형
태의 다양화 등은 생활수준의 향상을 가져왔지만 인간생존의 기반인 지구 생태계의
급속한 파괴로 이어지고 있다. 많은 동·식물들이 멸종 위기에 놓이게 되었고, 환경
오염으로 인한 이상기온현상이 지구 곳곳에서 발생하고 있다. 이와 같은 자연파괴
는 어린이들의 삶에 직접적인 영향을 미쳐 왔다. 어린이들이 자연에서의 다양한 놀
이를 할 수 없는 것은 물론이고 나날이 늘어가는 자동차들로 안전한 놀이터마저 잃
어버렸고, 자연물 대신 아기 때부터 플라스틱 장난감을 주로 가지고 놀며 TV와 컴퓨
터 게임기에 빠져들거나, 학습지를 하며 많은 시간을 보내게 되었다. 또한 환경오염
으로 아토피나 만성적인 천식, 납중독과 같은 신체적인 고통을 감수해야 하는 유아
들 또한 나날이 늘어가고 있다. 이러한 상황에서 전 세계는 환경에 대한 관심이 고
조되고 있고, 환경에 대한 건전하고 바른 태도를 길러 주는 환경교육이 21세기에 반
드시 필요한 교육으로 인식되고 있으며, 유아교육도 예외가 될 수는 없다.

환경교육은 환경을 구성하는 여러 요소들 간의 상호의존성에 대한 지식과 환경에
영향을 미치는 행동을 할 때 올바른 태도를 갖도록 하는 데 중점을 둔다(환경처,
1997). 유아 대상의 환경교육은 환경에 대한 인식과 태도를 형성하고 환경에 대한
지식을 습득하는 것이며 환경보전에 참여하는 행동을 기르는 것이다(윤애희·박정
민, 2002). 이러한 교육은 가치관을 내포하는 교육이므로 다양한 가치관 및 태도를
형성하기 시작하는 최적의 시기인 유아기에 이루어지는 것이 효율적이다. 더욱이
유아교육은 생활 중심으로 이루어지므로 환경교육을 효율적으로 적용할 수 있으며,
어린 시절 경험한 환경에 대한 감수성은 이후의 인생에 중요한 영향을 미칠 수 있
다. 최근에는 이러한 노력의 일환으로 많은 유아교육기관들이 텃밭에서 식물 재배
하기, 꽃씨 심고 가꾸기, 동물 기르고 보호하기, 재활용품 사용하기, 분리수거하기
등의 활동을 실시하고 있다. 여기에서 더 나아가 일부에서는 공동육아 프로그램을
포함하는 다양한 대안 프로그램과 생태유아교육 프로그램들도 등장하였다.

3) 21세기의 정보화 · 세계화 사회

(1) 정보화 · 세계화 사회의 도래

현대 사회는 인터넷을 포함한 정보통신매체와 교통의 발달로 인하여 세계가 하나의 생활권으로 묶이게 되면서 세기적 변혁의 시대를 맞고 있다. 우리나라도 통신위성이 발사된 이후 TV스위치만 켜면 세계 곳곳에서 일어나는 일들을 위성채널을 통해 실시간으로 시청할 수 있게 되었다. 이러한 정보화 · 세계화 사회를 사회학자들은 '그물망 사회', '다원화 사회', '지구촌' 등의 개념으로 표현하고 있다(김정원 외, 2006).

누구에게나 정보가 개방되는 현대의 정보화 사회는 소수만이 정보를 가지고 대우를 받던 과거에 비하여 매우 평등한 사회가 될 것이며, 개인들의 삶이 보다 다양해지고 선택의 폭도 넓어질 것이다. 그러므로 현대 사회는 누구나 공유할 수 있는 기존의 정보가 아닌 새로운 정보를 창출하고 활용하는 사고능력과 창의성의 개발이 무엇보다 중요하게 부각되고 있다. 빠른 사회변화에 대처할 수 있는 능동적이고 적극적인 성향, 자신의 삶을 계획하고 선택하는 자기 주도적인 태도, 다양한 관계를 형성하고 의사소통할 수 있는 열린 마음 등이 정보화 사회에서 요구되는 인성적 특성들이다.

정보화 사회와 함께 도래한 세계화로의 변화는 단일민족국가를 자랑으로 삼던 우리에게 하나의 도전이 되고 있다. 지역과 지역 간, 문화와 문화 간의 교류가 빈번해지고, 세계가 시 · 공간적으로 가까워짐에 따라 세계 여러 나라와 함께 공존하는 법을 배워가는 것은 중요한 과제가 되었다. 다양한 문화가 공존하는 세계시민으로 살아가기 위해서는 우리와 다른 것에 대한 편견 없는 수용과 다른 문화에 대한 긍정적인 태도와 이해가 요구된다. 이러한 사회적인 변화를 반영하여 최근 유아교육에서는 성, 인종, 민족, 능력, 장애 여부 등에 관계없이 모든 사람을 존중하도록 하는 반편견교육과정(anti-bias curriculum)과 인간의 삶 속에 존재하는 다양성에 대한 이해와 존중을 도모하는 다문화교육(multi-cultural education)에 노력을 기울이고 있다. 더불어 세계 언어로 인식되는 영어교육에 관한 관심이 지나치다 해도 과언이 아닐만큼 높아지고 있다.

(2) 우리나라 전통문화의 중요성에 대한 인식

21세기 세계화·정보화 시대의 특징을 한마디로 정의하기는 어렵지만 한 가지 분명한 점은 각 나라마다 고유의 민족정신을 반영하는 교육이념 및 가치가 매우 강조되리라는 것이다. 국가 간의 거리가 좁혀지고 세계가 하루 생활권에 접어들었지만 오히려 대등한 국가관계나 민족관계를 유지하기 위해서 각국 고유의 문화정신을 계승하는 전통문화교육이 더욱 필요하게 되었다. 이러한 현상을 '세계화'와 동시에 출현하는 '민족화'라고 부르며, 사람들은 삶의 스타일이 서로 동질적이 될수록 외부적인 영향에 반발하면서 자신의 문화적 독특성을 주장하게 된다는 것이다 (Naisbitt, 1987). 우리가 흔히 사용하는 가장 한국적인 것이 가장 세계적인 것이라는 표현은 이러한 전통문화의 중요성을 잘 표현한 것이며, 우리 것에 대한 이해와 존중이 다른 문화에 대한 이해와 존중의 기초가 됨을 나타내 주는 것이다.

이에 제6차 유치원교육과정에서는 21세기 세계화에 대비한 교육개혁 중점 사항으로 전통문화교육에 충실할 것을 제시하고 유아를 위한 전통놀이 교육활동지도자료, 전통문화 교육활동지도자료 등을 개발하여 유아교육현장에 배부하였다. 2007년 개정 유치원교육과정에서도 이러한 전통문화에 대한 강조가 교육과정 구성방침에서 계속 강조되고 있다(교육인적자원부, 2007). 그러나 꾸준히 계승하고 발전시켜야 할 우리의 전통문화에 대한 교육이 마치 관광객이 특정 장소를 평생에 한 번 여행하면서 경험하듯이 일회적으로 소개하는 관광식 교육과정(tourist curriculum)으로 전락하지 않도록 노력을 기울여야 할 것이다.

4. 현대 유아교육과정의 동향 및 논쟁점

유아교육과정은 그 시대의 철학적·역사적·심리적·사회적인 요구와 맥락을 반영하면서 변화해 왔다.

현대 유아교육과징의 경향을 이해하기 위하여 먼저 철학적·심리적·사회적 측면이 유아교육과정 모델 발달과정에 어떻게 영향을 미쳐왔는지 종합적으로 요약·정리해 보고자 한다. 그 다음 현대 유아교육의 경향에서 공통적으로 제기되고 있는 유아교육과정의 동향 및 논쟁점들을 제시하였다. 이상의 내용을 차례로 제시하면 다음과 같다.

1) 유아교육과정 모델의 발달과정

교육과정 모델은 프로그램의 이론적 전제, 행정상의 정책, 교육적 요소의 이상적인 표상과 같고, 특별한 교육적 결과를 얻는 데 목적을 두고 있다. 또한 교육과정 모델은 아동이 배워야 할 가치 있고 중요한 것이 무엇이며 아동이 어떻게 발달하고 학습하며, 아동을 위한 학습자료와 기회를 효과적으로 제시하는 이론들로부터 나왔다 (Biber, 1973; Schubert, 1966; Spodek, 1973; Spodek & Brown, 1993). 교육과정 모델들은 이론적 기초, 행정상의 정책, 교육과정 내용, 교수방법 등의 면에서 연구될 수 있다(Evans, 1982). 오늘날 대부분 유아교육과정 모델들은 특정한 학습이론이나 발달이론과 연관되어 있으나, 초기 모델들은 이와 관련이 없었다.

18~19세기에 전개된 초기 유아교육 모델은 인간발달의 과학적 연구 이전에 고안되었다. 아동 인성에 대해서는 아동발달에 관한 지식의 심리적 인식보다는 철학적인 지식에 근거를 두었으며, 또 직관적인 것이었다.

유아교육과정 모델의 발달은 이러한 관점에서 볼 때 초기에는 주로 프뢰벨, 듀이, 몬테소리 등의 철학적 이론에 기초하여 교육과정이 구성되었으며 곧이어 아동연구운동의 결과로 유아의 발달과 학습에 과학적 연구결과들이 반영되기 시작하였다. 특히 게젤을 비롯한 성숙주의자들의 이론은 1960년대 이전의 유아교육을 지배하는 이론이었다. 즉, 심리적 이론이 유아교육과정의 기초를 이루게 된 것이다.

20세기 초기에는 아동연구운동이 일어났다. 아동의 학습과 발달에 대한 지식의 증가는 유아교육과정에 영향을 끼쳤다. 진보주의 교육과 정신분석학적인 이론들도 새로 등장하는 교육과정에 커다란 영향을 주었다. 이 시기에 개발되어 유아교육에 중대한 영향을 준 프로그램 중 하나는 몬테소리의 교육방법이었고, 20세기 초에 개발된 또 하나의 유아교육 프로그램은 유아원(nursery school)이다. 유아원에서는 창의성, 상상력의 발달, 놀이를 중요하게 여겼다.

1900년대 초기 미국에서 많은 유아교육자들이 프뢰벨 유치원교육의 적합성에 대하여 의문을 제기했다. 이들은 은물(gift)은 너무 추상적이고 아동의 삶과 관련이 없으며 작업(occupation)은 너무 지루하다고 여겼다. 이와 더불어 20세기 초에 일어난 아동연구운동과 듀이의 영향을 받아, 점차 유치원교육의 목표와 실제를 새롭게 변화시키게 되었다.

1960년대와 1970년대에 이르러 불우아동에 대한 관심과 여성의 취업률의 증가, 핵가족화 경향은 유아교육과정 모델에 있어 다양한 유형을 발달시키게 되었다. 즉, 사회적 기초가 유아교육과정 구성에 큰 영향을 미치게 된 것이다. 이와 같이 유아교육의 변천은 철학적 기초에서 심리적 기초, 다시 사회적 기초와 심리적 기초의 영향 하에 놓이게 된 것이다.

1960년 이전에는 사실 유아교육과정 모델에 대한 연구는 거의 이루어지지 않았다. 1960년대와 1970년대에 이르러 헤드 스타트 프로젝트와 대학에서 많은 교육과정 모형이 개발되었으며 이에 대한 연구가 이루어지게 되었다. 수많은 다양한 접근이 시도되었고, 이러한 접근은 4가지 일반적인 범주로 분류될 수 있다(Spodek & Brown, 1993).

- 몬테소리 프로그램(Montessori programs)
- 행동주의 프로그램(behavioral programs)
- 개방주의 프로그램(open education programs)
- 구성주의 프로그램(constructivist programs)

이러한 모델들은 많은 면에서 다르다. 행동주의 모델과 구성주의 모델은 프로그램 기초가 되는 발달이론에 있어 다르다. 이러한 차이 외에 프로그램의 목표에 차이가 있다. 행동주의 프로그램은 학습기술에 중점을 두고, 구성주의 프로그램은 인지발달과정에 중점을 둔다. 개방교육 모델은 일반적으로 폭넓은 교육적 목표를 가지고 있으며, 표현력과 개인의 자율성을 중요하게 여긴다.

1980년대에 이르러서 새로운 유아교육과정 모델들은 거의 개발되지 않았으며 1960, 70년대에 개발된 교육과정 모델들이 유아교육과정에 계속 영향을 주고 있다. 몬테소리 프로그램은 그대로 계속되고 있으며 행동주의적 접근법은 특히 저소득층 가정의 자녀나 특수교육을 받는 유아를 위해서 선호되고 있다.

'개방교육'이라고 불리는 프로그램 역시 상당히 변화되고 있으며 이제는 많은 유아교육 프로그램들이 특정한 접근법에 기초한 프로그램으로 분류뇌기보나는 상당히 복합적인 접근법의 형태를 띠고 있다(Spodek, 1992). 최근에는 유아교육과정의 접근법으로써 프로젝트(project) 접근법과 이탈리아의 레지오 에밀리아(Reggio

Emillia) 접근법이 유아교육현장에서 많이 선호되고 있다.

이와 함께 독특한 목적들을 가지고 특별한 대상의 유아들을 상대하는 프로그램들이 개발되고 있다. 예를 들면 유아에게 전쟁과 평화에 대한 개념을 길러 주기 위한 평화교육과정(Carlsson-Paige & Levin, 1985), 인간의 다양성을 수용하고 편견을 방지하기 위한 다문화적 교육 혹은 편견없는 교육과정(Derman-Sparks, 1989) 등이 있다. 또한 특수아동을 대상으로 하는 프로그램(ECSE : Early Childhood Special Education)들이 발달지체, 학습부진, 정서장애, 영재, 통합교육 등을 중심으로 상당히 다양하게 개발·적용되고 있다(Williams & Fromberg, 1992). 이와 같은 유아교육 프로그램 모델들은 어느 한 가지 접근법이나 모델이론에 근거하고 있지 않다.

이상을 요약해 보면, 유아교육과정 모델은 여러 다른 단계를 거쳐 발달되었다(Spodek, 1993). 첫 번째 단계는 교육과정 모델 발달이었다. 오웬과 프뢰벨을 포함해 초기 모델들은 유아와 유아기의 본성에 대한 직관적인 관점을 토대로 하였다. 또한 초기 모델은 지식의 근원과 지식이 어떻게 아동에 의해 획득되는가를 기초로 하였다.

두 번째 단계는 아동발달과 유아교육의 학습에 대한 과학적인 지식의 영향으로 특징지을 수 있다. 몬테소리는 발달에 대한 인류학적인 연구들로부터 영향을 받았다. 미국에서의 유치원개혁운동과 유아원 모델은 많은 발달이론들의 영향을 받았으나 특히 게젤과 그의 추종자들의 성숙주의이론으로부터 현저한 영향을 받았다.

세 번째 단계는 1960년대와 1970년대로, 다양한 유아교육과정 모델의 발달에 의해서 유아 프로그램들은 발달이론과 프로그램 목표의 다양성이 반영되었다. 이 단계에는 학습과 발달과 아동이 배워야 할 지식에 관해 갖는 서로 다른 견해들이 프로그램의 다양성으로 특징지을 수 있다.

오늘날의 유아교육은 네 번째 단계로 볼 수 있다. 교육과정발달의 시도는 지속되고 있지만 새로운 교육과정 모델은 과거와 같이 활발하게 개발되고 있지는 않다.

유아교육 분야에서 교육과정 개발은 계속될 것이고 이 개발은 기존의 교육과정을 완전히 대치하는 것이 아니라 기존의 교육과정 모델을 수정하는 것이 될 것이다. 현재 상태에서 이런 수정이 정확히 무엇인가 결정하기는 어려우며, 현재 이루어지고 있는 많은 비판들이, 또 계속되고 있는 요구가 교육과정개발에 영향을 미칠 것이다. 이러한 의미에서 최근에는 유아교육에서 프로젝트 접근법과 레지오 에밀리아 접근법이 선호되고 있다.

현대 영유아교육과정에서 활발히 논의되고 있는 주요 내용들을 살펴보면 다음과 같다.

2) 종일제 프로그램의 확산

2012년에 유아교육법이 일부 개정됨에 따라 종일제의 용어는 방과후 과정으로 명칭이 변경되었다. 유치원에서 방과후 과정이란 유아교육법 제2조 6항에서 교육과정 이후에 이루어지는 그밖의 교육활동과 돌봄활동이라고 정의하고 있다. 따라서 유치원의 하루 3~5시간의 기본과정이 끝난 후에 이루어지는 다양한 종일제 활동모두를 방과후 과정이라고 부른다.

영유아를 둘러싼 경제적·사회적·심리적 변화, 즉 영유아기 자녀를 둔 취업모의 증가와 가족구조의 변화, 유아교육의 중요성에 대한 새로운 인식 등으로 우리나라에서 뿐만 아니라 세계적으로 종일제 프로그램에 대한 요구가 급격히 증가하고 있다. 이러한 시대적 요청에 의하여 많은 연구 결과와 정책들이 제시되면서 유아교육기관에 종일제 프로그램이 확산되고 있다.

유치원에서 종일제 프로그램의 운영이 본격화된 것은 1998년에 초·중등교육법 시행령 제48조에 유치원 종일반 운영에 대한 법적 근거가 마련됨으로써 유치원은 필요한 경우 반일제, 시간 연장제 또는 종일제로 교육 프로그램을 운영할 수 있게 되었고, 현재 운영시간에 따른 다양한 종일제 교육 프로그램이 운영되게 되었다.

여기에는 다양한 특별활동(체육, 과학, 음악, 미술 등)을 포함하여 기존의 종일 돌봄이 필요한 유아들을 대상으로 운영된다. 2012년 4월 기준으로 전체 유치원 취원아 613,749명 중 380,486명으로 전체 취원아 대비 62%를 넘어서고 있다.

미국의 경우도 공립학교에서 종일반 프로그램을 운영하는 유치원의 수가 계속 증가하고 있는 추세이다. 이는 종일제 유치원 프로그램에 대한 한 부모 또는 맞벌이 부모의 요구가 점점 높아지고 있기 때문이며, 유치원 교사들도 지식과 정보의 증가로 유치원교육과정이 과거보다 심화·확장되어 현재의 유치원교육과정을 충분히 실행하기 위해서는 보다 많은 시간이 필요하기 때문이라고 주장하기도 한다(Elicker & Mathur, 1997). 그러나 이러한 시간의 연장이 1990년대 이후부터 유치원교육 프로그램을 놀이 중심에서 무엇을 가르치려는 경향으로 바뀌고 있다는 것이 문제점으로 지적되고 있다(Williams, 1999). 교육과정의 목표가 전인발달에 초점을 두었던 것에서 보다 더 학문 중심적인 것으로 바뀌었고 교육활동도 놀이 중심의 활동에서 1학년 교육과정을 준비하는 데 필요한 기초 학문을 위한 활동들로 대치되고 있다는 것이다. 우리나라의 경우 방과후 과정의 개념이 교육과정의 심화나 맞벌이부부 자녀의 종일제 교육을 위한 편안한 돌봄보다는 일반적으로 초등의 방과후 특별활동과 동일한 개념으로 받아들여지고 있어 혼란을 초래하고 있다. 더구나 유아에게 적절하지 않은 과도한 방과후 특성화 프로그램이 실시되는 우려도 낳고 있다. 이러한 문제 때문에 현재 이루어지고 있는 방과후과정 운영에 대한 개선의 목소리가 높아지고 있다(교육과학기술부, 2013).

이와 관련하여 유아교육에 있어 교육과 보육(care)의 개념이 통합되고 있다. 이러한 두 가지 개념을 분리하기보다는 통합하여, 보호를 받는다는 것이 곧 교육을 받는다는 것을 의미하게 될 것이다. 유아교육은 그 역할이 단순히 교육인가, 아니면 복지인가로 이원화되기 힘들다. 예를 들면 유치원은 교육, 보육시설은 단순한 보육·복지로 양분화될 수 없다는 것으로 1960년대 이후 유아교육에 있어서 종래의 구별과 편견이 없어지고 있다는 것이다. 과거 유치원은 중류 계층의 유아를 대상으로 하는 교육적 프로그램이며, 보육시설은 저소득층의 자녀를 중심으로 단순히 취업모를 대신하여 유아를 맡아서 신체적 필요를 충족시켜 주는 프로그램으로 인식되어 왔다. 그러나 유아교육의 확장과 취업무의 증가는 보육시설을 보편화시켰으며, 기본적 신체건강을 중심으로 하는 보호의 개념에서 이제는 전인적 발달을 위한 포괄적인 교육프로그램으로 전환되었다. 최근에는 이것을 포괄적 보육(comprehensive chid care) 또는 질적·발달적 보육(quality developmental child care)이라고 부르고 있다. 즉, 교육, 사회 서비스, 영양, 건강 서비스 등 포괄 서비스로서 '보호(care)' 기능과 '교육(education)' 기능을 통합(educare)하게 되었다. 따라서 보육이란 계층에 관계없이 이용되는 기관이며, 취업모를 위해서 질 높은 종일제 프로그램이 요구된다.

3) 대상연령의 하향화 및 다양화

기혼 여성의 취업 확대, 핵가족화와 한 부모 자녀의 증가 등과 같은 사회·경제적 변화로 인해 가정의 자녀양육 기능이 약화되면서 가정 밖에서 교육받는 유아의 연령이 점점 더 하향화되고 있는 추세이다. 이와 함께 방과 후 초등학교 아동들도 각종 안전사고, 과도한 TV 시청이나 컴퓨터 게임, 아동 유기, 성폭행 등의 위험에 노출되어 있기 때문에 방과 후 아동지도에 대한 필요성과 요구가 높아지고 있다. 즉, 출생에서부터 초등학교 아동에 이르기까지 유아교육에서 담당해야 할 대상 연령의 범위가 넓어지고 있는 것이다. 이로 인해 만 3세에서 취학 전 유아를 대상으로 하는 좁은 의미의 유아교육 프로그램뿐만 아니라 3세 미만 영아를 대상으로 하는 영아 프로그램, 초등학교 아동을 위한 방과 후 아동지도 프로그램까지 다양한 연령층의 유아를 위한 프로그램이 개발·적용되고 있다. 영아기와 걸음마 시기의 유아에 대한 연구와 이론들이 급속히 증가하고 있으며 더욱 확대될 전망이다. 따라서 이제까지 유아교육 종사자들이 만 3~5세 유아의 발달과 교육에만 관심을 가지는 것에서부터 벗어나 좀 더 어린 연령을 대상으로 해야 할 것이다.

특히 영아 프로그램은 취업 여성의 증가와 가족구조의 변화 등 사회·경제적 변화 외에도 생후 3년간의 초기 경험이 앞으로의 성장과 발달에 결정적인 역할을 한다는 영아기에 대한 중요성 강조, 자녀 수 감소로 자녀에 대한 기대와 비용 투자 증가 등의 요인이 복합적으로 작용하면서 1990년대 말부터 3세 미만 영아 교육에 대한 수요가 가속화되고 있는 추세이다(김희진·김언아·홍희란, 2004). 영아 프로그램의 중요한 특징 중 하나는 영아의 신체적·생리적 욕구를 교육과정 안에서 중요한 내용으로 의미 있게 다루어 진행한다는 것이다. 즉, 일상생활과 관련된 잠자기, 먹기, 씻기, 기저귀 갈기, 배변 훈련, 옷 입고 벗기 등의 활동이 영아와 친밀감을 나누고 일상생활에서 자조능력을 키울 수 있는 교육활동으로 진행된다. 또 다른 특징은 영아기는 발달적 변화가 급속한 시기이기 때문에 영아의 발달적 특성을 반영한 교육 경험을 제공하고 영아의 개인차를 고려하여 계획했던 활동일지라도 융통성 있게 변화시켜서 진행하는 것이다.

반면에 초등학교 시기는 기본적인 생활 습관과 학습 습관이 형성되는 시기이기 때문에 방과 후 아동을 위한 프로그램은 초등학교의 학습 영역과 가정에서의 생활 영역을 종합해서 구성하여 운영하고 있다. 대상 연령은 만 12세 미만의 초등학교 아동이며(영유아보육법 제27조, 2005), 방과 후 아동지도는 방과 후, 방학 중, 학교 시작 전에 행해지는 아동지도를 모두 포함하는 개념이다. 프로그램의 주요 내용은 식사 등의 생활지도, 숙제지도, 학업성취지도, 자율학습, 특별활동지도, 놀이, 독서 등으로 구성된다(김정원·김유정, 2006; 한국여성개발원, 1997).

유아교육의 대상 또한 점차적으로 다양한 유아를 대상으로 하고 있다. 장애아동, 발달적으로 뒤졌거나 문제가 있는 유아들이 유아교육 속에 점점 더 통합되고 있다. 따라서 앞으로 유아교육 종사자들이 특수한 유아의 발달형태를 이해하는 것은 정상 유아의 발달 형태를 이해하는 것만큼이나 필수적이 될 것이다.

이와 같이 최근에는 출생에서부터 초등학교 아동까지 유아교육의 대상 연령 범위가 확대되면서 취업모 자녀를 위한 유치원 종일반, 어린이집, 방과 후 아동지도 교실 등이 양적으로 증가하고 이들을 위한 다양한 프로그램들이 개발되고 있다. 그러나 이러한 양적 증가에 비해 아직은 양질의 프로그램이 모든 기관에서 제공되고 있는 것은 아니다. 비용과 시설, 교사 수급 등의 문제로 인해 최소의 보호만 제공하거나 방과 후 교사가 학습지도를 제대로 하지 못하는 경우도 있다. 따라서 사회·경제적 변화와 교육적 인식 변화로 아주 어린 시기부터 가정 밖의 시설에서 장시간 보호되고 교육되는 유아를 위해 유아의 발달과 개인적 특성, 환경적 특성을 고려하여 전인적 발달과 성장을 지원할 수 있는 양질의 교육 프로그램 개발이 중요한 과제이다.

4) 다양한 목적을 가진 프로그램의 개발

최근 특정의 목적을 가지고 특별한 대상의 유아를 상대로 하는 다양한 프로그램들이 개발되고 있다(김명순·이기숙·이옥, 2005). 예를 들면 유아에게 전쟁과 평화에 대한 개념을 길러 주기 위한 평화교육과정(최석란·신은수, 1999; Carlsson-Paige & Levin, 1985), 자연에 대한 친밀감과 아름다움을 느낄 수 있는 감성계발 및 자연을 보호하는 태도를 길러 주기 위한 생태교육과정(임갑빈 외, 2002; 임재택 외, 2002), 인간의 다양성을 수용하고 편견을 방지하기 위한 다문화적 교육 혹은 반편견 교육과정(김영옥, 2002; 이경우·이은화, 1999; Derman-Sparks et al., 1989) 등이 있다. 또한 특수아동을 대상으로 하는 통합교육 프로그램(이소현, 2005) 등도 매우 다양하게 개발·적용되고 있다.

(1) 평화교육과정

교육학자들은 현대 사회의 다양한 사회문제, 즉 전쟁 및 테러 행위, 소수민족의 문화와 생태계의 파괴, 인종 및 성차별, 학원 폭력 등에 직면하게 되면서 사회개혁과 함께 교육개혁, 특히 평화교육의 필요성을 촉구하게 되었다. 오늘날 평화의 개념은 전쟁, 인종 분쟁, 무력 사용 등의 문제를 넘어 정의, 인권, 환경, 폭력 등을 포함하는 광범위한 것으로 평화교육은 생각하여야 할 주제가 아니라 살아가야 할 주제로 인식되고 있다(이은화, 1999; 홍순정, 2000). 평화교육은 일정한 시간에 독립된 과목으로 이루어지는 것이 아니라 교실, 놀이터, 가정, 텔레비전 등의 일상생활에서 경험을 통해 평화적인 삶의 태도를 배워나가는 것이다. 따라서 평화교육과정에서는 자신과 타인에 대한 존중, 협동, 갈등의 평화적인 해결기술, 문화적 다양성에 대한 이해, 자연과 인간과의 조화 등을 주요 내용으로 다룬다. 이와 같은 관점에서 인간과 자연의 조화를 강조하는 생태유아교육의 중요성이 강조되면서 자연의 아름다움을 느낄 수 있는 감성을 길러 주고, 자연에 대한 친밀감과 소중히 여기는 태도를 기르기 위한 자연친화교육 프로그램이 관심을 받고 있다. 이러한 생태유아교육 프로그램은 유아가 유아교육기관 또는 가정에서 쉽게 접할 수 있는 꽃, 식물, 동물 등을 주제로 자연에 대한 친밀감을 높이고 감성을 계발하는 자연친화교육의 형태로 개발되고 있다(김정원 · 김영숙, 2006; 임갑빈 외, 2002).

(2) 반편견과 다문화교육과정

이와 같은 맥락에서 성, 인종, 장애, 민족, 문화 등의 차이점을 인정하고 존중하며 인간의 다양성을 수용하고 편견에 대응할 수 있는 능력을 길러 주기 위한 반편견, 다문화교육과정도 개발 · 적용되고 있다. 특히 다인종으로 국가가 구성된 미국을 중심으로 1980년대에 활발히 연구 · 적용되던 반편견교육에 대해 우리 학계에서도 1990년 후반부터는 관심을 기울이기 시작하였다. 이는 동일 국가와 민족 내에서도 현대 사회의 다양한 삶의 변화로 인해 문화 차이가 나타나며 이를 상호존중하고 이해하면서 공존해 나가는 태도를 형성하는 것이 유아가 지구촌 시대를 살아가는 데 필요한 기본 능력이라는 것을 인식했기 때문이다. 다문화교육과정은 문화의 다양성을 존중하고 세계 공동체를 위한 역할을 수행하는 것을 목적으로 하며 문화, 협력, 편견, 정체성 형성, 평등성, 다양성 등을 주요 내용으로 하여 이루어졌다(김영옥, 2002).

다문화주의는 유아교육과정의 구성에서 새롭게 강조되고 있는 관심 영역이라고 할 수 있다. 포스트모더니즘(postmodernism)이라는 개념과 함께 등장한 이러한 다문화주의는 국가적인 개념뿐만이 아니라 사회계층의 문제, 빈곤문제, 인종문제, 여성문제, 계급문제 등 사회에서 일어나는 모순과 편견에서 벗어나려는 움직임이다. 현대 사회의 경제·사회구조의 변화로 인하여 우리나라에서도 이미 맞벌이 부모, 한 부모, 이혼 부모, 소년·소녀 가장 등 다양한 형태의 가족 구성이 존재한다. 특히 최근에는 이제까지 관심의 대상이 되지 못하고 있던 새터민 가족, 외국인 노동자 가족, 외국인 결혼 가족이 생겨나고 이들의 수가 상당히 많이 증가하고 있다. 이러한 다양성은 유아기 사회화 과정에서 가장 영향력 있게 작용할 수 있으므로 유아교육의 단계에서부터 이러한 편견에서 자유로울 수 있는 교육이 필요하다고 하겠다.

이미 1980년대 초에 유아교육과정개발에서 이러한 다문화주의의 움직임은 인종연구와 이중언어교육이라는 개념과 함께 주목을 받게 되었다. 다문화주의 교육과정의 일차적인 목표는 유아와 그 가족의 삶을 궁극적으로 변화시키는 것에 두고 이를 위해 유아교육자들은 다문화주의를 유아교육활동 실제에 주입시키고자 하는 것이다. 그러나 다문화교육은 그 필요성에 비하여 적용과정에서 추상적인 교육이 되기 쉬우며, 때로는 다른 나라에 대한 단편적인 지식을 전달하기 쉽다는 문제와 잘못하면 관광식 교육과정(tourist curriculum)으로 타락할 수 있다는 점이 지적되었다(이경우, 1999; 장영희, 1996). 관광식 교육과정에서는 각국의 음식, 집, 의복, 민속 춤, 노래 등을 특별 행사로 꾸며 소개하는 식으로 활동하게 됨으로써 유아는 이국적 차이를 단순히 즐길 수 있을 뿐이지 그에 깃든 다양한 삶의 가치, 방식, 신념 등을 경험하기 어렵다고 비판받고 있다.

반편견교육과정은 기존의 선입관, 고정관념 및 편견에 도전하는 능동적이고 적극적인 접근방식을 말한다. 유아기부터 사회화되어 가는 과정에서 물들기 쉬운 편견의 영역으로 능력, 연령, 외모, 신념, 계층, 문화, 가족 구성, 성, 인종, 성애 등 10가지를 제시하고 있다(Hall & Rhomberg, 1995). 반편견교육과정은 유아기부터 이러한 다양한 편견에 도전하고 적극적으로 대처해 나갈 수 있도록 교육해야 한다는 것이다.

더만-스파크스와 공동연구자(Derman-Sparks & The A. B. C. Task Force, 1992)들은 차이(difference), 다양성(diversity), 존중(respect), 수용(acceptance) 등의 주요 개념을 공유하는 다문화주의와 반편견을 함께 고려하는 것이 발전적이라고 보며 유아를 위한 반편견/다문화교육과정의 목표와 발달적 기대를 위하여 유아에게 비판적 사고의 증진, 협동학습, 감정이입학습 등의 교수방법을 활용하도록 적극 권장하고 있다. 이는 반편견교육을 단순히 다른 나라 문화를 특정 기간에만 다루는 방법으로 다문화교육을 하려는 위험에서 벗어나고자 함이다. 따라서 반편견교육과정에서 추구하고자 하는 것은 다문화를 특정한 기간에만 다루는 소위 관광식 교육과정에서 벗어나서 그와 비슷한 활동을 사용하되 다문화교육과정의 긍정적인 의도를 통합하고 좀더 포괄적인 교육을 제시해 주려는 것이다. 또한 칼슨 페이지와 레빈(Carlsson-Paige & Levin, 1985)은 유아들에게 평화와 전쟁에 대해 교육할 것을 제안하였다. 그들은 평화교육에 협동과 존중에 대한 학습과 문화 간의 유사성과 차이점에 대한 이해를 포함해야 하며 협상, 갈등해결, 문제해결능력을 가르쳐야 한다고 제안하고 있다.

(3) 통합교육과정

특수아동을 대상으로 하는 통합교육에서 통합(mainstreaming)은 유아에게 서로 다른 차이를 최소화하거나 무시하도록 하는 것이 아니라 차이점에 대해 긍정적이고 적절한 반응을 하도록 가르치는 하나의 노력이라고 보아야 한다(Sapon-Shevin, 1983). 장애아 통합교육 프로그램은 운영하는 기관에 따라서, 장애아동의 장애 정도나 적응행동의 수준 등을 고려하여 일반 학급에서 또래들과 함께 일과에 참여하게 하기보다는 분리된 학급에 배치해서 부분 통합을 하거나 장애아동의 학급에 일반아동을 역통합하는 통합 프로그램을 운영하기도 한다. 그러나 최근에 장애아 통합교육은 '장애를 지닌 아동들이 장애를 지니지 않은 또래들과 함께 유치원이나 어린이집 등의 기관에서 교육받는 것'을 의미하며(이소현, 2003; Bowe, 2004), '함께 교육받는다는 것'은 장애아동이 동일한 소속감과 동등한 가치를 인정받고 동등한 선택의 자유를 가질 수 있는 권리를 가지는 것으로서 인정되고 있다. 장애아 통합교육 프로그램은 질적으로 우수한 일반 보육 프로그램을 기반으로 하며 장애아동이 가진 개별적 욕구를 기초로 개별화된 특수교육지원이 함께 이루어지도록 구성된다.

5) 발달에 적합한 실제에 대한 논쟁

1980년대 이후 천재아 선호 증상과 일찍부터 유아에게 형식적인 교육을 시키자는 온실(hothousing)이론의 문제가 점점 심각하게 대두되었다. 이러한 학문적 성취와 테스트에 대한 압력에 대응하기 위한 움직임으로 미국의 전국유아교육협회(NAEYC : National Association for the Education of Young Children)에서는 《출생에서 8세까지 발달에 적합한 실제》를 출간하였다(Bredekamp, 1986). 이후 발달에 적합한 실제(DAP : Developmentally Appropriate Practices)는 유아교육에 많은 공헌을 했음에도 불구하고 많은 비판을 받게 되어 1997년에 다시 개정되었고 이후 2008년에 또 다시 개정작업에 들어가고 있다(Follari, 2007). 초기의 DAP는 피아제이론에 강하게 의존하는 이론적 기초를 가지고 아동의 연령의 적합성과 개인의 적합성이 반영된 통합된 교육과정을 사용할 것을 주장하였다. 이후 1997년에 개정된 새로운 DAP에서는 발달의 적합성과 부적합성, 교사 주도적 혹은 유아 주도적 교육과정의 양자택일적 사고의 위험성을 지적하면서 아동 삶에서의 다양한 문화적 맥락들을 강조하기 시작하였다. 즉, 새로운 DAP의 중요한 3가지 원칙을 제안하였다. ① 아동의 발달과 학습에 있어서 보편적인 기준에 대한 지식(연령의 적합성), ② 각각 개인으로서의 유아에 대한 지식(개인적 적합성), ③ 각 유아의 독특한 사회적·문화적 배경에 대한 지식(사회문화적 적합성)을 제안하고 있다. 또한 전문가로서의 유아교사를 정의하면서 지식 있는 반성적인 실천가, 사려 깊은 의사결정자, 학습자로써의 교사의 전문적 역할을 제안하였다. 발달에 적합한 유아교육 프로그램 실제는 연령의 적합성, 개인적 적합성, 사회문화적 적합성을 의미하며, 교사가 다음의 세 가지 정보에 기초한 학습환경과 경험을 제공할 때 성취된다(김정원·성선화, 2006; Bredekamp & Copple, 1997).

- 연령의 적합성(age appropriateness) : 영유아기에 이루어지는 성장과 변화에는 보편적이고 예측 가능한 단계가 있으며, 이러한 예측 가능한 변화는 그 시기의 영유아에게 안전하고 흥미로우며 도전적인 활동, 놀잇감, 경험이 무엇인지 예상할 수 있도록 도와준다. 연령의 적합성이란 영유아가 속한 연령집단의 발달 수준과 특성에 맞게 교육과정을 운영하는 것을 의미한다.
- 개인적 적합성(individual appropriateness) : 집단 속에 있는 개별 영유아는 모두 각기 다른 발달능력과 흥미, 요구, 기질을 가지고 있다. 개인적 적합성이란 교육과정 운영 시 이러한 영유아의 개인차, 다양성을 수용하고 민감하게 반응해 주는 것을 의미한다.
- 사회문화적 적합성(socio-cultural appropriateness) : 영유아의 발달과 학습은 그들이 속한 다양한 사회·문화적 맥락에 의해 영향을 받는다. 사회·문화적 적합성이란 개별 영유아 및 그 가족이 지닌 가치, 신념, 전통, 문화 등에 적합해야 한다는 것을 의미하며 그들에게 의미 있고, 관련되고, 존중될 수 있는 학습경험을 제공해 주는 것을 의미한다.

NAEYC의 발달에 적합한 실제는 미국의 많은 주와 교육위원회, 교육현장 등에서 교육과정 운영의 필수적인 것으로 간주되고 있다. 발달에 적합한 실제는 현대 유아교육과정에 있어 유아교육 프로그램을 판단하는 기준으로서도 널리 활용되고 있으며 또한 교육 목표, 내용, 방법을 재검토할 수 있는 좋은 기준을 제시해 준다는 면에서 그 가치가 높다.

그러나 발달에 적합한 실제가 발간된 이후 이에 대한 비판은 계속되고 있는데, 첫째, 심리적 발달이론에만 기초하여 모든 것을 제시하려고 하는 것에 대한 비판이다(이기숙, 2000). NAEYC의 '발달에 적합한 실제' 가 유아교육 내용 및 교수방법에 중요한 자료로 사용되고 있으나 이것은 유아교육의 내용과 교수방법을 유아의 발달에 적합한 것인가의 관점에서만 조명하고 있을 뿐 유아가 학습한 것이 교육적으로 가치있는 것인지 또는 학교나 그 지역 사회 안에서 사회적·문화적으로 합리적인 교육적 목적에 기초하고 있는지에 대해서는 관심을 두지 않는다고 비판받고 있다. 또한 미국의 유아교육계에서 급속도로 확산되어 가고 있는 유아교육의 질(quality)에 관한 '인정 기준' 역시 발달에 적합한 실행의 내용에만 그 근거를 두고 있다고 비판받는다. 이러한 발달에 적합하다는 근거만으로는 "유아교육의 교사는 무엇을 가르쳐야 하고 어떻게 가르쳐야 하는가?" 의 문제에 대해서 명확하게 규명할 수 없다. 발달과 교육의 차이와 발달적 이론과 교육적 이론 간에는 중요한 차이가 있기 때문이다.

페인과 슈바르츠, 스포덱은 이 차이를 분명하게 규명해 주고 있는데, 발달이론이란 보편적이며 최소치를 말해 준다고 하였다. 그것은 인간 성장의 정상적인 과정이 무엇인가를 설명해 주며 누구나 합의하고 있는 최소한의 중핵이 되는 면만을 제시해 주는 것이다. 반대로 교육적 이론은 특수하며 최대치를 말한다. 독특한 한 개인이 독특한 상황에서 일어나는 것에 초점을 맞추면서 최대한의 효과를 가져오려고 하는 것이다. 이와 같은 관점에서 스포덱은 일찍이 발달이론은 유아교육과정의 자료로 볼 수 있으나 근원으로 보는 것은 적절하지 않다고 지적한 바 있다(Fein & Schwartz, 1982; Spodek, 1973).

실린은 유아교육자들이 지식의 기초로서 피아제와 같은 심리학자에 지나치게 의존하게 될 때 철학적·사회직 문제들을 회피하게 되며 그들 자신은 '전문가적인' 행동이라고 착각하게 된다고 경고하고 있다(Silin, 1987). 결국 지식의 근거를 심리학에만 기초하게 될 때 교육자들은 발달 그 자체에만 지나치게 집착함으로써 내용 선택에 정확한 준거를 찾아야만 하는 문제가 남게 된다(Eagan, 1983). 교육과정을 계획할 때 유아의 발달에 적합한 것인가의 관점에서만 조명하고 있을 뿐 유아가 학습한 것이 교육적으로 가치 있는 것인지 또는 학교나 그 지역 사회 안에서 사회적 · 문화적으로 합리적인 교육적 목적에 기초하고 있는지에 관심을 두지 않는다고 비판받고 있다.

캐츠는 아동발달 지식이 유아를 가르치는 데 어느 정도까지 차지해야 하는지 그 가정의 역할에 대해서 논의하면서 복잡한 문화적 상황에서 모든 유아들에게 아동발달에 대한 지식이 보편타당하게 받아들여질 수 있는지에 의문을 제기한다. 따라서 유아 교사들이 교육과정의 의사결정을 하는 기초로써 적용할 수 있는 합의된 아동발달 지식이 있는가 등의 질문을 던지고 있다(Katz, 1996). 루벡 또한 유아의 발달지식에 대한 기존의 모더니즘적인 가정을 해체하고 포스트모더니즘의 새로운 다양성의 관점에서 발달이론에 기초한 DAP가 현대 유아교육의 근간이 될 수 있는가에 의문을 제시하고 있다(Lubeck, 1996).

이상을 요약하면 유아발달에 관련된 정보들은 교육과정을 설계하는 데 도움이 되지만 지나치게 강조되어서는 안 된다는 것이다. 유아가 무엇을 할 수 있고 어떻게 배우는가 하는 그 자체가 교육 내용이 될 수는 없기 때문이다. 우리가 실증적인 연구를 통해서 4세 유아가 A를 배울 수 있다는 사실을 밝힌다는 것이 왜 A를 가르쳐야만 하는가 하는 이유가 되지는 않기 때문이다. 유아교육에서 교육 내용은 유아가 무엇을 할 수 있는가에 의해서만 결정되는 것이 아니다(이기숙, 1983).

따라서 발달이론은 교육 내용의 근원으로서라기보다는 교육 내용을 개발하기 위한 자료로서 생각될 수 있다. 발달이론은 유아교육 프로그램의 효율성을 테스트하는 방법 결정을 도울 수 있고 활동이 제시되는 순서 결정에, 그리고 유아들이 프로그램의 목표를 달성하기 위해서 필요로 하는 발달적인 준비도의 수준을 결정하는 데 도움을 줄 수 있다.

둘째, 발달에 적합한 실제에서 사용된 '적절한/부적절한' 의 의미에 대한 의문이다. 한 문화권에서 적절한 실제가 다른 문화권에서는 부적절한 실제로 받아들여질 수 있기 때문이다. 이와 같이 유아발달과 학습에 대한 문화적 영향이 재조명되면서 문화가 유아의 발달에 이면(background)이라기보다 발달을 이끄는 전면(foreground)으로 연구되기 시작했다(Williams, 1999).

이러한 맥락에서 1980년대에 들어서면서 많은 교육학자와 심리학자들이 비고스키(Vygotsky)의 사회문화이론에 새롭게 관심을 갖게 되었고 유아교육과정연구에도 영향을 주기 시작하였다. 비고스키의 기본 원리로서 유아가 지식을 구성한다는 것, 발달은 사회 · 문화적 맥락과 분리될 수 없다는 것, 학습이 발달을 주도한다는 것과 언어는 정신발달에 핵심적인 역할을 한다는 것은 유아교육의 교수 실제에서 '문화적 적절성'에 대한 관심을 집중시켰고 현대 유아교육과정 구성에도 많은 시사점을 주게 되었다. 특히 유아교육의 재개념화의 관점과 포스트모더니즘의 대두는 이러한 발달에 적합한 실제에 대한 비판을 불러일으키는 구심점이 되었다. 이러한 비판에 힘입어 NAEYC에서는 발달에 적합, 부적합의 패러다임을 탈피하고 발달에 적절한 것에만 초점을 맞추고 또한 문화적 · 언어적 · 개인적인 측면을 고려하면서 초등학교에서의 성취를 준비하도록 하는 것을 강조하는 새로운 '발달에 적합한 실제'를 제안하고 있다(NAEYC 2009).

6) 유아교육과정에 대한 재개념화와 포스트모더니즘 현상

많은 교육과정 연구자들은 인간 존재 의미나 어떤 형태의 삶이 진정한 공동체의 목표인가와 같은 보다 근본적인 문제에 대한 해답의 추구를 교육과정 탐구의 본질로 삼는다. 이와 같은 입장에서 교육과정의 재개념론자들은 교육 목표의 설정, 교육 내용의 선정과 조직, 교수학습방법, 교육평가와 같은 기술적인 방법을 통한 교육과정개발보다는 교육 경험의 본질이나 이에 대한 비판적 이해에 관심을 갖고 교육과정을 논해야 한다고 본다. 이들은 재개념화를 위해 '어떤 지식이 교육과정에 포함되어야 하며, 교육의 형태는 어떠해야 하는가?'와 '학교교육의 내용에 누구의 목소리가 반영되고 있으며, 누구의 이익이 대변되고 있는가?'의 질문에 대해서 답을 찾고자 한다(Sapon-Shevin, 2000). 재개념주의자들은 발달에 관한 지식이 교육실행에 도움을 주나 발달에 적합한 실제(DAP)와 같은 제안은 지나치게 아동발달이론에만 기초함으로써 '유아가 획득하여야 할 지식의 본질이 무엇인가', '어떤 유아로 자라길 기대하는가' 하는 철학적 문제들을 불분명하게 만들고 있다고 지적한다(Kessler, 1991). 또 단 하나의 시각이 유아발달과 학습에 관한 최근의 아이디어에 대한 논의를 제한하게 만드는 결과를 초래한다는 점(Cuffaro, 1991; Spodek, 1996; Walsh, 1991) 등을 지적하며 발달에 적합한 실제(DAP)의 활용을 반대하였다.

이런 맥락에서 유아교육과정 연구자들도 발달이론에 대한 지나친 의존을 비판하면서 일반 교육과정 연구 분야에서 활발히 응용되고 있는 현상학, 해석학, 비판이론, 포스트모더니즘, 페미니즘과 같은 다양한 시각에서 교육과정에 대한 재개념화를 시도하고 있다. 이러한 관점에서 재개념주의자들은 학교에서 무엇을 가르치고 배워야 하는가에 대한 철학적·역사적·정치적 차원들을 밝힘으로써 교육과정에 새로운 시각을 제공하고자 하였다(이기숙, 2000; Kessler, 1991).

또한 유아교육과정에서 나타나고 있는 포스트모더니즘으로 현대 후기의 다원화하는 현상을 지칭하면서 다양한 현상이 지적되고 있다. 그 동안 루소, 페스탈로치, 프뢰벨 등의 낭만주의 영향을 거쳐 모더니즘으로 발달하면서 행동주의 심리학이 영향을 미쳐오다가 곧이어 피아제의 발달심리학이론이 유아교육과정에 이론적인 기저를 이루어 오고 있었다. 이것은 곧 NAEYC의 발달에 적합한 실제(DAP)를 만들게 되나 많은 비판을 받게 되었다. 이어 등장하게 된 포스트모더니즘은 이러한 비판에 대하여 다양한 현상을 가져오게 되는데, 인지발달이 보편적이고 절대적이라는 피아제의 관점에서부터 비고스키의 사회문화이론을 기초로 하여 개인이 속한 문화적·사회적인 특수성을 중요시하는 구성주의이론이 중요시되었다. 또한 발달에 적합한 실제(DAP)에 대한 비판으로 인해 새로운 관점이 첨가되기 시작했으며, 발현적 교육과정(emergent curriculum)으로서 레지오 에밀리아 접근법과 프로젝트 접근법, 발도르프 교육 등에 대한 교사들의 관심이 급증하게 되었다. 이와 함께 다문화교육, 반편견교육, 장애아 통합교육도 모더니즘 중심의 경직된 유아교육과정에서 다원화의 시도로써 많은 관심을 받게 되었으며, 연구방법에 있어서도 양적 연구방법보다는 질적 연구방법에 대한 관심이 증가되었다(임부연, 2005).

이러한 변화 경향을 감안할 때 새로운 시대의 영유아를 위한 교육과정에서는 과거로부터 전통적으로 전수되는 내용을 무조건적으로 그대로 받아들일 것이 아니라 교육현장의 사회문화적 특성에 맞게 적절히 변화시켜 다원화된 관점에서 유아교육과정을 개발하고 적용할 필요가 있다고 할 수 있다.

7) 비고스키와 사회문화이론

비고스키(Vygotsky, 1896~1934)의 이론은 정치적·경제적·사회적인 여러 요인으로 인하여 초기에는 별 관심을 이끌지 못했으나 1960년대 미국에서 그의 이론들이 번역·출판되는 것을 시작으로 1980년대에 들어서면서 교육학자와 심리학자들의 지대한 관심을 보이며 활발하게 논의되고 있다. 이처럼 비고스키이론이 관심의 대상이 되고 있는 이유는 그의 이론이 중요시하고 있는 교육과 사회적 상황의 관련성과 인간발달에 사회·문화적 환경과의 상호작용이 어떤 영향력을 미치는지에 대한 관심에서 기인한 것이다. 그러므로 비고스키의 이론은 사회·문화적인 접근법으로 불리고 있다. 우리나라에서도 유아교육 분야에서 비고스키이론에 대하여 많은 관심이 일어나고 있다. 즉, 성숙주의 심리학에 기초를 둔 아동 중심 교육과정, 행동주의 심리학에 기초를 둔 교육과정, 학습과 발달에 대한 진보주의적 인지발달이론에 기초를 둔 교육과정의 세 갈래로 대별되는 유아교육과정에 조심스럽게 비고스키의 상호작용이론을 첨가하려는 움직임이 일고 있다(이정민, 1997). 최근 유아교육과정의 접근법에 있어서 비고스키이론은 유아들의 발달과 학습에 대한 새로운 관점과 유용한 통찰력을 제공해 주고 있으며, 실제로 비고스키이론에 기초한 유아교육의 현장 사례가 많이 소개되고 있다. 또한 비고스키이론의 핵심적 개념인 근접발달지대(ZPD : The Zone of Proximal Development)는 발달에 적합한 실제(DAP)의 범위를 넓혀 주며(Bredekamp, 1992), 유아교육에서 사회·문화적 적절성에 대한 이러한 관심은 DAP에 대하여 더 많은 논쟁점을 제시해 주고 있다.

유아교육은 그 동안 피아제이론으로부터 많은 영향을 받아오면서 유아의 인지발달은 사회적이기보다는 개인적인 것으로 받아들였다. 또한 학습과 발달은 분리된 것이며 학습은 발달을 따른 것으로 보았다. 이에 대해 비고스키는 학습이 발달을 주도한다고 보면서 학습은 발달에 있어서 중요한 역할을 하며 학습과 발달은 복잡하고 상호 관련적인 양식으로 연결된다고 보았다. 사회·문화적인 비고스키의 시각은 능동적 아동과 능동적 사회환경이 발달적 변화를 이룩하는 데 협력한다고 제안한다. 그는 인간의 지식과 정신과정은 사회적 상호작용을 통해서 형성되기 때문에 학습이나 정신과정을 이해하기 위해서는 전체적 상호작용상황을 탐구하지 않으면 안된다고 주장하였다(전윤식, 1992).

이와 같은 발달과 학습의 복잡한 상호관련적 관계를 근접발달지대라는 개념을 가지고 설명하였다. 근접발달지대란 학습과 인지발달이 일어나는 역동적인 민감성 지역으로서 '독자적인 문제해결에 의해 결정되는 실제적 발달수준과 성인의 지도하에 또는 보다 능력 있는 또래들과의 협동을 통한 문제해결에 의해 결정되는 잠재적 발달수준과의 차이'로 정의한다. 따라서 교육의 역할은 유아들에게 그들의 근접발달지대에 있는 경험을 제공하는 것이다. 특히 교사의 역할은 유아들의 근접발달지대 안에 있는 또는 그들의 독립적인 기능보다 약간 높은 수준의 과제를 계속 주는 것이다. ZPD에서 효과적인 교수, 학습을 위해서 사용되는 방법이 비계설정이다. 이는 성인들이 도움을 줄 때 유아들의 요구에 맞게 민감하게 조절함으로써 유아들의 조력을 지원하는 하나의 체계를 의미한다. 초보자가 더 높은 수준에서 수행할 수 있도록 근접발달지대 내에서 비계설정을 해야 하고 비계설정을 해주는 사람은 점차로 학습자가 그 과제에 더 많은 책임을 지게 됨에 따라 도움의 수준을 줄여 나간다. 학습 초기 과정에는 성인이 적극적으로 개입하고 많은 양의 비계설정을 하지만 학습이 진행되면서 유아가 학습에 대해 더 많은 역할을 하게 되면 수행의 책임은 교사에게서 유아에게로 넘어간다. 요약하면 비계설정의 개념은 ZPD에서 과제를 더 쉽게 하는 것이 아니라 도움의 양을 조절하는 것이고 수행에 대한 책임은 교사에게서 유아에게로 전이된다. 이러한 비계설정이 효과적으로 되기 위해서는 우선 과제가 유아의 흥미를 끌어야 한다. 또한 비계설정의 가장 본질적인 요소는 사회적 상호작용에서 참여자들이 유아의 근접발달지대에 있는 상황에 대한 공통된 의견을 얻기 위해 협의하여 타협하는 것이다.

효과적인 비계설정의 구성 요소는 다음과 같이 정리할 수 있다. 유아가 흥미 있고 문화적으로 의미 있는 협동적 문제해결활동에 대하여 적극적으로 참여하도록 하는 것이다. 상호주관성으로서 어떤 과제를 시작할 때는 서로 다르게 이해하고 있던 두 사람이 공유된 이해에 도달하는 과정을 중요시한다. 이를 위하여 성인은 명랑하고 따뜻하고 반응적인 정서적인 분위기를 마련해 주고 언어적 칭찬과 적절하게 자신감을 북돋워 주도록 한다. 유아가 근접발달지역에 머물게 하기 위하여 언제나 유아에게 주어진 과제가 도전적인 수준이 되도록 과제와 주변 환경들을 구성해 주는 것이 중요하며 유아의 현재 요구와 능력에 맞도록 성인의 개입의 양을 항상 조절하는 것이 중요하다. 이때 유아로 하여금 가능한 한 많은 공동활동을 조정함으로써 자기조절을 훈련하도록 한다.

요약하면 비계설정은 교사와 학습자가 공동문제 해결활동에 몰입되어 있는 동안 두 사람 간에 따뜻하고 즐거운 협동을 의미한다. 협동하는 동안에 성인은 민감하고도 그때그때 상황에 따른 도움을 제공하고, 유아들의 표상적이고 전략적인 사고를 육성해 주며, 유아들의 기술이 증가함에 따라 과제에 대한 좀더 많은 책임을 갖도록 고무함으로써 유아의 자율성을 지원한다는 것이다. 그러므로 피아제의 이론은 유아의 인지발달에서 성인의 역할보다는 비슷한 수준의 또래와의 상호작용을 효율적인 자원이라고 보는 반면에 비고스키는 유아의 학습을 위해 이상적인 상호작용의 대상은 유아의 근접발달지대에서 유아에게 비계설정을 해 줄 수 있는 성인 또는 보다 유능한 또래의 역할을 강조하였다고 할 수 있다(Berk & Winsler, 1995).

비고스키는 유아의 놀이가 인지발달, 정서발달, 사회성발달을 증진시킨다고 믿고 또한 유아 자신의 행동을 지배할 수 있도록 하는 정신적 도구라고 하였다. 초기 가장놀이에 대하여 피아제는 유아가 이미 갖고 있는 도식들을 통합하기만 하면 되는 혼자만의 활동으로 보았던 반면, 비고스키는 유아의 보다 높은 정신기능의 발달과 직접 관련된 정형적인 활동으로 보았다. 비고스키이론에서 놀이는 결국 고도의 정신기능이며 유아와 성인 간의 사회적 상호작용으로부터 생겨나는 것이다. 비고스키이론에서 놀이는 유아들의 발달을 도와주는 유치원 시기의 교육적 활동으로서 매우 중요한 위치를 차지한다. 특히 상상놀이는 유아들에게 근접발달지대를 만들어 주기 때문에 유아의 발달을 주도해 가는 요인으로 보았다. 교사는 유아의 상상력을 자극하기 위해 유아의 상상력을 기초로 놀이를 발전시키고, 또래와 높은 수준의 사회적 상상놀이를 할 수 있도록 세심하고도 민감한 비계를 설정해 주며 지도해야 한다(홍용희, 1997).

비고스키이론을 유아교육에 적용할 때 교수전략으로서 유아 자신이 사회적 발달에 적극적으로 개입되어야 하며, 각 유아의 상호작용에 있어 보다 책임감 있고, 협력적이 되도록 안내해 주어야 한다. 또한 비계화시킬 수 있는 성인과 유능한 또래와의 상호작용이 적극적으로 놀이 속에서 권장되어야 할 것이다.

비고스키이론의 기본 원리로서 유아들이 지식을 구성한다는 것, 발달은 사회적 맥락과 분리될 수 없다는 것, 학습이 발달을 주도한다는 것과 언어는 정신발달에 핵심적 역할을 한다는 것은 현대 유아교육과정 구성에 많은 시사점을 준다고 할 수 있다.

8) 다중지능이론과 뇌과학 연구에 대한 관심 증가

다중지능(multiple intelligence)에 관한 이론은 논리-수학적 능력과 언어적 능력만을 통한 인간지능측정과 이를 교육현장에 적용하여 교육과정을 구성·운영하는 것의 한계를 인식하고 《마음의 틀(Frames of Mind)》이라는 저서를 통해 다양한 지능의 존재를 부각시킨 가드너(Gardner)에 의하여 이루어졌다. 다중지능이론은 발표되자마나 곧 전 세계적인 관심을 끌게 되었고 교육과정의 개발과 적용을 통해 그 이론의 현장적용 가능성이 탐색되었으며 이 과정에서 유아의 프로파일과 작업 유형을 확인하여 각 영유아의 인지능력의 강점과 흥미를 찾아서 개발하고자 하는 프로젝트 스펙트럼이 개발되었다(신화식 · 주은희 · 이경선 · 소현아, 2001; Krechevsky, 1994).

다중지능이란 다양한 문화권에서 가치 있는 산물을 생산하거나 문제를 해결하는 능력, 혹은 한 문화에서 유용하게 쓰일 수 있는 정보를 처리하는 생물 · 심리학적 잠재력으로 정의된다(Gardner, 1983~1999). 다중지능이론에서는 전통적인 심리측정 이론의 일반 요인인 언어지능과 논리 · 수학적 지능만으로 영유아의 지적 능력을 이해하고자 시도하지 않는다. 이 이론에서의 인간의 지능은 여러 가지 요인으로 구성되며 각 지능 요인들의 결합형태에 따라 개인의 독특성이 결정된다. 또한 각 문화권에서 가치가 인정되는 능력이 다르기 때문에 다중지능이론에서 인간의 지능은 문화적으로 상대적이라는 관점에서 해석이 된다(신화식 외, 2004). 모든 인간은 언어지능, 논리 · 수학지능, 신체 · 운동지능, 공간지능, 음악지능, 대인관계지능, 개인이해지능, 자연탐구지능 등 여덟 가지의 독특한 지능을 모두 소유하고 있으며 각 지능은 비교적 독립적이어서 한 영역의 지능이 높다고 해서 다른 영역의 지능도 높을 것이라고 예측할 수 없다. 또한 일반적으로 우리 사회에서 언어지능과 논리 · 수학지능을 소유한 사람을 지능이 높다고 한 것은 문화적 영향일 뿐이고 여덟 가지 지능이 비교적 동등하게 인정되어야 할 것이다(김명희 · 신화식, 2001).

이러한 다중지능이론은 유아교사들로 하여금 지능의 개념을 재검토할 수 있는 기회가 되어 한두 가지의 특정 영역의 능력으로 영유아의 지능을 가늠하려고 하기보다는 영유아가 다양한 영역에서 영리하다고 생각할 수 있게끔 함으로써 영유아를 위한 교육과정에서 다양한 형태의 학습기회를 제공할 수 있는 계기가 되었다. 즉, 논리 · 수학적 지능이나 언어적 지능에만 관심을 두는 것에서 벗어나서 다양한 방면으로 영유아를 교육하고 평가할 수 있는 가능성을 제기하게 된 것이다. 영유아의 독특한 학습양상에 따라 교육과정을 운영하는 실제에서 고려할 점은 다음과 같다(Wardle, 2003).

- 영유아가 선호하는 학습방법이 있음을 인식하고, 이러한 방식을 극대화하여 영유아가 자신이 선호하는 학습양상에 맞춰 학습할 기회를 제공한다.
- 영유아가 선호하는 교수–학습방법을 고려하여 교육과정을 운영한다. 예를 들어 시각적 지능이 뛰어난 영유아(visual learner)에게 쓰기를 가르칠 때는 그림을 먼저 그리도록 격려하고 그 이후 그림에 관한 이야기를 쓰도록 하는 것이 효과적이다.
- 영유아가 자신에게 맞는 학습방법을 찾도록 도움을 주고, 교육자료와 과제를 영유아 자신에게 적합한 방식에 따라 활용할 수 있도록 격려한다.
- 영유아가 그들 자신만의 독특한 학습방법으로 학습할 수 있는 능력이 있다는 사실에 대하여 자신감을 갖도록 한다. 특히 논리–수학적 능력이나 언어적 능력이 아닌 다른 능력을 가진 영유아에게 교육과정을 통하여 자존감을 향상시킬 수 있는 기회를 제공할 필요가 있다.

다중지능이론의 발달과 함께 국가마다 정책적으로 뇌발달에 관심이 고조되고 있으며 특히 영유아기를 뇌발달의 가장 중요한 민감기로 인식하는 경향이 대두되고 있다(권정윤, 정미라, 박수경, 2011). 유아교육분야에서는 특히 뇌기반적 교수학습의 효과에 관심을 기울이면서 뇌발달의 영향요인에 대한 연구가 활발히 이루어지고 있다. 최근에 이루어지고 있는 영유아기 두뇌발달에 관한 연구들에 따르면 뇌 발달은 연령에 따라 일정한 발달 순서에 따라 이루어지고, 두뇌의 특정 부위는 영유아의 각종 특성과 연관이 되어 있다고 한다. 즉, 뇌과학 연구를 통하여 학습과 발달에 미치는 영향과 마음, 두뇌, 교육의 연관성을 밝히려는 시도들이 이루어지고 있다(Fischer, 2012).

뇌과학 연구가 유아교수학습방법에 주는 시사점은 다음과 같이 요약할 수 있다(권정윤, 정미라, 박수경, 2011, 134~135).

- 뇌발달과정에서 중요요소는 영유아기 교육과정 계획과 일과운영에 반영시켜야 한다.
  - 신체적 움직임, 놀이를 충분히 할 수 있게 계획
  - 수면과 낮잠시간구성의 중요성
  - 뇌건강에 필요한 단백질 등 충분한 영양분섭취
- 유아교육의 내용을 뇌발달 원리 및 순서에 적용하여 재구성해야 한다.

- 뇌발달의 순서에 기초하여 학습도 이러한 원리를 적용할 필요성
- 영유아에게 선행되는 형식적 학습을 서두르기보다는 학습의 적기교육이 중요
- 영유아의 흥미 중심, 놀이 중심 교육의 원리를 적용한 교육계획의 중요성

■ 영유아의 사회문화적인 배경의 강조와 개별 유아의 특성을 반영하는 교육이 필요하다.
- 뇌학자들은 뇌발달에서 뇌의 구조나 기능은 개인이 처한 고유한 문화나 환경적인 차이에 따라 다르게 변화함을 밝힘
- 따라서 인간 뇌의 보편성과 고유성을 입증하고 있음

■ 인지와 정서의 연계성을 고려하여 교사-유아의 정서적 유대관계형성을 통한 지적능력의 학습을 도모한다.
- 몸과 마음, 정서와 인지가 상호의존하는 총체적인 접근이 필요함
- 인지적 학습을 위한 정서적 유대관계 형성의 중요성
- 학습자의 흥미/동기, 사회적 상호작용을 중시하는 학습 강조
- 부정적 정서를 최소화하고 긍정적 정서를 유발하는 학습환경 조성이 인지적 기능을 극대화함

이상의 내용을 종합해 볼 때 최근 영유아교육과정에서 논의되고 있는 주요 내용은 사회·경제적·심리적 변화와 요구를 반영한 다양한 프로그램들이 개발·적용되고 있다는 것, 또 하나는 발달에 적합한 실제와 발달이론에 기초한 유아교육과정에 대한 비판과 함께 비고스키의 사회문화이론에 대한 재조명과 유아교육과정의 재개념화가 시도되고 있다는 것, 그리고 뇌과학에 대한 연구를 통하여 특정 영역의 능력이 아니라 영유아의 다양한 능력과 가능성을 격려해 주는 교육과정이 부각되고 있다는 것 등을 들 수 있다.

이제까지의 유아교육과정의 역사적 흐름을 토대로 볼 때, 유아교육과정은 그 동안 협의의 교육과정의 개념에서 운영되었음을 알 수 있다. 교육과정을 교육과정의 기초(철학적, 심리적, 사회적, 역사적)로부터 이에 기초한 교육과정개발 및 수업체제, 학습 성과까지의 전 과정을 포함하는 광의의 교육과정으로서가 아니라, 그 중에서 특히 교육과정개발이라는 협의의 개념에서 운영되었다는 것이다. 그것은 유아교육의 역사를 통해서도 알 수 있듯이 유아교육과정의 체계가 교육현장에서 구체화되면서 교육 실제에 대한 탐색이 가장 우선되었기 때문일 것이다. 이와 같은 교육과정

개발을 중심으로 한 경향은 1960년대 유아교육 프로그램 모형들이 쏟아져 나오면서 부터 유아교육 프로그램의 개발 및 평가가 가속화되기 시작하여 1960년, 1970년대의 유아교육 분야의 주류를 이루는 연구 분야가 되었다. 그 결과 유아교육 분야에서 교육과정이라고 하면 좁은 의미에서 유아교육과정인 유아교육 프로그램을 말하는 것이 되었다.

유아교육 프로그램이 1960~70년대에 아동발달이론에 거의 전적으로 의존함으로 써 유아교육과정에 관련해 있는 학자들 간에 어떤 지식을, 또는 어떤 내용을 왜 가르쳐야 하는지의 유아교육의 사회적·윤리적·가치론적 측면에 대한 기초적 작업이 활발하지 못했던 것이 사실이다. 아울러 유아교육 프로그램의 개발을 넘어서는 유아교육과정의 기초에 대한 연구가 좀더 심도 있게 다루어져야 한다.

유아를 위한 교육과정의 근원은 무엇보다도 발달이론에 집착하지 않고 제반 학문적 종합 속에서 이루어져야 할 것이다. 왜냐하면 유아교육은 인간의 본성, 학습의 과정, 지식의 본질 및 지식의 역할, 사회와 교육과의 관계를 포함하는 많은 것들에 대한 믿음에 기초를 두고 있기 때문이다. 그러므로 교육과정의 구성은 정치적·사회적·철학적·문화적 가치의 문맥을 간과해서는 안 되며 발달에 적합하면서 교육적인 가치를 추구하는 작업이 앞으로 이루어져야 할 것이다.

1. 우리나라 저출산현상의 변화과정은 어떻게 나타나고 있으며 정부의 저출산, 고령화 사회에 대한 대책이 무엇인지 알아본다.

2. 유아교육의 철학적 기초로써 유아교육과정 구성에 영향을 주었던 주요 학자들의 이론을 유아교육과정 측면에서 요약·정리해 보자. 예를 들면 프뢰벨: 유치원을 만들고 유아교육과정의 개념을 처음으로 유아교육기관에 적용하였다. 상징주의 혹은 이상주의를 표방하며 신, 인간, 자연의 통합의 개념을 강조하였다. 교육과정은 놀이를 통한 유아의 자기활동을 중요시하며 은물과 작업을 만들었다. 유아의 자발성과 흥미를 중시하고 유치원에서 처음으로 교육내용과 교수방법을 체계화시켰다.

3. DAP(발달에 적합한 실제)가 가지고 있는 장점과 한계점에 대해 논의해 본다.

4. 현대 유아교육과정의 동향 및 논쟁점들에 대해 정리해 본다.

우리나라의 유아교육과정은 유치원이 설립되고 문교부에서 유치원교육과정을 처음 제정하면서 발전하기 시작했다. 본 장에서는 유치원교육과정 제정 이전의 우리나라 유아교육 역사를 살펴보고 유치원교육과정의 제정과정, 제1차 유치원교육과정부터 3~5세 연령별 누리과정에 이르기까지 목표 및 특징, 내용을 중심으로 발전과정을 살펴보기로 하겠다. 2013년부터 적용된 3~5세 연령별 누리과정은 유치원과 어린이집으로 이원화되어 있는 교육·보육과정을 통합하여 만 3~5세 유아에게 공통으로 적용되는 국가수준의 공통과정을 말한다. 또한 어린이집의 표준보육과정 제정과정과 그 내용도 함께 정리하였다. 이와 아울러 대학 중심의 우리나라 대표적인 유아교육 프로그램들을 소개하였다.

EARLY CHILDHOOD
CURRICULUM

우리나라의 유아교육과정

CHAPTER
03

우리나라의
유아교육과정

우리나라의 유아교육과정은 유치원이 설립되고 문교부의 유치원교육과정이 처음 제정되면서 발전되기 시작하였다. 본 장에서는 유치원교육과정을 중심으로 우리나라 유아교육과정의 발전과정을 살펴보고 어린이집의 보육과정을 정리하였다. 이와 아울러 사립기관에서 시작된 대표적인 유아교육 프로그램 모델을 소개하였다.

1. 유치원교육과정 제정 이전

1) 초창기(1897~1945년)

한국의 전통교육사상은 윤리 · 도덕교육의 근간으로써, 유교로부터 그 가치규범에 있어 가장 많은 영향을 받아왔다. 전통사회의 유아교육은 대부분 가정에서 이루어졌으며, 다만 남자아이들이 글을 배우기 위하여 서당에 다녔다. 따라서 특별히 유아들만을 위한 교육기관이 존재하지는 않았다. 유아교육에 관한 지침서가 될 만한 것으로는 조선시대의 전통가정교육 지침서로 알려진 《사소절(士小節)》 등이 있다 (이계학, 1994).

1897년 우리나라에 유치원이 처음 소개되면서 유치원은 유아교육의 대명사가 되었으며 크게 두 가지 영향을 받고 발전되었다. 초기에는 일본인들에 의한 유아교육의 영향과 미국인 선교사들의 선교 목적에 영향을 받았다. 1897년 일본인 자녀들을 위한 유치원이 처음 설립되었을 때의 유치원교육이념은 프뢰벨 사상이었다. 그러나 이 프뢰벨의 교육론 및 방법은 25년간 일본에서 그들의 사회·문화적인 영향을 받은 뒤였으므로 순수한 프뢰벨교육 원리 및 방법이 우리나라에 전수되었다고 보기는 어렵다. 프뢰벨의 이론 중 자발활동의 원리와 같이 아동의 자유를 강조하는 면이 부각되지 않고 통제적이고 규제적이며 집단적 생활을 하는 면이 많이 강조되었던 것은 이러한 이유에서였다(서울특별시 교육위원회, 1981). 1914년 브라운리(Charlott G. Brownlee, 부래운 : 富來雲)가 이화학당 내의 정동 이화유치원(현재 이화여자대학교 부속유치원)을 설립하면서 미국의 기독교적 정신에 입각한 유아교육이 도입되었다. 브라운리도 역시 당시 미국 유치원교육이념이었던 프뢰벨의 교육원리 및 방법을 전파하기 위하여 프뢰벨의 저서들을 번역하였다. 그러나 그 내용은 주로 프뢰벨이 신(神)에 대하여 강조한 부분들이었다. 따라서 프뢰벨교육론에 근거를 두었다기보다는 기독교이념에 근거를 둔 것이었다. 요약하면 해방 전까지 유아교육의 철학적 개념은 프뢰벨의 사상과 기독교 사상이 주가 되었다.

우리나라에서 최초로 유치원에 관한 규정을 법령으로 만든 것은 1922년 2월 4일 공포된 제2차 조선교육령이었으며, 이어 2월 16일에 '유치원 규정'이 포함된 소학교령이 공포되었다. 이 법령은 해방 후 우리나라의 교육법이 제정되기 전까지 유치원의 유일한 법적 근거가 되었으며(이기숙, 1992), 이 '유치원 규정'에 포함된 보육항목인 유희, 창가, 담화, 수기 등의 교육 내용은 일본의 '유치원 보육 및 설비 규정'의 보육항목과 일치하는 것이었다(김옥련, 1995; 이상금, 1987). 비록 일본인이 제정한 법이지만 어디까지나 한국의 유치원에 관한 규정이기 때문에 한국 유치원발달에 있어서는 중요한 사실이라고 할 수 있다. 유아교육과정과 관계되는 것을 발췌해 보면 유치원 규정(大正 11년 2월, 總令 제11호)은 다음과 같다(조선총독부, 1926).

- 제1조 : 유치원은 연령 3세부터 7세까지 유아의 보육을 목적으로 한다.
- 제5조 : 유아를 보육할 때는 그 심신의 건전한 발달과 선량한 습관을 얻게 하고, 그러므로 가정교육을 보충할 것을 요한다. 유아의 보육은 그 심신발달의 정도에 적응하도록 습득하기 곤란한 사물을 주거나 혹은 과업의 일을 하게 하거나 강요해서 시켜서는 안 된다. 항상 유아의 심정(心情), 행의(行義)에 주의하여 이를 고쳐 주어야 한다. 또 유아는 대단히 모방을 좋아하는 고로 항상 선량한 사례를 가르쳐 주어야 한다.
- 제6조 : 유아보육의 항목은 유희, 창가, 담화와 수기이다.
- 제8조 : 보모 1인의 보육하는 유아 수는 약 40인 이하이다.

이 법령은 해방 후 우리나라의 교육법이 제정되기 전까지 유치원의 유일한 법적인 근거가 되었다.

1920년부터 미국의 유치원교육은 프뢰벨의 교육이론을 탈피하여 생활 중심·경험 중심 교육을 강조하는 진보주의 교육경향과 함께 아동연구운동으로 인하여 개혁 유치원교육과정이 실시되고 있었다. 이화유치원을 세웠던 브라운리나 유치원 교사로서 훈련을 받고 한국에서 일하게 되었던 미국인 선교사 하워드(Clara Howard, 허길래 : 許吉來)의 잦은 왕래는 우리나라 유치원교육을 진보주의적 생활 중심 교육형태로 변화시키게 되었다. 위의 유치원 규정의 내용과 함께 사용되었던 유아교육 교사 양성을 위한 문헌들을 살펴보면 점차로 프뢰벨 교육이론과 함께 행동주의심리학의 영향을 받은 습관형성에 대한 주장과 생활 중심 교육이론이 공존하다가 생활 중심 교육으로 변화한 것을 볼 수 있다.

1932년 번역되어 사용된 패티 스미스 힐의 《활동에 기초한 아동교육법》은 오랫동안 우리나라 유치원교육에 영향을 주었다. 자유선택시간, 간식·휴식·바깥놀이시간, 현장견학 등 생활 주변 속에서 아동의 흥미나 관심을 유발한 후에 놀이 속에서 자연스럽게 자발적인 행동과 활동하도록 하는 것이 유치원 및 1학년 교육의 운영원칙이 되어야 한다고 하였다. 이러한 점은 유아교육의 기초가 되고 있는 생활 중심, 경험 중심 교육과정과 유사하다(서울특별시 교육위원회, 1981).

다음에 제시되는 일과표는 미국 선교사 브리운리에 의해 처음으로 소개된 유치원 일과이다(부래운, 1932).

8 : 45~10 : 00	도착, 작업(자유선택시간)
10 : 00~10 : 30	회화, 창가, 율동
10 : 30~11 : 00	음식 준비, 변소가기
11 : 00~11 : 10	쉬는 시간
11 : 10~11 : 30	동화, 바깥놀이
11 : 30~12 : 00	여러 가지 일, 유희, 악대, 산보
12 : 00	귀가

이 시기의 교육 내용은 유치원 규정에 있는 바와 같이 유희, 창가, 담화와 수기의 과목이었다. 유희는 주로 곡에 맞추어 심정을 쾌활하게 하고 신체를 건전하게 함이 목적이고, 창가는 쉬운 곡을 부르게 하여 발성기, 호흡기, 청기를 운동시켜 그 발육을 돕고 덕성을 함양함이 목적이다. 담화는 흥미 있는 사실이나 우화 등에 대해 이야기를 나누어 덕성을 함양하고 관찰력을 기르며 발음을 정확하게 함이 목적이다. 수기는 유치원 은물을 사용해서 손과 눈의 활동을 연습시켜 그 발달을 하게 함이 목적이다(손영의, 1973).

해방이 되기 전 일제시대의 유아교육은 이와 같이 일본인의 손에 의해서 전해진 프뢰벨의 이론과 미국 선교사들의 손에 의해 1930년대부터 뿌리를 내리기 시작한 아동의 흥미 중심, 생활 중심 및 사회·정서발달을 주축으로 한 유치원교육 내용이 소개되기 시작하였다. 이와 같이 유치원에 대한 법령이 처음 제정되고 유치원이 보급되었으나, 일제 말기에 접어들면서 총독부의 탄압에 못 이겨 많은 유치원과 보육학교들이 문을 닫게 되어 유치원교육과정은 거의 발전을 이루지 못하였다.

2) 대한민국 수립 후(1945~1968년)

제2차 세계대전의 종말로 대한민국이 탄생되었고 민주국가로서의 교육발전을 위해 그 기본이 되는 교육법을 법률 제86호로 1949년 공포하였다. 이 교육법 중 유치원 조항 제146, 147, 148조에 근거하여 전국의 유치원은 잠정적으로 교육 목적을 설정하고 교육과정을 운영하게 되었다.

이러한 교육법은 한국전쟁으로 제대로의 구실을 할 수 없었고 전쟁의 혼란이 지난 1950년대에는 개인이나 교회단체가 설립하는 유치원이 늘어났다. 그러나 정부수

제146조 유치원은 유아를 보육하고 적당한 환경을 주어 심신의 발육을 조장하는 것을 목적으로 한다.

제147조 유치원교육은 전조의 목적을 실현하기 위하여, 다음 각 호의 목표를 달성하도록 노력하여야 한다.

① 건전하고 즐거운 생활을 하기에 필요한 일상의 습관을 기르고 신체의 모든 기능의 조화적 발달을 도모한다.

② 집단생활을 경험시켜 즐겨 이에 참가하는 태도를 기르며, 협동 자주와 자율의 정신을 싹트게 한다.

③ 신변의 사회생활과 환경에 대한 바른 이해와 태도를 싹트게 한다.

④ 말을 바르게 쓰도록 인도하고 동화, 그림책 등에 대한 흥미를 기른다.

⑤ 음악, 유희, 회화, 수기, 기타 방법에 의하여 창작적 표현에 대한 흥미를 기른다.

제148조 유치원에 입학할 수 있는 자는 만 4세부터 초등학교 취학시기에 달하기까지의 유아로 한다.

준에서 행정적 지도 및 감독도 없었으며, 교육활동을 장학지도할 수 있는 체제도 없었기 때문에 대부분의 유치원은 전시효과만을 위한 교육활동을 폈다. 1949년 제정된 교육법의 유치원교육 목표와는 무관하게 춤추고, 노래하고, 그림 그리기나 하는 곳이 유치원이라는 생각이 사회 전반에 자리잡았으며 의자 몇 개, 피아노, 그네, 미끄럼틀만 있으면 누구나 어린이를 지도할 수 있다고 생각되었다.

1969년 문교부령으로 유치원교육과정이 제정·공포되기 이전에는 교육법 제147조에 나타난 5개 항목만이 정부에서 공식적으로 밝힌 유치원교육 내용이었다. 국가 수준에서의 정책적 배려를 받지 못하고 개인 또는 단체에 의해 운용되는 민간 주도형의 교육과정이었으며, 1945년 이후부터 1968년까지 몇몇 유치원들을 제외하고는 대체로 체계적인 교육과정 없이 오락활동이나 초등학교 입학준비 및 유아의 보호기능이 중심이 되어 유치원의 교육적 기능을 충분히 발휘하지 못하였다(김영옥 외, 1995). 따라서 1945년 이후의 교육과정은 미국에서 발달된 유치원의 교육 내용을 그대로 답습해 왔고, 특별한 이론 구성의 단계를 밟지 않고 이미 성립된 내용을 손쉽게 받아들였기 때문에 내용 구성에 있어서 발달과정을 설명할 자료를 갖지 않았으며, 유치원교육과정이 제정되기 전까지는 설립인가 당시에 결정하는 내용이 교육과정으로 통용되어 온 것이다(중앙교육연구원, 1976).

2. 유치원교육과정 제정 이후

1) 제1차 유치원교육과정(1969. 2. 19. 문교부령 제207호)

　제1차 유치원교육과정은 우리나라에 유치원이 소개된 지 70여 년이 지나고 광복 후 대한민국 정부가 수립되어 1949년 '교육법'이 제정되고서도 20년이 지난 1969년에야 문교부령으로 최초로 제정·공포되었다.

　교육법에서는 처음으로 유치원교육의 목적과 목표 그리고 교육대상 등을 구체적으로 명시하였고, 1960년대 들어 수적으로 급격히 증가하는 유치원들을 정비하기 위해 1962년에 공포된 '유치원 시설 기준령'은 유치원교육환경을 개선하는 법적 근거가 되었다. 이러한 법령들을 기초로 유치원교육의 외적 정비가 이루어지기 시작하자 이어서 교육 내적인 정비를 위하여 1969년에 문교부령 '유치원교육과정령'도 최초로 제정·공포된 것이었다. 당시의 유치원은 상당히 오랜 기간 동안 법적으로 규정된 교육과정이 없었기 때문에 이 교육과정의 제정은 구체적인 유치원교육의 목표, 영역, 수업일수, 운영방법 등을 제시함으로써 전국의 유치원교육에 중요한 지침이 되었다.

　제1차 유치원교육과정 제정의 취지는 어린이의 바람직한 인격형성을 위하여 어린이의 욕구와 흥미에 알맞은 환경을 만들어 주고자 하는 데 있었다. 건강한 신체와 건전한 정신으로 생활하는 유능한 한국인 양성을 유치원교육의 목적으로 설정하고, 유치원교육의 특수한 목적을 구현하기 위해서 초등학교와 같은 교과 중심의 교육을 피하고, 종합적인 교육을 계획·실천하도록 교육과정을 조직하였다.

　유치원교육과정은 곧 어린이들이 유치원교육을 통하여 경험하는 모든 학습활동의 총화를 의미하는 것으로 보았으며, 교육과정의 구성을 편의상 건강·사회·자연·언어·예능의 다섯 가지 영역으로 나누어 내용을 조직하였다. 이에 따라 유치원교육의 구체적 목적은 튼튼한 몸과 마음, 기초적인 생활 습관, 올바른 사회적 태도와 도덕성, 자연 및 사회의 제 현상에 관심 가지기, 과학적이고 민주적인 사고력, 심미적 태도, 창조적인 표현능력을 기르는 것이었다.

　유치원의 교육일수는 연간 200일 이상, 하루 3시간(180분)을 기준으로 하여 각 유치원에서 기후, 계절, 어린이 발달 정도, 학습 경험, 학습 내용의 성질 등을 감안하여 실정에 맞추어 조정하도록 하였다. 교육과정의 운영도 지역 사회와 밀접한 관련을 갖고 각 지역의 실정에 맞는 교육과정을 창의적으로 재구성하도록 융통성과 신축성을 부여하였다.

교육방법으로는 유아의 흥미 중심, 놀이 중심 교육과 개인차에 따른 교육이 이루어지도록 강조하였으며 유아의 학습특성을 고려하여 다섯 개 생활 영역과 하루 일과의 통합적 운영, 다양하고 균형 있는 활동, 가정과의 긴밀한 협력 등을 강조하였다.

제1차 유치원교육과정에 영향을 미친 교육이론으로는 광복 직후 우리나라의 교육에 가장 많은 영향을 미친 실용주의 사상을 배경으로 한 듀이(Dewey)의 진보주의 이론으로, 유아교육 분야도 마찬가지여서 당시의 교육과정은 교육과정의 정의, 교육 목표, 내용, 방법 등이 모두 앞에서 살펴본 바와 같이 이른바 생활 중심, 경험 중심, 아동의 흥미 중심 교육을 주로 하도록 되어 있었다(방인옥, 1994).

서울특별시 교육위원회는 1969년 문교부령 유치원교육과정에 근거하여 '유치원교육과정 운영 지침서'를 발간하였다. 이는 문교부 교육과정령에 입각하여 연간 단원배정, 주간 단원계획, 유치원교육의 방법 및 평가 등 유치원교육의 실제를 다루었으며 유아지도자료 등이 포함되었다. 이 지침서에서 다룬 단원은 즐거운 우리 유치원, 즐거운 우리 집, 봄철의 꽃과 나무, 동물원, 곤충, 고마우신 어른들, 병원놀이, 추석놀이, 교통, 계절의 변화, 서로 돕는 이웃, 우리를 도와주는 기관 등이다. 또한 국가수준의 유치원교육과정이 아닌 대학 부속유치원에서 당시 일선 교사들을 위한 실제적인 유치원교육과정자료가 발간되었다.

1977년에 이화여자대학교 부속유치원에서는 유아들의 생활 경험에서 구체적이고 조직적인 경험을 주기 위한 교육 내용이 충분히 담겨져 있는 교육과정이 절실히 요청된다고 보고, 이화유치원에서 오랫동안 유아들을 교육하면서 연구하고 실험한 내용을 책으로 엮어 출판하였다. 이 책에서는 각 아동의 사회적·정서적 발달을 중심으로 '전인교육'을 추구하는 이화유치원의 전통적인 아동 중심 교육과정이 소개되었다(이화유치원, 1977). 이 책은 우리나라에서 유치원교육과정에 관하여 체계적으로 서술된 사실상 최초의 저서라고 할 수 있으며, 그 당시 유치원교육 운영을 위한 자료로서 큰 역할을 하였다.

2) 제2차 유치원교육과정(1979. 3. 1. 문교부 고시 제424호)

제1차 유치원교육과정이 제정되고 10년이 지나, 문교부 고시로 제2차 유치원교육과정이 개정되어 공포되었다. 초등학교교육과정이 1954년도에 처음으로 제정되어, 1963년도에 한 번의 개정이 이루어지고, 6년 뒤인 1973년에 두 번째 개정을 이룬 것과 비교해 보면 당시 문교부의 유치원교육에 대한 관심이 별로 높지 않았으며, 각각 별도로 교육과정을 개정함으로써 연계성 있는 교육도 생각하지 못했었음을 알 수 있다.

제2차 교육과정은 당시의 각급 학교 교육과정에서 강조하고 있던 국민교육헌장이념, 1972년의 유신이념 등을 기초로 국민적 자질의 함양, 인간교육의 강조, 지식 · 기술교육 쇄신을 기본 방침으로 하였으며, 자아실현, 국가의식의 고양과 민주적 가치의 강조를 학교교육의 일반 목표로 제시하였다.

유치원교육과정의 목표로는 남과 잘 사귀고 남과 더불어 생활하는 것을 즐기게 하며, 표현하는 능력, 습관, 태도를 기르고, 탐구능력, 언어구사력, 기초적인 운동능력, 건강 및 안전생활 습관을 기르는 것이었다.

교육과정의 영역은 제1차 교육과정이 교과목 형식의 5개 생활 영역이었던 것에 반해 전인적인 발달을 강조하는 사회 · 정서발달 영역, 인지발달 영역, 언어발달 영역, 신체발달 및 건강 영역으로 구분하였다. 연간 교육일수는 200일, 주당 교육시간은 18~24시간, 하루 학습시간은 3~4시간으로 하고, 유아와 지역 사회, 학교의 실정에 적합한 계획과 운영, 통합적 학습, 유아의 흥미 중심, 놀이 중심, 개인차에 의한 학습, 가정과의 연계 등을 운영방침으로 제시하였다.

제2차 교육과정의 두드러진 특징은 1970년대부터 인지발달을 강조하는 세계적 추세에 맞추어 인지발달과 정서발달을 강조한 것이었다. 이는 당시 1960년경부터 미국에서 나타나기 시작한 학문 중심 교육과정의 영향을 받은 것으로 대표적 학자인 브루너(Bruner)나 피아제(Piaget) 등의 이론이 우리나라의 교육과정 전반에도 많은 영향을 미쳤다. 구체적으로 유치원교육과정의 총론 부분에서도 학문 중심 교육과정의 특성을 명시하고 있고, 특히 피아제의 인지발달이론이 새롭게 영향을 미쳐 이전의 교육과정에는 포함되지 않았던 논리 · 수학적 개념 형성, 표상능력 등의 인지적 개념들이 첨가되었다(이기숙, 1992).

이때부터는 교육과정이 공포된 후에 실제 유아교육현장에서 교육과정을 실천하는 데 보다 많은 도움이 될 수 있도록 하기 위해 제정 · 공포된 교육과정령의 내용에 맞추어 유치원 교사용 지도서를 개발하여 보급하기 시작하였다.

3) 제3차 유치원교육과정(1981. 12. 31. 문교부 고시 제442호)

제3차 유치원교육과정은 제5공화국이 들어서면서 유신 말기의 정책의지가 강하게 반영되어 있던 기존의 교육과정을 전면적으로 새롭게 개정하려는 교육개혁 조치에 따라 개정 2년만에 다시 개정되었다. 제3차 교육과정은 그 이전과 같이 유치원만이 각급 학교와 분리되어 별도로 개정이 이루어진 것이 아니라 처음으로 초·중등학교 교육과정의 개정과 함께 상호연계성 속에서 개정되었다. 유치원교육에서의 이러한 획기적인 변화는 제5공화국이 주요 교육개혁 정책으로 유아교육을 채택하여 당시에 당면한 유아교육의 문제를 정부 차원에서 해결하고자 한 노력의 일환으로 이루어지게 된 것이었다.

또한 종래에 문교부 편수관이 주도하여 교육과정을 개정하던 것과는 달리, 문교부가 교육전문연구기관인 한국교육개발원에 위탁하여 체계적인 연구에 의해 교육과정 개정이 이루어지게 되었다. 즉, 한국교육개발원이 주축이 되어 유아교육 전문가, 심리학자, 문교부 관계 담당관, 현장교사 등이 교육과정개발에 참여하였으며 수차례의 심의를 거쳐, 제2차 교육과정을 수정·보완한다는 입장에서 연구·개발이 이루어졌다.

교육과정의 궁극적인 목적은 민주·복지·정의사회의 건설에 적극적으로 이바지할 수 있는 자주적이고 창의적인 국민을 길러 내는 것이었고, 유치원교육의 목적으로는 유아에게 알맞은 교육환경을 마련해 주어 전인적으로 성장하도록 돕는 것이었다.

교육과정의 구성은 신체발달·정서발달·언어발달·인지발달·사회성발달의 5개 발달 영역별 구성이었는데, 이는 제2차 유치원교육과정의 사회·정서 영역을 둘로 나누어 정서 영역의 내용을 더 강조하고, 신체발달 및 건강 영역에서 건강 영역을 신체발달 영역에 포함시킨 것이었으며, 각 발달 영역별로 구체적인 내용을 제시한 것이었다. 또한 성장단계에 있는 유아의 발달수준에 비추어 그 동안 무리했던 연간 교육일수를 하향 조절하여 기존의 200일에서 180일 이상으로 축소·조정하였고, 하루 교육시간도 3~4시간을 기준으로 하도록 하였다.

운영 지침에서는 융통성 있는 교육과정운영계획, 유원장 및 교육자료의 확보·활용, 다양한 학습활동 등을 강조하였으며 발달 영역의 통합적 지도, 개인차와 흥미에 따른 놀이 중심 지도, 가정과의 연계를 지도방법으로 제시하였다. 처음으로 평가에 대한 지침도 제시하였고, 새로 개정된 교육과정을 해설하기 위한《유치원 새 교육과정 개요》도 발간하였다.

제3차 유치원교육과정에 영향을 미친 이론적 변화를 살펴보면, 이 교육과정은 이전의 교육과정처럼 듀이나 피아제 등 어느 특정 이론의 영향을 두드러지게 받아 구성되었다기보다는 과거에서부터 현재에 이르기까지 유아교육이 발전을 이룩하며 축적해 온 다양한 아동 중심 교육이론들의 장점이 골고루 영향을 미치며 개정이 이루어졌다(전선옥, 1996). 또한 1980년대 이후 세계 각국의 추세이자 우리나라 전반적인 교육과정 변화의 추세인 인간 중심 교육과정과 통합교육과정에 대한 중요성이 강조되어 유치원교육과정에도 반영되었다(김인식, 1996).

4) 제4차 유치원교육과정(1987. 6. 30. 문교부 고시 제87-9호)

제4차 유치원교육과정은 주기적인 교육과정 개정의 필요성, 제3차 유치원교육과정의 내용 및 운영상에 나타나는 문제점 개선을 위하여 문교부의 위촉으로 한국교육개발원이 주축이 되어 개정하였다. 이는 제3차 유치원교육과정을 개정했다기보다는 수정·보완하는 입장에서 유치원 개정안의 연구개발이 이루어졌다.

이 교육과정은 교육 목표의 재구성 및 조정, 교육 내용 설정 및 구성의 융통성 확대, 교육자료의 풍부화 및 다양화, 평가활동의 정상화 등 구체적인 방향을 가지고 개정이 이루어졌다. 교육 목적은 인격을 완성하고 자주적 생활능력과 민주시민으로서 자질을 갖추어, 민주국가 발전에 봉사하며, 인류공영의 이상실현에 기여하게 하도록 하는 것이었고, 이러한 목적을 위하여, 건강한 사람, 자주적인 사람, 창조적인 사람, 도덕적인 사람을 기르는 데 역점을 두어 교육과정을 구성하였다.

구체적인 유치원교육과정의 목표는 건강과 안전에 대한 올바른 생활 습관과 신체의 조화로운 발달을 도모하고, 다른 사람의 말을 이해하고, 주변 현상에 대한 느낌을 표현할 수 있으며, 자부심 및 가족과 이웃을 사랑할 줄 아는 마음씨를 지니게 하는 것이었다.

교육과정의 영역은 제3차와 마찬가지로 신체·언어·인지·정서·사회성의 5개 발달 영역이었으며, 전인발달을 위한 교육을 더욱 강조하기 위하여 각 발달 영역별 내용은 제시하지 않고 교육 목표 수준만을 제시하며 교사들이 교육 내용을 자율적으로 선정할 수 있도록 하였다. 이는 각 발달 영역을 교과로 잘못 인식할 수 있는 가능성을 배제하기 위한 것이었다.

연간 교육일수는 180일 이상, 하루 교육시간은 3시간을 기준으로 하고 유아, 지역사회, 유치원의 특성에 따라 조정하여 운영하도록 하였다. 구체적인 교육과정계획, 지도, 평가 등의 운영 지침 내용은 제3차와 유사하였으며 지도상의 유의점을 통하여 각 영역의 통합적 운영, 유아의 흥미 중심, 놀이 중심 교육의 중요성을 거듭 강조하였다.

제4차 교육과정은 제3차 교육과정과 마찬가지로 과거에서부터 현재에 이르기까지 유아교육이 발전을 이룩하며 축적해 온 다양한 아동 중심 교육이론들의 장점이 골고루 영향을 미치며 개정이 이루어졌다. 이는 1980년대 이후 세계 각국의 추세이자 우리나라 전반적인 교육과정 변화의 추세인 인간 중심 교육과정과 통합교육과정에 대한 중요성이 더욱 강조된 것으로 볼 수 있다.

5) 제5차 유치원교육과정(1992. 9. 30. 교육부 고시 제1992-15호)

제5차 유치원교육과정 개정은 제4차와 마찬가지로 주기적인 교육과정 개정의 필요와 시대·사회적 변화에 따른 개정 요구에 의해 이루어졌다. 이 교육과정은 처음으로 한국유아교육학회가 교육부의 위촉을 받아, 전문 연구진을 구성하고 제4차 유치원교육과정의 문제점과 개정방향을 연구하여 새롭게 개정, 고시하였다는 데에서도 그 의의를 찾아볼 수 있다.

제5차 교육과정이 지닌 두드러진 특징을 구체적으로 살펴보면, 우선 1991년에 교육법이 개정되어 유치원 취원 연령이 기존의 만 4, 5세에서 만 3, 4, 5세로 조정됨으로써 1992년 3월부터 만 3세의 유치원 입학이 합법화됨에 따라 교육과정의 내용이 Ⅰ수준과 Ⅱ수준으로 구분되어 제시된 것이었다.

또한 제5차 교육과정이 실시되기 시작하는 1995년도부터는 지방자치제에 의한 교육자치가 실시되었기 때문에 그러한 사회적 추세를 교육과정 개정에 반영하여 유치원교육과정도 지역화를 강조하고, 각 시·도 교육청과 유치원이 국가수준 교육과정을 기초로 편성·운영 지침을 마련하여 각 지역의 실정에 맞는 교육을 하도록 강화하였다.

그 밖에 취업모의 증가에 따른 유치원 종일반 운영을 강조함으로써 사회적 요구를 교육과정에 반영하고, 유아의 발달특징에 알맞은 읽기·쓰기교육에 관한 지침을 구체적으로 제시하여 학부모의 요구도 교육과정에 반영하고자 노력하였다. 또한 교육현장의 요구를 수용하기 위하여 교육과정의 모든 영역에서 다른 사람과 더불어 사는 지식, 기술, 태도를 익힐 수 있는 사회적 관계와 기본 생활 습관을 강조하였다. 이와 같이 제5차 교육과정은 이전의 교육과정에서보다는 한국 사회가 유아교육기관에 바라는 요구를 반영하고자 상당한 노력을 기울인 교육과정이었다.

제5차 교육과정은 교육법(제146조와 제147조)에 명시된 유치원교육의 목적과 목표를 기본으로 하고, 건강한 사람, 자주적인 사람, 창의적인 사람, 도덕적인 사람을 이상적인 인간상으로 추구하며, 기본 생활교육의 강조, 유아의 흥미·요구·개별성의 존중, 놀이 중심 교육, 유아의 전인적 성장·발달 등을 교육과정의 구성 중점으로 삼았다.

교육과정의 영역은 제2·3·4차 교육과정이 발달 영역별로 구성되었던 것과 달리 건강생활, 사회생활, 표현생활, 언어생활, 탐구생활의 5개 생활 영역으로 구성하였다. 이는 그 동안 교육과정을 현장에 적용하면서 발달 영역의 목표들을 직접 교육활동으로 연결시키는 데 어려움이 있었던 교사들에게 지침과 명료성을 부여하기 위한 것이었다. 즉, 교육 목표는 전인적 발달의 방향에서 구분하되, 교육 내용은 생활 영역에서 선정하여 제공한 것이었다.

유치원의 연간 교육일수는 기존과 같이 180일 기준이며, 하루의 교육시간도 180분을 기준으로 하되, 조정하여 운영할 수 있도록 하였다. 또한 유치원의 교수·학습 방법에 대한 지침으로 교육활동의 통합적 운영, 민주적이고 수용적인 활동 분위기의 조성, 균형 있는 일과활동, 실물을 통한 직접 경험, 부모와의 연계 등을 강조하였고, 구체적인 평가의 내용과 방법, 유의점 등에 대해서도 제시하였다.

6) 제6차 유치원교육과정(1998. 6. 30. 교육부 고시 제1998-10호)

유아들이 살아갈 21세기의 미래 사회는 정보화·세계화의 시대이며, 교육의 체제는 공급자 중심보다는 '수요자 중심'으로 이루어질 것이므로 대통령 자문 교육개혁위원회에서는 교육개혁의 하나로서 유아교육의 공교육체제 확립 방안을 제시하였다. 이에 따라 초·중등교육과 맥을 같이하는 보편화된 교육체제로 발전시키고자 유치원교육과정의 개정이 요구되었다(교육개혁위원회, 1997). 제6차 유치원교육과정은 제5차에 이어 한국유아교육학회가 교육부의 위촉을 받아 개정을 주도하였고 제5차 유치원교육과정의 문제점을 분석하고 수정·보완하여 개정하였다.

제6차 유치원교육과정은 초·중등학교교육과정과 같이 '21세기의 세계화·정보화 시대를 주도할 자율적이고 창의적인 한국인 육성'을 기본 방향으로 초·중등교육법 제35조에 명시된 "유치원교육은 유아를 교육하고 유아에게 알맞은 교육환경을 제공하여 심신의 조화로운 발달을 조장하는 것을 목적으로 한다."를 그 교육 목적으로 하였다. 이에 따라 기초·기본 교육의 충실, 자기 주도적 능력의 신장, 유아 중심 교육의 실천, 지역 및 유치원의 자율성 확대를 교육과정 구성의 중점으로 삼았고 제5차 유치원교육과정과 마찬가지로 건강생활, 사회생활, 표현생활, 언어생활, 탐구생활의 5개 생활 영역으로 내용을 구성하였다.

제6차 유치원교육과정의 특징을 살펴보면 제5차 유치원교육과정의 5개 영역별 교육 내용을 전반적으로 감축하면서 필수 학습 요소를 추출하여 선정하였고 특히 Ⅰ수준과 Ⅱ수준 간의 모호성을 탈피하고 위계성을 가지도록 수준별 적절성을 도모하였다. 일과 운영의 다양화 요구에 부응하여 유치원교육시간의 다양화를 추구하였고 기본 생활 습관과 협동적인 생활태도를 길러 줄 수 있는 구체적 교육 내용을 마련하여 인성교육의 방향 제시에 중점을 두었다. 또한 21세기의 세계화·정보화 시대를 대비하여 유아들의 감성계발교육과 창의성 및 정보능력 함양교육이 강화되었고 전통문화교육도 충실하도록 하였다.

유치원의 교육일수는 연간 180일 이상, 하루의 교육시간은 180분을 기준으로 하되 유아의 연령과 발달수준, 기후, 계절, 학부모의 요구 등을 고려하여 실정에 맞도록 조정하도록 하였다. 특히 교육시간에 있어 1일 3시간 이상~5시간 미만의 반일제, 5시간 이상~8시간 미만의 시간 연장제, 8시간 이상의 종일제 프로그램으로 구분·운영하여 부모들이 선택하도록 하였다. 교육과정의 편성과 운영 지침에는 시·도 교육청에서 '유치원교육과정 편성·운영 지침'을 작성하고, 지역 교육청에서는 이를 기초로 '유치원교육과정 편성·운영에 관한 실천 중심의 장학자료'를 작성하여 단위유치원에 제시하고 각 유치원은 이를 바탕으로 유치원의 실정에 알맞은 교육과정을 편성하도록 규정하였다.

7) 2007 개정 유치원교육과정(2007. 12. 13. 교육인적자원부 고시 제 2007-153호)

1998년 제6차 유치원교육과정이 개정된지 약 9년이 경과한 2007년에 유치원의 다양한 일과 운영에 대한 사회적 요구, 제6차 교육과정의 수정·보완에 대한 유치원 현장의 요구, 21세기의 시대적 요구인 사람과 자연을 존중하는 세계관과 저출산문제 해결을 위한 가치관이 반영된 교육과정에 대한 요구, 초등학교와의 연계성 강화 등의 이유로 유치원교육과정의 개정이 이루어졌다. 또한 2004년 1월 유아교육법이 초중등교육법으로부터 독립하여 유치원이 학교로서의 정체성을 확고히 할 수 있는 법적 장치가 새롭게 마련되었기 때문에, 지식 위주의 구조적인 초등교육과 차별화하고 유아 중심의 통합교육을 강조되는 교육과정의 개정 역시 요구되었다(한국교육과정평가원, 2007).

이 같은 개정 배경을 토대로 하여 2007 개정 유치원교육과정은 '21세기 지식 정보화 시대를 주도할 사람과 자연을 존중하고 사랑하는 한국인 육성'을 구성방침의 기본 방향으로 하고, '유아에게 알맞은 교육환경을 제공하여 유아를 교육하고 심신의 조화로운 발달을 돕는 것'을 교육 목적으로 하였다. 또한 2007 개정 유치원 교육과정은 홍익인간의 이념을 바탕으로 하여 전인적 성장의 기반 위에 개성을 추구하는 사람, 기초능력을 토대로 창의적인 능력을 발휘하는 사람, 폭넓은 교양을 바탕으로 진로를 개척하는 사람, 우리 문화에 대한 이해의 토대 위에 새로운 가치를 창조하는 사람, 민주 시민 의식을 기초로 공동체의 발전에 공헌하는 사람 등의 인간상을 추구하였다.

기본 철학과 체제를 유지하되 운영상의 문제점을 보완하는 수준에서 개정을 추진한 2007 개정 유치원교육과정은 유치원에서 교육시간을 다양하게 운영할 수 있도록 교육일수와 교육시수 운영의 자율성을 확대하고 교육과정 내용체계의 개선 및 교육과정 영역별 내용의 구체화가 이루어지도록 개정에 중점을 두었다. 또한 6차 유치원 교육과정과 동일하게 2수준(Ⅰ, Ⅱ, 공통수준)의 틀을 유지하면서 수준별 내용 간 차별성과 계열성을 강화하였다. 이 밖에도 읽기와 쓰기 전 단계로서의 읽기·쓰기 기초교육이 강화되었고 지도상의 유의점이 새로 마련되었으며, 초·중등학교 교육과정과 연계한 교육과정 문서체계의 통일 등이 개정 유치원교육과정에 포함되었다(교육인적자원부, 2007).

교육과정은 건강생활, 사회생활, 표현생활, 언어생활, 탐구생활의 5개 영역으로 구성하였으며, 연간 교육일수는 180일, 하루 교육시간은 180분을 최소 기준으로 하되, 연간 교육일수 및 하루 교육시간은 시·도 교육청의 지침과 유치원 실정에 따라 유치원에서 자율적으로 결정하도록 규정하였다.

이상에서 살펴본 제1차부터 2007 개정까지의 유치원교육과정 내용을 정리해 보면 다음과 같다.

제1차~2007 개정 유치원교육과정 내용의 비교

표 3-1 구 분	제1차	제2차	제3차	제4차
공포 고시	1969년 2월 19일 문교부령 제207호	1979년 3월 1일 문교부 고시 제424호	1981년 12월 31일 문교부 고시 제442호	1987년 6월 30일 문교부 고시 제87-9호
교육 목적	건강한 신체와 건전한 정신으로 생활할 수 있는 유능한 한국인 양성	• 자아실현 • 국가발전을 위한 주체의식 확립 및 사명감 인식 • 민주적 가치의 강조	아동들의 전인적인 성장 조력	유아의 전인적인 발달 조력
교육 목표	• 건강 및 안전교육 철저 • 기초적인 생활습관과 기능 익히기 • 자연과 사회의 제 현상에 관심을 가지며 과학적이고 민주적인 사고력 싹트기 • 바르게 듣고 말하기 • 심미적인 태도와 창조적인 표현력 기르기	• 사회화에 필요한 경험 습득하기 • 사회와 자연현상에 대하여 흥미를 가지고 다양하게 표현하기 • 탐구력과 적응력 기르기 • 언어습관 및 태도 기르기	• 신체건강 및 안전에 대한 습관 및 태도 기르기 • 감각 및 운동기능을 기르고 신체의 조화로운 발달 이루기 • 긍정적인 자아개념 형성 및 창의적으로 표현하기 • 기초적인 언어기능 습득하기 • 자연과 사회현상에 대한 기초적인 이해와 문제해결 능력 기르기 • 가족과 이웃을 사랑하는 태도 및 일상생활에 필요한 기본적인 예절과 규범 지키기	• 건강 및 안전생활에 대한 올바른 습관과 신체의 조화로운 발달 도모 • 언어이해 및 언어 표현의 기초 기능 습득 • 주변 현상에 대한 관심 및 탐구 태도 배양 • 자부심 및 생활주변에서의 느낌과 생각을 자주적으로 표현하기 • 기본적인 생활습관 및 가족과 이웃을 사랑하는 태도 배양
교육 과정 영역	• 건강 • 사회 • 자연 • 언어 • 예능	• 사회 · 정서발달 영역 • 인지발달 영역 • 언어발달 영역 • 신체발달 및 건강 영역	• 신체발달 영역 • 정서발달 영역 • 언어발달 영역 • 인지발달 영역 • 사회성발달 영역	• 신체발달 영역 • 정서발달 영역 • 언어발달 영역 • 인지발달 영역 • 사회성발달 영역
연간 교육 일수 및 하루 교육 시간	• 연간 200일 이상 • 하루 3시간(180분) 기준 • 기후, 계절, 유아의 발달정도, 교육내용의 특성을 감안하여 시간 단위 조절	• 연간 200일 • 주당 18~24시간 • 하루 3~4시간 (조정 가능)	• 연간 180일 이상 • 하루 3~4시간 기준 (조정 가능)	• 연간 180일 이상 • 하루 3시간 기준 (조정 가능)
평 가			아동의 발달을 이해하고 도와주는 긍정적 측면의 목표지향적 평가가 이루어지도록 한다.	유아의 발달을 이해하고 도와주기 위한 교육의 과정으로 실시하며 평가의 대상과 내용에 따라 다양한 방법을 사용한다.

구 분	제5차	제6차	2007 개정
공포 고시	1992년 9월 30일 교육부 고시 제1992-15호	1998년 6월 30일 교육부 고시 제1998-10호	2007년 12월 19일 교육인적자원부 고시 제2007-153호
교육 목적	유치원의 교육목적(교육법 제146조, 제147조)을 달성하는 것	유아의 전인적 성장을 위한 기초 교육(초·중등교육법 제35조)	유아의 전인적 성장을 위한 기초 교육
교육 목표	• 기본적인 감각운동 기능을 길러 신체와 정신의 조화로운 발달을 이루며 건강하고 안전한 생활을 하도록 한다. • 기초적인 자기조절 능력을 기르고 사회적 지식과 태도를 익히게 하여 자신과 다른 사람을 존중하며 즐겁게 더불어 생활할 수 있게 한다. • 풍부한 감성과 상상력을 기르고, 자신이 느끼고 경험한 바를 창의적으로 표현하게 한다. • 말과 글에 관심을 가지게 하고 기초적인 언어능력을 기르게 함으로써 즐거운 언어생활을 할 수 있게 한다. • 여러 가지 사물과 현상을 탐구하여, 기초적인 사고능력과 창의적인 문제해결 능력을 기르게 한다.	• 몸과 마음이 건강하게 자랄 수 있는 경험을 가진다. • 기본생활습관을 기르고, 다른 사람과 더불어 생활하는 태도를 가진다. • 생각과 느낌을 창의적으로 표현하는 경험을 가진다. • 바르게 언어를 사용하는 경험을 가진다. • 일상생활의 문제에 대하여 스스로 궁리하는 태도를 가진다.	• 몸과 마음을 건강하게 하며 기본 생활습관을 기른다. • 더불어 사는 태도와 우리 전통문화를 사랑하는 마음을 가진다. • 자신의 생각과 느낌을 자유롭고 창의적으로 표현하는 경험을 가진다. • 의사소통을 위한 언어능력을 기르며, 바른 언어 사용습관을 기른다. • 호기심을 가지고 주변 세계를 탐구하며 자연을 존중하는 태도를 가진다.
교육 과정 영역	• 건강생활 • 사회생활 • 표현생활 • 언어생활 • 탐구생활	• 건강생활 • 사회생활 • 표현생활 • 언어생활 • 탐구생활	• 건강생활 • 사회생활 • 표현생활 • 언어생활 • 탐구생활
연간 교육 일수 및 하루 교육 시간	• 연간 180일 기준(조정 가능) • 하루 180분 기준(교육과정 편성, 운영지침에 의하여 교육일수와 시간에 관하여 따로 제시 가능)	• 연간 180일 이상 • 하루 180분 기준(조정 가능 : 1일 3시간 이상 5시간 미만의 반일제, 5시간 이상 8시간 미만의 시간연장제, 8시간 이상의 종일제로 구분·운영)	• 연간 180일 • 하루 180분 최소 기준(조정 가능 : 시·도교육청의 지침과 유치원 실정에 따라 유치원에서 자율적으로 결정)
평 가	각 영역별 목표에 준하여 교육내용, 교육환경 및 교육자료, 교육방법, 그리고 유아에 대하여 평가한다.	교육과정 영역별 목표와 내용을 준거로 하여 유아의 성취 정도를 평가한다.	교육과정의 목표와 내용을 준거로 유아의 특성과 변화 정도를 종합적이고 다양한 방법으로 평가하며 결과는 유아에 대한 이해와 지원을 위한 기초자료로 활용한다.

출처 : 문교부(1969). 유치원교육과정 ; 문교부(1979). 유치원교육과정 ; 문교부(1981). 유치원교육과정 ; 문교부(1987). 유치원교육과정 ; 교육부(1992). 유치원교육과정 ; 교육부(1998). 유치원교육과정 ; 교육인적자원부(2007). 2007 개정 유치원교육과정

3. 3~5세 연령별 누리과정(2012. 7. 10. 교육과학기술부 · 보건복지부 고시)

1) 도입의 배경

① 5세 누리과정 제정

우리나라의 대표적 유아교육기관인 유치원과 어린이집은 각각 교육과학기술부와 보건복지부를 주무 부서로 하여 이원화되어 운영되고 있다. 각 기관에서 실행되는 교육과정도 마찬가지로 이원화되어 있어서 유치원은 유치원교육과정을, 어린이집은 표준보육과정을 사용해왔다. 이러한 현실은 유치원과 어린이집에 공통으로 적용되는 대상연령 만 3~5세 유아를 위한 교육과정 개발, 지도 자료의 개발 등 동일한 업무를 두 부처에서 이중으로 예산을 사용하기 때문에 비효율적이며, 실제로 정부 지원에 대한 부모의 체감도는 상대적으로 낮은 수준이라는 결과를 초래하게 되었다. 즉, 동일 연령의 유아를 대상으로 교육과 보육이 분리 제공됨으로써 만 3~5세 유아와 그 부모들에게 불필요한 혼돈을 불러일으키며, 양 부문의 종사자, 학계 전문가, 단체 등 간의 사회적 통합 또한 저해하고 있는 실정이다. 특히 동일연령의 모든 유아에게 동등한 질적 수준의 교육 · 보육서비스를 보장하기 위해서는 기존의 유치원교육과정과 표준보육과정의 통합이 필수적인 선결 과제라는 주장이 대두되었다(육아정책연구소, 2011).

뿐만 아니라 최근 우리나라는 세계 최저 수준의 저출산이 고착화되는 현상을 보이고 있어서 인구 규모가 감소되고 인구 구조가 변화되어 심각한 사회문제가 초래될 것을 우려하고 있다. 이런 상황에서 유아의 교육 · 보육비 부담은 저출산을 더 심화시키는 요인으로 지적되기 때문에 교육 · 보육비 부담을 완화시킬 수 있는 대안이 요구되었다. 또한 2010년 기준 44만 명의 만 5세아 중 10%는 교육 · 보육의 혜택을 받지 못하는 것으로 밝혀져 모든 유아가 동등하게 교육 · 보육의 혜택을 받을 수 있도록 국가 책임을 확대해야 하고 모든 유아, 특히 만 5세아에 대한 국가 지원을 확대하여 동일한 출발선 상에서 평등권을 보장받을 수 있는 제도가 조속히 마련되어야 한다는 사회적 공감대가 형성되었다. 국제적인 흐름 또한 만 5세아에 대한 국가의 투자가 증대되는 추세이다. OECD 회원국들은 최근 유아교육과 보육의 공공성을 강화하기 위해서 무상교육 · 보육을 확대하고 있으며, 지원 대상도 만 5세에서 만 2세로 낮추어 가고 있다.

이에 정부는 2011년 5월 2일에 만 5세 교육·보육에 대한 국가의 책임을 강화하는 방안을 발표하였다. 이는 유아 단계에서 양질의 교육·보육을 제공하고 교육·보육비 부담을 완화할 수 있는 적극적인 대책 마련 필요에 의한 것이다. 구체적인 대책은 현행 기관 및 교사 관리 체제를 유지하면서 만 5세 아동의 교육과 보육을 통합하여 하나의 교육과정으로 만들고, 만 5세 학비 지원을 전 계층으로 확대하며, 지원 단가를 연차적으로 현실화하는 방안이다. 즉, 초등학교 취학 직전 1년의 유아는 부모의 소득수준과 상관없이 정부의 교육·보육비를 지원받으며, 유치원이나 어린이집 어디에 다니든 국가가 마련한 수준 높은 공통 프로그램으로 교육·보육을 받도록 하는 것이다(육아정책연구소, 2011).

이후 교육과학기술부와 보건복지부는 2011년 9월 5일 유아교육법(제13조 제2항), 영유아보육법(제29조 제2항 및 제4항)에 의거해 '5세 누리과정'을 고시하였다. 5세 누리과정은 교육과학기술부 소관의 유치원과 보건복지부 소관의 어린이집이 각각의 관리체계를 유지하면서 만 5세 유아의 교육과 보육 내용을 통합하여 하나의 국가수준의 과정으로 만든 것이다. 이 때 사용된 '누리'는 세상을 뜻하는 순 우리말이다. 이는 국가가 책임지는 교육·보육을 통해 만 5세 어린이들이 유치원과 어린이집에서 행복한 세상을 열고 생활 속에서 꿈과 희망을 마음껏 누리도록 하겠다는 뜻이 담겨 있다.

5세 누리과정은 만 5세 유아 학비와 보육료 지원을 전 계층으로 확대하고, 지원 단가도 연차적으로 현실화하기 때문에 취학 직전 1년간의 유아교육·보육 선진화를 실현하게 되었다. 또한 5세 누리과정을 통해 만 5세 유아들의 공정한 출발선이 보장되고, 유아 학비와 보육료에 대한 부모들의 경제적 부담을 경감하게 되었다.

② 3~5세 연령별 누리과정 제정

제3차 위기관리대책회의(2012. 1. 18)에서 정부는 유아교육·보육에 대한 국가의 책임을 강화하기로 결정하고, 2012년 3월에 도입한 5세 누리과정에 이어 2013년에는 만 3~4세까지 누리과정을 확대한다는 '3~4세 누리과정 도입 계획'을 발표하였다. 교육과학기술부와 보건복지부의 위탁으로 육아정책연구소가 주축이 되어 추진이 이루어졌고, 2012년 7월 10일 유치원과 어린이집에 3~4세 누리과정과 5세 누리과정 일부 개정을 포함하는 '3~5세 연령별 누리과정'을 고시하였다. 누리과정이 만 3~4세까지 확대 도입됨에 따라 2013년부터 우리나라의 모든 만 3~5세 유아들에게 유아교육·보육과정이 통합된 3~5세 연령별 누리과정이 도입되었고, 취학전 교육

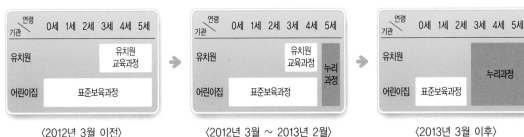

〈2012년 3월 이전〉　　　　〈2012년 3월 ~ 2013년 2월〉　　　　〈2013년 3월 이후〉

그림 3-1　연령별 누리과정의 일원화

의 질을 제고하여 생애 초기 출발점 평등을 보장할 수 있게 되었다(교육과학기술부 · 보건복지부, 2012b). 연령별 누리과정의 일원화를 정리하면 그림 3-1과 같다.

　누리과정의 목표와 영역 등은 기존의 2007 개정 유치원교육과정과 제1차 표준보육과정을 통합하여 제정되었기 때문에 이들 간의 연계성을 살펴보는 것은 의미가 있다. 제1차 표준보육과정은 현재 0~2세 영아의 보육내용을 분리하여 제3차 어린이집 표준보육과정으로 제시하고 있다. 3~5세 연령별 누리과정을 2007 개정 국가수준 유치원 교육과정 및 제1차 표준보육과정과 비교하여 설명하면 표 3-2와 같다.

2007 개정 유치원교육과정과 3-5세 연령별 누리과정 및 제1차 표준보육과정의 비교표

표 3-2 구 분	2007 개정 유치원교육과정 (교육인적자원부, 2007)	3-5세 연령별 누리과정 (교육과학기술부 · 보건복지부, 2012)	제1차 표준보육과정 (여성가족부, 2007)
배 경	• 21세기 시대적 요구 반영 • 유아교육법 제정에 따른 유치원 교육의 사회적 상황 변화 • 초등 교육과정과의 연계	• 만 3~5세 유아의 유아교육 · 보육에 대한 국가의 책임 강화 • 만 3~5세아 교육 · 보육과정 통합 • 영유아기 발달의 중요성 부각	• 어린이집의 보편적 보육목표에 대한 지침과 영유아의 발달에 적합한 세분화된 보육목표 필요 • 출생에서 만 4세까지 영유아기 경험의 연계성과 계열성 필요
구성 의 방향	• 개성을 추구하는 사람, 창의적 능력 발휘, 진로를 개척하는 사람, 우리 문화 이해의 토대 위에 새로운 가치 창조하는 사람, 공동체 발전에 공헌하는 사람을 기르는데 역점을 둠	• 질서, 배려, 협력 등 기본생활습관과 인성교육에 중점을 둠 • 전인발달이 고루 이루어진 창의적 인재 육성 중점을 둠 • 사람, 자연 존중, 우리 문화에 대한 이해에 중점을 둠 • 만 3~5세 발달특성을 고려해 연령별로 구성함 • 초등학교 교육과정과의 연계성 고려	• 영 · 유아의 발달 특성과 개인차를 고려하여 연령 및 수준별로 구성함 • 어린이집에서 편안하고 행복한 일상생활이 되도록 중점을 둠 • 질서, 배려, 협력 등 기본생활습관과 바른 인성을 기르는데 중점을 둠 • 자율성과 창의성을 기르는데 중점을 두고, 전인발달을 이루도록 구성함 • 사람과 자연을 존중하고, 우리 문화를 이해하는 데 중점을 두어 구성함

구 분	2007 개정 유치원교육과정 (교육인적자원부, 2007)	3-5세 연령별 누리과정 (교육과학기술부 · 보건복지부, 2012)	제1차 표준보육과정 (여성가족부, 2007)
목 표	• 몸과 마음을 건강하게 하며 기본생활습관을 기른다. • 더불어 사는 태도와 우리 전통문화를 사랑하는 마음을 가진다. • 자신의 생각과 느낌을 자유롭고 창의적으로 표현하는 경험을 가진다. • 의사소통을 위한 언어능력을 기르며, 바른 언어사용습관을 기른다. • 호기심을 가지고 주변세계를 탐구하며 자연을 존중하는 태도를 가진다.	• 기본운동능력과 건강하고 안전한 생활 습관을 기른다. • 일상생활에 필요한 의사소통 능력과 바른 언어 사용 습관을 기른다. • 자신을 존중하고 다른 사람과 더불어 생활하는 능력과 태도를 기른다. • 아름다움에 관심을 가지고 예술 경험을 즐기며, 창의적으로 표현하는 능력을 기른다. • 호기심을 가지고 주변세계를 탐구하며, 일상생활에서 수학적 · 과학적 문제해결능력을 기른다.	• 건강하고 안전하며 바르게 생활하는 태도와 습관을 가진다. • 자신의 신체에 대해 긍정적으로 인식하고 기본 운동능력을 기른다. • 자신을 존중하고 다른 삶들과 더불어 생활하는 태도를 가진다. • 기초적인 언어능력을 기르고 바른 언어생활 태도와 습관을 가진다. • 주변환경에 호기심을 가지고 탐구하는 능력과 태도를 기른다. • 자연과 예술작품의 아름다움에 관심을 가지고 창의적으로 표현한다.
영 역	1. 건강생활 2. 사회생활 3. 표현생활 4. 언어생활 5. 탐구생활	1. 신체운동 · 건강 2. 의사소통 3. 사회관계 4. 예술경험 5. 자연탐구	1. 기본생활 2. 신체운동 3. 사회관계 4. 의사소통 5. 자연탐구 6. 예술경험
대상 연령	만 3~5세	만 3~5세	만 0~5세
연간 교육 일수 및 하루 교육 시간	• 연간 교육일수 180일 최소 기준 • 교육과정 운영상 필요한 경우 10분의 1 범위 내에서 수업일수 감축 운영 가능 • 하루 교육 시간 : 180분 최소 기준(유아 연령, 지역적 특성, 학부모 요구, 입학초기 적응 상태에 따라 조정, 반일제 및 종일제 운영)	• 1일 오전 3~5시간 기준으로 편성(유치원과 어린이집의 기본교육과정 운영시간이 다르기 때문에 공통되는 1일 오전의 3~5시간을 기준으로 누리과정을 편성함)	• 주 6일 • 평일 12시간 이상 보육(토요일 8시간 이상) • 보호자의 근로시간 등을 고려하여 조정 운영 가능

출처 : 교육인적자원부(2007). 2007 개정 유치원교육과정; 교육과학기술부 · 보건복지부(2012b). 3~5세 연령별 누리과정; 여성가족부(2007). 표준보육과정의 구체적 보육내용 및 교사지침

2) 제정 중점 내용

3~5세 연령별 누리과정 제정에서 중점적으로 고려된 내용은 다음과 같다.

(1) 기존의 5세 누리과정의 구성 방향과 구성 체계 유지

누리과정의 안정적인 현장 착근을 위하여 3~5세 연령별 누리과정은 2012년에 시행된 5세 누리과정의 기본 구성 방향과 구성 체계를 가능한 유지하였다. 신체운동·건강, 의사소통, 사회관계, 예술경험, 자연탐구의 5개 영역 구성과 내용 범주는 그대로 유지하되, 전체적인 체계와 맥락을 고려하여 내용을 통합하거나 명칭을 수정하였다. 또한 만 5세와 만 3, 4세 간의 차별성 및 난이도 수준 등을 고려해 세부 내용을 일부 조정하였다.

(2) 기본생활 습관과 인성교육 지속 강조

3~5세 누리과정 제정에 있어서 질서, 배려, 협력 등의 기본생활습관과 인성교육이 강조되었다. 최근 사회적으로 강조되고 있는 녹색성장교육, 인터넷·미디어 중독예방교육 등의 내용도 추가로 반영했다. 또한 다양한 가족 유형과 문화, 국제화등 다원화 사회에서 미래 민주 시민의 기초를 형성하는데 필요한 인성교육의 내용도 함께 강조하였다.

(3) 초등학교 교육과정 및 0~2세 표준보육과정과의 연계성 고려

3~5세 연령별 누리과정은 초등학교 교육과정과의 연계성을 강화하는 동시에 0~2세 표준보육과정의 연계를 고려하여 내용을 체계화하였다.

(4) 영역별 목표 제시 및 연령별 내용 구성

3~5세 연령별 누리과정은 5개 영역별로 만 3, 4, 5세를 동일한 목표를 제시하고, 유아의 발달 수준을 고려하여 연령별로 내용을 구성하였다. 다만 3~5세 유아의 발달 특성 상 연령별 구분이 적절하지 않거나 3~5세 연령에서 마땅히 다뤄야 할 내용에 한해서 3~4세, 4~5세, 3~5세를 동일하게 제시하기도 하였다. 이는 초등학교 저학년 교육과정의 학년군 교육과정 성격과 형식을 취한 것이다.

(5) 총론의 구성체계와 내용 강화

3~5세 연령별 누리과정에서는 총론의 구성체계와 내용을 5세 누리과정에 비해 강화하였다. 이에 따라 총론에서 구성 방향, 목적, 영역별 총괄 목표 이외에도 편성, 운영, 교수학습 방법 및 평가 내용을 추가함으로써 국가 수준의 공통과정 형식을 갖추는 데 중점을 두었다.

3) 영역별 내용

3~5세 연령별 누리과정은 ① 신체운동·건강, ② 의사소통, ③ 사회관계, ④ 예술경험, ⑤ 자연탐구의 5개 영역으로 구성되었다.

(1) 신체운동 · 건강

신체운동·건강 영역은 유아가 자신의 신체를 긍정적으로 인식하고 신체활동에 즐겁게 참여함으로써 유아기에 필요한 기본운동능력과 기초체력을 기르고, 건강하고 안전한 생활을 실천하는 능력과 태도를 기르기 위한 영역이다. 이 영역은 '신체인식하기', '신체조절과 기본운동하기', '신체활동에 참여하기', '건강하게 생활하기', '안전하게 생활하기'의 다섯 가지 내용 범주로 구성되어 있다.

(2) 의사소통

의사소통 영역은 유아가 언어의 기본 형태인 구어와 문어를 활용하여 나와 다른 사람의 느낌이나 생각, 경험을 상대방과 상황에 알맞게 소통할 수 있는 능력을 기르며, 말과 글의 관계를 알고 읽기와 쓰기에 흥미를 가져 언어 사용을 즐기도록 한다. 이 영역은 '듣기', '말하기', '읽기', '쓰기'의 네 가지 내용 범주로 구성되어 있다.

(3) 사회관계

사회관계 영역은 유아가 자신을 알고 소중하게 여기며 가족, 또래와 원만하게 지내는 방법 뿐 아니라 공동체에서 함께 살아가는 방법을 익히고 사회에 관심을 가지며 적응해 나갈 수 있는 기초능력과 인성을 기르기 위한 영역이다. 이 영역은 '나를 알고 존중하기', '나와 다른 사람의 감정 알고 조절하기', '가족을 소중히 여기기', '다른 사람과 더불어 생활하기', '사회에 관심 갖기' 의 다섯 가지 내용 범주로 구성되어 있다.

(4) 예술경험

예술경험 영역은 유아가 친근한 주변 환경에서 발생하는 소리, 음악, 움직임과 춤, 모양, 색 등의 미술 요소에서 아름다움을 느끼고, 또래와 교사, 부모, 지역사회의 주민이나 작가가 표현한 예술작품을 가까이 접하면서, 이를 탐색하고 창의적으로 표현하는 것을 즐기며 감상하기 위한 영역이다. 따라서, 이 영역에서는 만 3, 4, 5세 유아들에게 아름다움을 찾아보고, 그 아름다움을 표현하게 하며, 자신의 창의적 표현을 즐기고 감상하도록 중점을 둔다. 또한 다른 사람의 예술적 표현을 존중하고, 우리 문화에 속한 아름다움을 찾아보며 느낌을 나눌 수 있도록 하는 경험을 강조한다. 이 영역은 '아름다움 찾아보기', '예술적 표현하기', '예술 감상하기' 의 세 가지 내용 범주로 구성되어 있다.

(5) 자연탐구

자연탐구 영역은 유아가 주변 세계에 대해 호기심을 갖고 궁금한 것을 해결하기 위해 탐구하며, 일상생활에서 부딪히는 현상이나 문제해결을 통해 수학적·과학적으로 생각하는 기초 능력과 태도를 기르기 위한 영역이다. 유아는 일상적인 의문과 경험에서 수많은 수학적·과학적 탐구의 기회를 갖게 되는데, 이 때 바로 수학적·과학적 기초 지식과 탐구과정을 익히게 된다. 이 영역은 '탐구하는 태도 기르기', '수학적 탐구하기', '과학적 탐구하기' 의 세 가지 내용 범주로 구성되어 있다.

4) 기본 원리 및 내용체계

3~5세 연령별 누리과정은 총론과 각론으로 구성되어 있다. 3~5세 연령별 누리과정의 구성 방향, 목적과 목표, 편성과 운영 등 총론에 제시된 기본 원리 및 각론에 제시된 영역별 내용 체계를 정리해 보면 다음과 같다.

(1) 구성 방향

3~5세 연령별 누리과정의 구성 방향은 다음과 같다.

- 질서, 배려, 협력 등 기본생활습관과 바른 인성을 기르는 데 중점을 두어 구성한다.
- 자율성과 창의성을 기르는 데 중점을 두고, 전인발달을 이루도록 구성한다.
- 사람과 자연을 존중하고, 우리 문화를 이해하는 데 중점을 두어 구성한다.
- 만 3~5세 유아의 발달 특성을 고려하여 연령별로 구성한다.
- 신체운동·건강, 의사소통, 사회관계, 예술경험, 자연탐구의 5개 영역을 중심으로 구성한다.
- 초등학교 교육과정과 0~2세 표준보육과정과의 연계성을 고려하여 구성한다.

(2) 목적과 목표

누리과정은 만 3~5세 유아의 심신의 건강과 조화로운 발달을 도와 민주 시민의 기초를 형성하는 것을 목적으로 한다. 이를 실현하기 위하여 다음과 같은 교육 목표를 둔다.

- 기본 운동 능력과 건강하고 안전한 생활 습관을 기른다(신체운동·건강).
- 일상생활에 필요한 의사소통 능력과 바른 언어 사용 습관을 기른다(의사소통).
- 자신을 존중하고 다른 사람과 더불어 생활하는 능력과 태도를 기른다(사회관계).
- 아름다움에 관심을 가지고 예술 경험을 즐기며, 창의적으로 표현하는 능력을 기른다(예술경험).
- 호기심을 가지고 주변세계를 탐구하며, 일상생활에서 수학적·과학적으로 생각하는 능력과 태도를 기른다(자연탐구).

(3) 영역과 시간

- 3~5세 연령별 누리과정은 만 3, 4, 5세 유아에게 필요한 기본 능력과 소양을 기를 수 있는 내용을 선별하여 신체운동·건강, 의사소통, 사회관계, 예술경험, 자연탐구의 5개 영역을 구성하였다. 이는 유치원교육과정과 어린이집 표준보육과정에 기초하여 유아의 발달과 생활 경험이 통합되도록 구성한 것으로, 5개 영

역에 걸쳐 유아의 주도적인 경험과 놀이가 통합적으로 이루어지도록 하였다.

■ 3~5세 연령별 누리과정은 1일 3~5시간을 기준으로 하고, 일과 운영 시간에 따라 심화 확장할 수 있도록 유연하고 탄력적으로 편성한다. 특히 만 3, 4, 5세 유아의 발달 수준과 학습 특성을 고려하여 교육·보육의 시간과 내용을 적절하게 조절하고, 1일 1시간 이상의 바깥놀이(대근육 활동 시간 포함) 시간을 반드시 확보하여 유아들이 건강하게 생활할 수 있도록 한다.

(4) 내용체계

3~5세 연령별 누리과정의 신체운동·건강, 의사소통, 사회관계, 예술경험, 자연탐구의 내용 체계는 다음의 표 3-3과 같다. 5개 영역별 교육 목표와 수준별 내용의 구체적인 사항은 부록에 제시되어 있다.

3-5세 연령별 누리과정 영역의 내용체계

표 3-3	영 역	내용범주	내 용
	신체운동·건강	신체인식하기	• 감각 능력 기르고 활용하기 • 신체를 인식하고 움직이기
		신체조절과 기본 운동하기	• 신체 조절하기 • 기본 운동하기
		신체활동에 참여하기	• 자발적으로 신체 활동에 참여하기 • 바깥에서 신체 활동하기 • 기구를 이용하여 신체 활동하기
		건강하게 생활하기	• 몸과 주변을 깨끗이하기 • 바른 식생활하기 • 건강한 일상생활하기 • 질병 예방하기
		안전하게 생활하기	• 안전하게 놀이하기 • 교통안전 규칙 지키기 • 비상 시 적절히 대처하기
	의사소통	듣기	• 낱말과 문장 듣고 이해하기 • 이야기 듣고 이해하기 • 동요, 동시, 동화 듣고 이해하기 • 바른 태도로 듣기
		말하기	• 낱말과 문장으로 말하기 • 느낌, 생각, 경험 말하기 • 상황에 맞게 바른 태도로 말하기

영 역	내용범주	내 용
의사소통	읽기	• 읽기에 흥미 가지기 • 책 읽기에 관심 가지기
	쓰기	• 쓰기에 관심 가지기 • 쓰기 도구 사용하기
사회관계	나를 알고 존중하기	• 나를 알고, 소중히 여기기 • 나의 일 스스로 하기
	나와 다른 사람의 감정 알고 조절하기	• 나와 다른 사람의 감정 알고 표현하기 • 나의 감정 조절하기
	가족을 소중히 여기기	• 가족과 화목하게 지내기 • 가족과 협력하기
	다른 사람과 더불어 생활하기	• 친구와 사이좋게 지내기 • 공동체에서 화목하게 지내기 • 사회적 가치를 알고 지키기
	사회에 관심 갖기	• 지역사회에 관심 갖고 이해하기 • 우리나라에 관심 갖고 이해하기 • 세계와 여러 문화에 관심 가지기
예술경험	아름다움 찾아보기	• 음악적 요소 탐색하기 • 움직임과 춤 요소 탐색하기 • 미술적 요소 탐색하기
	예술적 표현하기	• 음악으로 표현하기 • 움직임과 춤으로 표현하기 • 미술 활동으로 표현하기 • 극놀이로 표현하기 • 통합적으로 표현하기
	예술 감상하기	• 다양한 예술 감상하기 • 전통예술 감상하기
자연탐구	탐구하는 태도 기르기	• 호기심을 유지하고 확장하기 • 탐구과정 즐기기 • 탐구기술 활용하기
	수학적 탐구하기	• 수와 연산의 기초개념 알아보기 • 공간과 도형의 기초개념 알아보기 • 기초적인 측정하기 • 규칙성 이해하기 • 기초적인 자료수집과 결과 나타내기
	과학적 탐구하기	• 물체와 물질 알아보기 • 생명체와 자연환경 알아보기 • 자연현상 알아보기 • 간단한 도구와 기계 활용하기

3~5세 연령별 누리과정을 시행하는 교사를 지원하기 위하여 교사용 지도서가 함께 개발되었다. 한국유아교육학회가 주관해서 3~4세 누리과정 교사용 지도서를 개발하고, 5세 누리과정 교사용 지도서를 일부 개정하였다. 이에 유치원에서는 3, 4, 5세 누리과정 교사용 지도서를 사용하고, 어린이집에서는 3, 4, 5세 누리과정 교사용 지도서와 보건복지부에서 따로 발간한 '5세 누리과정에 기초한 어린이집 프로그램'을 사용할 수 있다.

어린이집에서 활용할 수 있는 5세 누리과정에 기초한 어린이집 프로그램은 '즐거운 어린이집', '봄과 동·식물', '소중한 가족', '우리 동네', '신나는 여름', '교통과 안전', '세계 속의 우리나라', '가을과 자연', '지구와 환경', '겨울과 놀이', '기계와 생활', '초등학교에 가요'의 총 12개의 연간주제와 52개의 소주제를 포함하고 있다. 이것은 5세 누리과정을 적용하는 프로그램의 한 예시로써, 교사는 이를 참고하여 어린이집과 학급의 특성에 맞게 적절히 수정, 보완하여 활용할 수 있다.

3~5세 누리과정 지도서에 포함된 연령별 생활주제와 주제는 다음 표 3-4와 같다.

3~5세 누리과정 지도서의 생활주제와 주제

표 3-4	생활주제	만 3세 주제	만 4세 주제	만 5세 주제
	1. 유치원/ 어린이집과 친구	유치원/어린이집의 환경 유치원/어린이집의 환경 유치원에서의 환경 유치원/어린이집에서의 하루	유치원/어린이집에서의 하루 유치원에서의 하루 유치원/어린이집에서 만난 친구 유치원/어린이집에서 만난 친구	유치원에서의 친구 함께 놀이하는 유치원/어린이집 함께 만드는 유치원/어린이집 함께 만드는 유치원
	2. 나와 가족	나의 몸과 마음 나의 몸과 마음 나의 몸과 마음 소중한 나	소중한 나 소중한 나 소중한 가족 소중한 가족	소중한 가족 행복한 우리 집 가족의 생활과 문화 가족의 생활과 문화
	3. 우리 동네	우리 동네 모습 우리 동네 생활 우리 동네 사람들	우리 동네 모습 우리 동네 생활 우리 동네 사람들 우리 동네 전통과 문화	우리 동네 모습 우리 동네 생활 우리 동네 사람들 우리 동네 전통과 문화
	4. 동식물과 자연	궁금한 동식물 동물과 우리의 생활 식물과 우리의 생활 자연과 더불어 사는 우리	궁금한 동식물 농물과 우리의 생활 식물과 우리의 생활 자연과 더불어 사는 우리	궁금한 동식물 동물과 우리의 생활 식물과 우리의 생활 자연과 더불어 사는 우리

생활주제	만 3세 주제	만 4세 주제	만 5세 주제
5. 건강과 안전	즐거운 운동과 휴식 깨끗한 나와 환경 맛있는 음식과 영양 안전한 놀이와 생활	즐거운 운동과 휴식 깨끗한 나와 환경 맛있는 음식과 영양 안전한 놀이	즐거운 운동과 휴식 깨끗한 나 맛있는 음식과 영양 안전한 놀이
6. 생활도구	다양한 생활도구 생활도구를 움직이는 힘 생활도구로서의 미디어	다양한 생활도구 생활도구를 움직이는 힘 생활도구로서의 미디어 미래의 생활도구	다양한 생활도구 생활도구를 움직이는 힘 생활도구로서의 미디어 미래의 생활도구
7. 교통 기관	여러 가지 육상 교통 기관 고마운 육상 교통 기관 항공/해상 교통 기관 즐거운 교통 생활	여러 가지 육상 교통 기관 고마운 육상 교통 기관 항공/해상 교통 기관 즐거운 교통 생활	교통 기관의 종류 고마운 교통 기관 교통 기관의 변천과정과 구조 교통통신과 교통생활
8. 우리나라	우리나라 사람들의 생활 우리나라의 놀이와 예술 우리나라의 역사와 자랑거리	우리나라 사람들의 생활 우리나라의 놀이와 예술 우리나라의 역사 우리나라의 자랑거리	우리나라 사람들의 생활 우리나라의 놀이와 예술 우리나라의 역사 우리나라의 자랑거리
9. 세계 여러 나라		세계 여러 나라 사람들의 생활 세계 여러 나라의 문화유산 세계 여러 나라와의 교류 세계의 자연과 사회현상	세계 여러 나라 사람들의 생활 세계 여러 나라의 문화유산 세계 여러 나라와의 교류 세계의 자연과 사회현상
10. 환경과 생활	물과 우리생활 돌·흙과 우리생활 바람·공기와 우리생활 빛과 우리생활 소리와 우리생활	물과 우리생활 돌·흙과 우리생활 바람·공기와 우리생활 빛과 우리생활 소리와 우리생활	물과 우리생활 돌·흙과 우리생활 바람·공기와 우리생활 빛과 우리생활 소리와 우리생활
11. 봄·여름·가을·겨울	봄 여름 가을 겨울	봄 여름 가을 겨울	봄 여름 가을 겨울

출처 : 교육과학기술부·보건복지부(2013a). 3세 누리과정 교사용 지도서; 교육과학기술부·보건복지부(2013b).
4세 누리과정 교사용 지도서; 교육과학기술부·보건복지부(2013c). 5세 누리과정 교사용 지도서

4. 어린이집 표준보육과정

우리나라의 영유아보육제도는 여성과 아동에 대한 복지라는 측면에서 발전되어 왔다. 우리나라 보육사업의 역사는 1921년 서울의 태화기독교사회관에서 처음으로 탁아 프로그램이 개설된 이래 아동복리법이 제정되기 이전 시기(1921~1960년), 아동복리법 제정 시기(1961~1981년), 유아교육진흥법 제정 시기(1982~1990년), 영유아보육법 제정 이후 시기(1991~)로 구분할 수 있다(김정원 외, 2005). 2007년에는 전국의 어린이집에서 영유아를 보육하는 데 적절히 활용할 수 있는 기준과 내용이 되는 표준보육과정이 공포되었고, 이후 2012년에 제2차 표준보육과정, 2013년에 제3차 어린이집 표준보육과정이 제정되었으므로 보육사업의 역사를 표준보육과정 제정 이전과 표준보육과정의 제정으로 나누어 간략히 살펴보도록 하겠다.

1) 표준보육과정 제정 이전

(1) 아동복리법 제정 이전 시기 : 탁아소(1921~1960년)

우리나라 최초의 보육사업은 1921년 태화기독교사회관에서 빈민아동을 위한 구제사업의 일환으로 탁아 프로그램을 개발함으로써 시작되었다. 이후 1926년 부산공생탁아소와 대구탁아소의 2개 시설이 배치된 것을 계기로 1939년에는 전국에 관립 1개소, 공립 2개소 등 11개소의 공·사립어린이집에서 435명의 어린이가 보육을 받은 것으로 기록되어 있다(김영숙, 2005).

1945년 광복 이후부터 1960년까지는 한국전쟁을 전후한 혼란기로써 정부가 보육사업에 대한 뚜렷한 방침을 세우지 못한 시기였고, 당시 대량으로 발생한 전쟁고아나 기·미아 등 요보호아동에 대한 각종 수용보호시설이 주로 외국인 원조에 의하여 여러 곳에 설치되었다. 광복 이후 한국전쟁 사이에 설치된 탁아소는 설립 유형으로 볼 때 국립 1개소, 지방탁아소 67개소, 농번기 계절 탁아소 10개소로 모두 78개가 운영되었다(김의영, 1997). 이와 같이 보육수요 증가에 부응하기 위한 탁아시설이 확대 설치되고 정부가 보육체제의 틀을 갖추기 위한 노력을 시작하면서, 시설들을 합리적으로 지도할 필요성을 느끼고 정부에서 1952년 '후생시설운영요령'을 시달하게 되었다. 그 후 피난민들이 집결되어 있던 부산에 1953년 시립탁아소가 설치된 것을 비롯하여 주로 빈민가정아동의 보호기능을 수행하여 왔다.

이와 같은 정부의 시책과 탁아시설들의 노력에도 불구하고 1961년 '아동복리법'이 제정될 때까지 이 시기의 보육체제는 임시 구호적 기능에서 벗어나지 못하고 보육의 제 기능을 수행하지 못했다(강영욱, 2002).

(2) 아동복리법 제정 시기 : 어린이집(1961～1981년)

이 시기는 1961년 '아동복리법'이 제정된 이후부터 1982년 '유아교육진흥법'에 따라 어린이집이 유아교육기관으로 흡수되기 이전까지이며, 그 동안 방임상태에 놓여 있게 되어 무질서하게 설치 · 운영되었던 보육사업에 있어서 일대 전환기라 할 수 있다. '아동복리법'에서는 탁아소를 법정 아동복지시설로 인정하고 어린이집의 설치기준, 종사자 배치기준, 보육시간, 보호 내용 등을 구체적으로 규정하였으며, 이 법이 제정 · 시행됨에 따라 보육사업은 종래의 구빈 사업적인 성격에서 벗어나 아동복리를 증진시키고 보장하기 위한 시설로서 그 성격이 변화되었다. 탁아소라는 이름은 일제시대에 생겨난 것으로 어린이를 마치 임시로 맡겨 두는 곳 같은 인상을 준다고 하여 1968년에 어린이집이라는 명칭으로 변경하였다.

(3) 유아교육진흥법 제정 시기 : 새마을유아원(1982～1990년)

1980년대에 접어들면서부터는 유아교육에 대한 관심이 고조되어 어린이집 대신에 새로운 교육체계를 모색하게 되었다. 이 시기에는 당시의 방임적 다원화체계를 혁신적으로 정비함으로써 제한적이나마 새마을유아원으로 보육의 일원화 체계를 확립하고자 하였다. 즉, 1982년 '유아교육진흥종합계획'이 수립되어 기존에 보건복지부에서 관장하던 어린이집, 농촌진흥청에서 관장하던 농번기탁아소, 내무부에서 설치 · 관장하던 새마을협동유아원 및 민간 유아원 등 유치원을 제외한 모든 유아교육시설을 새마을유아원으로 명칭을 변경하고 내무부가 관장하도록 하였다.

그러나 새롭게 출범한 새마을유아원은 계속적인 양적 확대에도 불구하고 늘어나는 보육수요를 충족시키기에는 시설이 크게 부족하였다. 또한 설치 목적이 맞벌이 부부 자녀를 보호하고 저소득층 자녀를 교육하는 역할도 병행하도록 되어 있었으나, 실제 운영에 있어서 많은 경우 종일제가 아닌 반일제로 편성되어 있었으며 그 내용에 있어서도 기존의 유치원과 유사하여 저소득층 맞벌이 근로자의 보육부담을 덜어 주는 데는 한계가 있었다(김영숙, 2005). 이에 보건복지부에서는 새마을유아원의 한계를 극복할 수 있는 새로운 대안을 모색할 필요성이 제기됨에 따라 1989년 '아동복지법 시행령'을 개정하여 본격적으로 아동복지법에 의한 보육사업을 추진하고자 하였다. 그러나 영유아보육에 관한 사업이 여러 정부부처에서 독자적으로 관리·운영됨에 따라 보다 체계적이고 효율적인 보육을 실시할 필요가 절실하게 되었다.

또한 노동부는 영세가정 맞벌이 부부의 자녀양육문제를 해결하기 위하여 1987년 '남녀고용평등법'을 제정·공포하면서 공단 지역을 중심으로 직장탁아소를 설치하여 공단근로자의 자녀를 우선적으로 보육하도록 하였다.

(4) 영유아보육법 제정 이후 시기 : 어린이집(1991~)

유아교육진흥법에 의거하여 운영되던 새마을유아원이 날로 급증하는 보육수요 및 보육욕구를 충족시킬 수 없는 한계에 직면하게 되자 1991년 1월 '영유아보육법'을 제정하고 1991년 8월에는 시행령 및 시행규칙을 제정하였다. 영유아보육법령에는 보육사업 주관부처를 보건복지부로 일원화하였고, 종전의 단순 탁아사업에서 보호와 교육을 통합한 보육사업으로 확대·발전하게 되었다.

이후 보건복지부에서는 10차례 법령을 개정하였으며, 2004년 1월 8일자로 영유아보육법을 전면적으로 개정하여 공포함으로써 보육 서비스의 다양화와 질적 수준 향상, 그리고 보육에 대한 공적 책임 강화를 통하여 보육사업이 더욱 발전할 수 있는 계기를 마련하였다. 보육 서비스의 질적인 향상에 대한 요구 및 보육 현실은 크게 변화하였는데, 영유아보육법이 현실을 제대로 따라가지 못하는 실정이었기에 이러한 필요성에 의하여 영유아보육법이 개정된 것이었다. 또한 정부조직법 개정으로 2004년 6월부터 영유아보육 업무가 보건복지부에서 여성가족부로 이관되었고, 2005년 1월 30일부터는 개정된 영유아보육법이 시행되기 시작하여 보육 서비스의 질적 수준 향상과 보육의 공공성 강화 등을 통해 보육사업이 발전할 수 있는 계기를 마련하였다.

2) 표준보육과정 제정

(1) 제1차 표준보육과정(2007. 1. 3. 여성가족부 고시)

2004년 1월 전면 개정된 영유아보육법 시행령에 의해 표준보육과정의 개발과 보급이 의무화되면서 국가 수준의 보육지침이 개발되는 토대가 제시되었다. 이에 여성가족부의 지원 아래 표준보육과정이 연구되기 시작했고, 2005년 11월 공청회를 거쳐 학계와 현장의 사회적 합의를 거친 후 체계와 내용을 마련하였다(양승희·공병호·유지연·조현정, 2006). 2006년 11월 표준보육과정을 구체적으로 정하는 영유아보육법 시행규칙이 개정된 후 여성가족부는 2007년 1월 영유아보육법 시행규칙 제30조에 의거해 보육 내용과 교사 지침 등을 포함한 표준보육과정을 최종 고시하였다(여성가족부, 2007). 이로써 표준보육과정은 우리나라 어린이집에서 영유아에게 무엇을 어떻게 가르칠 것인지에 대해 기술되어 있는 국가 수준의 보편적 교육과정으로 확정된 것이다. 제1차 표준보육과정은 제2차 표준보육과정 개정 전인 2012년까지 시행되었다.

제1차 표준보육과정은 영유아의 전인적인 성장과 발달을 돕고 민주 시민으로서의 자질을 길러 영유아가 심신이 건강하고 조화로운 사회구성원으로 자랄 수 있도록 하는 데 그 목적이 있다. 이를 실현하기 위해 교육 목표로 '건강하고 안정하며 바르게 생활하는 태도와 습관을 가진다', '자신의 신체에 대해 긍정적으로 인식하고 기본 운동능력을 기른다', '자신을 존중하고 다른 사람들과 더불어 생활하는 태도를 가진다', '기초적인 언어능력을 기르고 바른 언어생활 태도와 습관을 가진다', '주변 환경에 호기심을 가지고 탐구하는 능력과 태도를 기른다', '자연과 예술작품의 아름다움에 관심을 가지고 창의적으로 표현한다'를 제시했다.

제1차 표준보육과정은 기본 생활, 신체운동, 사회관계, 의사소통, 자연탐구, 예술경험 등 여섯 가지 영역으로 구성되었다. 각 영역은 영역의 특성에 따라 적절한 내용 범주로 이루어졌으며, 각 내용 범주에는 연령집단에 따라 2세 미만 영아, 2세 영아, 3~5세 유아를 위한 구체적인 보육 내용이 제시되었다. 각 연령집단 내의 보육 내용은 연령과 발달, 개인차를 고려하여 각각의 수준으로 나누어 구분되었는데, 만 2세 미만은 3수준, 만 2세는 2수준, 만 3~5세는 3수준으로 보육내용을 구성하였다. 뿐만 아니라 제1차 표준보육과정은 교사를 위한 연령집단별 지침을 함께 제시하여 교사가 반드시 알아야 할 영유아의 발달적 지식, 물리적 환경 구성방법, 지도방법, 유의점 등의 내용을 포함하였다.

(2) 제2차 표준보육과정(2012. 2. 29. 보건복지부 고시)

2007년 0~5세 영유아를 대상으로 하는 제1차 표준보육과정이 제정된 이후 표준보육과정의 수정·보완에 대한 어린이집 현장의 요구, 5세 누리과정 제정과 관련해 0~4세로 연령집단의 재편 필요성 대두, 지속가능한 생태환경에 대한 중요성 반영 등의 이유로 보건복지부는 2012년 2월 29일 제2차 표준보육과정을 개정·고시하였다. 2007년 처음으로 제정되었던 제1차 표준보육과정에서는 0~5세를 대상으로 한 반면, 제2차 표준보육과정에서는 0~4세를 대상으로 개정하였는데, 이는 만 5세의 경우 2012년에 발표된 5세 누리과정을 적용하게 되었기 때문이다. 이에 따라 0~5세를 대상으로 한 제1차 표준보육과정과 달리 제2차 표준보육과정은 5세를 제외한 0~4세를 대상으로 개정되었다. 따라서 연령집단을 만 2세 미만, 만 2세, 만 3~4세로 구분하여 영유아 발달 정도에 따라 보육목표와 내용을 계열성 있게 경험하도록 제시하였다. 또한 각 연령집단별 보육내용은 만 2세 미만의 경우 1·2·3수준에서 1·2·3·4수준으로, 만 2세는 1차와 동일하게 1·2수준으로, 만 3~4세는 만 5세가 제외되었으므로 1·2수준으로 수준별 내용을 변경하였다.

제2차 표준보육과정은 총론을 새로 수가하여 표준보육과정의 방향성을 제시하고, 각 영역의 기초를 강화하는데 중점을 두었다. 이는 어린이집 현장에서 기존의 제1차 표준보육과정을 적용하는 데 있어 그 개념이나 방향성 파악이 어렵고 연령별 보육 프로그램과 표준보육과정의 내용을 혼동하는 경우가 많았기 때문에, 제2차 표준보육과정은 총론과 영역별 표준보육과정의 두 부분으로 편성하게 되었다. 총론에는 표준보육과정의 기초, 표준보육과정의 구성, 표준보육과정의 운영 등 세 장을 새롭게 추가하였고, 영역별 내용 부분은 기본생활영역, 신체운동영역, 사회관계영역, 의사소통영역, 자연탐구영역, 예술경험영역의 6개 영역별로 표준보육과정 개정 신구 비교표 및 개정근거, 목표와 내용, 교사지침, 해설서로 구성하였다. 또한 추구하는 인간상 중에서 '자연과 우리 문화를 사랑하는 사람'으로 수정하여 지속가능한 생태환경의 중요성을 반영하였고, 보육관련 주요 용어를 통일하여 법률적 명확성을 확보했으며 초등교육과정과 용어를 통일하여 연계성을 강화하였다.

2013년도에 이르러 유치원의 유치원교육과정과 어린이집의 표준보육과정이 공통적으로 통합되어 3~5세 연령별 누리과정이 시행됨에 따라 표준보육과정은 실질적으로 0~2세만을 다루게 되었다. 따라서 보건복지부는 기존의 제2차 표준보육과정 중에서 0~2세 영아의 보육내용을 분리하여 수정·보완하고 제3차 어린이집 표준보육과정을 제시하게 되었다.

(3) 제3차 어린이집 표준보육과정(2013. 1. 21. 보건복지부 고시)

보건복지부는 2013년 1월 21일 제3차 어린이집 표준보육과정을 개정 고시하였다. 제3차 표준보육과정은 2013년부터 유치원과 어린이집에 확대·도입되는 3~5세 연령별 누리과정 시행에 맞춰 기존의 제2차 표준보육과정을 개편한 것으로, 고시 명칭을 '제3차 어린이집 표준보육과정'으로 변경하였다. 이는 어린이집이 만 3~5세(누리과정)뿐만 아니라 만 0~2세(영아 보육과정)까지 모든 영·유아를 대상으로 보육을 담당하고 있는 점을 반영한 것이다. 이에 2013년부터 어린이집에서는 0~2세 영아에게는 보건복지부의 제3차 어린이집 표준보육과정에 근거하여 보육과정을 운영하고, 3~5세에게는 교육과학기술부와 보건복지부의 3~5세 연령별 누리과정에 기초하여 운영하게 되었다.

① 개정 중점 내용

제2차 표준보육과정에서는 5세 누리과정 시행을 감안하여 보육과정을 0~4세로 하였으나, 제3차 어린이집 표준보육과정은 어린이집을 이용하는 모든 영유아를 대상으로 하여 0~1세 보육과정, 2세 보육과정, 3~5세 보육과정(누리과정)으로 구성해 누리과정을 포함하는 넓은 개념으로 정리하였다. 그리고 각 연령에 따른 보육과정의 목표를 구체적으로 명시해 어린이집에서 보육·교육 시 추구해야 하는 바를 명확하게 이해할 수 있도록 하였다.

또한 제3차 어린이집 표준보육과정에서는 3~5세 연령별 누리과정에서 강조한 바른 인성과 창의성이 반영되도록 표준보육과정에 '자신과 다른 사람을 존중하고 배려하는 인성'을 추구하는 인간상으로 추가하고, 보육과정 전반에 자율과 창의를 강조하였다. 평가와 관련하여서는 3~5세 연령별 누리과정과 동일하게 기존 보육과정 운영에 대한 평가항목 뿐만 아니라, 영유아에 대한 평가 항목을 추가 반영하였다.

② **기본 원리**

제3차 어린이집 표준보육과정의 기본 원리를 정리해 보면 다음과 같다.

■ 추구하는 인간상

　가. 심신이 건강하고 행복한 사람

　나. 자율적이고 창의적인 사람

　다. 자신과 타인을 존중하고 배려하는 사람

　라. 자연과 우리문화를 사랑하는 사람

　마. 다양성을 인정하고 민주적인 사람

■ 구성방향

　가. 영·유아의 발달 특성과 개인차를 고려하여 연령 및 수준별로 구성한다.

　나. 어린이집에서 편안하고 행복한 일상생활이 되도록 중점을 두어 구성한다.

　다. 질서, 배려, 협력 등 기본생활습관과 바른 인성을 기르는 데 중점을 두어 구성한다.

　라. 자율성과 창의성을 기르는 데 중점을 두고, 전인발달을 이루도록 구성한다.

　마. 사람과 자연을 존중하고, 우리 문화를 이해하는 데 중점을 두어 구성한다.

■ 구성 체계

　가. 어린이집 표준보육과정은 0~1세 보육과정, 2세 보육과정, 3~5세 보육과정으로 구성한다.

　나. 어린이집 표준보육과정은 영역, 내용범주, 내용, 세부 내용으로 구분하고, 내용 간에 연계가 이루어지도록 구성한다.

　다. 세부내용이라 함은 0~1세 보육과정, 2세 보육과정에서는 수준별 세부내용을 의미하고 3~5세 보육과정에서는 연령별 세부내용을 의미한다.

　라. 0~1세 보육과정은 기본생활, 신체운동, 의사소통, 사회관계, 예술경험, 자연탐구의 6개 영역을 중심으로 구성한다.

　마. 2세 보육과정은 기본생활, 신체운동, 의사소통, 사회관계, 예술경험, 자연탐구의 6개 영역을 중심으로 구성한다.

　바. 3~5세 보육과정은 신체운동·건강, 의사소통, 사회관계, 예술경험, 자연탐구의 5개 영역을 중심으로 구성한다.

사. 3~5세 보육과정은 초등학교 교육과정과의 연계성을 고려하여 구성한다.

■ 목적과 목표

제3차 어린이집 표준보육과정의 목적은 영·유아의 심신의 건강과 전인적 발달을 도와 행복을 도모하며 민주시민의 기초를 형성하는 데 있다. 이를 실현하기 위해 다음과 같은 연령별 목표를 둔다.

〈0~1세 보육과정 목표〉

가. 건강하고 안전한 일상생활을 경험한다.

나. 감각 및 기본 신체운동 능력을 기른다.

다. 말소리를 구분하고 의사소통의 기초를 마련한다.

라. 친숙한 사람과 관계를 형성한다.

마. 아름다움에 관심을 가진다.

바. 보고, 듣고, 만지면서 주변 환경에 관심을 가진다.

〈2세 보육과정 목표〉

가. 건강하고 안전한 생활습관의 기초를 마련한다.

나. 감각, 신체조절 및 기본 운동 능력을 기른다.

다. 의사소통 능력의 기초를 기른다.

라. 나를 인식하고 다른 사람과 더불어 생활하는 경험을 한다.

마. 아름다움에 관심을 가지고 예술경험을 즐긴다.

바. 주변 환경에 호기심을 갖고 탐색하기를 즐긴다.

③ 영역별 내용

제3차 어린이집 표준보육과정은 기본생활, 의사소통, 사회관계, 예술경험, 자연탐구의 6개 영역으로 구성되었다. 각 영역은 영유아가 건강하고 안전하며 바르게 생활하는 데 필요한 내용과 신체, 사회, 언어, 인지, 정서 등 전인 발달을 위해서 영유아가 갖추어야 할 지식, 기술, 태도와 가치를 포함하고 있다. 제3차 어린이집 표준보육과정의 영역별 내용 체계는 표 3-5와 같다. 만 3~5세의 경우 3~5세 연령별 누리과정 대상에 해당하므로 표3-5에 제시하지는 않았다. 6개 영역별 교육 목표와 연령별에 따른 수준별 내용의 구체적인 사항은 부록 2에 제시되어 있다.

제3차 어린이집 표준보육과정의 내용체계구분

표 3-5 구분	내용 범주	내용	
		0~1세	2세
기본 생활	건강하게 생활하기	• 몸을 깨끗이 하기 • 즐겁게 먹기 • 건강한 일상생활하기	• 몸을 깨끗이 하기 • 바르게 먹기 • 건강한 일상생활하기 • 질병에 대해 알기
	안전하게 생활하기	• 안전하게 지내기 • 위험한 상황에 반응하기	• 안전하게 놀이하기 • 교통안전 알기 • 위험한 상황알기
신체 운동	감각과 신체 인식하기	• 감각적 자극에 반응하기 • 감각기관으로 탐색하기 • 신체 탐색하기	• 감각능력 기르기 • 감각기관 활용하기 • 신체를 인식하고 움직이기
	신체조절과 기본운동 하기	• 신체균형잡기 • 대근육 조절하기 • 소근육 조절하기 • 기본운동하기	• 신체균형잡기 • 대근육 조절하기 • 소근육 조절하기 • 기본운동하기
	신체활동에 참여하기	• 몸 움직임 즐기기 • 바깥에서 신체 움직이기 • 기구를 이용하여 신체활동 시도하기	• 신체활동에 참여하기 • 바깥에서 신체활동하기 • 기구를 이용하여 신체활동하기
의사 소통	듣기	• 주변의 소리와 말소리 구분하여 듣기 • 경험과 관련된 말 듣고 알기 • 운율이 있는 말 듣기 • 말하는 사람을 보기	• 말소리 구분하여 듣고 의미알기 • 짧은 문장 듣고 알기 • 짧은 이야기 듣기 • 말하는 사람을 주의 깊게 보기
	말하기	• 발성과 발음으로 소리내기 • 표정, 몸짓, 말소리로 말하기 • 말할 순서 구별하기	• 낱말과 간단한 문장으로 말하기 • 자신이 원하는 것을 말하기 • 상대방을 바라보며 말하기
	읽기	• 그림책과 환경 인쇄물에 관심 가지기	• 그림책과 환경 인쇄물에 흥미 가지기
	쓰기	• 끼적이기	• 끼적이며 즐기기
사회 관계	나를 알고 존중하기	• 나를 구별하기 • 나의 것 인식하기	• 나를 구별하기 • 좋아하는 것 해보기
	나와 다른 사람의 감정 알기	• 나의 감정을 나타내기 • 다른 사람에게 주의 기울이기	• 나의 감정을 나타내기 • 다른 사람의 감정에 반응하기
	더불어 생활하기	• 안정적인 애착형성하기 • 또래에 관심갖기 • 자신이 속한 집단 알기 • 사회적 가치를 알기	• 내 가족 알기 • 또래와 관계하기 • 자신이 속한 집단 알기 • 사회적 가치를 알기

구 분	내용 범주	내 용	
		0~1세	2세
예술 경험	아름다움 찾아보기	• 예술적 요소에 호기심 가지기	• 예술적 요소 탐색하기
	예술적 표현하기	• 리듬있는 소리로 반응하기 • 움직임으로 반응하기 • 단순한 미술 경험하기 • 모방행동 즐기기	• 리듬있는 소리와 노래로 표현하기 • 움직임으로 표현하기 • 자발적으로 미술활동하기 • 모방과 상상놀이하기
	예술 감상하기	• 아름다움 경험하기	• 아름다움 즐기기
자연 탐구	탐구하는 태도 기르기	• 사물에 관심 가지기 • 탐색 시도하기	• 호기심 가지기 • 반복적 탐색 즐기기
	수학적 탐구하기	• 수량 지각하기 • 주변 공간 탐색하기 • 차이를 지각하기 • 간단한 규칙성 지각하기	• 수량 인식하기 • 공간과 도형에 관심 가지기 • 차이에 관심 가지기 • 단순한 규칙성에 관심 가지기 • 구분하기
	과학적 탐구하기	• 물체와 물질 탐색하기 • 주변 동식물에 관심 가지기 • 주변 자연에 관심 가지기 • 생활도구 탐색하기	• 물체와 물질 탐색하기 • 주변 동식물에 관심 가지기 • 자연을 탐색하기 • 생활도구 사용하기

출처 : 보건복지부(2013). 제3차 어린이집 표준보육과정

5. 우리나라 유아교육 프로그램의 발달

국가수준의 유치원교육과정이 제정되어 오면서 유아교육현장에서는 대학의 부속
유아교육기관을 중심으로 하여 유치원교육 프로그램들이 다양하게 개발되기 시작
하였다. 1977년에 발간된 이화여자대학교 부속유치원의 《유치원교육과정 및 운영》
을 시발점으로 하여 중앙대학교 부속유치원의 《활동 중심 교육과정》(1983; 활동 중
심 통합교육과정, 1989), 연세대학교 어린이생활지도연구원의 《개방주의 교육과정》
(1985), 덕성여자대학교 부속유치원의 《상호작용이론에 기초한 유아교육과정》
(1989) 등이 간행되기 시작하였다. 이를 간략히 소개하면 다음과 같다.

1) 이화여자대학교 부속유치원 : 이화유치원 교육과정

이화유치원 교육과정은 기독교 정신을 교육적 이념으로 하는 이화여자대학교의 부속기관으로서 1914년에 미국인 선교사 브라운리에 의해 설립되었다. 이화유치원은 그 동안 많은 변화가 있었지만 유아들의 전인적인 발달을 도모하며, 그 중에서도 특히 사회·정서적인 발달을 중요시하고, 아동 중심의 철학적 사상과 발달이론, 그리고 전통적인 경험 및 지혜를 바탕으로 유아들의 흥미와 경험을 중심으로 하는 교육을 진행해 오고 있다. 이러한 이화유치원 교육과정은 우리의 전통아동교육사상과 기독교 정신 및 프뢰벨의 교육이론, 듀이의 진보주의이론 그리고 1970년대 이후 피아제의 구성주의와 비고스키의 사회문화이론 등이 철학적·심리적 기초를 이루고 있다(이화여자대학교 부속이화유치원 편, 2000).

우리나라의 전통아동교육사상은 우리 문화가 이상형으로 추구하는 인간상과 어떻게 문화적으로 바람직한 인간을 길러 나가는가에 대한 지침이 담겨 있다. 이러한 전통아동교육사상은 이화유치원에서 최상의 가치를 두고 추구하는 '참된(眞), 착한(善), 아름다운(美)' 심성을 지닌 도덕적 인간을 육성하는 데 기초가 되었다. 기독교의 정신은 교육이념 및 생활주제 설정의 의의와 목표에서 찾아볼 수 있으며 교육활동 속에 예배, 성경동화, 찬송가, 기도 등을 포함시켜 유아들에게 일상생활 속에서 하나님의 사랑과 은혜를 느끼게 하고, 기도의 중요성을 강조하였다. 프뢰벨의 교육사상은 유아를 자신의 감성과 생각을 밖으로 표출하는 자기 활동적인 존재로 보고 이화유치원 교육과정에서 놀이를 통한 학습의 중요성을 강조하는 데 영향을 미쳤다(한국유아교육학회 편, 2006). 또한 이화유치원 교육과정은 듀이의 '계속성의 원리'와 '상호작용의 원리'에 기초하여 유아의 경험과 흥미를 반영하는 생활주제를 중심으로 통합적 유아교육과정을 실행하며 또래와 교구와의 활발한 상호작용을 통해 학습하도록 흥미 영역별로 학급환경을 구성하고 유아가 자신의 흥미에 따라 자유롭게 영역을 선택하게 한다. 피아제의 개인적 구성주의이론은 교사의 역할을 확고하게 정립하는 데 영향을 미쳤다고 할 수 있다. 왜냐하면 이화유치원 교사의 가장 중요한 역할 중 하나는 개개 유아가 학습활동을 주도적으로 계획하고, 실행하며, 학습결과를 확인할 수 있도록 다양하고 풍부한 학습환경을 제공해 주는 것을 강조하기 때문이다. 특히 흥미 영역 중에서 조작놀이 영역과 과학 영역은 유아들이 개별적으로 교구와의 활발한 상호작용을 할 수 있도록 구성해 준다. 교사는 이들 영역에서 유아로 하여금 직접적으로 조작하고 그 결과를 볼 수 있는 구체물을 준비해 주고, 경험 내용과 과정을 스스로 기술하거나 설명하게 함으로써 가능한 한 유아 자신의 표현방법에 의해 반응할 수 있도록 안내한다. 비고스키의 사회적 구성주의이론 중 근접발달지대에서의 협력적 교수학습과정과 비계설정의 개념은 이화유치원 교육과정에서 교사와 유아에게 강조되는 중요한 요인으로 보고 있다. 교사는 유아들이 주변 생활세계에 대한 관심과 이해를 높일 수 있도록 교육과정을 구성하여 일상생활에서 사회·문화적으로 의미 있는 경험, 지식, 태도 및 능력을 배양해 줄 수 있는 다양한 교육활동을 계획하고 실행하고 평가한다. 교사와 또래와의 언어적 상호작용을 통해 의사소통능력을 기르고 사회적으로 지식을 구성해 갈 수 있도록 하루 일과에서 이야기 나누기 활동을 제공한다. 교사는 이야기를 나누는 동안 유아들의 경험과 지식을 확장하고 심화시킬 수 있도록 세심하고도 민감하게 비계를 설정하려고 조력한다.

이화유치원 교육과정은 생활주제를 중심으로 이루어지는 통합적 교육과정이다. 이화유치원에서 전개하는 생활주제는 유아들이 생활하는 동안 경험할 수 있는 내용을 비슷한 주제끼리 모아 선정한다. 생활주제는 매년 일정하게 고정적으로 계획하고 운영하는 것이 아니라, 각 연령 유아들의 특성과 흥미, 관심의 지속 정도, 유치원의 상황, 국가적 상황이나 사건 혹은 세계적인 행사나 사건에 따라 해마다 융통성 있게 계획되고 운영되고 있다. 즉, 생활주제는 교사가 일방적으로 정하거나 유아가 흥미 있어 하는 내용을 무조건 따라가는 것이 아니라 교사가 일정한 주제 선정의 기준을 가지고 유아의 흥미나 요구를 고려하여 융통성 있게 선정한다. 한편 연령별(만 3·4·5세), 유형별(반일제·종일제) 특성에 따라 이화유치원 교육 내용의 선정 및 조직방법은 다르게 하고 있다.

활동은 크게 자유선택활동과 대·소집단활동으로 나누어진다. 자유선택활동은 아주 세심하게 준비된 다양한 흥미 영역에서 유아 스스로 계획하고 선택되며 이를 위해 계획하기 시간을 갖는다. 자유선택활동시간은 바로 이화교육의 핵심이라고 할 수 있으며 하루 일과 중에서 가장 활발하고 자발적인 상호작용이 일어나는 시간이다. 이 시간 동안 유아는 준비된 교육환경 속에서 스스로 선택한 활동을 하는 과정에서 교구, 또래, 교사와의 풍부한 상호작용을 통해 경험과 지혜를 나누고 협력하는 가운데 전인적 발달을 이루게 된다. 대·소집단활동은 참여하는 인원수에 따라서 대집단활동과 소집단활동으로 나눌 수 있고, 전개되고 있는 생활주제나 관련 행사,

유아의 연령, 활동의 종류, 활동의 진행시간, 유아들의 관심과 집중 정도에 따라 집단의 크기를 정한다. 대·소집단활동은 하루의 일과계획 및 평가, 이야기 나누기, 토의, 문학활동(동화, 동극, 동시, 동요), 음악활동, 동작활동, 게임, 수, 과학활동(실험 및 관찰, 요리 등), 간식, 현장학습, 휴식 및 낮잠 등이 있다.

교육과정의 자세한 내용은《이화유치원 교육과정》(교문사, 2002),《한국유아교육현장의 정체성 확립을 위한 노력》(한국유아교육학회 편, 2006)과 교육의 실제 편으로써《3세 유치원교육과정 운영의 실제 1~11권》,《4세 유치원교육과정 운영의 실제 1~12권》,《5세 유치원교육과정 운영의 실제 1~13권》을 참고할 수 있으며(이화여자대학교 부속이화유치원 편, 1992·1995·2012) 이화여자대학교 부속이화유치원에 관한 전반적인 정보는 www.ewha-kids.com에서 찾아볼 수 있다.

2) 중앙대학교 부속유치원 : 활동 중심 통합교육과정

중앙대학교 부속유치원의 활동 중심 통합교육과정은 코메니우스, 루소, 프뢰벨, 듀이, 몬테소리, 피아제 등의 이론 중 놀이와 활동, 감각교육, 개별성, 창의성, 책임감 및 독립심, 자유와 선택, 자아존중, 개념발달, 상호작용의 중요성 등 유아들에게 적절한 개념들을 통합하여 우리나라 유아교육현장에 적용한 것이다.

활동 중심 통합교육에서는 교육이론 및 실제가 아동 중심적으로 이루어지도록 강조한다. 이는 어린이들을 인격적인 존재로 존중할 뿐만 아니라 교육현장에서 그들이 보이는 흥미나 욕구를 시발점으로 하여 교육이 어린이에게 의미 있게 이루어지도록 한다는 뜻이기도 하다.

이 프로그램의 특징은 교사가 예상하여 주제를 선정하기도 하지만 유아와 교사가 교육을 진행하는 과정에서 합의하여 주제를 선정하기도 한다는 점이다. 따라서 주제 선정이나 이야기 나누기 등 활동 시 유아와 유아, 교사와 유아의 언어적 상호작용과 사회적 합의과정을 중요시하고 있다.

주제가 선정되면 개별, 집단활동으로 나누어 활동한다. 개별활동은 언어, 수, 과학, 미술, 요리, 책보기, 조작활동, 나무토막활동, 역할놀이 등의 실내 자유선택과 모래, 물, 목공 등과 같은 실외 자유놀이활동으로 이루어진다. 집단활동은 이야기 나누기, 동시·동화·동극, 음악, 신체활동, 현장학습 등으로 이루어지도록 하였다.

활동 중심 통합교육에서 '통합' 이라는 용어는 어린이의 과거 경험과 현재 경험을 통합시켜 재구성하며 이를 다시 미래의 경험으로까지 통합시켜 주는 일, 어린이와 교사의 경험을 연결시켜 통합시키는 일, 교육 내용 간의 연계 및 통합, 학교와 지역사회생활 간의 통합, 어린이 개개인이 갖고 있는 지식이나 개념을 통합·재구성하는 일, 유아발달 영역 간의 통합, 영역별 활동 간의 통합을 통한 전인교육을 의미한다(중앙대학교 부속유치원 편, 1997).

교육과정의 자세한 내용은《활동 중심 교육과정》,《활동 중심 통합교육과정》,《활동 중심 통합교육자료집 1, 2》을 참고할 수 있으며(중앙대학교 부속유치원 편, 1983·1989·1999·2008) 중앙대학교 부속유치원에 관한 전반적인 정보는 www.cau-kinder.or.kr에서 찾아볼 수 있다.

3) 덕성여자대학교 : 상호작용이론에 기초한 유아교육과정

상호작용이론에 기초한 덕성여자대학교 유아교육과정은 듀이의 상황 중심적 상호작용론, 미드(Mead)의 상징적 상호작용론, 피아제의 인지발달적 상호작용론 등이 교육과정 구성과 운영의 기초가 되었다. 상호작용이론에 기초하여 볼 때, 유아는 주변 세계에 대한 적극적인 탐구자이며, 끊임없는 상호작용을 통하여 외부 세계를 이해해 가는 존재이다. 따라서, 상호작용에 기초한 교육과정 구성이란 이러한 유아에게 연속적이며 순환적인 활동을 제공할 수 있도록 유치원교육과정 지침에 제시된 내용들을 주제 또는 프로젝트로 통합하여 의미 있는 구조로 조직하는 것을 의미한다(한국유아교육학회 편, 2006). 따라서, 내용들을 포괄적으로 다룰 수 있는 주제를 선정하고, 선정한 주제를 좀 더 깊게 연구하여 한 주제와 관련된 여러 학습 영역의 통합으로 개념과 기술을 보다 의미 있게 연결하여 습득할 수 있도록 돕는다.

덕성여자대학교 유아교육과정은 3·4·5세 혼합연령의 독립 종일반 프로그램을 운영하고 있다. 혼합연령집단의 특성과 교육시간 및 연령별 유아들의 요구와 수준을 수용하는 것에 기초하여 운영되고 있는 종일제 프로그램은 어머니가 직장을 가지고 있거나 개인적 사정으로 종일 유아를 돌볼 수 없는 형편에 있는 가정의 유아를 위한 것으로, 오후에도 양질의 가정환경에서 이루어지는 것과 같은 자기관리기술, 바른 생활 습관, 정서적 안정감, 자기표현능력 등을 자연스럽게 길러 주는 것을 목표로 한다. 3·4·5세 혼합연령의 독립 종일반 프로그램은 혼합연령집단에서만 경험할 수 있는 유사한 형제관계를 통해 긍정적 교육효과가 나타난다는 장점이 있으며,

식단과 휴식시간을 균형 있게 제공하여 신체적 건강을 증진하는 효과가 있다.

교육 내용은 다른 사람의 권리존중, 다른 사람의 요구에 민감하기, 다른 사람과 의사소통할 수 있는 능력, 협동적으로 작업할 수 있는 능력, 언어능력, 과학·수학적 능력, 독립적으로 지식을 추구하고 창조적으로 사고할 수 있는 능력 등을 길러 줄 수 있는 것과 같은 사회·문화적으로 의미 있는 것이다. 구체적으로 흥미 영역별 놀이 활동, 일상적 자기관리 및 바른 생활 습관을 길러 줄 수 있는 활동, 정서적 안정감과 자신감을 길러 줄 수 있는 활동 등이 교육 내용의 주가 된다(덕성여자대학교 유아교육연구소, 1993).

교육과정의 자세한 내용은 상호작용이론에 기초한《유아교육과정》,《상호작용이론에 기초한 유아교육과정의 운영 및 활동의 실제》(덕성여자대학교 유아교육연구소, 1993·2000)와《한국유아교육현장의 정체성 확립을 위한 노력》(한국유아교육학회 편, 2006)을 참고할 수 있으며 덕성여자대학교 부속유치원에 관한 전반적인 정보는 duksung.kidis.co.kr에서 찾아볼 수 있다.

4) 연세대학교 어린이생활지도연구원 : 개방주의교육과정

연세 개방주의교육과정은 듀이의 실용주의 철학, 피아제의 발생학적 인식론, 그리고 인본주의 심리학을 이론적 기초로 삼고 있다. 이 교육과정은 자이스(Zais, 1976)가 말하는 절충식 교육과정 설계 모델의 한 유형이라고 볼 수 있다. 절충식 교육과정은 기본적으로 교육과정의 테두리가 분명하지 않고 각 요소 간의 구분도 엄격하지 않게 상호연결되어 있는 통합체이다. 따라서 교육과정은 유기체와 환경의 상호작용을 강조하는 철학적 기초와 인간에 대한 기본 가정에 영향을 받아 교육의 목적과 목표, 내용, 학습활동 평가가 상호 관련되어 있으면서도 전체적으로 하나의 통일된 형태를 띠는 특징을 가진다.

교육 프로그램의 구성은 반일제 유아교육 프로그램과 엄마·아빠와 함께 하는 영아교육 프로그램, 과학 캠프로 나누어진다. 반일제는 만 3·4세 혼합연령반, 만 5세 반으로 구성되어 있다. 반일제 만 3·4세 혼합연령반은 아동이 원하는 활동을 스스로 선택할 수 있는 기회를 최대한 보장함으로써 개방주의 교육철학을 가장 강조하여 실시하고 있다. 반일제 만 5세반은 개방주의 교육철학에 입각하여 진행되나 초등학교 입학에 대비하여 부분적으로 교사가 주도적으로 이끄는 진단활동이 첨가되어 좀더 구조화되고 심화된 학습상황을 제공한다(연세대학교 어린이생활지도연구원 편, 2005). 연세대학교 어린이생활지도연구원은 2009년까지 종일제 유아교육 프로그램을 운영하였으나, 2010년 이후 산하기관인 직장어린이집에서 종일제 프로그램을 운영 중이다. 엄마·아빠와 함께 하는 영아교육 프로그램은 만 2세 영아와 그 부모를 대상으로 하여 영아의 발달 증진과 부모의 자녀양육기술 습득 및 부모로서의 유능감 형성을 돕고자 하는 데 목적을 두고 있다(연세대학교 어린이생활지도연구원 편, 2005).

이 프로그램은 어린이 생활관과 친구, 봄, 나와 우리 집, 동물, 여름 및 건강, 즐거웠던 여름방학, 우리나라 가을, 여러 가지 탈 것, 우리의 이웃, 겨울 등의 주제를 가지고 등원 및 놀이계획, 실내와 자유놀이, 대·소집단활동, 놀이 평가 및 귀가활동을 한다(연세대학교 어린이생활지도연구원 편, 1995).

교육과정의 자세한 내용은 《연세 개방주의 유아교육과정》,《개정 연세개방주의 유아교육과정 : 반일제 3·4세 프로그램》,《개정 연세개방주의 유아교육과정 : 반일제 5세 프로그램》을 참고할 수 있으며(연세대학교 어린이생활지도연구원 편, 1988·1995·1996) '아빠와 함께하는 영아교육 프로그램'의 자세한 내용은 《한국유아교육현장의 정체성 확립을 위한 노력》(한국유아교육학회 편, 2006)을 참고할 수 있다. 연세대학교 어린이생활지도연구원에 관한 전반적인 정보는 www.yonseichild.org에서 찾아볼 수 있다.

토의문제

1. 누리과정이 만들어진 배경과 그 특징은 무엇인가?
2. 유치원, 어린이집을 방문하여 3~5세 누리과정이 현장에서 어떻게 적용되고 있으며 문제점은 무엇인지 교사와 함께 이야기해 본다.
3. 현재 대학부속 등 우리나라에서 이루어지고 있는 대표적인 영유아프로그램들은 어떤 것이 있는지 알아본다.

이 장에서는 유아교육과정의 접근법과 유아교육 프로그램 모델의 구체적인 실제를 분석해 보고자 한다. 20세기 이전의 전통적인 유아교육 프로그램으로 시작되어 지금까지 이어오고 있는 프로그램과 더불어 새로운 사회적·문화적·철학적 기초 위에서 대두되는 현대의 다양한 프로그램들이 공존하고 있다.

특히 본 장에서는 다양한 유아교육 프로그램 모델 가운데 우리나라에서 많이 알려진 접근법과 프로그램을 소개하고자 한다.

또한 유아교육 프로그램의 장·단기적 효과에 대한 연구를 바탕으로 그 효율성을 가져오는 변인들이 무엇인지를 분석한 방대한 연구들을 요약·정리해 보고자 한다. 이는 유아교육의 효율성이 어디에 있으며 앞으로 어떤 방향으로 나아가야 할지를 살펴볼 수 있는 중요한 연구들이 될 것이다.

EARLY CHILDHOOD
CURRICULUM

CHAPTER 4

유아교육 접근법 및 프로그램

CHAPTER

04

유아교육 접근법 및 프로그램

이 장에서는 유아교육과정의 접근법과 유아교육 프로그램 모델의 구체적인 실제를 분석해 보고자 한다. 유아교육 프로그램 모델이라는 용어는 목표, 교사의 역할, 일과시간 운영, 공간배열, 시설 및 설비 등과 같은 요인에서 명확한 윤곽을 가지고 있는 특정 프로그램들을 말한다(Lay-Dopyera & Dopyera, 1990). 수많은 다양한 유아교육 프로그램 모델 가운데 대표적인 프로그램들을 중심으로 소개하며, 특히 이중에서 발도르프 교육, 레지오 에밀리아 접근법과 프로젝트 접근법은 하나의 프로그램 모델이라기보다는 기존의 유아교육 프로그램에 적용될 수 있는 유아교육의 접근법이라고 할 수 있다(Roopnarine, 2005). 따라서 여기에서는 발도르프, 레지오 에밀리아와 프로젝트의 경우는 접근법으로 소개하였다. 유아교육에서 이러한 접근법과 그 유형에 대한 설명은 다음과 같다.

유아교육과정 접근법 및 유형

유아교육과정은 1960년대 미국의 헤드 스타트 운동이 일어나면서 본격적으로 다양화되기 시작하였다고 볼 수 있다. 그 전에는 중·상류계층의 영유아를 위한 프로그램에 국한되었던 상황에서 벗어나 저소득계층 영유아의 발달과 심리적 특성에 관한 많은 연구가 이루어지기 시작했고, 영유아들의 발달을 촉진시켜 주기 위한 다양한 교육 프로그램이 개발되었다. 이처럼 다양하게 개발된 영유아교육과정들은 주로 학습과 발달에 관한 세 가지 입장인 성숙주의, 행동주의, 구성주의의 세 가지 접근법으로 유형을 구분해 볼 수 있다. 성숙주의에 기초한 교육과정은 인간의 자연스러운 발달을 목표로 사회·정서적인 특성을 강조하는 것이 특징이고, 행동주의는 외적인 강화와 모방, 모델링을 사용하여 직접적 자극을 제공하는 것을 강조하며, 구성주의 또는 상호작용주의에 기초한 교육과정은 영유아가 타고난 능동적인 역량으로 스스로 주변과 적극적으로 상호작용하며 지식을 구성해 나간다는 원리를 중시하는 것이 특징이다. 또한 이처럼 다양하게 개발된 영유아교육 프로그램들을 각 프로그램이 지니고 있는 성격 및 특성을 기초로 하여 몇 가지 유형으로 구분해서 체계화시켜 보려는 노력도 이루어졌다.

여기서는 먼저 세 가지 유아교육과정의 접근법을 살펴보고, 와이카트(Weikart, 1972), 콜버그와 메이어(Kohlberg & Mayer, 1972)의 유아교육과정 유형 분류도 간략히 살펴보도록 하겠다.

❋ 유아교육과정 접근법

유아의 발달이나 학습에 관한 성숙주의자들의 입장은 인간의 발달이 주로 선천적으로 타고난 유전적 요인에 의해 결정된다고 보고, 인간의 발달에 미치는 환경적 요소의 영향을 최소한으로 인정한다. 이들의 입장에 의하면 부모나 교육, 사회적 영향은 유아들의 성장을 주도하는 요인이기보다는 그들의 성장을 돕고 촉진시켜 주는 것이라 볼 수 있다. 루소는 성선설을 믿었던 초기의 성숙주의자인데, 그는 만일 유아에게 자연적으로 성장할 수 있는 기회가 주어진다면 유아는 자신의 잠재가능성을 충분히 발달시킬 수 있기 때문에 교사와 부모들은 유아의 자연적 성장을 절대 방해하지 말아야 한다고 하였다.

또한 대표적인 성숙주의 심리학자인 게젤과 그의 동료들은 오랜 기간 동안 유아의 발달과정에 대한 연구 및 부모와의 면담을 통해 인간발달의 규칙성과 보편성에 주목하고, 다양한 연령단계별로 유아의 특징과 능력에 대한 표준이 되는 목록을 만들었다. 게젤학파들은 그들이 제시한 표준행동목록을 통해 성인이 유아의 발달에 지나친 기대를 함으로써 유아의 발달수준을 넘어서는 성취를 강요하지 말 것을 경고하였다.

그러므로 성숙주의자들은 프로그램을 통해 유아의 학문적 능력이나 특별한 기술의 습득에 목표를 두지 않고 대신 유아의 내적 가능성에 따른 '전인적 발달'을 도모한다. 유아에게 많은 선택의 기회를 제공하고 불필요한 교사의 개입을 줄이며, 유아 스스로 활동할 수 있도록 교사는 흥미와 발달단계에 적합한 자료를 충분히 제공한다. 또한 집단 구성은 발달수준이 동일하거나 학습준비도가 유사한 동질집단이 되어야 하고, 유아가 발달수준에 적합하지 않은 과제를 수행하도록 강요받지 않도록 하였다.

행동주의, 환경주의라고 불리는 두 번째 입장은 로크의 백지설에 뿌리를 두고 인간의 모든 발달 및 교육적 성취는 외적 자극에 대해 유기체가 반응함으로써 비롯된다고 주장한다. 유아의 발달에 대한 외적 요인의 중요성을 강조하며, 외적 경험을 적절하고 단계적으로 배열함으로써 유아의 발달을 바람직한 방향으로 변화시킬 수 있다고 본다. 즉, 환경적 영향이 어떻게 개별 유아의 독특한 행동을 형성하는지에 주로 관심을 가지고, 겉으로 드러나는 관찰 가능한 외적인 행동만을 가치가 있는 연구대상으로 삼았다.

　동물과 인간의 행동에 대한 연구에서 스키너와 동료들은 어떤 종류의 보상과 강화가 유아의 행동에 효과적인지를 밝혀 주었고, 유아의 느낌이나 동기에 대한 지식은 유아의 구체적인 행동을 변화시키기 위해서 필요하지 않음을 강조하였다. 그러므로 행동주의 관점의 유아교육 프로그램이 갖는 특징은 매우 구체적인 목표를 갖고, 학습의 주제가 매우 단순하고 위계화·순서화되어 있으며, 교사의 역할은 매우 적극적으로 행동을 지시하고 수정하고 강화하는 것이다.

　마지막으로 구성주의자 혹은 상호작용주의자라고 불리는 세 번째 입장은 앞에서 설명한 두 입장과는 차이가 있어, 인간의 본성이나 외적 환경만을 주로 강조하지는 않는다. 이들은 유아의 탐색활동이나 사고활동의 의미는 무엇인지, 특히 환경과의 상호작용을 통해 유아들은 어떻게 발달하게 되는지에 관심을 갖고, 유아의 발달이 그들의 능동적인 활동을 통해 이루어진다고 본다. 즉, 유아는 주어진 환경에 수동적으로 반응하는 것이 아니라 자발적이고도 선택적인 상호작용의 과정을 통해 자신의 지식을 스스로 구성한다는 구성주의 관점을 갖는다. 유아의 발달과 행동, 그리고 학습은 실제적으로 외부의 영향과 성숙적 과정 모두에 의해 영향을 받는다고 생각한다. 이 입장은 듀이와 피아제, 비고스키에 의해 대표되며, 이 입장의 프로그램이 갖는 특징으로 유아는 구체적인 자료와 직접적으로 활동할 수 있는 다양한 경험이 필요하다는 것과 독자적으로 과제를 계획하고 수행할 수 있도록 충분한 시간과 자유선택활동이 제공되어야 한다는 것이다. 또한 유아가 자신의 관점을 적용시켜 볼 수 있도록 다양한 또래집단과의 사회적 상호작용이 이루어져야 하며, 교사는 장시간 교사 주도 활동만을 해서는 안 되고 활동에 따라서 개별적으로 또는 소집단으로 집단을 구성해야 한다.

　이상에서 살펴본 유아교육의 세 가지 접근법에 대한 비교는 각 관점을 분명히 이해하는 데 도움이 될 수 있고, 각 관점에 대한 이해는 현존하는 다양한 유아교육 프로그램을 바라보는 데 필요한 관점이나 시각을 갖는 데 도움이 될 수 있다.

❂ 와이카트의 분류

　와이카트는 교사와 유아가 학습에 참여하는 방식과 교사와 유아의 관계를 기초로 교육과정 유형을 분류하였다. 즉, 학습에서 누가 주도권을 갖고 누가 수동적으로 반응하느냐에 따라 분류하였다. 여기에는 교사가 학습의 주도권을 갖는 경우의 계획된 교육과정, 유아가 주도권을 갖는 경우의 아동 중심 교육과정, 교사와 유아가 함께 주도권을 갖는 경우의 개방체제 교육과정, 그리고 교사와 유아 모두 학습에 주도권을 갖지 않는 경우의 보호적 보살핌의 네 가지 형태가 있다. 이와 같은 형태의 분류는 그림과 같다.

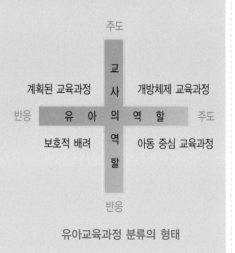

유아교육과정 분류의 형태

① 계획된 교육과정

교사가 교육과정을 주도적으로 운영하고 영유아는 미리 짜여진 교사의 계획에 따라 수동적으로 반응하는 형태의 교육과정 유형이다. 교사가 학습의 주도권을 가지고 있으므로 영유아는 교사의 요구에 반응하도록 수업이 계획되고 조직되어 있다. 이러한 교육과정은 환경의 자극에 대해 인간을 수동적인 존재로 바라보는 행동주의이론에 기초하여 학습이론, 행동수정원리 등을 중요하게 여긴다. 이러한 프로그램들은 1960년대 미국의 헤드 스타트 운동의 일환으로 사회·경제적으로 소외되거나 실조된 계층의 영유아들을 위하여 읽기, 쓰기, 셈하기와 같은 기본 학습기술들을 단기간에 습득시키려는 의도에서 다양하게 개발되기 시작하였고, 교사 중심의 상당히 구조화된 프로그램이며 짧은 시기 동안 적은 노력으로 많은 효과를 얻고자 한 것이었다.

계획된 교육과정은 교수요목이 아주 상세하게 제시되어 있어, 초임교사나 영유아교육에 관한 전문지식이 없는 교사라 할지라도 교육과정을 효율적으로 수행할 수 있고, 눈에 보이는 학습결과에 관심이 많은 교육행정가와 부모들에게도 호응을 얻는 것이 특징이다. 그러나 영유아의 창의적 사고능력이나 사회·정서적 특성을 강조하는 오늘날 교육현장의 분위기를 감안해 보면, 교사의 지시에 수동적으로 반응하는 이 교육과정 유형은 유아의 자기주도적 학습능력이나 또래 간 상호작용을 감소시키는 측면을 갖고 있다고 볼 수 있다. 이 범주에 속하는 교육과정의 예로는 베라이터-잉글만의 디스타 프로그램(DISTAR program)이 있다.

② 개방체제 교육과정

개방체제 교육과정에서는 교사와 유아가 모두 활동의 주도권을 갖는다. 교사는 영유아에게 적합한 교육계획을 세우고, 환경을 준비하며, 다양한 활동을 통해 유아에게 선택권을 주며, 필요할 때에 적절히 개입하여 주도성을 보인다. 유아 역시 교사가 제시한 활동 안에서 선택적으로 활동에 참여하며 다양한 경험을 쌓고 자신의 생각을 구성해 나가는 주도적인 역할을 한다. 이 교육과정은 주로 피아제의 인지발달에 근거를 두고 있기 때문에 구성주의에 기초한다고 할 수 있다. 그러므로 유아의 사고, 인지과정, 자발적 참여와 직접 경험을 통한 학습을 중요시하며, 읽기나 셈하기와 같은 특정한 지식과 기술의 습득보다는 논리적 사고력이나 개념형성을 중요하게 여긴다. 그리하여 교사와 유아, 유아와 유아, 유아와 교구 간의 상호작용을 모두 중시하며 전인적인 발달을 지향한다. 이 유형의 장점은 교사에게 상당한 자율권이 부여되어 교사가 학급을 창의적으로 계획하고 운영할 수 있다는 점이다. 교사는 자신이 담당하고 있는 영유아의 발달수준 및 특징, 다양한 사회·문화적 배경을 감안한 개별적이고 독창적인 교육을 시행할 수 있고, 자신의 교육 경험을 토대로 전문성을 개발할 수 있는 동력을 지니게 된다. 그러나 반면에 교육 경험이 없거나 열의가 부족한 교사에게는 쉽사리 접근하기가 어려운 교육과정이기도 하다. 이 범주에 속하는 교육과정에는 주로 피아제이론에 기초한 카미-드브리스 프로그램(Kamii-DeVries program), 하이/스코프 프로그램(High/Scope program) 등이 있다.

③ 아동 중심 교육과정

아동 중심 교육과정은 학습에서 유아가 모든 주도권을 갖고, 교사는 유아의 요구에 수동적으로 반응하는 형태이다. 이러한 프로그램은 주로 인간의 정서발달에 관한 연구 및 이론에 그 기초를 두고 교육의 전체 목적을 사회·정서적 성숙을 통한 전인 아동의 육성에 두고 있어 성숙

제6장 보육과정의 이해

135

주의에 기초한다고 할 수 있다. 인간의 발달은 선천적으로 타고난 생득적 요인들에 의한다고 보아 유아의 흥미나 욕구, 본성 등을 충분히 발휘하도록 하는 것이 바람직한 교육이라고 본다. 그러므로 놀이의 가치를 높이 평가하여 다양한 놀이를 통해 영유아의 사회적 적응과 정서적 성장, 독립심을 형성시키고, 흥미 영역 속에서 자유롭게 환경을 탐구하고 창조할 수 있게 한다. 이 유형의 장점은 학습이 개개 영유아의 요구를 충분히 반영할 수 있다는 점이지만, 영유아에게 모든 주도권이 주어져 자칫 방임으로 흐를 위험이 있고 유아의 흥미나 요구에 상응하는 내용들이 교육적으로 바람직하지 않을 경우 교사가 갈등을 느낄 수 있다는 단점도 있다. 이 유형에 속하는 프로그램은 뱅크 스트리트 프로그램(Bank Street program)이다.

④ 보호적 보살핌

이 유형은 교사도 반응하고 영유아도 반응하는 형태이다. 여기서는 영유아의 기본적인 생리적 욕구를 해결해 주고 신체적인 위험이나 질병으로부터 보호해 주는 등의 최소한의 보살핌이 이루어진다. 현실적으로 오늘날 보살핌과 가르침을 병행하여 운영하고 있는 영유아교육기관에서는 존재하기 어려운 교육과정 유형이다.

❁ 콜버그와 메이어의 분류

콜버그와 메이어는 교육과정 유형을 낭만주의(romanticism), 문화전달주의(cultural transmission), 진보주의(progressivism)의 세 가지 이데올로기로 분류하였다.

낭만주의는 영유아의 발달과 학습에 관한 성숙주의적 입장의 유형으로 영유아의 내적인 본성을 전개하는 것이 중요한 학습의 경험과 활동이라고 본다. 전통적인 아동 중심 또는 흥미 중심 프로그램들이 여기에 속하며 교사는 교실 내에 긍정적인 사회·정서적 놀이환경을 설치하고 주로 극놀이와 창작활동을 장려한다. 각 영유아의 권리와 자유를 중시하고 영유아는 자신의 학습활동을 주도할 수 있는 존재로 신뢰받는다.

문화전달주의는 영유아의 발달과 학습이 주로 외부적 요인에 의해 결정되며 인지, 윤리 및 문화적 지식을 직접 가르침으로써 가장 잘 발달된다고 보는 행동주의적 입장의 유형이다. 행동주의 학습이론을 바탕으로 빠른 시간 안에 계획적 강화에 의해 구체적인 학습 목표를 달성하는 교사 중심적이고 상당히 구조적인 프로그램들이 여기에 속한다. 낭만주의와는 달리 영유아의 발달에 있어 내재적·주관적인 요소는 배제하고 객관적인 방법으로 관찰되고 측정될 수 있는 지식을 주로 강조하므로 교육 내용이 구조화·순서화되고 교수전략도 조직적으로 수행된다.

마지막으로 진보주의는 영유아와 환경과의 상호작용이 허용되고 증진되는 조건하에서 영유아와 환경 간의 상호작용으로부터 교육이 이루어진다는 구성주의 입장에 기초한다. 듀이의 진보적인 교육관과 피아제의 인지발달에 근거하여 지식은 학습자의 내부에서 구성된다는 것을 믿으며 교사와 유아가 모두 학습을 주도한다. 교사가 목표를 설정하지만 이것의 성취는 영유아에 의해서 이루어지며, 놀이가 학습을 위한 수단이 된다. 교사는 영유아의 사고를 자극하고 학습기회를 제공하기 위해서 놀이를 더욱 적극적으로 이용하고 개발한다.

콜버그와 메이어는 현대의 영유아교육과정을 구성하기 위해서는 낭만주의와 문화전달주의만으로는 이상적인 모형을 제공할 수 없으므로, 진보주의 유형이 유아교육과정의 원천이 되어야 한다고 주장하였다.

현대에 와서 새로운 유아교육 프로그램 모델의 개발에 대한 관심은 사라졌으며 새로운 프로그램 모델 개발도 활발하게 이루어지고 있지 않다. 오히려 현대 유아교육 프로그램 연구에서의 관심은 어떤 유형의 프로그램 모델들이 어떤 유아에게 적합한지를 찾는 연구들과 프로그램 안의 어떤 변인들이 유아에게 효과를 가져오는지를 분석하는 데 있다. 따라서 이 장에서는 각각의 프로그램을 자세히 소개하기보다는 그 접근법의 차이점과 중요한 프로그램 변인들을 주로 소개하고자 한다.

1. 프로젝트 접근법

최근 유아교육계에서는 바람직한 교수·학습방법들 중의 하나로서 프로젝트 접근법(the project approach)에 많은 관심을 보이고 있다. 캐츠(Katz, 1994)에 의하면 이는 유아들의 학습에 대한 연구결과들이 프로젝트 접근법의 수월성을 지지하고 있고, 유아 및 초등교육에서 통합적 교육과정에 대한 요구와 기대가 점점 높아지고 있으며, 프로젝트 접근법과 매우 유사한 것으로 알려진 이탈리아의 레지오 에밀리아 접근법에 대한 사람들의 관심에 영향을 받은 것이라고 말한다.

프로젝트 접근법에 대한 관심은 또한 '사회문화적으로 적합한 교육'(Kostelink, 1997)의 중요성에 대한 인식을 반영한다. 사회문화적 적합성에 대한 관심은 주로 발달적 적합성을 강조해 오던 유아교육계가 방향을 전환하는 것으로 평가할 수 있다(Willams, 1997). 프로젝트 접근법에서는 교사가 학급 유아들의 지금 바로(here and now)의 생활과 관심사를 교육에 적극 반영하는 '지역적으로 적합한(locally appropriate)' 교육을 추구함으로써(Chard, 1995) 사회문화적으로 적합한 교육과 맥을 같이 한다. 따라서 프로젝트 접근법은 우수한 프로그램일 뿐만 아니라 사회문화적으로 적합한 프로그램의 예로서 많은 사람들의 관심과 기대를 모으고 있다.

1) 프로젝트 접근법의 유래

프로젝트 접근법은 1990년대 초반 캐츠와 차드(Katz & Chard)에 의해 소개되었다. 이들은 《Engaging Children's Mind: The Project Approach》를 1989년에 출간하

고, 북미 지역을 중심으로 세계 각국에 프로젝트 접근법을 소개하고 있다. 그러나 프로젝트 접근법은 캐츠와 차드에 의해 창안된 교수·학습방법은 아니다. 1920년대 듀이는 프로젝트 접근법을 어린이들에게 바람직한 교수·학습방법으로서 소개하여 많은 교사들로부터 각광을 받았다(Katz & Chard, 1989; Sharan & Sharan, 1992). 킬패트릭(Kilpatrick, 1925)도 그의 저서 《Foundation of methods: Informal talks on teaching》에서 프로젝트 접근법을 소개하였다. 프로젝트 접근법은 1960년대 미국의 뱅크스트리트대학 프로그램과 1960~1970년대 영국의 유아학교에서 널리 실시되었던 '열린 교육' 에서 맥을 찾아볼 수 있다. 사실상 캐츠는 자신이 1960년대 후반 영국의 유아학교들을 방문하여 열린 교육을 참관하였고, 그 후 영국 첼튼엄(Cheltenham)의 로언필드(Rowanfield) 초등학교의 교사로 일하던 차드를 만나 프로젝트 접근법에 대한 공동 연구를 하게 되었음을 밝힌 바 있다.

그렇다면 프로젝트 접근법은 1920년대 미국에서 듀이와 킬패트릭에 의해 시작되어, 1960년대 '열린 교육' 으로 발전되었으며, 1990년대에 들어와 다시 캐츠와 차드에 의해 재소개된 것이다. 왜 이들은 프로젝트 접근법을 다시 알리고자 한 것일까? 캐츠와 차드(1989)는 지난 20년 동안에 이루어진 많은 연구들이 어린이들의 지적·사회적 발달에 적합한 교수·학습방법으로서 프로젝트 접근법을 지지하고 있고, 또한 프로젝트 접근법은 교육과정의 부분으로서 체계적 교수와 자발적 놀이학습 간의 균형을 이루게 하는 데 도움이 되기 때문이라고 주장한다. 사실상 프로젝트 접근법을 적용해 본 교사들은 이것이 유치원교육과정의 목표를 성취하는 데 효과적이고, 통합적 교육과정을 실천할 수 있는 방법으로 평가한다(김혜선, 1996; 지옥정, 1996; 최소자, 1993; Bayman, 1995; Forman, 1993; Leekeenan, 1992; Leekeenan & Nimmo, 1993, Rinaldi, 1993).

프로젝트 접근법은 교사와 유아들이 학습할 가치가 있는 특정 주제에 대해 심층적으로 연구하는 교수-학습방법으로서 유아들의 생활 세계에 대한 이해를 증진시키고 계속 학습하고자 하는 성향을 강하게 키워 주는 것을 목적으로 듀이의 교육관과 아동관을 반영하고 있다. 교육의 목표는 지식과 기술의 획득 및 성향과 감정의 배양이다. 각 유아들은 프로젝트를 전개하는 과정에서 개인적 능력을 발휘하고 또한 또래로부터 배울 수 있는 기회를 가질 수 있다.

프로젝트의 실행은 계획 및 시작, 탐색과 표상, 마무리·전시 및 평가의 3단계로 나누어진다. 국가수준의 유치원교육과정의 생활주제는 유아교육 전문가들이 유아들의 보편적 관심사를 제시한 것이라면 프로젝트 접근법에서의 주제는 특정 지역 유아들의 관심사를 반영하는 것으로서 교사가 결정권을 가진다. 교사는 유아들의 친숙성과 흥미, 구체적 경험과 표상활동의 가능성을 고려하여 주제를 선택함으로써 학습의 효율성을 높일 수 있다. 전체 교육과정에는 유아들의 일반적 관심사와 학급 유아들의 특정 관심사를 모두 포함시켜야 한다. 프로젝트 접근법의 기능은 대안이 아니라 보완과 통합이므로 전체 교육과정에서 일반 유아들의 관심사와 학급 유아들의 관심사를 병행하여 상호보완할 수 있다.

프로젝트 접근법에서도 다른 교수-학습방법들에서와 마찬가지로 유아들은 놀이와 활동을 통해 학습한다. 그러나 프로젝트 접근법에서 유아들은 더욱 능동적·적극적으로 참여해야 한다. 즉, 유아들은 학습의 주체로서 프로젝트와 관련하여 며칠 또는 몇 주간 지속되는 다양한 놀이와 활동들뿐만 아니라, 사전 계획에 항상 참여해야 한다. 결과적으로 유아들은 그들의 능력과 가능성을 인정받고, 사회적 존재로서 사회와 관련된 프로젝트를 놓고 또래와의 협동을 통해 함께 학습하고 발달하는 기회를 얻게 되는 것이다.

2) 프로젝트 접근법의 실제

(1) 프로젝트 접근법의 정의

프로젝트 접근법은 특정 주제에 대한 심층적 연구를 통한 교수-학습방법이다. 즉, 소집단(전체 또는 개인)의 유아들이 학습할 가치가 있는 주제에 대해 교사의 지도와 안내를 받으며 공동으로 연구하는 목적-지향적 활동이다(Katz & Chard, 1989; Kilpatrick, 1925). 프로젝트 접근법에서는 문제에 대한 정답을 찾기보다는 문제를 해결하기 위해 교사와 또래들과 함께 연구하는 과정에서 주제에 대해 보다 많은 것을 학습하는 데 초점을 둔다(Katz, 1994). 프로젝트에서의 공동연구는 각 유아들이 특정 분야에 지닌 능력을 발휘할 수 있는 기회를 줌으로써 모두에게 의미 있는 활동이 될 수 있다(Gardner, 1987). 유아들은 협동학습을 전개하고 평가하는 과정에서 각 분야의 보다 능력 있는 또래들에게 배울 수 있다(Vygotsky, 1978). 또한 프로젝트를 하는 동안 교사는 유아들에게 적절하고도 민감한 '비계설정'(Berk, 1995)을 해주어 사고를 육성할 수 있다.

(2) 프로젝트 접근법의 교육 목표

캐츠와 차드(1989)는 프로젝트 접근법의 주목적은 '어린이의 주변 세계에 대한 이해를 증진시키고 계속 학습하고자 하는 성향을 강하게 키워 주는 것'이고, 교육 목표로서 지식(knowledge)과 기술(skill)을 획득하고, 성향(disposition)과 감정(feeling)을 배양하는 것으로 제시하였다.

첫 번째 목표는 새로운 지식의 획득이다. 지식은 도식, 아이디어, 사실, 개념, 정보 등을 말한다. 유아들은 조사하고 토론하는 동안 접하게 된 새로운 정보와 개념의 의미를 이해하려고 노력한다. 조사와 구성, 극놀이 과정에서 잘못된 개념들을 수정하고, 새로운 어휘를 익히고, 친숙한 용어의 뜻을 명료화한다.

두 번째 목표는 인지적·사회적·언어적 및 신체적 능력발달에 필요한 기술의 획득이다. 기술은 쉽게 관찰되고 비교적 짧은 시간 안에 실행되는 분리된 행동의 단위로서 모든 유아교육과정 구성에 기초가 되어 왔다.

세 번째 목표는 성향을 키우는 것이다. 성향은 여러 상황에서 겪는 경험에 대해 지속적으로 독특하게 반응하는 행동, 태도, 습관을 의미하며, 예컨대 세심한 관찰력, 호기심, 모험심, 과제에 대한 지구력 등이다.

네 번째 목표는 긍정적 감정을 키워 가는 것이다. 긍정적 감정이란 수용감, 자신감, 소속감, 안정감, 유대감, 상호의존감 등과 같이 집단생활을 하는 가운데 주관적으로 느끼는 긍정적 감정 혹은 정서적 상태를 말한다.

프로젝트 접근법이 다음과 같은 측면에서 위에서 기술한 네 가지 교육 목표를 성취시켜 준다(Katz & Chard, 1989; Chard, 1995).

첫째, 주변 세계가 심층적으로 연구할 만한 흥미로운 것임을 깨닫게 해줌으로써 생활 세계에 대한 지적 호기심을 북돋워 준다.

둘째, 프로젝트는 참여자들의 협의에 의해 점차적으로 발전되어 가므로 자발적 놀이와 교사의 체계적 교수 간에 균형을 맞출 수 있다.

셋째, 학교생활이 곧 일상생활, 사회생활과 밀접하게 관련되어 있으며, 학교교육은 실생활에 도움을 준다는 것을 인식한다.

넷째, 교실상황을 하나의 공동사회로써 경험하고 소속감과 협동심을 기른다.

다섯째, 다양한 프로젝트를 탐구하는 과정에서 새롭게 도전받고 현실적 어려움을 극복하며, 주변 생활세계에 대해 보다 폭넓은 관심과 식견을 지닌 사람으로 성장·

발전하게 된다.

프로젝트 접근법의 교육 목표에 대한 이해를 돕기 위해 듀이의 교육관과 아동관을 살펴본다. 듀이(1987)는 어린이를 '개인적 존재'와 '사회적 존재'라는 두 가지 관점에서 조명하였다. 첫째, 개인적 존재는 지성과 능력을 겸비하고 개인적인 관심을 지닌 어린이를 의미한다. 즉, 어린이는 성인과 마찬가지로 지성을 지닌 의지적이고 목적-지향적인 존재로서 기회가 주어지면 자신에게 의미 있는 활동을 선택하여 수행할 수 있는 능력이 있다. 따라서 개인적 존재로서의 어린이를 위해 학교교육은 어린이 자신의 흥미와 요구에 맞는 활동을 자유롭게 선택할 수 있어야 한다. 둘째, 사회적 존재는 주변 환경과 능동적으로 상호작용을 하는 어린이를 의미한다. 듀이는 교육의 대상인 어린이는 사회적 개인이므로 학교교육은 사회적 생활을 보다 의미 있게 영위해 나갈 수 있도록 도와주어야 한다고 주장하였다. 이는 '학교의 사회화'를 의미하며, 즉 학교교육은 어린이들에게 그들이 몸담고 생활하고 성장하고 있는 지역 사회의 특성과 가치를 좀더 알고 이해하도록 도와주어야 하는 것이다.

이상에서 보는 바와 같이 주변 세계에 대한 이해를 돕고 학습에의 성향을 키워 주기 위한 프로젝트 접근법은 듀이의 교육관과 아동관에 기초하고 있음을 알 수 있다.

(3) 프로젝트 접근법의 주제 선정하기

주제를 선정하기 위해서는 다양한 요소를 고려해야 한다. 주제 선정 시 고려해야 할 특징들을 정리하면 다음과 같다(Katz, 2000).

① 주제 선정 시 고려할 요소적 특징

- 유아의 측면 : 프로젝트 작업을 할 유아집단의 특성을 고려해야 한다.
- 교사의 측면 : 주제와 흥미에 대한 교사의 지식, 경험의 특성을 고려해야 한다.
- 사회의 측면 : 학교 및 공동체라는 더 큰 맥락의 특성을 고려해야 한다.
- 자원의 측면 : 이용 가능한 지역 자원의 특성을 고려해야 한다.
- 결합의 측면 : 위의 4가지 요소들의 다양한 결합을 고려해야 한다.

② 주제 선정 시 고려할 점

- 다양성에 대한 관심 : 교사는 한 학급 내에서의 유아들의 경험이 폭넓고 다양함을 이해해야 한다. 프로젝트의 장점은 프로젝트를 진행하면서 유아들은 또래 유아들이 서로 다른 흥미를 가지고 있고, 특별히 더 좋아하는 활동이나 주제가

있다는 것을 알게 된다. 따라서 자신과 또래 친구들이 경험과 흥미능력에 있어서 차이점이 있다는 것을 더욱 깊이 이해 할 수 있게 된다. 또한 프로젝트를 진행하면서 유아는 자신의 문화에 대하여 깊이 이해할 수 있게 된다. 선정된 주제가 특정 문화나 배경의 유아에게는 부적합할 때 유아가 어려워하거나 당황할 수 있다. 따라서 교사는 유아의 경험의 다양성과 문화배경의 다양성에 민감하게 반응하고 주제를 선정해야 할 것이다.

- 민주사회 참여를 위한 준비 : 유아는 프로젝트를 진행하면서 민주적 과정에 참여할 수 있는 폭넓은 경험을 할 수 있게 된다. 즉, 친구와 협동하기, 다른 사람의 생각에 반응하고 경청하기, 남과 조화를 이루도록 노력하기, 문제수행 및 해결에 대한 공동의 관점 형성하기 등을 경험할 수 있다. 이러한 측면을 강조하기 위하여 '민주사회 참여를 준비' 하게 하는 관련 주제를 선정하는 것이 필요하다.

③ 주제 선정의 방법

프로젝트의 주제 선정 시 유아의 흥미를 기반으로 하는 경우가 많다. 그러나 실제적으로 한 학급에 있는 모든 유아의 흥미를 다 다루기는 힘들다. 또한 유아의 흥미가 가볍게 지나가는 흥미일 수가 있어서 유아 자신이 그 흥미에 대하여 이해하지 못할 수도 있으며 교사를 의식하는 데서 나오는 흥미일 수가 있다. 따라서 유아의 흥미가 발달적·교육적인 면에서 항상 가치가 있다고 할 수는 없는 것이다. 그러므로 교사는 유아가 흥미를 보인다고 무조건 지원하거나 강화할 필요는 없으며 교사 나름대로 유아의 흥미 중 주제로 선정할 가치가 있는지를 결정할 수 있는 범주를 가지고 있어야 한다.

이상적인 주제의 선정은 유아의 흥미, 교사의 가치판단을 기반으로 하여야 한다. 유아의 흥미를 기반으로 주제를 선정하되 주제에 대해 유아가 주도적이고 자발적으로 탐구할 수 있는 기회를 제공해야 한다. 또한 유아의 흥미 중 가치가 있는 주제를 선택하기 위하여 교사회의나 학교에서 인정하는 분명한 준거를 가지고 있는 것이 중요하다.

④ 주제 선정 시 교사의 역할

- 유아의 흥미를 기반으로 하여 가치 있는 주제를 탐구·조사해서 제공해야 한다.
- 주제로 선정할 만한 가치가 있는지를 결정할 수 있는 기준을 가지고 있어야 한다.
- 선정된 주제에 대해 깊은 흥미를 가져야 한다 : 교사가 흥미를 갖는다면 유아들

도 흥미를 가질 수 있다.

⑤ 주제 선정을 위한 기준

위에서 제시한 여러 측면을 고려하여 주제를 선정하기 위한 기준을 제시해 보면 다음과 같다(Katz, 2000).

- 유아 자신의 환경(실제 세계)에서 직접적으로 관찰 가능해야 한다.
- 유아 경험과 관련되어야 한다 : 유아가 경험한 것이나 경험의 일부와 관련되어야 한다.
- 직접적으로 조사할 수 있어야 한다(단, 위험 요소가 포함된 것이 아니어야 함).
- 지역 자원에서 쉽게 활용 가능한 것이어야 한다.
- 다양한 표상활동들이 가능한 주제이어야 한다(예를 들면 역할놀이, 그림 그리기, 만들기 등).
- 부모가 참여하고 공헌할 수 있어야 한다. 즉, 부모는 별 어려움 없이 참여할 수 있어야 한다.
- 일반적인 문화배경뿐 아니라 지역 문화에도 적절해야 한다.
- 유아들에게 흥미를 줄 수 있으면서, 교사가 판단하기에 유아의 발달에 가치 있다고 판단되는 것이어야 한다.
- 학교와 지역 차원의 교육과정 목표와 연관이 있어야 한다.
- 유아의 연령에 따라 기초적 기술들(basic skills)을 적용해 볼 수 있는 충분한 기회를 제공해야 한다.
- 주제가 너무 편협하거나 너무 광범위하지 않고(예를 들면 교사 자신의 개인에 대한 주제나 '음악' 과 같은 일반적 주제) 적절해야 한다.

(4) 프로젝트의 실행

프로젝트 실행은 '계획 및 시작, 탐색과 표상, 마무리와 평가' 의 3단계로 되어 있다.

① 1단계 : 계획 및 시작

1단계는 프로젝트를 계획하고 시작하는 단계이다. 1단계에서 유아들과의 협력연구를 위해 적합한 주제를 선정하는 일은 매우 중요하며, 주제 선정에 대한 결정권은 일차적으로 교사가 가진다(Chard, 1992 · 1994). 교사는 주제가 유아들의 지금 현재

생활과 관심사를 반영함으로써 지역적으로 적합한가를 고려해야 한다. 예컨대 도시, 시골, 산촌 또는 어촌에 사는 유아들은 생활 세계가 다르므로 그들에게 친숙하고, 흥미 있고, 의미 있는 주제는 각각 다를 것이다. 설사 똑같은 주제로 프로젝트를 한다 해도 교육 내용이나 활동은 각 지역 어린이들의 생활과 관심사를 반영하므로 다를 수 있다(Chard, 1995).

캐츠와 차드(1989)가 제시하는 프로젝트에 적합한 주제들은 표 4-1에서 보는 바와 같다. 주제들 간에는 서로 관련성이 있다. 예를 들면 '집'이라는 주제는 프로젝트의 성격에 따라 '가족', '이웃', '기후', '사막'을 주제로 하는 프로젝트에서도 다루어질 수 있다.

주제가 선정되면 교사는 자기 학급의 유아들에게 경험, 흥미, 자료 제공 및 현장 경험의 가능성들을 생각하면서 예비 프로젝트 망(web) 또는 개념 지도(concept map)를 미리 조직해 본다. 교사는 프로젝트의 구상 과정에 어린이들을 참여시킨다.

프로젝트에 적합한 주제들의 유형

표 4-1	수	유 형	주 제	특 성
	1	어린이 자신	집, 아기, 가족, 음식, 학교, 버스, TV쇼, 장난감, 게임	어린이들과 어린이들의 가까운 지역 환경에 관한 지식과 기술
	2	지역 사회	사람, 병원, 상점, 공사장, 운송 서비스, 급수시설, 생선가게	
	3	지역 행사와 현재 일어나고 있는 사건	연례축제 혹은 박람회, 국경일, 독립 기념일, 지방자치단체 선거, 유명인사 방문	
	4	시 간	이웃, 길, 방향, 경계표, 강, 언덕, 나무, 수송선	장소·시간·자연현상에 관한 개념으로서 지리, 역사, 과학 영역의 이해에 기초가 되는 지식과 기술
	5	장 소	시계, 계절, 달력, 축제, 공휴일, 역사적 물건, 역사적 사건	
	6	자연현상	기후, 물, 바람과 공기, 나무, 동물, 작은 짐승, 돌, 바다, 공룡	
	7	내용이 자유로운 개념	반내, 형태, 색깔, 대칭	내용 선택이 자유로우며 다른 프로젝트의 배경이 되기도 함
	8	일반 지식	사막, 배와 다른 운송차량, 발명, 우주 여행, 강	보다 사회 전반적 또는 세계적 규모의 정보
	9	잡다한 각종 주제들	모자, 블랙홀, 인형, 수학 혹은 독서 주간	개별적 또는 소집단 어린이들의 요구에 의함

즉, 각자 프로젝트에 대해 무엇을 알고 있는지, 무엇을 알고 싶은지, 무엇을 해보고 싶은지, 그리고 무엇을 할 수 있는지에 대해 의논한다. 협의하는 동안 교사는 유아들이 주제에 대해 이미 알고 있는 지식, 경험, 아이디어 및 생각을 파악하고 이를 다양한 활동으로 구체화시킬 수 있다. 교사는 유아들의 의견을 수렴하여 보다 확장 · 발전된 프로젝트 망을 구축한다. 프로젝트 망은 그림 4-1에서 보는 바와 같다.

그림 4-1은 캐츠와 차드(1989)가 소개하는 '학교 버스' 프로젝트 1단계에서의 토의 내용이다.

> 학교 버스 프로젝트에서 아동들은 모두가 공통적으로 겪은 일들에 주의를 기울이며 자신들의 경험을 토론했다. 즉, 버스 기다리기, 발판 올라가기, 자리 찾기, 마을을 지나서 타고 다니기, 학교에서 내리기, 또한 버스에 제일 처음 혹은 마지막으로 타는 것, 버스를 막 놓쳐 버린 것, 보통 때와는 다른 길로 학교에 가는 것, 순경 아저씨와 언쟁하는 학교 버스 운전기사, 그리고 고장난 버스에 아침에 앉아 있기 같은 별난 경험들을 같이 이야기하였다.

프로젝트에 대한 계획을 구상하고 발전시켜 나가는 동안 유아들에게 주제와 관련된 경험을 이야기로 쓰거나 그림으로 그리게 한다. 또한 프로젝트 실행에 필요한 자료들과 출처에 대해 미리 함께 생각해 본다. 부모들의 도움은 프로젝트의 성공적 수행에 매우 중요하다. 부모들은 프로젝트와 관련된 경험담을 들려 주고, 자료들을 제공해 주며, 현장활동을 계획 · 조정 · 안내하는 역할을 맡을 수 있다. 직접 참여하여 도움을 줄 수 없는 부모들도 현재 학급에서 수행되고 있는 프로젝트에 대해 관심을 가지고, 자녀들의 이야기를 경청하며, 유아들의 작품을 관람함으로써 프로젝트의 성공에 기여할 수 있다.

② 2단계 : 탐색과 표상활동

2단계는 탐색과 표상활동을 하는 단계이다. 2단계에서 유아들은 지역의 특정 장소, 사물 또는 사건 등을 현장 견학하고, 관찰 · 발견한 것을 다양한 방법으로 그리기, 쓰기, 읽기, 그래프, 차트, 도표, 벽의 장식, 모형 만들기, 극놀이 등을 표상한다. 현장견학이라고 해서 경비를 들여 멀리 떨어진 장소로 가는 것은 아니다. 현장견학은 교실을 벗어나 학교 울타리 안에서 체험학습을 해보도록 하는 것이다. 예를 들면 학교에서 일을 하는 사람들을 면담하고, 학교 건물이나 마당을 조사 · 측정해 보고,

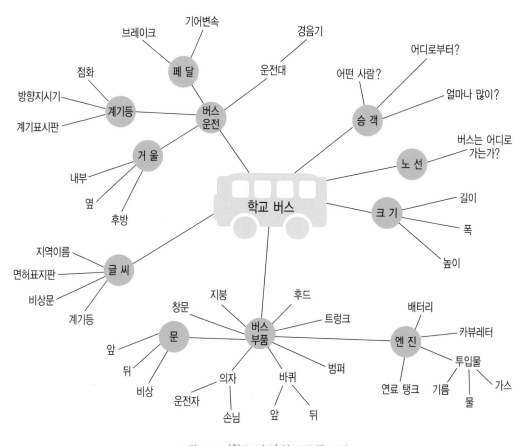

그림 4-1 '학교 버스'의 프로젝트 망

지도를 그려 본다. 또는 가까운 이웃이나 지역 사회에서 쉽게 현장학습을 할 수 있는 장소, 사람, 물체, 사건들을 찾아본다. 예컨대 가게, 거리, 표지판, 공공시설물(우체국, 은행, 소방서 등) 등에 대해 탐색함으로써 지역 사회에 대한 유아들의 지적 호기심을 자극할 수 있다.

현장견학 후 토의시간을 갖고 견학 내용에 대해 이야기를 나눈다. 토의하는 동안 어디서 어떤 일이 일어났고 누구와 무슨 이야기를 나누었는지, 어떤 것을 보고 배우고 느꼈는지에 대해 공통적·개별적 경험들을 재확인한다. 현장에서 그린 스케치는 보다 상세한 그림으로 완성시키거나, 도표를 작성하여 비교하거나, 조형품을 구성하는 데 사용한다. 유아들은 관찰한 것을 그리거나, 조형물로 만들고, 관찰·발견한 것에 대하여 기록하고, 예측하고, 결과를 토론하고, 새롭게 이해된 것을 극놀이로 표현한다. 서적들을 조사하여 새로운 질문을 제기할 수 있다. 문해능력이 있는 유아들은 혼자서도 표상작업을 수행할 수 있지만 문해능력이 부족한 유아들은 보다 많은 교사의 지도와 대화를 필요로 한다.

'학교 버스' 프로젝트 2단계 활동의 내용은 다음과 같다(Katz & Chard, 1989).

> 교사는 버스 자체에 대한 자세한 연구를 준비하고 학교에 정해진 시간보다 버스가 일찍 오도록 해서 아동들이 운전기사와 이야기하고 또 버스의 다른 부분들을 조사해 볼 수 있도록 할 수 있다. 그리고 아동들은 교실 안에 버스를 만들거나 혹은 그리고, 색칠하고, 버스에 대해 쓰고, 학교까지 오는 것, 교통 규칙, 경찰의 역할, 아동들이 학교에 오는 다른 형태의 교통 수단, 다른 아동들이 걸리는 시간과 거리에 대해 쓸 수 있다. 첫 번째 단계에 이어 두 번째 단계는 아동들에게 버스로 학교에 가는 데 대한 공통적인 대본 지식을 준다. 아동들은 또한 정상적인 경험이나 안전대책뿐만 아니라 특이한 사건과 위험 또는 비상사태에 대해 배운다.

③ 3단계 : 마무리, 전시 및 평가

3단계는 프로젝트를 마무리하고, 최종 결과물을 발표한 후 평가하는 단계이다. 프로젝트를 진행하는 동안 만든 여러 결과물(예 : 주제망, 주제와 관련한 질문 목록, 그림, 도표, 관찰 보고서, 저널, 조형품, 프로젝트 활동과정에 관한 사진 등)을 교실의 벽이나 선반에 전시한다. 다른 학급의 어린이들과 교사들, 원장 선생님, 학부모 및 지역 사회 인사들을 초대하여 프로젝트 활동을 하는 동안 무엇을 배우고, 어떻게 배웠으며, 어떠한 절차를 밟았는가를 설명한다. 어린 유아들의 경우에 주로 자신들이 만든 구성물에서 극놀이를 한다.

'학교 버스' 프로젝트 3단계의 극놀이는 다음과 같다(Katz & Chard, 1989).

> 교사는 아동들이 만든 버스를 가지고 놀이를 정교하게 하도록 도와줄 수 있다. 학급 전체가 극놀이를 위해서 가능한 학교 버스에 관한 이야기, 예를 들어 폭풍 속에서 나무가 길을 가로질러 쓰러졌기 때문에 통학 버스가 다른 길로 가야만 했던 날에 대한 이야기나 놀이, 혹은 운전 기사가 바람 빠진 타이어를 갈도록 도와준 날에 대한 경험들을 토론할 수 있다. 또한 그러한 이야기들을 받아 쓰거나 혹은 구술할 수도 있다. 학교 가는 길을 따라서 버스 노선이 방해받거나 쉬워지는 주사위와 판 게임 같은 것을 만들어서 놀 수 있고, 전에 해본 적이 없다면, 버스에 대한 새로운 노래와 시를 만들 수도 있다. 또 학교까지의 여정에 대한 그림 이야기를 만들어 볼 수도 있다.

프로젝트 실제의 예 : 도서관 프로젝트

1단계	2단계	3단계
계획 및 시작	탐색과 표상활동	마무리, 전시 및 평가

❈ 계획 및 시작

① 현재 생각 나누기
② 생각 모으기(brainstorming)
③ 친구 찾기(유목화)
④ 주제망(개념망) 구성하기
⑤ 질문거리 찾기(궁금한 것이 있어요)

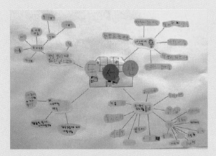

'도서관' 주제망(1)

궁금한 것 적어보기(2)

도서관에 대해 궁금해요

• 도서관에는 어떤 책들이 있나요?

• 도서관에 있는 책은 누가 만들었나요?

• 도서관에서 책을 어떻게 빌리나요?

• 도서관의 책은 어떻게 정리해요?

• 도서관은 왜 만들었나요?

• 도서관을 언제 만들었나요?

• 도서관에는 책이 얼마나 있나요?

• 도서관에 책 말고 다른 것도 있나요?

❈ 탐색과 표상활동

① 실문거리를 해결하는 방법에 대한 토의
② 현장 견학
③ 전문가 초청
④ 소주제의 확산 및 전이
⑤ 결과물의 생각 공유

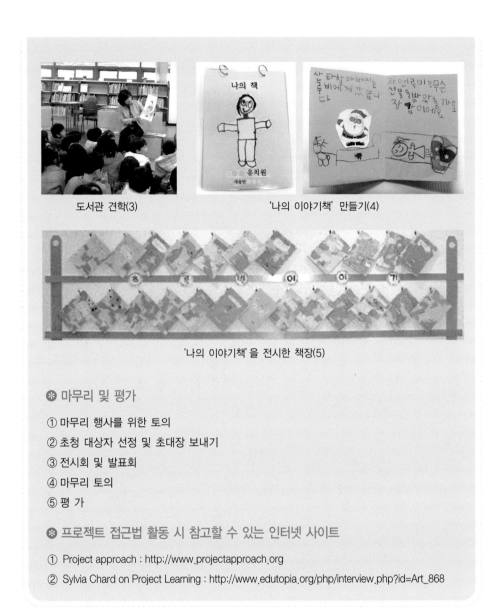

도서관 견학(3)　　　　　'나의 이야기책' 만들기(4)

'나의 이야기책'을 전시한 책장(5)

❊ 마무리 및 평가

① 마무리 행사를 위한 토의
② 초청 대상자 선정 및 초대장 보내기
③ 전시회 및 발표회
④ 마무리 토의
⑤ 평 가

❊ 프로젝트 접근법 활동 시 참고할 수 있는 인터넷 사이트

① Project approach : http://www.projectapproach.org
② Sylvia Chard on Project Learning : http://www.edutopia.org/php/interview.php?id=Art_868

(5) 프로젝트에 소요되는 시간

　프로젝트 접근법에서 특정 주제를 연구하는 데 각 단계별로 소요되는 시간은 일정하지 않다. 일반적으로 프로젝트의 1단계나 3단계보다는 2단계를 수행하는 데 더 많은 시간을 필요로 한다(Chard, 1992 · 1994). 프로젝트에 걸리는 시간은 프로젝트 주제의 성격에 따라서 짧게는 며칠만에 종결될 수 있고, 길게는 3~4주에 걸쳐 지속될 수도 있다. 연구기간에 영향을 주는 요인으로는 주제의 성격, 유아들의 경험, 지

식의 정도, 흥미 및 기여도 등이다. 따라서 교사는 프로젝트를 진행하는 동안 유아들의 반응을 세심하게 관찰하여 적절한 연구기간이 배당되도록 조절해야 한다.

3) 프로젝트 접근법과 관련된 논의점

프로젝트 접근법의 정의, 교육 목적과 목표, 주제 선정방법, 실행의 3단계 및 소요되는 시간 등에 대해 살펴보았다. 본 절에서는 프로젝트 접근법에서의 주제 선정방법의 교육적 의의와 전체 교육과정에서 프로젝트 접근법이 차지하는 위치에 대해 논의한다.

(1) 주제 선정방법의 교육적 의의 : 효율적 학습

주제 선정 기준에 모두 맞는 주제를 찾기는 쉽지 않다. 그러나 교사가 판단하기에 유아들의 생활 세계 및 관심사와 직결되고 학습의 가치가 있는 주제라면 만족스러운 수준에 도달할 것이다. 즉, 유아들이 자주 접하고 경험한 것은 친숙하게 느낄 수 있고, 유아들의 생활과 직결되므로 의미 있게 다가와 흥미를 가질 수 있을 것이다. 주제가 유아들이 살고 있는 지역 사회의 생활과 직결된 것이라면 유아들이 직접 수집·실험·조작·탐구할 수 있을 것이므로 현실적이며, 상상력을 자극함으로써 다양한 표상활동을 하도록 도와줄 것이다. 요약하면 프로젝트의 주제는 유아들과의 친숙성, 흥미, 구체적 경험 및 표상활동의 가능성 등을 고려하여 선정함으로써 개별 유아에게 의미가 있으면서 또한 지역 사회와 밀접한 관련을 가짐으로써 유아들의 자발적·적극적 참여를 이끌어 내는 것이다. 다음은 프로젝트 주제에 대한 유아들의 친숙성과 흥미, 구체적 경험과 표상활동이 어떻게 효율적 학습을 지원할 수 있는지를 살펴보기로 한다.

첫째, 유아들에게 친숙한 주제 및 활동은 능동적 참여를 도모하고 이해력을 신장시켜 주기 때문에 학습의 효율성을 높일 수 있다. 유아들은 친숙한 주제에 대해서는 프로젝트의 계획 및 실행에 주도적으로 참여하고 기여하게 된다(Katz, 1994). 또한 두뇌의 단기기억과 장기기억의 상호작용에서 정보가 친숙한 내용일수록 또는 저장된 정보와 유사한 내용일수록 정보를 판별, 분석, 비교 및 이해가 빠르고 장기기억으로 쉽고 빠르게 분류되고 저장되므로 이해도를 높일 수 있다(Thomas, 1985).

둘째, 유아들에게 흥미 있는 주제는 내적 동기를 유발시키므로 학습의 효율성을 높일 수 있다. 내적 동기유발은 효과적 교수를 위하여 반드시 필요하다(Eisner, 1988). 성인과 마찬가지로 유아들도 지성을 지닌 존재로서 흥미와 관심을 갖는 대상에는 적극적 자세로 임한다. 반면에 마음에 내키지 않는 일에 대해서는 문제해결을 위한 노력을 기울이는 자세가 성인에 미치지 못한다(Donaldson, 1978). 유아들의 지금 바로의 생활이나 관심사로부터 도출된 주제는 유아들의 흥미를 끌고, 요구를 만족시키고, 상상력과 호기심을 자극하기 때문에 내적 동기를 유발시켜 능동적·적극적 참여를 촉진할 수 있다. 캐츠(Katz, 1994)는 유아들이 특정 주제를 학습하는 동안의 정서는 유아들의 학습과 발달에 지속적으로 영향을 미칠 수 있다고 주장한다. 특정 프로젝트에 기쁨을 느끼게 되면 유아들은 동일한 또는 유사한 다른 주제들에 대해서 계속적으로 지적 호기심과 탐구심을 갖게 된다.

셋째, 구체물을 가지고 활동함으로써 학습의 효율성을 높일 수 있다. 모든 자극·정보는 감각기관을 통해서 입력되고 감각기관은 일차적 학습 도구가 되므로 유아들은 구체물을 가지고 실험·조작·탐구활동을 할 수 있어야 한다. 유아들이 감각기관을 통해 실제로 조작, 탐구할 수 있는 구체물을 가지고 학습할 때 주의를 더욱 집중할 수 있고, 생생하게 지각할 수 있다. 즉, 언어능력이 부족한 유아들은 구체물을 가지고 학습할 때 단기기억과정에서의 정보의 약호화, 장기기억과의 상호작용에서의 정보의 이해, 분류, 저장에 큰 도움을 받을 수 있다(Thomas, 1985). 또한 듀이에 의하면 구체물과의 직접적 상호작용은 유아로 하여금 자신의 경험을 상상놀이로 표현하도록 도와준다(Weber, 1984). 따라서 교사는 유아의 주의집중력과 이해력을 신장시키고 상상력을 자극하기 위하여 유아들이 직접 수집, 조작 및 탐구할 수 있는 주제를 선정해야 한다.

넷째, 다양한 표상활동을 통해 학습의 효율성을 높일 수 있다. 주제는 다양한 표상활동을 전개할 수 있는 것이어야 한다. 언어·수·음악·미술·극·동작 등 모든 표상 형식을 요구한다. 표상 형식을 사용하지 않고 환경과의 상호작용을 통하여 얻은 의미를 표현하고자 하는 것은 어려우며 표상 형식은 상호결합될 뿐만 아니라 상호작용을 함으로써 정보에 대한 이해와 정보의 조직화를 도와준다(Eisner, 1994).

프로젝트 접근법의 주제 선정의 기준들을 우리나라 제6차 유치원교육과정(교육부, 1995)에서 제시한 생활주제 선정의 기준들과 비교해 보면 유아들의 흥미와 친숙성이라는 점에서 유사하다. 그러나 프로젝트 접근법과 유치원교육과정 간의 주제 선정과정에서의 뚜렷한 차이는 주제 선정자가 다른 것이다. 교육부에서 제시한 교육과정에서는 유아교육전문가들의 합의에 의해 모든 유아들에게 일반적으로 적절하다고 판단되는 주제 및 관련 활동들이 이미 선정되어 있고 교사는 이를 적용하는 것이다. 반면에 프로젝트 접근법에서는 교사가 학급 유아들에게 적합한 주제를 직접 선정해야 한다. 따라서 교사는 적합한 주제를 선정하기 위해 학급의 유아들에게 친숙한 경험이 무엇인지, 필요한 것이 무엇인지, 흥미를 보이는 것이 무엇인지, 주변에서 어떤 자료들을 구할 수 있는지, 어떤 현장 경험이 가능한지 등에 대한 유아들의 소리를 듣기 위해 끊임없이 관찰하고 탐색해야 한다. 또한 어떤 활동들을 어떻게 전개해 나갈지에 대해 유아들과 함께 의논해야 한다.

(2) 교육과정에서 프로젝트의 위치 : 보완적 기능

프로젝트는 기존 교육과정에 대한 대안이 아니라 보완적 기능을 한다. 캐츠와 차드(1989)는 교사들이 기존 교육과정을 프로젝트로 대치하기보다는 "현재의 교육과정 안에서 프로젝트를 실험해 보고 그것을 교사들 자신의 목적과 철학 그리고 환경에 적용시켜 볼 것"을 권장한다. 사실상 프로젝트 활동은 유아교육과정의 다른 측면들과 크게 다를 바 없다. 프로젝트 활동과 유아 학급에서 일상적으로 전개되는 다른 활동(노래 부르기, 그림 그리기, 동화, 실외 놀이 등)들과 병행할 수 있는 것이다. 유아 학급에서 유아들의 자유선택활동이나 프로젝트 활동이나 모두 비형식적 특성을 가지고 있다.

그러나 프로젝트 활동에서는 교사와 유아들이 협의하여 개인적 · 집단적 계획과 목적을 세우고 이에 기초하여 모든 활동을 진행한다는 점에서 교육과정의 다른 부분들과는 차이가 있다. 즉, 프로젝트 활동에서는 특정 주제에 대한 심층적 연구를 위해 교사와 유아들이 세운 계획에 기초하여 활동이 전개된다. 예를 들면 쌓기놀이, 극놀이 또는 미술 영역에서의 활동들이 관련성을 가지고 몇 주에 걸쳐 지속 · 발전되어 가는 것이다. 교사는 프로젝트를 위한 유아들의 공동작업에 응집력과 연속성을 갖게 해준다. 이런 점에서 프로젝트 활동은 발현적이면서도 구조적인 면을 가진다. 따라서 비형식적 활동으로 일관하는 학급에서 프로젝트 활동을 병행해 갈 때 보완이 될 수 있다.

프로젝트 활동은 체계적 교수를 보완하는 기능을 가진다. 체계적 교수(systematic

체계적 교수와 프로젝트 활동의 차이점

표 4-2 교수법 특 징	체계적 교수	프로젝트 활동
목 적	유아들의 기술 습득 도움	기술 적용 기회 제공
유 아	학습에서 유아들은 부족한 존재	학습에서 유아들은 능숙한 존재
동기유발	외적 동기유발 강조	내적 동기유발 유도
교사의 역할	• 유아들의 활동 지시 • 교사가 알고 있는 내용 전달 • 유아들의 수행과업 규정	• 유아를 자신의 흥미와 욕구에 대한 전문가로서 인정 • 유아 스스로 활동 선택하도록 격려

instruction)란 "어린이들이 읽기나 쓰기에서 보다 완전하고 능숙한 기술을 숙달하는 데 도움이 되는 관련된 하위 기술들이 향상되도록 연계성을 고려하여 가르치는 접근법"(Katz, 1994)이다. 체계적 교수와 프로젝트 활동과의 차이점은 표 4-2에서와 같다.

대부분의 어린이들은 체계적 교수를 받고 읽기, 쓰기, 셈하기에 필요한 기본 기술들을 학습할 수 있기 때문에 체계적 교수는 필요하다. 그러나 읽기, 쓰기, 셈하기 기술을 익히기 위한 학습은 어린이들에게 친숙하고 의미 있는 활동을 통해서 접근해야 보다 잘 학습하고 적극 활용하는 성향을 키워 줄 수 있다. 이러한 점에서 주로 체계적 교수로 접근하는 초등학급에서 덜 구조적이고 비형식적인 프로젝트 활동을 병행함으로써 체계적 교수를 보완해 줄 수 있다. 또한 캐츠(1994)는 "프로젝트 활동은 수학처럼 분리된 주제를 다루는 것이 아니다. 이것은 수학적인 개념과 기술을 적용하기 위한 환경을 제공한다. 프로젝트 활동은 어떤 기초 학문에 '첨가' 된 것이 아니라, 교육과정에 포함된 다른 모든 활동들을 통합할 수 있는 필수적인 것으로 다루어져야 한다."고 프로젝트 활동의 통합적 특성을 강조한다.

우리나라의 경우 프로젝트 접근법을 통해 국가수준의 유치원교육과정을 보완해 줄 필요성이 있다. 제6차 유치원교육과정의 생활 주제는 유아교육 전문가들이 3~5세 유아들의 보편적 관심사 및 학습의 가치가 있는 주제를 제시한 것이다. 반면에 프로젝트 접근법에서의 주제는 교사가 특정 지역 유아들의 관심사 및 학습의 가치가 있는 주제를 선택하여 제시하는 것이다. 만약 교사가 유치원교육과정에서 제시한 생활 주제만 다룬다면, 학급 유아들의 생활과 관심사를 교육에 반영할 수 없을 것이다. 반대로 프로젝트 중심으로 교육과정이 운영된다면 이 시기의 유아들이 기본적으로 공통적으로 학습해야 할 부분들을 놓치게 될 것이다. 따라서 전체 교육과정에는 국가수준의 보편적 교육과정과 프로젝트 접근법을 통한 특정 주제들을 병행함으로써 상호보완이 되도록 해야 한다.

요약하면 교육과정에서 프로젝트 접근법의 위치는 대안이 아니라 보완과 통합의 기능을 가진다. 교육과정의 어떤 측면이 지나치게 비형식적이거나 형식적일 때 어린이의 능력과 내적 동기유발을 존중하고 교사와 또래들의 협의하에 자발적 탐색활동을 격려하는 프로젝트 활동을 보완시켜 줌으로써 전체 교육과정의 질을 향상시킬 수 있다.

2. 레지오 에밀리아 접근법

레지오 에밀리아 접근법(Reggio Emilia approach)은 1991년 12월 미국의 〈뉴스위크〉지가 뽑은 세계에서 가장 훌륭한 10개 학교 중 유아교육 분야에 선정되면서 전 세계적으로 알려지기 시작하였다. 레지오 에밀리아의 교육자들은 상징적 표상에 체계적으로 초점을 두고 유아들의 지적 발달을 유도하는 매우 독특하고 혁신적인 교육방법을 발전시켜 왔다. 특히 프로젝트를 사용하는 교육과정의 맥락 안에서 유아들의 상징적 언어의 사용을 강조한다는 점은 특별한 관심의 대상이 되고 있다. 유아들로 하여금 자신의 주변을 탐색하고 다양한 '언어', 즉 말, 몸동작, 선그림, 페인팅, 조각, 그림자놀이, 콜라주, 음악 등의 다양한 표현방식을 통해 자신들을 표현하도록 격려하고 있다. 레지오 에밀리아 접근법은 이탈리아의 레지오 에밀리아 시에서 운영하는 13개의 영유아센터와 20개의 유치원에서 공통적으로 추구하는 교육철학을 총칭하는 용어이다.

1) 사회 · 문화 · 역사적 배경

레지오 에밀리아 접근법에 대한 이해는 이탈리아와 레지오 에밀리아 시의 사회 · 문화 · 역사적 맥락에 대한 이해 없이는 불가능하다. 레지오 에밀리아의 교육자들이 레지오 접근법에 관심을 보이는 다른 문화권의 사람들에게 레지오 에밀리아의 유아교육을 설명하기 앞서 가장 노력하는 것은 자신들이 속한 나라와 지역의 사회·문화·역사적 배경에 대해 설명하는 것이다. 이들은 맥락에 대한 이해 없이는 레지오 에밀리아 접근법에 대한 이해도 불가능하고 자신의 나라에서 레지오 에밀리아 접근법을 적용하는 것도 불가능하다고 믿는다.

그림 4-2 말라구치

레지오 에밀리아 시는 이탈리아 북부의 에밀리아 로마냐(Emilia Romagna) 주에 위치한 시로 진보적이고 사회주의적인 성향이 강하며 공업과 상업의 중심에 있는 중소 도시이다. 따라서 여성의 인권보장, 남녀의 고용평등, 교육개혁, 교사단체의 활동 등 다양한 방면의 개혁이 시도되어 왔고 사회주의의 영향으로 사회의 구성원이 협력하여 공동의 목적을 이루려는 분위기가 강했으며, 재정적으로도 여유 있는 지역이었다.

레지오 에밀리아의 유아교육은 제2차 세계대전 직후 부모협동운동(parent cooperation movement)에서 시작됐으며, 1963년 최초의 시립유치원 '로빈슨(Robinson)'이 설립되었다. 이 시기에 남부의 많은 사람들이 북부로 대거 이주하였으며, 직업 여성이 늘어났고, 베이비 붐이 일어났으며 새로운 사회운동과 여성운동이 발생하였다. 그리고 이러한 움직임에 부모, 교육자, 학교협의회가 함께 하면서 새로운 시립학교들이 설립될 수 있었다. 1963년 2개의 학급에 이어 1968년에는 12개, 1970년에는 24개가, 1972년에는 34개의 학급이 그리고 1974년에는 시의 3~6세 어린이의 44%가 다닐 수 있는 43개의 학급이 생겼다. 또한 1971년에는 0~3세 60명의 영아와 유아를 위한 최초의 시립 영·유아센터 '체르비(Cervi)'가 설립되었다.

현재 0~3세 어린이를 위한 영·유아센터 13개와 3~6세 어린이를 위한 유치원 20개 그리고 시와 연계하여 운영되는 12개의 시설들이 있다. 이 중 8곳은 시로부터 일부 운영 지원을 받는 협회 영유아센터이며, 나머지 4곳은 영·유아센터와 유치원이 함께 있는 0~6세까지를 위한 시설들이다.

레지오 에밀리아 시는 전체 예산의 약 12% 정도를 유아교육에 투자하고 있으며 해당 연령 어린이 중 약 60% 정도가 취원하고 있다.

2) 레지오 에밀리아 유아교육의 특징

(1) 이론적 배경

한 가지 또는 몇 가지 이론을 기초로 개발되는 일반 유아교육 프로그램과는 달리 레지오 에밀리아의 유아교육은 어린이교육에 헌신한 교사와 부모들의 영감과 교육적인 직관으로 시작되었다. 즉, 레지오 에밀리아의 유아교육은 특정 교육이론을 기반으로 개발되었다기보다는 교육현장에서 교사와 부모들이 경험을 통해 구성한 지식을 기존의 이론을 통해 확인하는 방식으로 발전되어 왔다. 따라서 레지오 에밀리아의 유아교육은 교사의 개인적 철학, 직관, 경험이 반영되고, 교사가 자신이 속한 특수한 사회·문화적 배경을 바탕으로 자신이 가르치는 구체적인 집단의 어린이, 학부모, 동료교사, 지역 사회와의 상호작용을 통하여 발전된 교육체제이다. 지난 40여 년간 많은 이론들이 레지오의 유아교육에 영향을 주었고 현재도 새로이 대두되는 이론들이 영향을 주고 있지만 이 이론들은 현재 실시되고 있는 교육과 상호작용하면서 레지오 에밀리아의 유아교육을 더욱 풍부하게 하는 밑거름이 되고 있다. 특히, 듀이(Dewey)의 이론은 교과 내용과 유아의 생활 경험 연결을 중요시하는 데 큰 영향을 주었고 인지적 갈등의 가치를 주장한 피아제(Piaget)의 이론을 통해 내적인 갈등을 유아가 성장하는 하나의 방법으로 간주하여 레지오 에밀리아에서 이루어지는 소집단활동에서 발생하는 유아들 간의 서로 다른 관점의 상호교환과 실수에 가치를 두었다. 비고스키(Vygotsky)의 이론을 통해 집단의 맥락 속에서 유아가 발달한다고 보았으며 가드너(Gardner)의 이론은 유아 개인의 서로 다른 발달적 잠재력이 충분히 신장될 수 있도록 다양한 교육적 환경을 구성하는 것과 보다 심화된 학습을 위한 다양한 표상 매체의 활용의 중요성을 시사하였다. 이 밖에도 브론펜브레너(Bronfenbrenner)가 많은 영향을 주었으며 상호관계(interrelationship)에 의거한 교육, 가설적 이론(naive theory) 및 반영적 사고(reflectivity), 그리고 협상(negotiation)을 통한 지식의 공동구성(co-construction of knowledge) 등이 핵심 개념으로 인식되고 있다.

(2) 아동관

레지오 에밀리아에서 아동을 바라보는 관점은 레지오에서 강조하는 어린이에 대한 이미지에 잘 나타나 있다. 레지오에서는 '행복한 어린이', '강한 어린이', '능력 있는 어린이' 그리고 다른 사람들과 상호작용하면서 성장·발달할 수 있는 권리의 주체로서의 이미지를 강조한다. 이들은 어린이들이 태어날 때부터 자신의 생각과 이론이 있다고 생각하기 때문에 성인이 무엇인가를 담아 주어야 하는 존재가 아니라고 믿는다. 오히려 어린이들 고유의 생각과 이론을 교사와 부모를 포함한 모든 성인이나 또래와의 관계 속에서 주고받음으로써 지식을 구성해 나가고 발전시켜 나갈 수 있는 힘과 능력이 있다고 생각한다. 또한 어린이들은 사회적 관계를 맺으려는 강한 성향을 가지고 있기 때문에 성인은 어린이들이 교육적이고 보호적인 공간에서 타인과의 관계를 형성해 나가며 양질의 행복한 삶을 즐기고 유지하도록 도와주어야 한다고 믿는다.

(3) 교육과정의 운영

① 발현적 교육과정

레지오 에밀리아의 교육과정은 발현적 교육과정(emergent curriculum)이란 용어로 가장 잘 설명된다. 발현적 교육과정이란 장·단기적으로 유아들이 학습할 일련의 내용과 개념을 미리 정해 놓고 순서에 따라 학습해 가는 것이 아니라 유아의 흥미와 교육적 가치를 기초로 무엇을 배우고 학습하고 경험할 것인가가 지속적으로 정해지는 것을 의미한다. 유아들의 흥미로부터 발현적 교육과정을 이끌어 나가며 상호협동의 중요성을 강조하고, 여러 다양한 학습자들을 위하여 복합적인 기회를 주는 학습활동에 가치를 두고 있다. 일반적으로 발현적 교육과정에서는 한 가지 주제 또는 개념을 심도 있게 학습해 나가는 것을 보통 프로젝트라는 용어로 표현한다. 발현적 교육과정의 현대적 해석은 교사가 교육과정 주제와 프로젝트를 정하는 과정에 더욱 강조점을 둠으로써 프로젝트 접근법과 관련된 원리로 확장되고 있다. 따라서 교사들의 관심과 유아들의 흥미 사이의 공유 영역을 알아내는 것을 교사들의 핵심과제로 보고 있다(New, 2000).

② 학습 도구로서의 프로젝트

교사와 유아가 함께 참여하는 프로젝트는 전통적으로 교사들이 생각하는 단원이나 주제에 대한 학습과는 여러모로 다르다. 레지오에서 프로젝트를 실시할 때는 유아의 흥미를 토대로 주제를 선정하지만 유아에게 전적으로 의존하지는 않는다. 오히려 교사는 아동이 표현한 '백 가지 언어'를 기초로 유아들이 관심을 보이는 것, 유아들에게 교육적으로 가치가 있는 것, 그리고 사회적·문화적 맥락에서 의미 있는 것이 무엇인가를 고려하여 어린이들이 무엇을 배우고, 경험하게 하고, 표현하게 할 것인가를 결정한다. 프로젝트가 진행되는 과정에서도 교사와 유아는 지속적인 평가를 바탕으로 지속적인 계획을 한다. 그러므로 프로젝트를 시작할 때 확실히 결정되는 것은 아무 것도 없다. 유아들이 프로젝트를 할 때 교사는 어린이들의 활동을 매일 점검하고, 어린이들과 어린이들의 아이디어와 다음날 새로 추가할 것의 가능성에 대해서 토론한다. 토론은 개인 또는 한 집단의 어린이들이 흥미를 느낀 것, 어려웠던 것, 도전할 만하다고 느낀 것을 토대로 진행된다. 교사는 그날 진행된 활동과 활동에 대한 토론을 생각해 보고 활동이 새로운 방향으로 전개될 수 있는 가능성이나 활동을 지원하기 위하여 제안할 수 있는 것이 있는지를 생각하다. 그러므로 교육자로서의 판단과 아동의 학습과의 연속적 협상에 의해 교육과정이 발현하게 되며 학습도 순환적(cycling/recycling)으로 전개된다.

레지오에서 프로젝트를 실시할 때는 보통 3~4명으로 구성된 소집단의 유아들이 다양한 주제를 가지고 장·단기 프로젝트를 실시한다. 집단의 구성은 어린이들의 흥미, 남녀의 비율, 공동으로 학습해 나가는 과정에서 서로 도움을 줄 가능성 등을 기초로 교사가 주로 구성하지만 아이들이 직접 자신들의 흥미 또는 또래와의 관계 등에 따라 구성하기도 한다. 프로젝트에서 탐구할 주제는 어린이들의 자발적 놀이나 탐색을 교사가 관찰한 것에서 도출될 수도 있고, 교사의 학문적 호기심, 교사 또는 부모의 사회적 관심사 등에서 도출될 수도 있으며, 교사나 아동의 관심을 끄는 우연한 사건에서 도출될 수도 있다. 그러므로 공룡 같은 일상적인 것뿐만 아니라 죽음이나 닌자 거북이 같은 교육자들이 다루기 어려워하는 주제도 탐구되며, 주제의 범위도 죽음이나 우주, 빛과 같은 광범위한 것에서부터 군중 같은 작은 규모까지 다양하다. 프로젝트의 주제가 어떻게 도출되었든지간에 창의적인 사고와 문제해결을 할 수 있을 만큼의 불확실성과 흥미가 유발되고, 여러 방향으로 탐색할 길이 열려 있기 때문에 교육과정의 계획과 실행은 항상 개방형으로 진행되며 교사 주도와 유아 주도형태의 상호작용이 이뤄진다.

③ 유아들의 수많은 언어

유아들이 가설을 세우고 검증하면서 주제에 대한 탐구를 하는 동안 유아들은 그림, 조각 상상놀이, 쓰기 등을 포함한 다양한 형태의 상징 언어로 자신들이 이해한 것을 묘사해 보도록 격려받는다. 유아들은 발생한 문제를 함께 해결한다. 교사는 유아들이 자신들이 사용한 표상방법이 표현하고자 의도한 것을 충분히 표현했는지에 대한 토론을 하도록 격려하고, 또한 유아들이 활동을 반복하고, 주제를 더 잘 이해하려는 공동의 목적을 달성하기 위하여 서로의 작품을 수정하는 것을 격려한다. 교사는 상호교환의 수단으로 유아들의 작품을 계속 발전시키는 것의 중요성을 인정하는 의미에서 탐색과 평가의 과정에 유아들을 참여시킨다(한국유아교육학회, 1996).

(4) 하루의 일과

레지오의 하루 일과는 보통 월요일에서 금요일까지 오전 8시부터 오후 4시까지 운영된다. 부모의 사정에 따라 오전 7시 30분부터 8시까지 그리고 오후 4시부터 6시 20분까지 각 기관에서 유아들을 보호하기도 한다.

오전 중에는 학급 전체 모임(학급의 공동 관심사 이야기, 간식 먹기, 프로젝트에 관한 토론), 자유선택활동, 프로젝트 등을 하며 12시경에 점심을 먹는다. 오후에는 낮잠(1~3시)을 잔 후 간식을 먹고 자유 그림을 그리거나 그날의 활동에 대한 이야기 나누기 등을 하고, 귀가 준비를 한다. 광장(piazza)에서의 놀이 또는 실외 활동, '동화 듣기' 또는 '노래 부르기'와 같은 활동은 상황에 따라서 자연스럽게 이루어진다.

따라서 프로젝트를 통한 발현적 교육과정이 레지오 에밀리아 교육과정의 특징이기는 하지만 유아들이 항상 프로젝트에 참여하는 것은 아니며 일반 교육기관에서 관찰되는 것처럼 대·소집단 모임, 역할놀이, 상상놀이, 적목놀이 등의 자유선택활동 등에도 참여한다.

그러나 이러한 일상의 모든 활동은 교육적 의미를 갖고 있는 것으로 여겨지며 때로는 프로젝트의 주제 선정에 영향을 미치기도 하고 프로젝트의 과정에 이용되기도 한다. 그리고 오전 소그룹 활동시간에 이루어지는 유아들의 활동은 교사들과 아틀리에리스타에 의해 항상 관찰·기록되며, 이러한 활동은 단기 프로젝트로 진행되거나 또는 하나의 에피소드지만 상호작용에 의한 유아의 사고의 변화를 볼 수 있는 미니 스토리로 끝나기도 하며 반의 모든 유아들이 참여하는 1년 이상의 장기 프로젝트로 확장되기도 한다.

(5) 사회적 상호작용의 강조

레지오 에밀리아에서는 아동 – 아동 간, 발달수준에서 차이가 있는 아동 간, 그리고 아동 – 성인 간의 사회적 상호작용을 통해서 학습이 이루어진다고 보고 있다. 따라서 소집단으로 구성된 아동들 사이에서 발생하는 인지적 갈등과 토론을 통한 해소를 격려하고 있다. 타인의 생각에 자신의 반론을 제기하는 것을 공격이 아니라 성장을 위한 기회로 인식하고 있으며 이 과정에 성인도 적극적으로 참여한다.

(6) 표상활동의 강조

레지오 에밀리아에서는 학습의 도구로서 다양한 상징적 매체를 사용한다. 예를 들면 어린이들의 '백 가지 언어' 로 불리는 말, 몸동작, 선그림, 페인팅, 조각, 그림자 놀이, 콜라주 그리고 음악 등의 다양한 표현방식을 통해 자신의 생각을 표상 (representation)하도록 한다. 교사는 아동들의 표상활동을 보고 아동의 현재수준 및 이론을 파악할 수 있으며, 아동에게 표상활동은 자신의 이론을 정립하거나 자신의 이론의 모순점을 깨닫는 기회가 되며, 상호작용하는 소집단 내에서는 토론을 할 때 사용할 구체적 실증자료로 활용된다.

(7) 기록작업

레지오 에밀리아 접근법에서는 기록으로 남기는 과정에 특별한 의미를 부여하는 데, 아동들의 활동과정을 기록으로 남기는 과정과 그 행위의 결과(즉, 작품) 두 가지 측면을 모두 중시한다. 이러한 기록작업(documentation)은 교사탐구를 위한 지지로서의 기록화, 아이들에 대한 반응의 형태로서의 기록화, 가족과 지역 사회의 연결 도구로서의 기록화 등의 세 가지 형태로 구분된다. 먼저 교사탐구를 위한 지지로서의 기록화에는 관찰기록의 형태로 협동학습의 맥락 속에서 유아들을 그룹의 구성원으로서 혹은 개인으로서 재평가하게 되고 유아의 발달과 학습에 관한 의문들을 해소하는 데 도움을 주며 다음 교육과정을 계획하는 데 근거가 된다. 두 번째 아이들에 대한 반응의 형태로서의 기록은 작업 전시의 형태, 즉 패널로 교실이나 복도에 전시된다. 패널은 유아들의 작업 모습이 담긴 사진, 완성된 작품 샘플, 활동 기간 동안의 유아들의 대화자료 등이 주로 사용되며 유아들로 하여금 그들의 경험을 돌이켜

보고 새로운 활동에 반영할 수 있는 기회를 제공한다. 마지막으로 가족과 지역 사회의 연결 도구로서의 기록화는 포트폴리오와 다이어리의 형태이다. 이는 평가의 결과뿐만 아니라 유아들의 일상생활과 발달에 대한 광대하고 묘사적인 정보를 제공해 주고 있다.

기록작업은 세 가지 측면에서 매우 의미있다.

첫째, 어린이는 기록된 것을 통해 성인들이 자신이 한 일을 소중하게 여기고 다룬다는 것을 봄으로써 자신감과 자기 존중감을 갖게 되며, 자신들이 한 것에 대한 기억의 창고로 사용한다.

둘째, 교사는 기록된 것을 통해 유아들이 무엇에 관심이 있는지, 무엇을 알고, 무엇을 모르는지, 유아들과 프로젝트를 어떤 방향으로 이끌고 가야할지, 그리고 교사는 무엇을 잘했고 잘못했는지를 반성적으로 사고할 수 있는 자료가 된다.

셋째, 부모나 외부의 사람들에게 유아교육기관에서 무엇이 어떤 방식으로 일어나고 있는지를 자연스럽게 알림으로써 부모와 교육기관 사이의 강한 연대감, 적극적인 상호작용 및 의사소통, 협력의 기틀을 마련한다.

(8) 물리적 환경

레지오 에밀리아를 방문하는 사람들은 우선 그 물리적 환경의 아름다움에 넋을 잃게 된다. 입구에는 놀이를 하는 유아들, 위원회 모임을 열고 있는 부모들, 교사와 교직원들의 재미있는 모습이 담긴 사진들이 가득 붙어 있으며, 아름답게 다듬어진 식물들과 가구들, 유아들이 만든 작품들이 전시되어 있다. 빛을 반사하는 모빌들, 섬세하게 배열된 조개껍질들, 바닥 곳곳에 있는 웅덩이 모양의 거울들, 나뭇잎들을 붙여 칸막이로 쓰는 커다란 레이스 천, 실물 크기의 화석들, 인형 극장, 갖가지 색깔의 커다란 쿠션 등 학급환경 전체에 걸쳐 유아들의 작품이 전시되어 있으며, 교사들이 그 작품들을 얼마나 존중하고 있는지도 뚜렷이 드러나 있다. 유아들이 공동작업을 통해 만들어 낸 작품들과 더불어 사진, 대화 기록, 수많은 장·단기 프로젝트의 목적과 결과를 교사들이 기록한 것들이 전시된다.

레지오 에밀리아의 물리적 환경은 이 프로그램의 핵심적인 요소로 이들이 지향하는 교육철학, 교육이론 그리고 교육 내용이 최대한 실현될 수 있도록 구성되어 있다. 레지오의 물리적 환경의 특징은 순환성과 투명성이란 두 개념으로 가장 잘 표현

그림 4-7 레지오 에밀리아 학교의 배치도

될 수 있다. 순환성이란 모든 공간이 자연적으로 연결되어 있어서 막힘없이 어느 곳으로나 통할 수 있다는 의미로 유아, 유아-교사, 유아-환경 간의 상호작용을 최대한 장려하는 레지오의 정신을 잘 반영하고 있는 개념이다. 따라서 레지오 에밀리아 유아교육기관의 환경은 공통적으로 건물의 어느 곳에서나 직접 연결되는 중앙공용공간(피아자, piazza)이 중심부에 자리잡고 있으며, 4면을 따라 아틀리에, 활동실, 각 학급별 미니 아틀리에 그리고 화장실이나 부엌 같은 부대시설이 배치되어 있는데, 문을 통해 모두 연결되어 있다.

투명성은 같은 공간에 있지 않아도 서로의 존재를 보고 느낄 수 있는 가능성을 의미하는 것으로서 모든 문과 창에 유리를 사용하여 서로 볼 수 있도록 하였다. 또한 가능한 자연색과 모든 종류의 빛(예 : 자연 채광, 형광등, 백열등 등)과 빛을 활용하는 기구(예 : 투시물 환등기, 슬라이드 프로젝트, 빛책상, 손전등)를 많이 활용하여 투명성의 원리를 실현하고 있다.

또한 레지오 에밀리아의 환경을 보면 모든 자료와 작품은 심미적으로 전시되어 있는데, 예를 들면 아틀리에에는 다양한 자료가 선반 위에 심미적으로 절 정돈되어 있고, 학급의 내부나 복도에는 유아들이 프로젝트를 하면서 만든 작품, 수집한 물건, 기록들이 심미적으로 전시되어 있다. 그러므로 레지오 에밀리아의 물리적 환경은 단지 유아들이 활동적인 시간을 보내는 데 유용하고 안전한 장소 이상이다. 모든 영유아센터 특유의 역사가 반영되어 있고, 산뜻하고, 환영하는 느낌이 들고, 학습을 촉진하는 환경이 구성되어 있으며, 각 영유아센터를 방문해 보면 그곳에서 일어나는 모든 상호작용과 활동에 대해 알 수 있다. 그러므로 레지오 에밀리아의 환경은 연령과 발달수준에 적합한 공간, 기록하는 공간, 변화하는 공간, 배움이 일어나는 공간이라고 할 수 있다.

(9) 학급의 구성

한 학급은 동일연령의 유아들로 구성되나 최근에는 혼합연령으로 구성되는 경우도 증가하고 있다. 한 학급은 보통 25명 내외의 유아와 2명의 교사로 구성된다. 한 번 학급이 구성되면 영유아센터 또는 유치원에 재원하는 3년간 같은 집단이 유지된다. 이것은 가족과 같은 분위기를 구성하고 교사와 유아들이 서로를 더 잘 이해하며 학습과 경험이 최적화될 수 있게 하기 위해서이다.

특수 아동이 있는 학급은 1명의 일반 교사가 더해져 26명 유아와 3명의 교사로 구성된다. 여기서 특수 아동에게 추가되는 교사는 특수 교육 전공자가 아닌 일반 교사인데, 이는 그들이 갖고 있는 특수 아동에 대한 색다른 교육적 접근방식과 특수 아동을 담당하는 교사는 특수 아동만을 위한 교사가 아니라 반의 모든 아이들의 교사라는 인식 때문이다.

(10) 교 사

교사가 유아를 이해하려고 장기간 노력하는 것이 레지오 에밀리아 접근법의 핵심 요소이다. 교사들은 교육과정을 계획하고 실행하기 위해 유아들을 잘 관찰할 수 있는 능력을 키워야만 한다. 한 학급을 담당한 교사들은 역할을 분담하여 매일 유아들을 체계적으로 관찰하고, 사진을 찍고, 유아들 간의 대화를 기록하거나 녹음한다. 이렇게 모아진 자료는 교육과정을 계획하고 평가할 때 다른 교사, 미술자원교사(아틀리에리스타), 페다고지스타 그리고 부모들과 함께 나누어 본다. 또한 여러 유치원에서 온 교사들과 다른 페다고지스타들 또는 전문가와 함께 해당 유치원의 교육 조정자를 리더로 해서 유아들이 자발적으로 시작한 활동을 어떻게 확장시킬 것인가 또는 유아교육과 관련된 특정 주제에 대해서 함께 논의하기도 한다. 따라서 레지오 에밀리아의 교육체제에서 일하는 사람들은 크게 페다고지스타, 교사, 아틀리에리스타의 세 유형으로 나눌 수 있다.

첫째, 교육 조정자(페다고지스타, pedagogista)는 한 명이 세 개의 유치원을 담당하고 있다. 교육 조정자들이 담당하는 임무를 살펴보면, ① 다른 페다고지스타와 함께 유치원과 영유아센터 전반에 관련된 정책이나 문제를 토론하거나 교사의 현직교육을 계획/실행하고, ② 자신이 담당한 유치원 직원의 임무배정, 일의 양과 시간 조정, 유치원 설비의 보수와 신설 등과 같은 운영에 관련된 일을 하고, ③ 학교와 부모 또는 지역 사회와의 다양한 종류의 만남을 계획/실행하며, ④ 특정 주제의 프로젝트와 관련하여 좀더 깊이 있고 폭 넓은 연구를 위하여 다양한 기관 또는 전문가들과 함께 장기적인 프로젝트를 운영하고, ⑤ 현재 진행되고 있는 프로젝트에 참여하거나 관련된 자문을 해주어 교사가 어린이들을 관찰하고, 어린이들의 말을 듣고, 프로젝트를 하고, 자신의 연구를 진행하는 기술을 향상하게 도우며, 교사가 각 가정과 상호관계를 맺는 것을 지원해 준다.

두 번째는 교사인데, 2명의 교사가 팀이 되어 학급을 3년간 담당한다. 교사들은 동반자, 양육자, 안내자의 역할을 하는데, 이들은 교육과정을 결정할 뿐만 아니라 학습자 또는 연구자로서의 태도를 가지고 교육에 임한다. 교사들 사이에는 위계가 없고, 서로에게 배우는 협력적인 관계에서 함께 일을 한다. 이런 교직원 배치는 성인과 아동관계의 특징인 공동사회의식을 촉진시킨다. 일반적으로 이탈리아에서는 고등학교 수준의 준비학교를 졸업하면 교사가 될 수 있기 때문에 전직교육의 질이 낮다. 그러므로 레지오 에밀리아에서는 현직교육을 강조한다.

교사들은 일주일에 36시간 근무해야 하며 이 중 30시간은 아동과 함께 있고, 나머지 6시간 중 2시간 30분은 학교 내에서 교사회의 또는 전체회의를 하는 데 사용되며, 1시간은 프로젝트와 교사교육을 위한 세미나, 워크숍, 다른 유치원 교사들과의 만남 등에 참석하는 데 사용되고, 1시간은 학부모와 만나는 데 그리고 1시간 30분은 기록과 학습 준비를 하는 데 사용된다.

세 번째는 아틀리에리스타(atelierista)인데, 이들은 예술 분야를 전공한 교사로 아틀리에에서 주로 일하며 학급의 담임교사들과 협력하여 교육과정의 개발과 기록작업을 함께 하거나 다른 유치원 또는 기관들과 연계하여 이루어지는 장기 프로젝트에 참여한다. 최근 프로젝트에서 이들이 맡는 역할이 점차 확대되고 있다.

(11) 지역 사회 중심의 운영과 부모의 참여

레지오 에밀리아 시가 유아를 가진 가족을 지원하는 전통은 유아를 국가의 책임이라고 인식하는 이탈리아의 문화적 전통을 확장시킨 것이다. 레지오 에밀리아는 부모와 지역 사회의 참여를 교육의 필수조건으로 생각하고 있다. 1970년대부터 교육의 개혁을 촉진시키고, 관료주의에서 교육을 보호하고, 교육자와 부모 간의 협력을 촉진시키는 수단으로 지역 사회 중심의 운영을 하게 되었다. 레지오 에밀리아에서는 지역 사회 중심의 운영(community-based management)이 이루어지는 체제라기보다는 교육의 모든 측면에 스며 있는 철학적 이상으로 인식되고 있다. 특히 학교-도시위원회(school-city committee)가 학교를 민주적으로 운영하기 위해 형성되었는데, 이 위원회에는 부모, 교사, 시민, 지역 사회의 여러 집단이 참여해서 교육의 모든 측면-학교정책의 수립, 아동발달, 교육과정의 계획과 평가를 함께 의논하고 결정을 한다. 따라서 부모들은 학교의 정책수립, 아동발달, 교육과정의 계획과 평가에 대한 토론에 참여하도록 권장된다. 많은 부모가 취업을 하고 있기 때문에 원하는 부모들이 모두 참여할 수 있도록 하기 위해 회의는 밤에 개최된다.

지난 30년간 레지오 에밀리아의 교육자들은 상징적 표상과 창의력에 초점을 두고 어린이들의 전인적 발달을 유도하는 매우 독특하고 혁신적인 접근법을 발전시켜 왔다. 이곳에서는 출생부터 6세까지의 유아들로 하여금 자신의 주변을 탐색하고 다양한 '언어', 다시 말해서 말, 몸동작, 선그림, 페인팅, 조각, 그림자놀이, 콜라주 그리고 음악 등의 다양한 표현방식을 통해 자신들을 표현하도록 격려하고 있다. 놀라운 수준의 상징기술과 창의력을 보이도록 이끌어 주는 이 교육체제는 소수정예를 위한 사립기관이 아니고 특수아동을 포함하여 모든 아동을 대상으로 하는 종일제 어린이집이란 점에서 주목할 만하다.

3. 발도르프 유아교육 접근법

그림 4-8 슈타이너

발도르프 교육은 오스트리아의 슈타이너(R. Steiner)가 그의 사상적 기초인 인지학(anthroposophy)에 바탕을 두고 1919년 슈투트가르트에 최초의 발도르프 학교를 설립하면서 시작되었다. 당시 제1차 세계대전의 잔재 속에서 새로운 사회 질서, 새로운 도덕성, 갈등을 해결하기 위한 슈타이너의 강의를 들은 월도프아스토리아(Waldorf-Astoria) 담배 회사의 소유주가 황폐한 공장지대의 환경에 놓인 자신의 회사 노동자 자녀의 교육환경을 개선하기 위해 발도르프 교육이 시작되었으나 1939년 나치에 의해 이 학교는 문을 닫게 된다. 이후 나치 통치가 붕괴되면서 다시 재개되어 지금까지 북아메리카의 150개 학교와 40여 개국 800여 개 이상의 발도르프 학교가 운영되고 있다(Roopnarine, 2005).

발도르프 교육에서는 인간을 육체와 영혼과 정신의 조화적 통일체로 보고 의지와 감정과 사고, 즉 지 · 정 · 의가 조화된 인간을 기르기 위하여 예술적 감각을 바탕으로 하는 구체적인 교육 프로그램을 실시하고 있다(박의수, 1994). 발도르프 교육과정은 기본적 철학을 위협하지 않는 선에서 다양한 관점을 공급하고 있으며 유아들이 자연과 인간이 서로 하나가 되기 위한 조화를 인식하도록 돕고 있다.

1) 교육의 목적

발도르프 교육은 자유와 통합을 목적으로 한다. 자유를 추구하는 교육은 개인의 능력을 충분히 그리고 풍부하게 고양시키고 개발할 수 있는 교육을 말한다. 발도르프학교교육이 교육을 예술로서 이해하고 교육을 예술처럼 하는 것은 예술가를 길러내기 위한 것이 아니라 교육을 통해 인간이 삶의 여정 속에서 끊임없는 자기창조의 과정을 밟아갈 수 있는 창조적이고 자유로운 인간이 되도록 교육하기 위함이다.

또한 슈타이너는 인간의 본성이 무엇인가에 대해 관심을 가지고 탐구하면서 인간의 정신을 객관적으로 설명하고자 하였다. 그는 인간의 본성에는 감각으로 지각할 수 있는 것 이외의 초감각적인 것까지 포함되며 인간은 신체(body), 영혼(soul), 정신(spirit)의 통합체라고 주장하였다(홍지연, 2002). 이처럼 발도르프 교육의 기본인 인지학에서는 영유아를 신체, 영혼, 정신의 통합체로 조화롭고 자유로운 존재라는 이미지를 기본으로 교육과정을 전개하고 있다. 따라서 발도르프 교육에서는 인간 중심의 전인 아동을 교육의 목적으로 하여 손과 심장, 머리의 조화롭고 균형 잡힌 발달을 실현하고자 하였다. 이를 위하여 발도르프 교육에서는 아동을 존중하는 마음을 가지고, 사랑으로 아동을 가르치며, 아동이 자유 속에서 성장하도록 하는 것을 중요한 원칙으로 하고 있다.

2) 교육의 단계

슈타이너는 유아들이 스스로 배우고 생각하는 것을 가르치는 것이 더 중요하다고 여기며 학습에 대한 적절한 단계가 있음을 알고 적기교육이 중요하다고 믿었다. 그는 인간의 성장과정을 유아기(출생~7세), 아동기(7~14세), 청년기(14~21세)의 3단계로 제시하면서 인간의 발달이 매우 점진적으로 이루어진다고 하였으며 특히 영유아 및 아동이 속한 전반부를 7년씩 3단계로 나누어 각 단계마다 배움을 지배하는 근본적인 힘이 다르다고 하였다(박의수, 1994; 정윤경, 2004; 홍지연, 2002).

3) 교육의 원리

슈타이너의 인지학에서는 인간을 신분과 계급으로 차별하지 않고 하나의 개별적인 존재로 본다. 교육은 예술이며 모든 교육은 예술의 원리인 통합적 원리로 접근해야 한다. 교육을 통해 인간의 내면적인 본질과 핵심, 그리고 인간의 자질이 인식되어야 하고, 이러한 교육을 통해 유아는 통찰력을 기르게 된다. 인간에게 잠재되어 있는 소질과 다양한 능력은 아동의 본질적 특성에 맞는 교육을 통해 이루어질 수 있어야 하고 이를 위하여 아동 스스로 발전할 수 있는 교육환경을 제공해야 한다. 발도르프 교육을 통해 유아는 조화로운 인간성을 자신의 내면에서 스스로 의식할 수 있게 되어야 한다. 이러한 기본적인 교육의 원리에 따라 유아교육현장에서는 유아의 창의적 사고를 위한 리듬, 모방, 본보기 등을 유아교육원리로 활용하여 유아의 내면의 세계를 표현하도록 한다. 발도르프 유아교육의 원리를 살펴보면 다음과 같다(김정임, 2003).

(1) 유아의 발달에 영향을 미치는 리듬의 원리

인간의 전체적인 삶은 신체적·정신적 리듬을 타고 이루어지므로 인간은 이러한 규칙적인 리듬을 통해 삶의 원리를 배운다. 리듬은 외적으로 보이는 행동뿐만 아니라 인간의 내면에도 전체적으로 영향을 미침으로써 인간의 삶 전체를 형성하는 데 큰 역할을 한다. 즉, 일상생활뿐만 아니라 자고 깨어남, 식사와 소화 등 대조적인 것이 이상적인 방법으로 리듬을 타고 이루어져야 하는데, 유아의 경우 아직 이러한 다양한 인간의 리듬을 스스로 만들 수가 없으므로 어린 유아를 위해서는 정리된 환경을 제공해야 하며 전체적으로 예측할 수 있는 반복적인 일상을 제공해 주어야 한다. 연간 교육과정에서는 계절과 절기의 리듬에 따라 연중행사가 계획되어야 하고, 일일 교육에서는 기본적인 생활 리듬에 따라 일과가 구성되어야 하는데, 이러한 일과는 함께 모여서 하는 활동(들숨 : 식사시간, 이야기 듣기, 낮잠 자는 시간 등)과 개별적으로 할 수 있는 활동(날숨 : 정리정돈, 자유놀이, 바깥놀이, 나들이 시간 등)이 조화롭게 구성되어야 한다(정윤경, 2004). 이러한 일과는 규정된 시간에 의하여 운영되기보다는 유아의 내적 상태에 따라 유동성 있게 운영되고, 교육과정을 진행하면서 대화, 노래, 스토리텔링 등을 통하여 언어가 풍부히 사용된다(홍지연, 2002).

(2) 모방과 본보기의 원리

인간은 출생부터 모방을 통한 학습능력을 가지고 태어난다. 유아의 모방능력은 유아 내부에 있는 자유의 표현으로 유아가 주변 인물들 속에서 비교할 수 있는 것을 인지한 경우에 개발된다. 출생부터 7세까지의 유아는 직접적인 감각체험을 통해 모방함으로써 학습하므로 이 시기 유아학습의 기본 형태는 본보기와 모방이라고 할 수 있다. 이러한 모방은 어른의 시범적인 행동을 따라하는 것을 의미하는 것이 아니라 어른과 유아의 내적인 유대를 의미한다(신화식 외, 2004). 어른과 유아는 모방과 본보기를 통하여 서로에게 영향을 주고 상호교류하며 만남을 이룬다.

(3) 질서의 원리

발도르프 교육에서는 질서를 중요하게 여긴다. 유아는 질서를 통해 주위 환경에 있는 사물을 익히고 인간관계를 알아가면서 세상에 대한 안정감과 신뢰를 쌓는다.

이러한 외부 환경의 질서는 유아가 새로운 세계를 만들어 갈 수 있는 기본을 형성하게 한다.

공간의 질서는 유아가 정리된 공간에서 창의적인 활동에 몰두할 수 있는 여유를 가지므로 공간적 질서를 갖춘 환경은 교육과정을 운영하는 데 매우 중요하다. 시간에 대한 질서는 하루 일과, 일주일, 한 달, 일 년을 주기로 규칙적으로 운영되어야 한다. 이러한 리듬 있는 질서를 통하여 유아는 삶의 뿌리를 제대로 내리게 된다. 영혼의 질서는 유아가 감정과 내면적으로 자기 세계를 형성하려는 동기 속에서 타인과의 평온한 만남을 통해 외부에 대한 신뢰감을 형성한다. 이러한 내적인 질서는 유아가 외부 세계를 받아들이는 데 긍정적인 역할을 하게 된다.

4) 교육의 내용

(1) 예술교육

슈타이너에 의하면 예술은 유아의 정신과 영혼과 신체를 조화롭게 해줄 수 있는 것으로 전인교육의 효과를 거두기 위해서는 조각과 회화, 음악과 시, 오이리트미 등의 다양한 예술교육을 실시해야 한다.

① 조각과 회화

유아의 생각을 감각과 경험으로 표현하게 해주며 외부 세계와의 관계를 성립시켜 준다. 다양한 색의 경험은 유아의 감정을 풍부하게 해주고 자연스러운 표현을 가능하게 한다. 또한 수채화 그리기를 통하여 경계가 없이 조화를 이루는 자연의 원리를 경험하게 된다(곽노의, 1997).

② 음악과 시

또 다른 형태의 예술활동으로 유아와 사회 간의 관계를 유지시키고 발전시켜 줌으로써 유아의 사회성을 함양시켜 주는 예술이다.

③ 오이리트미

눈으로 볼 수 있는 음악과 그림을 인간의 동작으로 재현하는 동작 예술로 인간의 신체 움직임을 통해서 인간의 영적 상태와 정신적 상태, 인간 전체를 투사하여 표현하는 동작예술이다. 오이리트미는 몸을 통하여 소리를 보여 주는 움직임의 예술로

'볼 수 있는 언어'이고, '볼 수 있는 노래'라고 할 수 있다(신화식 외, 2004). 슈타이너는 인간의 모든 감정과 의미, 정서를 신체에 담아 전달할 수 있다고 보고 오이리트미를 통해 전인적인 인간, 조화로운 인간의 발달을 이루고자 하였다. 유아는 간단한 리듬에 따라 움직이거나 막대 또는 동으로 된 막대를 이용하여 간단한 오이리트미를 시작하다가 시나 음악, 동화의 내용을 표현하게 된다.

(2) 스토리텔링

발도르프 교육에서는 다양한 이야기를 반복해서 들려 준다. 유아는 지난 일주일 동안의 주제에 관한 이야기를 반복적으로 들으며 질문하고 상상하고 그 내용에 관하여 그림, 글, 인형극 등으로 표현한다. 교사는 유아들이 지은 이야기를 다시 들려 준다.

5) 발도르프 프로그램의 구성

유아교육에서 발도르프 접근은 일정한 공동체 요소를 포함한다. 물리적 환경, 연령 그룹, 계획된 활동, 일과, 사회적 관계의 중요성이 슈타이너에 의해 세부적으로 논의되는데, 각 요소들은 발도르프 유치원의 필수적인 부분이다. 발도르프 프로그램의 구성과 교육 내용, 교육과정, 환경 구성 등 프로그램 전반에 걸쳐 정리해 보면 다음과 같다(Roopnarine, 2005).

(1) 환경에 대한 유아의 민감성

- 환경(교실 배치와 디자인, 바깥 공간을 포함)은 학습이 시작되는 중요한 장소이다.
- 환경의 심미적 아름다움은 유아의 상상력을 자극하며, 동시에 평온함을 제공한다.
- 발도르프 유아교실은 디자인과 기능 면에서 가정의 연장선이다 : 대체적인 분위기는 매일의 가사들이 이루어지는 전형적인 가정의 모습을 가진다.

(2) 모방과 놀이의 중요성

① 모 방

교사들이 유아들에게 모방할 만한 가치 있는 어떤 것을 제시하는 것이 중요하다.

- 교실 물건 수선, 간식 준비, 테이블 광내기, 마룻바닥 닦기, 식물 돌보기 등의 활동을 한다.
- 유아들이 이러한 일을 하도록 강요하지 않으며 그들이 교사의 행동을 모방하고자 할 때 수행한다. 이러한 자발적 모방을 통해 유아는 교실 공동체에서 자신의 일을 하는 것 뿐 아니라 서로 의지하는 것도 배울 수 있다.

② 놀 이

놀이는 사회적 상호작용을 연습해 볼 수 있는 기회를 제공한다.
- 유아는 놀이를 통해 다른 역할, 갈등을 경험하고 대화의 다양한 방법들을 시도한다.
- 놀이는 사회적 기술을 연습하고 그룹에서 그것이 어떻게 기능하는지 배우는 기회이다.
- 발도르프 교실에서는 상상놀이가 긴 시간 동안 이루어지는데, 이것은 유아들이 부담을 갖지 않으면서도 감정적으로 성숙해질 수 있는 공동체의 경험을 제공한다.

(3) 혼합연령 그룹의 이점

- 발도르프 유치원은 3~6세까지의 유아들이 혼합연령으로 구성되며, 3살인 유아가 6살이 되어 상급학교에 가기까지 한 교사가 담임을 맡음으로써 한 유아에 대해 충분히 알 수 있게 된다. 이를 통해 형제자매 같은 관계가 형성되며 단일연령 학급에 비해 가족 같은 분위기가 촉진된다.
- 어린 유아들은 더 나이 많은 유아들로부터 지원을 받음으로써 학습의 비계를 자연스럽게 가지게 되며 더 나이 많은 유아들은 어린 유아를 돌보는 태도와 책임감을 습득하고, 사회인지기술을 발전시킬 수 있다.

(4) 리듬과 일과의 확립

발도르프 교사들은 매일, 주마다, 계절마다, 매년마다 주기적인 일상활동을 계획한다. 이 시간들은 유아들에게 자기를 표현하고 공동의 순간을 경험하는 기회를 제공한다. 빵 굽는 월요일, 채소수프 만드는 화요일과 같이 각 요일마다 고유한 활동이 있어 유아들은 그것을 인식하고 따르게 된다.

6) 발달과 학습을 촉진하기 위한 교수방법

발도르프 교육의 기본 전제는 유아기에 대한 깊은 관심과 존중이다.

(1) 존중, 열정, 보호

① 존 중

슈타이너는 삶의 첫 7년을 결정적인 시기로 여긴다. 이 시기에 유아는 모든 감각을 통해 환경의 자극에 민감하게 반응, 흡수하며 온 몸으로 그것을 경험하므로 교사는 유용한 자극을 제공해야 한다. 따라서 이때 교사는 유아들에게 존중을 가지고 다가가야 하며 유아들이 각각의 속도에 맞춰 발달해 갈 수 있도록 해야 한다.

② 열 정

교사는 자신의 역할에 열정을 가지고 맡은 일에 임해야 한다. 왜냐하면 교사가 가지고 있는 열정은 유아들에게도 그대로 전달되기 때문이다.

③ 보 호

- 교사는 모든 유아들을 신체적·정서적·사회적·심리적으로 보호해야 한다.
- 발도르프 유치원은 유아들의 건강한 발달을 위한 안식처이다.
  - 교사는 평온하고, 서두르지 않으며, 스트레스 없는 교실환경을 제공한다.
  - 유아들을 자극적인 텔레비전 프로그램이나 컴퓨터 게임으로부터 보호해야 한다. 대신에 유아들은 향기로운 사과 꽃이 핀 나무 아래에서 땅을 파고 벌레의 느

발도르프는 너무 과보호적이지 않은가?

어떤 점에서 이 말은 사실이다. 발도르프 유치원은 미디어, 전자제품, 인공적 소음, 가공식품들로부터 보호되고 있다. 그러나 다른 한편으로는 대부분의 유치원에서는 제공할 수 없는 커다란 장점을 가지고 있다. 예를 들어 음식을 준비하는 것, 바람, 비, 따뜻함과 추움, 들장미와 찔레꽃(매일의 산책 시에) 같은 것들이다. 어떤 때는 양, 염소, 닭, 나귀, 새, 물고기 등을 자연 속에서 만나기도 한다(설명이 없는 혹은 소프드웨어로 제작되지 않은 동물들과 우연히 만나는 것은 '교육적'이지 않을 수도 있으나, 이러한 만남이야말로 기억에 남는 진짜 만남이다). 그렇다면 어떤 아이들이 '보호되는' 아이이고, 어떤 아이들이 진짜 삶을 경험하는 아이인가?

출처 : Eugene Schwartz(1995), p. 8.

린 움직임을 관찰하도록 한다.

- 발도르프 유치원에서 유아들이 먹는 음식은 무농약에, 가공되지 않았으며, 유전자 조작으로부터도 안전하다. 이 유기농 음식들은 유아의 건강한 신체발달을 촉진한다.

(2) 아이들을 존중하고 가치 있게 여기기

- 본래 아이들을 존중하고 가치 있게 여긴다는 것은 각각의 유아들에 대해 아는 것이다. 따라서 교사는 유아 개개인을 가능한 한 많이 이해하려고 노력한다.
- 슈타이너는 4가지 기질(우울질, 다혈질, 담즙질, 점액질)의 차이에 따른 개별 유아의 특성이 있다고 보고 교사가 유아의 기질과 어떻게 조화를 이루어 나갈지의 문제 등에 대하여 설명하고 있다.

(3) 몰입적이고 반응적인 환경 제공

- 환경은 심미적 아름다움과 환영받는 따뜻한 느낌을 제공해야 한다.
- 교사가 유아에게 적합하게 만든 놀잇감과 물건, 재료들을 중요시한다.
- 발도르프 유치원은 만져보고, 조작하고, 창조하고, 상상할 수 있는 물건들로 가득하다.
- 솔방울, 매끄러운 조약돌, 나뭇가지, 조개껍질, 이끼와 같은 자연물이 담긴 바구니들이 유아의 놀이에 사용될 수 있도록 제시한다.
- 나무로 된 다양한 형태의 수공예 놀잇감은 유아의 창의성을 고취시킨다. 유아들은 특정 놀잇감을 가지고 자신의 필요에 따라 전화로 쓰기도 하고 비행기로 쓰기도 한다. 이를 통해 유아들은 열린 사고를 하게 되고, 어떤 것을 할 때 한 가지 옳은 길만 있기보다 무한한 가능성들이 있다는 것을 배우게 된다.
- 상업적으로 만들어진 놀잇감, 즉 한 가지 목적만을 가지며, 너무나 사실적이어서 다른 것으로 활용할 여지가 없는 것은 제공되지 않는다.

(4) 유아의 감각적 경험과의 연결

- 유아들은 환경에 영향을 받기 쉽고, 그 안에서 모든 것이 이루어지므로 발도르프 교육가들은 유아들에게 가치 있는 감각 경험을 제공하는 것을 중요시 한다.

- 발도르프에서는 빠른 것을 추구하는 요즘 시대의 이미지, 냄새, 맛, 촉각 등의 과도한 자극으로부터 유아들을 보호하고자 한다.

(5) 또래와의 협동

- 교사들은 유아들이 함께 놀이하고 작업할 수 있는 기회를 많이 제공하도록 한다.
- 또래와 함께 하는 활동들은 유아들의 사회적 · 정서적인 발달을 풍부하게 한다.
- 유아들은 함께 놀이함으로써 사회적인 기술을 익히고 융통성 · 창의성을 발달시킨다.
- 발도르프 유치원 일과의 리듬은 유아들이 또래들과 자연스럽게 상호작용하도록 격려한다.

(6) 경험을 통해 배우는 유아

- 발도르프 교사는 직접적인 교수를 하지 않으며, 경험을 통한 교육을 중시한다.
- 발도르프 교사는 유아들이 스스로 발견하는 것을 격려한다. 유아들이 자발적으로 어떤 역할을 모방하거나 놀이할 때, 유아들은 전적으로 그에 몰입하며, 강제로 할 때보다 훨씬 많은 것을 얻을 수 있다.
- 유아들이 무언가 해볼 수 있는 풍부한 기회를 제공하는 것이 교사의 역할이다.

(7) 책임감과 자기통제

① 활동의 선택을 통한 책임감과 자기통제력 증진
- 유아들이 어떤 활동에 참여하도록 강요되지 않고 스스로 선택할 수 있도록 해야 한다. 그러한 준비가 되는 기간이 얼마나 걸릴지는 알 수 없다. 그러나 유아들은 자신이 이해할 수 있는 수준으로 자신의 발달에 적합한 시기에 활동을 한다. 이렇게 선택하는 것을 통해 유아들은 자기조절능력을 연습하게 된다.
- 교사가 모든 활동을 지시하면, 유아들이 상상하고 창조하는 시간이 제안되고, 자기주도적인 놀이도 감소하며, 유아들의 학습은 교사의 지시에 의지하게 되어 학습된 무기력(learned helplessness)이 생길 수 있다.

② 책임감과 자기통제발달의 과정
- 발도르프 유치원의 3세 이상 유아들은 책임감과 자기통제를 서서히 익히게 된다.

■ 유아들은 독립심과 상호독립적인 능력을 충분히 연습하기 위해 충분한 시간과 공간, 선택의 많은 기회들이 필요하며 성인들의 주의 깊은 감독과 안내가 기초가 된다.

7) 교육과정의 구성

발도르프의 유아교육과정은 전인교육을 위하여 고안되었다(머리, 마음, 손) (Easton, 1997). 이 말은 개별 유아의 사회적·정서적·영적·도덕적·신체적·지

발도르프 프로그램의 하루 일과의 예

표 4-3	활동	활동 개요	활동 내용
	자유 선택 활동	아무런 방해 없이 유아들이 전적으로 활동을 선택하고 놀이하는 시간	• 유아들은 예술적인 활동에 몰두하거나 선생님과 간식을 준비하거나 자신의 상상에 따라 모험 가득한 놀이를 함 • 사회적 기술을 연습하는 기회가 됨 • 놀이의 자유가 무엇인가를 수행해야 한다는 압박에서 벗어나게 하며, 유아들에게 자기조절의 날개를 줌
	전이 시간	교사는 친숙한 노래를 불러 주고, 다음 활동, ring-time으로 전환하는 신호를 함	• 활동을 전환하는 시간 자체도 교육과정에서 중요한 부분 • 예 : 교사는 자료들을 주의 깊고 섬세하게 제자리에 놓거나 간식준비에 사용했던 그릇과 스푼을 닦는데, 이를 통해 유아들은 경외감을 가지고 교사의 목적 있는 행동을 모방
	ring-time	교사가 유아들의 활동을 지시하고 대그룹으로 모이는 하루 일과의 하나	• 유아들은 보통 아침기도(morning-verse, 간단한 음률대그룹활동)로 시작하는데, 가장 어린 유아들도 반복되는 구절과 라임을 뽑도록 허락됨 • ring-time은 동작, 노래, 시, 손유희 등이 포함되며, 그룹 안에서 공동체라는 것을 즐길 수 있는 시간
	바깥 놀이	교사는 유아들이 자연을 탐색할 수 있도록 밖으로 유아들을 이끔	• 자연이 주는 편안함을 느끼며, 유아들의 감각은 자극을 받음 • 낙엽색의 변화, 막 자른 풀 향기, 발가락 사이의 진흙의 느낌, 눈 결정체의 맛을 느끼며 다시 유아들은 그들 자신이 그런 것처럼 모방하며 열심히 놀이함
	간식	교실로 와서 스스로 씻고 간식 먹기	• 교사는 초에 불을 켜주고, 감사의 시를 함께 읽음 • 간식은 교사와 함께 준비하며 즐김
	동화 시간	유아들의 정신적인 능력이 집중되는 시간, 교사가 들려준 이야기가 시각화되는 시간	• 교사는 책을 읽어 주는 대신에 상상력을 자극할 수 있는 풍부한 어휘로 이야기를 들려 주며 유아들이 마음속으로 그림을 그릴 수 있도록 함 • 이야기의 마무리에는 유아들이 함께 자신의 물건을 모으고 마음속에 들었던 이야기를 춤추면서 유치원을 떠나게 됨

출처 : Roopnarine, J. L. & Johnson, J. E. (2005). approaches to early childhood education, p. 348.

적인 발달을 말하는 것이다.

(1) 전인유아 기르기 : 머리, 마음, 손

- 유아의 전인발달(사회적 · 정서적 · 영적 · 도덕적 · 신체적 · 지적인 발달)을 위한 교육과정
- 유치원의 하루일과 : '날숨(자신을 표현하는 시간 : 자유놀이)' 과 '들숨(수용의 시간 : 교사들에 의해 주도되는 회상시간, 대집단활동)' 이 번갈아 반복되며, 친숙한 활동으로 구성한다.

(2) 전인발달 강조

① 사회성의 발달

- 상상놀이를 통하여 자극되고 연습된다.
- 갈등이 일어나면 유아들은 함께 해결을 모색한다.
- 간식시간에 이야기를 주고받으며 사회적인 기술을 배운다.

② 정서발달

- 교사와 또래와의 친밀한 관계와 우정을 키워나가며 발달한다.
- 유아들은 안전하고 스트레스가 없는 환경에서 감정을 조절하는 것을 익힌다.
- 유아들은 여러 상황과 다양한 감정을 역할놀이해 보며 어떤 반응이 가장 합당한지 내면화한다.
- 예술을 통하여 자신들의 감정에 대한 지식을 키운다 : 발도르프 유치원의 모든 요소는 예술성을 가진다. 교실의 디자인과 장식은 예술적인 경험을 제공하며, 유아들은 색과 모양에 대한 느낌을 배울 수 있다.

③ 영적인 발달

- 교사가 유아기에 대해, 자연, 교실 안의 교재들, 간식시간에 먹는 음식들을 경외하는 마음을 보이고 유아들이 모방함으로써 촉진된다.
- 하루하루 감사하는 마음을 가지게 한다.
- 유아들의 영적인 본성을 기르고 존중해 주어야 한다.
- 영적인 발달은 사회적인 책임감과 이 세상에 관한 관심을 반영하는 것으로써 발도르프 유치원 공동체의 기초가 된다.

④ **도덕성발달**

- 유아는 자기행동을 조절하는 방법과 좋은 결정을 하는 방법을 배우는 것이 필요하다.
- 도덕성발달의 기초를 쌓는 교육을 중요시한다.

⑤ **신체적 발달**

- 운동을 통해 길러진다.
- 발도르프의 교사들은 유아들이 움직임을 통해서 배운다는 것을 강조한다.
- 유아들은 그들이 만지고 움직이는 것의 관계를 내면화하며 공간 개념을 익힌다.
- 가장 많은 양의 대근육발달운동을 하는 시간은 바깥놀이 시간으로 정교한 운동기술을 익히도록 많은 프로젝트들이 준비된다.

⑥ **지적 발달**

- 직접적으로 가르치는 것이 아니라 스스로 발견하고 모방하는 것을 통하여 길러진다.
- 유아들이 삶에서 지속적으로 알고자 하는 마음을 격려해 줌으로써 배우는 것을 사랑하게 한다.
- 가장 좋은 것은 유아들 각자의 발달속도를 존중해 주고, 교사들은 유아들을 자극할 수 있는 풍부하고 자극을 주는 환경을 제공해 주는 것이다.

(3) 다양한 규율과의 통합

발도르프의 교육과정인 놀이, 모방, 예술 그리고 이야기를 통해 유아들은 다양한 학문을 경험하게 된다. 교사들은 언제나 수학, 과학, 문학, 예술 등을 조직된 전체의 한 부분으로서 가르친다(예 : 문해, 수학발달-인형극, 간식을 준비하는 활동을 매일의 일과활동에 포함. 과학-요리활동 시 자르고, 측정하고, 붓고, 무게를 재는 등의 활동을 포함. 문제해결기술이나 발산적인 사고-간단하고 단순하여 상상의 여지를 많이 남기는 놀잇감을 통하여 개발됨)

(4) 지적인 통찰력 유지하기

- 지적인 통찰력을 유지하는 것은 슈타이너가 매우 중요하게 생각했던 점이다.

- 모델링의 중요성 : 유아들은 주변에 있는 사람들을 따라 하기 때문에 교사들이 따라할 가치가 있는 행동의 모델을 보여 주는 것은 중요하다.
- 교사가 모델을 보여야 하는 것은 학교와 집에서의 고치고, 닦고, 요리하고, 빨래 하는 일상생활을 포함한다. 이것은 모방할 만한 가치가 있는 목적이 있는 작업 으로써 유아들은 실생활의 경험을 필요로 하며 일을 성취한 이후 느끼는 만족 감을 가져야 한다.

(5) 다양성을 받아들이기

- 발도르프의 교육은 유아들이 살고 있는 지역의 문화에 쉽게 적용되는 면에서 다문화적이다.
- 발도르프 교육의 목적은 '교육을 통해 자유를' 추구함으로써 유아들이 스스로 판단하는 능력을 기르는 것으로써 슈타이너는 이것은 가능한 유아들이 다양한 세계의 종교, 가치관, 전통에 노출되었을 때 성취될 수 있다고 믿는다.
- 발도르프의 교사들은 '다양한 세계문화를 가능한 존중하고 깊이 있게' 탐구하 려고 하기 때문에 발도르프의 인지학적 세계관이나 철학은 종교와는 무관하다.

8) 교사의 역할

발도르프 교육에서는 자기수양(self-cultivation) 혹은 자기교육(self-education)을 지속적으로 실천하는 동시에 영혼과 정신과 신체를 통합하는 교육을 실시하는 교사 를 필요로 한다. 즉, 발도르프 교육에서 교사는 사상가, 예술가, 과학자, 시인, 환경 가, 음악가의 역할을 모두 감당할 수 있어야 한다(홍지연, 2002).

영유아는 자기 주변 인물들과 환경에 대하여 끊임없는 모방과 본보기를 통하여 학습하기 때문에 발도르프 교육에서는 이론적 전문가인 교사보다 끊임없이 자기 수 양이나 자기교육을 실천하는 교사를 더 훌륭한 교사로 여긴다.

따라서 교사 자신의 조화로운 인간으로서의 가치와 교사라는 직업적 전문성을 통 합시켜야 한다. 또한 역사, 과학, 문학, 예술 등에 대한 이론적 지식을 발전시켜야 하며 이를 통해 유아의 영혼, 정신, 신체를 건강하게 유지시켜 주는 역할을 중요시 한다.

9) 환경 구성 및 교육방법

발도르프 교육에서는 환경을 학습이 시작되는 중요한 장소로 보고 있다. 환경의 심미적 아름다움은 유아의 상상력을 자극하며 동시에 평온함을 제공하는데, 유아교실은 디자인과 기능 면에서 집의 연장선으로 구성된다. 발도르프 유아교육기관은 지붕, 교실, 복도 등이 모두 곡선구조로 되어 있어 전체적으로 각이 없이 다양한 곡선으로 지어짐으로써 자연을 닮아 있다. 실내와 실외환경도 모두 자연물로 이루어져 있다. 실외 놀이터는 모래밭, 나무오두막, 고목 그루터기 등이 있으며 인공적으로 만들어진 미끄럼틀, 그네, 정글짐 등은 없다. 실내 환경도 TV나 컴퓨터를 비롯한 전자제품이나 완제품을 사용하는 것이 아니라 상상력을 마음껏 발휘할 수 있도록 자연물을 꾸밈없이 있는 그대로 제공하고 있다. 이러한 환경에서 유아는 안정감을 가지고 놀이를 통하여 창의적이고 예술적인 경험을 하며 성장하게 된다.

이렇게 자연으로 이루어진 발도르프 교육환경에서 유아는 반일제를 원칙으로 혼합연령집단으로 구성된 학급에서 지내게 된다. 또한 발도르프 학교에서는 좀더 깊이 영유아를 이해하기 위하여 한 담임교사가 3년 정도 같은 반을 맡는 담임연임제를 실시하고 있다. 영유아는 같은 선생님과 오랜 시간을 함께 보내며 서로에 대한 깊은 이해와 신뢰를 형성하게 된다.

10) 발도르프 교육의 평가방법

발도르프 교육에서는 전통적인 방법으로 평가하지 않는다. 즉, 어떤 단계에서도 표준화된 검사를 하지 않는다. 이는 유아들에게 공부를 가르치거나 표준화된 기준에 도달하게 하는 것이 목표가 아니기 때문이다.

- 유아들에게 미리 정해진 기준에 도달하기를 강조하는 것이 아니라 슈타이너의 유아발달이론을 기초로 하여, 교육과정과 개별 유아 개개인의 속도에 따라 기준을 조정한다.
- 교사는 유아가 스스로 동기를 부여하며 삶을 이끌어 나가는 균형 잡힌 인간으로 성장할 수 있도록 돕는 것을 목표로 하면서 전인발달과 개인발달에 초점을 둔다.
- 교사는 유아의 발달과 학습에 대한 정보를 수집함으로써 각 유아를 이해한다.
- 많은 자원, 상황들로부터 정보가 모아지면 교사들은 이 정보로 등급을 매기는

것이 아니라, 각 유아에 대한 이해를 깊이 하여 교실에서의 발달과 학습을 촉진하는 데 사용한다.

11) 가족과의 관계 성립하기

- 발도르프 교육자들은 유아와 함께 놀이하는 부모의 역할에 큰 가치를 둔다. 부모의 관심과 지지는 유아의 성공에 큰 영향을 주기 때문이다.
- 교사와 부모는 서로 지지하며, 유아의 전인발달을 위한 파트너가 되어야 한다.
- 부모를 위한 정보회의를 제공하여 공동체 안에서 정보와 생각을 공유한다.
  이를 통해 부모가 발도르프 교육에 대해 배우고, 지원을 받고, 질문을 할 수 있으며 교사와 부모 사이 상호존경의 관계가 시작된다.
- 부모역할에 대한 존중은 교사로 하여금 자연스럽게 부모와의 관계를 강화하고 유아의 발달과 학습을 위해 함께 일하도록 함으로써 유아의 성장과 발달을 위한 책임감의 의식을 공유한다.
- 발도르프 유치원은 가정환경과 비슷한 환경을 제공하는 것이 필요하다. 따라서 발도르프 교사들은 중요한 방법으로 영아기, 걸음마기, 학교 이전에 유아에게 제공되었던 환경을 이해하기 위해서 입학 전에 가정방문을 한다.

4. 몬테소리 프로그램

몬테소리 프로그램은 이탈리아의 여의사였던 마리아 몬테소리(Maria Montesorri)의 이론에 기초한 프로그램이다. 1907년 로마에서 3~7세의 도시빈민 유아를 대상으로 어린이의 집(casa dei bambini)을 창설한 몬테소리는 프랑스의 의사이며 정박아교육의 선각자이기도 한 이타르(Itard)와 세강(Seguin)의 영향을 받아 정신지체아를 대상으로 하던 교육방법을 적용한 프로그램을 개발하였다.

1900년대 초기 몬테소리의 교구와 교육철학은 미국에 전파되어 유아교육에 상당한 영향을 미치며 확대되기 시작하였으나 1920년 이후에는 거의 찾아볼 수 없게 되었다. 그 중요한 원인으로는 진보주의교육운동의 영향으로 유아의 놀이, 창조성, 상상력 등이 강조되고 무엇보다 집단활동과 사회화가 강조됨으로 인해 몬테소리교육의 개인주의 개념과는 갈등을 불러일으키게 되었기 때문이다. 그러나 1960년대에 이르러 유아의 지적 발달과 교육이 강조되고 불우아동에 대한 관심이 증대됨으로 인해 몬테소리교육법은 다시 활기를 되찾게 되었다.

1) 기본 개념 및 가정

(1) 민감기

몬테소리는 유아가 특정 행동에 대한 감수성이 예민해져서 특정 기술을 보다 쉽게 배울 수 있는 민감기가 있다고 믿었다. 즉, 민감기란 용어는 유아가 어떤 행동에 대하여 좀더 영향을 받기 쉽고, 특정한 기술을 좀더 쉽게 배울 수 있는 양상(시기)을 말한다. 민감기는 독특한 민감 성향을 말하는 것으로 특수한 민감성은 매우 초기에 획득되며 일단 특별한 특성을 획득한 후에는 소멸되어 버리는 일시적인 기질이다. 유아는 민감기를 통해 적극적으로 환경과 접촉하여 환경에 적응하게 된다. 민감기가 나타나는 연령은 주로 만 0~6세 사이에 이루어지는데, 각 유아마다 민감기가 나타나는 시기가 다르며 연령에 따라 나타나는 행동의 특성도 다르다. 즉, 한 영역의 민감성이 나타나서 사라지게 되면 또 다른 발달 영역에서의 민감성이 나타나게 되며 이것은 연속적인 과정으로 일어나게 된다. 그러나 각 민감기에 나타나는 발달특성들은 각각 분리되어 있는 것처럼 보이지만 점차 통합되어 발달하게 된다. 그러므로 교사는 그 특성에 대한 민감기가 존재하는 동안 유아를 잘 관찰하여 그 시기를 효과적으로 보낼 수 있도록 도와주는 것이 매우 중요하다.

(2) 흡수정신

몬테소리는 유아의 정신을 흡수하는 정신으로 정의하며 이는 유아가 그의 내부에 잠재해 있는 흡수하는 정신능력을 통하여 환경을 받아들이며 스스로 경험하여 배우게 되는 유아의 특성을 말한다(신화식 · 김헌수, 1992).

흡수정신은 6세까지 지속되며 무의식적 단계와 의식적 단계를 거친다. 무의식적 단계는 생후 3년까지이며 이 시기 동안에 유아는 가능한 한 모든 인상들을 무의식적으로 흡수한다. 이때 보기, 듣기, 맛보기, 냄새 맡기, 만지기 등을 위한 감각이 발달

된다.

의식적 단계는 3~6세까지로 이 시기의 유아는 의식적이면서도 계획적으로 환경과 상호작용을 하며 좋아하는 것을 직접적으로 경험하고자 하는 의지가 강하게 나타난다. 즉, 무의식적 흡수정신에서 이루어진 기본 능력을 통합시키고 좀더 정교하게 하기 위해 여러 가지 자극을 많이 요구하게 된다.

(3) 자동교육

몬테소리는 유아 스스로의 학습이 가능하다고 보았다. 유아가 준비된 환경에서 능동적으로 참여하여 자유롭게 선택한 활동을 행할 때 학습이 자연히 이루어진다고 보았으며 이러한 상황에서 이루어지는 교육을 자동교육이라고 칭하였다. 자동교육에서는 자유의 역할이 중요하며 아울러 자기 수정적 교구를 통하여 유아 스스로 자신의 실수 또는 오류를 발견하는 것이 중요하다고 보아 몬테소리는 유아의 자동교육을 위하여 여러 가지 자기수정적 교구를 개발·제작하였다.

(4) 정상화 이론

몬테소리는 교육 목적을 유아가 전인적인 성장을 하도록 도와주고 자신의 주변 환경에 적응할 수 있게 하며, 인간적인 관계 속에서 사회적 욕구를 받아들이고, 더 나아가 '정상화' 되는 데 두었다.

정상화는 유아가 작업에 진정한 흥미를 가지고 집중·반복하여 만족감을 가짐으로써 자신의 내적 훈련과 자신감을 발달시키고 목적지향적인 작업을 선택하게 되는 과정을 말한다. 유아는 준비된 환경 속에서 스스로 선택한 활동을 하는 동안 즐겁고 행복하게 정상화된다고 본다.

(5) 준비된 환경

유아는 몬테소리가 고안한 교구를 중심으로 교사가 철저하게 준비한 환경 속에서 학습을 가장 잘 이룰 수 있다. 몬테소리의 교수방법은 각 유아가 스스로 자신에게 맞는 교구를 선택하여 자신의 속도에 맞추어 학습을 진행시키므로 집단활동은 거의 강조하지 않으며 잘 준비된 환경이 특히 강조된다. 준비된 환경이란 유아의 발달단계에 대한 교사의 세밀한 관찰을 통해 그에 적절한 교구를 마련해 주는 교육환경을 말한다. 준비된 환경에서 교사는 교수자료를 잘 배열하고, 그 자료를 사용하는 절차를 보여 준다. 그러면 유아들은 자신이 어떤 자료를 가지고 어떻게 활동하고 싶은지를 결정할 수 있다. 이 과정은 유아들이 어떤 활동을 통하여 자신의 경험과 사고를 조직하도록 하여 결국 스스로 교육하도록 이끌게 되는 것이다. 유아는 자신에게 적합한 활동과 교구의 선택을 통해서 자기 스스로 문제를 해결한다. 잘 준비된 환경 속에서 몬테소리교육방법에 따라 교구와 개인적으로 상호작용한다는 것은 결국 유아에게 자유를 허용하되 제한된 자유를 제공한다는 것을 의미한다.

2) 교육과정

몬테소리교육과정의 기초는 환경이며 크게 다섯 가지 영역으로 구성되어 있다. 즉, 일상생활 훈련, 감각교육, 수학교육, 언어교육, 문화교육 영역이다(신화식·김헌수, 1992).

(1) 일상생활 훈련

일상생활 훈련이란 유아의 매일의 생활에서 행해지는 활동으로서 독립심과 올바른 인성을 기르는 데 도움을 주는 교구로 구성되어 있으며 개인관리, 환경관리, 사회적 관계, 동작의 조정과 분석이 포함된다.

개인관리란 유아가 자신을 보호하기 위해 할 수 있는 활동으로서 손 씻기, 머리 빗기, 옷 입고 벗기, 이 닦기, 코 풀기, 모자 쓰기와 벗기, 신발, 양말 신고 벗기, 장갑 끼고 벗기, 구두 닦기 등이 있다. 환경관리는 교실에서 자신들의 환경을 보호하도록 배우는 활동들로 물 따르기, 곡물 따르기, 말기와 퍼기, 자르기, 껍질 벗기기, 물건 옮기기, 청소하기, 먼지 털기, 비로 쓸기, 수건 빨기, 금속제품 광 내기, 다리미질 하기, 스펀지 사용하기, 상 차리기와 상 치우기, 도시락 싸기, 책꽂이에 책꽂기, 꽃꽂이 하기, 동·식물 키우기 등이 포함된다. 사회적 관계는 인사하기, 감사하기, 친구에게 도움 청하기, 사과하기, 초대하고 초대받기, 축하하기 등과 같은 예절교육이 포함된다. 동작의 조정과 분석은 선 위를 걷기, 균형 유지와 같은 이동활동과 침묵 게임과 같이 활동을 조정하는 능력, 집중할 수 있는 능력을 기른다.

이와 같은 일상생활 훈련 영역은 모든 활동의 기본이 되며 유아들에게 핵심적인 활동이 된다.

(2) 감각교육

감각교육은 감각을 이용하도록 중요한 물리적 특성에 따라 분류되어 있으며 다섯 가지 감각의 발달에 도움을 주도록 고안되어 있다. 몬테소리는 이러한 감각교육이 읽기학습이나 사고능력발달에 기초가 된다고 보았다.

시각교육을 위한 교구로는 꼭지 달린 원기둥, 꼭지 없는 원기둥, 분홍탑, 갈색 계단, 색판, 기하 도형 등이 있으며, 촉각교육을 위한 교구로는 촉각판, 기하학적 입방체, 비밀 주머니, 온도병, 무게판 등이 있다. 그 외 청각교육을 위한 소리상자, 벨과 미각·후각을 위한 맛보기, 냄새맡기병 등이 있다.

(3) 언어교육

몬테소리는 언어발달을 자유로운 대화와 지속적인 자기표현을 통해 이룰 수 있게 하였다. 언어교육에는 구두언어교육과 읽고 쓰기를 위한 교육으로 나누어진다. 구두언어를 위한 교육으로는 노래하기, 새로운 계절에 대해 말하기, 질문하기 게임, 사건이나 활동을 이야기하기, 보고 말해 보기, 경험에 대해 이야기하기, 게임에 대한 논의 등이 있다. 읽기와 쓰기의 기술을 위한 직접적·간접적 발달을 도모하는 언어교구로는 모래종이 글자, 움직이는 자음과 모음, 음성 사물상자, 음성 단어카드, 표음문자, 어려운 단어 분류하여 읽기, 단어 기능, 읽기 분석, 받아 쓰기 등이 있다.

(4) 수학교육

몬테소리는 수에 있어서 유아들이 구체적인 개념에서 추상적인 개념으로 옮겨가도록 교구를 고안했다. 수학교육 영역에 포함되는 활동과 교구를 살펴보면 다음과 같다.

- 수의 소개활동으로는 1~9까지의 기본적인 개념과 수의 이름 및 양의 개념을 습득하기 위한 활동들로 구성되어 있다.
- 십진법활동으로서 십진법 소개, 자리의 개념 소개, 수의 구성 소개, 기본적인 조작을 소개한다.
- 1~19와 11~99세기 활동으로서 양적인 탐색을 하고, 10~100의 기호와 이름을 알게 하며, 논리적으로 숫자 소개의 활동을 확장시키는 데 그 목적이 있다.
- 기본 공식의 학습활동으로서 덧셈, 뺄셈, 곱셈, 나눗셈을 포함한 기본적인 결합

을 기억하는 데 도움을 준다.

- 추상성의 변화로서, 유아가 수의 과정을 이해하고 발달시키며, 구체적인 것부터 추상적인 계산이 가능하도록 고안되어져 있다. 교구로는 작은 구슬 틀, 큰 구슬, 나눗셈 판으로 하는 단제법, 장제법이 있다.
- 분수활동은 양, 이름, 상징, 수학적 계산에 대한 소개를 목적으로 한다. 구체적인 작업은 분수끼우기 틀과 곱셈 난쟁이가 있다.

(5) 문화교육

문화교육 영역에는 사회 속에서 인간학습의 여러 가지 양상, 습관, 예술, 문학들이 포함되어 있어서 사진과 세계지도를 이용하여 생물·지리·미술·음악에 관한 활동을 하도록 한다.

3) 교사의 역할

몬테소리 프로그램에서 중요한 교사역할의 하나는 첫째, 유아의 발달단계와 흥미에 맞게 준비된 환경을 제공하는 것이다. 이때 주의할 점은 교사가 중심이 되는 것이 아니라 유아가 학습의 중심이 되어 스스로 환경과의 상호작용이 이루어지도록 도와주어야 한다는 것이다.

둘째, 관찰자로서의 교사역할의 중요성을 강조한다. 교사는 유아의 교구 선택이나 집중 정도, 사용방법 등에 대해 세심하게 관찰하고 유아의 민감기를 포착하여 학습효과를 올릴 수 있도록 적절한 배려를 해주어야 한다.

셋째, 촉진자로서의 역할이다. 교사는 유아와 교구 간의 상호작용을 촉진하기 위해 유아가 선택한 교구에 대해 정확한 시범을 보인다. 그러나 유아가 환경과의 교류가 이루어져 교구에 적극적으로 몰입하게 되면 개입을 최소화해야 한다. 따라서 몬테소리 프로그램에서의 교사는 교사라는 명칭보다 안내자 또는 지도자라고 불린다.

넷째, 환경 준비자로서의 역할이 있다. 교사는 최적의 시기에 최적의 준비된 환경을 만들어 제공해야 하고, 유아와 환경 사이를 연결해 주는 역할을 해야 한다. 교사가 교구와 아동 사이의 연결 역할을 하기 위해서는 교구를 확실히 알아야 하며 유아 개개인의 현재의 정신적 발달단계를 구체적으로 이해하고 깊이 파악하지 않으면 안 된다.

마지막으로 몬테소리 교사의 가장 중요한 역할은 유아에 대한 존경이다. 유아에 대한 존경은 몬테소리교육과정 전체에 기초가 되고 있다. 유아에게 외적인 강요를 하거나 상과 벌을 통해서 행동을 통제하기보다는 유아가 스스로 선택한 활동에 몰입함으로써 내적인 만족과 즐거움을 느끼며 스스로 학습할 동기를 얻게 될 수 있도록 존중해 주어야 한다. 또한 작업 중에 유아를 방해하거나 중단시키지 않으며 유아가 범한 오류를 직접적으로 정정하지 않고 유아 스스로 시행착오를 통해 깨닫게 해준다.

4) 몬테소리교육에 대한 논의

몬테소리교육은 현대 유아교육에서 특히 오해를 불러일으키는 요인이 많다는 것이 지적되고 있다. 그러한 주요 논쟁점들을 요약해 보면 다음과 같다(Roopnarine, 2005).

첫째, 몬테소리교육은 특별한 요구를 가진 유아들을 위한 것이라고 가정되고 있다. 이것은 몬테소리가 어린이의 집을 시작하기 이전에 로마의 정신지체아 학교에서 아이들을 교육하면서 몬테소리의 방법이 특수한 아이들을 위한 교육방법이라는 인식이 있었기 때문이다. 그러나 몬테소리교육은 현대에 와서 모든 일반 유아에게 적용가능한 보편적인 교육이다.

둘째, 몬테소리교육은 특별한 계층(부유층 혹은 저소득층)만을 위한 것으로 오인된다. 초기의 몬테소리 어린이의 집은 저소득층 자녀를 위해 로마의 빈민층 지역에 설립되었다. 그러나 1950년대 후반에 시작된 미국에서의 몬테소리 운동은 주로 중상류층의 부모들이 거주하는 지역에 많이 분포하고 있었기 때문에 부유층을 위한 교육으로 오인되기 쉽다.

셋째, 몬테소리교육방법은 너무 구조적이다(혹은 너무 자유롭다). 몬테소리 교구를 사용하거나 제시할 때 그 방법이 구조적이라는 반응이 많은 것이 사실이다. 그러나 이것은 유아들의 성공을 증가시키기 위한 것이며 궁극적으로 유아의 주의력을 집중시키는 효과를 주기 위함이기 때문에 너무 구조적이라고 하기 어렵다. 또한 유아가 자기에게 맞는 교구를 스스로 선택하여 시행착오를 통한 자동교육이 이루어지기 때문에 무조건적인 자유를 주는 것이 아니라 준비된 환경 속에서 제한된 자유를 허용하는 것이다.

넷째, 몬테소리교육은 극화놀이와 상상놀이를 반대하며 따라서 창의성을 억압한다. 그러나 몬테소리교육을 주창하는 사람들은 준비된 환경에서 유아가 자유를 가짐으로써 오히려 문제해결을 위한 창의적 접근을 촉진한다고 보고 있다. 극화놀이가 초기 몬테소리교육 프로그램에서 주요한 초점이 아니었지만 현대에 와서 몬테소리 지지자들은 계속해서 유아교육환경에 극화놀이활동을 통합할 수 있는 새로운 방법을 찾고 있다.

이와 같은 몬테소리교육에 대한 논쟁점들에 대해 몬테소리교육에 대한 옹호자들은 몬테소리교육에 대한 잘못된 오해로부터 이러한 논의가 발생하고 있다고 주장하고 있다. 또한 몬테소리교육에 대한 종단적 효과뿐 아니라 몬테소리 공립학교의 효과에 대해서도 연구가 활발하게 이루어지고 있어서 유아교육 프로그램의 효과를 분석하기 위해서 앞으로 더 많은 종단적 연구들이 실험상황이나 자연상황에서 연구될 것이다.

5. 피아제이론에 기초한 유아교육 프로그램

피아제의 인지발달이론을 유아교육과정에 적용하려는 시도는 다양하게 이루어져 왔다. 여기서는 카미-드브리스(Kamii-DeVries) 프로그램과 하이/스코프 (High/Scope) 유아교육과정을 중심으로 살펴보고자 한다.

1) 카미-드브리스 프로그램

카미-드브리스 프로그램은 피아제이론에 기초한 구성주의 프로그램 중 하나로 아동의 인지적 요소와 발달단계를 기초로 개발된 프로그램이다. 따라서 프로그램의 전체적 방향은 아동의 전체적인 인지구조를 발달시켜 문제해결력을 길러 주는 것이다. 그러나 초기에는 피아제가 자신의 이론을 설명하기 위해 예시한 과업들을 교육내용으로 구성하여 피아제이론의 단편적인 면만을 반영한다는 지적이 있었으나 피아제이론이 추구하는 바가 인지발달의 수직적인 촉진이 아니며 과업 중심적 교육내용이 인지발달에 효과적이지 못하다는 것을 인식하게 되었다.

카미는 많은 시행착오 끝에 피아제의 인지발달단계보다는 구성주의적 관점에 관심을 돌려 프로그램을 수정해 갔다. 그 결과 1970년부터 지식의 구성에 초점을 둔 물리적 지식이라는 범주가 교육 목적에 등장하기 시작하였지만 그때까지도 전 논리적 단계에서 논리적 단계로의 전환을 위해 7세경에 가능한 조작적 사고를 가르치고자 시도하였다. 그 후 1970년경부터 드브리스와 합류하면서 교육 목적에서 구성주의가 강조되기 시작하였다. 학교에서의 성공을 준비하기보다는 '아동으로 하여금 흥미 있는 생각과 문제, 질문을 제기하게 하고, 사물의 공통점과 차이점을 인식하며 사물을 관계지어 보게 하는 것'으로 변화되었다. 구성주의 프로그램에서는 피아제의 이론을 매우 광범위하게 적용하여 인지발달뿐 아니라 사회성, 도덕, 성격발달 측면에까지 확대, 적용하였다. 1975년에 수정된 교육 목적에는 '아동으로 하여금 자신의 도덕적 규칙을 구성하는 데 자율성 또는 자기조절력을 갖도록 한다'라고 되어 있으며, 도덕적 사고, 가치관, 성격, 지능, 지식의 구성을 위한 자율성(자기조절력)의 증가를 강조하였다.

(1) 교육 목표

카미-드브리스 유아교육 프로그램은 교육의 궁극적인 목적을 아동의 인지적, 도덕적, 사회·정서적, 신체적 영역에의 균형 있는 발달을 통한 전인격적 인간으로서의 성장에 둔다.

카미는 이러한 목적을 실현시키기 위해 교육의 장기 목표를 크게 두 가지로 제시하고 있다. 첫째는 새로운 행동을 추구하는 창조적·발명적·탐구적인 인간을 길러내는 것이며, 둘째는 기존 의식을 그대로 수용하는 것이 아니라 비판적·분석적 태도를 가지는 인간을 양성하는 것이다(이기숙·홍순정, 1992).

카미-드브리스 프로그램은 장기 목표를 달성하기 위한 단기 목표를 사회·정서적 목표와 인지적 목표로 구분하고 있다. 이는 인지적 발달은 사회·정서적 발달과 병행하며 또한 상호작용한다는 견해에 근거한 것이다. 목표 제시와 함께 카미는 목표 수립에서 주의해야 할 점을 두 가지 들고 있다. 하나는 피아제가 실험연구를 통해 밝힌 실험 자체를 아동들에게 직접 가르침으로써 아동의 발달을 이룰 수 있다고 생각하지 말라는 것과 다른 하나는 목표를 분류·서열·수·공간 등과 같이 이들이 마치 별개의 개념인 것처럼 구분하지 말라는 것이다. 이들 개념이 각각 별개로 발달한다기보다는 전체적으로 발달하기 때문이다.

(2) 교육 내용 및 방법

카미와 드브리스는 목표를 달성하기 위한 교육 내용을 아래 세 가지 차원에서 산출하고 있다.

- 일상생활 : 지식은 직접 가르쳐지는 것이 아니라는 피아제의 구성주의적 견해에 의하면 유아는 일상을 통해 배우고 발달해 간다고 할 수 있다. 실제로 유아는 일상의 여러 가지 상황이나 활동 속에서 물리적·사회적 세계를 이해하고 경험하게 된다. 따라서 이러한 활동 자체가 교육과정의 내용으로 자연스럽게 적용될 수 있다.
- 아동발달 프로그램 내용 : 뱅크 스트리트 프로그램이나 전통적 교육과정에서 행해지는 아동발달 프로그램의 다양한 활동들을 교육 내용으로 채택한다. 예를 들면 쌓기놀이, 그림 그리기, 동·식물 기르기, 물·모래놀이, 요리하기 등이다.
- 피아제이론이 암시하는 활동들 : 물리적 지식, 논리·수학적 지식, 사회적 지식에 근거를 둔 활동, 도덕성 발달과 대인관계 증진을 위한 갈등상황에 대한 토의, 목적물 맞히기·숨기기, 카드·판을 이용한 게임 등의 그룹 게임, 피아제의 실험과제에서 도출되는 공굴리기, 거울놀이, 진자(추) 흔들기 활동, 그림자놀이 등의 물리적 지식과 관련된 활동 등 다양한 활동으로 구성된다.

지식은 외부의 설명으로 습득되는 것이 아니기 때문에 아동들이 매일 접하고 있는 일상생활의 여러 장면에서 교사의 형식적인 수업 없이 아동들이 자율적으로 학습할 수 있도록 했다. 전통적인 아동발달 프로그램이 프로그램의 내용으로 사용되므로 전통적인 유아교육 내용이 거의 그대로 사용되고 있는 것처럼 보이지만 아동들이 활동을 수행하는 과정에서 중요한 차이가 나타난다. 같은 활동이라 할지라도 아동발달 프로그램 모형에서는 아동의 단순한 경험과 흥미에 가치를 두고 있다. 그러나 카미-드브리스 프로그램에서는 활동 하나하나의 교육적 의미가 구체적으로 나타나 있으며 각각의 활동들은 물리적, 사회적, 논리·수학적 지식의 체계에 의하여 분류될 수 있다.

물리적 지식이란 물체의 속성으로부터 얻어질 수 있는 지식을 말한다. 예를 들면 공은 '구르고' 책상은 '단단하며' 솜은 '부드럽다'는 것을 아는 것이다. 따라서 교사는 아동이 많은 물체를 접하면서 교사의 간섭 없이 스스로 물체의 속성을 탐색해

표 4-4 피아제의 지식체계에 의해 분석한 유아교육기관의 활동

활동 \ 피아제의 지식체계	논리·수학적 지식			물리적 지식	공간·시간적 지식		사회적 지식	표상		
	분류	서열	수		공간적 개념	시간적 개념		색인	상징	표시
적목놀이				×	×				×	
그림 그리기				×					×	
다른 예능활동(물감그림, 만들기 등)				×	×				×	
극화놀이						×	×	×		
이야기·듣기						×	×			×
동물과 식물 기르기				×	×	×		×		
노래 부르기와 악기 다루기				×		×				×
몸 움직이기				×	×	×			×	
조리하기				×				×		
모래놀이·물놀이				×		×				
운동장의 놀이기구에서 놀기				×	×					
책상에서 할 수 있는 놀이 (그림 맞추기 등)					×					

주 : 위 표에서 ×표시를 한 것은 그 방면에 해당하는 교육적 의미가 있음을 표시한 것이다. 그러나 논리·수학적 지식은 모든 활동에 포함되므로 별도로 표시하지 않았다.

이 표시에서 유아발달교육 프로그램의 활동을 피아제의 지식체계에 따라 분류했을 때 각 활동이 지닌 분명한 교육적 의미가 나타남을 볼 수 있다. 예를 들어 몸 움직이기 활동 하나에서도 몸을 움직이려는 유아가 어떤 동작을 모방할 때 공간적 개념이 필요하며, 움직이려는 상황에 따라 적합한 동작을 생각해 내고 각 동작 사이의 유사점 및 차이점을 찾아볼 수 있다. 또한 유아들은 자신의 몸을 움직임으로써 나무나 집, 구름 등을 흉내 낼 수도 있으므로 이를 통해 표상 개념이 발달한다.

보도록 해야 한다.

사회적 지식이란 사회의 규범, 예절, 규칙에 대한 지식을 말한다. 예를 들면 12월 25일은 '크리스마스' 날이며, '일요일에는 학교에 가지 않는다'는 것을 아는 것이다. 따라서 교사는 아동에게 직접 이러한 지식을 알려 줌으로써 이해하도록 한다.

논리·수학적 지식이란 아동과 물체와의 상호작용을 통하여 얻어질 수 있는 지식을 말한다. 분류, 일 대 일 대응, 서열, 공간·시간 개념 등이 이에 속한다. 따라서 교사는 직접적 교수보다는 될 수 있는 한 논리적 사고과정이 일어날 수 있는 아동과 물체와의 상호작용을 장려해 주어야 한다.

카미에 의하면 많은 유아교육 교사들이 이 세 가지 지식의 체계를 이해하지 못하고 있으며 마치 모든 것이 사회적 지식인 것처럼 직접적인 교수를 중심으로 하고 있다고 비판한다. 아동발달교육 프로그램의 활동의 교육적 의미를 피아제의 지식체계에 의해 분석해 본다면 표 4-4와 같다(Kamii & DeVries, 1977).

마지막으로 이 프로그램은 피아제의 발달과제가 암시하는 활동들을 내용으로 다루고 있다. 이는 피아제가 실험했던 과제를 말하는 것이 아니고 사물에 대한 경험과 직접 활동을 통하여 사물 및 사건에 대한 지식과 정보를 형성하게 한다는 것이다. 또한 집단활동에서 협동을 통하여 도덕성 발달을 도모한다.

카미-드브리스 프로그램의 활동들은 유아들이 스스로 자신이 접한 과제에 대해 생각할 수 있게 계획된다. 계획된 활동이 실제 수업상황으로 옮겨질 때는 학습자가 활동의 주도권을 가질 수 있게 한다. 일과의 계획이나 활동계획은 유아의 흥미에 근거하여 이루어지는데, 이렇듯 무엇을 가르치며 어떻게 유아의 활동에 개입할 것인가 하는 문제는 교사가 준비해 놓은 환경에서 유아가 어떻게 상호작용 하는가에 따라 결정된다.

학습을 위한 동기유발은 외부의 자극이나 보상에 의해서가 아니라 학습자 내면의 지식체계의 불균형을 보완하기 위한 내적 충동을 통해 일어나게 한다.

구성주의 교사가 되기 위해서는 우선 아동의 사고가 갖고 있는 본질이 무엇이냐를 이해해야 하며 기존 문화에 널리 퍼져 있는 행동주의적 교수-학습방법을 탈피해야 한다. 구성주의에서 요구하는 교사의 역할은 가르치는 것이 아니라 아동이 사고를 형성하도록 도와주는 것이기 때문이다. 교사는 아동들이 자신의 학습을 스스로 진행할 수 있게 교구와 활동을 제시해 주고, 사고의 폭을 넓혀 주며, 자발적 학습을 위한 아동의 활동과정을 진단·평가하고, 적절한 반응과 도움을 준다. 교사는 아동을 현재 발달수준 이상으로 가르치려고 하거나 촉진하려고 하지는 않는다. 다만, 놀이를 통해 학습자가 스스로 학습의 의미를 발견하게 하며, 학습할 수 있도록 돕는 것이다. 이 외에도 교사는 아동들의 학습을 효율적으로 수행하기 위하여 부모교육도 실시한다.

2) 하이/스코프 유아교육과정

그림 4-13 와이카트

하이/스코프(High/Scope) 교육과정은 유아의 자연스러운 발달에 교육적 기초를 둔 모델로, 1960년대 와이카트 등을 중심으로 페리(Perry) 유아원 프로그램을 위해 개발되었다. 현재까지 하이/스코프 교육연구재단은 음악, 율동, 컴퓨터 등을 포함한 교육과정 개발을 계속해 오고 있으며, 각 지역의 문화와 언어를 적용하여 미국뿐 아니라 어느 지역에서나 활용 가능한 교육과정 모형의 틀을 만들어 1998년 이후 영국, 멕시코, 싱가폴, 네덜란드 등 세계 각국에서 운영되도록 하고 있다(Hohmann, 1997).

피아제의 발달이론에 기초하여 하이/스코프 교육과정은 유아가 자신의 활동을 계획하고 수행하며 평가할 수 있는 능동적인 학습자라는 것을 강조한다. 교사는 흥미영역을 구성하고 일상 절차를 개발하여 유아 스스로 활동하는 학습환경을 조성한다. 그리고 교사는 유아가 핵심발달 지침에 따른 경험을 하면서 스스로 선택하고, 문제해결하도록 격려하며, 지적·사회적·신체적 발달을 이룰 수 있도록 돕는다. 장기적인 연구들은 하이/스코프 교육과정의 효율성을 입증하고 있다.

(1) 능동적인 학습자로서의 유아

하이/스코프 교육과정을 사용하는 교사는 반드시 유아가 능동적으로 학습할 수 있고 스스로 지식을 구축해 나갈 수 있도록 학습환경을 조성해 주어야 한다. 유아의 지식은 다른 사람과의 상호작용, 사물에 대한 직접적인 경험, 그리고 이러한 경험들에 대한 논리적 사고 등을 통해 형성된다. 따라서 교사의 역할이란 유아들에게 이 경험들을 해볼 수 있도록 환경을 제공해 주고, 유아들이 이를 논리적으로 생각해 볼 수 있도록 도와주는 것이며, 또한 유아관찰을 통해 유아가 만들어 가는 과정을 이해하는 것이다. 즉, 유아들은 그들의 발달수준에 적합한 유추와 관찰 등의 과학적인 방법을 통해 학습해 나간다.

(2) 교사의 역할

하이/스코프 교육과정에서는 유아뿐만 아니라 교사도 능동적인 학습자이다. 날마다 계획과 평가시간에 하이/스코프 교육과정의 큰 틀이라고 할 수 있는 핵심발달 지침(KDIs : Key Developmental Indicators)을 사용함으로써 교사는 유아들의 상호작용 및 그들의 교실활동을 연구하며, 개별 유아의 독특한 능력과 흥미에 대한 새로운 통찰을 얻게 된다. 이 핵심발달 지침이라는 용어는 그 동안 주요 경험(key experiences)

교사의 역할(Follari, 2007)

하이/스코프 교육과정에서 교사의 가장 주요한 역할은 유아의 능동적 학습을 촉진하는 것이다. 이것은 학습에 대한 유아의 능동적인 사고뿐만 아니라 직접 학습하도록 하는 경험과 자료를 제공해 주는 것을 의미한다. 교사는 유아가 학습에 계획적이고 능동적으로 참여할 수 있도록 하는 틀로서 계획-실행-평가과정을 사용한다. 또한 교사는 유아의 생각을 격려하기 위해 유아들과 많은 토론을 한다. 즉, 더 구체적으로 계획하도록 자극하며 일어날 일을 예견하도록 격려하고 발산적 질문(open-ended questions)을 사용하여 더 깊이 사고할 수 있도록 돕는다. 교사는 놀이 중에 이와 같이 토론하고 참여함으로써 학습에 있어서 유아의 사고와 능동적인 역할을 증가시키기 위해 노력한다.

하이/스코프에서는 교사 또한 유아들의 놀이와 학습 경험에 있어서 능동적인 협력자이다. 교사가 유아들의 놀이를 점검하거나 지도하는 것은 아니다. 눈에 띄지 않게 있다가 새로운 자료를 제안하고, 질문과 조언으로 생각을 확대시키며, 또래·성인과의 사회적 상호작용을 지지하는 것과 같이 유아의 사고를 확장시키는 데 도움이 되는 순간을 이용해서 능동적으로 참여한다.

유아들의 상호작용, 놀이, 자료를 통한 작업을 주의 깊게 보고 듣는 것 또한 교사의 중요한 역할이다. 이러한 예리한 관찰을 통해서 교사는 흥미를 판단하고 내적 동기를 최대화할 수 있는 자료, 생각, 활동을 의미 있게 조정할 수 있다. 이처럼 유아의 흥미를 유효화하는 것은 개별적이고 근거 있는 학습을 증진시키는 것이다. 그리고 이것은 하이/스코프 교육과정 접근법의 주요 특징이라고 할 수 있다(Epstein, 2005).

능동적인 참여자로서의 교사의 역할에 가장 꼭 들어맞는 것이 바로 관찰자로서의 교사 역할이다. 관찰은 유아를 알고, 그들의 요구, 흥미를 이해하고, 의미 있는 교수를 계획하기 위한 가장 좋은 도구이다. 교사가 유아의 놀이에 몰입하지 않거나 집단학습활동을 운영하지 않을 때는 활동 중인 아이들을 보는 데 시간을 보낸다. 유아의 언어, 놀이에서의 세부적인 것, 자료의 사용을 주의 깊게 기록한다. 관찰은 개별 유아의 독특한 생활과 흥미를 반영하는 학습환경을 만드는 데 필수적이다. 자료를 선택하고, 학급공간을 구성하고, 매일의 일과를 계획할 때 교사가 유아에 대한 지식을 사용하는 것은 매우 중요한 일이다. 관찰과 가족과의 개방적인 양방향 의사소통을 통해 교사는 모든 유아가 학습 경험에 몰입하도록 계획하는 것에 대해 더 많이 배울 수 있을 것이다.

혹은 핵심 경험이라는 용어로 사용되었다.

교사는 유아들의 행동을 관찰하고, 지지적인 방법으로 유아들과 상호작용한다.

하이/스코프 교육과정에서는 유아와 상호작용하는 교사의 역할을 매우 중요하게 생각한다. 유아의 발달을 측정할 수 있는 발달적 과정은 다양하게 제시되어 있으나, 유아에게 가르칠 주제에 대한 세분화된 내용은 교사에게 제시되지 않고 있다. 대신 교사는 유아들의 계획을 주의 깊게 듣고 난 후 그들의 활동을 확장시켜 발달적으로 적절한 수준까지 도전해 볼 수 있도록 격려해 준다. 교사의 질문방식도 중요한데, 교사는 유아로부터 교사의 참여를 정보를 이끌어 낼 수 있도록 질문해야 한다. 즉, 색상이나 숫자, 크기 등에 테스트형 질문보다는 '무슨 일이 일어났니?', '어떻게 만들었니?', '나에게 좀 보여 줄 수 있겠니?', '다른 아이를 좀 도와줄 수 있니?' 등의 질문이 더욱 바람직하다. 이러한 질문방식은 교사와 유아 간의 자유로운 대화를 가능하게 해주며, 유아들 간의 언어적 상호작용에도 좋은 모델이 될 수 있다.

이러한 접근법은 전통적인 학교에서 쉽게 볼 수 있는 적극적인 교사와 수동적인 아동의 모습을 지양하며, 대신 교사와 유아가 함께 생각하고 행동하면서 상호작용할 수 있게 해준다.

하이/스코프 교육과정은 프뢰벨, 몬테소리와 같이 유아가 능동적인 학습자임을 강조한다. 단, 사회적 발달과 관계보다는 인지발달이론에서 중시하는 문제해결력과 독자적인 사고력을 강조한다는 점이 다르다. 하이/스코프 교육과정에서 교사는 지속적으로 유아의 발달상태를 측정하고, 유아의 인식의 폭과 이해를 넓혀 주기 위해 지적 자극을 준다.

(3) 능동적인 학습을 위한 하루 일과

유아가 능동적으로 학습할 수 있도록 하기 위해서는 일정한 패턴의 하루 일과가 유지되어야 하며, 다음날 새로운 활동을 할 예정이라면 그 전날 미리 알려 주어야 한다. 견학은 갑자기 이루어지는 특별활동이 아니라 계획에 의한 것이어야 한다. 이러한 일관성 있는 하루 일과는 유아에게 책임감과 독립심을 발달시켜 나가는 데 필수적인 통제력을 제공해 준다. 교육과정 조직에서 계획-실행-평가과정(plan do-review sequence)은 중추적 장치이다. 따라서 하이/스코프 교육과정의 하루 일과는 계획-작업-평가와 그 외 부수적인 요소들로 이루어져 있다. 이 계획-작업-평가의 순서는 교사가 밀도 있게 전 과정에 참여하는 동안에도 유아가 그들 활동에 대한 생각을 표현할 수 있도록 해준다.

① 계획시간

하이/스코프 교육과정에서 유아는 항상 선택하고 결정한다. 그러나 대부분의 프로그램은 유아가 자신의 결정을 조리 있게 생각해 보거나, 혹은 선택의 결과와 그 가능성을 실현해 볼 수 있도록 도와주지 못하고 있다. 하이/스코프 교육과정의 계획시간은 유아가 항상 자신의 생각을 교사에게 표현해 볼 수 있게 해주며, 유아가 스스로 의사결정을 내리고 그에 따라 행동할 수 있도록 도와준다. 유아는 독립한 한 개체로서 활동하며, 관심 있는 교사 및 친구와 더불어 작업하는 즐거움도 누리게 된다.

유아들이 작업을 시작하기 전에 교사는 그들과 계획에 대해 함께 이야기를 나눈다. 이를 통해 유아는 자신의 생각에 대한 정신적 표상을 형성하게 되며, 어떻게 계

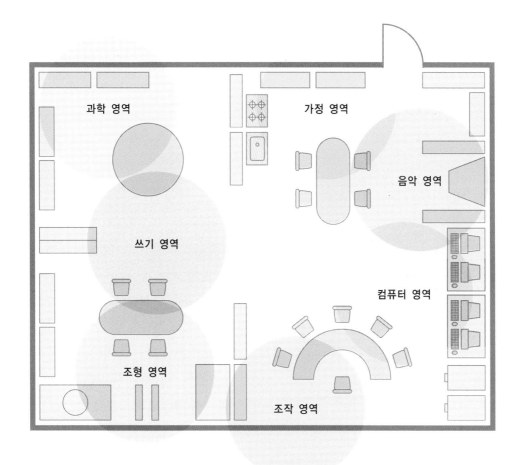

그림 4-14 하이/스코프 프로그램 교실

획을 진행시켜 나갈 것인가에 대한 아이디어도 얻게 된다. 유아와 함께 계획을 의논하는 과정에서 교사는 유아의 생각을 장려하고 이에 반응해 주며, 그 계획이 성공할 수 있도록 도와주고 유아의 발달수준과 사고양식을 이해하며 평가한다. 즉, 계획시간을 통해 유아는 교사로부터 고무되고 그들의 계획을 실행에 옮기고자 한다. 반면 교사는 유아의 계획을 듣고 유아에게 기대할 수 있는 것을 알게 되며 유아가 어떤 어려움에 처하게 될지, 어떤 시점에서 도움을 필요로 하게 될지, 어떤 수준의 발달을 성취하게 될지 알게 된다.

② 작업시간

일반적으로 작업시간은 하루일과 중 가장 긴 시간으로 유아와 교사 모두에게 바쁘고 활동적인 시간이다. 하이/스코프 교육과정을 처음 접해본 교사들은 작업시간에서의 자신의 역할이 분명하지 않기 때문에 이따금 혼란을 겪기도 한다. 교사들은 작업시간의 활동을 주도하지 않는다. 유아들이 활동을 계획하고 수행하기 때문이다. 그렇다고 그냥 앉아 있거나 소극적으로 방관만 하는 것은 아니다. 작업시간 동안 교사의 역할은 첫째, 유아가 어떻게 정보를 수집하는지, 또래와 어떻게 상호작용하는지, 어떻게 문제를 해결해 가는지 관찰하는 것이며, 둘째, 유아들의 활동을 격려하고 확장해 주며, 유아에게 문제해결상황을 마련해 주기 위해 유아들의 놀이에 참여하는 것이다.

③ 정리 · 정돈시간

정리 · 정돈시간은 작업시간 이후에 오는 시간이다. 이 시간에 유아들은 자료와 기구를 해당 선반에 정리하며, 완성되지 않은 프로젝트는 자신의 서랍장이나 보관함에 넣어 둔다. 이 과정을 통해 교실은 질서를 되찾게 되며, 유아는 다양하고 기본적인 인지기술을 사용해 볼 수 있게 된다. 이때 유아들이 교실의 자료들을 손쉽게 사용할 수 있도록 학습환경을 구성해 주는 일은 매우 중요하다고 할 수 있다. 교실에서 유아들이 사용할 수 있는 모든 자료는 유아들의 손이 닿는 곳에 있어야 하며 열려진 선반에 있어야 한다. 또한 모든 자료는 유아들이 손쉽게 제자리에 갖다 놓을 수 있도록 놓여 있던 선반에 해당 그림을 붙여 놓는 등 표시를 해주어야 한다. 이렇게 학습환경을 조성해 주어야 유아들은 그들이 사용하고 싶은 자료가 어디에 있든 확실히 알 수 있게 된다.

④ 평가시간

평가시간은 계획–작업–평가의 마지막 단계이다. 이 시간에 유아는 자신이 작업시간에 했던 활동을 여러 가지 다양한 방식으로 표현해 본다. 유아들은 그들과 함께 활동했던 친구들의 이름을 떠올리기도 하고, 그들이 만들었던 것에 대해 그림을 그려보기도 하며, 그들이 직면했던 어려움에 대해 자세히 이야기도 하게 된다. 평가하는 방법으로는 그들이 했던 활동을 그림으로 그려 보기, 계획을 다시 살펴보기, 일어났던 일을 언어로 표현해 보기 등이 있다. 평가시간을 통해 유아는 계획시간과 작업시간을 통해 했던 활동을 마무리하게 된다. 이때 교사는 유아의 계획과 실제 활동을 연결시켜 주도록 한다.

⑤ 소집단활동시간

소집단활동시간은 모든 유아원 교사들에게 익숙한 시간이다. 교사는 정해진 시간 동안 유아들이 참여할 수 있는 활동을 시행한다. 이 소집단활동은 유아의 문화적 배경, 견학, 계절, 요리 등의 주제에 대한 집단활동(예 : 연령에 적합한 집단활동, 집단 미술활동 프로젝트 등)을 통해 구현된다. 비록 교사가 활동을 구조화하는 것이기는 하나 유아들도 새로운 아이디어나 문제를 해결할 수 있는 방법들을 생각해 내기도 한다. 소집단활동은 사전에 구체적으로 계획된 수업절차에 따라 순서대로 진행되는 것이 아니라, 유아의 요구, 능력, 흥미, 인지적 목표에 반응하는 형식으로 진행된다. 유아가 자료를 탐색하고 선택하며 문제를 해결하는 동안 교사는 개방적인 질문을 하거나 문제해결상황을 설정해 줌으로써 유아의 아이디어와 행동을 확장시켜 준다. 소집단활동을 계획하고 수행할 때 가장 중요한 점은 모든 유아가 적극적으로 참여해야 한다는 점이다. 활발한 소집단활동시간을 통해 유아는 자료를 탐색하고 이를 감각적으로 활용해 보며, 교사나 다른 친구들과 함께 작업해 보기도 한다. 핵심발달지침은 소집단활동을 계획하는 데 있어서도 교사를 안내하는 지침으로 사용된다.

⑥ 대집단활동시간

교사와 모든 유아들이 참여하는 대집단활동시간은 대략 10~15분 동안 진행되며, 게임, 노래, 율동, 악기놀이, 동극 등을 한다. 이 대집단시간은 유아가 대집단에 참여하여 다른 사람들과 의견을 교환하고 서로의 생각을 이해해 볼 수 있게 해준다. 비록 교사가 활동을 시작하지만, 유아들도 교사 못지 않은 주도를 할 수 있으며, 여러 가지 다양한 선택을 내릴 수도 있다.

하이/스코프 교육과정 하루 일과의 구성 요소

표 4-5	활동	시간
	등원 및 맞이하기(greeting time)	15~20분
	계획시간(planning time)	10분
	작업시간(work time)	45~60분
	정리정돈(cleanup)	10분
	회상시간(recall time)	10분
	간식시간(snack or meal times)	20분
	소집단활동(small-group time)	10~15분
	대집단활동(large-group time)	15~20분
	실외 활동(outside time)	30분
	교사회의(adults' daily team planning)	20~30분

출처 : www.highscope.org

표 4-5는 계획-실행-평가과정, 소집단·대집단 활동, 등원 및 맞이하기, 실외활동 등과 같은 하이/스코프 교육과정의 주요 구성 요소들을 포함하여 일관성 있게 운영되는 하루 일과의 예시이다.

(4) 유아발달에서의 핵심발달 지침(KDIs)

하이/스코프 교육과정은 유아에게 일련의 조직된 핵심발달 지침을 제공해 준다. 유아의 일상적인 일과인 계획-작업-평가는 하이/스코프 교육과정의 특징이지만, 핵심발달 지침 역시 교사활동의 주된 특징이라고 할 수 있다. 교사는 핵심발달 지침의 도움으로 유아 스스로 고안한 활동을 지지하고 확장시켜 주며, 그 결과 유아는 발달적으로 적합한 경험을 끊임없이 접할 수 있게 된다. 핵심발달 지침은 몇몇 유아교육 프로그램의 특징인 학습지 활동이나 행동주의적 방법에서 많이 사용하는 도표 등이 필요 없는 교과과정에 대해 교사가 생각해 볼 수 있게 해준다. 또한 핵심발달 지침은 교사가 개별 유아를 관찰할 때 사용하는 기본적인 틀도 제공해 준다.

교실에서 이루어지는 학습 경험들은 서로 배타적인 것이 아니며, 어떠한 활동이라도 몇 가지 형태의 핵심발달 지침을 포함하게 된다. 핵심발달 지침을 통한 학습의 접근법은 교육과정을 구조화해 주며 새로운 형태의 경험에 대해서도 개방적일 수

유아교육(preschool) 핵심발달 지침의 영역

• 학습에의 접근

• 언어, 문해, 의사소통

• 사회 · 정서발달

• 신체발달, 건강과 안녕

• 예술과 과학 : 수학, 과학과 기술, 사회적 기초, 예술

있도록 도와준다. 이 접근법은 교사가 유아를 관찰하고 그들을 위한 프로그램에 대해 생각해 볼 수 있도록 길을 제시해 준다. 또한 하이/스코프 교사진이 운동, 음악, 컴퓨터, 극놀이 영역에서 교육과정을 개발하고자 할 때, 핵심발달 지침은 교사에게 반드시 포함시켜야 할 경험들에 대해 윤곽을 잡아준다. 결론적으로 이 핵심발달 지침은 하이/스코프 교육과정이 유아의 바람직한 성장과 발달을 도모하는 효과적인 방법으로 발전해 갈 수 있게 해주는 중요한 근거가 된다.

총 58가지의 핵심발달 지침은 중요한 5가지 학습 영역으로 구분되어 있다. 이것은 이전 하이/스코프 교육과정의 10가지 학습 영역하에 있던 핵심 경험(key experiences)을 미국의 국가적 규준과 유사하도록 새롭게 영역 구분하여 재조직한 것이다. 5가지 학습 영역은 표 4-6과 같다.

이러한 유아학습을 위한 내용을 조직할 때 하이/스코프는 NEGP(the National Education Goals Panel)에 의해 규정된 학교 준비도의 다섯 가지 차원과 유사하게 만들었다(www.highscope.org , 2008).

유아교육 핵심발달 지침의 다섯 가지 영역에 해당되는 각각의 핵심발달 지침은 각 영역에서 필요한 지식과 기술을 관찰 가능한 유아의 행동으로 규정한 진술의 형태로 구성되어 있다(www.highscope.org). 각각의 학습 영역 안에 특정 기술과 행동이 유아기 아이들에게 적합한 성과의 형태로 정의되어 있다(Follari, 2007).

표 4-6과 같이 이러한 핵심발달 지침은 58가지이며 교사의 계획과 학습환경 구성, 자료 선택을 위한 기초로 사용된다(Follari, 2007).

학령전기 유아의 핵심발달 지침

표 4-6	구 분		내 용
	학습에의 접근 (approaches to learning)		• 선택, 계획, 결정하고 표현하기 • 놀이과정의 문제해결하기
	언어, 문해, 의사소통 (language, literacy and communication)		• 개인적으로 의미 있는 경험에 관하여 다른 사람과 이야기하기 • 사물, 사건, 그리고 관계를 언어로 묘사하기 • 언어를 즐기기 : 이야기와 시 듣기, 이야기와 운율/시(rhyme) 창작하기 • 다양한 방법으로 쓰기 : 그리기, 긁적거리기, 글자와 같은 형태, 창작한 철자, 전형적 글씨 • 다양한 방법으로 읽기 : 이야기책, 사인과 상징, 자신의 글 읽기 • 이야기 구술하기
	사회 · 정서발달 (social and emotional development)		• 스스로의 요구를 해결하기 • 단어로 감정 표현하기 • 또래, 성인과 관계 형성하기 • 협력적인 놀이를 창조하고 경험하기 • 사회적 갈등에 대처하기
	신체발달, 건강과 안녕 (physical development, health, and well-being)		• 비이동식 신체 움직임 • 이동식 신체 움직임 • 사물을 가지고 움직이기 • 창의적으로 동작 표현하기 • 움직임을 묘사하기 • 지시에 따라 움직이기 • 안정된 박자를 느끼고 표현하기 • 같은 박자를 유지하면서 계속 움직이기

예술과 과학
(arts and
sciences)
	수 학	서 열	• 특성 비교하기(더 긴/더 짧은, 더 큰/더 작은)
			• 일련의 순서나 패턴에 따라 서열화하기(큰/더 큰/가장 큰,
			  빨강/파랑/빨강/파랑)
			• 순서화된 일련의 사물들을 시행착오를 거쳐 다르게 서열화하
			  기(작은 컵-작은 접시/중간 컵-중간 접시/큰 컵-큰 접시)

		수	• '더 많은', '더 적은', '같은 수'를 알기 위하여 두 세트로 사물의 수를 비교하기 • 두 세트의 사물을 일 대 일 대응으로 정리하기 • 사물의 수를 세기

		공 간	• 채우기와 비우기
			• 사물을 맞추고 나누기
			• 사물의 모양과 배열을 변화시키기(감기, 꼬기, 펴기, 쌓기,
			  둘러싸기)
			• 다양한 공간적 관점에서 사람, 장소, 사물을 관찰하기
			• 놀이공간, 건물 그리고 이웃에서의 위치, 방향, 거리를 경
			  험하고 묘사하기
			• 도면, 그림 그리고 사진에서 공간적 관계를 해석하기

구 분			내 용
예술과 과학 (arts and sciences)	과학과 기술	분 류	• 시각, 청각, 촉각, 미각, 후각에 의하여 사물 인식하기 • 사물의 유사점, 차이점 그리고 특성을 탐색하고 묘사하기 • 모양을 구별하고 묘사하기 • 분류하고 대응하기 • 사물을 여러 가지 방법으로 사용하고 묘사하기 • 마음속으로 한 번에 한 가지 이상의 특성을 생각하기 • 부분과 전체를 구별하기 • 사물의 특성이 아닌 것이나 속하지 않은 집단에 대해 묘사하기
		시 간	• 신호에 따라 행동을 시작하고 멈추기 • 움직임의 강도를 경험하고 묘사하기 • 시간 간격을 경험하고 비교하기 • 사건의 순서를 기대하기, 기억하기 그리고 묘사하기
	사회적 기초		• 집단 일과에 참여하기 • 타인의 감정, 흥미 그리고 요구에 민감하기
	예 술	시각예술	• 모형, 그림, 사진을 실제 장소나 대상과 관련짓기 • 진흙, 블록 그리고 여러 가지 재료를 사용하여 모형 만들기 • 그리기, 칠하기
		극예술	• 행동과 소리를 모방하기 • 가상 및 역할놀이
		음 악	• 음악에 따라 움직이기 • 소리를 탐색하고 구별하기 • 노래하는 소리를 탐색하기 • 가락을 만들어 내기 • 노래하기 • 단순한 악기를 연주하기

출처 : www.highscope.org

(5) 아동관찰기록

유아교육의 영향을 받은 만 3~5세 어린이들의 발달상태를 측정하는 도구인 아동
관찰기록(COR : Child Observation Record)은 하이/스코프 프로그램의 효과를 평가
하기 위해서 개발된 것인데, 후에 발달에 적합한 실제에 해당하는 모든 유아교육 프
로그램에서 사용될 수 있도록 바뀌었다. COR을 사용하는 교사는 몇 개월에 걸쳐서
유아의 행동에 대한 일화를 기록한다. 즉, 독창성, 사회적 관계(사회성), 창의적 표
현, 음률 및 동작, 언어 및 문학 그리고 논리와 수학 등 이상 6개 영역에 관한 간략한

기록을 한다. 다음에 교사는 유아의 행동기록을 30가지, 5수준으로 분류한다. 예를 들면 '선택을 표현하기'에 대한 항목에서 가장 낮은 수준부터 가장 높은 수준까지 다섯 단계가 있다.

(6) 부모와 지역 사회의 역할

부모참여는 두드러진 특징 중의 하나이다. 1960년대 초에는 교사가 매주 각 유아의 가정방문을 하였으며, 지금은 취업모의 증가로 인하여 부모참여는 집단 면담과 다른 여러 가지 방법에 더 초점을 맞추고 있다. 효율적인 부모참여의 핵심은 쌍방향으로 정보가 흐르는 것이다. 교사가 가정에 제공할 수 있는 지식을 가지고 있다 할지라도 교사는 역시 개별 유아에 관한 것이나, 그 가정의 문화와 그들의 언어와 생각에 대한 것을 부모로부터 얻어야 한다. 부모와 교사가 각자 그 자신의 영역에 대하여 전문가라는 믿음을 갖는 것이 프로그램을 다양한 환경에 적용하고 성공을 위해서 필수적이다.

하이/스코프 교육과정이 유아가 만 27세가 되기까지의 영향을 추적 연구하고(Schweinhart & Weikart, 1997) 그 동안의 많은 연구를 통하여 질적인 유아교육의 운영을 위하여 다음과 같은 전략을 제안하고 있다(Weikart & Schweinhart, 2000).

첫째, 교사들이 교육과정에 관한 체계적인 현직 교사교육을 받음으로써 교육과정에 관한 자신의 확고한 신념과 개념을 갖도록 한다.

둘째, 교사들이 매일매일의 활동을 계획하고 운영하고 평가하는 데 있어 하나의 팀으로 협동하여 일할 수 있도록 한다.

셋째, 교사, 유아 비율에 있어 한 교사당 10명을 초과하지 않도록 하며 집단의 크기도 20명을 넘지 않도록 한다.

넷째, 유아를 교육하는 데 있어 부모도 동료로서 교사와 함께 협력하고 참여하도록 함으로써 자녀의 발달을 지원하는 능력을 길러 주도록 한다.

다섯째, 유아 스스로 자신이 학습활동을 계획하고 이행하도록 하여 독립적인 의사결정을 하는 능력을 길러 주도록 한다.

(7) 프로그램의 장기연구

하이/스코프 교육과정의 의의 중 하나는 유아와 가족에게 힘을 부여하기 위한 노력으로 교육 연구와 출판을 계속해 왔다는 데 있다. 하이/스코프의 연구들은 하이/스코프와 다른 높은 질의 유아교육 프로그램에 참여한 유아들이 긍정적인 장·단기 효과를 가진다는 것을 보여 준다. 하이/스코프에서 가장 널리 알려진 연구는 하이/스코프 페리 유아원(High/Scope Perry Preschool)의 효과에 대한 연구이다. 이 연구는 1962~1965년까지 페리 유아원 프로그램에 참여한 저소득층 123명의 아프리칸-아메리칸(African-American) 유아들과, 유아원을 경험하지 못한 3, 4세 유아들을 두 집단으로 무선 배치한 실험 연구를 시작하였다. 다양한 학문적·발달적 성과, 생활 유형에 대한 자료가 유아기 동안은 매년, 중·장년기에는 간헐적으로 수집되었다. 장기 연구 중 가장 최근 연구는 2005년에 이루어진 것으로 40세까지의 자료를 포함한 것이다(Follari, 2007).

40세까지의 자료를 통한 주요 연구 결과를 보면 페리 유아원(Perry Preshool)에 참여한 집단이 고등학교 진학률, 취업률, 평균 소득에 있어서 그렇지 않은 집단에 비해 높았으며 체포율, 범죄율이 낮고 자녀양육, 재혼, 가족과의 화목에 있어서 긍정적인 방향의 결과를 가졌다. 결국 페리 유아원 연구는 빈곤한 삶을 사는 유아에 대한 양질의 유아원 프로그램이 유아기 지적·사회적 발달 그리고 유아기 이후 학업 성취, 경제적 수행, 성인기 범죄행위에 영향을 준다는 결론을 내렸으며 따라서 저소득층 가정의 유아들은 하이/스코프 교육과정 또는 유사한 형태의 유아교육 프로그램에 접근해야 함을 증명하였다. 이러한 장기·종단적 연구들은 유아교육 프로그램, 특히 하이/스코프 교육과정에 더욱 관심을 가지게 하였으며 국가수준 의사결정을 위한 정책적 틀을 제공하게 되었다.

6. 뱅크 스트리트 프로그램

뱅크 스트리트(Bank Street) 프로그램은 미첼(Lucy Sprague Mitchell)에 의해 1916년 뉴욕에 창설된 교육 실험국에서 비롯되었다. 1943년 뉴욕의 교육위원회와 뱅크 스트리트 대학과의 협력하에 아동발달지식과 교육과정을 통합하는 프로그램으로 발전되어 발달적 상호작용방법의 보급이 시작되었다. 발달적 상호작용의 의미는 1971년 뱅크 스트리트 보고서에서 제시된 것으로 행동주의와 인지발달 심리학자들이 정서적 발달에는 거의 관심을 두지 않고 인지발달만 강조하는 것에 반대한다(이영자 · 이기숙, 1990). 따라서 뱅크 스트리트 접근법이라는 용어보다는 발달적−상호작용(developmental-interaction) 접근법이라는 용어가 교사들 사이에서는 더 보편적으로 사용되며 특히 유아에게 민주적 태도, 가치와 신념을 길러 주는 것을 중요하게 강조하고 있다(Cuffaro, Nager, & Shapiro, 2000).

1) 이론적 배경

뱅크 스트리트 프로그램은 미국의 많은 프로그램들 중에서도 가장 현대적 의미의 '아동 중심', '아동발달'을 강조하는 교육 프로그램의 하나로 알려져 있으며, 특히 듀이의 진보주의 교육철학에 뿌리를 두고 있다.

뱅크 스트리트 프로그램은 다음의 세 가지 접근에 이론적인 근거를 두고 있다(Shapiro & Biber, 1972).

첫째, 프로이트와 프로이트 학파의 역동적 심리학에 기초하며 특히 자율적 자아형성과정의 발달에 관심을 둔 에릭슨의 영향을 많이 받았다.

둘째, 피아제와 같이 인지발달에 주된 관심을 가진 형태심리학자나 발달심리학자의 이론에 기초하였다. 최근에는 비고스키의 이론이 교수학습의 발달적 과정을 이해하기 위하여 적용되고 있다(Cuffaro, Nager, & Shapiro, 2000).

셋째, 듀이, 존슨(Johnson), 아이삭(Isaacs), 미첼(Michelle)과 같은 교육이론가와 교육실천가의 교육적 접근방법에 기초한다.

뱅크 스트리트 프로그램은 아동의 발달을 강조하며 듀이의 진보주의이론에 기초하기 때문에 성숙주의 유아교육과정 접근법에 기초한 프로그램이라 할 수 있으며 학자에 따라서는 개방교육으로 분류하기도 한다(Spodek, 1993). 이 프로그램에서는 근본적으로 인간의 학습과 발달을 서로 상관된 것으로 보고 인간발달에 대한 환경의 요소를 중시했다. 즉, 교육은 아동의 발달단계에 적합한 학습환경을 마련해 줌으로써 일어나게 해야 한다는 것이다.

뱅크 스트리트는 오랜 전통을 가진 학교로서 시대의 흐름에 따라 강조되는 내용에도 변화가 있었다. 1960년대와 1970년대에 이르러 혜택받지 못한 아동들에게 지적 발달을 증진시켜야 한다는 보상교육운동이 일자 뱅크 스트리트에서도 인지발달과 언어발달이 새롭게 강조되기 시작했으며 동시에 자아강화 개념 또한 재개념화되었다. 불우 아동의 결핍을 언어적-개념적 기능의 결핍과 인간관계를 유지하는 기술의 결핍으로 구분하고 이러한 결핍 요소를 보완하기 위해 아동의 능력, 대인관계, 개성, 창의성을 중심으로 한 교육을 실시하였다. 이에 따라 1971년부터 '발달적 상호작용'이라는 용어가 사용되기 시작하였으며 인지와 정서의 상호작용, 그리고 아동과 환경 간의 적극적인 상호작용을 중요시한다(Biber, Shapiro, & Wickens, 1971; Goffin, 1994; Nager & Shapiro, 2000).

2) 교육 목표

뱅크 스트리트 프로그램은 아동의 능력, 대인관계, 개인성, 창의성을 증진시켜 자신감 있고 발명적이며, 책임감 있고, 생산적인 인간을 육성하는 데 근본 목적을 두고 있으며, 이를 위해 능력 함양, 개별성 또는 주체성 인식, 사회화, 제 기능의 통합이라는 네 가지의 일반 목표를 설정하고 이러한 일반 목표에 따라 3~5세 유아를 위한 구체적 목표와 유치원 및 초등학교 저학년을 위한 구체적 목표를 구분하고 있다.

- 능력감(지식의 사용능력과 같은 객관적 자아감과 자아개념, 자신감, 능력감과 같은 주관적 자아감을 모두 포함)의 증진
- 자아정체감 혹은 개별성(객관적 자아개념과 현실적인 기대 수준, 자율적인 선택능력과 독립심 등을 포함)
- 사회화(교실의 사회적 질서를 위해 개인의 충동을 조절하는 이성의 발달, 타인의 관점에 민감하고 상호협동하는 일, 자신의 생각이나 감정 해소를 위해 다양한 의사소통 양식을 갖는 일 등을 포함)

■ 기능의 통합(내적 세계와 외적 세계의 통합, 사고와 감정의 통합 등을 포함)

이상과 같은 4가지 교육 목적을 가지고 뱅크 스트리트 프로그램에서는 3~5세를 위한 구체적 교육 목표를 다음 8가지로 설정하고 있다.

■ 직접적이고 신체적인 접촉을 통해 아동이 환경에 영향을 주고자 하는 욕구를 만족시킨다.
■ 인지적 책략들을 이용하여 경험을 순서화할 수 있는 잠재력을 증진시킨다.
■ 주위 환경에 대한 지식을 증진시킨다.
■ 놀이를 통해 경험을 통합시키도록 지원해 준다.
■ 충동 억제를 내면화하도록 도와준다.
■ 발달단계상 보이는 내적 갈등을 대처하려는 욕구를 충족시킨다.
■ 독특하고 능력 있는 인간으로서 자아상을 발전시키도록 조장한다.
■ 다양한 형태로 대인 간 상호작용을 할 수 있도록 지원해 준다.

3) 교육 내용 및 방법

프로그램의 목표를 달성하기 위해 뱅크 스트리트 프로그램에서는 다음과 같은 기준에 의해 학습 경험을 선정하고 있다.

■ 아동이 직접 환경과 상호작용할 수 있는 다양한 교구를 제공한다.
■ 다양한 감각운동, 지각적 경험을 제공함으로써 아동의 다양한 사고를 표현할 수 있게 한다.
■ 학교 안과 밖의 여러 가지 기능을 관찰하게 함으로써 생활 주변에서 일어나는 여러 가지 사건과 기능에 대한 이해를 도모한다. 따라서 이야기책을 통하거나 유아가 듣는 최근의 사건에 관하여 토의를 해보게 한다.
■ 극놀이를 장려함으로써 아동의 경험을 통합한다.
■ 아동이 내적 충동을 조절할 수 있게 하기 위하여 학급 내에서 지켜야 할 분명한 규칙 · 규율을 세우고 각자의 분명한 역할을 확립한다.
■ 타인과 원만한 인간관계를 형성하고 인간관계에서 일어나는 여러 가지 갈등을 해결할 수 있게 한다.
■ 아동이 자신에 대해 알고, 바르게 인식하며, 자아를 실현시킬 수 있는 경험을 제

공한다. 그리하여 아동 자신이 고유하고 능력 있는 인간이라는 긍정적인 자아 개념이 형성될 수 있게 한다.

- 성인과 아동, 아동과 아동 사이의 대화나 토의 등을 실시함으로써 상부상조적 인간관계를 형성할 수 있게 한다.

여기서는 제시된 내용의 이해 정도보다 내용을 이해해 나가는 과정을 더욱 중요 시한다. 이와 같이 학습은 발달의 여러 면을 조화 있게 발달시킴으로써 아동이 전인 격적인 아동으로서 성장할 수 있게 한다. 특히 감각수준, 운동수준, 상징적 수준에 서의 경험과 지식도 강조한다. 또한 인지적 발달을 위해서 논리적 사고뿐 아니라 직 관적·연상적 사고 역시 중시된다. 직관적·연상적 사고는 논리적 사고의 기초가 되며 창의적 사고를 낳는다고 보기 때문이다.

이를 위해 환경은 아동에게 운동적·지각적 경험을 제공하는 작업장으로 조직된 다. 교실에는 다양한 흥미 영역을 두고 각 영역에는 여러 가지 교구를 배치한다. 이 때 배치되는 교구는 다음 몇 가지 범주에 의해 선정된다.

- 실험적이고 탐구적으로 이용될 수 있는 것
- 다양하게 사용할 수 있고 표현할 수 있는 것
- 개인적으로 의미 있고, 목적 있는 표현을 할 수 있는 것
- 지각적 구별이나 조작적 문제해결에 도움을 줄 수 있는 것

이러한 기준에 의해 선정된 교구들로는 다음과 같은 것들이 있다(Zimiles, 1993).

4가지 기준에 의해 선정된 교구

- 읽기 교구 : 유아가 만든 책, 일반 도서, 기본 도서, 참고 도서, 교실활동에 대한 책, 잡지, 신문
- 듣기 교구 : 녹음기, 이어폰
- 쓰기 교구 : 다양한 크기·모양·색깔의 종이, 다양한 필기 도구, 타자기, 사진, 영사기, 글자 없는 그림책, 유아의 저널, 일기, 쓰기 책
- 수 교구 : 유아가 만든 수세기 교구, 상품화된 수세기 교구, 퀴즈네어 막대, 자, 계량 컵, 타이머, 수 게임, 퍼즐
- 과학 교구 : 탐색하기 위한 자료(식물, 화분, 식용색소, 비누조각 등), 관찰하고 기록하기 위한 도구들(자석, 확대경, 건전지, 프리즘 등)
- 미술 영역 : 물감, 점토, 콜라주 재료, 그림자료, 손인형

이처럼 조직적이고 표현력을 장려하는 환경 속에서 아동은 자신을 바르게 인지하고 조정·통제할 수 있게 된다. 즉, 문제에 접근하는 방법과 학습하는 방법을 아동 스스로 배울 수 있게 되는 것이다.

이 프로그램에서는 아동의 학습을 보다 효과적으로 수행하기 위하여 동기유발방법을 사용한다. 학습에 대한 아동의 동기유발은 교사와 아동, 교육 내용, 교수방법과의 연관 속에서 일어난다고 본다. 즉, 외적 동기유발보다 인간의 내적 동기유발을 강조하는 입장이다. 다음은 뱅크 스트리트 프로그램에서 아동의 동기유발을 위해 강조하고 있는 요소들이다.

- 자신의 능력이나 활동의 효율성을 위해 탐구하고 완수하는 능력
- 새로운 기술이나 지식을 획득함으로써 얻는 내적 즐거움과 만족감
- 아동이 활동에 임할 수 있는 충분한 기회 제공
- 학교 내의 경험과 외부 생활 간의 일관성과 상호관련성
- 생활에서의 즐거움
- 교사에 대한 신뢰감과 유대감 형성
- 아동의 행동을 위한 개별화된 학습방법

이와 같이 아동의 학습에 대한 동기유발은 외부 요인에 의해서가 아니라 학습자의 내부에서 그의 경험을 통해 일어나게 된다.

교사는 아동이 스스로 활동을 자유롭게 선택·실천해 나갈 수 있도록 활동을 소개하고 계획하며 아동을 관찰·진단하여 개별화된 교수를 한다. 즉, 아동이 선택한 활동을 그의 능력이나 발달단계에 맞게 조정해 주는 것이다. 교사가 아동의 활동을 도와주는 방법은 학습환경을 구성하고 아동의 학습활동에 적극적으로 참여하는 것이다.

또한 이 프로그램에서는 부모의 역할을 매우 강조한다. 유치원에서는 부모의 관심과 요구, 흥미를 알고 부모들이 유아교육기관에서 실시되는 교육을 알게 하기 위해 부모교육을 실시한다. 이로써 유치원에서는 아동의 가정생활에 대한 정보를 수집하고 부모는 아동의 집단생활에 대해 알 수 있는 계기가 된다. 이러한 목적 아래 두 가지 차원에서 부모교육이 실시되는데, 하나는 정규 학부모 회의나 개인 상담의 방법으로 주로 아동교육을 위한 지식과 정보를 교환하는 것이며, 다른 하나는 부모가 직접 아동의 교육현장에 참여하여 교사 보조자로서 활동하는 것이다.

뱅크 스트리트 프로그램은 최근에 공립학교 시스템과의 공조체제로써 유아교육 과의 연계를 도모하고 있으며 뉴욕 교육위원회 등의 지원 속에서 계속해서 연구 발 전되고 있다(Shapiro, 2003; Silin & Lippman, 2003)

7. 디스타 프로그램

헤드 스타트 운동 이후 혜택받지 못한 아동에 대한 관심이 고조되면서 그들의 교 육적 지체에 따른 학교에서의 실패를 막고 학교생활을 성공적으로 수행할 수 있도 록 도와주기 위한 노력의 일환으로 일리노이대학에 있는 베라이터와 잉글만 교수가 행동주의이론에 기초하여 저소득층 유아를 위한 실천적 유아교육 프로그램을 만들 었다. 이를 베라이터-잉글만 프로그램이라고 부른다. 그 이후에 베라이터가 1967 년에 캐나다로 옮기고 잉글만이 오리건대학으로 옮겨 행동주의 심리학자인 베커와 더불어 1967년에 잉글만-베커 프로그램을 완성하기에 이르렀다. 이 잉글만-베커 프로그램을 공식적으로 디스타 프로그램이라고 부르고 있는데, 이는 DISTAR(Direct Instructional System for Teaching Acceleration and Remediation)의 첫 머리 글자를 따서 붙인 명칭이다.

디스타 프로그램은 다음 네 가지 가정에 기초한다.

첫째, 모든 아동은 그들의 발달적 준비도나 배경에 상관없이 배울 수 있다.

둘째, 논리적 절차를 포함한 기초기능의 학습은 지적 행동의 중심이며 모든 보상 교육 프로그램의 본질이 되어야 한다.

셋째, 빈곤 아동들은 학교에서 성공하기 위해 필요한 기능들이 다른 아동들보다 뒤져 있는 경향이 있다.

넷째, 따라서 이들을 따라 잡기 위해 빈곤 아동들은 그렇지 않은 아동보다 가능한 시간 내에 더 많이 가르쳐져야 한다.

1) 교육 목표

디스타 프로그램의 목적은 학교학습을 성공적으로 수행하여 다른 유아들과의 경쟁에서 뒤지지 않도록 하기 위해 필요한 기술을 획득하도록 하는 데 있다. 베라이터와 잉글만은 유아교육기관을 학교학습의 기초를 형성해 주는 장소로 보았기 때문에 교육은 아동의 전반적인 발달을 도모하기 위한 것이기보다는 학문적 기초형성을 위한 함축적이고 분명한 목표가 수립되어야 한다고 생각했다. 따라서 디스타 프로그램에서 선정한 유아교육 프로그램의 목표는 세부적이다. 예를 들면 지시에 대해 반응할수 있는 능력, 반대되는 개념(크다/작다, 위/아래 등)을 알 수 있는 능력, 사물을 10까지 바르게 세는 능력이다.

2) 교육 내용 및 교육 방법

디스타 프로그램은 유아의 학문적 기초를 형성시켜 주기 위하여 그 내용을 언어·읽기·셈하기의 세 가지로 나누고 그 외 반구조적 활동(간식, 음악)을 부수적으로 포함시킨다(이기숙·홍순정, 1994). 디스타 언어, 읽기, 수학 프로그램은 각각 I, II의 두 가지 수준으로 되어 있으며 한 수준이 1년 과정으로 이루어진다.

언어학습은 유아의 언어능력을 충분히 신장시켜 주기 위한 것으로 바른 문장 진술능력과 문장형식의 논리적 구조를 이해시키기 위한 것이다. 디스타 언어 I의 내용은 긍정 또는 부정으로 말하기, 긍정 또는 부정을 동작으로 나타내기, 반대말 알기, 전치사 사용하기, 비슷한 말 알기, 동사의 시제 범주화하기, 부분의 명칭 알기, 접속사 알기 등이며, 디스타 언어 II의 내용은 여러 가지 지식 알기(계절의 이름, 측정단위, 동·식물의 특성), 연역법 훈련, 어휘 습득, 사물의 기능, 동의어 분류, 정의 내리기 등이다. 언어학습을 위한 기본 모형은 "이것은 ∼(무엇)이다"의 문장 형식과 "∼(무엇)은 ∼(무엇)이다"의 두 가지이다.

읽기 학습은 유아가 책 읽기를 위해 필요한 기초적 기술과 개념을 발달시키기 위한 것이다. 따라서 단어를 중시하고 철자법의 원리를 학습시킨다. 디스타 읽기 I의 내용은 상징－동작 게임, 글자 발음하기, 혼성어 빨리 발음하기, 음률 맞추기, 발음 알아내기, 유음화하기 등이며 디스타 읽기 II는 글자 이름 알기, 대문자 익히기, 글자의 순서 알기, 단어 읽기 등이다.

수학학습은 언어발달을 도모하기 위한 것이다. 수학학습에서도 규칙적인 수학적 진술방법을 배우게 하며 현실에 대한 올바른 결론에 도달하기 위한 수학적 진술방법을 학습시킨다. 10까지 수세기, 뒤에서부터 세기, 수 이름 알기, 부호 알기, 더하기, 빼기, 다섯씩 세기, 둘씩 세기 등을 내용으로 한다.

이 외에도 정규적으로 실시하고 있는 것은 음악교육이다. 음악교육도 다른 학습에서처럼 언어발달을 위해 실시된다. 노래의 노랫말은 완전한 문장을 제시해 주며 반복학습될 수 있다. 또한 노래에는 정확한 리듬이 있으므로 유아들은 노래를 통하여 문장을 더 쉽게 이해하고 기억·재현할 수 있다고 본다.

학습을 위한 교수전략은 두 가지이다. 하나는 일정한 시간 내에 다양한 언어적 경험을 압축시켜 줌으로써 유아들이 배워야 하는 요소들을 빠른 시간 내에 학습할 수 있게 하는 것이며, 다른 하나는 수립한 목적에 가능한 한 직접적으로 초점을 맞춘 활동을 계획하여 직접 교수하는 방법이다.

베라이터-잉글만은 새로운 개념이란 이미 그것을 알고 있는 사람으로부터만이 학습될 수 있는 것이라고 보기 때문에 아동들 상호간의 대화보다 교사와 유아의 상호작용을 중시한다. 특히 학습계획은 유아의 발달과업 수행과 일치하도록 선정한다. 교수는 하루 전에 배웠던 개념의 복습으로부터 시작되는데, 과제를 소개·학습시킬 때에는 반복 훈련의 방법을 사용한다. 처음에 유아는 말을 하지 않고 교사의 질문에 대해 손으로 지적하거나 찾아내는 정도이다. 둘째 단계에서는 교사가 제시한 질문에 대해 유아가 "예/아니오"의 대답을 하게 한다. 셋째 단계에서는 유아가 교사의 도움 없이 사물의 관계에 대한 것을 적절한 문장으로 표현하게 한다.

교수방법의 특징을 정리하면 다음과 같다.

- 학습속도가 빠르다.
- 학습과제와 관계가 적은 활동은 규제한다. 교사와 유아는 학습해야 하는 과제에 초점을 맞춘다.
- 유아의 학습결과를 극대화하기 위해 언어적 반응을 중요시한다.
- 학습과제는 작은 단위로 계획되어져 있으며 계속적인 피드백을 통해 유아들의 행동을 수정한다.
- 유아는 학습시간 동안 집중해서 학습하게 한다. 그 동안 교사는 유아의 사고활동을 자극·촉진시켜 준다.

하루의 일과는 세 번의 학습시간과 세 번의 대집단활동시간으로 나뉘어져 있다. 각 활동의 단위는 15~20분 정도이다. 그러나 시간은 유아의 상태, 물리적 환경, 활동의 종류에 따라 융통성이 있다. 유아들은 세 개의 집단으로 나뉘어 5명의 유아가

한 집단을 형성한다.

지나치게 풍부한 환경은 유아들에게 오히려 부적당하다고 보기 때문에 새로운 개념이나 학습을 소개하기 위하여 꼭 필요한 교구만 제시해 주는 것이 개념학습을 위해 효과적인 방법이라고 본다. 유아의 효과적인 학습이나 바람직한 행동을 수립하기 위해 행동수정기법을 사용하여 처음에는 교사의 강화에 의해 행동을 조정할 수 있게 한다. 이렇게 유아의 학습이 교사의 인위적인 강화에 의해 이루어지다가 점차 아동의 자발적인 학습으로 전이되게 된다.

유아를 진단하고 지시하기 위해 교사는 유아의 발달특성이나 상황을 자세히 알아야 한다. 또 유아를 효과적으로 교육시키기 위하여 유아를 위해 수립한 교육 목표 및 내용, 교수 절차 및 전략을 자세히 알아야 한다. 뿐만 아니라 유아의 학습 성취와 생활지도를 위한 행동수정이론 및 그 방법 절차에 관해서도 알아야 한다. 따라서 교사 훈련은 주로 유아의 학습과제를 수행하기 위한 방법과 행동수정기술 등을 익히는 데 역점을 둔다.

8. 유아교육 프로그램의 평가 및 효과

이 절에서는 다양한 유아교육 프로그램의 효율성을 연구결과들을 중심으로 살펴보기로 한다. 대부분의 유아교육 프로그램의 효과에 관한 연구는 1960년 중반부터 이루어지고 있다. 이러한 다양한 유아교육 프로그램들을 분석해 보고 그 효율성을 측정해 보려는 시도는 1970년대부터 가속화되기 시작하여 유아기부터 청년기까지를 종단적으로 분석한 연구결과들이 많이 보고되고 있다(Berrueta-Clement et al., 1984; Evans, 1975; Gordon, 1972; Gray, Ramsey, & Klaus, 1982; Karners, Shwedel, & Williams, 1983; Maccoby & Zellner, 1970; Miller & Bizzell, 1983; Parker & Day, 1972 · 1977; Rhine, 1981; Schweinhart et al., 1986). 특히 유아교육 프로그램에 관한 많은 종단적 연구들을 종합하고 활성화하기 위하여 종단적 연구협회(The Consortium for Longitudinal Studies)가 1975년에 형성되었으며, 활발하게 유아교육 프로그램의 효율성을 추적 연구하였다(The Consortium for Longitudinal Studies, 1983).

유아교육 프로그램과 그 중재효과에 대한 연구는 이와 같이 1960년대와 1970년대에 시작되면서 수없이 많이 진행되어 오고 있다. 그 중에서도 대표적인 것은 영국에서 정부차원에서 이루어진 연구로써 EPPE(Effective Preschool and Primary Education) 프로젝트가 있으며 미국에서 이루어진 주요 연구로는 헤드 스타트(Head Start)연구, Perry Preschool Program(PPP), Abecedarian Project(ABC), Chicago Child-Parent Program/시카고 종단적 연구(CLS : Chicago Longitudinal Study), NICHD(National Institute of Child Health and Human Development) 등의 연구를 들 수 있다.

1) 프로그램의 단기적 영향에 대한 초기연구

유아교육의 단기적 효과를 분석한 연구는 대부분 저소득층 아동을 대상으로 했으며, 유아기에 실시된 개입 프로그램이 이후의 발달과 초등학교 저학년에서의 수행에 어떤 영향을 미치는지에 관한 것이었다.

헤드 스타트 참여 아동을 대상으로 하여 이루어진 여러 연구를 종합한 슈바인하트와 와이카트(Schweinhart & Weikart, 1986)의 연구 보고에 의하면 유아의 지능과 사회-정서발달뿐 아니라 아동의 건강상태와 가족과 지역 사회에 미치는 영향에 있어서 프로그램 참여에 따른 단기적인 효과가 있음을 밝히고 있다. 또한 휴스톤-스테인(Huston-Stein)과 그의 동료들(1977)은 13개 헤드 스타트 학급을 연구한 결과, 구조화 수준이 높은 학급의 유아는 독립적인 과제수행에서 지구력을 보이지 못하는 것으로 나타났다. 그리고 교사 지시적이며 통제수준이 높은 학급의 유아는 통제수준이 낮은 학급보다 친사회적 행동이나 상상놀이를 덜 했으며, 덜 공격적이라고 보고하였다.

와이카트와 그의 동료들은 피아제이론에 기초한 유아교육 프로그램, 교사 중심으로 학습 내용을 주입식으로 지도하는 프로그램 그리고 유아를 중심으로 하여 단원 중심 교육을 하는 전통적인 프로그램을 비교·연구하였다. 지능 검사, 교사의 평가와 관찰로부터 얻어진 결과는 이들 프로그램 사이에 큰 차이점을 발견하지 못했다. 즉, 프로그램 유형에 따른 효과에서는 차이점이 없었다고 밝혔다. 그러나 지능검사 결과에서는 세 가지 프로그램이 모두 높은 점수를 나타내었다. 특히 프로그램 효과에 영향을 미친 가장 중요한 변인으로는 부모가 프로그램에 참여했는가의 여부, 잘 훈련된 교사진, 낮은 아동 대 교사의 비율 그리고 잘 정비된 교실환경과 계획된 일일 계획안 등이었다고 밝혔다(Weikart, Epstein, & Bond, 1978).

스탈링스는 팔로우스루의 10개 프로그램을 비교했는데, 이를 학문 지향적(the academically oriented), 인지−발견적(the cognitive-discovery), 탐구적(the discovery) 프로그램의 3종류로 구분하여 연구하였다. 3년간의 연간 보고서에서 첫해에는 프로그램 간의 차이가 유의하지 않은 것으로 밝혀졌다. 다음 해에는 인지−발견적 프로그램 중 하이/스코프 유형이 다른 프로그램보다 스텐포드−비네 지능지수에서 높았으며 학문 지향적 프로그램이 모양이나 수, 문자에 대한 아동의 인지능력을 증진시킨다고 하였다. 마지막 해에는 하이/스코프 유아의 지능은 다른 프로그램 유아와 차이가 없었으나 학문 지향적 프로그램 유아는 문자, 수 읽기, 세기 등에서 우수하였다고 보고하였다. 또한 유아에게 나타나는 효과를 유아교육의 시설 및 교수환경, 교사와 유아행동의 조직에 따라서 7가지 변인으로 나누어 분석하였다. 그 결과 체계적인 교수와 긍정적인 강화를 많이 사용하는 통제적 집단은 읽기와 수학 점수에서 높았고, 탐색자료가 많으며 아동이 선택할 기회가 많은 융통성 있는 학급에서는 비언어적 · 지각적 문제해결 검사의 점수가 높았으며 독립성이 높은 것으로 나타났다(Stallings, 1975).

밀러와 디어의 루이빌(Louisville) 실험연구는 4가지 유아교육 프로그램의 특징과 효과를 비교하기 위하여 실시되었다. 4개 프로그램을 비교한 결과, 교사 중심적인 행동주의 프로그램인 DISTAR 프로그램 아동은 학업수행능력에서 증진되었으며 DACREE 프로그램 아동은 학업수행능력뿐만 아니라 동기 및 언어, 사회적 참여에서도 높은 점수를 보였다. 몬테소리 프로그램은 창의성과 호기심에서, 전통적 프로그램은 언어 · 사회적 참여에서 높은 점수를 나타내었다. 그러나 2학년 때 실시한 검사 결과에서 IQ는 모든 프로그램 집단 아동에게서 1학년보다 낮게 나타났으며 특히 DISTAR 프로그램 아동의 대부분이 전국 규준 이상의 수준이었으나 2학년 말에는 전국 규준 이하로 나타났다. 한편 몬테소리 프로그램의 남아는 학업성취수준에서 우세하였다(Miller & Dyer, 1975).

이상의 단기적 효과에 관한 결과를 요약하면, 학령선기에 유아교육을 받으면 확실히 단기적 효과는 나타나는 것으로 보인다. 대부분의 유아교육 프로그램 참여 아동은 IQ 및 학력검사점수가 통제집단에 비해 우세하였다. 그러나 그 영향은 2~3년 정도밖에 지속되지 않았고 초등학교 초기에 감소되었다. 또한 프로그램 유형에 따라 그 효과는 각기 다르게 나타났다. 구조화가 높은 학문 지향적 프로그램일 경우 읽기나 수 영역에서 점수가 높게 나타났다. 반면 아동 중심적이며 비구조적인 프로그램일수록 아동의 독립성과 친사회적 행동 등이 높은 것으로 나타났다.

2) 프로그램의 장기적 영향에 대한 초기연구

그레이 등이 3~20세까지를 종단적으로 연구한 결과에 의하면, 지능에서는 유아교육 경험집단이 초등학교 3학년까지 우세했으나 고등학교에서는 차이를 보이지 않았다. 정의적 측면 중 자아개념 검사에서는 차이를 보이지 않았고 고등학교 교사의 평가에 의한 지도력, 생산성, 사회적 적응, 학교활동의 참여도에서는 유아교육을 경험한 집단이 우세하였다(Gray, Ramsey, & Klaus, 1982).

밀러와 비젤에 의해 계속된 루이빌 종단적 실험연구에서 실험집단 아동의 지능지수는 계속 감소하여 중학교에서는 실험집단과 통제집단 간에 유의한 차이가 나타나지 않았다. 학업성취와 IQ에서 볼 때, 교수적 프로그램(B-E와 DARCEE 프로그램)보다 비교수적 프로그램(몬테소리와 놀이 중심의 전통적 프로그램)이 더 효과적인 것으로 밝혀졌다. 즉, 비교수적 프로그램이 학업성취에서 더 우세했으며 IQ의 감소 추세도 약했다. 이러한 결과는 형식적인 교수와 집중적인 연습방법이 장기적으로 볼 때 저소득층 유아를 가르치는 가장 효과적인 교수방법이 아님을 시사해 준다(Miller & Bizzell, 1983).

칸스와 그의 동료들은 5가지 유아교육 프로그램의 장기적 효과를 비교하기 위하여 고등학교 시기와 고등학교 졸업 후에 검사를 실시하였다. 고등학교에서의 결과는 초등학교 시기(유치원~초등학교 4)와 비슷하며 유아교육 프로그램 유형 간의 차이는 거의 없었다. 그러나 실험집단이 유아교육을 받지 않았던 통제집단에 비해서는 효과적인 것으로 나타났다. 이들은 통제집단 아동에 비해 고등학교 졸업률이 높았고, 유급과 퇴학률은 낮았으며, 특수학급에 배정되는 비율도 낮았다. 고등학교 졸업률은 몬테소리 프로그램이 가장 높았으며 낙제율도 낮게 나타났는데, 이는 루이빌 실험연구와 유사한 결과였다. 또한 B-E 프로그램에 대한 결과에서 볼 때 구조화된 프로그램은 아동에게 단기적인 효과는 있었으나 그 이후 학교에서의 성공은 예측하지 못하는 것으로 나타났다(Karnes, Shwedel, & Williams, 1983).

종단적 연구협회의 연구로서 로이스 연구팀은 11개 연구를 전체적으로 종합하여 보고하였다. 유아교육 프로그램의 유형에 관계없이 유아교육의 장기효과를 연구한 결과에 따르면 지능발달에서 초등학교 1학년까지 평균 IQ 5.8까지 상승하는 효과를 보였으나, 그 효과는 오래 지속되지 않고 있음을 밝히고 있다. 또한 학업성취 지향성에 대한 조사에서 유아교육의 경험이 있는 10~19세 실험집단 학생들이 자신들의 학업 성취가 높다고 스스로를 평가하고 있었다. 실험집단의 학생은 학교나 일과 관련된 성취에 대해 자부심이 높았으며, 이러한 효과는 나이가 들수록(15~19세) 여자 학생에게서 특히 높게 나타났다. 자기 자신의 학업수행능력을 평가하도록 한 자기 평가에서도 실험집단 아동이 통제집단보다 자신을 더 높이 평가하였다. 실험집단의 어머니도 통제집단의 어머니보다 자신들의 자녀에게 보다 높은 기대감을 가지고 있었으며, 성취동기에서도 직업에 대한 포부 및 직종의 선택에서 높은 수준을 나타냈다. 또한 학교에서의 적응력을 분석해 보기 위하여 특별 학급에 배치되는 정도와 낙제율을 중학교와 고등학교에서 비교하였는데, 그 결과 실험집단 아동이 특별학급에 배치되는 비율 및 유급 비율은 유의하게 낮았다(Royce et al., 1983).

우리나라에서 이루어진 프로그램 효율성에 관한 장기 종단적 연구의 대표적인 것으로는 이은해·이기숙(1982·1987·1990)의 연구가 있다. 우리나라 유아교육 프로그램의 유형을 분석하고 그 효율성을 밝히기 위하여 4가지 유형의 유아교육 프로그램을 8년에 걸쳐 연구하였다. 유아교육 프로그램의 구조화 정도 및 상호작용 유형, 교사의 역할과 아동행동을 비교·분석하였다. 4가지 유형은 몬테소리 프로그램(유형 Ⅰ), 개방적인 놀이 중심의 프로그램(유형 Ⅱ), 단원 중심의 전통적인 프로그램(유형 Ⅲ), 학습 준비를 강조하는 프로그램(유형 Ⅳ)이었다. 사전 검사 및 사후 검사에 사용된 측정 도구는 네 종류로서 일반지능 검사, 사회·정서발달 평정척도, 학교 준비도 검사 그리고 창의성 검사였다.

이들의 연구에서 분석한 유아교육 프로그램의 구조성과 상호작용 유형에 따른 효율성은 아동의 인지발달보다는 사회·정서발달, 학습 준비도 및 창의성발달 측면에서 나타나는 것으로 밝혀졌다. 즉, 교사 중심의 구조적인 프로그램과 비구조적인 몬테소리 프로그램이 학교 준비도 측면에서 효과가 있었으며, 아동-교사 상호작용을 강조하는 구조적인 프로그램은 사회·정서발달에 효과가 있었다. 특히 아동의 창의성발달에는 선택활동과 아동-아동 상호작용 중심의 구조화가 낮은 프로그램이 효율적이었다.

프로그램 유형 간의 차이점을 분석한 결과는 대체로 선행연구의 결과와 일치하였다. 즉, 프로그램이 구조적일수록 아동의 극적 놀이의 빈도가 적으며, 교사는 일방적인 시범·설명이나 통제·지시의 역할 등 단순한 역할을 하게 된다. 반대로 프로그램이 비구조적일수록 아동이 활동을 주도하는 빈도가 높아지며, 교사는 도움을 주거나 칭찬을 하는 등 다양한 역할을 나타내고 있었다.

사회－정서발달은 초기 연구에서는 학습준비를 강조하고 구조화된 프로그램의 아동이 가장 낮은 수준을 나타냈다. 또한 초등학교 4학년 때에도 학습준비를 강조하고 구조화된 유형의 프로그램이 초등학교 교사의 사회·정서발달 평정에서 낮은 결과를 나타내었다.

창의성 발달에서는 놀이 중심의 프로그램에서 단기적인 효과가 나타났다. 특히 선택활동이 많고 아동－아동 상호작용이 높은 프로그램이 아동의 창의성발달에서 효율적인 것으로 발견되었다.

산수와 국어 학력검사에서는 유아교육 프로그램 간 차이를 통계적으로 의미 있게 발견하지는 못했지만 학습준비를 강조하는 교사 중심의 프로그램이 국어나 산수 학력에서 다른 프로그램 유형에 비해 오히려 낮은 점수를 보였다. 이 결과는 흔히 유치원에서의 교육방법이 교사 중심의 체계적인 교수와 구조화 정도가 높을수록 아동의 지능이나 학업성취에 효율적이라고 생각하기 쉬운 일반적 생각이 오류임을 지적해주는 것이라 하겠다.

유치원교육 경험의 유무가 단기·장기적으로 미친 결과를 살펴보면 지능발달, 사회·정서발달, 창의성에서 유의한 차이를 나타내지 않았다. 그러나 유치원교육 경험의 효과가 가장 분명하게 나타난 변인은 학력검사 중에서 수학이었다. 유치원교육 경험은 초등학교 4학년과 중학교 1학년 산수 학력에 계속해서 효과가 있었으며 이와 같은 결과는 종단적 연구협회에서 보고한 선행연구들과 일치하고 있다. 학력에 미치는 변인들을 분석해 보면 유치원 시기에 유아가 가진 인지능력과 학습준비도는 초등학교와 중학교에서의 성취나 능력의 예언에 가장 큰 작용을 하였다.

유아의 정의적 특성인 사회·정서발달과 자아개념에는 가정 환경적 자극이나 아버지의 학력, 즉 사회·경제적 배경의 영향이 큰 것으로 나타났다.

연구의 결과를 통하여 유형 간의 차이점을 밝힐 수 있는 동시에 우리나라 유아교육 프로그램들의 공통점이라고 생각되는 몇 가지 점을 지적해 보면 다음과 같다.

첫째, 단일활동의 비율이 평균 50% 이상을 차지함으로써 전반적으로 교사 중심 프로그램의 구조화 정도가 높았으며 자연히 대집단활동이 중심이 되고 있었다.

둘째, 우리나라 유아교육현장에서 각 프로그램의 특성을 규명하는 데 문제점이 있다. 각 프로그램은 그 프로그램 특유의 철학이나 이론이 분명하지 않으며, 따라서 뚜렷한 목표와 실행 조직이 결여되어 있었다. 일정한 목표가 있다고 해도 그 목표가 교사에게 분명하게 정의되어 있지 않았으므로 세워진 목표와 실제 교사행동 간에는 차이가 있었다.

셋째, 유아교육 프로그램 유형에 따른 단기·장기적 효과는 아동의 인지발달보다는 사회·정서발달에서 밝혀졌다. 특히 학습 준비를 강조하는 프로그램을 경험한 아동은 지능발달에서 단기적으로 유치원 사후 검사 시 급격한 상승을 보이다가 초등학교 4학년 때에 급격히 감소되었다. 이와 같은 결과는 교사 주도적인 유아교육 프로그램에 참여했던 아동이 초등학교 저학년까지는 가장 빠르고 높은 점수의 상승을 보이다가 그 이후부터 다시 빠른 감소율을 보인다는 선행연구들을 지지하는 결과이다. 그러나 위의 선행연구와 달리 본 연구에서는 학습을 강조하는 프로그램의 지능 상승폭은 다른 프로그램 유형과 별 차이가 없이 비슷하였다.

유아교육 프로그램 유형에 관한 이상의 연구들을 종합·정리해 보면 다음과 같다.

(1) 인지·언어발달

① 지능검사점수의 변화

저소득층 유아들은 유아교육을 받음으로써 지능검사점수가 올라간다. 특히 교사의 지시적인 프로그램에 참여했던 유아가 가장 빠르고 높은 점수의 상승을 보였다. 이러한 점수의 상승은 초등학교 저학년까지 계속되지만 그 이후부터는 점차 감소된다. 특히 교사 지시적인 프로그램의 유아에게서 지능검사의 감소가 컸으며, 남아보다 여아에게서 크게 감소되었다(Miller & Bizzell, 1983; Miller & Dyer, 1975).

② 유아교육을 받은 기간

유아교육을 일찍부터 받을수록 유아의 지적·언어적 발달에 미치는 영향이 크다(Beller, 1973·1983). 유아원부터 다닌 아동이 유치원부터 다닌 아동보다 산수, 읽기, 쓰기, 사회에서 점수가 높았다.

③ 장기적인 인지능력

유아의 자유선택활동을 중요시하는 프로그램은 유아가 청소년기에 언어, 읽기, 수의 성취도에서 높은 점수를 얻었다(Schweinhart & Weikart, 1980).

(2) 사회 · 정서적 발달

① 동기유발

유아의 동기유발이나 지구력, 학업성취는 자유선택활동을 중요시하는 프로그램에서 촉진될 수 있었다(Cannella, 1986; Gottfried, 1983).

② 자아존중감

놀이 중심의 융통성이 있는 프로그램에 속해 있는 초등학교 저학년 아동이 교사 지시적 프로그램에 속한 아동보다 자아존중감과 문제해결능력이 높았다(Fry & Addington, 1984).

③ 사회적 문제해결력

교사 지시적 프로그램의 유아는 친사회적 행동과 극화놀이를 적게 했다(Huston-Stein, Friedrich-Cofer, & Susman, 1977). 이와는 대조적으로 놀이 중심의 융통성 있는 프로그램의 유아는 사회적 문제해결력에서 높은 점수를 보였다(Fry & Addington, 1984).

④ 특수학급 배치도와 낙제율

유아교육을 받았던 아동이 받지 않았던 아동보다 특수학급에 배정되는 경우와 낙제율이 훨씬 낮았다(Berrueta-Clement, Schweinhart, Barnett, Epstein, & Weikart, 1984; Consortium, 1983; Lazar, 1983).

⑤ 비행행동

청소년기의 여러 가지 비행(사기, 마약, 임신, 범죄, 가출, 퇴학 등)은 유아교육을 받지 않은 저소득층 유아들에게서 더 많이 발견되었다(Berrueta-Clement, Schweinhart, Barnett, Epstein, & Weikart, 1984; Schweinhart, Weikart, & Larner, 1986).

(3) 기 타

미국 보건과 인간서비스부(The U. S. Department of Health & Human Service)와 포드(Ford)재단에서 후원하여 유아가 27세가 되기까지 추적한 연구가 있다

(Schweinhart, Berner, & Weikart, 1993; Schweinhart & Weikart, 1997). 연구결과 밝혀진 점을 요약하면 다음과 같다.

- 사회적 책무성 : 27세가 될 때까지 범죄로 인한 체포 경력이 유아교육을 받은 아동에 비해 유아교육을 받지 않은 아동의 경우 5배에 이르렀다(7%와 35%).
- 수입과 경제적 지위 : 수입과 경제 면에서 유아교육을 받은 집단이 월등(3~4배)하게 높았다.
- 교육적 수행도 : 문해능력이나 고등학교 졸업률이 유아교육을 일찍 받을수록 높았다.
- 투자 효율성 : 가장 많이 인용되는 효율성 중의 하나는 투자비용/효율성 분석이다. 연구결과 한 유아당 1달러의 투자가 결국은 7.16달러의 효율성을 가진다는 결과를 보여 줌으로써 유아교육에 대한 투자는 어떠한 투자보다도 경제적 투자 가치가 있다고 밝혀졌다(Barnett, 1996).

유치원의 교육과정을 계획하고 운영하는 데 있어서 위의 여러 가지 연구결과들은 무엇을 의미하는가를 고려해 볼 때 주로 다음의 두 가지로 요약될 수 있을 것이다.

첫째로 교사 지시적이며 주도적인 프로그램의 아동은 지능검사에서 가장 높은 점수를 보인다. 그러나 이러한 효과는 초등학교 저학년 시기에 가면 유아교육 프로그램의 유형에 관계없이 점차적으로 사라져 버림으로써 장기적 효과는 기대할 수 없음을 알 수 있다. 특히 점수의 감소율은 교사 지시적인 프로그램에서 가장 빠르게 나타난다는 것이다.

두 번째는 놀이 중심 원리에 기초한 질 높은 교육과정 모형들은 지적 발달, 사회·정서적 기능, 일상생활에 대처해 나가는 능력에서 장기적인 효과를 보이는 것을 알 수 있다.

3) 유아교육 프로그램 조기중재에 의한 종단연구의 현대적 경향

유아교육 조기 중재에 의한 종단연구의 효과들은 다양하게 이루어져 왔다. 국가적, 주요 연구소, 대학이나 개인차원에서 이루어져 왔으며 특히 영국에서 이루어진 EPPE(Effective Preschool and Primary Education) 프로젝트는 3~7세 유아의 인지 및 사회·정서발달에 미치는 효과를 검증하기 위한 정부의 대규모 종단연구라고 할 수 있다. EPPE의 연구결과 유아의 인지사회성발달에 유아교육의 효과는 긍정적으로 나타났으며 특히 언어, 문해, 추리력의 측정에서 높게 향상되었다. 유아교육기관의 전반적인 질은 유아의 협동성, 독립성, 사교성에 긍정적인 영향을 미치는 것으로 나타났으며 특이한 것은 종일제 유아교육 프로그램과 반일제 프로그램 간의 차이는 유아의 발달에 미치는 차이가 없는 것으로 나타났다(Melhuish, 2007). 다만, 유아교육기관에 취원한 기간이 길수록, 기관의 질적 수준이 유아의 발달에 중요한 요인으로 작용하였다. 영국에서는 이러한 효과의 장기적인 지속성을 알아보기 위하여 계속해서 종단연구(2003~2008년 2차 연구)를 진행하고 있다(이민정 외, 2008).

이 중에서 페리 프리스쿨 프로그램(Perry Preschool Program) 연구는 유아교육을 받은 집단과 통제집단의 유아들을 유아기부터 성인기까지(3~11세, 14세, 15세, 19세, 27세, 40세) 계속 추적한 포괄적이며 장기적인 연구였다. 연구결과 3~7세까지의 유아교육을 받은 집단의 지능에서 단기효과가 나타났으나 초등학교 3학년 정도부터 그 효과는 없어지고 있었다. 그러나 질적으로 우수한 유아교육을 받은 저소득 유아들이 유아교육을 받지 않았던 유아들보다 학교생활에서 성공적이고 성인이 되었을 때 고용률이 높으며 이러한 성공은 궁극적으로 후에 범죄나 사회복지 의존과 같은 사회적인 문제를 감소시키는 것으로 나타나고 잇다. 특히 비용편익분석(cost-benefit analysis)에서 유아교육에 대한 투자가 그 효율성이 크다는 것을 보여 줌으로써 유아교육에 더 많은 재정적인 투자를 유도하는 데 효과적인 것으로 분석되고 있다(Schweinhart et al., 2005).

다음으로 시카고 종단적 연구와 에이비시다리언(abecedarian) 프로젝트에서도 비용편익분석을 통하여 1달러 투자 시 총 편익성을 7.14달러와 3.78달러로 각각 산출하였다. 특히 에이비시다리언 프로젝트 인지발달, 의사소통기술, 사회적 유능감 등에 중점을 둔 질적으로 우수한 유아교육 프로그램은 빈곤층 유아들의 인지적 결함에 긍정적인 영향을 가져다 줄 수 있다고 밝히고 있어 유아 초기에 제공되는 질적으로 우수한 프로그램의 중요성을 강조한다고 하겠다(Ramey & Ramey, 2002). 두 연구 모두 읽기와 수학 성취도에서 프로그램에 참여한 집단의 유아들의 성취도가 높게 나타났으며 유급 및 특별교육의 감소 등과 같은 사회적 유능감에 기여하고 있음을 밝히고 있다(이민정 외, 2008).

NICHD연구는 1989년부터 시작되어 4단계로 나누어서 진행되었으며 보육 경험과 아동발달 간의 연관성을 밝히기 위한 대규모의 종단적 연구이다. 생후 54개월 동안에 경험하는 보육 경험이 훗날 아동의 학습과 발달에 강력한 영향을 줄 수 있는 변인임을 제시하고 있고 다른 연구들과 달리 보육의 시간, 질, 기관의 종류와 후속발달 간의 관계를 총체적으로 분석하고 있다. 즉, 기관의 질이 높을수록 학습준비도와 언어발달이 높게 나타났으며 유아기의 가정환경과 부모의 양육태도의 중요성을 보여주었다(NICHD, 2005).

4) 유아교육 프로그램 종단적 연구의 시사점

저소득층 가정의 아동들이 유아교육 프로그램에 참여하고 있는 동안에는 확실히 도움을 받는 것으로 나타났다. 그러나 프로그램이 더 이상 실시되지 않는 2~3년 후에는 그 효과가 사라지기 시작한다. 장시간이 지난 후에는 프로그램 간의 차이도 거의 없어진다. 그러나 질적 수준이 높은 프로그램에 참여했던 아동은 프로그램을 경험하지 않았던 아동에 비해 학교에서 보다 높은 수행수준을 보여 준다. 특히 초등학교 시기 동안 산수와 읽기 학력검사는 유아교육을 받은 아동이 유아교육 경험이 없는 통제집단 아동보다 높은 점수를 보이고 있다.

유아교육을 받은 아동이 고등학교 졸업률이 높으며, 낙제 및 특수학급이나 보충수업 학급에 배정되는 비율이 낮다. 또한 청소년 범죄에 가담하는 비율이 낮으며, 직업에 대한 기대수준이 높고 실현 가능성이 있는 포부를 지닌다. 그리고 자아존중감과 성취감이 더 높은 것으로 나타났다. 부모들도 아동의 학교 수행에 대해 긍정적이며, 계속적인 진학에 흥미를 보이고 아동의 직업에 대한 기대가 더 높았다. 이러한 연구결과들은 유아교육이 사회문제를 예방하는 데 많은 기여를 하고 있다는 것을 입증해 주는 것이다.

이러한 결과가 행정가들에게는 대수롭지 않은 교육효과로 비칠 수 있다. 그러나 1년간 프로그램을 받은 저소득층 아동에게서 큰 변화를 바라는 것은 무리이다. 왜냐하면 단기간의 지적 자극이 경제 및 영양, 주거, 문화적 장벽을 완전히 무너뜨릴 수는 없기 때문이다. 그러나 이러한 결과는 비용편익분석에서도 국가적으로 상당히 경제적인 이득(27세 : 1달러낭 7.16달러, 40세 : 12.90달러의 공공 편익비용효과로써 더 큰 효과를 보임)을 주는 것이라고 할 수 있다(Barnett, 2004; Schweinhart, Berner, & Weikart, 1993). 그러므로 아동의 더 나은 발전을 위해서는 보다 장기적인 개입이 필요하며, 국가적인 도움이 필요하다.

이제까지의 연구결과를 통하여 앞으로 유아교육 프로그램을 개발하고 질적으로 우수한 프로그램을 운영해 나가기 위하여 필요한 요인들을 정리해 보면 다음과 같다.

- 유아교육과정의 목적은 아동의 모든 발달 영역을 통합적으로 다룰 수 있어야 한다. 유아의 지적·사회적·정서적·신체적 발달은 균형 있게 유아의 학습 속에 통합되어야 한다.

- 프로그램에는 단기적 영향을 나타내는 것이 있는가 하면 장기적 영향을 나타내는 프로그램이 있다. 그러나 어느 유아에게나 맞는 완벽한 프로그램은 없다. 따라서 유아교육에서 가장 좋은 접근방법을 찾기보다는 질적인 요인에 주의를 기울여야 할 것이다. 중요한 것은 교육과정은 분명한 목표를 가지고 운영되고 있는가? 그리고 교사는 그 교육과정을 실제적으로 그 이론에 입각하여 잘 수행하고 있는가? 하는 점이 중요하다.

- 유아에게 효율성을 가져오는 유아교육 프로그램의 구성 요인이 무엇인가가 밝혀져야 한다. 또한 유아와 교사가 각각 그들에게 가장 적합한 프로그램이 무엇인가를 찾아서 연결시켜 나갈 수 있는 방법이 개발되어야 한다.

- 학교에서 성공하는 유아와 실패하는 유아의 특성을 구별할 수 있도록 가족 변인이 조사되어야 한다. 이러한 정보는 적절한 부모 참여 프로그램을 개발하는 데 사용될 수 있다.

- 유아에게 나타나는 결과는 교사의 행동, 유아의 행동, 학급환경 등 과정 변인(process variation)과의 관계 속에서 연구되어야 한다. 즉, 유아에게 나타나는 결과가 그 프로그램의 무엇(즉, 내용, 자료, 교수방법 등)의 영향을 받았는지 정확하게 밝혀져야 한다.

- 유아교육기관에서 유아 대 교사의 비율을 낮추어서 개별화 교육 및 소집단활동이 원활하게 이루어질 수 있도록 해야 한다.

- 교사의 질적 수준이 프로그램 효과에 영향을 미친다는 것이 밝혀짐으로써 교사 자격과 프로그램에 대한 계속적 장학과 훈련이 요구된다.

- 유아교육에 대한 연구 영역이 너무 제한되어 있다. 인지적 영역에서 벗어나 사회적 능력 및 정서적 영역에 대한 연구가 필요하다. 또한 이를 위해서는 타당한 평가 도구가 개발되어야 한다. 그리고 전반적인 성취보다는 구체적인 성취를 측정할 수 있어야 한다. 예를 들면 교사의 관찰, 유아들의 작업, 유아 자신의 평

가 등이 이에 속한다.

- 대부분의 연구가 저소득층의 아동들을 대상으로 하였으므로 연구의 일반화가 불가능하다. 그러므로 저소득층이 아닌 가정의 아동들을 위한 프로그램 접근방법과 교수 실제에 대한 연구가 필요하다.

- 유아교육의 비용편익분석(cost-benefit analysis)연구가 시급히 필요하며 이것이 유아교육지원정책에 반영되어야 할 것이다. 유아교육의 경제적 효과를 통하여 정책결정을 하는 데 좋은 설득자료가 될 것이다. 그러나 이러한 비용편익분석 연구는 우리나라 상황에 맞는 분석이 이루어져야 할 것이다. 왜냐하면 미국에서 이루어진 대부분의 선행연구와 같이 특별교육의 감소나 학년유급의 감소 등은 우리나라 교육체제에는 거의 없는 실정이기 때문이다. 또한 범죄율의 감소와 고등학교 졸업비율 등은 우리나라의 경우 고등학교 졸업률이 95%까지 상회하는 상황에서 기존 연구의 비용편익분석을 그대로 적용하기 어려운 부분이 많다고 하겠다(강석훈, 2008).

이상에서 살펴본 유아교육 프로그램 평가의 방대한 연구결과들은 유아교육에 많은 시사점을 주고 있다. 유아교육에 대한 관심은 유아교육의 중요성을 강조하는 것에서부터 점차로 유아교육에 있어 '무엇(what)'의 문제와 '방법(how)'에 그 관심이 모아지고 있음을 보여 주고 있다. 클라크-스튜와트(Clarke-Stewart, 1988)의 연구는 이러한 경향의 변화를 시기별로 구분하여 설명해 준다. 즉, 1967년을 전후하여 유아교육의 주요 관심은 '유아교육의 중요성'에 있었으며, 1972년경에는 가장 최적의 유아교육 프로그램을 찾는 일에 관심이 기울여졌다. 그러나 1982년 무렵에는 유아교육에 있어 다양한 프로그램 모형에 대한 비교 연구를 해본 결과 최상의 프로그램 모형이라는 것은 없다는 것을 발견하고 효율성을 가져오는 프로그램의 내적 변인들에 대한 연구가 활발해졌다. 그 결과 장기적이고 포괄적(comprehensive)이며 잘 설계된 프로그램과 교사 대 유아의 낮은 비율이 프로그램의 성공을 위한 중요한 변인들이며 가장 지속적인 교육효과를 가져올 수 있다는 것이 많은 연구결과 밝혀졌다는 것이다.

1987년 이후의 초점은 60년대, 70년대, 80년대 초기의 이러한 문제들을 계속해서 논의하면서 가장 큰 관심은 이론과 실제의 연결 또는 유아교육의 프로그램과 그것에 맞는 대상 유아를 어떻게 접목시킬 수 있는가의 문제에 모아지고 있다(Powell,

1986). 따라서 1980년대 이후 유아교육 프로그램 모델의 개발은 이제 더 이상 이루어지지 않고 있으며 그 동안 개발되었던 유아교육 프로그램 모형 중에서 몇몇 프로그램만이 적용·운영되고 있다. 최근에는 유아교육 프로그램 모델의 개발보다는 발현적 교육과정(emergent curriculum) 접근법으로써 레지오 에밀리아 접근법, 프로젝트 접근법과 발도르프 교육에 관심을 모으게 되고 특히 다문화교육, 반편견교육, 장애아 통합교육 등에 대해 강조하게 되었다. 이러한 결과들을 토대로 하여 앞으로 단 하나의 최상의 유아교육 프로그램을 찾으려 하기보다는 각각의 프로그램이 어떠한 사회·문화적 요인과 더불어 어떠한 유아에게 맞으며, 그 효율성을 가져오는 변인들은 무엇인지 그 질적 분석에 관심을 돌려야 할 것이다.

토의문제

1. 유치원/어린이집을 방문하여 운영되고 있는 프로그램이 무엇인지 이야기해 보고, 이 장에서 소개된 프로그램들 중에서 어떤 프로그램과 유사/차이점이 있는지 분석해 본다.
2. 현재 우리나라에서 적용되고있는 외국의 프로그램들이 그 기본원리가 잘 적용되고 있는지 알아보고 적용되지 않을 경우 그 이유는 무엇인지 알아본다.
3. 본 서에서 소개되고 있는 프로그램들에 관한 장기 종단적 연구가 있는지 찾아보고, 프로그램에 따른 효과성은 무엇인지 연구해 본다.

유아교육과정을 계획하고 구성하는 데 있어서 유아에게 가치 있는 교육 목적과 목표를 설정하고, 목표를 달성하도록 돕는 적절한 교육 내용과 방법을 선정 및 조직하며, 의도한 목표가 제대로 달성되었는지 확인하는 평가작업은 핵심적인 요소가 된다. 교육과정 운영에 있어서 평가는 교육의 목적과 목표, 교수−학습 내용 및 방법과 매우 밀접한 관련을 갖는다. 또한 유치원교육과정 운영에 있어서 평가는 교육의 질을 결정하는 중요한 교수 영역임에도 불구하고 유아교육과정에서 그 관심과 중요성에 대한 인식이 미흡하였다. 이에 본 장에서는 교사가 교육과정을 계획하고 체계적으로 실천하기 위하여 반드시 알아야 하는 여러 가지 교육과정의 구성 요소로 교육 목표의 설정, 교육 내용의 선정과 조직, 교수−학습방법, 평가의 필요성과 중요성을 살펴보고 국가적으로 유치원과 어린이집을 대상으로 이루어지고 있는 유치원 평가, 어린이집 평가인증 등에 대하여 살펴보고자 한다.

EARLY CHILDHOOD
CURRICULUM

CHAPTER 5

유아교육과정의 계획 및 구성

05 유아교육과정의 계획 및 구성

교사는 영유아들의 발달특성과 학습수준을 전문적으로 습득하고 연구하여, 영유아의 행동과 지식, 가치, 태도, 사고방법 등이 변화할 수 있도록 미리 사전에 목적을 가지고 치밀하게 계획된 의도적이며 가치지향적인 교육을 한다. 그러므로 가정이나 사회 곳곳에서 우연에 의하여 자연스럽게 이루어지는 일반적인 교육과 달리 유아교육기관에서 교사에 의해 실시되는 교육은 반드시 영유아에게 가치 있는 교육 목적을 세우고 그 목적을 달성하고자 노력하는 유목적적 행위라고 할 수 있다. 이는 교육의 의도성, 계획성, 체계성 등을 의미하며 교육이 교육전문가에 의해서 이루어져야 하는 이유이기도 하다.

영유아에게 가치 있는 교육 목표를 설정하고, 목표를 달성하도록 돕는 적절한 교육 내용과 방법을 선정 및 조직하고, 의도한 목표가 제대로 달성되었는지를 확인하는 평가 작업 등은 영유아교육과정을 구성하는 핵심적인 요소가 된다. 영유아를 위한 교육과정을 구성하는 기본 요소에는 일반적으로 교육 목표와 교육 내용, 교수-학습방법, 평가 등의 네 가지 요소가 포함된다(Tyler, 1949).

이러한 네 가지 요소는 유아교육기관에서 영유아를 교육하기 위하여 반드시 고민해 보아야 하는 교육과정의 구성 요소들이다. 즉, 교육 목표의 설정, 학습 경험의 선정, 학습 경험의 조직, 학습 성과의 평가로 정리되어 교육과정의 네 가지 기본적인 구성 요소로 정착되었다.

영유아교육론

228

교육 목표의 설정은 교육과정을 구성하는 가장 기본적인 요소로서 영유아기의 발달에 적합하고, 각 기관의 철학에 적합하게 이루어져야 한다. 그로부터 적합한 학습 경험의 선정과 조직, 그리고 목표에 근거한 평가가 이루어지게 되고, 교육 목표의 달성 여부와 교육과정의 장점과 단점에 대한 정보의 송환이 이루어지게 되기 때문이다. 각 기관의 철학에 부합하는 교육 목표의 설정과 그러한 교육 목표를 달성하는 데 반드시 필요한 교육 내용의 선정, 잘 선정된 교육 내용의 조직 및 영유아의 발달과 흥미에 적합한 교수방법의 결정, 평가 그리고 평가결과를 차기 교육계획 수립에 적절히 반영하는 것 등은 교육과정의 구성 요소이자 교육과정이 실행되는 순서이기도 하다. 영유아교육과정을 구성하는 주요 요인이 무엇인지에 관한 문제들을 고려하는 것은 교사들에게 자신의 교육 철학과 프로그램 운영 실제에 대한 반성적이고 비판적인 시각을 제공해 줄 수 있다.

선진국의 유아교육과정은 일반적으로 볼 때 인지와 기능에 초점을 둔 영미권 교육과정과 통합적이며 총체적 전인발달 목적의 북유럽권 교육과정 두 가지 전통으로 구분되어진다. 총체적 전인발달을 목적으로 하는 노르웨이, 스웨덴, 핀란드 등 북유럽 국가들은 연령을 구분하지 않고 유아의 발달과 개인차를 구별하여 통합적으로 유아교육내용을 적용하는 특징을 갖고 있으며, 이와 달리 인지발달을 강조하는 미국, 영국연방, 뉴질랜드 등 영미권 국가들은 교육과정의 책무성을 높이기 위해 학습 표준을 제시하고 연령별 세분화된 교육과정을 제시하고 있다(OECD, 2006). 이러한 관점에서 볼 때 유아교육에서는 가장 좋은 단 하나의 교육과정은 있을 수 없으며 그보다는 각 나라별 주어진 상황과 맥락에서 최선의 결과를 낼 수 있는 적절한 교육과정의 요소를 찾는 것이 더 중요함을 강조하고 있다(NAEYC & NAECS/SDE, 2003, 부록 4 참조). 이를 위해 유아교육과정 계획의 효율성을 극대화 하기 위하여 제안하고 있는 지표들을 정리하면 다음과 같다.

유아교육과정 계획의 효율성 지표(NAEYC & NAECS/SDE, 2003)

❋ 유아들은 능동적이며 적극 참여한다.

– 영아기부터 유아기까지 모든 연령의 유아들은 인지적, 신체적, 사회적, 예술적으로 능동적이어야 한다. 모든 연령의 유아들은 흥미를 가지고 활동에 몰입할 수 있어야 하며 이로 인해 학습에 대해 긍정적인 태도를 발달시켜 나간다.

⊛ 교육목적은 명확하며 공유된다.

– 교육과정 목표는 프로그램 집행자, 교사, 가족들에 의해 명백하게 정의, 공유되어야 한다.
– 교육과정과 관련된 활동들과 교수 전략은 통합되고 일관성 있는 방법으로 목표달성을 돕는다.

⊛ 교육과정이 유아에게 적절한지 분명한 근거에 기초하고 있다.

– 유아들을 위해 발달적 · 문화적 · 언어적으로 관련성이 있다고 판별된 교육과정과 유아발달과 학습의 원칙에 기초한 교육과정을 조직한다.

⊛ 효율적인 교육내용들은 유아의 탐색, 놀이, 집중, 의도된 교수에 의해 학습된다.

– 유아들은 모든 현상에 대한 탐색과 생각을 통해 학습한다.
– 이러한 경험은 어떤 연령의 유아들에게도 "큰 개념"을 탐색하도록 도움을 주고 이것은 추후 학습과도 연결된다.

⊛ 교육과정은 유아의 이전 학습 및 경험에 기반을 둔다.

– 교육과정의 내용과 실행은 유아의 이전 연령과 경험과의 관련되어야 하며 문화적인 학습에 기초하여 만들어지고, 가정과 지역사회에서 얻은 배경지식을 활용한다.
– 따라서, 유아의 연령과 문화적 맥락은 아주 중요하다. 예를 들면 영아와 걸음마 시기에 중요한 것은 관계 형성과 비형식적이고 풍부한 언어적 환경, 감각적 상호작용일 것이다. 이것은 유아기로 성장하면서 언어, 사회, 수 등의 개념형성에 기초가 될 수 있다.

⊛ 교육과정은 포괄적이다.

– 교육과정은 유아의 건강과 운동발달, 사회성 및 정서발달, 학습에 대한 접근, 언어발달, 인지와 일반적 지식, 과학 · 수학 · 언어 · 사회학 · 예술과 같은 중요발달 영역을 포함한다.

⊛ 교육과정의 교과관련 내용은 그 분야의 전문적인 기준에 타당해야 한다.

– 교과와 관련되어 있는 교육과정을 적용할 때는 그와 연관되어 있는 전문적 기관(예: 음악 교육 협회;MENC, 수학 교사 협회;NCTM, 과학 교사 협회;NSTA 등)의 기준을 충족해야 한다. 또한 서로 일관성 있고, 그 내용들이 연결될 수 있도록 검토되고 실행되어야 한다.

⊛ 교육과정은 유아에게 도움과 유익을 줄 수 있도록 한다.

– 연구결과들에 의하면 교육과정이 의도했던 대로 실행될 때 유아에게 유익하다는 것을 밝히고 있다.

본 장에서는 교사가 의도적으로 교육과정을 계획하고 체계적으로 실천하기 위하여 반드시 알아야 하는 여러 가지 교육과정의 구성 요소들에 대하여 좀더 구체적으로 살펴보고자 한다.

1. 교육 목표의 설정

유아들과 보람된 생활을 하기 위해서 뚜렷한 교육 목표를 세우는 것은 교사가 첫 번째로 해야 할 중요한 일이다. 목표는 학습 내용의 개관, 교수 절차의 개발, 평가를 준비하기 위한 기준이 된다. 또한 목표는 각 기관의 철학이나 관점에 따라 판이하게 달라질 수 있으나 대부분 어떤 준거를 따르게 된다. 타일러(1949)는 균형 잡힌 목표를 포괄적으로 설정하는 데 중요한 정보를 제공해 주는 원천을 크게 학습자에 대한 연구와 학교 밖, 즉 학교가 속한 사회에 대한 연구, 교과 전문가의 제안, 교육 철학, 학습 심리 등으로 구분하여 설명하였다. 그러므로 영유아교육기관에서는 그 교육기관의 철학, 영유아의 발달과 학습에 관한 이론, 사회와 문화의 요구에 대한 부응, 교육 전문가의 제안 등을 고려하여 교육 목표를 설정해야 한다.

영유아를 위한 교육 목표 설정의 원천에 대하여 간략히 살펴보면 다음과 같다.

1) 교육 목표 설정의 원천

(1) 학습자로서 영유아

교육의 수혜자인 영유아는 교육과정을 경험하는 주체이므로 교육 목표를 설정하는 데 있어서 중요한 원천이 된다. 따라서 무엇을 가르칠 것인가를 결정하는 데 있어서 영유아의 발달 및 학습에 대한 관점과 이해는 무엇보다 중요하다. 즉, 교육은 어디까지나 학습자가 있는 곳에서 출발하여야 하며 학습자를 충분히 고려하는 입장에서 검토되고 계획되어야 한다. 특히 영유아교육의 대상은 매우 어리고, 발달의 속도가 빠르며, 개인차가 크다는 특징을 지녔기 때문에 다른 어느 연령대에서보다도 학습자에 대한 연구가 철저히 이루어진 후에 교육 목표가 설정되어야만 한다.

교육과정 목표를 설정할 때 다음과 같은 사항들을 고려할 수 있다.

첫째, 학습자로서 영유아의 권리와 감정을 인격적으로 배려하고 있는가?

둘째, 영유아의 흥미와 요구가 충족되고 있는가?

셋째, 영유아의 발달단계를 확인하고 고려하는가?

넷째, 영유아들의 서로 다른 관심과 욕구, 발달단계, 소질과 적성, 능력을 배려하고 있는가?

다섯째, 개별 영유아가 최고의 단계까지 성장할 수 있도록 각 개인의 잠재적 능력을 고려하고 있는가?

(2) 사회적 가치와 요구

학습자로서의 영유아에 대한 이해와 함께 교육과정을 결정하기 위해서 고려해야 하는 다른 한 가지는 우리가 몸담고 살아가는 사회에 대한 것이다. 영유아교육기관은 우리 문화를 전수해야 하는 중요한 사회적 역할을 맡고 있다. 어린 세대의 교육은 일종의 사회화 과정으로 개인으로 하여금 그가 속한 사회에 잘 적응할 수 있도록 하며, 사회는 이를 통해 질서를 유지해 간다. 따라서 영유아교육기관은 사회적 가치나 기대를 교육과정에 반영해야 한다.

미래 사회에서 중요한 역할을 담당해야 할 어린 세대인 영유아의 교육을 위해서 전망적 안목으로 현재뿐만 아니라 미래의 사회 변화와 그 사회의 요구를 예견하고 그것에 맞추어 바람직한 인간상을 설정하며 교육 내용을 계획하는 것은 매우 중요한 일이다. 오늘날 앞을 내다볼 수 없을 정도로 빠르게 변화하는 사회 속에서, 현재 영유아기를 경험하며 성장하고 있는 영유아들이 청년이 되어 그가 속한 사회의 주역이 되어 생활하게 되었을 때, 시대에 뒤떨어지지 않는 사고와 행동, 역할을 할 수 있도록 미리 준비시켜 주는 일은 더욱 중요하다. 그러므로 어린 세대를 교육하는 일은 어느 시대, 어느 나라에서나 그 사회가 지니고 있는 문화와 시대상을 반영하게 된다. 사회의 다양한 요구는 교육과정에 직접적으로 영향을 미쳐서 반영되거나, 교육과정 전반에 간접적으로 스며들기도 한다. 따라서 사회는 학습자에 대한 연구와 함께 교육 목표를 설정하는 데 있어 반드시 고려해야 할 중요한 요소가 된다.

(3) 교과 전문가의 제안

유아교육 전문가들은 그 동안 교사들이 무엇을 가르쳐야 할지에 대하여 끊임없이 연구하여, 영유아의 각 연령에 따라 발달에 적합하면서 동시에 가르칠 가치가 있는 교육 목표와 내용들에 관하여 제안해 왔다. 그러므로 교육 목표를 설정하기 위하여 이들 전문가들의 제안에 기초하는 것은 당연하다고 할 수 있다. 그러나 전통적으로 유아교육에서는 초·중등교육에서처럼 교육 내용을 교과목으로 나누어 다루지 않고 주제를 중심으로 하여 교과 영역을 통합적으로 운영하는 것이 특징이다. 즉, 유아는 자연스럽게 자신의 흥미에 기초하여 여러 가지 소위 교과 영역을 통합하는 경험을 하게 된다. 그러나 이러한 특성들이 자칫 잘못하면 교사들로 하여금 교과교육 내용에 대한 지식은 거의 없이 방법에만 주의를 기울이게 된다는 것이 지적되어 왔다(곽향림, 2005; 조부경·백성혜·이은진, 2005). 또한 통합교육이 유아교육의 중요한 특성임에도 불구하고 교사들이 교과 내용에 대한 주요 개념에 대해서 충분한 지식이 없는 상태에서는 교육 내용을 의미 있게 통합하여 진행하기 어렵다고 밝히고 있다(김영옥, 2001). 유아교육은 그 특성상 교과 전문가가 제시하는 교과의 내용 지식만으로 이루어질 수 없다. 여기에 교사가 이해한 교과 영역에 대한 내용과 교사의 유아를 가르치는 교수방법, 그때그때 일어나는 수업상황 등을 통합하여 수업이 이루어져야 한다. 따라서 유아교육은 활동방법에만 관심을 갖기보다는 교과 영역의 교과 전문가들이 제안하고 있는 개념이나 내용에 대한 체계적인 이해가 수반되어 유아 교사들의 교수 내용지식을 증진시켜야 할 것이다.

(4) 교육철학

앞서 제시한 세 가지 목표 설정의 자원은 서로 상충되는 목표를 제시할 수도 있으며, 조사된 학습자의 필요나 흥미, 사회적 요구가 바람직하지 않을 수도 있다. 따라서 이들 목표 설정의 원천에서 도출한 목표가 가치 있는 것인가의 여부를 검토해야 하며, 이들 중에서 보다 더 중요한 목표를 골라내야 한다. 이때에는 교육기관에서 받아들이고 있는 교육적 또는 사회적 가치나 철학이 선별 기준이 된다. 영유아교육기관에서는 그들이 믿고 있는 철학적 가치 기준에 따라서 가장 가치 있는 교육 목표를 설정한다.

(5) 학습 심리

학습심리는 설정된 교육 목표가 실제로 가르칠 수 있는 것인지를 확인하는 장치이다. 영유아가 학습을 통해서 성취할 수 있는 가능한 행동의 변화가 무엇이며, 학습 가능한 최적의 연령이 언제인지, 학습이 어떻게 이루어지는지 등을 고려하여 교육 목표를 설정해야 한다. 이에 대한 근거는 학습심리학이 제공할 수 있다. 특히 영유아의 발달적 특성은 그 어느 단계에서보다도 독특하므로 그들의 발달과 학습특성을 충분히 고려하는 것은 교육 목표를 성공적으로 달성하는 데 반드시 필요한 요소라 할 수 있다.

이상에서 교육 목표 설정의 원천에 대하여 간략히 살펴보았으나, 교육 목표 설정에서 가장 중요한 것은 결국 선택의 문제이자 영유아교육기관을 운영하고 있는 사람들의 가치판단의 문제라고 할 수 있다. 이러한 판단에서 필요한 것은 종합적인 교육철학이다. 타일러는 목표 설정에 관한 상세한 방법과 절차를 제시하고 있지만 구체적인 어떠한 가치 판단도 하고 있지 않으며, 특정의 교육 목표를 제시하지도 않았다. 이것은 각각의 상황에 따른 학습자의 필요와 흥미, 사회적 요구 그리고 교육과정 결정자의 교육철학에 기초해서 결정해야 할 문제로 남겨두고 있다(김경배 외, 2005).

특히 영유아교육은 다른 각급 학교와 달리 국가수준에서 제시하고 있는 획일적이고 통일된 교과서가 없는 상황에서 각 기관의 운영자와 교사들이 각자의 철학에 근거하여 교육 목표를 설정하여야 하므로, 교육과정 목표의 원천에 해당되는 여러 가지 사항들에 근거하여 심사숙고한 후에 자신들이 교육하게 될 영유아들의 성장에 도움이 되는 합리적인 교육 목표를 설정하도록 노력하여야 할 것이다. 최근 유아교육과정의 목적과 목표를 설정하고 국가가 추구하는 교육과정의 방향을 결정하기 위하여 생애능력표준 설정을 위한 시도가 이루어지고 있다. 이에 대한 내용을 요약해 보면 다음과 같다.

생애 초기 기본 학습능력과 유아교육과정

세계 많은 국가들이 생애 초기의 학습능력을 신장하기 위해 학습 표준(learning standards)을 설정하거나 이를 교육과정에 통합하여 생애 초기부터 생애 전반의 교육과 연계성 있게 전개하려는 시도를 하고 있다. 생애 초기 기본 학습능력이란 인간의 성장발달에서 생애 초기에 습득해야 할 기본 능력을 말한다. 생애 초기 기본 학습능력의 정의와 설정은 출생 후 영유아기의 생애 초기 기본 학습능력의 설정과 그에 기초한 학습표준과 연계되어, 국가수준의 영유아기 학교교육체제의 구축과 교육의 목적 및 목표의 설정, 교육과정의 기준, 학습체제의 관리 기준이 된다고 할 수 있다.

기본 학습능력의 정의 및 재개념화로 보면 기본 학습능력의 개념이 과거에는 학업성취 개념으로 이해되었으나 최근에는 학력에 대한 개념으로 재개념화되고 있다. 즉, 지식 정보화 사회, 평생학습사회에서 요구되는 보편적·일반적·인지적 능력과 함께 개인의 자아실현과 민주 시민으로서의 삶을 유지하기 위해 필요한 다양한 사회적·정의적 능력까지를 포함하는 넓은 개념으로 이해되고 있는 것이다. 미래 사회에서 필요한 능력이 무엇인지 예측하여 학교교육에 끌어들이는 것이 교육과정의 '내용'을 결정하는 일이라고 보고, 여기서의 내용은 기본 능력(competency)을 기르는 것이다. OECD는 1997년에 개인의 성공적 삶과 사회의 발전에 요구되는 핵심 능력을 규명하기 위해서 DeSeCo(Definition and Selection of Key Competence) 프로젝트를 추진하였다. OECD국가들은 생애능력의 구성 요소로 인지적 요소와 함께 비인지적 요소의 중요성에 주목하고 있다. 이를 반영하여 DeSeCo 프로젝트는 생애능력으로서 핵심능력의 선정 기준을 다음과 같이 제안하고 있다. 첫째, 핵심능력은 사회와 개인의 가치 있는 결과에 기여해야 하며, 둘째, 폭넓고 다양한 맥락 내에서 개인의 중요한 요구를 지원하여야 하고, 셋째, 특수 전문가가 아닌 모든 개인을 위하여 중요해야 한다는 것이다. 이에 따라 각국은 기본 학습능력의 수준을 향상시키기 위한 방안으로 교육과정을 개정하고 있으며, 이를 위해 국가나 주 수준에서 학업성취도를 평가하고 그 결과를 다시 교육과정이나 학습의 과정에 반영되도록 하고 있다(신은수, 2007).

우리나라도 2002년부터 한국교육개발원에서 국가수준의 생애능력 표준 설정을 위한 연구를 시행하였으며 2004년까지 3차의 연구에서 유아교육과 초등교육단계, 중고등학교단계, 대학생 및 성인의 3단계로 구분하여 생애능력을 설정하는 연구를 실행하였다. 여기에서 설정된 국가수준의 생애능력의 내용은 ① 기초문해력인 읽기, 쓰기, 셈하기 능력 영역, ② 핵심능력으로서 의사소통능력, 문제해결능력, 자기주도적 학습능력 영역, ③ 시민의식으로서 국가 정체성, 신뢰 및 가치공유, 권리, 책임의식, 참여의식 영역, ④ 직업 관련 능력의 4가지 생애능력을 제안하고 있다(김안나 외, 2003; 유현숙 외, 2004). 그러나 국가수준의 생애능력에 관한 이러한 연구들에서 영유아기를 제외한 초등학교 이상의 단계만을 연구하게 되었으나 다행스럽게도 영유아기 핵심역량 표준설정을 위해 2007년에 생애초기 기본 학습능력 보장방안에 대한 기초적 연구가 처음으로 시도되었다(정미라 외, 2007).

앞으로 이러한 국가수준의 핵심역량이 개발되면 국가수준의 유아교육과정은 핵심역량과 연계하여 기본 학습능력을 설정하고 생애 전반의 각급 학교 단계수준의 교육과정과 연결하여 계속성을 가지고 강화되어야 할 것이다. 아직까지 이러한 시도는 초보적 단계라고 할 수 있으나 앞으로 계속적인 연구와 논의가 이루어져야 할 것이다.

선진국의 유아교육과정은 일반적으로 볼 때 인지와 기능에 초점을 둔 영미권 교육과정과 통합적이며 총체적 전인발달 목적의 북유럽권 교육과정 두 가지 전통으로 구분되어짐을 이장의 앞에서 밝힌 바 있다. 유아교육과정의 위의 두 가지 큰 방향 중에서 우리나라는 어느 방향을 따라야 할지를 앞으로 결정해야 할 것이다. 미국의 경우 아동낙오방지법(NCLB) 이후 지나치게 인지에 초점을 두고 학습 표준과 성취

기준을 제시하는 유아 교육과정 모형의 여러 가지 부정적인 효과에 대한 우려가 유아교육자들에 의해 지적되어 왔다. 따라서, 향후 우리나라의 교육과정은 발달적 개인차에 근거한 놀이 중심의 통합적 모형을 방안으로 하여 핵심 역량을 길러 주는 방향을 모색하는 것이 바람직하다고 할 수 있다. 그동안 논의되었던 핵심역량으로써 대인관계 능력, 의사소통 능력, 문제해결 능력, 자기관리능력, 시민의식 등 기본적인 능력(basic competence)은 직접 가르치기보다는 유아의 비형식적인 학습과정을 통해 습득되며, 능동적인 학습과 다양한 경험을 가능하게 하는 놀이와 프로젝트 작업을 중요시하므로 광범위한 경험이 가능한 최적의 학습 환경, 정서적인 환경을 제공하는 것이 바람직할 것이다. 이를 위해 초·중등교육과정과 연계되어 유아들에게 길러 주어야 할 적절한 핵심역량이 무엇인지에 대한 좀 더 심층적이고 종합적인 연구가 이루어져야 할 것이다.

2) 교육 목표의 설정

교사가 영유아를 위하여 교육 목표를 계획하기 위해서는 구별하여 사용해야 하는 용어가 있다. 교육 목표의 설정과 관련하여 교육 관계 문헌들에는 목적(goal, aim)과 목표(objectives, purposes, ends)가 서로 조금씩 의미를 달리하며 사용되고 있는 것을 알 수 있다. 교육 목표의 설정을 위하여 비슷한 듯하면서도 서로 다르게 사용되는 이 두 용어 간의 의미를 좀 더 명확히 따져보면 다음과 같은 차이가 있다.

목적은 목표보다 포괄적인 개념으로 교육의 방향 또는 중점을 지극히 일반적이고 포괄적으로 진술한 것이고, 목표는 교육과정에서 실제로 무엇을 다루어야 하며 어떠한 것에 우선순위를 두어야 하고 어떠한 내용을 선정하고 어떠한 경험을 강조해야 하는지 등의 구체적인 행동 지침을 제시해 주는 것이다. 목적이 가치 규범적인 것이라면, 목표는 구체적인 행동 형성을 위한 수단이라고도 할 수 있다. 따라서 목표는 목적에 대한 분석과정을 통하여 설정되는 것이며 목적이 여러 개의 구체적인 요소로 구분되어 목표로 바뀐다고 할 수 있다.

목적과 목표는 장기 목표와 단기 목표로도 구분되는데, 목적과 같은 의미로 사용되는 용어인 장기 목표는 일반적이며 추상적인 데 반하여, 목표와 같은 의미인 단기 목표는 특수하며 구체적이다. 즉, 장기 목표는 교육을 통하여 성취하려는 추상적이며 이상적인 행동적 용어와 관련된 목표이고, 단기 목표는 명료한 행동결과와 관련된 목표이다. 장기 목표는 교육과정을 구성하는 철학적·이론적 관점을 반영하는 목표이며, 단기 목표는 구체적인 교수-학습형태나 실제 교수상황을 반영하는 목표로서 교수계획과 관련된 목표이다(이기숙, 2000).

목적과 목표의 한 예로서 유치원, 어린이집의 3~5세 유아를 위한 공통 교육과정으로 만들어진 누리과정의 목적과 목표를 살펴보면 다음과 같다(교육과학기술부·보건복지부, 2012a). 교과부에서는 전인교육이라는 교육 목적 아래 유아가 전인 아동으로 성장하는 데 필요한 다섯 가지 생활 영역별 세부 목표를 상세히 설정하고 있음을 알 수 있다. 이렇게 볼 때 목표는 보다 상위의 목적을 실현시키기 위한 활동으로 사용되는 것으로써, 목적을 보다 구체적으로 심화시킨 것이다.

(1) 누리과정의 목적

누리과정은 만 3~5세 유아의 심신의 건강과 조화로운 발달을 도와 민주시민의 기초를 형성하는 것을 목적으로 한다.

(2) 누리과정의 목표

가. 기본 운동 능력과 건강하고 안전한 생활 습관을 기른다.
나. 일상생활에 필요한 의사소통 능력과 바른 언어 사용 습관을 기른다.
다. 자신을 존중하고 다른 사람과 더불어 생활하는 능력과 태도를 기른다.
라. 아름다움에 관심을 가지고 예술 경험을 즐기며, 창의적으로 표현하는 능력을 기른다.
마. 호기심을 가지고 주변세계를 탐구하며, 일상생활에서 수학적·과학적으로 생각하는 능력과 태도를 기른다.

이상에서 살펴본 바와 같이 교육 목적과 목표는 서로 연관성을 가져야만 하는데, 목적과 목표가 서로 연관된 바람직한 교육 목표를 설정하고자 할 때에는 다음의 몇 가지 기본 원칙을 고려해 볼 수 있다(이성호, 2004).

첫째, 목표 설정은 여러 가지 관련된 맥락에서 충분히 검토하여 많은 사람들이 합의하는 목표로 진술되어야 한다. 특히 그 목표를 읽는 모든 사람이 똑같은 의미로 이해하고 해석할 수 있어야 한다.

둘째, 목표는 교육 이념, 목적 등과 관계되어야 하며, 교수－학습활동의 방향을 제시해 줄 수 있을 만큼 충분히 구체화되고 정확하고 포괄적으로 진술되어야 한다.

셋째, 목표는 학습자들에게 현재의 삶에 있어서도, 또 미래의 삶에서도 가치 있는 필수적인 것으로 진술되어야 한다.

넷째, 목표 설정은 교수－학습활동 이전에 사전 계획으로 설정되어야 하되, 교수－학습활동과정에서 생성되는 새로운 목표들을 수용할 수 있을 만큼 융통성이 있어야 한다.

다섯째, 목표 설정은 논리적으로 조직화된 응집성을 견지하여야 하며 주기적으로 재검토될 수 있어야 한다.

여섯째, 목표 설정은 외현적·내면적 두 가지 측면 모두의 행동 변화를 충분히 고려하여야 하며, 양적인 수준과 질적인 기준을 모두 포용하여야 한다.

일곱째, 목표 설정은 다양성을 근간으로 하여, 학습자 개개인의 능력과 수준에 맞아야 하며, 개별 학습자의 독특성과 자유로운 탐색을 최대한 신장시킬 수 있도록 하여야 한다.

여덟째, 목표 설정은 수업 그 자체는 물론 학습자의 학업성취 평가에 절대적인 기준으로 작용할 수는 없다. 누가적이고, 잠재적이고, 표현적이고, 부차적이고, 장기적인 학습결과 또는 학업성취가 있음을 고려하여야 한다.

3) 교육 목표의 진술

교육 목표의 진술은 교육의 결과로 학습자가 성취하게 될 행동이 무엇인가를 분명하게 규정하는 구체적이고도 명확한 행동적 용어로 진술되어야 한다. 왜냐하면 교육은 학습자를 대상으로 하는 일이기 때문에 반드시 학습자에게 어떤 결과를 나타내어야 하며, 교육 목표는 그 달성 정도가 평가될 수 있는 것이어야 하기 때문이다. 그러므로 행위동사를 사용하여 목표 진술을 하면 교수－학습과정을 효율적으로 평가할 수 있고, 교수자료나 내용 및 방법을 선정하는 데 유용한 기초를 제공하게 되며 학습자가 목표에 어느 정도 도달했는지를 파악하는 것도 용이하다. 즉, 행동적 목표 또는 실행 목표(performance objectives)는 교사가 무엇을 가르쳐야 하고 영유아가 무엇을 배워야 하며, 또 교육이 얼마나 효과가 있고, 초기에 설정한 교육 목표를 어느 만큼이나 성취해 나가고 있는지를 보여 주는 데 큰 도움을 준다(Eliason &

Jenkins, 2003). 이때의 행위동사는 수업 목표, 즉 수업의 의도를 분명히 나타내 줄 수 있도록 분명한 의미의 용어를 사용하여야 한다. 여러 가지로 그 뜻이 해석될 수 있는 다의적 용어들은 피하고, 제한적인 해석을 내릴 수 있는 분명한 용어들을 사용하여야 한다. 예를 들면, 생활 주제 '나와 유치원'에서는 '친구들과의 놀이에 자발적으로 참여하며 사이좋게 지낸다', '하고 싶은 놀이를 스스로 계획하고 행동에 옮긴다'를, 생활 주제 '가족'에서는 '가족의 수를 표로 나타낼 수 있다', '가정에서 내가 할 수 있는 일에 자발적으로 참여한다'와 같은 구체적 목표를 설정할 수가 있다.

이와 같은 행동적 목표 진술에 대해서 반대하는 의견들도 있는데, 그 이유는 행동 목표가 목표를 너무 단순화시키거나, 측정이 어려운 인성적 · 심리적 특성이 무시되기 쉽다는 것 등이다. 이와 같은 행동적 목표 진술의 문제점을 유아교육의 측면에서 제시한 의견들은 첫째, 유아는 전조작적 사고단계이므로 이들의 행동을 상세화하는 것이 불가능하다는 것과 둘째, 인본주의교육에 위배된다는 것, 셋째, 행동적 목표는 너무 상세하여 학습이 전체적인 경험을 고려하지 못하고 분리된 단계로 갈라진다는 것, 넷째, 행동적 목표는 단지 하나의 정확한 반응만 취하기 때문에 다양한 사고나 개별적 학습자료의 선택 여지가 없다는 것 등이다(김경철 외, 2001). 그러나 교육 목표는 구체적인 교육상황에서 달성이 가능한 구체적인 목표로 진술되어야 하고, 교사와 학습자의 행위로 드러나고 내면화될 수 있어야 하므로 명확한 행동 용어로 진술되는 것이 일반적이다.

4) 유아교육과정의 유형별 교육 목표 설정의 예

유아교육과정의 목표 설정의 근원은 앞에서도 지적한 바와 같이 인간의 성장과 발달에 관한 심리적인 기초, 문화적 · 사회적 요구와 유아를 어떻게 키울 것인가에 대한 가치 철학적인 기초를 들 수 있다. 유아교육과정의 유형 분류에서 살펴보았듯이 콜버그와 메이어는 심리학적 이론들이 가정하는 접근법을 교육과정 구성에 적용함으로써 교육이념, 즉 교육적 이데올로기(educational ideology)가 된다고 보고 이를 분류하였다. 교육 목표란 이러한 교육이념에 따라 그 보는 관점과 전략이 달라질 수 있기 때문에 콜버그와 메이어의 분류 기준에 따라 교육 목표 설정의 전략을 살펴보기로 하겠다. 그들은 〈교육 목적으로서 발달(development as the aim of education)〉이라는 논문(Kohlberg & Mayer, 1972)에서 교육의 실제는 과학이나 심리이론만 가지고 유도될 수 없다고 주장한다. 이러한 관점에서 유아교육 이데올로기의 분류는 심리학 이론과 인식적인 요소, 윤리적인 가치체계의 범주에서 지식·가치·인간의 본질에 대한 차이를 설명하고 유아교육의 목표를 정의하기 위한 교수 전략을 설명하였다. 세 가지 교육사조는 ① 낭만주의, ② 문화전달주의, ③ 진보주의이다. 이 세 가지 사조가 가지고 있는 교육 목표 설정을 위한 기본 가정, 인식론적인 위치, 가치체계 및 목표정의를 위한 전략을 살펴보면 다음과 같다.

(1) 낭만주의

유아의 내적 본성의 전개가 중요한 학습 경험과 활동이라고 본다. 따라서 발달에 대한 성숙주의이론 관점에서 프로그램이 운영되며 루소, 프뢰벨, 프로이트, 게젤 등의 이론이 기초가 되었다.

유아교육 내용 구성의 기본은 유아 자신의 흥미에서부터 시작될 수 있다는 전통적인 아동 중심 또는 흥미 중심의 유아교육 프로그램들이 이 계열에 속한다. 유아의

교육 목표 정의를 위한 전략 : 낭만주의

낭만주의 교육이념에 근거를 두고 있는 성숙주의론적 유아교육과정의 교육 목표는 인간이 갖추어야 할 건전하고 바람직한 인성특성과 일련의 덕목(德目 : bag of virtues)이라고 규정하고 있다.

따라서 교육 목표는 단기적 목표를 강조하기보다는 장기적 목표를 강조하며 교육과정 영역별로 세분화된 목표를 세우기보다는 통합적인 접근법을 지향한다. 목표의 내용 또한 인간의 외적인 행동적 측면을 강조하기보다는 내면적 본성에 두기 때문에 교육의 결과보다는 과정에 그 중점을 두게 된다. 그러므로 이 접근법은 모호하며 자의적이라는 비판을 받을 수 있다. 또한 바람직한 일련의 덕목을 목표의 전략(bag of virtues strategy)으로 설정하고 있기 때문에 유아의 바람직한 인성발달에 관한 자연스러운 사실을 유아가 지향해 나가야 할 교육 목표로 그대로 받아들인다는 자연적인 오류(naturalistic fallacy)를 범하고 있다는 것이다. 예를 들면 헤드 스타트의 목표는 자아존중, 자발성 등을 목표에 포함하고 있는데, 이것은 인간의 바람직한 인격특성으로서 아동발달의 심리적인 발달 내용인 것이다. 이것이 학교나 사회에서 중요시 여거져야 하는 깃인지에 대한 가치핀딘은 유보하고 있기 때문에 가치상대성의 문제가 대두될 수 있다. 결국 교육의 목표를 인간의 심리적 특성에서 찾으려고 함으로써 그 결과 유아가 자연스럽게 행하고 느끼는 것이 그대로 목표로 받아들여지는 윤리적 상대성이 강조되는 입장이라고 할 수 있다.

권리와 행복에 대한 인간적이고 윤리적인 관심을 강조하는 낭만주의 가치체계의 기본이 되는 것은 개인의 자유이다. 그 결과 유아가 자연스럽게 행하고 느끼는 것이 받아들여지는 윤리적 상대성이 강조된다.

(2) 문화전달주의

문화전달(cultural transmission)주의의 사고체계에 따르면 유아의 발달이 주로 외부적 요인에 의해 결정되며 인지, 윤리 및 문화적 지식을 직접 가르침으로써 가장 잘 발달된다고 보는 행동주의적 관점이 기초가 되는 유형이다. 로크의 환경론으로부터 손다이크, 스키너 등의 행동주의 학습이론을 바탕으로 빠른 시간 안에 계획적 강화에 의해 구체적인 학습 목표를 달성하는 상당히 구조화된 프로그램들이 여기에 속한다.

교육 목표 정의를 위한 전략 : 문화전달주의

교육 목표를 설정하는 전략으로 여겨지는 성공의 예언전략 또는 산업심리학전략(industrial psychology strategy)은 학교에서의 성공이나 사회의 적응에 성공할 수 있기 위한 기능 습득과 태도 형성을 주된 교육 목표로 삼고 있다.

문화전달주의는 교육의 목표를 정의하고 교육적 경험을 평가하는 데 있어서 두 가지 전략으로 특징지을 수 있다.

그 첫째는 장기적 목표로서 궁극적으로 사회체제에서의 권력과 지위를 얻기에 필요한 사회적 기능과 태도를 말한다. 두 번째는 장기적 목표를 달성하기 위한 단기적 목표로서 학교생활에서의 지식과 적응행동을 포함하는 학업성취기능을 강조한다. 그러므로 가치란 제한적이고 측정할 수 있는 목표에 수단으로써 작용하는 행위에 둘 수 있다. 따라서 이런 성취검사의 내용들이 학교교육의 목적이 된다. 유아의 내적 본성보다는 외적 행동적 측면이 단기적 목표 차원에서 세분화되어 강조되며 교육의 과정보다는 그 결과가 중요한 목표달성의 증거가 된다. 따라서 교육 목표와 내용은 교과별·영역별로 세분화되고 그 달성 여부는 성취도 검사를 통하여 개별적으로 확인된다. 예를 들어 행동주의이론에 기초를 둔 유아교육 프로그램으로써 디스타(DISTAR) 프로그램은 유아의 읽기, 쓰기, 셈하기의 기능과 태도를 단계별(학년, 월별, 주별, 시간대별)로 제시하고 교과별로 세목화된 행동 목표를 제시하고 있다. 이 전략은 사회에 따라서, 시대에 따라서, 또는 집단구성원에 따라 가치란 변화할 수 있으며 상대적인 것이기 때문에 임의적인 가치나 행동특성을 절대적인 것으로 볼 수 없다는 가치 상대주의적 오류(value-relativistic fallacy)를 범하고 있다고 본다. 따라서 콜버그와 메이어는 교육 목표의 정의로 정당화될 수 없다고 비판받고 있다.

낭만주의와는 대조적으로 내적 · 주관적 경험에 대한 언급과 특성에 대한 설명을 배제한다. 객관적인 방법으로 관찰되고 측정된 예상할 수 있는 행위로부터 추론할 수 있는 지식을 강조하기 때문에 교육 내용은 구조화 · 순서화되고 학습원리에 근거한 조직적인 교수전략을 수행한다.

(3) 진보주의

듀이의 진보적인 교육관과 피아제의 인지발달이론에 기초한 것으로서 교육은 유아와 환경과의 상호작용이 허용되고 증진되는 조건하에서 유아와 환경 간의 상호작용으로부터 나타난다는 전제에 기초한다.

교육 목표 정의를 위한 전략 : 진보주의

진보주의 교육이념에 바탕을 두고 발달적–철학적 전략(developmental–philosophical strategy)을 사용하면서 궁극적인 교육의 목표를 발달로 보고 있다. 이때 발달의 개념은 내적이고 발달과정 자체를 다루는 타당성의 기준을 의미하며 단지 미래에 어떻게 될 것이라는 것을 정의하는 것은 아니다. 왜냐하면 그것이 반드시 더 나은 것이 아니기 때문이다.

교육 목표는 인간의 성장과 발달과정에서 생겨나는 본질적이고 보편적인 성격을 지니고 있기 때문에 자의적이거나 상대적이 아니다. 즉, 인간 내부에서 자의적으로 나온 것만을 중요시 여기는 것이 아니며 외부로부터 단순히 주어지는 것을 중요하게 여기지도 않는다. 결국 성장 · 발달과정에서 주변 환경과의 능동적인 상호작용을 통한 경험에 의해 목표달성이 이루어지는 것이다. 따라서 인간의 내면적 본성만을 강조하는 자연주의적 오류(낭만주의)와 사회나 시대에 따라 변화하는 임의적 · 상대적인 가치를 강조하는 가치 상대주의적 오류(문화전달주의)에 빠질 수 없다. 이 발달적 · 철학적 접근의 특징은 타당하다고 판단되는 철학적 관념이 심리학적 이론과 발달이라는 사실과 통합되어 있다는 것이다. 교육의 과정은 사고의 과정으로서 총체적인 발달을 추구함으로써 장기적 목표를 강조하게 된다. 듀이는 교육 목적의 기준으로써 유아의 흥미와 요구, 경험과 능력을 바탕으로 설정되어야 하며 활동상황에 따라 역동적인 수정이 가능해야 한다고 보았다. 즉, 듀이의 진보주의 교육이론이 유아교육의 교육목적과 목표 설정에 주는 시사점은 교육 목적과 목표가 활동상황에 따라 역동적으로 변화 가능하므로 융통성 있는 교육 목적 설정이 중요하고 유아가 이러한 자신의 목적과 목표를 실현할 수 있는 자유가 보장되어야 한다고 보았다(나성식, 2005).

그러나 스포덱과 실린은 이러한 콜버그와 메이어의 분류도 역시 교육적 패러다임에 의한 구별이라기보다는 심리학적 발달이론에서 벗어나지 못하고 결국 피아제이론을 중심으로 하는 구성주의의 발달이론 입장과 크게 다를 바 없다고 비판하고 있다(Sillin, 1987; Spodek, 1988).

지식은 생물학적 성숙이나 환경으로부터의 직접적인 학습에 의해서라기보다는 상호작용이나 대화를 통한 내적·심리적인 중심으로부터 나온다는 것이다. 이러한 인지발달이론에 기초한 인식론은 종종 '상호작용주의'라고 불리는데, 그것은 개인과 환경 간의 심리적 상호작용을 의미한다.

5) 유아교육과정 목표의 예

이상에서 살펴보았듯이 유아교육에서는 어떠한 특정한 이론적 선택은 그 이론에 기초한 프로그램들의 관심 영역 속에서 교육 목표를 제한받게 된다고 볼 수 있다.

예를 들면 피터스 등은 유아교육의 목표를 분류하는 데 있어서 성숙주의적 이론에서는 사회-정서적 발달을 주요 목적으로 보기 때문에 신뢰감, 자율성, 주도성 등

유아교육과정 목표의 예(NAEYC, 1991)

유아교육 프로그램의 목적은 모든 영역을-정서, 사회, 인지와 신체-포함해야 하며 바람직한 태도와 성향의 발달기술과 과정, 지식과 이해의 발달을 도모해야 한다. 다음은 3~8세까지의 유아교육 프로그램을 위한 목표 진술의 사례이다.

- 학습에 대한 긍정적 자아개념과 태도, 자기조절력과 소속감을 기른다.
- 세상에 대한 호기심, 학습자로서의 자신감, 창의성과 상상력, 개인적인 주도성을 기른다.
- 교사 및 또래와의 상호신뢰감과 존경의 관계, 타인의 입장에 대한 이해, 집단생활의 규칙을 지키고 타협할 수 있는 능력을 기른다.
- 사회적·문화적 다양성을 이해하고 존중한다.
- 지역 사회와 사회적 역할에 대해 안다.
- 효율적으로 의사소통을 하며 사고와 학습을 촉진시키기 위해서 언어를 사용한다.
- 읽기와 쓰기로부터 정보뿐만 아니라 만족감을 얻는 유능한 인간이 된다.
- 가상놀이, 춤과 동작, 음악, 미술 및 구성활동을 통해 감정과 느낌, 생각을 표상한다.
- 비판적으로 생각하고 추론하며 문제를 해결한다.
- 사건, 사물, 사람과의 관계에서 분류·서열·수·공간·시간과 같은 개념을 이해한다.
- 물리적 세계에 대한 지식을 구성하고, 사물을 조작하며, 인과관계를 이해한다.
- 예술, 문학, 과학에 대한 감상과 이해를 한다.
- 신체조절에 능숙하고, 대·소근육의 기초적인 신체기술을 익힌다.
- 자신의 신체를 보호하기 위한 지식을 갖고 바람직한 건강과 체력을 유지한다.

을 목표로 하고 있다고 본다. 또한 인지발달이론도 분류, 기억, 공간관계와 언어와 같은 지적 발달과정에 치중되고 있으며 지적 발달은 사회−정서발달의 선행조건이라고 본다(Peters, Neisworth, & Yawkey, 1985).

영유아를 위한 교육 목적과 목표의 실 예로 미국의 NAEYC에서는 3~8세 유아들을 위하여 교육 목표를 설정 · 제시하였다(NAEYC, 1991). 이는 영유아의 발달에 적합할 뿐만 아니라 21세기를 살아가기 위해 비판적으로 사고하고, 함께 협동하며 창조적으로 문제를 해결할 수 있는 민주 시민을 육성하기 위한 것을 목적으로 하고 있다.

2. 교육 내용의 선정과 조직

설정된 교육 목표를 실제적으로 잘 성취하기 위해서는 목표달성을 용이하게 하는 적절한 교육 내용을 선정하는 일이 뒤따라야만 한다. 학습은 기본적으로 학습자가 가지는 경험, 즉 학습자가 환경에 대하여 반응하는 것을 통하여 일어나며, 교사가 아닌 학습자의 능동적인 행동을 통해 일어나는 어떤 것이므로 같은 교실에서 학습한 학습자들일지라도 서로 다른 경험을 가질 수 있다. 그러므로 교사는 학습에서 반응의 주체인 학습자의 흥미와 관심 및 학습자의 배경을 잘 알고 있어야 한다. 학습자의 내적 조건과 학습을 불러일으킬 수 있는 환경에 대해서 잘 알고 있는 교사는 자신이 원하는 학습이 일어날 수 있는 교육 내용을 잘 선정할 수 있다. 즉, 교사는 학습자의 기존 경험의 질을 반영하여 학습자에게 필요하고 도움이 될 수 있는 구체적인 교육 내용을 선정할 수 있어야 한다. 영유아를 위하여 교육 내용을 선정하는 데 도움이 되는 몇 가지 기준을 제시하면 다음과 같다.

1) 교육 내용 선정의 기준

교사는 '어떠한 교육 내용을 교육과정 속에 담아야 할 것인가?', '교육과정 내용을 선정하는 가장 타당하고 합리적인 기준은 무엇인가?'에 대해 고민하고 교육과정의 목적과 목표가 설정되면 그 다음으로는 목적과 목표의 달성이 가능하도록 돕는 교육 내용을 선정하여야 한다. 교육 목표가 무엇이냐에 따라 그 목표의 달성을 위해 선정되는 교육 내용이 달라지지만 교육 내용을 선정하는 데는 일반적으로 적용할 수 있는 원칙이 있다(이성호, 2004).

첫째는 내용의 유의미성이다. 내용의 유의미성은 교육 내용이 그 학문 분야에서 얼마나 본질적이며 또는 기본적이냐 하는 문제로 1960년대 학문 중심 교육과정의 출현과 더불어 내용 선정에 있어 가장 합리적인 기준으로 부상하였다. 기본적인 내용에는 다른 학문, 다른 지식을 학습함에 있어서 선수(先修) 기초 요건이 되는 경우도 포함되며, 이때 무엇이 기본적이고 본질적인 내용이냐에 대한 합의가 이루어져야 한다.

둘째는 내용의 타당성이다. 이 기준은 교육 내용 선정에 있어서 우리가 반드시 가르치고 배워야 할 모든 내용을 고르게 포함시키고 있느냐의 문제이다. 타당성 기준은 두 가지 측면에서 생각할 수 있는데, 하나는 그 내용 자체의 타당성으로 얼마나 많은 전문가들이 입증하고 확신하는 내용이냐 하는 문제이고 다른 하나는 교육 내용으로 선정되는 내용의 깊이와 폭에 있어서 균형이 확보되어야 함을 의미한다. 무조건 조기에 학습시킬수록 좋다는 맹신이나, 단지 영유아들이 매우 재미있어 한다는 이유만이 교육과정 내용 선정의 원칙이 되어서는 안 된다.

셋째는 내용의 유용성이다. 넓은 뜻에서의 유용성은 교육 내용과 영유아교육기관 밖의 현실 세계와의 관련성을 의미하는 것으로, 교육 내용의 사회적 효능성을 말한다. 즉, 교육 내용이 실생활에서 얼마나 활용 가능한 것인가에 대한 고려를 의미한다. 교육 내용이 사회와 학습자의 요구를 적절히 수용하고 있는지, 또한 학습자의 흥미와 필요에 얼마나 적합하게 선택되었는지는 유용성을 결정하는 관건이 된다. 유용성은 학습 내용이 학습자의 삶에 의미를 가져다 주고, 학습자의 미래의 삶에서 지속적으로 가치 있는 도움을 줄 수 있는 내용이 되어야 한다는 것이다.

넷째는 내용의 학습가능성이다. 내용은 교사에게는 가르칠 수 있는 내용이어야 하고, 학습자에게는 학습이 가능한, 즉 배울 수 있는 내용이어야 한다. 학습자의 신체·정서·사회·인지·언어발달 등에 적합한 수준과 양의 내용이어야 한다.

다섯째는 내용의 경제성이다. 이는 교육과정 내용이 학습자로 하여금 가장 경제적인 방식으로 최대한의 성취를 하는 데 도움을 줄 수 있는 내용으로 선정되어야 함을 의미한다. 학습자의 노력의 경제성, 교수자의 노력과 교수-학습자원의 경제성 등을 포함하며, 허락된 시간에 쓸 수 있는 인적·물적 자원을 활용하여 최대한의 교수와 학습효과를 거두는 것을 의미한다.

여섯째는 내용의 내적·외적 관련성이다. 어느 학문이든지 여러 가지 수준의 개념들이 어떠한 위계적 구조와 체계를 형성하고 있다. 교육과정에서 선정되는 내용은 바로 그러한 위계적 구조와 체계 속에서 구조적 관련성을 지니고 있는 내용이어야 하며, 다른 학문 분야의 내용과도 관련지을 수 있는 잠재적 가능성을 지니고 있어야 함을 의미한다.

일곱째는 내용의 균형성이다. 이는 교육과정 내용이 무조건적 학습자의 요구에만 치우쳐서도 안 되고, 사회의 요구·성인들의 요구·여러 집단의 요구가 함께 균형 있게 고려되어야 함을 의미한다.

여덟째는 내용의 사회 가치 적합성이다. 이 기준은 '민주주의적 가치 지향', '사회적 가치', '사회 개발' 등의 다양한 용어로 표현되고 있다. 이러한 기준에 기초하여 선정된 교육 내용은 인간의 도덕적 가치와 이상, 사회문제, 인간의 감정, 효율적인 사고과정 등에 대한 탐구를 중심으로 하고 있다. 즉, 여기서는 교육과정 내용 선정이 왜곡된 사회적 가치를 바로잡고, 새롭고 바람직한 가치 창조에 적합한 내용으로 선정되어야 함을 의미한다.

이상의 여덟 가지 교육 내용 선정의 원칙을 영유아를 위한 교육 내용 선정에 적용해 보면, 영유아가 사회의 한 구성원으로 성장하며 사회생활을 하는 데 필요한 지식과 기술, 태도 등을 포함하여야 한다. 그리고 그러한 내용들이 영유아의 발달수준에 적합하고 균형 있게 구성되어 전인 아동으로 성장하는 데 기초가 되어 줄 수 있어야 한다.

그 동안 영유아교육에서는 영유아들에게 '무엇을, 어떤 내용을 가르쳐야 하는가?'의 문제가 꾸준한 관심의 대상이 되어 왔다. 영유아가 나중에 진학하게 될 학교에서의 성공을 위하여 읽고, 쓰고, 셈하기의 3R'을 위주로 한 학습 내용을 체계적으로 가르칠 것인지, 아니면 아직은 어리고 논리적인 사고능력이 덜 발달하였으므로 일상생활 속에서의 다양한 경험을 통하여 즐겁게 세상을 알아나가며 긍정적인 자아감과 사회 및 정서적 발달을 도모하는 교육을 할 것인지 등에 대한 것이다. 영유아교육이 어떤 교육 내용을 포함해야 하는지에 대한 합의는 각 교육기관 또는 각 교사의 철학과 가치관에 의해 달라질 수도 있으나 미국의 NAEYC에서는 3∼8세를 위하여 가장 바람직한 교육 내용을 선정하기 위한 지침을 제안하였다. 이 지침은 영유아의 광범위한 개인차를 고려하였으며, 정상유아나 특별한 전문적인 교육이 필요한 특수유아를 대상으로 할 경우에도 적용되는 내용이라고 할 수 있다. 이 지침은 교육 내용에 대한 구체적인 것을 제시하고 있지는 않지만 영유아를 위하여 교육 내용을 선정하는 기본 원리로 많은 유아교육자들의 연구결과에 기초하여 제시된 것이므로 중요한 의의가 있다(이기숙, 2000).

미국의 NAEYC를 포함한 유아교육 전문 단체들은 영유아교육과정의 내용을 영유아의 직접적인 활동과 경험에 더욱 강조를 두어야 한다고 주장한다. 즉, 기본적인 지식이나 기술의 습득과 함께 영유아들에게 진정한 이해가 가능한 의미심장하고 관련이 있는 학습 경험, 상호작용적 교수와 협력적 학습, 관련이 있는 내용들에 대한 폭넓은 학습, 각각 구별된 교과 간의 통합적 학습의 경험이 강조되어야 한다는 것이다.

NAEYC에서 제시한 교육 내용 선정을 위한 지침을 간략히 제시하면 다음과 같다(NAEYC, 1991).

NAEYC에서 제시한 교육 내용 선정을 위한 지침

- 교육과정은 유아가 어떻게 배우는지에 대한 전문적인 의견과 연구로 이루어진 분명한 이론적 기초를 포함하고 있어야 한다.
- 교육과정 내용은 모든 영역—사회, 정서, 인지, 신체, 언어—에서 아동을 위한 장기적 목표를 성취하기 위해 설계되고 민주사회에 기여하는 시민의 역할을 준비할 수 있게 계획되어야 한다.
- 교육과정은 지식과 이해의 발달, 과정과 기술의 발달, 성격과 태도의 발달을 격려해야 한다.
- 교육과정은 유아에게 적절하고, 관련이 있으며, 의미 있는 폭 넓은 내용을 다루어야 한다.
- 교육과정의 목표는 각 연령의 유아에게 적합해야 하며 실현 가능하도록 계획되어야 한다.
- 교육과정 내용은 각 유아의 요구와 흥미를 존중하여 결정되어야 한다.
- 교육과정은 개인적·문화적·언어적 다양성을 반영하고 지지하도록 한다.
- 교육과정은 유아의 학습을 통합하기 위해서, 그리고 새로운 개념과 기술의 획득을 촉진하기 위해서 유아가 이미 알고 있는 것과 할 수 있는 것을 기초로 한다.
- 교육과정은 유아들에게 이전의 지식과 경험이 기초한 그들의 정신구조가 시간이 지남에 따라 더 복잡해지도록 개념적 틀을 제공해 주어야 한다.
- 교육과정은 특정 주제나 내용에 초점을 맞추게 되는데, 이것은 유아에게 풍부한 개념적 발달을 이루기 위한 학습 경험을 주거나, 주제를 중심으로 교육을 계획함으로써 여러 교과 영역을 통합하도록 해준다.
- 교육과정 내용은 지적인 통합성을 지녀야 한다. 즉, 내용은 아무것이나 다루는 것이 아니라 관련 학문의 합의된 표준 내용이어야 한다.
- 교육과정 내용은 탐구할 가치가 있는 것으로 선정한다.
- 교육과정은 유아들이 학습과정에 능동적으로 참여하게 하며, 의미 있는 선택의 기회를 제공해야 한다.

- 교육과정은 유아들의 실수를 존중하고, 탐구와 실험을 미리 제한하지 않는 것이어야 한다.
- 교육과정은 유아의 사고와 추론, 의사결정, 문제해결능력의 발달을 강조한다.
- 교육과정은 모든 영역의 학습에서 사회적 상호작용의 가치를 강조하고, 또래로부터 배울 수 있는 기회를 제공하여야 한다.
- 교육과정은 활동과 감각적인 자극, 맑은 공기, 휴식, 위생, 영양, 배설에 대한 유아의 생리적 요구를 촉진시켜 주어야 한다.
- 교육과정은 유아에게 심리적인 안정감을 주어야 한다.
- 교육과정은 유아들의 관점에서 그들이 성공하기 위한 적절한 경험을 제공함으로써 자신감과 학습의 즐거움을 장려해 주어야 한다.
- 교육과정은 교사가 유아 개인이나 또는 집단에 적용할 수 있도록 유동적이어야 한다.

2) 유아교육 내용지식

유아교육은 전통적으로 초·중등교육과는 달리 교육 내용을 교과목으로 나누어 다루지 않으며 주제를 중심으로 통합적으로 전개하고 있다. 유아는 자연스러운 방식으로 유아의 흥미에 기초하여 이러한 교과 영역들이 분절되지 않고 통합적으로 이루어지기 때문이다. 따라서 유아교육에서는 교과라는 말 자체가 사용되는 것을 꺼려오고 있었다. 그러나 이러한 유아교육의 특징으로 인하여 유아교육이 가르칠 내용보다는 교수방법에 치중하게 되는 경향을 보이게 되며, 따라서 교육 내용의 수준과 범위를 유아에게 의미 있게 제시하지 못하고 있음이 지적되고 있다. 즉, 유아교육에서 그 동안 교과 중심 교육을 지양하고 배제하는 과정에서 오히려 사회의 지식과 가치를 반영한 교과지식에 대한 탐구를 등한시하게 되고 발달에 기초한 전달방법, 다시 말해서 교수방법에만 집중하게 되었다는 것이다(김희연·정선아, 2006). 예를 들면 유아 교사의 과학교육활동을 연구한 조부경(2005)은 유치원 교사의 '물에 뜨고 가라앉는 활동'에 관한 수업을 관찰한 결과 교사 자신이 그 활동에서 이루어지는 과학적 개념을 충분히 숙지하지 못한 상황에서 유아가 흥미를 보이는 단순한 물놀이 형태의 활동만이 진행되고 있었음을 지적하였다. 곽향림(2004)도 이러한 관점에서 과학적 탐구를 중심으로 과학교육활동에서 다루어야 할 개념의 범위를 제시함으로써 유아과학교육이 무엇을, 어느 정도까지 가르칠 수 있는지의 기준을 마련해 보고자 하였다. 따라서 유아과학교육에서 '어떻게'와 관련된 교수지식과 함께

'무엇' 을 가르칠 것인가 하는 교육 내용에 대한 지식이 대립적인 관점으로 이해되기보다는 상호공존하는 개념으로 이루어져야 한다는 것이다. 즉, 유아에게 과학교육을 하기 위해서 교사는 과학교육 내용지식을 정확히 알고 있어야 하며 이에 기초하여 활동을 전개하고 교수방법을 선택하여야 한다는 것이다. 이는 유아교육에서도 유아교사의 교육 내용지식과 교수지식이 적절하게 융합된 교수 내용지식의 중요성을 언급하고 있는 것이다.

초·중등학교의 교육과정에서 주로 이루어져 왔던 교육과정은 교사를 중심으로 하여 전통적으로 각 교과의 전문가들이 객관적이고 체계적으로 각 영역의 지식을 규정한 교과 중심 교육과정과 배우는 학생들을 중심으로 하여 학습자의 실제 삶 속에서 개인에게 흥미 있는 경험을 통해 새롭게 재구성되어 질적 변화를 초래하는 경험 중심 교육과정이라고 할 수 있다. 이러한 경험 중심 교육과정은 주로 진보주의이론에 그 기초를 두고 있다(이귀윤, 1996). 유아교육은 유아의 흥미를 기초로 유아의 경험을 교육과정의 내용으로 하여 생활주제를 중심으로 하는 활동 중심의 교육과정 형태를 그 특징으로 하고 있다는 점에서 이러한 진보주의의 형식을 따르고 있다고 할 수 있다. 물론 이러한 진보주의이론과 더불어 타일러의 경험과학적인 접근을 기초로 하여 기본 생활 습관지도 등 행동과학적인 접근방법도 함께 강조되어 왔다.

이러한 진보주의이론에 기초한 유아교육과정의 구성이 위에서 지적한 바와 같이 유아의 흥미를 지나치게 강조하다보니 유아가 좋아하는 내용이 곧 교육 내용이 되어서 유아 교사가 실제 교육과정에서 다루고자 했던 교육 내용과 실제 교육활동 간의 연계를 이루지 못하고 유아의 흥미와 경험 그 자체가 교육 내용으로 대치되는 것으로 이해되는 오류를 범하기 쉬웠다. 그러나 나성식(2005)은 그의 연구에서 듀이는 전통적 교육이 이러한 교과 자체의 가치를 지나치게 강조함으로써 유아의 현재의 성장과 연관성을 갖지 못하게 된 것을 비판하면서 교사가 체계적이고 논리적인 교과에 대한 지식을 가지고 유아의 경험을 의미 있는 지식이 되게 연결하고 해석해 주어야 할 것을 강조하고 있다고 지적하고 있다. 유아 교사에게 교육 내용에 대한 지식이 얼마나 중요하며 이것을 유아의 흥미와 어떻게 접목시킬 수 있는가를 살펴보기 위하여 듀이의 이론을 좀더 살펴보기로 한다. 듀이에 있어서 '경험' 이란 개념은 흔히 우리가 '겪는다', '해본다' 는 식으로 이해되는 일반적인 경험을 의미하는 것이 아니다. 말하자면 개인의 경험만으로 이해되는 개념이 아니라 목적을 추구하는 인간 사회가 지력(知力)의 기능과 더불어 성취한 모든 것을 뜻한다. 다시 말해서 유아의 흥미와 경험은 유아 개인에게 개별적인 의미를 가질 수 있도록 교사가 이끌어 주어서 유아가 경험하는 것이 유아의 단지 흥미를 충족시켜 주는 것만이 아니라 지력을 키워 주는 의미 있는 지식으로 접목될 수 있어야 한다는 것이다. 이를 위해 듀이는 교육의 원리로써 경험을 통한 '상호작용·변화·계속성'을 강조하면서 이는 생활 속에서 자신과 사회적 환경과의 상호작용이 현재뿐 아니라 과거의 경험과도 연결되어 연속성을 가짐으로써 이것이 성장과 연결되어 교육이 이루어진다고 보았다. 듀이는 경험이 이와 같은 계속성을 갖지 않으면 성장에 연결되지 않으며, 성장에 연결되지 못하는 경험은 교육적이라고 할 수 없다고 보았다. 듀이는 자신의 교육이론의 핵심이 되는 '경험의 원리'를 두 가지로 특징지었는데, 하나는 '계속성의 원리'이며 다른 하나는 '상호작용의 원리'로 보았다(이기숙, 2000). 계속성의 원리는 이전의 경험과 현재의 경험이 따로따로 분리하여 존재하는 것이 아니라 서로 연결되어 연속성을 가진다고 보는 것이다. 이러한 듀이의 지식에 대한 관점이 유아교육과정에 주는 시사점은 유아는 지식을 습득하는 것이 아니라 지식형성의 주체자이며 환경과의 상호작용을 통해서 스스로의 지식을 형성할 수 있다는 것이다. 따라서 교사는 유아가 반성적 사고에 의해서 자신의 지식을 형성해 가는 기회를 제공해 주어야 한다는 것이다. 즉, 교사는 유아가 가지고 있는 자신의 흥미와 경험을 유아에게 제공되는 교육 내용지식과 연결하여 유아가 의미 있고 깊이 있는 지식을 가질 수 있게 질적인 변화를 가져올 수 있도록 연결해 주는 역할을 할 수 있어야 한다는 것이다. 이를 위하여 교사는 교육 내용에 대한 정확하고 전문적인 지식이 필요하며 그것을 유아의 경험과 흥미와 접목시켜 줄 수 있는 전문성이 요구된다는 것이다.

이상의 논의를 통해서 유아교육이 이제는 '어떻게 가르칠 것인가?'에 대한 관심과 더불어 '무엇을 어디까지 가르칠 것인가?'에 관심을 기울여야 할 시점에 이르렀다는 것이 분명하다. 그러나 위에서 논의된 여러 가지 관점들이 과연 유아교육의 내용을 규정하는 문제들에 분명한 해답을 주고 있는지는 의문이다. 지금까지의 이러한 비판이 이론적으로는 상당히 설득력 있게 보일지는 모르나 유아교육의 특성인 우발적이고 그때그때 상황에 따른 발현적 교육과정(emergent curriculum)형태에서 실제 교육현장에서 어떻게 가능할 것인가? 교과교육의 내용지식을 영유아들에게 어느 정도 범위까지 유아 교사들이 충분히 주지하고 다룰 수 있을 것인가? 초·중등교육에서도 이미 지적된 바와 같이 교과교육에 대한 내용지식이 과학이나 수학 등과 같은 특정 교과 영역 이외의 모든 교과 영역에서 분명하게 규명될 수 있을 것인가? 중등 교사와 달리 소위 모든 교과를 직접 가르치게 되어 있는 유아교육상황에서 이러한 모든 교과지식들에 대한 개념을 유아 교사는 정확히 습득할 수 있을 것인가? 현대 지식기반사회에서 유아가 가진 흥미와 경험을 어떻게 교육 내용과 실제 현장에서 연결시켜 줄 것인가? 하는 문제점들은 남아있다. 이에 대해서 아직까지 명료한 해답을 찾기 어려운 것이 사실이다. 따라서 앞으로는 이러한 이론적인 가정만이 아닌 실제 유아교육현장에서 적용가능한 논의가 계속되어 교사들에게 분명하게 제시되어야 할 것이다. 그것이야말로 유아교육과 초·중등교육을 차별화할 수 있는 가장 중요한 점이 될 수 있을 것이다.

3) 교육 내용 및 활동의 조직

교육 내용 및 활동의 조직은 영유아의 학습이 최대로 이루어질 수 있도록 돕는 일이므로 앞서 설정한 교육 목표를 최대한 성취할 수 있도록 체계적으로 조직되어야 한다. 교육 내용의 조직화 정도와 질은 교수의 효율성을 좌우하여 학습 목표의 달성 여부를 가늠할 수 있도록 해준다. 교육 내용을 효율적으로 조직하기 위해서 고려해야 할 요소에는 계속성과 계열성 그리고 통합성이 있다(강현석 외, 2004).

(1) 계속성

계속성(continuity)은 중요한 교육과정 요소 또는 교육 내용의 조직이 시간 계열에 따라 반복적으로 경험되도록 조직하는 것을 의미한다. 그러므로 반복성 혹은 연속성이라고도 하는데, 하나의 지식이나 기술을 완전히 습득하기 위해서 그것을 연습하고 계발할 수 있는 기회를 자주 반복해서 제공하는 것이며, 새롭게 익혀야 하는 지식이나 기술에 익숙하도록 하는 것이 목적이다.

영유아에게 있어 교육 내용의 반복적인 조직은 매우 중요한 요소이다. 영유아들은 아직 여러 가지 측면의 발달이 미숙하여 여러 차례의 반복이 없다면 교육 내용을 쉽게 이해하고 받아들이지 못한다는 학습특성을 지니고 있다. 실제로 영유아들이 오랫동안 즐겨 들으며 좋아하는 대부분의 구연동화들을 자세히 살펴보면 거의 모두가 줄거리 속에 반복적인 요소가 포함된 것들임을 알 수 있다. 서양의 「아기돼지 삼

형제」, 「브레멘의 음악대」, 우리나라의 「해와 달이 된 오누이」 등은 그 대표적인 예라 할 수 있다. 영유아들은 자신의 학습특성에 맞는 반복적 이야기를 들으면서 편안함을 느끼며 동화를 이해하고 즐기게 된다. 또한 사회생활에 필요한 여러 가지 일상생활기술이나 학습에 필요한 기초 학문 기술들도 모두 영유아기에 반복을 통하여 학습되어야 하는 교육 내용이다. 그러므로 영유아교사는 자신이 담당하고 있는 영유아의 개인차에 따라 항상 친절하게 몇 번이라도 영유아가 이해하고 또 습득할 수 있을 때까지 반복해서 다루어 주어야 한다.

(2) 계열성

계열성(sequence)은 교육과정 내용이 제시되는 시간적 순서를 의미하며, 수직적 조직 개념이라는 점에서 계속성과 의미가 상통한다. 그러나 중요한 교육과정 요소라고 하더라도 완전히 동일한 수준에서 반복되는 것이 아니라 연령이 많아질수록 그 교육과정 요소가 포괄하는 경험의 폭과 깊이가 더해지도록 조직한다는 점에서 의미상의 차이가 있다. 브루너에 의해 제시되었던 나선형 계열화는 학습자에게 여러 개의 주제를 단순화된 수준에서 소개한 다음 학습이 진전됨에 따라 그 여러 개의 주제 모두를 점진적으로 심화시키면서 제시하는 방식으로 체계적인 종합과 복습이 가능하다는 장점이 있다. 즉, 계열성은 학습 경험이 단계적으로 깊어지고 넓어져서 보다 더 폭넓게 제공되는 것이다. 계열성의 예를 들면 생활 주제 '나'에 대해서 다룰 경우에 유아기에는 '나는 이 세상에 하나뿐인 소중한 사람이다'라는 개념을 다루고, 초등학교 저학년에서는 '나뿐만 아니라 우리는 모두 가치 있는 사람이다'를 다루며, 초등학교 고학년에서는 '사람은 각자 자기에게 중요한 가치가 무엇인지 알아야 한다' 등으로 다루는 것이다(심성경 외, 2004).

이와 같은 계열성은 오래 전부터 많은 사람들에 의해 논의되어 왔다. 17세기에 코메니우스는 영유아교육기관에서의 모든 활동을 단순한 것에서 복잡한 것으로 조직해 나가도록 주장하였다. 효율적인 학습을 위하여 지금까지 교육 실제에서 사용해 왔던 여러 가지 계열성의 원칙들에는 다음과 같은 것들이 있다(이성호, 2004).

- 단순한 내용에서 복잡한 내용으로
- 친숙한 내용에서 친숙하지 않은 내용으로
- 부분에서 전체적 내용으로 또는 전체에서 부분적인 내용으로

- 구체적인 사실에서 추상적인 개념으로
- 선수(先修)학습에 기초해서 그 다음 학습으로
- 현재에서 과거로 또는 과거에서 현재로

(3) 통합성

계속성과 계열성은 학습 경험의 종적인 조직이었음에 반하여 통합성(integration)
은 각 학습 경험의 수평적 조직을 의미한다. 통합성의 원리가 추구하는 근본적인 목
표는 학습자에게 통합된, 통합 조정된 경험을 어떻게 하면 제공할 수 있도록 교육과
정을 조직하느냐에 있다. 즉, 영유아가 경험하게 될 여러 가지 활동들이 하나의 통
합된 의미를 발견할 수 있도록 조직해야 한다는 원리이다. 교육 내용과 학습 경험을
조직하는 것은 학습자로 하여금 통합된 시각을 갖게 하고, 다루어지는 요소와의 관
련 속에서 자신의 행동을 통합하도록 돕는 것이다.

통합성은 교과에 대한 학습이 그것으로만 끝나는 것이 아니라 일상생활에서 활용
하거나 다른 교과의 내용과 관련짓도록 하기 위한 것이므로, 교사는 학습자가 배운
내용을 일상의 다양한 상황 속에서 사용해 볼 수 있도록 교육 내용과 경험을 조직하
여야 한다. 특히 영유아교육에서는 통합성의 원리가 매우 중요하게 다루어지는데,
영유아의 교육 내용은 영유아가 지식을 분절해서는 잘 배울 수 없다는 특성에 의하
여 학과 단위로 협소하게 정의되지 않으며 학습과 발달이 통합적으로 이루어지기
때문이다. 어느 한 영역에 영향을 주는 활동은 다른 영역에도 영향을 미칠 수 있기
때문에 낱낱의 내용들이 서로 연결되고 통합됨으로써 영유아가 보다 효과적으로 학
습할 수 있도록 도와주어야 한다.

이러한 계속성과 계열성에 따른 수직적 조직과 통합성에 다른 수평적 조직을 통
해서 짜여진 학습 내용 및 경험들은 유아교육현장에서 주제나 단원 혹은 교과나 프
로그램의 형태에 이르기까지 다양한 형태로 구성되고 구조화된다. 대부분 영유아교
육기관의 교사들은 자신이 담당하고 있는 영유아의 발달수준과 흥미 등을 고려하여
연간, 월간, 주간, 일일 교육계획안을 작성하는데, 이는 교육 내용이 구체적으로 어
떻게 조직되고, 또 일상적인 활동으로 어떻게 전개되는가를 보여주는 구체적인 실
예가 될 수 있다. 현대의 유아교육자들은 공통적으로 영유아의 조화로운 발달을 위
하여 영유아에게 의미 있는 학습 경험을 주제, 프로젝트를 중심으로 조직할 것을 강
조하였다(이기숙, 2000).

3. 교수-학습방법

　　교육 목적을 설정하고 그 목적을 달성할 수 있는 교육 내용을 선정하고 난 이후에는 학습자에게 구체적으로 어떤 학습 경험과 어떠한 방법으로 학습 목표에 잘 도달하도록 할 것인가를 고민하는 중요한 단계가 있다. 이것이 바로 교수-학습의 과정이다. 영유아를 위한 교육활동에서 가장 핵심적인 논점은 교사가 '어떻게 가르쳐야 하는가' 하는 교수방법과 영유아가 '어떻게 학습할 것인가' 하는 학습방법의 문제라고 할 수 있다. 다양한 연령의 영유아들을 돌보고 교육하기 위하여, 각 연령의 발달과 사회적 요구에 적합한 교육 목표와 내용 및 경험들을 선정하고 이를 효과적으로 실행에 옮기기 위하여 반드시 고려해야 할 것은 영유아를 위한 교수-학습의 영역이다. 교수(teaching)는 가르치는 일을 의미하며, 학습(learning)은 배우는 일을 의미한다. 교수란 교사가 학습자로 하여금 의도한 것을 효율적으로 학습할 수 있도록 여러 가지 것들을 체계적으로 조직하여 가장 적절한 학습의 조건을 형성해 주는 일이며, 학습은 주어진 환경 속에서 계속적인 경험으로 일어나는 학습자의 행동의 변화를 의미한다(박숙희 외, 2001). 그러나 교수와 학습, 즉 '가르치는 일'과 '배우는 일'은 그 현상 자체는 독립적으로 존재할 수 있지만 교육 상황에서는 이를 분리하기가 어렵다. 그러므로 교수와 학습을 따로 떨어진 별개의 것으로 분리하여 생각하기보다는 상호작용의 과정으로 이해하는 것이 좋겠다.

　　영유아를 담당하는 교사들은 자신이 담당하고 있는 영유아의 개별적인 특징과 경험, 유아가 살고 있는 사회·문화적 상황에 대한 지식에 기초하여 적절한 개입 전략을 가져야만 한다(Bredekamp & Copple, 1997). 영유아교육기관에서는 다른 각급 학교에서와 달리 일정하게 정해진 시간표에 의해서 엄격하게 하루 일과가 진행되기보다는 영유아들과의 생활 속에서 꾸준한 상호작용을 통하여 융통성 있게 일과가 진행되어야 하므로 교수-학습 면에서 교사의 전문성과 자율성, 융통성이 더욱 요구되는 것이 큰 특징이라고 할 수 있다.

　　교수-학습방법을 말할 때 흔히 '어떻게 가르칠까?'와 관련된 분야라고 이해하는 경향이 있어, 현장에서는 영유아에게 가장 효과적인 학습을 가능하게 해주는 어떤 구체적인 교수방법만을 강조하는데, 이는 교수-학습방법을 잘못 이해한 결과라고 할 수 있다. 일반적으로 교수-학습방법을 논할 때 '어떤 방법으로 가르칠까?'를 논하는 것에 집중을 한 반면 '왜 그 방법으로 가르쳐야 하는가?'에 대하여 논하는 것은 간과되어 온 편이다. 왜 그렇게 가르치는지 목적에 관심을 두기보다는 기술적인 부분을 유행처럼 배워서 현장에서 몇 번 사용하고 나면 한계에 도달하여 또 다시 새로운 방법을 배우려고 찾아나서는 경우를 흔히 볼 수 있다(유혜령 외, 2003).

교사가 자신의 교수방법이 적절한 것인지에 대해 스스로 평가해 보기 위해서는 효과적이고, 효율적이고, 매력적이며, 안전한 것인지 등을 고려해 볼 수 있다. 효과적이란 목표로 하는 학습이 발생했느냐를 보는 것이고, 효율적이란 얼마나 경제적으로 그 목표가 달성되었느냐를 보는 것으로 학습자가 새로운 지식과 기술을 획득하는 데 걸리는 시간과 비용, 오랫동안 잘 기억되고 잘 전이되며, 다른 지식과 기술에도 일반화시킬 수 있어야 한다는 것 등이 중요하다. 매력적이란 학습자와 교사가 모두 얼마나 그 과정을 즐길 수 있으며 좋아하느냐에 대한 고려이고 학습동기가 그 기준이 되며 목표달성의 과정이나 결과가 학습자에게 얼마나 유의미하였는가를 의미한다. 안전하다는 것은 교육방법의 실천과 수행이 도덕적으로 문제가 없다는 것을 말한다(박숙희 외, 2001; 변영계 외, 1996). 좋은 교수－학습방법은 교사와 영유아들이 효율적이고 효과적이며 매력적이고 안전하게 배우고 가르칠 수 있다는 측면에서 중요하고 필요하다고 볼 수 있다.

영유아교육기관의 교사들은 각기 독특한 발달특성을 지닌 다양한 연령층의 대상과 함께 한다는 점과 연령이 어리면 어릴수록 감각이 모두 열려있어 오히려 외부의 자극에 무척 민감하다는 점을 고려하여 어떠한 교수방법을 왜, 언제, 어떻게 사용할 것인가에 대해 적극적으로 고민하고 심사숙고할 필요가 있다. 또한 수업을 전개해 나가는 데 있어서 가장 효과적인 방법이 무엇이냐 하는 것은 획일적으로 결정될 수 없는 부분이므로 교사 스스로가 자신과 자신이 맡고 있는 영유아들의 특성에 맞추어 꾸준히 찾아나가는 일이 요구된다.

영유아는 다른 연령대와 비교해 볼 때 발달의 속도가 매우 빠르고 발달특성 또한 독특하다. 그러므로 영유아에게 적합한 교수－학습방법을 알아보기 위해서는 그들이 어떻게 학습하고, 또 교사가 어떻게 가르쳐야 하는지에 대한 숙고가 이루어져야 한다. 이에 미국유아교육협회(NAEYC)에서는 유아들이 어떻게 학습하는지에 관한 이론적 근거를 찾기 위해 피아제, 비고스키, 에릭슨의 이론적인 관점을 논의하면서, 교수－학습과정이 교수와 학습으로 양분된 과정이라기보다는 상호작용적인 과정이라고 제시하였다. 다음은 NAEYC가 제시하고 있는 상호작용적인 과정으로서의 교수-학습과정에 관한 기본 원리이다(NAEYC, 1991).

NAEYC에서는 이러한 이론적 근거를 찾기 위하여 피아제, 비고스키, 에릭슨 등의 이론들을 중심으로 하여 유아교육에서 연구된 유아의 학습과정에 관한 이론적인 관점들을 다음과 같이 정리하고 있다(NAEYC, 1991).

NAEYC의 교수-학습과정에 관한 기본 원리

❊ 유아는 신체적 욕구가 충족되고 심리적으로 안전하다고 느낄 때 가장 잘 학습한다.

적합한 교육과정은 유아의 생리적 욕구를 무시하기보다 존중한다. 예를 들어 바람직한 프로그램에서는 대부분의 시간을 유아가 앉아서 성인의 강의를 듣거나 연습지를 하도록 요구하지 않는데, 그 이유는 그러한 활동은 유아의 신체적 욕구에 적합하지 않기 때문이다.

❊ 유아는 스스로 지식을 구성한다.

유아는 사람과 사물과의 능동적 상호작용의 경험을 통해 스스로 지식을 구성해 나간다. 유아의 능동적인 실험에서 중심이 되는 것은 많은 실수를 범하는 것이다. 성인이 보기에 틀린 이러한 생각들은 관계를 이해하고 자신의 경험에 기초하여 개념을 형성하고자 하는 유아의 시도를 보여 주는 것이다.

❊ 유아는 성인과 다른 유아와의 사회적 상호작용을 통해 학습한다.

유아의 건강한 발달은 타인과의 관계 속에서 시작된다. 부모-자녀관계는 매우 어릴 때부터 유아가 발달하고 학습해 가는 사회적 상호작용의 기초적인 예이다.

유아는 먼저 도움을 받을 수 있는 상황에서 어떤 것을 할 수 있으며, 그 후에 독립적으로 그리고 여러 상황에서 스스로 할 수 있게 되는 것이 학습의 원리이다. 성인과 동료의 지원은 유아로 하여금 독립적인 기능의 수준으로 발전해 갈 수 있도록 필수적인 도움을 제공한다.

교사의 역할은 발달과 학습을 지지하고 안내하고 촉진하는 것이다. 사회적 상호작용은 지적 발달을 위해서뿐만 아니라 사회적 능력과 자존심(self-esteem)발달을 위해서 필요하다.

❊ 유아의 학습과정은 인식에서부터 시작하여 탐색으로, 조사로 진전되어 가며 끝으로 활용으로 옮겨가는 순환적 주기를 따른다.

무언가를 처음 배우기 위해서는 먼저 그 현상을 인식해야 한다. 학습의 다음 단계는 탐색이다. 탐색이란 가능한 수단을 동원하여 학습하고자 하는 것의 구성 요소를 이해하는 과정이다. 조사란 유아가 자신의 행동이나 개념을 사회에서 관찰한 것과 비교하고 분석해 가는 과정이다. 학습의 마지막 측면은 활용으로, 유아는 자신이 배운 것을 여러 가지 목적으로 사용할 수 있고 새로운 상황에 적용시킬 수 있다. 이러한 주기는 순서적으로 일어나는 것이 아니라 동시에 일어날 수 있다.

❀ 유아는 놀이를 통해서 배운다.

유아의 자발적 놀이는 지식 구성에 필수적인 탐색, 실험 및 조작을 위한 기회를 제공한다. 놀이를 하는 동안 유아는 감정을 조절하는 것, 타인과 상호작용하는 것, 갈등을 해결하는 것 등을 배운다. 무엇보다 중요한 것은 놀이를 통해 상상력과 창의력을 발달시킬 수 있다는 것이다. 유아의 놀이는 또한 새로 습득한 기술이나 지식을 여러 상황에 자발적으로 연습할 수 있는 기회를 제공한다.

❀ 유아의 흥미와 '알고자 하는 욕구'는 학습을 자극한다.

유아는 자신의 능력을 연습하고 자신이 경험한 바를 이해하고자 하는 타고난 욕구를 가지고 있다. 교사는 유아의 흥미를 자아내고 유아의 흥미에 기초한 활동은 학습에 대한 내적 동기를 제공한다. 유아의 흥미 그리고 알고자 하는 내적 동기에 기초한 교육과정은 창의성, 호기심, 주의력, 근면성, 능률성과 같은 바람직한 성향과 느낌의 발달을 촉진한다.

❀ 인간의 발달과 학습은 개개인에 따라 다양하다는 것이 그 특징이다.

이제까지 유아라는 용어를 사용하면서 서술된 앞의 학습에 대한 가정은 마치 모든 유아에게 똑같이 적용되는 일반화 이론처럼 보인다. 그러나 분명한 것은 어떠한 발달과 학습도 개인의 다양성의 원리를 벗어날 수는 없다는 것이다. 각 개인은 개인적인 학습형태뿐만 아니라 성장과 발달에 있어서도 개별적인 형태와 시간, 속도를 갖는다. 개개인의 가족 경험과 문화적 배경 역시 다양하다. 이와 같은 개인적 다양성에 대한 인식은 교육과정 결정에 있어서도 가능한 한 개별화될 것을 요구하게 된다.

교수-학습방법은 교육 목표를 달성하기 위하여 선정된 교육 내용을 학습자에게 가장 효과적으로 전달할 수 있는 방법을 모색하는 과정이다. 그러므로 교육 목표와 내용, 대상 영유아의 연령, 학급의 규모, 학습의 시기 등에 따라 매우 다양한 교수-학습방법이 사용될 수 있다. 영유아는 발달의 속도가 매우 빠르고, 개인차가 크며, 학습에 대한 동기유발이나 흥미의 지속이 어렵기 때문에 영유아기 교사들은 다른 어느 각급 학교의 교사들보다도 다양한 교수방법과 교수매체의 개발에 많은 노력을 기울여야 한다.

일반적으로 교수-학습방법은 교사와 학습자가 상호작용하는 과정 속에서 학습의 주체가 누구냐에 따라 교사 중심 교수방법과 학습자 중심 교수방법으로 나누어지고, 또 집단의 크기에 따라서 대집단, 소집단, 개별 교수방법 등으로 나눌 수도 있다. 2012년 고시된 3~5세 연령별 누리과정에서 제시하고 있는 교수·학습방법은 다음과 같다(교육과학기술부·보건복지부, 2012a).

4. 교육 평가

1) 유아교육 평가의 개념과 중요성

평가는 교육과정의 전 과정을 통해서 소정의 교육 목표가 교육 실제에 있어 어느 정도로 실현되었는지를 결정하는 과정이다. 즉, 평가는 교육 프로그램의 실행을 통해서 학습자의 행동상에 변화가 어느 정도로 일어났는지를 확인하고 평정하는 작업이다. 영유아교육에 있어 평가의 개념과 중요성, 평가의 대상과 내용에 대하여 살펴보도록 하겠다.

(1) 평가의 개념

교육에 있어서 평가는 오랫동안 이루어져 왔고 실제로 개인의 생애 초기에 일찍부터 시작되어 왔음에도 불구하고, 현장의 교사들은 평가의 개념이나 목적, 방법 등에서 많은 어려움을 느낀다. 교육은 그 자체가 목적 행위이며, 목적의식을 갖는 행위는 평가라는 과정을 필연적으로 수반하게 된다. 현대 사회에서 교육 평가란 교수 프로그램에 관한 의사결정을 하기 위해서 학습자의 행동 변화 및 학습과정에 관한 정보를 수집하고 이용하여 교육적 의사결정을 하는 과정 그 자체라고 할 수 있다.

과거와 같이 교육 평가가 점수를 매기고, 판정하고, 심판하며 인간을 실패군과 성공군으로 구분하던 관점에서 탈피하여 이제는 교수 및 학습을 개선하고 학습자의 학습에 도움을 주는 것으로 보려는 관점으로 변화되어 가고 있다.

이러한 관점에서 유아교육에서의 평가는 영유아의 발달을 진단하고, 교육 프로그램의 개선을 위해 관련 자료를 수집하고 분석하여 정보를 제공함으로써 교육현장의 의사결정을 돕기 위한 과정으로 정의할 수 있다(이은해, 1995). 중요한 것은 어린 영유아와 함께 생활하는 교사들은 평가의 기본적인 개념과 구조를 이해하고, 그 결과 평가의 도구와 방법을 선택할 때 적합한 결정을 내릴 수 있어야 한다는 것이다. 그리고 주어진 평가결과와 절차를 영유아나 교육과정에 관하여 적합한 결정을 내리고 이해하는 데 필요한 정보로 삼아, 교육의 전반적인 질을 높이는 데 기여할 수 있어야 한다. 특히 영유아를 대상으로 하는 평가는 평가의 결과를 지나치게 중요하게 여기기보다는 자연스런 교육의 과정으로 생각해야 하며, 영유아를 중심으로 계획되고 실행되어 교육이 이루어지는 과정에 대한 반성과 정보, 영유아의 이해에 대한 수단 등으로 이용될 수 있어야만 한다.

(2) 평가의 중요성

계획한 교육이 잘 실행되고 있는지 확인하는 과정은 교육과정에서 반드시 이루어져야 하는 과정이다. 최근까지도 교육현장에서 평가의 영역은 크게 관심을 받지 못했을 뿐만 아니라 다양한 평가방법들이 제대로 적용되지 못하는 경우가 많았다. 그러나 교육 평가는 교육의 성패를 결정하는 주요 요인이 될 수 있으므로 영유아교육에서의 평가는 반드시 계획되고 실행되어야만 한다. 평가는 유아교육기관의 질적 개선을 위해 필수적인 작업이며, 동시에 유아의 전인적인 성장과 발달을 위한 실증적이고 객관적인 자료와 정보를 수집하는 작업이라는 데 의미가 있다.

우리나라의 국가수준 유치원교육과정에서도 교육과정의 질적 수준을 유지·관리하기 위하여 주기적으로 교육과정 편성·운영에 관한 평가를 실시하고 그 결과를 다음의 교육활동계획 수립에 활용하도록 하고 있다(한국교육과정평가원, 2007). 구체적으로는 유아의 특성과 변화 정도, 교육 내용과 교수－학습방법, 그리고 교육환경 및 교육자료에 대해 종합적으로 평가를 실시하도록 하고 있다. 평가결과는 유아에 대한 이해와 유아지원을 위한 의사결정, 교수－학습방법 개선, 교육과정의 효율적인 편성과 운영, 부모면담, 생활기록부 작성 등을 위한 기초자료로 활용하도록 하고 있다. 이와 마찬가지로 보건복지부의 표준보육과정에서도 보육과정에 대한 평가와 영유아에 대한 평가로 구분하여 보육 목표의 달성 정도와 보육 내용, 교수−학습방법의 적절성 등에 대한 정보를 제공하며 영유아의 성취 정도를 파악하도록 하고 있다.

2) 평가의 대상과 내용

교사가 계획한 교육과정이 잘 조직되고 수행되었는지를 확인하는 일이 평가라고 할 때, 교육의 결과 교육의 대상인 유아의 발달에 효과를 가져왔는지, 교사가 계획을 효율적으로 이해했는지 등에 대한 확인작업이 필요하다. 그러므로 유아교육 평가의 대상에는 유아와 교사, 교육 프로그램 및 교육기관 전반에 관한 사항 등이 포함된다.

(1) 유아에 대한 평가

① 영유아기 평가의 특성 및 유형

영유아에 대한 평가란 영유아가 무엇을 알고 행동하고, 어떻게 하는지에 관심을 두고 영유아의 발달과 학습과정을 관찰·기록·문서화하는 과정이다(Hills, 1992). 교육현장에서 교사들이 당면하는 많은 어려움 중의 하나는 영유아들의 현재 발달수준을 정확히 파악하여 이에 적절한 교수를 하는 것이다.

미국유아교육협회(NAEYC, 1997)가 제시한 3~8세 유아들을 위한 평가의 일반적인 성격은 다음과 같다.

- 유아를 대상으로 하는 평가는 진행적·전략적·목적적 성격을 띠어야 하며, 평가결과는 유아학습과 발달 욕구를 충족시키는 교육과정 및 교수계획의 입안, 부모와의 면담자료, 프로그램 개선을 위한 것이어야 한다.
- 평가 내용은 유아에게 중요한 학습 및 발달 목표 증진 여부가 반영되어야 한다.
- 평가방법은 유아의 연령과 경험에 적합해야 한다.
- 평가에는 구체적 목적이 있어야 하고 그 목적에 관련하여 신뢰힐 수 있으며 타당해야 한다.
- 유아의 발달적 요구를 고려한 교육과정 및 교수계획을 위해서는 발달적 가치도 고려해야 한다.

- 평가는 유아의 개인차를 고려하여 학습 스타일과 속도에서의 차이까지도 고려해야 한다.
- 평가는 유아 독자적으로 할 수 있는 것과 또래 유아 및 이론으로부터 조력받아 할 수 있는 것 모두를 포함해야 한다.
- 입학이나 유아 관련 정책 등과 같은 중요한 사안을 결정하는 평가에는 발달 평가 또는 진단척도 이외에 다양한 방법, 즉 교사 및 부모에 의한 관찰 정보 등도 함께 포함되어야 한다.

영유아의 성장과 변화는 교육과정의 매우 중요한 요소이다. 교사는 영유아에게 행동의 변화가 이루어질 수 있도록 돕고, 변화를 판단하기 위해서 세 가지 유형의 평가를 실시할 수 있다. 영유아에 대한 평가는 평가의 시기에 따라 진단 평가(diagnostic evaluation), 형성 평가(formative evaluation), 총괄 평가(summative evaluation)의 세 가지 유형으로 나눌 수 있다. 영유아를 평가하기 위하여 교사가 처음으로 해야 할 평가는 진단적 평가를 하는 것으로 영유아의 행동에 관한 여러 가지를 결정하기 위해 자료를 모으는 것이다. 즉, 학습자의 현재 수준을 진단하여 교육의 적절한 출발점을 찾고, 학습자의 흥미, 성격, 태도, 지식, 배경 등을 살펴봄으로써 구체적인 학습활동과 경험을 계획하는 기초자료로 삼는다. 교수 – 학습과정이 시작되어 전개되고 있는 매순간에 있어서 영유아들이 교육 목표를 달성해 가고 있는가를 평가하기 위해서는 형성 평가를 한다. 형성 평가는 교육활동이 진행되고 있는 유동적인 상황 속에서 교육과정이나 수업방법을 개선하기 위해서 실시하는 평가이다. 마지막으로 총괄 평가는 하나의 교육과정이 종결되었을 때나 일정기간이 지난 후, 주어진 학습과제에 대한 교육활동이 모두 끝난 후에 영유아들의 행동변화를 최종적으로 평가하는 것이다.

② **영유아기 평가의 방법**

평가의 과정에서 주된 강조점은 그것이 영유아의 전반적인 발달을 묘사하는 절차가 되어야 한다는 것이다. 즉, 평가는 포괄적으로 이루어져야 하며, 다양한 정보원을 사용해야만 하고 개인의 다양한 측면을 측정하고 다양한 맥락에서 실시되어야만 한다.

그러므로 유아에 대한 평가는 포괄적인 평가를 해야 하며 이를 위해서 영유아에 대한 평가는 형식적인 평가와 비형식적인 평가를 함께 사용한다. 이는 영유아교육이 그 특성상 상당 부분이 비형식적으로 진행되는 것에 기인하며, 이 단계의 영유아들에게 활용할 수 있는 측정 도구가 제한되어 있고, 어린 아동에게 미칠 수 있는 검사의 부작용을 최소화하기 위해서이다(강문희 외, 2002). 영유아 평가에서는 특히 비형식적인 방법이 중요하고 가치가 있는데, 비형식적인 평가에서도 관찰방법은 가장 기본적인 방법으로서 영유아 평가에 관여하는 사람들은 반드시 관찰에 관하여 훈련을 받고 익숙해져야만 한다.

관찰의 과정은 많은 형식적 측정과정에 의해서는 얻을 수 없는 어린 영유아들의 어떤 특정한 행동들을 측정하고 평가할 수 있는 기회를 교사들에게 제공해 준다(Wortham, 1990).

영유아를 평가하는 방법 중에서 가장 일반적인 방법인 관찰은 상당한 시간이 걸린다는 단점이 있는 방법이기는 하지만 영유아를 여러 상황 속에서 관찰함으로써 상당히 객관적인 자료를 얻을 수 있다는 장점도 있다. 어린 영유아들은 종종 구조화된 검사 상황에서 적절하게 검사를 수행하는 데 필요한 언어나 행동에 숙달되지 못한 경우가 많으므로 영유아를 대상으로 하는 연구방법 중에 좀 더 자연적인 환경에서 영유아들을 관찰하는 것은 가장 바람직한 방법이 될 수 있다. 교육기관에서 관찰을 통하여 얻어진 모든 정보들은 궁극적으로 교사가 영유아들을 위해 가장 적절한 교육과정을 계획하는 데 기초가 되며 이를 통하여 영유아들은 질적인 교육을 받을 수 있게 된다(김희진 외, 2000).

영유아에 대한 관찰의 형식과 관찰의 결과를 기록하는 방법에는 다음과 같은 여러 가지 방법이 있다.

- **일화 기록** : 가장 흔히 사용하는 방법으로 특정한 기록 양식 없이 일어난 사건이나 영유아의 행동에 대해 그대로 적어서 묘사하는 짧은 이야기식 기록이다. 영유아에게 일어난 행동의 정보를 발생 순서대로 자유롭게 기술하는 방법이기 때문에 영유아의 자연적인 행동에 대한 정보를 많이 제공해 준다. 그러므로 영유아가 활동하는 동안 발생하는 문제해결과정이나 사회적 상호작용과 같은 사건을 실제 그대로 묘사할 수 있다. 또한 일화 기록은 특정한 양식에 의하지 않는다고 하더라도 관찰 시의 기본적인 유의점을 지켜서 일관된 용어로 관찰·기록해야 하고, 반드시 관찰 날짜와 시간, 기록 날짜와 시간, 관찰 대상 영유아의 이름, 사건의 상황, 관련되는 발달 영역 등을 객관적으로 기술해야 한다. 일화 기록을 만들어가는 과정뿐만 아니라 일화 기록들이 가질 수 있는 몇 가지 특징에는 다음과 같은 것들이 있다(Cartwright & Cartwright, 1984).

- 일화 기록은 행동을 직접 관찰한 결과이어야 한다. 그리고 기록은 사건이 일어난 다음 가능한 한 가장 즉각적으로 이루어져야 한다.
- 하나의 일화 기록에는 단 하나의 사건에 대한 기록이 포함되어야 한다.
- 일화 기록에는 나중에 해석하는 데 도움이 될 수 있는 상황적이고 지지적인 정보가 포함되어 있어야 한다.
- 관찰한 행동의 해석은 일화 기록에 서술된 행동과 사건의 기록과는 개별적으로 이루어져야 한다.

■ 행동목록법 : 관찰 기록의 또 다른 방법은 관찰하고자 하는 행동에 관한 목록을 만들어 체크 표시를 하는 행동목록법(check list)이다. 이는 교사가 관심을 가진 영역의 목록을 사전에 미리 준비하고 목록에 포함된 행동, 환경 등이 있는지를 체크하는 방법이다. 행동목록법은 교사들이 다음에 실시할 교육의 과정을 위하여 더 나은 계획을 세우고자 영유아가 가지고 있는 어떤 기술이나 그들이 현재 보유하고 있는 발달적 특성을 알아보기 위하여 사용할 수 있다(Gullo, 1994). 구체적으로 행동목록에는 다양한 묘사적 특성들이 포함될 수 있는데, 행동특성에 대한 묘사적 서술, 특별한 발달적 특성, 사회적·정서적 행동, 흥미, 특별한 학문적 기술, 특별한 지식 혹은 개념들이 포함될 수 있다(Cryan, 1986).

행동목록법은 교사가 영유아의 행동발생 여부를 매우 신속하고 효과적으로 기록할 수 있고 행동발달의 단계 및 영유아 개인의 단계적인 발달상을 기록하고 관찰하는 데 도움이 되는 장점을 지닌 도구이며, 많은 행동을 관찰할 때에 가장 적절히 사용할 수 있는 도구이다(Wortham, 1990). 그러나 행동의 질적인 측면에 대한 정보는 전혀 제공하지 못하는 단점이 있기도 하다. 행동목록법은 다음과 같은 중요한 기능을 한다(이기숙, 2000).

첫째, 프로그램 활동을 위한 기초자료로 사용된다.

둘째, 교사는 영유아를 위한 다음 단계의 활동을 결정하는 데 이용할 수 있다.

셋째, 조직적인 점검을 함으로써 각 영유아의 발달과정이 누적되어 교수-학습과정의 계획과 평가에 사용될 수 있다.

행동목록법을 사용하기 위해서는 이미 연구되어 나와 있는 자료를 이용할 수도 있고, 교사 자신이 문헌을 참고로 만들 수도 있다. 행동목록법은 시간을 절약할 수 있으며 행동의 형태를 쉽게 분류하고 파악할 수 있으나 항목에 없는 각 영유아 행동의 중요한 부분을 빠뜨릴 수도 있다. 따라서 여러 이론적 문헌을 참고로 하여 작성하고 전문가의 도움을 받도록 해야 한다.

■ 평정척도법 : 영유아에게서 발생하는 일정한 행동의 정도나 특징을 추정하기 위해서 사용된다. 평정의 간격은 일정하며 똑같은 간격의 단위, 점수, 숫자 등이 사용된다. 예를 들면 3점이나 5점 평정척도가 사용될 수 있다. 이 평가방법에 내재되어 있는 가장 큰 문제점은 평가가 매우 주관적인 것이 될 수 있다는 것이다. 일화 기록과 행동목록이 직접 관찰이라면 평정척도는 간접 관찰의 양식이다. 왜냐하면 평정척도는 문항 기록 이전에 교사의 판단을 먼저 요구하기 때문이다. 평정척도는 좀더 포괄적이고 객관적인 측정의 사실을 제공하기 위하여 다른 관찰 형식과 연합하여 사용하는 것이 좋다.

■ 표준화 검사 : 객관적인 자료로서 앞서 제시한 여러 가지 방법들과 함께 사용된다면 가치가 높다. 이미 신뢰도와 타당도가 검증된 것이므로 손쉽게 객관적인 자료를 얻을 수 있으며, 다른 유아와의 비교도 용이하다. 평가 방법으로 많이 사용되어 온 표준화 검사는 교육에서 교과과정과 영유아의 직접적인 경험활동의 폭을 좁히는 것, 문화적인 편견, 제한된 검사의 내용, 부정확하거나 부적절한 규준, 결과의 부적절한 사용 등의 측면에서 비판을 받아왔다. 특히 영유아를 대상으로 하는 표준화 검사는 영유아 자신이 직접 검사 내용을 이해하고 답하는 것이 아니라, 검사자를 통하여 판단되므로 여러 가지 문제가 발생할 수 있다. 검사자와 영유아와의 심리적인 유대감 조성이 중요하며, 영유아기 아동은 발달이 미분화되어 있어 능력을 정확하게 또 객관적으로 측정하기가 힘들다. 따라서 표준화 검사 그 자체만으로 영유아의 발달을 평가한다는 것은 위험한 일이며, 다른 평가 도구와 함께 영유아의 발달을 이해하기 위한 보조자료로 사용되는 것이 중요하다. 영유아교육기관에서 사용할 수 있는 검사는 발달검사, 유아 지능검사 그리고 학습 준비도 검사로 대별할 수 있는데, 제반 표준화 검사는 영유아의 발달수준과 겸하여 검사 내용과 요령 등에 관한 전문적인 훈련을 받은 검사자에 의해 시행되지 않을 경우에는 잘못 진단할 수 있으므로 특히 유의하여 조심스럽게 시행하여야 한다.

■ 포트폴리오 : 포트폴리오를 통한 평가는 장기간에 걸쳐서 수집된 유아들의 활동과 그 활동에 따른 결과물을 정해진 준거에 따라서 교사와 유아가 협력하여 평가하고 활용하는 방법으로 정의된다(황해익 외, 2001). 유아의 작품을 수집하여 모아 놓은 포트폴리오(portfolio)는 영유아에 관한 모든 자료, 즉 관찰 기록,

면접, 검사, 기타 기록물, 영유아가 그린 자화상, 가족구성원에 대한 그림, 창의적인 그림, 제작한 입체 구성물의 사진, 글이나 말의 샘플 등을 1년간에 걸쳐서 조직적으로 목적을 가지고 정기적으로 모아 책으로 만든 것이다. 이러한 포트폴리오는 시간 경과에 따라 영유아가 발달하고 배우고 있음을 보여 줄 수 있는 좋은 증거가 된다. 포트폴리오는 영유아의 실제 수행에 대한 평가의 기초가 되고, 이후의 학습과 발달을 위한 지침의 근거가 된다.

포트폴리오는 단순히 영유아의 작업을 모두 모아 놓거나, 또는 교사의 노트, 기록, 검사결과나 잡다한 정보들을 모두 넣어 놓은 것은 아니다. 포트폴리오는 잘 계획하고 조직하여 자료를 수집해야 의미 있는 평가 도구가 된다. 포트폴리오에 포함될 내용은 영유아의 연령과 발달수준, 프로그램의 목적, 교과과정이나 발달 영역, 포트폴리오의 유형이나 목적, 교사의 취향 등에 따라 달라질 수 있다.

포트폴리오에 포함할 내용을 선정하는 기준은 다음과 같다.

첫째, 영유아의 학습과 발달의 여러 측면에 대한 정보를 제공해 줄 수 있어야 한다.

둘째, 포트폴리오에 포함된 내용들은 교실에서 규칙적으로 일어나는 것으로 수집하기에 쉬워야 한다.

셋째, 교실에서 일어나는 활동들을 대표할 수 있도록 의미 있는 것이어야 한다.

넷째, 영유아에게 재미있는 것이어야 한다. 포트폴리오에 무엇을 포함할 것인지에 대해서는 영유아의 의견을 참작할 수 있으나 교사가 많은 부분을 결정하게 된다.

영유아의 작품을 수집하여 사용하는 것의 장점을 살펴보면, 영유아의 작품은 사실적이고 직접적인 증거를 교사에게 제공한다. 더 나아가 작품의 표본들을 수집하여 날짜를 기록한다면 수집된 작품들은 그 작품을 수집한 교사가 아닌 다른 사람들에 의해서도 나중에 사용되고 해석될 수 있다(Cryan, 1986). 반면에 영유아들의 실제 작품을 사용하는 것의 잠재적인 단점은 보관의 문제이다. 교실에서의 작품활동을 통하여 산출되는 영유아들의 작품의 수가 그 교실의 영유아들 수의 몇 배에 달할 것이라는 사실을 생각할 때 영유아들의 작품의 개수는 보관할 수 없을 정도로 많을 수 있다. 또 다른 단점은 영유아의 능력을 대표하는데 얼마나 많은 표본이 필요한지 혹은 어떤 표본이 적절한지를 알기가 어렵고 기록물의 수집과 해석에 교사의 주관적인 편견도 개입될 수 있다는 점 등이다.

(2) 교사 자신에 대한 평가

좋은 질의 영유아교육의 실제는 풍부하고 자극적이며 반응적인 환경 안에서 영유아의 탐색과 실험, 능동적인 학습을 촉진시켜 준다. 따라서 영유아에게 의미 있는 경험을 제공해 주는 교육기관, 유아 교사의 역할은 매우 중요하다(강숙현, 2000). 원칙을 준수하고 내적인 안정감을 가진 교사는 자기 평가 혹은 반성을 통하여 자아인식을 분명히 하고 그 결과 계속해서 긍정적인 변화를 이루어 갈 수 있다.

교육의 질은 교사의 질을 능가할 수 없다는 전제하에 교육부의 제6차 유치원교육과정에서는 교육 프로그램의 평가, 유아에 대한 평가와 함께 교사 자신에 대한 형식적·비형식적 평가를 계속하여 그 결과를 다음 교육계획에 반영시킴으로써 교육과정의 운영이 보다 효율적으로 이루어지도록 해야 한다고 밝히고 있다(교육부, 1998). 즉, 교사들이 자신들의 교수과정을 반성적으로 되돌아보고 판단하여 스스로의 강점과 약점을 인식함으로써 스스로의 수행을 발전시킬 수 있어야 한다고 보고있다. 이는 교사가 자기 자신이 지향해야 하는 목표가 무엇이고 지금 어느 상태에 있는지 등을 알고 있을 때만이 교육의 질적 발전을 도모하고 자기 향상을 이룰 수 있다고 보기 때문이다. 유아를 평가하는 데 있어 양적인 평가와 더불어 질적인 평가를 하는 것은 유아교육의 특성에 아주 중요한 점이다. 최근의 많은 연구들이 질적인 평가를 통한 심층적인 연구를 많이 수행하고 있어 그 내용을 간략히 정리하면 다음과 같다.

질적 평가

궁극적으로 유아교육기관에서 가장 기본적으로 고려해야 할 점은 유아들의 조화로운 발달과 적절한 교육적 환경 등과 함께 유아들이 행복하고 생기에 넘치는 시간을 갖도록 해주는 일일 것이다. 아무리 좋은 프로그램이 제공된다 하더라도 유아가 불행감을 느끼고 그들의 자발적인 활동을 이끌어 주지 못한다면 의미가 없다. 유아교육에서의 평가도 유아 스스로 느끼는 감정, 의미, 자신감 등이 중요한 기준으로 고려되어야 한다.

평가에 대한 전통적인 관점이었던 양적인 측정과 연구를 통해 얻어졌던 결과들은 유아의 일상생활 속에서 일어나는 일들에 대해 더욱 세밀한 관심이 주이질 필요가 있다는 지적 속에서 새로운 연구방법들을 이끌어 냈다. 즉, 해석적 연구, 질적 연구, 문화기술적 연구 등으로 불리는 일련의 방법들이다. 이러한 연구방법들은 유아교육평가 및 연구방법에 많은 영향을 미쳤으며 변화를 이끌었다.

유아교육에서 질적 연구는 일반적으로 기존의 연구결과들을 재고찰하는 문헌연구, 면담, 관찰자가 교실활동에 참여하는 여부에 따라 비참여 또는 참여하는 관찰연구 등이 포함된다.

특히 참여연구로는 현장연구와 문화기술적 연구를 들 수 있는데, 이러한 방법들을 통해 유아의 특성, 교육환경의 문제, 교육 프로그램이 갖는 의미, 유아의 사고 및 발달의 변화과정 등을 더욱 깊이 있고 세부적으로 때로는 전체적인 조망을 살펴볼 수 있게 되었다.

질적 평가에서 중요한 것은 실제 자연스러운 상황에서 연구가 진행되어야 하며, 내용을 조작하거나 간섭하지 않아야 한다는 점이다. 질적 평가를 위해서는 교사나 관찰자가 전문적인 지식을 갖추어야 하며, 관찰하는 동안 유아에 대한 이해나 의견에 편견이나 사적인 판단이 들어가지 않도록 중립적인 입장을 취해야 한다. 또한 많은 시간을 필요로 하기 때문에 현장에서는 어려운 부분도 많지만 기존의 표준화 검사나 측정 도구에만 의존하는 것을 넘어서서 유아를 이해하는 데 좀더 깊이 있고 의미 있는 결과를 얻을 수 있다(홍순정·이기숙, 2008).

(3) 유아교육 프로그램 및 교육기관에 대한 평가

① 교육 프로그램 평가의 목적

교육 프로그램 평가는 프로그램의 질적 수준과 효과를 평가하는 것으로 영유아에 대한 평가와 더불어 필요하다. 프로그램의 효과와 가치 등에 대한 적절한 평가는 영유아와 부모들, 관련 행정가들에게 유용한 정보와 도움을 줄 수 있다. 유아교육 프로그램 평가는 유아교육과정 실제의 전반적인 측면에 대한 타당성, 효율성, 적절성을 밝히는 것이다. 따라서 평가활동은 그 프로그램에 참여한 모든 사람에게 도움을 주어 프로그램의 계획과 실행에 결정적인 역할을 하여야 한다(이기숙, 2000).

프로그램 평가는 프로그램의 개선을 목적으로 하므로 그 목적을 구체적으로 살펴보면 다음과 같다(강문희 외, 2002).

첫째, 기관의 철학, 시대적 변화, 대상의 요구에 적합하게 교육 목표를 설정하고 정기적으로 재검토한다.

둘째, 교육 프로그램 계획(연간, 주간, 일일 계획)의 적합성과 효율성을 높인다.

셋째, 교육시설 및 교육자료 측면에서 필요하거나 부족한 영역을 발견하여 개선한다.

넷째, 교육기관의 교육에 적합한 교사의 역할을 발전시키고, 영유아와 상호작용하는 질적 수준을 높인다.

다섯째, 영유아 및 부모에게 미치는 프로그램의 효과를 검토한다.

우리나라의 경우에 많은 사람들이 다양한 영유아 대상의 교육기관, 즉 유치원과 어린이집, 학원 등의 차이점이나 각각의 기관에서 이루어지고 있는 교육의 특성에 대해 상당 부분 혼동하고 있는 것이 사실이다. 그러므로 유치원이나 어린이집에서의 교육이 영유아를 대상으로 하는 학원 등의 많은 사회교육기관과의 경쟁력에서 우위를 차지할 수 있으려면 프로그램 평가에 대한 노력과 이에 기초한 교육의 전반적인 질적 수준 향상이 중요한 과제라고 할 수 있다.

② **프로그램 평가의 유형**

교육 프로그램의 평가는 교육기관에서 운영하고 있는 교육 프로그램의 전반적인 측면에 대한 자체 평가와 여러 가지 교육 프로그램 중에서 어떤 프로그램이 교육적 효과가 높은가를 알아보는 프로그램 효과에 대한 비교 평가로 나누어 볼 수 있다.

- 자체 평가 : 자체 평가는 교육과정 운영 실태를 전반적으로 평가하여 그 결과를 교육 프로그램의 수정 · 보완에 반영하려는 의도로 시도된다. 따라서 교육 목표를 설정하고 학습 내용 및 경험을 선정, 조직하여 적절한 교수 – 학습과정을 거쳐 학습활동의 결과를 평가하는 과정까지 포함한다. 자체 평가는 다음과 같은 특징이 있다(교육부, 1995).

  첫째, 교육기관의 자발적인 참여에 의해 이루어진 자기 평가의 경험은 자율적으로 교육과정의 질을 높일 수 있게 해준다.

  둘째, 질적으로 향상된 교육을 가능하게 하며, 나아가 교육의 전문성을 증대시킬 수 있게 한다. 전문성의 확보는 학부모나 일반인으로부터 신뢰와 지원을 받을 수 있는 바탕이 된다는 점에서도 의의가 크다.

  셋째, 평가결과는 교육기관 단위의 자체 연수와 장학을 체계화할 뿐만 아니라 교육과정의 질적 변화를 가능하게 해준다. 또한 이는 부모 교육 프로그램 개발을 위한 기초 자료로도 이용할 수 있다.

- 비교 평가 : 교육 프로그램의 효과에 대한 비교 평가는 여러 가지 교육 프로그램 중에서 어떤 유형의 프로그램을 선정 · 활용하는 것이 좋은가를 알아보기 위한 평가이다. 따라서 프로그램의 효과에 대한 비교 평가는 각 교육현장의 특성에 따라 가장 효과적인 교육 프로그램을 선정하는 기초자료로 활용할 수 있다. 대상 영유아의 특성에 따라 프로그램의 효과를 비교한다거나 교육 프로그램을 여러 가지 유형별로 비교하여 그 효율성을 연구하는 것은 비교 평가의 전형적인

방법이다. 또한 교육기관에서 어떤 형태의 교육 프로그램을 적용하였을 때 교육의 효과가 어느 정도로 지속되는가를 알아보는 프로그램 효과의 지속성에 대한 평가도 이 범주에 속한다. 프로그램 효과에 관한 지속성의 대표적인 것으로는 헤드 스타트 프로그램의 효과가 아동에게 지속적으로 영향을 미치는가를 평가한 연구들이 있다. 우리나라의 경우는 교육 프로그램의 효과를 검증하고 비교하는 연구는 그리 활발히 이루어지지 않았으나, 교육의 효과를 초등학교까지 연결하여 종단적으로 연구한 것(권영례, 1982)과 4개 교육 프로그램의 유형별 차이와 효과를 알아보기 위해 유치원에서 시작하여 초등학교 4학년, 청년 전기인 중학교 1학년에 이르기까지 장기적으로 실시한 연구(이은해·이기숙, 1992) 등이 있다. 교육 프로그램은 교육과정을 이행하기 위한 구체적인 계획으로서의 의미를 가지므로, 교육기관에서는 교육 프로그램을 개선하고 보완하기 위해서 프로그램 효과에 관한 지속성을 평가한 연구결과를 실증적 자료로 활용해야 한다.

③ 유아교육기관 평가

유아교육기관을 평가할 때 활용할 수 있는 대표적인 준거를 살펴보면 다음과 같다. 교육기관을 평가하기 위한 준거로 미국에서 가장 많이 사용되는 것은 NAEYC가 제정한 교육기관 인정 절차이다(NAEYC, 1998). 이는 교육기관의 질적 수준을 제고하기 위한 기준으로 사용되는 인정 절차로서 1984년에 제정된 이후로 몇 차례 개정되었다. NAEYC에서 실행하고 있는 유아교육프로그램 인정 평가에서는 프로그램의 구성요소로서 교육과정 및 교육활동자료뿐 아니라 다음의 10가지 평가기준을 제시하고 있다. 교육 프로그램의 주요 측면에 대한 구체적인 기준을 설정한 것으로서 교사와 영유아들 간의 상호작용, 교과과정, 교사와 부모의 상호작용, 교사의 자질 및 훈련, 운영관리, 교직원, 물리적 환경, 건강과 안전, 영양과 급식, 평가 등이 포함된다.

우리나라에서도 3~5세 유아를 대상으로 하는 교육 프로그램의 전반적인 질적 수준을 평가하기 위한 목적으로 개발된 교육 프로그램 평가척도(이은해·이기숙, 1995)가 있는데, 이는 교육기관의 운영자나 교사가 자신이 계획하고 운영하는 교육현장에 대하여 자기 평가를 해 봄으로써 영유아의 발달과 학습을 촉진시켜 줄 수 있으며, 교육기관을 운영하기 위한 프로그램의 질을 증진시킬 수 있는 도구이다. 이 평가 준거에서는 교육부의 유치원교육과정을 기초로 프로그램 평가 영역을 다음의 10가지로 구분하여 제시하고 있다. 일과계획, 교육과정(건강, 사회, 표현, 언어, 탐구), 상호작용, 물리적 환경(실내·외 시설, 설비의 안전성, 활동실의 공간 구성 및 배치, 영유아에게 적합한 활동실 구성, 실외 활동시설 및 기구의 다양성), 교재와 교구, 영양·건강·안전(간식 및 급식, 건강 및 질병 지도, 안전), 운영 관리, 교직원, 건강 및 지역 사회와의 관계, 평가활동 등이다.

5. 유치원 평가

유치원의 평가는 교육과학기술부가 2006년부터 준비단계를 거쳐 2007년에 100개의 시범유치원을 대상으로 유치원 시범평가를 실시하였고, 2008~2010년 제 1주기 유치원 평가를 실시하였다. 시범 평가와 1차 평가를 토대로 일부 2011~2013년에는 제 2주기 유치원 평가를 실시하고 있다.

우리나라 유아교육법 제19조에 의하면 유치원은 학교로서 질 높은 교육을 제공하도록 국가 정책에 부합하는 유치원 운영관리에 대해 평가 근거가 명시되어 있다. 정부는 유아교육의 수요자인 학부모를 재정적으로 지원·보조하고 있으므로 학부모의 유아교육기관 선택권이 중요해지고 있다. 이에 유치원에 대한 국가 차원에서 평가 내용을 학부모에게 공개하여 유아교육기관 선택의 기본 사항으로 할 필요가 있다. 유치원은 유치원의 설립 인가제와 시·도 교육청별 장학지도를 통해 일정 수준의 질 관리 및 유지가 이루어지고 있으며, 「유아교육법」, 「사립학교법」, 「학교보건법」, 「재무회계규칙」 등의 법적 규정이 적용되므로 기본적인 운영원칙을 가지고 있다. 그러므로 이는 어린이집에서 이루어지고 있는 평가인증제도와는 그 차원이 다르다고 할 수 있다. 유치원은 이미 인증절차를 거쳐 설립되었다고 할 수 있지만 더 나아가 국가수준에서 유치원에 대한 체계적인 평가 시스템을 구축하여 유치원 운영을 종합적으로 점검하고 유아교육의 질적 수준을 재고(再考)할 필요가 있다.

유치원 평가의 기본 방침, 주체와 대상, 평가 영역 및 내용, 평가 방법과 결과 처리 및 활용에 대해 살펴보면 다음과 같다.

유치원 평가는 유아교육법 제19조제1항에 의거하여 교육감이 실시하도록 되어 있으며, 유아교육법 시행령 제 20~22조에 의거하여 평가의 대상, 기준, 절차 등을 규정하고 있다.

제19조(평가) ① 교육감은 유아교육을 효율적으로 하기 위하여 필요하면 유치원 운영실태 등에 대한 평가를 할 수 있다. 〈개정 2008. 2. 29, 2010. 3. 24, 2012. 1. 26〉

② 교육과학기술부장관은 필요할 경우 각 시·도교육청의 유아교육 전반에 대한 평가를 실시할 수 있다. 〈신설 2012. 1. 26〉

③ 제1항과 제2항에 따른 평가의 대상·기준 및 절차와 평가결과의 공개 등에 필요한 사항은 대통령령으로 정한다. 〈신설 2012. 1. 26〉

제20조(평가의 대상) 법 제19조제1항에 따른 유치원평가는 국립·공립·사립유치원을 각각 그 대상으로 한다.

제21조(평가의 기준) 법 제19조제1항에 따른 유치원평가는 다음 각 호의 사항을 기준으로 하여 실시한다.

1. 교육과정의 편성·운영 및 교수·학습 지원
2. 방과후 과정의 편성·운영
3. 교원에 대한 연수 지원
4. 그 밖에 유치원 운영에 관한 사항으로 교육감이 필요하다고 인정하는 사항

제22조(평가의 절차 등) ⑤ 교육과학기술부장관 및 교육감은 평가의 결과를 공개하여야 한다. 〈개정 2012.4.20〉

1) 평가의 과정

(1) 기본 방침

① 시·도 교육청별로 '유치원평가위원회'를 구성·운영하며 평가 영역, 항목, 지표 및 요소 구성과 기술 방식은 학교 평가 체제와 동일한 방식으로 제시한다.

② 평가 지표 축소 및 평가 방법 간소화로 현장 평가 부담을 경감한다.

③ 서면 평가와 현장방문 평가를 병행하여 객관성과 공정성을 확보한다.

④ 평가 결과는 점수화, 서열화하지 않고 다음 학년 시작 전까지 환류하여 유치원 운영 개선을 지원한다.

(2) 평가 주체 : 시 · 도 교육청, 교육과학기술부

(3) 평가 대상 및 주기

- 평가 대상 : 국 · 공 · 사립유치원
- 평가 주기 : 3년(매년 전체 유치원의 1/3씩 실시)
  - 1주기(2008~2010년)
  - 2주기(2011~2013년)
  - 3주기(2014~2016년)(표 5-1)

제 3주기 유치원 평가 대상 기관 수

(단위 : 개원)

표 5-1	구분	전체	2014	2015	2016
	계	8,678	2,892	2,893	2,893

출처 : 교육부(2014). 제3주기 유치원 평가 추진 방향 및 계획.

(4) 평가 영역 및 내용

유치원 평가는 교육과학기술부가 전국의 유치원 평가를 위해 공통되는 지표를 개발하여 제시하고 있고, 각 시 · 도는 공통지표를 중심으로 하고 여기에 교육청에 따라 지역 특성을 반영한 자료를 사용하고 있다.

① 공통지표와 자체지표로 이원화하여 실시

- 공통지표의 경우 평가 주기별로 달리 적용하는 방향으로 설정한다(영역은 1주기 평가와 동일하나, 지표 수 등 대폭 축소함).
- ※ 2주기 평가 영역 및 지표 : 4개 영역, 9개 항목, 15개 지표(47개 요소 포함)
- 자체지표는 시 · 도 교육청의 역점 또는 특색사업 중 4개 이내를 활용한다.
- ※ 평가항목 및 평가지표 개발 시 장학지도 및 종합 평가와 중복되지 않도록 유의한다.
- ※ 자체지표는 평가 총점 중 20% 이내로 한다.

유치원 평가 영역 및 내용

표 5-2	구분	평가 영역	평가 내용
	1주기	4개 영역, 14개 항목, 28개 지표, 91개 기준	교육과정(65), 교육환경(45), 건강안전(40), 운영관리(40), 200점 만점
	2주기	4개 영역, 9개 항목, 47개 요소	교육과정(40), 교육환경(15), 건강안전(15), 운영관리(30), 100점 만점
	3주기	4개 영역, 11개 지표, 30개 요소	교육과정(30), 교육환경(15), 건강안전(15), 운영관리(30), 100점 만점

② 설립별, 규모별 평정 기준 차별화

- 설립별 : 공립과 사립을 구분하여 교직원 인사 및 복지, 예산의 편성 및 운영 관련 요소를 차별화한다.
- 규모별 : 1~2학급과 3학급 이상 기관을 구분하여 교재 · 교구의 구비 및 제공 관련 요소를 차별화한다.

③ 일부 지표에 가중치 부여

- 각 지표에 5점 척도로 점수를 부여하되, 교육과정, 교육환경, 운영 관리 일부 영역에 가중치를 부여한다(2, 3, 4, 7, 12번 지표).

(5) 평가방법

① 서면 평가와 현장방문 평가를 병행하여 시행한다.

② 교육청에 제출, 보고된 기존 자료로 평가 가능한 지표(요소)는 서면 평가 및 현장평가를 생략하여 평가 부담을 완화한다.

- 서면 평가는 유치원교육계획서와 유치원 자체 평가 보고서로 대체한다.
- 현장 평가는 권역별로 동시 시행하여 추진시기에 따른 차이를 최소화한다.

③ 유치원교육의 투입, 과정, 결과를 반영한 운영상태를 총체적으로 평가하도록 한다.

④ 평가 대상 유치원의 운영실태를 진단하고 개선점을 제공하고자 하는 컨설팅 형태의 평가이므로 상대평가를 지양한다.

| 절차 | 자체 평가 | → | 서면 평가 | → | 현장 평가 | → | 평가결과서 송부 |
| 추진 | (유치원) | → | (평가위원회) | → | (평가위원회) | → | (평가주관기관) |

그림 5-1 유치원 평가과정

출처 : 서울시교육연구정보원(2012). 2012 유치원 평가를 위한 교원 연수 자료

유치원 평가위원의 구성(서울특별시의 경우)

■ 유치원 평가의 효율적인 추진을 위해 「유치원 평가위원회」 운영
  ※ 유아교육법 시행령 제22조 ④항 교육과학기술부장관은 평가를 효율적으로 하기 위하여 평가위원회를 구성·운영할 수 있다.
■ (평가기획팀) 유아교육 전문가, 학부모, 교원, 교육전문직으로 구성하여 평가 계획 검토, 자체 평가 지표 개발 등 업무 수행
■ (평가지원팀) 서울시교육청 및 지역교육청 유치원 평가 담당 장학사로 구성하여 평가위원 추천, 평가 연수 협조 등 평가 업무 지원
■ (유치원 평가위원회) 유아교육 전문가, 유아교육 전공 현장 교원(퇴직 교원 포함) 등으로 구성하여 평가의 전문성, 신뢰성 등 확보
  • 평가위원 3인 1팀, 총 22개 팀으로 구성·운영
  • 평가위원위 임기는 1년으로 함
  ※ 유아교육 전문가는 유치원 현장 경험이 있는 유아교육 교수(관련학과 교수)
  ※ 교원은 유아교육을 전공하고 유치원 또는 유아교육 관련 기관에서 정규 근무한 교육 경력 10년 이상인 자로 함
  ※ 퇴직교원은 교원에 준하며 퇴직일자로부터 3년 이내인 자
  ※ 1팀 내 유아교육 전문가, 공·사립 교원이 적절히 안배되도록 고려함

2) 유치원 평가 편람

유치원 시범 평가를 통하여 수정된 유치원 평가지표는 표 5-3과 같다. 이는 각 시·도에서 공통지표로 동일하게 적용되며 여기에 자체 지표로 평가 종점의 20% 이내에서 각 시·도에서 자체적으로 지역의 특성을 감안하여 지표를 덧붙이게 되어 있다.

유치원 평가는 시·도 교육청별로 '유치원평가위원회'를 구성하고 운영하고 있

유치원 평가지표 공통지표

표 5-3	평가영역 (배점)	평가지표 (배점)	평가요소
	I. 교육과정 (30)	1. 교육목표 및 교육계획 수립의 적절성(10)	1) 교육목표는 국가수준의 교육과정과 교육청의 운영지침을 근거로 유아의 전인발달·교육을 지향하고 있다. 2) 연간(월간), 주간, 일일 교육 계획의 목표와 내용이 적절하며 연계성이 있다. 3) 일일교육계획안에는 소주제, 목표, 활동시간 및 내용, 자료, 평가 등이 포함되어 있다.
		2. 일과운영 및 교수-학습방법의 적합성(15)	1) 교육계획에 따라 일과를 통합적이며 균형 있게 운영하고 있다. 2) 교육내용 활동에 적합한 교수·학습방법 및 매체를 사용하고 있다. 3) 교사·유아 간에 질적인 상호작용이 이루어지고 있다.
		3. 평가 방법 및 활용의 적절성(5)	1) 유아평가 실시방법과 활용이 적절하다. 2) 교육과정(누리과정) 운영 평가의 실시방법과 활용이 적절하다.
	II. 교육환경 (15)	4. 실·내외 교육환경 구성 및 활용의 적합성(10)	1) 실내 공간에는 흥미영역의 구성이 적합하며 전시 및 게시가 교육적이다. 2) 실외 공간에는 각종 놀이기구를 비롯하여 다양한 활동영역이 있다. 3) 실내·외 시설 및 설비가 유아의 발달수준 및 유아교육 특성에 적합하다.
		5. 교재·교구의 제공 및 관리의 적절성 (5)	1) 유아의 발달수준과 주제에 적합한 교재·교구를 충분히 구비하여 제공하고 있다. 2) 교재·교구의 사용이 용이하도록 정리·관리하고 있다.
	III. 건강 및 안전 (15)	6. 유아의 건강관리 및 지도의 적절성 (10)	1) 유아를 대상으로 청결·위생지도 등 건강교육을 실시하고 있다. 2) 균형 있는 영양을 고려한 다양한 급·간식을 제공하고 있다. 3) 유아를 대상으로 식습관 지도를 하고 있다.
		7. 유아의 안전관리 및 지도의 적절성 (5)	1) 유아와 교사를 대상으로 안전교육을 실시하고 있다. 2) 유아, 교직원 및 시설에 대한 보험에 가입하고 있다. 3) 실내·외 시설 및 설비를 안전하게 설치·관리하고 있다.
	IV. 운영관리 (30)	8. 교직원의 근무여건 및 전문성 제고(10)	1) 교직원 관련 규정(인사·보수·복지)이 있으며, 이를 준수하고 있다. 2) 교직원의 전문성 제고를 위한 연수기회를 부여하고 있다. 3) 원장은 기관을 민주적으로 운영하고 개선을 위하여 노력하고 있다.

평가영역 (배점)	평가지표 (배점)	평가요소
IV. 운영관리 (30)	9. 예산편성 및 운영의 적절성(5)	1) 예·결산서를 운영위원회 심의를 거쳐 확정하고, 대내외적으로 공개하고 있다. 2) 입학금과 수업료 외의 기타경비 관련 규정을 마련하여 준수하고 있다.
	10. 가정 및 지역사회와의 연계(5)	1) 부모교육 및 참여 활동을 체계적으로 수립·운영하고 있다. 2) 유치원의 교육활동 및 유아 발달상황을 학부모에게 안내하고 있다. 3) 지역사회와의 협력을 도모하고, 지역사회의 인적·물적 자원을 활용하고 있다.
	11. 방과후 과정 운영의 적절성(10)	1) 국가 및 시도교육청의 방과후 과정 운영지침에 따라 활동 및 프로그램을 적절하게 계획하여 운영하고 있다. 2) 방과후 과정을 위한 기본 시설·설비가 구비되어 있다. 3) 방과후 과정에 전담인력이 배치되어 있다.

서울특별시교육청 평가지표(자체지표)

평가영역 (배점)	평가지표 (배점)	평가요소
서울특별시 교육청 자체지표 (10)	정보공시 입력 내용의 적절성(5)	정보공시 내용이 충실히 입력되어 있다.
	바깥놀이 운영의 적절성(5)	1일 1시간 이상의 바깥놀이(신체활동 포함) 시간을 확보하고 적절히 운영하고 있다.

다. 이는 현행 초·중등학교 평가를 시·도 교육청이 주관하는 것과 동일한 체제이다. 유치원 평가는 국·공·사립유치원을 대상으로 3개년을 주기로 실시하도록 계획되었다. 개발된 유치원 평가지표를 이용하여 자체 평가, 서면 평가와 현장 방문평가를 병행하여 실시하게 된다. 앞으로 이리한 유치원 평가는 유아교육의 질 제고와 경영개선의 피드백 자료로써 적극 활용되며 특히 유치원별 교육계획 수립에 반영하고 장학지도자료와 수업 컨설팅 등으로 활용하도록 한다. 또한 향후 유치원 평가 결과는 서열화하지 않으며, 개별 유치원에 통보해 주고, 재정과 연계하여 다양한 혜택을 주고자 계획하고 있다. 즉, 평가

참여 유치원의 영역별 운영 우수 사례를 발굴하여 포상하고 각 교육청 홈페이지에 게재하여 보급하도록 계획하고 있다.

6. 어린이집 평가인증

여성가족부는 평가인증제를 2005년 어린이집 1,000개소를 대상으로 시범적으로 운영하였고, 보육현장의 의견을 수렴하여 2006년도부터 단계적으로 확대 실시하였다. 2008년 3월부터 보육업무가 여성가족부에서 보건복지가족부로 이관되었다. 2010년 이후 어린이집 평가인증 업무를 한국보육진흥원에 위탁해 시행하고 있다. 2005~2010년까지 3만 2,498개소가 참여하였다. 이에 전국 어린이집 3만 5,550개소 중 91.4%가 평가인증에 참여하게 되었다(한국보육진흥원 평가인증국, http://kca. childcare.go.kr, 2013년 2월 검색).

1) 어린이집 평가인증제의 개념 및 필요성

보육에 관한 사회적 요구에 부응하기 위해 어린이집은 정부의 지원 아래 양적으로 급속히 증가하였지만 질적인 부분에 관한 관리는 그 동안 미비하여 양적 증가에 비해 질적 수준은 상대적으로 낮았다. 이러한 어린이집의 질적 수준에 대한 제고와 더불어 질 높은 보육의 중요성이 여러 연구를 통해 밝혀지고 관심이 증가되면서 여성가족부에서는 보육 서비스의 수준을 향상하고 부모들에게 보육의 질적 수준에 관한 정보를 제공하여 합리적으로 어린이집을 선택할 수 있도록 돕는 어린이집 평가인증제를 도입하였다. 평가인증이란 '일정한 수준의 충족에 대한 공적 인정'으로 정의되며(이옥, 2002), 어린이집 평가인증제는 보육계와 일반 사회에서 공히 인정을 받는 대표 기관에 의하여 보육 서비스의 표준을 수립하고, 개별 보육시설이 자발적으로 지원하여 서비스의 질을 평가받아서 인증기관이 설정한 표준이 요구하는 수준을 충족하거나 그 이상의 수준에 있으면 그 사실을 인정하는 증서를 부여하는 제도를 말한다(배호순, 1994; 이옥, 2002; Doherty-Derkowski, 1995). 평가인증제의 실시는 직접적인 교육의 수혜자인 영유아와 부모뿐만 아니라 보육을 담당하는 교사,

정책입안자에게도 긍정적인 영향을 줄 수 있다.

우리나라의 보육모형은 어린이집 유형에 따라 증가 비율이 큰 차이가 나타났는데, 국·공립 및 법인 어린이집보다는 주로 민간 어린이집의 확대에 의해 발전되어 왔다. 국·공립 또는 공적 부문에서 보육사업에 대한 대폭적인 지원이 이루어지는 국가에서는 인증제의 기능이 그다지 절실하지 않지만 보육을 민간 부문에 의존하는 국가일수록 평가인증제는 어린이집을 선택해야 하는 소비자의 권리 차원에서 필요하므로(이숙자, 2005) 어린이집 평가인증제의 필요성이 더 커졌다. 정부와 지방자치단체의 보육비용지원이 많은 대다수 유럽의 국가들은 평가인증제를 시행하고 있지 않은 반면, 미국과 호주처럼 민간시설 위주의 국가들은 민간보육 서비스의 질을 관리하기 위한 수단으로 평가인증제를 발전시키는 경향이 있다.

그러므로 우리나라에서 어린이집의 평가인증제가 실시되어야 하는 이유를 제시해 보면 다음과 같다(이기숙 외, 2002).

첫째, 평가인증제는 기관의 질적인 향상을 유도할 수 있는 안내자의 역할을 할 수 있다.

둘째, 평가인증제의 실시는 기관의 질 개선뿐 아니라 영유아들의 교육을 실질적으로 담당하는 교사들의 전문성을 향상시킬 수 있다.

셋째, 평가인증제의 실시는 어린이집의 질을 체계적으로 관리하는 일련의 정책이 될 수 있다.

넷째, 평가인증제를 실시함으로써 우리 사회가 요구하고 있는 질 높은 보육을 영유아들에게 제공할 수 있다. 이러한 시점에서 평가인증제의 실시는 부모들에게 질 높은 기관을 변별할 수 있는 기준을 제시해 주고 나아가 평가인증제의 확산은 우리나라 유아교육의 질 향상을 가져오게 되며 영유아들에게 질 높은 보육 경험을 제공함으로써 국제화·정보화 시대에서 경쟁력 있는 인재를 양성할 수 있는 기반을 마련할 수 있게 된다.

2) 어린이집 평가인증제의 법적 근거와 목적

어린이집 평가인증제는 「영유아보육법」 제30조 '보건복지가족부장관은 보육 서비스의 질적 수준 향상을 위하여 어린이집에 대한 평가인증을 실시하고, 업무는 공공 또는 민간기관·단체 등에 위탁하여 실시할 수 있다'에 법적 근거를 두고 있다.

또한 어린이집 평가인증제는 다음과 같은 목적으로 이루어진다(한국보육시설 평가인증국, 2013년 2월 검색).

첫째, 안전한 보육환경에서 영유아가 건강하게 양육될 권리를 보장할 수 있도록 보육 서비스의 질적 수준을 향상시킨다.

둘째, 어린이집이 보육 서비스의 질적 수준을 높이고자 준비하고 노력하는 과정을 통해 시설장과 보육교사의 전문성이 증진되도록 한다.

셋째, 부모들이 합리적으로 어린이집을 선택할 수 있도록 보육 서비스의 질적 수준에 대한 정보를 제공하며, 양질의 보육서비스를 통한 자녀양육을 지원한다.

넷째, 보육정책 수립의 주체인 정부가 어린이집을 효율적으로 지원하고 관리하는 체계를 확립한다.

3) 어린이집 평가인증제의 기본 원칙

어린이집 평가인증제의 궁극적인 목적은 보육 서비스의 효과적인 질적 관리 시스템을 마련하여 어린이집에서 영유아들에게 질 높은 보육 서비스를 제공하기 위한 것이다. 이를 위해서는 평가인증제에서 고려되어야 할 다음의 몇 가지 원칙이 있다.

첫째, 영유아의 이익이 최우선으로 고려되어야 한다. 평가인증제 도입의 최대 목표는 영유아의 발달, 성장권의 보장이며 이는 영유아의 이익이 최우선으로 보장될 수 있어야 한다.

둘째, 시설의 자발적인 참여원칙이다. 평가인증제도는 인증기관의 강요에 의해서가 아니라 시설의 자발적인 참여를 기초로 해야 한다.

셋째, 평가기준의 포괄성과 타당성이 보장되어야 한다. 인증을 하기 위한 판단의 근거가 되는 평가기준은 평가대상의 모든 속성을 포함하여야 하며 동시에 현실과 바람직한 이상이 조화를 이루어야 한다. 그러므로 어린이집 평가기준은 어린이집의 설치 및 운영에 필수적인 요인과 보육의 주요 내용인 교육, 영양, 안전, 건강, 운영관리 등이 모두 포함되어야 하고 시설의 특성 및 유형, 지역적 특성을 반영한 포괄적인 기준이 마련되어야 한다.

넷째, 평가자의 전문성이 요구된다. 보육 분야에서 일정 수준의 전문성이 인정되는 평가자에 의한 평가 및 결과가 필수적이며 인증심의위원회에서 결정하는 인증결정과정 또한 반드시 타당해야 한다(서문희 외, 2000).

4) 평가인증과정

평가인증은 참여 신청, 자체 점검, 현장 관찰, 심의의 총 네 단계의 과정을 거쳐 진행되며, 구체적인 평가인증의 과정은 그림 5-2와 같다(한국보육진흥원 평가인증국, 2013년 2월 검색).

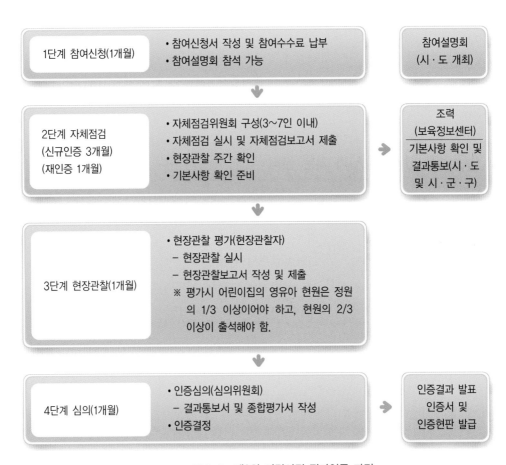

그림 5-2 제2차 어린이집 평가인증 과정

출처 : 한국보육진흥원 평가인증국(http://kca.childcare.go.kr)

(1) 참여신청(1개월)

1단계는 참여 신청의 단계이다. 평가인증을 받고자 하는 어린이집은 인터넷을 통해 참여 신청이 가능하며 선착순으로 모집하고 있다. 참여 신청서를 작성·제출하고 참여수수료를 납부한 기관은 평가인증 참여시설 설명회에 참석하여 평가인증표, 지침서, 자체 평가표 등과 관련된 자료를 교부받게 된다.

(2) 자체점검(4~5개월)

2단계는 자체점검의 단계이다. 어린이집에서는 원장, 보육교사, 학부모 등을 포함하여 3~7인 이내 자체점검위원회를 구성하여 평가지표 및 지침서에 의거 자체 평가 후 자체점검보고서 작성 및 개선 방안을 수립하여 사무국에 제출한다. 이때 시·군·구에 있는 보육정보센터로부터 조력을 받을 수 있다. 어린이집 원장은 자체점검 후 최종적으로 자체점검 보고서를 작성하여 제출한다.

(3) 현장관찰(1개월)

3단계는 현장관찰의 단계이다. 인증사무국에서 파견한 2명의 평가자들이 정해진 날짜에 시설을 방문한다. 이들은 1일간 파견되어 8~9시간 정도 시설에 머물면서 관찰, 면접, 서류검토 등을 하며 시설별 현장관찰 및 평가 보고서를 작성하여 평가인증사무국에 제출한다. 관찰 당일에 정원의 1/3이 현원으로 재원하고, 현원의 2/3 이상이 출석해야 현장 관찰이 인정된다.

(4) 심의(1개월)

4단계는 심의의 단계이다. 현장관찰이 완료되면 인증사무국에서 어린이집 자체점검보고서, 기본사항확인서, 현장관찰보고서 및 심의위원회 의견서를 근거로 평가인증 심의 및 결정을 한다. 평가인증 심의위원회는 학계 전문가, 보육정보센터장 및 어린이집 교직원, 보육 담당 공무원의 3인 1조로 구성한다. 심의자료는 자체점검보고서 10%, 기본사항확인서 10%, 현장관찰보고서 55%, 심의위원회 의견서 25%를 반영비율로 한다. 인증은 총점 및 영역별 기준 점수에 의해 결정되며 인증, 인증유보, 불인증의 형태로 나누어진다. 심의 결과는 어린이집 지원시스템 내 평가인증 메뉴를 통해 확인이 가능하다. 어린이집 평가인증에 통과한 어린이집은 보건복지부장관 명의의 인증서와 인증현판을 교부받게 되며 평가인증사무국, 전국 보육정보센터 및 시군구 홈페이지 등을 통해 인증시설이 공개된다.

(5) 사후관리

사후관리를 위하여 인증시설은 인증 후 매년 1회 연차별 자체점검 보고서를 작성하여 정해진 기간에 어린이집지원시스템 내 평가인증 메뉴에 입력·제출하도록 하며 평가인증사무국에서는 인증시설의 서비스 점검 및 유지관리를 위해 인증시설을 방문·지도할 수 있다.

5) 평가인증의 영역 및 지표

어린이집을 평가하는 평가인증지표는 어린이집의 규모 및 유형별에 따라 달리 적용되어 3종류로 되어 있다. 즉, 40인 이상, 39인 이하, 장애아전담 어린이집용이 있다. 40인 이상 시설은 6개 영역(보육환경, 운영관리, 보육과정, 상호작용과 교수법, 건강과 영양, 안전) 70항목으로 평가된다. 또 39인 이하 시설은 5개 영역(보육환경 및 운영관리, 보육과정, 상호작용과 교수법, 건강과 영양, 안전) 55항목으로 구성되어 있다. 장애아전담 어린이집은 6개 영역 75항목이다. 구체적인 평가인증지표의 내용 구성은 표 5-4와 같다. 이중 40인 이상 어린이집 평가인증지표를 소개하면 표 5-5와 같다(한국보육진흥원 평가인증국, 2013년 2월 검색).

평가인증지표의 항목별 평가기준은 3단계 기술평정척도에 의해 이루어져 있다. 3점의 경우 '우수한 수준'으로 바람직한 실제를 기술하고, 2점의 경우 '부분적으로 우수한 수준'으로 최소한의 기준에 부합되는 실제를 기술하고, 마지막으로 1점은 '부적절한 수준'으로 바람직하지 못한 실제를 기술한다. 이러한 기준들을 통해 각 지표의 평가가 이루어진다.

어린이집의 평가인증지표

표 5-4	40인 이상 어린이집 (6개 영역 70항목)		39인 이하 어린이집 (5개 영역 55항목)		장애아 전담 어린이집 (6개 영역 75항목)	
	영 역	하위영역	영 역	하위영역	영 역	하위영역
	영역 1. 보육환경 (11항목)	가. 어린이집 환경(3항목) 나. 보육활동 자료(5항목) 다. 보육지원 환경(3항목)	영역 1. 보육환경 및 운영 관리 (11항목)	가. 어린이집 환경(3항목) 나. 어린이집 운영관리 (3항목) 다. 보육인력(3항목) 라. 가족과의 협력(2항목)	영역 1. 보육환경 (14항목)	가. 어린이집 환경(4항목) 나. 보육활동 자료(7항목) 다. 보육지원 환경(3항목)
	영역 2. 운영관리 (12항목)	가. 어린이집 운영관리 (3항목) 나. 보육인력(3항목) 다. 가족과의 협력(4항목) 라. 지역사회와의 협조 (2항목)	영역 2. 보육과정 (11항목)	가. 보육활동 계획과 구성 (4항목) 나. 보육활동과 자료 (7항목)	영역 2. 운영관리 (13항목)	가. 어린이집 운영관리 (4항목) 나. 보육인력(3항목) 다. 가족과의 협력(4항목) 라. 지역사회와의 협조 (2항목)
	영역 3. 보육과정 (14항목)	가. 보육활동 계획과 구성 (7항목) 나. 보육활동(7항목)	영역 3. 상호작용 과 교수법 (11항목)	가. 일상적 양육(3항목) 나. 교사의 상호작용 (6항목) 다. 교수법(2항목)	영역 3. 보육과정 (15항목)	가. 보육활동 계획과 구성 (7항목) 나. 보육활동(8항목)
	영역 4. 상호작용 과 교수법 (11항목)	가. 일상적 양육(3항목) 나. 교사의 상호작용 (6항목) 다. 교수법(2항목)	영역 4. 건강과 영양 (12항목)	가. 청결과 위생(8항목) 나. 질병관리(2항목) 다. 급식과 간식(2항목)	영역 4. 상호작용 과 교수법 (10항목)	가. 일상적 양육(3항목) 나. 교사의 상호작용 (6항목) 다. 교수법(1항목)
	영역 5. 건강과 영양 (12항목)	가. 청결과 위생(8항목) 나. 영유아의 안전보호 (5항목)	영역 5. 안전 (10항목)	가. 실내외 시설의 안전 (5항목) 나. 영유아의 안전보호 (5목)	영역 5. 건강과 영양 (12항목)	가. 청결과 위생(8항목) 나. 질병관리(3항목) 다. 급식과 간식(2항목)
	영역 6. 안전 (10항목)	가. 실내외 시설의 안전 (5항목) 나. 질병관리(2항목) 다. 급식과 간식(2항목)			영역 6. 안전 (10항목)	가. 실내외 시설의 안전 (5항목) 나. 장애 영유아의 안전 보호(5항목)

제5장 보육과정의 계획과 구성

어린이집 평가인증지표(40인 이상)

표 5-5	영 역	하위영역	평가인증지표
	1. 보육환경	어린이집 환경	1. 보육실의 공간배치 2. 보육실 내 영유아의 휴식공간 3. 옥외 놀이터와 놀이시설
		보육활동 자료	4. 신체활동 자료 5. 언어활동 자료 6. 자연탐구활동 자료 7. 예술활동 자료 8. 역할 및 쌓기놀이 자료
		보육지원 환경	9. 비품과 활동자료의 보관 10. 보육교사를 위한 공간 11. 보육교사용 참고자료
	2. 운영관리	어린이집의 운영관리	1. 어린이집의 운영방침 및 정보 안내 2. 원아에 대한 관리 3. 보육실의 교사 대 영유아 비율
		보육인력	4. 보육교직원의 근로 계약 5. 시설장(원장)과 보육교사의 업무 수행 6. 보육교직원의 교육
		가족과의 협력	7. 신입원아 부모를 위한 오리엔테이션 8. 어린이집과 가정 간의 의사소통 9. 어린이집에서의 부모 참여
		지역사회와의 협조	10. 어린이집 운영위원회의 구성과 활동 11. 지역사회와의 협력 12. 영유아와 가족의 문제에 대한 이해와 지원
	3. 보육과정	보육활동 계획과 구성	1. 보육계획안의 수립 2. 보육활동 계획의 균형과 진행 3. 자유선택활동 시간과 운영 4. 실외활동 시간과 운영 5. 일과의 통합적 운영 6. 일상생활 관련 활동 7. 보육과정 평가 및 영유아 활동 관찰
		보육활동	8. 신체활동 9. 언어활동 10. 기본생활 관련 활동 11. 사회관계 증진 활동 12. 자연탐구활동 13. 예술활동 14. 역할놀이 및 쌓기놀이

영 역	하위영역	평가인증지표
4. 상호작용과 교수법	일상적 양육	1. 즐거운 식사(수유)와 간식 2. 편안한 분위기의 낮잠 3. 자연스러운 배변 경험 4. 영유아를 존중하고 평등하게 대하기
	교사와의 상호작용	5. 영유아의 요구와 질문에 대한 민감한 반응 6. 긍정적인 방법의 행동 지도 7. 또래 간 긍정적 상호작용의 격려 8. 자유놀이에 교사 참여 9. 영유아 간의 다툼이나 문제 상황 개입
	교수법	10. 교수법의 효과적인 사용 11. 동기유발과 호기심의 장려
5. 건강과 영양	청결과 위생	1. 실내공간의 청결 2. 보육실의 환기, 채광, 조명, 온도관리 3. 놀잇감의 청결 4. 화장실과 세면장의 청결 5. 조리실의 공간과 설비의 위생적 관리 6. 식자재, 조리 및 배식과정의 위생적 관리 7. 영유아와 보육교사의 청결 유지 8. 개별 침구의 사용과 관리
	질병관리	9. 아프거나 다친 영유아의 보호 10. 영유아와 교직원의 건강관리
	급식과 간식	11. 영유아를 위한 급식 12. 영유아를 위한 간식
6. 안전	실내외 시설의 안전	1. 보육시설의 안전관리 2. 실내시설의 안전관리 3. 실외시설의 안전관리 4. 실내와 놀잇감의 안전관리 5. 실내외 위험한 물건의 보관
	영유아의 안전보호	6. 영유아에 대한 성인의 보호 7. 영유아의 안전한 인계 과정 8. 어린이집의 안전한 차량 운행 9. 비상사태를 대비한 시설 및 설비 대처방안 10. 안전교육과 정기적인 소방훈련

1. 교육목적과 목표를 설정하기 위하여 어떠한 근원들을 살펴보아야 하는가?

2. 유아교육과정을 계획하고 구성하는데 있어 선진국들이 가지고 있는 두 가지 큰 방향은 무엇인가?

3. 유치원, 어린이집의 기관평가는 어떻게 이루어지고 있으며 현재 평가지표의 구성요인에 대해 분석해 본다.

Memo

이 장에서는 유아교육과정의 운영계획 시 고려사항과 교육과정의 통합적인 운영에 대해서 살펴보고자 한다. 통합교육과정이 가지는 의미와 배경, 유아교육에 있어서 통합교육과정의 적용과 의의에 대해 논의한다. 유아교육과정의 운영을 살펴보기 위하여 실제 주제를 가지고 어떻게 통합적으로 구성하고 운영할 수 있는지를 제시하고자 한다. 또한 영아와 걸음마기 유아를 위한 일과계획과 운영실제, 만 3~5세 유아를 위한 일과 운영계획과 실제를 통해 일과의 계획과 운영의 기본 원리와 연령에 따라 계획을 종합적으로 분석해 보고자 한다.

유아교육기관의 흥미 영역을 중심으로 하는 환경 구성의 계획, 연령에 따른 환경 구성의 원리를 살펴보고자 한다.

EARLY CHILDHOOD

CURRICULUM

유아교육과정의 운영

CHAPTER

06

유아교육
과정의 운영

본 장에서는 유아교육과정의 운영계획과 통합적 운영방법에 대한 내용을 자세히 알아보고자 한다. 또한 영아와 걸음마기 유아, 만 3~5세 유아를 위한 일과 등 연령별 학급의 일과계획에 관한 내용을 자세히 알아보고, 혼합연령 학급, 종일반과 시간연장제 학급에서의 일과계획 및 운영에 관한 내용도 살펴보고자 한다. 마지막으로 유아에게 적절한 환경 구성에 관한 내용으로 환경 구성의 원리, 실내 · 외 환경과 교사의 역할에 관한 내용을 다루고 있다.

1. 유아교육과정 운영의 계획

국가수준의 교육과정은 교사수준의 교육과정으로 재구성되고 다시 학습자수준의 교육과정으로 운영될 때 그 의미와 목적이 실현된다. 말하자면 교사는 국가수준의 교육과성/보육과성이 지향하는 바가 학습자 발날수준 · 흥미 · 경험에 석합한 형태로 실천될 수 있도록 교육과정 운영계획을 세워야 한다.

유아교육기관에서 교육과정 운영계획을 세울 때 연간(월간)계획에서부터 일일 단위활동계획에 이르기까지 반드시 고려해야 할 점이 있다. 즉, 국가수준에서 제시하고 있는 교육과정 구성 영역(누리과정의 경우 5개 영역)에서 교육 내용 간의 통합성 및 수준들과 교육 내용 간 연속성이다. 이러한 영역들의 내용은 유아들의 교육경험과 놀이활동에서 통합된 형태로 운영될 수 있도록 교육계획을 세워야 한다. 예를 들어, 3~5세 연령별 누리과정의 신체운동·건강 영역에서 강조하는 '안전하게 생활하기'는 사회관계 영역의 '다른 사람과 더불어 생활하기'와 연결하여 통합할수 있고, 자연탐구 영역에서 '탐구하는 태도 기르기'와 연결할 수도 있다. 5개 영역내용 간의 통합은 물론 각 영역별 내용 간의 통합성도 고려해야 한다. 자연탐구 영역 안에서도 '나와 다른 사람의 출생과 성장에 대해 알아본다.' 내용을 학습할 때 '임의측정 단위를 사용하여 길이, 면적, 들이, 무게 등을 재 본다.' 및 '그림, 사진 기호나 숫자를 사용해 그림으로 나타내 본다.' 등의 내용과 연결할 수 있다는 것이다.

　유아들의 교육적 경험이나 놀이활동을 계획할 때 교사가 유의해야 할 점은 이러한 영역의 내용들을 교육과정 내용체계에 제시된 순서대로 꼭 진행해야 한다고 생각해서는 안 된다는 것이다. 각 영역별로 제시된 내용은 지도의 순서를 명시한 것이 아니므로 어떤 내용이든지 어느 시기에나 교육현장에 적용할 수 있다. 어떤 내용을 어느 시기에 제공할 것인가는 유아들의 이해 정도, 선행 경험과의 관련성, 유치원/어린이집의 상황 등에 따라 달라진다. 또한 같은 내용이라도 유아들의 흥미가 지속되거나 유아들이 쉽게 이해하지 못할 경우에는 여러 번 반복해서 다룰 수도 있을 것이다. 무엇보다도 교수-학습방법이 통합성을 유지하면서도 유아의 개별성을 최대한 고려할 수 있도록 교육과정 운영계획을 세워야 한다.

　유아교육기관에서 이루어지는 교육 및 보육의 지향점은 유아의 전인적 성장에 두는 것이 일반적인 경향이다. 영유아기는 신체적·정신적인 측면에서 급속히 성장하는 시기이기 때문에 건강한 인격체로서 성장하고 잠재적 가능성을 발달시키기 위해서는 전인적 성장을 교육과 보육의 목적으로 하는 것이 적절하다.

　이러한 목적을 실현하기 위하여 대부분의 유아교육 프로그램들은 아동 중심적인 교육환경과 접근 속에서 아동의 흥미와 발달수준, 요구를 중시하고 전인적 성장을 목적으로 한 통합적 교육과정 접근을 채택하고 있다. 우리나라의 국가수준 유치원 교육과정 역시 교육과정 제정 이후부터 2013년 3~5세 연령별 누리과정에 이르기까지 교육과정의 기본 구성에서 통합교육을 지향하는 일관된 면을 보였다. 즉, 전인적 발달을 추구하면서 생활 영역 또는 발달 영역을 고려하여 단원 또는 주제를 통해 여러 활동을 통합적으로 경험하도록 교육과정을 구성·운영하도록 해왔다.

교육 분야에서 통합은 강조되고 있다. 인간이 사회문화적 배경에 맞추어 질적으로 변화해 나가는 과정을 순조롭게 돕기 위하여 통합이 필요하므로 유아교육에서도 통합적인 접근법을 자연스럽게 사용하고 있다(조덕주, 1997). 통합은 유아의 학문적인 성취를 저해하지 않으면서 사회성 등 유아의 다른 부분의 발달을 강화시키는 데 적절하였기 때문이다. 몇몇 학자들은 특히 유아가 어릴수록 더욱 비형식적이고 통합된 교육과정으로 구성해야 한다고 주장한다. 이러한 접근은 유아들이 분리된 내용 영역보다는 통합된 전체 경험으로써 세계에 대하여 경험하고 배운다는 연구 결과들에 의하여 더욱 지지되고 있다(Williams & Fromberg, 1992).

또한 통합적 교육과정 운영은 변화하는 사회에 대비하며 지식을 유용하게 사용할 수 있는 능력을 길러 주고, 인격의 조화로운 발달과 학습의 개별화에 기여한다. 내적 동기유발과 자기주도적 학습, 창조적이고 생산적인 사고 등을 중요하게 여김으로써 교육 가능성을 향상시킨다는 점에서 통합적 교육과정의 필요성이 인정되어 왔다(Ingram, 1979).

두뇌발달에 대한 연구를 통해서도 유아기의 교육이 통합교육으로 이루어져야 함을 강력하게 지지하고 있다. 인간의 뇌는 선천적으로 대상 간의 공통 패턴이나 관련성을 찾으며 같은 내용이라도 여러 방법으로 적용되면 그 내용에 대하여 더 잘 이해할 수 있다는 것이다(Caine & Caine, 1990). 가드너(Gardner, 1993)의 다중지능이론 역시 '통합교육과정이 보다 인간의 사고과정에 적합한 교육과정'임을 제시하고 있다(교육과정개정연구위원회, 1997).

통합적인 접근방식을 중요하게 생각하는 유아교육자들은 유아교육과정의 통합적인 접근법으로써 주제(theme) 또는 단원(unit), 프로젝트 접근(project approach) 등을 사용하여 교과 영역을 통합시킨 통합적 교육과정 구성을 적절한 방법이라고 제안하고 있다(Brown, 1991; Elkind, 1988; Gatzke, 1991; Krogh, 1990; NAEYC, 1991; Spodek, 1991).

개즈크(Gatzke, 1991)는 의미 있는 유치원교육과정 구성의 원칙으로서 첫째, 의미 있는 상황 안에서 학습 경험을 제공하고, 둘째, 경험을 통해서 사고능력을 자극해야 하며, 셋째, 발달이론에만 토대를 두는 것을 넘어설 것을 제안한다. 또한 교사와 유아가 사고자로서 의사결정자의 역할을 해야 하며, 학습이 분리된 교과지식으로서가 아니라 통합된 전체 속에 구조화된 프로젝트 경험을 통해 이루어져야 한다고 주장한다.

미국유아교육협회(NAEYC, 1991)의 '발달에 적합한 실제'에서 제시된 교육 내용 결정 지침에서도 유아의 지식과 이해, 과정과 기술, 성향과 태도의 발달을 조장하기 위해 특정한 주제나 학습 경험을 중심으로 전통적인 교과 영역을 통합할 것을 제시하고 있다. 또한 교육과정의 결정이 개별 유아와 지역 사회의 특성을 잘 파악하고 있는 교사에 의해 이루어지는 것이 가장 이상적이라고 하면서 교사의 전문적인 판단을 강조하고 있다.

이와 같이 학자들에 따라 다양한 용어를 사용하고 있으나 모두 공통적으로 유아의 조화로운 발달을 위해 의미 있는 학습 경험을 유아에게 흥미 있는 주제, 단원 또는 프로젝트를 중심으로 조직할 것과 유아와 교사 모두의 적극적인 역할을 강조하고 있다. 그리고 주제 속에서 전개되는 의미 있는 학습 경험들은 다양한 흥미를 반영하는 놀이와 활동들을 통하여 전개되어야 한다.

한편 영아를 위한 교육과정계획의 경우 월령이 어릴수록 일상적인 맥락을 더욱 고려하여 우연한 상황에서 일어나는 사건들을 보다 민감하게 교육적인 과정으로 포함시켜야 한다. 그리고 자연스러운 상호작용이 의미 있게 다루어져야 하며, 의도한 교육의 목적과 내용도 이러한 상황 속에서 접목시킬 것이 강조되고 있다(김희진·김언아·홍희란, 2004). 영아의 일상적 삶 속에서 그들의 발달적 요구와 흥미를 수용하여 모든 활동과 내용이 교육적 의도대로 통합되는 교육을 지향하고 있는 것이다.

미국유아교육협회에서 밝히고 있는 0~8세의 영유아를 위한 교육과정을 계획할 때 고려할 사항은 다음과 같다(Bredekamp & Coople, 1997).

- 통합된 방식으로 발달의 모든 영역이 지원되는 교육과정을 계획한다.
- 어린이의 흥미와 발달과정에 대한 관찰과 기록을 토대로 교육과정을 계획한다.
- 성인, 또래, 아동, 교재·교구와의 상호작용과 탐색을 격려하는 학습환경을 제공할 수 있는 교육과정을 계획한다.
- 구체적이고, 실제적이며, 어린이의 삶과 관련성이 높은 활동과 교구·교재가 핵심이 되는 교육과정을 계획한다.
- 연령보다는 다양한 흥미와 능력에 있어서의 발달적 차이를 고려하는 교육과정을 계획한다.
- 다양한 활동과 교구·교재를 제공하고, 어린이들의 이해 수준, 지식, 기술이 증가함에 따라 활동과 교구·교재의 난이도나 복합성을 증가시키는 교육과정을 계획한다.

2. 교육과정의 통합적 접근

1) 통합교육과정의 개념 및 배경

(1) 통합교육과정의 개념

교육과정 통합에 대해서 다양한 이해들이 공존한다. 이는 교육과정을 통합하는 방법에 여러 유형이 있는 것과 무관하지 않다. 일반적으로 두 개 혹은 그 이상의 교과목들을 하나로 묶어서 통합된 하나의 교과목을 만드는 경우가 통합교육과정으로 널리 이해되고 있다. 이는 우리나라 초등교육에서 1984년부터 시행해 온 통합교육과정 운영이 이러한 형태였던 것과도 무관하지 않을 것이다. 그러나 통합교육과정은 교과목의 통합이라는 일반적인 개념 외에 학습 경험의 통합, 인격의 통합, 학문 간의 통합 등 그 의미와 수준이 광범위하다(김재복, 1998).

통합에 대한 관심은 사람들이 통일성(unity) 또는 전체성(wholeness)이란 아이디어를 인식함으로써 비롯되었다(교육과정개정연구회, 1996). 교육에서 통합의 개념 역시 학문이나 경험 또는 학습 등 모든 것의 전체성에 관심을 두고 접근하려는 입장이다. 즉, 부분들을 전체에 관련시켜 결합시키는 과정이다. 이는 궁극적으로 학습자에게 일어나는 학습의 통합과 나아가서는 학습자의 인격적 통합, 즉 전인적 발달을 도모하는 것을 목적으로 한다. 이러한 맥락에서 교육과정 통합을 정의하면 시간적·공간적으로 그리고 내용 영역에 있어서 각각 다른 학습 경험들이 상호관련되고, 의미 있게 모아져서 하나의 전체로서 학습을 완성시키고 나아가서 인격성숙으로 이어지게 하는 과정 또는 결과(김재복, 1998)로 개념화할 수 있다.

유네스코 산하의 아시아 태평양 지역 발전을 위한 교육혁신 프로그램(APEID : The Asia-Pacific Programme of Educational Innovation for Development, 1982)에서는 통합교육과정을 학습자의 개성을 개발하고, 학습자로 하여금 유용한 구성원이 되게 하기 위하여 학습자의 실생활에 비추어 경험을 전체적으로 재구성한 것이라고 정의한다. 또한 지식과 학습과정의 통합, 인지적 영역과 정의적 영역의 통합, 지식과 행위의 통합, 지식과 실생활 간의 통합 등의 의미로 해석된다고 보고 있다(교육과정개정연구위원회, 1996).

브레드캠프와 로즈그란트(Bredekamp & Rosegrant, 1985)는 유아교육에서 통합의 개념을 유아들에게 자신이 경험한 범위 내에서 조직화할 수 있는 주제 또는 개념을 제공하는 것이라고 정의하고, 통합의 일차적 목적을 유아들에게 교육과정을 보다 의미 있게 만들어 주는 것이라고 하였다.

유아교육에서 교육과정을 통합적으로 운영하고 있는 대표적 모델로 알려진 영국의 유아학교 및 초등학교에서는 다음의 대상들 간의 통합을 통해 교육과정의 통합을 설명하고 있다(교육부, 2000). 유아의 과거 경험과 현재의 요구 및 흥미의 통합, 유아가 한계 내에서 원하는 곳으로 자유롭게 갈 수 있다는 의미에서 공간과 유아의 통합, 학교와 지역 사회의 통합, 다양한 연령집단을 경험하는 연령의 통합, 교사 상호간의 생활과 유아생활의 통합, 유아의 가정생활과 학교생활의 통합을 말한다.

이상에서 살펴본 통합 및 교육과정 통합의 개념에 기초하면 유아교육과정에서 통합의 개념은 아동 중심적인 철학에 기초하며 전인적인 인격체로서 성장하도록 돕기 위하여 유아들에게 보다 의미 있는 교육과정을 제공하는 것이다. 즉, 전인적 발달과 효율적 학습을 위하여 유아의 경험, 흥미 및 요구와 교육 내용을 통합하고, 유아와 유아 주변의 인적 및 물적 환경을 통합하며, 또한 교과목들을 통합적으로 재조직하여 가르치는 방법으로 정의할 수 있다(교육부, 2000).

(2) 통합교육과정의 배경

교육에서 통합된 인간을 기르기 위한 관심은 플라톤, 코메니우스, 루소 등에까지 거슬러 올라간다. 이러한 관심은 헤르바르트(Herbart), 질러(Ziller), 프뢰벨(Froebel), 파커(Parker), 손다이크(Thorndike) 등으로 이어졌으며, 이들의 영향을 받은 듀이(Dewey)의 진보주의 교육사상과 맥을 같이 하는 경험 중심 교육이 강조되면서 급증하였다. 프뢰벨(Froebel)은 어린이의 발달과 관련하여 통합적인 활동, 즉 경험의 통합을 강조하였으며 이는 노작을 통하여 이루어진다고 보았다. 이러한 그의 사상은 듀이(Dewey)에게 큰 영향을 끼쳤다. 미국의 경우, 진보주의 교육운동이 활발하게 진행되던 1920~1950년대의 시기는 학습 경험의 통합 또는 교육과정의 통합을 중요한 논제로 하면서 교육과정 통합의 개념이 가장 중요하게 논의된 시기였다(교육과정연구회, 1996). 진보주의자들은 경제 대공항의 시대적 변화를 겪으면서 학습자의 요구와 관심에 기초한 교육과정의 필요성과 함께 통합의 문제를 거론하게 된 것이다. 진보주의 교육자들은 학습자의 성장이란 경험의 누적적 재구성에 의하여 일어나며, 경험의 누적적 재구성이란 바로 학습자 내부에서 일어나는 통합을 의미한다고 보았다. 즉, 통합이란 학습자가 스스로 외부의 정보를 재구성하여 학습자 내부에서 일어나는 것이며, 학습자가 그렇게 할 수 있을 때 가장 바람직한 통합이 일어났다고 할 수 있다. 이러한 통합은 학습자의 현재 경험, 관심, 흥미 등을 귀하게 여기고 그것을 출발점으로 삼아 경험의 재구성이 일어날 수 있도록 교육과정을 구성하고 개발할 때 가능한 것이라고 보았다. 따라서 이들은 전통적 교과지식들을 경험의 재구성을 위한 도구로 보고, 학습자의 내부에서 일어나는 새로운 경험이 구성될 때 교과지식이 사용, 통합된다고 하였다(조연순·김경자, 1996; Kneller, 1971). 진보주의자들은 교육과정에 있어서 통합에 대한 생각을 프로젝트 학습 등의 모습으로 현실화시켰다. 그 후 학습자 내부에서 일어나는 통합을 돕기 위해서 교육과정을 구성하려는 노력은 다양한 형태로 나타났다. 교과 간에 상관되는 요소를 중심으로 통합하거나, 주제를 중심으로 필요한 교과 내용을 통합하거나 하는 형태가 계속 이어져 온 것이다.

이후 브루너(Brunner)를 중심으로 하는 지식의 구조를 강조하는 학문 중심 교육과정에서는 교육 내용의 논리적 통합이 탐구되기는 하였으나 각 영역 안에서의 학문에 관한 탐구가 이루어지면서 지식의 분화현상이 일어나게 되었다.

이로 인해 통합에 대한 관심은 점차 후퇴하였다가 1970년대에 들어서면서 전통적인 학교교육의 문제를 극복하고, 창의성을 조장하며, 미래 지향적인 교육을 실천하기 위한 방안의 하나로 교육과정 통합의 필요성이 제기되었다.

1970년대에 교육과정 통합에 대한 논의는 영국의 초·중등학교에서 활발히 일어났는데, 이는 1920년대에 듀이의 이론을 실제에 적용한 수잔 아이작(Susan Isaacs)을 통해 이루어진 통합교육과정에 대한 재인식이 기초가 되었다. 아이작은 유아의 인지적 학습은 그들의 감정에 좌우된다고 믿었기 때문에 인지, 언어, 정신, 운동, 육체적인 성장을 촉진하기 위하여 유아의 흥미와 사회적 상호작용에 입각하여 교육과정을 운영하였다(Williams, 1999 재인용). 아이작의 접근법은 영국 초등학교의 '통합된 하루'의 기초를 제공했다. 이어서 통합된 하루는 미국에서 1960년대와 1970년대의 열린 교육(open education)운동으로 떠오르게 되었다.

이와 같이 서구 사회를 중심으로 이루어지던 통합교육과정개발에 대한 관심은 1980년대에는 동남아시아 여러 국가에서도 나타났다. 아시아 태평양 지역 발전을 위한 교육혁신 프로그램(APEID, 1982)에서는 초등학교수준에서 교과 통합이 아동에게 보다 흥미 있는 학습 경험을 제공할 수 있다는 연구결과를 보고하였다. 이러한 연구결과는 우리나라 초등교육과정의 통합에도 영향을 미쳤다(교육과정개정연구위원회, 1996). 우리나라에서 교육과정의 통합적 접근에 대한 논의는 1980년대 이후 초등학교교육과정 개혁으로 체계화되었다(곽병선·허경철, 1986; 한국교육개발원, 1983). 1981년 제4차 교육과정에서 초등학교 1, 2학년의 교과서가 통합되는 것을 시작으로, 제5차 교육과정에서는 교과서만이 아니라 교육과정상에서의 통합을 모색하게 되었다. 이를 계기로 통합교육과정 또는 교육과정의 통합에 대한 연구들이 이어졌다. 현재 초등교육 분야에서는 통합적 접근법의 실천으로서 열린 교육에 대한 논의와 실험이 활발히 전개되고 있다. 특히 우리나라 초등학교 저학년을 위한 '바른 생활', '슬기로운 생활'은 교과의 상관을 고려하여 통합한 형태이고, '우리들은 1학년'은 주제를 중심으로 통합한 형태라고 할 수 있다. 그러나 통합교육과정에 대한 시도가 통합을 위한 교육체제 구축의 미비와 통합의 의미나 구성절차에 대한 이해 부족 등으로 성공을 거두지 못하고 있다고 보고 있다(조연순·김경자, 1996).

우리나라의 유치원교육과정은 1969년에 제정된 제1차 교육과정으로부터 3~5세 연령별 누리과정에 이르기까지 모두 통합성을 고려하여 구성되었고, 또한 교사들에게 통합적으로 운영하도록 거듭 강조해 왔다. 3~5세 연령별 누리과정에서 교육활동 운영의 기본 방향 중의 하나는 교육과정의 통합적 운영이다. 우리나라의 유치원교육은 전통적으로 이미 국가수준의 교육과정에서부터 아동 중심 교육 실천의 중요한 방법으로서 아동의 흥미와 발달수준, 요구를 중시하고 전인발달을 목적으로 한 통합적 교육과정 접근방식을 채택하여 온 것이다.

2) 유아교육에서 통합교육과정 적용의 의의

교육과정의 통합은 유아교육에 있어서 그 가치를 높이 인정받고 있는 개념으로서 유아교육에 있어 통합적인 접근법이 자연스러운 것으로 받아들여진 것은 부분적으로는 발달의 통합적 특성에 대한 인식에서 비롯된 것이다. 하나의 발달 영역에서 일어나는 것, 가령 신체적 발달은 불가피하게 사회적·정서적 발달과 같은 또 다른 영역에 영향을 준다(Bredekamp & Rosegrant, 1995). 통합적 접근은 유아의 학문적인 성취를 저해하지 않으면서도 유아의 다른 영역의 발달을 강화시키는 데 적절하기 때문에 영유아교육과정 운영에 적합한 것으로 받아들여졌다.

그러나 1980년대에 들어와 학문적·기술적 접근이 강조됨으로써 유아들을 대상으로 한 테스트가 증가하였다. 즉, 1960년대 이전의 준비성 개념은 읽기와 셈하기 기술을 습득하기 위한 직접적인 교수와 연습지의 사용으로 바뀌게 되었으며, 놀이와 자료의 사용을 위한 시간이 점점 줄어들면서 놀이를 통한 학습의 가치에 대한 인식도 감소하게 되었다. 이러한 경향은 1980년대 이후 천재아 선호문제가 점점 심각하게 대두되고 있는 현상으로도 잘 나타나고 있다. 이는 유아들에게 학업성취를 일찍부터 강요하는 것으로서 유아의 놀이시간을 축소시키고, 어린 연령부터 소위 교과형식의 공부를 가르쳐야 한다는 압력이 부모들에게 증대되고 있는 현상을 말한다.

1980년대 유아의 학문적 성취와 테스트에 대한 압력에 대응하기 위한 유아교육에서의 첫 번째 움직임은 미국의 NAEYC에 의해 제시된 '발달에 적합한 실제'를 위한 지침이었고, 다음으로는 유아교육에 있어서 통합적 접근법을 확산시키는 것이었다. 연구결과들은 유아들이 세계에 대하여 분리된 내용 영역보다는 통합된 전체 경험으로 배운다는 것을 분명하게 밝히고 있다(Krogh, 1990; Williams & Fromberg, 1992). 교사가 유아들에게 의미 있는 상황 속에서 개념들을 제시하지 않고 분리된 각각의 분절된 내용으로 가르친다면 유아들은 개념에 대하여 이해하기 어렵게 된다. 왜냐하면 대부분의 성인들은 각각 분리된 개념이나 원칙을 이해할 수 있으나 유아들의 경우 이러한 학습은 아주 어려운 것이기 때문이다.

인그램(Ingram, 1995)은 교육과정의 통합이 인식론적·심리적·사회적인 측면에서 긍정적 기능을 하는 것으로 분석하면서 통합교육과정의 필요성을 역설하였다. 즉, 인식론적인 측면에서는 단편적 지식 습득에 그치기 쉬운 분과별 교육과정의 한계를 극복하고 각 교과의 내용을 의미 있는 개인적·사회적 주제 혹은 문제의 맥락 속에 재위치시킴으로써 지식의 구성 및 발전과정에서 인식의 주체인 학습자 개개인에 의해 구성되는 주체적이고 통합적인 의미가 강조된다(양미경, 1997).

심리적 기능은 학습 측면에 관한 것이다. 학습자의 발달특성에 맞는 교육을 하기 위해 심리적인 측면에서 학습자 중심의 교육과정을 구성하고, 그들이 생활하는 실제 세계와 요구, 흥미, 발달특성을 고려한 지식이나 경험을 제공하기 위하여 통합교육과정이 필요하다는 것이다. 사회적 측면에서 통합은 교실에서의 상호작용에서 협동을 조장하며, 여러 분야의 학문을 종합하여 응용하도록 하는 사회적 요구를 반영하고, 학교와 지역 사회를 밀접하게 연결하는 기능을 한다(Ingram, 1995).

유아에게 통합교육과정을 적용하는 것은 다음의 측면에서 학습을 촉진시킨다 (Bredekamp & Rosegrant, 1995).

- 통합교육과정은 유아들의 경험을 보다 밀도 있게 만들어 유아들 스스로의 의미 구성에 기여한다. 의미 있는 통합교육에 참여할 때 학교와 가정에서의 경험이 연계성을 가질 수 있는 것이다.
- 통합교육과정은 각 교과 영역 간의 연관성과 각 영역의 지식을 실생활과 관련 짓는 능력을 향상시킬 수 있다. 교육과정 영역이 각각 분리되어 있으면 유아들은 개별 교과 영역이 보다 광범위한 지식의 차원으로 어떻게 연결되는지 알 수 없다.
- 대부분의 교과 영역들은 다른 영역들과 분리되어 학습되거나 응용될 수 없다. 예를 들어 과학을 하려면 수학이 밀접하게 관련된다. 문학의 학습에는 역사지식이 필요하다.
- 통합교육과정은 교과가 바뀌는 전환의 횟수와 생소함을 최소화할 수 있다. 교과의 전환은 유아에게 어려운 상황이다. 전환은 시간 공백을 낳게 되며, 새로운 교과에 적응하는 데 어려움을 유발할 수 있다.
- 통합교육과정은 유아들이 학습해야 할 많은 정보들을 의미 있는 개념으로 조직화할 수 있도록 돕는다.
- 유아들이 개별 교과 영역이 특정한 문제해결에 어떻게 도움을 주는지 알게 되면 특정 영역의 전문가가 된다는 것이 무엇을 의미하는지 보다 쉽게 알게 된다.

통합교육과정이 지니는 인간 중심적인 가치에도 불구하고 이를 실현할 때 나타날 수 있는 문제점에 대한 우려도 있다.

통합교육과정이 구성 · 운영되는 과정에서 교육 내용을 교육활동으로 전환하여 유아가 경험하도록 하는 데 관심이 집중되어 지식, 즉 교육 내용보다는 방법에 치중하는 현상이 발생할 수 있다는 것이다(김희연 · 정선아, 2006). 이러한 우려는 듀이의 진보주의이론에서 말하는 경험과 지식의 재구성에 대한 통찰이 유아교육과정에서 중시되어야 하며 새롭게 해석되고 적용되어야 함을 시사한다. 그러나 지식에 대한 강조가 자칫 유아 교사가 교과 전문가가 되어야 한다거나 유아에게 맞지 않는 교과지식에 대한 지나친 강조로 이어질 경우, 유아교육과정의 통합성과 초 · 중등교육과 차별화되는 유아교육의 특성을 저해할 수 있음을 유념해야 할 것이다.

제이콥스(Jacobs, 1989)는 통합교육과정을 구성한다는 의도 아래, 많은 내용이 서로 긴밀한 내용 연결을 갖지 않은 채 교육적 의도 없이 그저 얽혀져 있는 잡동사니(potpourri) 교육과정이 되는 것은 피해야 한다고 경고하고 있다. 삶이 수많은 장면으로 이루어져 있다는 사실 하나만으로 수많은 과목(학문 분야)을 동시에 이리저리 통합시킬 경우, 깊이 없는 단순한 사실만을 소유하게 될 수 있다는 것이다. 이러한 지적은 특히 교육과정 구성에서의 교사의 자율성이 높고, 통합된 하루 일과의 구성을 지향하고 있는 유아교육과정에서 쉽게 빠질 수 있는 함정이 될 수 있다. 이렇듯 통합교육과정은 신중하게 그 깊이와 계열을 고려하여 설계되지 않을 경우 모순에 빠질 수 있다.

어떠한 유형의 통합을 선택하든 그 실행과정에서 대부분의 유아교육 프로그램에서 취하고 있는 일과 운영방법은 통합된 일과이다. 인그램(Ingram, 1979)은 통합된 일과가 갖는 높은 가치에도 불구하고 경험이 없으며 미숙한 교사가 이 방법을 실행할 경우 아동의 교육적 발달에 악영향을 끼칠 수 있음을 경고하고 있다. 즉, 비구조화되고 비계획적인 교육과정을 운영하면서 이를 유아에게 자유를 부여한 것이라고 잘못된 판단을 하는 것을 경계해야 함을 시사한 것이다. 통합된 일과에서도 구조화의 필요성과 교사가 수업을 설계, 준비, 기록할 필요성이 대단히 높음을 강조하고 있다.

통합교육과정에 내포된 여러 위험 요소에도 불구하고, 특히 영유아에게 있어 통합교육과정은 위험을 상쇄하고도 남을 가치가 있다. 다만, 경계해야 할 것은 학습자의 흥미와 필요에 따른 통합이라는 대전제하에 자칫 비구조화되고 비계획적인 교육환경을 초래하지 않도록 해야 한다는 점이다.

3) 유아교육과정의 통합적 접근

유아교육과정을 계획 · 전개함에 있어 통합교육과정을 실행하는 과정에는 여러 가지 고려할 사항과 많은 반성적 사고과정을 통한 의사결정이 동반되게 된다. 유아교육에서 통합교육과정을 실행하는 과정은 다음의 몇 가지 과정을 포함한다.

(1) 교육과정 통합의 방법 결정

유아의 특성 및 그에 따라 유아기에 다루어야 할 교육 목적과 내용, 유아교육기관의 역할 등을 고려하여 가장 적절한 통합의 방법을 결정한다. 통합의 방법을 결정하였다 함은 교육과정 조직의 방법만을 결정한 것이 아니고, 유아의 학습방법 및 교사의 교수방법도 결정한 것을 의미한다.

통합교육과정에 관한 다양한 접근방식들이 시도되었지만(Forgarty, 1991), 유아교실에서 가장 일반적인 통합교육과정의 접근은 주제 접근법이라 할 수 있다. 주제 접근법은 단원, 프로젝트, 그 밖에 교육과정을 개념적으로 구성하는 전략들을 총칭하는 것으로, 유아들에게 '전인아동'으로의 성장을 도모하는 학습 경험을 촉진해 준다. 이러한 접근은 유아의 흥미를 유발하도록 고안되며, 유아로 하여금 그들이 배운 것을 의미 있는 문제해결에 적용하게끔 도와준다(Bredekamp & Rosegrant, 1995). 포가티(Forgarty, 1991)는 교과를 통합하기 위한 주제 접근방식을 거미줄 모형(webbing)이라고 부르기도 하였다. 거미줄 모형을 통하여 해당 주제와 다른 것들을 연결시키게 되는데, 이로서 교과 영역들은 물론 유아발달의 여러 영역들을 포괄하게 된다. 즉, 주제를 중심으로 유아의 관심, 경험, 발달적 요구, 교육 내용으로 포함되어야 할 것 등 다양한 교육적 고려 대상들이 통합되어 전개될 수 있는 장점이 있다.

(2) 통합교육과정의 내용 결정

통합교육과정의 내용 결정은 통합의 방법이 어떻게 결정되었느냐에 따라 달라질수 있으나 유아교육과정에서의 주요한 통합형태인 주제 중심의 통합교육과정으로 통합의 방법이 결정된 상태라면 주제의 추출이 그 출발이 될 수 있다. 주제 접근, 즉 거미줄 모형을 이용하여 교육과정을 통합하는 데 있어서 가장 주의할 점은 주제의 선정이다. 교사들은 교육과정을 계획할 때 너무 피상적이거나 가치가 상대적으로 낮은 주제들에 집착할 수 있다. 이런 주제들은 임기응변식의 교육과정을 초래할 수 있다.

주제 추출의 근원은 다양하다. 타일러(Tyler, 1949)가 제시한 교육과정의 원천과 연관하여 주제 추출의 근원을 살펴보면 먼저, 유아의 특성, 관심사, 발달적 요구와 같은 학습자의 특성은 기본적인 고려 대상이 된다. 둘째는 사회적 필요성 역시 주제 추출의 중요한 근원이다. 셋째는 '학교(유아교육기관)'에서 가르쳐야 할 것들에 대한 교육과정 전문가의 견해가 반영될 수 있다. 교육과정 전문가의 견해는 이미 국가 수준 교육과정 등에 나타나 있으므로 이러한 자료들을 통해서도 반영될 수 있다. 또한 해당 유아교육기관이 처한 지역 사회 및 어린이가 속한 가정의 특성과 요구, 교사 및 해당 유아교육기관의 교육적 관심사도 고려될 수 있다.

이러한 주제 추출의 근원과 고려 요인들을 반영하여 포함할 수 있는 모든 주제를 나열해 보는 것이 주제 중심의 통합교육과정을 계획하는 한 단계가 될 수 있다. 유아를 위해 선택할 수 있는 좋은 주제들은 무궁무진하다. 그러나 다수의 주제를 포함하는 것이 최선도 아니다. 그러므로 교육과정의 계획과정에서 꼭 다루어야 할 우선순위별로 주제를 구분하여 보는 것이 필요하다. 이때 연간 교육일수, 각 주제별로 필요한 전개 기간 등이 고려되어야 한다. 이후에 주제의 개념적 크기에 따라서 주제 내에서 다룰 수 있는 소주제를 구성하여 보는 작업도 이루어져야 한다. 지금까지의 과정은 연간 교육계획수준에서 이루어지게 되는 일이라 할 수 있다.

각 소주제는 그 주제를 탐색하는 과정이 될 개념을 포함하고 있으므로 소주제에 따른 개념을 추출하는 것 역시 교육 내용의 선정과정 중 하나이다. 지금까지의 과정이 순수한 계획단계라면 다음에 제시되는 활동과 경험의 조직은 직접적으로 교육과정 운영과 연관되는 과정이다.

(3) 활동 및 경험에 대한 고려

문서상으로 계획된 통합교육과정 내용이 유아들에게 학습되려면 다시 활동과 직접적인 경험이 가능한 형태로 전환되어야 한다. 즉, 각 개념을 통합적으로 풀어나갈 활동을 고려하는 일이 필요하다. 이러한 활동은 유아교육 프로그램을 구성하는 자유선택활동과 대·소집단활동 모두를 포괄한다. 교사는 각 활동에 그 주제에서 추구하는 개념과 내용이 잘 유지되도록 유의해야 한다.

계획의 과정에서는 각 활동의 순서도 예정하여 본다. 선정한 활동이나 활동의 순서는 꼭 그대로 시행한다는 것을 전제하는 것은 아니다. 교육과정 운영에서 본질적인 전제는 유아의 관심사와 흥미에 따라 그들이 주도하는 학습의 과정이 되는 것이기 때문이다.

(4) 교육과정의 통합적 적용·실행

앞선 과정이 교사가 교육과정을 계획하는 차원에서 이루어지는 교육과정의 통합적 접근과정이었다면 본 단계는 실제 적용과 관련된다. 교육과정의 실제 운영에 대한 모든 준비와 고려가 끝나면 필요한 환경을 마련하고 실제로 유아들에게 교육과정을 통합적으로 적용·운영하는 것으로 구체화된다. 이 과정에서 계획이 다소 수정되거나 전혀 새로운 개념이나 주제가 등장하기도 한다.

(5) 피드백을 통한 반영

실제로 유아교육과정을 통합적으로 계획·운영하는 데 있어 가장 필요한 바탕이 형성되어 있는지를 검토해 보아야 한다. 교육과정이 통합될 수 있는 정도는 학습이 일어날 수 있는 상황, 즉 교실의 상황에 지대한 영향을 받기 때문이다(Bredekamp & Rosegrant, 1995). 유용하고 적절한 교육자료와 정보가 많은 교실, 유아에게 적절한 경험이 풍부하게 제공되는 교실, 유아들의 작업 결과물들이 존중되는 교실상황일 때 비로소 교육과정의 바람직한 통합이 가능하다. 따라서 우리의 현실이 유아들의 흥미와 관심을 연중 또는 다년간 충족시킬 만큼의 충분하고 지지적인 교실상황을 제공하고 있는지 분석해 보아야 한다.

아울러 통합을 통하여 전인교육을 이루기 위하여 교사의 능력과 체계적인 교육계획이 요구된다. 이러한 가운데 비로소 유아도 자신의 학습을 능동적으로 주도할 수 있을 것이며, 통합적 교육과정은 인식론적·심리적·사회적 기능을 다할 수 있을 것이다.

4) 주제 접근 통합교육과정 구성 및 운영의 실제

(1) 주제의 선정과 배치

주제의 선정은 그 주제를 통해 유아들의 삶과 경험, 다양한 분야의 학습과 발달을 통합할 수 있으면서 유아들이 자발적으로 충분히 탐색할 수 있고 흥미를 지니는 주제인지, 그 주제가 교육적 의미가 있는지 등에 대한 검토에 기초하게 된다. 즉, 유아들이 관심을 갖는 주제라고 하여도 그것이 유아교육기관에서 함께 탐색할 만한 가치가 있는 주제인지, 주제가 너무 편협하지 않은지, 국가수준의 교육과정에서 추구하는 것과 추구하는 방향이 일관되는지, 유아들의 일반적 문화 및 지역 사회 문화와도 관련성이 있는지, 유아들이 다양한 활동으로 쉽게 연결할 수 있는 가능성이 있는 주제인지 등의 여러 요인이 검토되어 결정된다. '식물' 주제는 이러한 여러 요인에 대해 검토할 때, 매우 긍정적으로 평가받을 수 있는 주제 중의 하나라고 할 수 있다.

먼저 교사는 연간 교육과정 운영의 흐름 속에서 '식물' 주제의 위치와 역할을 점검해 볼 수 있다. 이는 해당 학급 유아의 성숙 및 학습 정도를 고려하여 해당 주제의 탐구 정도와 방향을 모색하는 과정이 될 수 있다. 즉, 이 주제를 중심으로 교육과정을 운영할 때 유아가 학습하게 될 개념, 태도, 기능이 무엇인지도 검토해 본다. 이는 곧 해당 주제를 운영하는 의의와 목적, 운영의 방향을 살피는 과정이 된다.

(2) 하위 주제의 선정과 배열

해당 주제에서 다룰 수 있는 하위 소주제들을 나열해 본다. 예를 들어 식물 주제에서는 '식물의 종류', '식물의 성장', '식물의 변화'와 같은 것이 하위 주제로 검토될 수 있다. 추출한 각 하위 주제가 학급에서 다루어질 만한 가치가 있는지를 점검해 본다. 즉, 주제에 대해 그 주제를 통해 학습하게 될 개념(이해), 태도, 기능이 무엇이었는지 정의해 보았던 것처럼 각 하위 주제에 대한 교육적 의의와 방향을 정의해 보고, 통합교육의 가능성도 가늠해 본다. 이러한 과정은 곧 각 하위 주제 운영의 목표를 정의하는 과정과 다를 바 없다. 예를 들어 하위 주제 '식물의 성장'에서는 소주제 운영의 의의와 방향을 '씨앗의 모양을 관찰하고 씨앗이 싹을 틔우기 위한 여러 가지 환경조건들에 대해 알아본다.'와 같이 정해 볼 수 있다.

이러한 점검과정을 통해 각 하위 주제들이 통합적 교육과정 운영의 과정에 하나의 '소주제'로써 충분한 의미가 있다고 판단되었다면 각 소주제들을 다룰 시기를 결정한다. 즉, 유아들이 탐구하기에 적절하게 진행 순서를 결정할 수 있는데, 간단하고 쉬운 소주제로부터 점점 복잡하고 어려운 것, 추상적인 소주제의 순서로 진행하면 유아들의 주제 탐색과정은 훨씬 편안하면서도 깊이 있는 탐색이 가능해질 것이다. 이는 곧 계열화의 과정으로 중심원의 원리, 나선형의 원리 등이 위계를 정하는 데 기초적으로 작용하게 된다.

(3) 소주제에서 포함할 개념의 선정과 배열

각 소주제에서 다룰 수 있는 '개념'도 나열하여 본다. 예를 들어 '식물의 변화'라는 소주제에 대해서는 '식물의 생김새는 각기 다양하다', '식물이 살아가기에 좋은 환경이 있다', '식물은 성장하면서 변화한다' 등의 개념이 포함될 수 있다. 각 주제 및 소주제의 교육적 의의를 살펴보았던 것처럼 교사가 추출한 개념들이 교육과정 운영에 포함될 만한 가치가 있는지, 통합교육과정 속에 포함될 개념으로서 적절한 지도 교사수준에서 검토한다. 각 개념들의 타당성이 인정된다면 개념들을 계열화한다. 즉, 무엇을 먼저 다루고 나중에 다룰지를 순서지어 본다.

이상과 같이 소주제 및 개념들이 교사수준에서 논의·검토되고, 교육과정 편성 계획에 포함되었다고 해도 실제 교육과정의 전개과정에서 유아들과의 진행상황 및 다양한 요구에 따라 추가되거나 삭제되는 소주제나 개념이 있을 수 있다. 각 주제나 개념이 운영되는 기간에 대한 계획 또한 실제 전개과정에서 조정될 수 있다.

(4) 활동 및 경험의 추출과 배열

실제로 교육과정이 통합적으로 운영되기 위해서는 각 소주제 및 개념을 전개하기 위한 경험과 활동의 목록을 추출하는 과정이 이어져야 한다. 운영하고 있는 주제 및 소주제와 개념의 의의를 잘 드러내며 통합적 운영의 가치를 지닐 수 있는 경험 및 활동을 선정하여 교육과정을 계획한다. 경험 및 활동은 각 학문 및 생활 영역의 분야(신체운동·건강, 의사소통, 사회관계, 예술경험, 자연탐구 등)를 통합하고, 유아의 전인적 발달을 가능하게 하는 경험과 활동인지를 고려하여 계획한다.

고려된 경험과 활동의 목록은 유아교육기관의 활동 유형에 따라 분류한다. 즉, 자유선택활동과 집단활동으로 나누어 목록화한다. 또한 각 활동의 진행시기를 교육과정 편성자인 교사 스스로 일목요연하게 볼 수 있도록 진행될 시기별 주간 단위로 펼쳐볼 수 있다. 자유선택활동을 위한 계획 및 자유선택활동을 통해 교육과정의 통합이 질적으로 높게 이루어지려면 활동실 및 유아교육기관의 실내·외의 환경 구성이 풍부한 경험을 시도하고 지속하기에 가능한 환경이어야 한다. 따라서 교육과정의 통합적 운영이 가능하도록 환경 구성의 상태도 계획하고 기록한다.

쌓기놀이 영역
• 여러 종류의 블록(할로우 블록, 유닛 블록, 꽃 블록, 종이 벽돌, 코코 블록)
• 소품들(세울 수 있는 나무, 꽃, 사람 등의 소품, 집, 나무나 플라스틱으로 된 울타리, 여러 가지 인형, 트랙터, 트럭 등의 여러 가지 자동차, 수레 등)

실외 놀이 영역
• 나무 관찰 도구(줄자, 리본, 끈, 돋보기, 종이, 필기 도구)
• 모종삽, 물뿌리개, 화분, 화단 등

음률 영역
• 식물과 관련된 내용이 녹음된 테이프, 녹음기
• 리듬악기들, 식물과 관련된 노래 자료

목공놀이 영역
• 나무토막, 나뭇가지, 못, 망치, 톱, 본드, 면장갑

역할놀이 영역
• 정원 꾸미기 놀이, 꽃가게 놀이를 할 수 있는 소품들(조화, 말린 꽃, 유아들이 만든 꽃, 화분, 계산기, 상자, 용기, 물뿌리개, 분무기, 금전등록기, 간판, 포장지, 리본, 다양한 식물 화보, 꽃바구니 등)

언어 영역
• 식물과 관련된 비늘 무늬 글자판(5차), 그림사전(5차), 그림사전에 오려 붙일 자료, 가위, 풀, 필기도구, 식물과 관련된 그림 카드 글자 카드
• 식물에 관한 책
• 식물에 관한 동화, 동시를 녹음한 자료, 녹음기
• 동시, 동화, 동극활동에 사용한 자료
• 식물과 관련된 그림 수수께끼 자료

과학 영역
• 잎사귀의 성장을 비교하여 볼 수 있는 화보
• 잎사귀의 단풍드는 과정이 담긴 화보
• 식물의 성장조건을 알아보기 위한 강낭콩 실험자료
• 싹틔우는 조건 알아보기 위한 실험자료
• 여러 가지 모양과 크기의 씨앗과 구근
• 강낭콩, 당근, 고구마, 무 등을 수경재배로 싹낸 것
• 풀과 풀꽃
• 나무껍질, 나이테를 관찰할 수 있는 여러 종류의 나무 단면
• 여러 종류의 나무 열매와 곡식, 식물표본
• 여러 종류의 잎사귀, 잎맥을 비추어 볼 수 있는 라이트 박스
• 확대경, 관찰기록지, 필기 도구

식물의 성장
(환경 구성)

벽면 구성
• 씨앗그림, 식물의 성장과 관련된 화보, 나무가 우리에게 주는 이로운 점에 관한 화보, 나무를 잘 가꾸기 위해 우리가 할 일에 관한 화보
• 식물과 관련된 유아작품(유아들이 그린 식물 그림, 컴퓨터를 이용하여 만든 씨앗심기 그림 등)

컴퓨터 영역
• 컴퓨터, 마우스, 프린터, 복사용지, 피코
• 할아버지의 농장(피코 스토리웨어)
• 게으른 농부, 계절 꾸미기, 토끼와 거북이, 새미의 과학놀이방 : 경이로운 자연의 발견(CD-ROM 타이틀) 등

물·모래놀이 영역
• 모래, 음식을 장식할 나뭇가지, 열매, 나뭇잎, 담을 수 있는 통 등
• 여러 가지 크기와 모양의 그릇, 수저, 포크, 체 등

미술 영역
• 꽃과 잎사귀 모양의 모루 도장 및 고무 도장, 채소 도장
• 물들인 색솜, 톱밥, 지름 1cm 정도의 스티로폼 공
• 여러 모양의 종이(나뭇잎, 나무, 풀, 꽃 모양)
• 여러 재질의 종이(색도화지, 골판지, 색종이, 미농지, 한지, 시험지 등)
• 여러 가지 꾸밀 수 있는 자료(스팽글, 나뭇가지, 성냥개비, 여러 가지 뚜껑류, 휴지말이 속심, 나뭇잎 말린 것, 나무껍질, 들풀, 빨대, 수수깡 등)
• 낚싯줄, 풀, 가위, 스카치테이프, 본드, 본드 받침

수·조작 영역
• 수만큼 화분에 꽃 꽂는 자료, 수만큼 나무에 열매를 붙이는 자료, 식물의 성장 순서를 나타내는 카드, 나뭇잎 크기 순서 카드, 여러 가지 식물 모양을 놓아 볼 수 있는 그림판과 카드, 식물에 관련된 많다/적다 분류하기판과 자료, 꽃이나 나뭇잎 끈 끼우기 지료, 니뭇잎 도미노 기드, 같은 모양의 나뭇잎 분류카드
• 식물 그림이 있는 여러 가지 그림맞추기 등
• 꽃길 따라가기 게임 자료 등

그림 6-1 '식물의 성장' 주제를 위한 통합적 환경 구성의 예

동 시

[씨 하나가 땅에 묻혀] (제5차 : II 수준)

• 언어 : 듣기−동화와 동시 즐겨 듣기

[꽃나무] (제6차 : II 수준)

• 언어 : 듣기−동화, 동요, 동시 듣기
  말하기−경험, 생각, 느낌 말하기
• 표현 : 감상−자연과 사물 및 조형작
  품 감상하기

[사계절] (제5차 : I · II 수준)

• 탐구 : 과학적 사고−주변 환경에 대
  해 관심 가지기
• 언어 : 말하기−상황에 따라 말하
  기 · 탐구

[나뭇잎의 변화] (제5차 : I · II 수준)

음 악

[어디서 자라나] (제5차 : II 수준)

• 탐구 : 과학적 사고−생물에 대해 관
  심 가지기
• 표현 : 표현−노래 부르기

[이른 봄에 피는 꽃] (제5차 : II 수준)

• 표현 : 표현−노래 부르기
• 탐구 : 과학적 사고−생물에 대해 관
  심 가지기

[꽃의 왈츠] (제5차 : II 수준)

• 표현 : 감상−다양한 종류의 음악 듣
  기, 자신의 감정을 적절하게 표현하기

신체활동

[꽃밭에서] (제5차 : II 수준)

• 표현 : 표현−신체를 이용하여 다양
  한 모양을 동작으로 표현하기
• 탐구 : 논리 · 수학적 사고−시간에
  관한 기초 개념 가지기

[바람과 낙엽] (제6차 : II 수준)

• 표현 : 표현−동작으로 표현하기, 감
  상−예술적 표현 존중하기

[낙엽] (제6차 : II 수준)

• 표현 : 표현−신체를 이용하여 다양
  한 모양을 동작으로 표현하기
• 사회 : 사회현상과 환경−주변 지역
  에 관심 가지기

현장학습

[꽃가게 방문] (제6차 : II 수준)

• 탐구 : 과학적 탐구 − 생물에 대하여
  관심 가지기
• 사회 : 사회현상과 환경 − 주변 지역
  에 관심 가지기

[산에서 무엇을 보았나요] (제6차 : II
수준)

• 탐구 : 과학적 탐구 − 생물에 대해 관
  심 가지기, 도구와 기계에 관심 가지기
• 표현 : 감상−자연과 사물 및 조형작
  품 감상하기

식 물
(대 · 소집단활동)

이야기 나누기

[식물 부분의 이름과 역할] (제6차 : II
수준)

• 탐구 : 과학적 탐구−주변의 식물에
  대해 관심 가지기
• 언어 : 듣기−일상생활에 관련된 낱
  말과 문장 이해하기

[유치원 꽃밭] (제6차 : II 수준)

• 탐구 : 과학적 사고−생물에 대해 관
  심 가지기, 주변 환경에 대해 관심
  가지기
• 표현 : 감상−자연과 사물 및 조형작
  품 감상하기

[사계절] (제5차 : I · II 수준)

• 탐구 : 과학적 사고−주변 환경에 대
  해 관심 가지기
• 언어 : 말하기−상황에 따라 말하
  기 · 탐구

[나뭇잎의 변화] (제5차 : I · II 수준)

• 탐구 : 과학적 사고−자연현상 관찰
  하기
• 언어 : 말하기−경험, 생각, 느낌 말
  하기

동화 · 동극

[아낌없이 주는 나무] (II 수준)

• 언어 : 듣기−동화 · 동요 · 동시 듣
  기, 이야기를 듣고 이해하기

[커다란 무] (I · II 수준)

• 언어 : 듣기−이야기를 듣고 이해하기
• 표현 : 표현−극놀이로 표현하기

[철수와 당근씨] (II 수준)

• 언어 : 듣기 − 이야기를 듣고 이해하기
• 표현 : 표현 − 극놀이로 표현하기

게 임

[씨뿌리기] (제5차 : I · II 수준)

• 건강 : 감각 · 운동과 신체조절 − 대근
  육활동하기
• 사회 : 기본 생활 습관 − 질서를 지켜
  생활하기

[꽃피우기] (제6차 : II 수준)

• 사회 : 집단 − 두레의 소중함을 알고
  협력하기

[나뭇잎 뒤집기] (제6차 : II 수준)

• 사회 : 집단 − 공공규칙을 이해하고
  지키기

그림 6-2 주제와 교육과정 영역, 집단활동과의 통합이 다루어지는 예

3. 일과의 계획과 운영

1) 일과계획과 운영의 기본 원리

하루 일과는 교육 목표를 수행할 수 있는 활동들을 포함하여 구성한다. 오늘 어떠한 종류의 활동이 어떠한 내용으로 포함되느냐는 일차적으로 주간 교육계획에 근거하게 된다. 그러나 매일의 진행상황과 유아들의 흥미나 요구, 우발적인 사건 등에 따라 변경될 수도 있다. 교사는 유아들의 변화하는 요구들을 수렴하면서 동시에 계획하였던 내용의 필요성도 고려하여 짜임새 있는 교육과정을 운영하여야 한다.

일일계획에는 각 기관에서 추구하는 교육 및 보육 목적과 철학, 일과시간의 길이, 시설 여건, 유아의 연령과 수, 유아의 발달수준과 흥미, 교사진의 수, 시기(학기 초·중·후반 등), 학급의 특성, 지역 사회의 특성 등과 같은 여건이 고려된다(이기숙, 2000; 이화여자대학교 부속이화유치원, 2002; Brophy, Good, & Nedler, 1975).

이러한 여건들을 고려하여 진행되는 일과계획과 운영의 원리를 설명하면 다음과 같다(이기숙, 2000; 이화여자대학교 부속이화유치원, 2002; Decker & Decker, 1997).

① 하루 일과는 유아를 따뜻하게 맞아들이는 것으로부터 시작한다.

② 각 유치원이나 어린이집의 교육 및 보육철학에 근거해야 하며 유아 개인이나 집단의 요구를 반영한다. 교사는 유아에게 풍부한 경험과 활동을 제공하고 유아 스스로가 자신의 활동을 선택하고 결정하도록 도와주어야 한다. 또한 유아의 사고과정과 언어발달을 촉진해 주며, 유아와 다른 유아들과의 상호작용이 왕성하게 이루어질 수 있도록 촉진시켜 준다.

③ 일과계획 속의 일정한 시간은 식사, 간식, 배변, 휴식 등과 같은 신체적 욕구를 반영한다. 놀이에 열중하게 되면 유아는 아직까지 자신의 배설욕구를 적절히 조절할 수 없고, 피곤하거나 배가 고프면 쉽게 짜증을 내기 쉽다. 따라서 일과계획은 반드시 의도적으로 유아의 신체적 욕구를 조절할 수 있도록 계획되어야 한다.

④ 일과활동을 계획하고 운영할 때 어떠한 프로그램이든 간에 활동의 내용과 순서는 균형을 이루도록 하여야 한다.

   ■ 동적인 활동과 정적인 활동의 균형

- 실내 활동과 실외 활동의 균형
- 개별 활동과 소집단 · 대집단활동의 균형
- 교사선택활동과 유아선택활동의 균형

활동들의 진행 순서를 결정할 때 서로 다른 유형의 활동들이 교차될 수 있도록 하여야 한다. 예를 들면 조용하게 이야기를 듣는 시간 다음에는 실외 놀이와 같이 동적이면서 개인적인 요구를 반영하는 활동을 배치하도록 한다.

⑤ 일과계획은 일관성 있는 흐름을 지니도록 한다. 일관성 있는 활동은 유아가 쉽게 이해할 수 있어서 안정감을 갖고 다음에 무슨 활동을 할 것인가를 파악할 수 있게 해주어 스스로의 행동을 적응 · 조절할 수 있게 해준다. 하루 일과활동에 관한 순서판은 교실 입구에 걸어 놓아서 유아가 쉽게 그 날의 활동을 알 수 있게 한다.

⑥ 일과활동계획은 여러 가지 유형의 상호작용이 일어날 수 있도록 계획한다. 즉, 교사와 개별 유아의 상호작용, 교사와 소집단 · 대집단 유아와의 상호작용, 유아와 유아 간의 상호작용, 유아와 교구와의 상호작용의 기회가 골고루 제시될 수 있어야 한다.

⑦ 일과활동계획은 융통성 있게 운영한다. 일일 교육을 계획할 때, 교사는 그 날의 주제에 따라 일과에서 전개할 활동의 종류(예 : 실내 자유선택활동, 이야기 나누기, 노래, 게임, 간식, 식사, 실외 자유선택활동 등)를 고려하여 활동의 순서와 시간을 구성한다. 그리고 계획안의 실행을 위해 필요한 교재 · 교구를 준비하며 각 활동이 효과적으로 운영될 수 있도록 자세한 전개방법, 즉 활동의 도입 · 전개 · 마무리 방법과 전이 방법을 계획한다.

일과의 계획은 고려해야 할 모든 내용과 원리, 상황과 주간 교육계획, 전날의 유아들의 관심과 요구를 반영하여 교사가 계획하지만 당일의 진행과정에서 기후나 제반 여건의 변화에 따라 융통성 있게 변화할 수 있어야 한다. 즉, 어떠한 경우에든 유아들의 돌발적 요구나 변화하는 관심을 반영할 수 있도록 고려한다. 교사의 계획이 있었다 해도 진행과정에서 유아들의 요구를 반영하여 변화시키는 것까지 가능하도록 늘 준비된 자세로 일과의 계획과 운영에 임하여야 한다는 것이다. 일과계획은 무엇보다도 교사가 미리 자신의 짜여진 틀 속에 유아들을 끼워 맞추려 하기보다는 먼저 아동의 요구에 따라 적극적으로 참여하고 의사결정을 하도록 돕도록 한다.

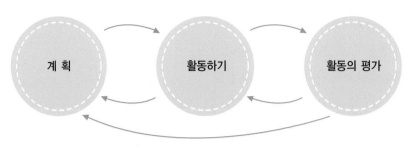

계 획   활동하기   활동의 평가

그림 6-3 유아의 일과활동 운영과정

⑧ 하루 일과를 정리해 보고 성취감을 느껴 볼 수 있는 시간을 갖는다. 효과적인 일
일 활동계획은 활동을 계획한 다음 그 활동을 수행해 보고 활동의 평가가 이루어
질 수 있도록 한다. 활동의 평가는 다시 계획에 반영되도록 한다(그림 6-3).

⑨ 끝으로 하루 일과계획에서 고려해야 하는 그 외의 요인들은 교사들의 수와 각 유
치원이 가지고 있는 독특한 교육환경이다. 즉, 교사 대 아동의 비율에 따라 소집
단/개별 활동의 비율이 달라질 수 있을 것이다. 또한 유치원이 초등학교에 병설
되어 있는지, 단독 건물에 위치하고 있는지, 실외 놀이장이 있는지의 여부도 고려
되어야 한다.

일과계획에서는 무엇보다도 유아들에게 정서적으로 안정되면서 활기차게 활동할
수 있는 여건을 마련해 주는 것이 중요하다. 이를 위해 생리적인 욕구를 반영하는
시간을 배치하고 활동 간에 균형이 있는 시간표를 구성함으로써 유아들이 쉽게 피
로하지 않으면서 사회적 상호작용이 활발하게 일어나도록 고려해야 한다. 또한 연
령이 어릴수록 개별적 요구를 반영할 수 있는 자유선택활동의 시간을 많이 포함시
키고, 집단활동을 할 때라도 되도록 작은 집단으로 구성된 활동을 많이 배치하는 것
이 바람직하다(이화여자대학교 부속이화유치원, 2002).

일일활동의 계획 시 여러 유형의 활동들을 시간별로 구분하여 배치해야 한다. 이
때 시간별 활동들은 서로 분리된 하나의 교과목 성격을 갖는 것이 아니라, 유아의 전
인적인 발달을 위하여 통합된 활동으로 연결된다. 유아교육기관에서 이루어지는 활
동들로는 실내ㆍ외 자유선택활동, 정리정돈, 급식 및 간식, 휴식 및 낮잠 외에 대ㆍ
소집단활동이 있다. 대ㆍ소집단활동으로는 이야기 나누기, 동화ㆍ동극ㆍ동시 등의
문학활동, 노래 부르기ㆍ음악감상 등의 음악활동, 게임, 실험 및 관찰, 견학, 요리하
기, 미술활동 등이 있다. 각 연령 및 유아의 수준, 그리고 일과시간의 길이, 계절과

기후 등에 따라 각 활동의 진행형태나 활동의 유형은 다소 차이가 있을 수 있다.

일반적으로 가장 안정적인 일과계획은 영유아가 등원한 뒤 실내 자유선택활동으로부터 시작되며, 정리정돈, 이야기 나누기와 같은 정적인 활동, 간식 및 휴식, 조용한 성격의 집단활동, 실외 자유선택활동, 집단활동과 같은 형태로 구성된다. 반일제, 시간 연장제, 종일제 등으로 구분되는 일과시간의 길이나 연령에 따라 그 구성방법에는 다소 차이가 있다(이화여자대학교 부속이화유치원, 2002).

2) 연령별 일과계획과 운영

성인과 유아의 비율, 집단의 크기, 학급의 구성형태(단일 연령 학급 편성, 혼합 연령 학급 편성 등) 등은 프로그램 구성과 관련된 구조적 요인이다. 이러한 구조적 요인의 결정은 유아의 발달적 특징과 변화, 유아교육기관의 인적 및 물적 환경의 특성, 지역 사회의 특성 등에 따라 달라질 수 있다.

적절한 성인 대 유아의 비율 및 집단의 크기는 교육 프로그램의 적용효과를 높이는 가장 기본적 토대가 된다. 아무리 좋은 교육과정을 갖추고 있다고 하여도 집단의 규모가 적절하지 않을 경우, 최적의 운영효과를 기대하기 어렵다. 대상 연령이 어릴수록 교사 대 유아의 비율은 낮아지며 한 집단의 최대 크기도 작아지는 것이 당연한 학급 구성의 원리이다. 법적 규정 및 평가인증 기준 등에서도 이러한 지침을 제시하고 있다. 다만, 표 6-1과 같이 영유아보육법의 경우, 교사 대 유아의 적정 권장 비율은 제시하고 있으나 최대 집단 크기를 제시하고 있지 않아서 올바른 교육효과를 기대하기 어려운 현실에 있다. 그러나 미국유아교육협회(NAEYC, 1998)에서는 표 6-2와 같이 연령별 교사 대 유아의 비율과 함께 최대 집단의 크기를 제시하여 영유아가 교사와 적절한 상호작용을 통하여 올바르게 교육받을 수 있도록 법적으로 규제하고 있다.

영유아보육법에 의한 교사 대 유아의 비율

표 6-1 연 령	유아 : 보육 교사
만 1세 미만	영아 3인당 1인
만 1세 이상 만 2세 미만	영아 5인당 1인
만 2세 이상 만 3세 미만	영아 7인당 1인
만 3세 이상 만 4세 미만	유아 15인당 1인
만 4세 이상 만 5세 미만	유아 20인당 1인(유아 40명당 1인은 보육교사 1급 자격)
취학아동	20인당 1인
장애아	3인당 1인(장애아 9인당 보육교사 1인은 특수교사 자격소지자여야 함)

출처 : 영유아보육법 시행규칙-(별표2)보육교직원의 배치 기준(2012.11.1)

교사 대 유아의 비율 및 집단 크기의 기준은 점차 더 강화되는 경향이다. 어린 연령의 경우 기준을 더욱 강화하여 교사 대 유아 비율과 집단 크기를 더욱 하향화하고 있다. 예를 들어 미국 유아교육협회(NAEYC)에서 1998년 당시 제시한 기준을 개정하여 2005년에 새로운 기준을 제시하였는데, 걸음마 시기의 교사 대 유아의 비율을 더욱 낮추었다(NAEYC, 1998 · 2005). 기어 다니는 시기에는 집단의 크기가 6명을

NAEYC 인준 기준에 따른 교사 대 유아의 비율

표 6-2 연 령		집단 크기***									
		6	8	10	12	14	16	18	20	22	24
영아(0~15개월)**		1:3	1:4								
걸음마 및 2세 (12~36개월)**	12~28개월	1:3	1:4	1:4*	1:4						
	21~36개월		1:4	1:5	1:6						
유아기**	2.5~3세(30~48개월)					1:6	1:7	1:8	1:9		
	만 4세						1:8	1:9	1:10		
	만 5세						1:8	1:9	1:10		
유치원 시기(만 5~6세)									1:10	1:11	1:12

주 : * 이 연령에서 집단 크기가 10인 경우, 한 명의 교사가 더 있어야 한다.
 ** 혼합연령의 경우, 혼합연령의 대상이 된 가장 어린 연령의 비율을 따른다.
 *** 집단 크기의 최대치는 성인의 수와 관계없이 지켜져야 한다.
출처 : http://www.naeyc.org/; 미국 NAEYC(National Association for the Education of Young Children, 2005)의 인준 기준

넘지 않아야 하고, 18개월까지는 9명을, 18개월~만 3세의 걸음마기 유아들은 12명을 넘지 않아야 한다(Lally & Griffin, 1995).

한 학급의 인원이 25~30명이라고 할 때, 만 3, 4세의 연령에서 교사는 최소 2인이 배치됨이 바람직하다. 즉, 표 6-2에 제시된 NAEYC의 기준에서 만 3, 4세는 집단 크기가 20명을 넘을 수 없고 20명일 때 교사는 2명이 배치되어야 한다고 제시하고 있다. 우리나라 「영유아보육법」의 기준은 이보다 연령별 교사 대 유아 비율을 높게 제시하고 있어, 만 3세 학급은 유아 15인당 교사 1인을, 만 4세 학급은 유아 20인당 1인의 교사 배치를 기준으로 제시하고 있다. 우리나라의 유치원 학급당 편성 인원에 대한 법적 규정을 각 지방자치단체에 따라 다르지만 학급당 30명을 기준으로 인가하는 경향이다. 그러나 지방자치단체에 따라서는 25명을 한 학급의 인가기준으로 하는 경우도 있다. 예를 들어 서울시의 경우 3~5시간의 교육과정의 경우 만 3세 18명 이하, 만 4세 25명 이하, 만 5세는 18명 이하로 하고 혼합연령일 경우 학급당 23명 이하로 하고 있다(서울특별시교육청, 2012). 어린이집의 경우 교사 대 유아 비율의 법적 기준은 표 6-1에 제시하였다. 이러한 교사 배치는 유아의 발달적 특성과 요구 및 각 활동의 특성에 따라 집단의 구성을 다양하게 할 수 있는 가능성을 열어 준다. 즉, 어린 유아들일수록 특히 집단으로 모여서 하는 활동이 쉽지 않고, 집중의 시간이 짧으며, 상호 양보와 협력이 더 어렵다는 점을 고려하며 이러한 교사 대 유아의 비율과 활동에 따라 소집단활동을 지향하는 것은 바람직하다.

따라서, 각 연령에 따라 적절한 일과의 길이 및 프로그램 구성의 특성이 부분적으로 달라질 수 있다. 이는 역시 유아의 발달적 요구와 그들이 수용할 수 있는 범위가 다른 것과 관계가 있다. 이처럼 학급의 유아 집단이 지니는 발달적 요구와 특성은 집단의 규모만이 아니라 교육과정 운영의 내용에도 영향을 미치게 된다. 교육과정 운영을 각 연령별 일과계획과 운영을 통해 살펴보고자 한다.

(1) 영아와 걸음마기 유아를 위한 일과계획과 운영

영아기는 걸음마 시기를 기준으로 다시 영아와 걸음마기 유아로 나눌 수 있다. 스스로 걸을 수 있다는 것은 삶의 커다란 전환점으로써 영아 프로그램의 구성과 연관된 구조적 요인의 결정에 있어서 발달적 변화와 특징은 중요한 요인으로 작용한다.

영아기 프로그램의 일과계획과 구성에서는 연령과 발달특징을 고려하여 보다 더

과정 중심적으로 구성하고, 개방적인 목표와 경험을 제공하는 것이 좋다. 또한 지식의 확장에 있어서 깊이 있는 학습과 반복적인 활동을 강조하는 수직적 학습(vertical learning)이 이루어져야 한다. 교사는 일반적으로 수행하는 역할뿐만 아니라 특히 3세 이전 영아들의 발달상의 요구나 행동적 요구에 관한 지식을 가지고 있어야 한다(Whaley, 2005). 영아들은 자신의 의지대로 움직이는 것이 아직 원활하지 않고, 언어적 의사소통이 어려우며 자신의 신체를 외부 세계로부터 안전하게 보호하는 능력이 부족하다. 동시에 신체적·정신적 발달이 가장 왕성하게 일어나는 결정적인 시기이므로 영아의 발달적 특성과 요구에 맞는 적절한 지원을 해줄 수 있는 일과를 준비하고 운영해야 한다.

영아와 걸음마기 영아를 위한 프로그램을 계획·운영할 때 일반적으로 고려할 원칙은 다음과 같다(Whaley, 2005).

① 양질의 상호작용이 제공되어야 한다. 영아와 걸음마기에는 성인과 친밀하고 안정되며 개별적인 상호작용이 이루어져야 한다. 또한 성인과 영아가 긍정적인 조화를 이룰 수 있도록 다음과 같이 돌보아야 한다.

- 영아의 신체적·정서적 요구에 반응한다.
- 영아와 그들의 요구를 존중한다는 것을 나타낸다.
- 영아 자신의 주기와 일상생활을 믿고 지지한다.
- 자신에게 무슨 일이 일어날지 영아들이 예측할 수 있게 한다.
- 반응적이고 수용적으로 상호작용 한다.
- 개개의 어린이들에 대한 관찰에 기초하여 돌본다.
- 엄격한 스케줄을 모든 아이에게 강요하지 않는다.
- 아이들에게 일방적으로 말하기보다는 대화하도록 한다.

② 영아와 걸음마기 유아를 하나의 인격체로 존중하고 신뢰한다. 영아와 걸음마기 유아들도 좋아하는 것과 싫어하는 것이 있다. 언제 배가 고픈지, 기저귀가 젖었는지를 알고, 잠을 자는 개인적인 방법들이 있다. 그러므로 프로그램에서는 개별적 시간표에 맞는 그들의 요구과 선택을 존중하여야 한다. 고정되고 집단적인 일과보다는 개별화된 융통성 있는 일과가 더욱 적절하다.

③ 영아와 걸음마기를 위해 단지 쉬운 경험들을 제공하기보다는, 더욱 실제적인 경험을 할 수 있는 기회를 제공해야 한다. 영아가 생활하는 가운데 이루어지는 다

양한 경험이 곧 학습의 기회가 되기 때문이다. 그러므로 일상적인 생활에서 그들이 스스로 하고자 하는 것을 마음껏 할 수 있는 환경을 제공하지 않는다면 학습의 기회를 제공하지 않는 것이나 다름없다.

④ 영아와 걸음마기의 어린 시절 동안 성공적인 경험이 필요하다. 영아가 대상과 상호작용 하는 가운데 성취감을 느낄 수 있는 경험을 제공해야 한다. 영아와 걸음마기의 유아가 지시에 따라 규격화된 무엇인가를 창조하도록 기대하는 것은 발달적으로 적당하지 않다.

⑤ 영아와 걸음마기 유아가 개별적인 요구에 맞추어 일과를 지낼 방법을 스스로 결정할 수 있도록 한다. 일상적인 활동이라도 영아들이 원하는 시간에 이루어질 수 있는 융통성이 필요하다. 예를 들어 영아가 점심시간에 낮잠을 자고 싶어 한다면 점심시간에 낮잠을 잘 수 있도록 하고 일어난 뒤 점심을 먹을 수 있게 하는 것이다.

⑥ 반복적인 일과는 영아와 걸음마기 영아에게 있어 마음을 안정시킬 수 있는 중요한 요인이다. 미리 계획된 일과 안에서 시간대별 활동 운영에 있어 융통성을 지녀야 한다. 즉, 놀이 후 정리하기, 바깥 놀이 준비하기, 등원, 하원, 시간대별 전이 활동 등이다.

⑦ 일과 중의 활동은 적정 속도를 유지하여 서두르지 않는다. 영아와 걸음마 영아가 꾸물거리는 것은 당연하다. 그러므로 활동을 마무리하도록 재촉하거나, 점심 먹기, 신발 신기, 잠자기, 일어나기 등을 빨리 하도록 요구해서는 안 된다. 또한 손 씻기, 점심 먹기, 바깥 놀이 등을 위하여 영아가 기다리는 시간은 최소화하는 것이 바람직하다.

⑧ 안정감을 느낄 수 있는 범위 내에서 영아가 되도록 독립적으로 활동할 수 있도록 격려해야 한다. 영아들은 시간이 좀더 걸리더라도 스스로 할 수 있도록 격려되어야 한다.

⑨ 영아와 걸음마기 영아는 행동의 한계에 대해 배워야 하고 그 한계를 수용할 수 있어야 한다. 어린 시기 동안 자신을 다치게 하지 않기, 환경을 파괴하지 않기, 다른 친구를 다치게 하지 않기 등의 규칙을 익힐 수 있어야 한다. 성인은 이러한 규칙에 대해 설명을 자주 해주어야 하고, 영아가 스스로 선택하게 하고, 또 올바른 선택을 하도록 격려해야 한다. 비록 어린 영아라도 이러한 과정을 통하여 스스로의 행동을 제한하는 것을 배울 수 있고 이후 자신의 욕구를 조절할 수 있게 된다.

⑩ 영아와 걸음마기 영아는 상호적인 대화에 참여해야 한다. 어린 아기라 할지라도 명령하지 말고, 서로 이야기를 나눌 수 있는 분위기를 조성하여 상호적인 대화에 참여할 수 있도록 지원하는 과정을 통해 다른 사람과 의사소통하는 방법을 배우게 된다.

⑪ 영아에게 하는 질문은 분명하게 한다. 교사가 의미하는 것을 영아가 당연히 알 것이라고는 생각하지 않아야 한다.

⑫ 영유아의 부모를 존중하고 그들의 선택 역시 존중한다.

일과는 다양한 놀이 경험, 창조적이고 지각적인 경험, 운동기회, 식사, 휴식, 일과(routine), 계획되지 않은 자발적 행동 등을 모두 포함하여 구성한다(Whaley, 2005).

0세(6~12개월) 영아 일과 운영의 예

표 6-3 시간	주요일과		활동 내용
	6~9개월	10~12개월	
07:30~ 09:00	등원 및 맞이하기		• 부모와 헤어져 교사와 반갑게 인사하기 • 영아의 상태 점검하기(투약 여부, 컨디션, 수유 및 이유식 여부, 배변 여부) • (부모님) 전날 일일보고서 작성하기
09:00~ 09:30	이유식 기저귀 갈기/씻기	오전 간식(이유식) 기저귀 갈기/씻기	• 손 닦고 턱받이 하고 간식 먹기 • 음식에 관심을 가지며 즐겁게 이유식 먹어 보기 • 세면과 입 닦기, 기저귀 살피기
09:30~ 10:30	오전 실내 자유놀이	오전 실내 자유놀이	• 주간계획에 따른 각 월령에 적절한 신체 · 움직임, 의사소통 · 사회관계, 탐색 · 표현 놀이하기 • 교사와 개별적(1:1) 상호작용하기
10:30~ 11:00	오전 수유 및 낮잠 준비		• 조용한 음악 들으며 편안한 수유시간 갖기 • 영아용 개별 침대에 누워 낮잠 준비하기
11:00~ 12:00	오전 낮잠		• 자장가를 들으며 편안하게 낮잠 자기
12:00~ 13:00	수유 및 이유식 기저귀 갈기 /씻기/이 닦기	점심식사 (이유식 → 점심식사) 기저귀 갈기 /씻기/이 닦기	• 교사와 눈 맞추며 수유 또는 이유식 먹기 • 세면과 영아용 손가락 칫솔로 이와 잇몸 닦기 • 기저귀 살피기
13:00~ 14:00	오후 실내 자유놀이	오후 실내 자유놀이	• 주간계획에 따른 각 월령에 적절한 신체 · 움직임, 의사소통 · 사회관계, 탐색 · 표현 놀이하기 • 교사와 개별적(1:1) 상호작용하기

시간	주요일과		활동 내용
	6~9개월	10~12개월	
14:00 ~14:30	오후 수유 및 오후 낮잠	휴식 및 오후 수유	• 조용한 음악 들으며 휴식 취하기(월령이 낮은 영아 중 낮잠을 원하는 영아는 수용해 주기) • 교사와 눈 맞추며 수유하기
14:30~ 15:30	산책	산책 및 실외 자유놀이	• 유모차 타고 산책 다녀오기 • 실외, 옥외 놀이터에서 외기욕하기
15:30~ 16:30	기저귀 갈기 손발 닦기 이유식	기저귀 갈기 손발 닦기 오후 간식(이유식)	• 손과 발 닦고 기저귀 살피기 • 손 닦고 턱받이 하며 간식 먹기 • 음식에 관심을 가지며 즐겁게 이유식 먹어 보기 • 얼굴과 손 닦기
16:30~ 17:30	오후 실내 자유놀이		• 주간계획에 따른 각 월령에 적절한 신체, 탐색, 사회정서 영역 놀이하기 • 교사와 개별적(1:1) 상호작용하기
17:30~ 18:30	저녁 수유 및 오후 낮잠		• 조용한 음악 들으며 편안한 수유시간 갖기 • 영아용 개별 침대에 누워 낮잠 준비하기 • 자장가를 들으며 편안하게 낮잠 자기
18:30~ 19:30	세면 및 귀가 지도		• 낮잠에서 일어나 세면 후 로션 바르기, 겉옷 입기 • 부모님 오시는 대로 귀가

출처 : 보건복지부(2010). 0세 보육프로그램

특히 연령이 어릴수록 일과 운영은 먹기, 자기, 기저귀 갈기, 씻기 등 영아의 일상생활이 중심이 되며 그 밖의 신체, 언어, 탐색활동 등이 균형 있게 병행되도록 한다(서울특별시 교육위원회, 2005). 대근육의 발달과 신체적 성장이 왕성한 시기인 점을 고려하여 실외 놀이와 산책 등 실외 활동을 일과에 매일 포함하도록 하는 것이 좋다.

일과의 흐름을 계획하여 구성한다고 할 때 연령이 어릴수록 각 영아의 개인적 특성과 생체 리듬이 일과 운영의 가장 중요한 고려 요인이 되어야 한다. 이는 영아 개인과 그들의 생활을 존중하는 한 방법이 된다. 표 6-3에서 제시한 학급 1세 미만 영아의 일과 구성 예를 살펴보면 1세 미만 영아의 경우 성장이 빨라 영양 섭취가 중요하므로 수유나 이유를 개별 유아의 특성에 맞게 제공하는 것도 일과활동의 중요한 부분이 된다. 청결에 있어서도 절대적으로 성인의 도움에 의지하고, 기저귀를 차는 시기이므로 기저귀를 점검하고 적절히 교체해 주는 것 역시 정해진 시간대 외에도 영아 각 개인의 상태에 따라 반응해 주어야 한다. 또한 수면시간이 길고 수면이 성장

1세(13~24개월) 영아 학급의 일과 구성의 예

표 6-4	시간	주요일과	주요 활동 및 내용
	7:30~9:00	등원 및 건강관찰(통합보육)	• 밝은 미소로 영아를 맞이하고 영아의 상태 살피기 • 영아의 소지품을 확인하고 정리 • 부모와 헤어지기 • 화장실 다녀오기
	9:00~10:20	자유 놀이 및 오전 간식	• 영아가 등원하는 대로 놀이와 활동을 자유롭게 하기 • 간식 먹기
	10:20~10:30	정리정돈 및 대소변 가리기	• 장난감 제자리에 놓기 • 영아의 기저귀를 확인한 후 갈아 주고 화장실 사용이 가능한 영아는 화장실에 다녀오도록 하기
	10:30~11:30	실내외 자유선택활동	• 영아의 발달 상황 및 요구를 고려하여 놀이하기 • 영아의 장난감 분쟁이나 문제를 해결할 수 있도록 돕기 • 영아가 자유롭게 움직이며 놀이하도록 상호작용하기
	11:30~12:30	점심 준비 및 점심	• 영아가 손을 씻도록 도움주기 • 자기 자리에 앉아서 밥 먹기 • 뒷정리하기
	12:30~15:30	이 닦기 및 낮잠	• 이 닦기 • 영아의 기저귀를 확인한 후 갈아 주고 화장실 사용이 가능한 영아는 화장실에 다녀오도록 하기 • 조용한 음악을 들으며 잠을 자도록 하기 • 늦게 잠들거나 일찍 깨는 영아는 휴식을 갖거나 조용한 놀이를 하도록 하기
	15:30~16:00	정리정돈 및 오후 간식	• 낮잠 기분 좋게 깨기 및 자고 일어난 잠자리 정리하기 • 영아의 기저귀를 확인한 후 갈아 주고 화장실 사용이 가능한 영아는 화장실에 다녀오도록 하기 • 손 씻고 간식 먹기
	16:00~16:50	오후 실내외 자유선택활동	• 영아의 발달 상황 및 요구를 고려하여 개별 상호작용하기 • 영아의 장난감 분쟁이나 문제를 해결할 수 있도록 도움주기 • 실외의 여러 가지 사물이나 현상을 탐색하도록 격려하기
	16:50~17:30	귀가 준비 및 귀가 통합보육	• 장난감 정리하기 • 귀가 준비 • 인사하고 귀가하기 • 통합보육실로 가기, 통합보육하기

출처 : 버들어린이집(2013. 1)
※ 위의 일일계획안은 원장의 허락을 얻어 수록함

에 중요한 역할을 하는 시기이므로 일과 중에도 수면을 취할 수 있도록 고려한다. 다만, 점차 규칙적인 수면이 될 수 있도록 오전과 오후로 나누어 낮잠시간을 배치한다.

걸음마기(18~30/36개월)의 일과 구성의 예

표 6-5	시 간	활 동
	7:00~8:30	등원, 기저귀를 갈거나 화장실 다녀오기, 개인적으로 놀이하기
	8:30~9:00	아침 간식, 노래, 이야기, 손 유희 등
	9:00~10:00	교사가 준비한 조작 놀잇감으로 놀이/기저귀 갈기 및 화장실 다녀오기
	10:00~11:00	오전 낮잠이 필요한 유아는 오전 낮잠을 자고, 다른 유아들은 실외 놀이(잠에서 깨면 실외 놀이에 동참)
	11:00~11:45	점심 및 기저귀 갈거나 화장실 다녀오기
	11:45~13:00	낮잠
	13:00~14:00	유아들이 깨는 대로 기저귀 갈거나 화장실 다녀오기 및 조용한 놀이(조작 놀잇감으로 놀이)
	14:00~14:30	간식, 노래, 이야기, 손 유희
	14:30~	귀가 전까지 개인적인 놀이

출처 : Decker & Decker(2005)

12개월 이후 서고 걷기가 가능해지면 운동의 욕구가 더욱 강해진다. 아울러 영아 스스로 주도적인 탐색과 놀이가 활발하게 되므로 이러한 영아의 특성이 일과의 계획과 운영에 반영되도록 하여야 한다. 점차 수면이 규칙적이 되기 때문에 영아에 따라 오전 낮잠이 필요한 경우 개별적 요구를 반영하여 오전 낮잠을 잘 수 있도록 배려하지만, 낮잠시간의 주된 배치는 오후 1회 운영하는 것으로 변경될 수 있다.

걸음이 능숙해지고 점차 언어적 표현이 발달하는 만 2세 정도가 되면 영아는 스스로 하고자 하는 욕구가 강해지고 움직임의 범위도 넓어지므로 그만큼 위험에 노출되기도 쉽다. 따라서 일과 운영에서 점차 일상생활 습관과 규칙을 내면화하도록 하여야 하며 탐구의욕을 지지하는 환경과 일과를 제공하여야 한다.

이상에서 제시된 영아와 걸음마기 유아를 위한 일과 구성의 사례에서 나타나는 것처럼 영아기는 신체적 기본 조절능력과 생활기술을 습득하게 되는 시기이므로 이를 조력할 수 있도록 일과를 구성하고 운영해야 한다. 더 어린 연령일수록 영아들이 직면한 문제는 일상의 기본 생활과 관련된 것들이며 이는 누군가의 직접적이고 구체적인 도움하에 수행될 수밖에 없다. 예를 들어 앉기, 일어서기, 걷기, 잡기와 같은 기본적인 신체조절능력을 비롯하여 수유, 기저귀 갈기, 배변학습, 씻기 등 발달의 시기별로 다양한 기본 생활기술이 여기에 포함된다. 영아의 일상생활을 돕는 것은 현

만 2세 학급의 일과 구성의 예

표 6-6	시간	주요일과	주요 활동 및 내용
	07:30~ 09:00	등원 및 실내 활동	• 밝은 미소로 영아를 따뜻하게 맞이한다. • 영아의 건강상태를 관찰하고, 보호자에게 듣는다. • 영아와 장난감을 가지고 자유롭게 놀이한다.
	09:00~ 09:20	화장실 가기 및 손 씻기	• 화장실에 다녀오도록 한다. • 스스로 손을 씻을 수 있도록 한다.
	09:20~ 09:50	오전 간식	• 포크나 수저를 사용하여 스스로 먹을 수 있도록 한다. • 간식 준비와 뒤처리를 영아 스스로 하도록 격려한다. • 제자리에서 먹도록 한다.
	09:50~ 10:45	오전 실내 자유놀이활동	• 교사가 준비한 놀이활동을 하거나 영아들로 하여금 자유롭게 놀이 활동을 하도록 한다. • 영아는 언어, 창의적 표현, 쌓기, 역할, 탐색·조작놀이 등을 할 수 있다.
	10:45~ 11:00	정리정돈 및 전이활동	• 교사가 정리정돈을 하면서 영아도 스스로 제자리에 놓도록 유도한다. • 한 활동에서 다음 활동으로 이어지는 전이 시간에 노래 부르기 등의 짧은 전이활동을 진행함으로써 활동 간의 자연스러운 연결을 계획한다.
	11:00~ 11:40	실외 자유놀이활동	• 교사가 준비한 실외 놀이 활동이나 대근육 활동, 물놀이, 모래놀이 등을 자유롭게 한다. 우천 시에는 강당 및 실내놀이로 대체한다.
	11:40~ 12:30	점심준비 및 점심식사	• 식사 전 손 씻기 지도를 한다. • 점심식사 준비와 뒤처리에 영아를 참여시키며 스스로 먹을 수 있도록 돕는다.
	12:30~ 12:50	이 닦기 및 화장실 가기	• 점심식사 후 스스로 이 닦기를 할 수 있도록 한다. • 낮잠 자기 전에 화장실에 다녀오도록 한다.
	12:50~ 15:00	낮잠준비 및 낮잠	• 낮잠 준비를 하고 조용한 음악이나 자장가를 들려 준다.
	15:00~ 15:30	낮잠 깨기 및 정리정돈 화장실 가기	• 낮잠에서 깨어나면 잠자리를 정리하고, 화장실에 다녀오도록 한다.
	15:30~ 16:00	손 씻기 및 오후 간식	• 스스로 손을 씻을 수 있도록 한다. • 포크나 수저를 사용하여 스스로 먹을 수 있도록 한다.
	16:00~ 18:00	오후 실내외 자유놀이활동	• 오후 자유놀이활동은 과도한 자극을 줄이고 오전에 계획된 활동을 반복하거나 오전 놀이의 연계활동을 한다. 보육실 외 다른 공간(실외 놀이터, 유희실, 옥상 등)으로 이동하여 놀이 활동을 할 수 있다.
	18:00~ 19:30	조용한 놀이 귀가 준비 및 순차 귀가	• 귀가준비(소지품 챙기기, 씻기, 옷 입기 등)를 하고 일일보고서를 작성한 후 영아와 개별적으로 놀이한다. • 부모와 영아의 상태에 대해 이야기하고 귀가 인사를 나눈다.

출처 : 보건복지부(2010). 2세 보육프로그램

재의 영아의 삶의 당면한 과제를 해결해 나가도록 지원해 주는 것일 뿐만 아니라 앞으로의 삶과 발달, 학습에도 영향을 미치는 것으로 이러한 과제에 대한 지원과 조력은 일과 운영에서 가장 중요한 내용 중 하나이다. 도움이 필요한 일상의 기본 생활은 월령에 따라 그 내용이 조금씩 달라지고, 같은 일상의 생활 영역이라 하여도 시기에 따라 도움의 내용이나 양, 방법도 달라질 수 있다. 성인의 도움과 적절한 지도가 이루어지는 가운데 영아는 기본 생활을 스스로 해결하는 능력을 갖추게 되고, 삶을 주체적으로 살아가는 자신감과 긍정적 자아개념의 형성에 기초가 된다. 뿐만 아니라 다양한 일상의 기본 능력들은 추후 다양한 분야에서의 학습능력을 형성하는 데도 기초가 될 것이다.

영아와 걸음마기 유아 역시 학습의 주된 통로는 놀이이다. 그러므로 세상을 향한 호기심과 탐구심을 충족시키고 발달시키며, 전인적 성장을 이루도록 돕기 위하여 이 시기에도 이후의 더 큰 연령의 유아에게 하는 것과 마찬가지로 놀이를 통한 학습이 이루어질 수 있도록 여건을 제공하여야 한다. 즉, 발달에 적절한 놀이환경의 제공, 관찰을 통해 놀이를 발전하고 확장시키기, 놀이에서의 풍부한 상호작용 조장 등이다.

영아를 위한 환경은 정서적 안정이 최우선으로 고려되어야 한다. 어린 연령일수록 유아교육기관을 낯설게 받아들이고, 가정처럼 익숙하거나 친밀하지 않은 환경으로 느낄 수 있다. 교사 또한 이미 신뢰가 형성된 가족 이외의 새로운 타인으로 받아들여지며, 학급에서 만나는 영아들도 2차적 사회구성원들이다. 그러므로 유아교육기관의 환경을 최대한 따뜻하고 친밀하게 구성하고 운영하여 교사가 영아와 애착을 형성하고 신뢰관계를 형성하는 것이 영아의 정서적 안정과 유아교육기관에서의 생활을 안정되게 하는 첫걸음이 될 수 있다. 이를 위해 교사는 주양육자의 역할을 동시에 수행하여 따뜻하고 반응적인 태도로 보살펴 주어 영아가 안정적으로 생활할 수 있도록 도와주어야 한다.

(2) 만 3~5세 유아를 위한 일과계획과 운영

만 3세 이후가 되면 보다 구조적인 일과의 운영이 가능해진다. 약간의 도움만으로도 일상생활 활동이 가능하고 유아 스스로도 규칙적으로 일상생활을 진행할 수 있게 되기 때문이다. 그러므로 개인적 생체 리듬에 따라 진행되어야 할 일상생활의 측면을 반영하면서도 다양한 유형의 활동을 개별, 소집단, 대집단의 형태로 일과에 포함하여 운영할 수 있다.

일과는 유아들의 관심과 경험을 반영하는 주제에 따라 활동들이 통합되어 운영되게 된다. 연령에 따라 만 5세보다는 만 3, 4세에 자유선택활동의 시간이 더 길게 구성된다. 또 어린 연령에서는 개인적인 생리적 요구가 더 민감하게 반영되어 자유 간식의 형태로 간식을 운영하고, 대집단활동보다는 소집단활동을 더 지향하는 등 발달적 특성을 고려하여 일과 운영이 달라질 수 있다.

또한 일과의 길이에 따라서도 일과의 구성이 달라지는데, 같은 연령이라 하더라도 반일제에서는 편성되지 않는 휴식시간이 종일제에서는 편성되는 형태로 나타난다. 그러나 반일제라 하더라도 만 3세나 4세 학급의 초기와 같이 어린 유아 학급이거나 환절기와 같이 피곤해지는 계절, 활동이 피로감을 많이 준 날에는 직접적으로 일과에 휴식시간을 배치할 수 있다.

실내·외 자유선택활동은 일과에 매일 포함되어 개별 또는 소집단으로 유아들이 자기 주도적인 활동을 통해 학습을 하도록 돕는다. 그러나 집단활동의 경우 활동의 유형에 따라 일과에 배치되는 시기가 조정되게 된다. 즉, 이야기 나누기, 동화·동극·동시, 노래 부르기, 음악감상, 게임, 실험 및 관찰, 견학 등의 대·소집단활동은 각 활동의 특성에 따라 1주간, 또는 2~3주간의 일정한 기간 동안 1회 또는 그 이상 여러 번 포함되어 일과를 구성하게 된다. 예를 들어 이야기 나누기와 같은 집단활동은 매일, 하루에도 1회 이상 포함되는 것이 일반적이다. 동화감상을 집단활동으로 하는 것은 거의 매일 이루어지기도 하지만 집단활동으로의 동극활동은 몇 주 간격으로 한 번씩 배치할 수 있다.

2012년도에 개발된 5세 누리과정 교사용 지도서의 주간 계획안의 사례를 소개하면 표 6-7과 같다. 또한 교육과학기술부가 교사용 지도서에서 제안하고 있는 일일 교육계획안 작성 양식도 표 6-8과 같다.

만 3, 4, 5세의 연령별 일과계획의 예 및 일과 길이에 따른 일과의 예는 다음과 같다. 유치원 교육과정은 1일 3~5시간 운영을 기본 원칙으로 하며, 각 유아의 가정상황 및 다양한 사회적 요구들을 고려하여 일과 시간을 유연하고 탄력적으로 편성하고 있다(교육과학기술부, 보건복지부, 2012). 유치원의 경우 2012년 「유아교육법」이 개정됨에 따라 종일제 유치원의 개념은 방과후 과정으로 바뀌게 되었다. 방과후 과정의 경우 1일 8시간 이상의 종일제와 13시간 운영되는 에듀케어로 운영되고 있다. 어린이집의 경우 1일 12시간을 기본 운영시간으로 하고 있어 편성, 운영 기준이 상이하다.

5세 누리과정 교사용 지도서(예: 세계 여러 나라)

표 6-7	반 이름	○○반		시기	2000년 ○월 ○주
	생활 주제	세계 여러 나라		주제	세계 여러 나라 사람들의 생활
	목표	·세계 여러 나라 사람들의 모습과 의식주에 관심을 갖고 알아본다. ·다양한 방법으로 세계 여러 나라의 생활 모습을 표현한다. ·세계 여러 나라의 생활 모습에 대해 존중하는 마음을 가진다.			

활동 \ 날짜/요일		1(월)	2(화)	3(수)	4(목)	5(금)
소주제		세계 여러 나라 사람들의 모습 알아보기	세계의 다양한 의생활 알아보기	세계의 다양한 식생활 알아보기	세계의 다양한 주거생활 알아보기	세계의 풍습 경험하기
자유선택활동	쌓기놀이 영역				세계 여러 나라의 집을 지어요	
	역할놀이 영역			세계 여러 나라의 음식을 팔아요		
	언어 영역	내가 꾸민 세계인 얼굴	모자 쓰고 인사해요		• 세계 여러 나라의 집 • 책 만들기	
	수·조작 영역			조작) 여러 나라의 음식 상차리기		수) 이가 빠지면 지붕 위로 던져요
	과학 영역			세계의 쌀로 만든 음식		
	미술 영역	세계 여러 나라 사람 막대 인형을 만들어요	나만의 전통 옷을 만들어요		여러 나라의 창문	
	음률 영역					세계 여러 나라의 북
대·소집단활동	이야기 나누기	다른 나라 사람과도 가족이 될 수 있어요	여러 나라의 전통 옷		세계 여러 나라의 집	우리나라와 닮은 세계의 명절
	동화·동시·동극		동화) 모자가 좋아	동시) 어떻게 먹을까?		
	음악	아름다운 지구인		요리하는 날		
	신체		모자 쓰고 인사해요			어린이 폴카
	게임	어떤 친구일까요?			집 뒤집기 게임	
	요리			피자 토스트 만들기		
	미술		세계 여러 나라의 모자 만들기			
바깥놀이 활동		유치원 주변 산책하기, 놀이터에서 놀기			여러 가지 재료로 집짓기(모래, 나뭇가지 등)	제기야 제기야 높이 올라라, 다른 나라의 돌차기 놀이

출처 : 교육과학기술부(2012a). 5세 누리과정 교사용 지도서 9 - 세계 여러 나라

영유아 교수학습방법

일일계획안 작성 양식의 예

표 6-8	반 이름	○○반	시기	20○○년 ○월 ○일 ○요일	수업일수	○/○○○일
	생활 주제	세계 여러 나라	주제	세계 여러 나라의 문화유산	소주제	여러 나라의 예술 경험하기

목표	· 여러 나라의 예술에 관심을 갖는다. · 여러 나라의 예술을 감상한다. · 여러 나라의 춤을 다양한 방법으로 경험하며 공통점과 차이점을 찾아본다.
일과 시간표	09:00 ~ 09:15 등원 및 인사나누기 09:15 ~ 09:30 계획하기 09:30 ~ 10:30 자유선택활동 10:30 ~ 10:40 정리정돈 및 화장실 다녀오기 10:40 ~ 11:00 오전간식 준비 및 오전간식 11:00 ~ 11:25 동시 – 모두 함께 춤추네 11:25 ~ 12:25 바깥놀이 활동 12:25 ~ 13:20 점심 13:20 ~ 13:50 게임 – 함께 춤을 추어요 13:50 ~ 14:00 평가 및 귀가

시간/활동명	활동목표	활동내용	자료 및 유의점
9:00~9:15 등원 및 인사 나누기			
9:15~9:30 계획하기			
9:30~10:30 자유선택활동			
10:30~10:40 정리 정돈 및 화장실 다녀오기			
10:40~11:00 간식 준비 및 간식			
11:00~11:25 동시			
11:25~12:25 바깥놀이 활동			
12:25~13:20 점심 준비 및 점심 / 조용한 놀이			
13:20~13:50 게임			
13:50~14:00 평가 및 귀가 지도			
총평			

출처 : 교육과학기술부 · 보건복지부(2013b). 4세 누리과정 교사용 지도서 9 - 세계 여러 나라

※ 위의 표는 일일계획안의 틀을 제시하기 위해 편집한 자료임. 자세한 내용은 4세 누리과정 교사용 지도서를 참고할 것

표 6-9의 일과시간표에서 자유선택활동시간 중에 소집단 편성으로 이루어진 집단활동 외에 별도의 언급 없이 정리정돈시간 이후에 '집단활동'이라 표기한 활동에서도 활동에 따라 소집단 및 대집단의 형태를 선택적으로 적용할 수 있다. 특히 교사가 2인 이상일 경우 이러한 선택은 유아와 그 활동에 가장 바람직한 방향으로 자유롭게 이루어질 수 있을 것이다.

만 5세 학급의 경우 어린 연령에서보다는 일과의 편성에서 집단의 규칙적 일과와 활동의 전이가 보다 많아도 비교적 더 잘 적응할 수 있음을 전제하여 일과 구성의 예를 제시하였다. 이는 그 만큼 유아들이 집단생활에 적응한 정도와 성숙된 발달의 정도를 반영한 것이다. 즉, 하루 일과의 시작에서 집단으로 모여 앉아 일과를 계획하는 시간을 갖는다든가, 간식을 전체 집단이 같은 시간대에 먹는 것, 그리고 다소 단축된 실내 자유선택활동시간 등과 같이 편성형태에서 조금 다른 특성을 나타낸다.

집단활동의 운영에서는 어린 연령에서와 마찬가지로 소집단활동의 편성은 더욱 바람직하다. 그러나 이는 활동의 특성만이 아니라 학급의 교사 수와 같은 인적 요소 등에 따라 선택될 수 있으므로 표 6-9에서 제시한 일과시간표에서는 '집단활동'을 '소집단', '대집단'으로 구분하지 않고 표기하였다. NAEYC의 기준으로는 만 5세 학급에서 유아 10명일 때 교사 1인의 배치가 바람직한 것으로 제시되고 있다.

종일제는 현대 사회에서 가족의 삶이 변화함에 따라 종일 자녀양육을 전담하는

반일제 일과 구성의 예(만 3~4세)

표 6-9	시 간	활 동
	~9:00	등 원
	9:00~10:40	실내 자유선택활동 • 소그룹활동을 병행(이야기 나누기, 노래, 율동, 게임 등) : 학급당 인원수에 따라 2~3집단으로 분반 진행 • 개별 간식(9분 40분경부터 자유선택활동 종료 10분 전까지) 병행
	10:40~10:50	정리정돈 및 화장실 다녀오기
	10:50~11:05	집단활동(이야기 나누기 등)
	11:05~11:35	실외 자유선택활동
	11:35~11:50	집단활동(동화감상, 하루 일과 평가 등)
	11:50~	귀가 안내 및 지도

종일반의 일과 구성

표 6-10	시 간	활 동
	7:30~8:50	유아 등원 및 계획
	8:50~10:00	활동계획 및 자유선택활동
	10:00~10:15	치우는 시간 및 평가시간
	10:15~10:40	간 식
	10:40~11:00	집단활동(이야기 나누기, 게임, 음악활동 등)
	11:00~11:40	실외 놀이
	11:40~12:00	손 씻기 및 점심 준비
	12:00~13:00	점심 식사 및 이 닦기
	13:00~14:10	휴식 및 낮잠
	14:10~14:30	화장실 다녀오기, 옷 입기, 책 보기, 그림 맞추기 등을 하면서 기다리기
	14:30~14:50	오후 간식
	14:50~15:20	대·소집단활동(음악감상, 노래, 신체활동, 게임, 동극 등)
	15:20~16:30	실내·외 자유선택활동이나 미술, 과학활동 등(유아가 자유롭게 활동하도록 배려)
	16:30~16:50	동화·동시감상, 하루의 평가 및 다음 날의 계획
	17:00~	귀가, 남은 유아는 계획된 활동을 한다.

출처 : 이기숙(2008). 유아교육과정(개정3판)

가족의 기능이 약화됨에 따라 가족의 자녀 양육과 교육을 도와주기 위한 목적에서 운영된다(교육부, 2000). 우리나라 유치원의 경우 종일제 교육의 사회적 요구를 충족시키기 위하여 1998년 2월부터 「초·중등교육법」 시행령이 개정되어 종일반을 운영할 수 있게 되었다. 종일제가 기본적으로 운영되는 어린이집과 더불어 유치원에서도 방과후 과정이 운영됨에 따라 급증하는 보육 및 교육시간의 증대에 대한 사회적 요구에 부응하게 된 것이다.

만 3~5세의 종일반 일과 구성은 같은 연령대의 다른 일과 구성에서보다도 더욱 유아들이 가정에서와 같이 편안한 상태로 종일 지낼 수 있도록 고려하며, 일반적으로는 가정에서 더 큰 몫을 책임지는 영양과 휴식의 부분도 유아교육기관에서 많은 부분 책임을 담당하여야 한다. 즉, 일과 중에 교육만이 아니라 보호와 양육적인 측면에 대해 더 충분히 고려되어야 한다. 교사와 유아의 관계도 보다 더 안정적인 관계가 되도록 하여야 한다. 종일반에는 교사가 오전과 오후에 각각 2명씩 배치되는 것이 이상적이다.

하루종일 운영하게 되는 학급의 구성은 독립된 한 학급으로 구성하는 경우와 오전에는 각각 다른 학급에서 보내고 오후 별도 종일반을 편성하여 운영하는 경우도 있다. 후자의 경우 자연스럽게 오후 종일반을 혼합연령 학급으로 구성하는 경우가 대부분이다. 또한 독립된 종일반 학급의 경우에도 단일연령으로 구성할 수도 있고 혼합연령으로 구성할 수도 있다. 이처럼 다양한 형태로 종일반 운영이 가능하지만, 어떠한 경우든지 하루 종일 집단생활을 하는 유아들의 신체적·심리적 부담을 고려해 한 학급의 집단 크기를 크지 않도록 고려해야 한다.

에듀케어의 일과 구성

표 6-11	시 간	활 동
	7:00~	등원, 유아 건강상태 확인, 학부모와 개별면담
	9:00~11:00	놀이 계획 및 자유선택활동, 자유 간식
	11:00~11:10	정리 정돈
	11:10~12:00	실외 놀이
	12:00~12:15	대집단 활동(이야기 나누기, 평가)
	12:00~13:30	점심, 이 닦기, 조용한 활동(개별화 교육)
	12:30~15:00	낮잠 및 휴식
	15:00~16:30	자유선택활동, 자유 간식
	16:30~16:45	정리 정돈
	16:45~17:00	평가
	17:00~20:00	개별 귀가, 개별 면담

출처 : 서울특별시 유아교육진흥원. 〈유치원에서는 어떻게 배울까요?〉 2010년 2월 23일 탑재

3) 혼합연령 학급의 일과계획과 운영

혼합연령 학급과 단일연령 학급을 비교한 연구들은 혼합연령 학급에서 리더십이 발달되고, 친사회적 행동의 발달에 긍정적 영향을 미치며, 발달 정도의 차이 때문에 혼합연령 학급에서 발생할지 모르는 인지적인 발달의 차이들은 오히려 유아들의 인지발달의 영역을 넓히는 것으로 작용(Katz et al., 1990)한다고 보고하고 있다.

혼합연령 학급에서는 긍정적 강화와 사회적 교류가 보다 자주 나타난다(Goldman, 1981; Mounts & Roopnarine, 1987; Winsler, 2002). 또한 모델이 되거나 모방을 할

만 3·4·5세 혼합연령반의 하루 일과의 예

표 6-12	시 간	활동 내용
	9:00~9:10	등원 및 놀이계획
	9:10~10:00	자유선택활동 • 미술영역: 누구일까요?[4, 5세], 3세의 경우 사진 속 얼굴 표정을 보고 함께 이야기 나눌 수 있으며, 모양오리기 활동을 함께 해본다 • 역할놀이 영역 : 익살꾸러기 친구 얼굴 찍어보기[5세], 3, 4세의 경우 5세 유아들이 촬영하여 전시한 작품을 함께 감상하고 이야기 나눈다. • 쌓기놀이 영역 : 동생 키만큼, 형님 키만큼[4, 5세], 3세의 경우 형님들의 도움을 받아 함께 쌓기 활동에 참여할 수 있도록 격려한다.
	10:00~10:20	정리정돈 · 놀이 평가 및 화장실 다녀오기
	10:20~10:40	오전 간식
	10:40~11:10	이야기 나누기[5세] • 5세 소집단 활동 중 3, 4세 활동 – 조작영역 : 퍼즐맞추기, 구슬꿰기
	11:10~12:00	바깥놀이 활동[3, 4, 5세]
	12:00~12:20	미술활동[3, 4세] • 3, 4세 소집단 활동 중 5세 활동 – 미술영역 : 종이접기, 3, 4세 종이접기 도와주기
	12:20~13:10	점심 및 조용한 놀이
	13:10~13:50	낮잠 및 휴식[3, 4, 5세] • 3세 낮잠 중 4, 5세 활동 – 휴식활동: 누웠다 일어나기, 책보기, 끈 끼우기, 작은 블록(레고) 구성놀이
	13:50~14:00	평가 및 귀가

출처 : 교육과학기술부(2013). 혼합연령(복식)학급 교사용 지도서(p. 22~26) 생활주제 「유치원과 친구」 일일교육안 예시

교육과정운영

수 있는 기회를 많이 갖게 되므로 이를 통해 사회적 능력을 향상하기도 한다. 인지적인 측면에서 보다 나이가 많은 유아들은 어린 유아들에게 인지기능을 한 단계 높일 수 있도록 돕는 비계를 제공한다(Tudge, 1986). 비고스키의 이론과 연관할 때 혼합연령 학급의 유아들은 상호협력적인 활동을 하는 과정에서 '근접발달지대(ZPD)'에 머물게 된다(Katz et al., 1990). 또한 혼합연령반에서는 탈중심화가 촉진될 수 있으며(Derscheid, 1997), 또래 교수가 일어나기에 아주 이상적인 배치라고 할 수 있다(Cheistie & Stone, 1999).

이처럼 혼합연령 학급이 지니는 여러 장점에도 불구하고 교사들에게 있어 혼합연령의 운영은 쉽게 여겨지지만은 않는다. 오히려 혼합연령 학급의 교사는 개인차가 더 많은 유아들이 학급의 구성원이므로 더 많은 능력이 있어야 할 것이다. 혼합연령

만 4·5세 종일제 혼합연령 학급의 일과 구성(이화유치원, 2002)

표 6-13	시 간	활동 내용
	8:30~10:30	등원, 실내 자유선택활동, 간식
	10:00~10:15	5세 소집단활동(시청각실)
	10:15~10:30	4세 소집단활동(시청각실)
	10:30~10:40	정리정돈 및 화장실 다녀오기
	10:40~10:50	놀이 평가
	10:50~12:00	실외 자유선택활동
	10:50~11:05	4세 소집단활동(활동실)
	11:40~12:00	5세 소집단활동(활동실)
	12:00~12:10	점심 식사 준비
	12:10~13:30	점심 식사하기
	13:30~13:45	이야기 나누기(대) : 유치원 물놀이 안내
	13:45~14:45	물놀이 및 실외 자유선택활동
	14:45~16:00	휴식 및 낮잠 자기
	15:20~16:40	실내 자유활동 및 간식
	16:40~16:50	정리정돈 및 화장실 다녀오기
	16:50~17:00	동화감상(대)
	17:00~	귀가지도

출처 : 이기숙(2008). 유아교육과정(개정3판)

학급의 학급당 집단 크기는 구성원의 연령 중 가장 낮은 연령의 적합한 집단 크기를 고려하여 편성하는 것이 가능한 최적의 교육여건을 조성할 수 있는 방법이 된다.

교육과정 운영에 있어 교사는 혼합연령 구성의 특성을 고려하여 교수학습과정을 재구성하는 노력이 요구된다. 즉, 일상생활 속에서 상호간의 협력이 일어날 수 있도록 함으로써 혼합연령 학급의 특성이 긍정적으로 유지될 수 있도록 하는 것이 기본적으로 강조될 부분일 것이다.

우리나라에서 혼합연령 학급의 편성은 일반적인 경향은 아니다. 즉, 단일연령 학급의 편성이 보다 많이 이루어지고 있다. 그러나 여러 가지 이유로 혼합연령으로 학급을 구성·운영하는 예들도 있다. 즉, 의도적으로 혼합연령 구성이 지니는 장점 때문에 적극적으로 혼합연령으로 구성하는 경우도 있으며, 취원 연령의 원아가 비교적 적은 농어촌 지역의 공립유치원에서처럼 원아 모집의 상태에 따라 의도하지 않았으나 혼합연령으로 구성되는 경우도 있다. 또 종일제 운영의 한 방법으로 혼합연령 학급이 편성되기도 하는데, 이러한 경우 종일 단일학급으로서 혼합연령이 구성되는 사례도 있고, 반나절 동안은 단일연령 학급에서 지내고 오후에 종일제의 요구가 있는 유아들을 혼합연령 한 학급으로 재편성하여 운영하는 경우들도 많이 나타난다.

4. 교육과정 운영을 위한 환경구성

1) 환경의 중요성과 원리

적절한 시설 및 설비·교구가 갖추어진 유아교육의 물리적 환경은 인적 요인과 더불어 아동발달과 유아교육의 질을 결정짓는 중요한 변인이 된다. 즉, 유아교육기관의 시설·설비환경은 넓은 의미로 교육 프로그램에 영향을 미치는 여러 변인을 총칭하는 것이며, 유아교육과정에서 환경이란 효과적인 교육과정 운영 및 유아의 발달을 촉진시키는 최적의 환경 구성을 의미한다.

유아교육기관의 물리적 환경은 건물, 운동장, 급수·하수 등의 외곽시설과 내부시설을 의미한다. 총칭하면 실내와 실외의 물리적 환경으로 구분할 수 있다. 성인과는 달리 영유아기의 발달적 특징은 무엇을 가만히 앉아서 학습하기보다는 주변 환경에 대한 끊임없는 흥미와 호기심, 왕성한 활동력을 가지고 적극적으로 주변 환경을 탐색하고 반응하며 발달을 이루는 것이다(이기숙, 2000). 그러므로 물리적 환경 요인은 유아의 성장·발달과 교육에 있어 아주 중요하다. 물리적 환경을 구성하는 데 있어서 고려해야 할 원칙은 다음과 같다(이기숙, 2000; Decker & Decker, 1997).

첫째, 유아교육기관은 다른 기관이나 건물과 독립하여 모든 설비를 갖추는 것이 좋다. 건물은 되도록 단층으로 하고 활동하기에 충분한 실내·실외 공간이 있어야 한다.

둘째, 물리적 환경은 어린이에게 적합하여야 한다. 즉, 유아의 성장·발달 원리에 입각하여 환경을 계획해야 하고, 유아의 발달적 특징, 성숙도, 욕구, 흥미, 개인차 등을 고려해야 한다. 책상, 선반, 의자 등은 유아의 신체 크기에 맞도록 하여 교사의 도움 없이도 쉽게 사용하고 정리할 수 있도록 해야 한다. 또한 유아교육기관의 시설, 설비는 성인에게도 편안하여야 한다.

셋째, 어린이와 성인 모두에게 최대한의 건강과 안전을 기하는 환경이 되어야 한다. 유아와 성인이 생활하며, 일과를 지내는 동안 건강과 안전을 동시에 꾀할 수 있는 시설, 설비를 갖추어야 한다. 성인에 비해 안전 대처능력이 미숙한 유아들이 안락하게 지낼 수 있도록 안전설비조건에 맞게 설계·구성하여야 한다.

넷째, 충분하고 다양한 공간, 창의적인 공간, 심미적인 공간 구성이 되도록 한다. 즉, 유아가 자유롭게 주위환경을 탐색해 보도록 하며, 너무 복잡하거나 쉽게 싫증나지 않도록 해야 한다. 유아교육기관의 유형에 따라 하루에 주어지는 일과활동이 다양하겠으나, 특히 유치원이나 어린이집 프로그램은 수업시간에 모여 앉아서 교사의 설명을 듣는 형태로 운영하기보다는 대부분 자유놀이를 통한 여러 가지 활동으로 구성되기 때문에 협소한 공간에서 제약을 받게 되면 곧 싫증을 느끼기 쉽다. 또한 공간배치와 교구는 다양한 것이 효과적이다. 사물의 배치에서 높낮이에 차이를 두는 것, 영역의 크기, 소리·빛과 색 등의 다양성과 이를 통해 나타나는 디자인이 심미적 기쁨을 주는 것이 되어야 한다. 그러나 외형에만 신경을 써서 지나치게 인위적이고 복잡한 환경 구성이 되지 않도록 주의한다. 출입문을 2개 이상 만들어 자유롭게 바깥으로 드나들 수 있게 하고, 유원장에서 유희실과 연결되는 문을 두어 수시로 실내·실외활동이 가능하도록 해야 한다.

다섯째, 융통성 있는 환경을 구성해야 한다. 이는 영유아의 흥미의 변화를 반영하며, 개인적 활동과 집단활동이 모두 가능하도록 하는 구성을 의미한다. 다양하고 융통성 있는 교실환경은 그 자체로 유아교육과정 운영의 중요한 매체이기도 하다. 융통성 있는 환경 구성은 그때그때의 교육 내용과 활동에 따라서 유동성 있게 배치될 수 있도록 이동이 가능한 설비와 기구를 이용함으로써 가능하다. 계절의 변화를 고려하여 흥미 영역의 환경 구성과 교구를 바꾸어 주거나, 칸막이의 이용, 책상·교구장의 이동, 흥미 영역의 위치 이동으로 다양한 환경 구성의 변화를 가져올 수 있다.

2) 환경의 유형과 구성

물리적 환경구성은 실내와 실외의 두 가지 영역으로 크게 구분될 수 있다. 실내는 주로 현관, 활동실(교실), 관찰실, 교사실, 화장실, 위생실, 창고, 조리실, 휴식을 위한 시설 등으로 구분되는 것이 이상적이나 활동실을 제외하고는 여건에 따라서 융통성 있게 구성·이용할 수 있다. 특히 종일제 프로그램을 운영하는 경우, 주방의 조리실과 낮잠을 재울 수 있는 휴식시설이 필수로 요구된다.

가장 핵심이 되는 시설인 활동실은 유아가 주로 생활하며 활동하는 장소이므로 자유롭게 활동할 수 있는 충분한 공간을 확보해야 한다. 프로스트(Frost)에 의하면 교실 내부의 설비 구성은 주로 그림 6-4와 같이 건조하고 조용한 곳, 활동적이고 건조한 곳, 조용하고 물이 있는 곳, 활동적이고 물이 있는 곳의 네 가지 공간 구성으로 구분된다(Frost & Kissinger, 1976).

따라서 활동실의 구성과 배열은 이러한 네 가지 기초 구성원리에 근거하여 학습 영역 혹은 흥미 영역(interest center)으로 구성할 수 있다. 물이 사용되는 활동 영역은 되도록 건조한 활동 영역과 분리되도록 하며, 활동적인 영역은 되도록 조용한 영역에서 멀리 떨어뜨려 설치하도록 한다.

- 조용하고 건조한 곳(제1지역)은 책보기, 듣기, 이야기 나누기, 동화·쓰기, 게임

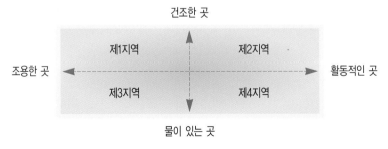

그림 6-4 실내 공간 구성계획 기준표

과 소집단활동을 위한 곳으로 구성된다.

- 활동적이고 건조한 곳(제2지역)은 대근육활동, 쌓기놀이, 목공놀이, 역할놀이, 음률활동 등을 계획한다.
- 조용하고 물이 있는 곳(제3지역)은 요리하기, 간식 먹기, 가위로 오리고 풀로 붙이기, 점토 만지기 등의 미술활동을 계획한다.
- 활동적이고 물이 있는 곳(제4지역)은 주로 물놀이, 모래놀이, 손 씻는 곳, 물감 그림 그리기, 물을 사용하는 과학실험 등을 계획한다.

물을 필요로 하는 지역(제3, 4지역)에는 될 수 있는 대로 바닥이 젖지 않게 깔개를 해준다. 제1, 2지역은 건조한 영역으로서 활동의 성격에 따라서는 소음을 줄이기 위해 부분 카펫 등을 깔아 준다.

3) 환경구성을 위한 계획

유아교육의 환경구성은 일반적으로 학습 영역, 혹은 흥미 영역(interest center)으로 구성된다. 시펠트(Seefeldt, 1980)는 흥미 영역이란 분리대라든가 기타의 방법으로 경계를 암시하도록 설비하여 분명히 구분되는 교실의 각 영역을 총칭한다고 하였다. 흥미 영역은 낮은 분리대, 칸막이, 이동식 교구장, 가리개, 책꽂이 등으로 구분되어 각 영역별 특수성을 유지하면서 통합적 운영이 가능해야 하며, 영역 간 통행이 자유롭고 모든 영역이 교사의 시야에 들어올 수 있도록 개방적으로 구성되어야 한다. 시간이 지나면서 아동들은 각기 다른 영역에 알맞은 행동을 배우며 다양한 활동을 하게 된다. 이들 각 영역에는 영역의 특성과 관련된 창의적인 놀이를 조장해 줄 수 있는 교구와 장비를 비치한다. 전체적으로는 조용한 놀이, 활동적인 놀이, 고립놀이, 집단놀이 사이의 균형을 이루도록 한다. 이러한 흥미 영역의 설치는 우선 유아들을 자발적으로 놀이활동에 참여하도록 유도해 준다는 데 의의가 있다.

흥미 영역을 통해서 얻게 되는 교육적 가치는 곧 놀이활동을 통해 얻을 수 있는 교육적 가치라고도 할 수 있다. 이러한 영역은 어느 정도 고정적이며, 각각의 유아교육 프로그램이 설정한 교육 목표를 반영한다. 일반적으로 흥미 영역은 여러 가지 활동형태에 따라 구분된다고 할 수 있다. 주로 역할놀이 영역, 음률 영역, 수·조작 영역, 과학 영역, 쌓기놀이 영역, 목공놀이 영역, 물놀이·모래놀이 영역, 언어 영역(도서 영역), 미술 영역 등이다.

이처럼 유아교육에서의 학습환경이 여러 가지 흥미 영역으로 구성되는 것은 유아교육과정의 융통성과 탐색·활동·움직임을 통한 통합적 교육의 특징을 잘 나타내 준다. 중요한 것은 각 흥미 영역이 얼마만큼 균형을 이루는가에 있다.

흥미 영역의 가치를 보면 다음과 같다(Seefeldt, 1980).

첫째, 효과적·창의적으로 폭넓고 다양한 경험을 할 수 있는 기회를 보다 많이 제공해 준다.

둘째, 물리적·시각적으로 경계를 지음으로써 아동의 주의를 집중시키고, 다른 활동을 하는 아동으로부터의 방해를 통제할 수 있다. 그리고 각 활동의 특징에 따라 영역별로 정해진 공간 구성은 전체적으로 안정된 분위기를 형성해 주기도 한다.

셋째, 놀이할 영역을 스스로 선택하기도 하고, 교실에 설치할 영역을 결정하는 데 참여할 수 있게 되어 아동의 의사결정 능력발달을 촉진한다.

넷째, 기능적인 영역별 분류는 아동들에게 자신의 경험을 분류·조작하는 데도 도움을 주며, 그 자료를 다른 사람의 도움 없이도 혼자 다룰 수 있게 한다.

카달도(Cataldo, 1982)는 영아기를 위한 영역으로 블록과 탈것들, 작은 조작놀이감이 있는 영역, 조용한 영역, 미술 영역으로 제시하였다. 애덤스와 테일러(Adams & Taylor, 1985)는 듣기, 보기, 만지기, 상상, 물·모래, 조용한 영역, 대근육 영역, 창의·구성 영역으로 제시하였고 이에 덧붙여 스튜어트(Stewart, 1982)는 음악 영역을 추가하였다. 데커와 데커(Decker & Decker, 1997)는 듣기, 보기, 촉각과 같은 감각 활동을 위한 교구들 그리고 조작활동, 상상놀이, 창의적 활동, 대근육활동을 위한 교구들을 포함하여 영역을 구성할 수 있음을 제시하였다. 또한 낮잠, 수유, 기저귀 갈기 및 화장실 영역이 실내의 공간계획에 포함되어야 한다. 우리나라 어린이집 평가인증 지침서에는 영아를 위한 보육실은 기본적인 욕구를 충족해 줄 수 있는 일상생활 공간과 흥미있는 대상을 탐색할 수 있는 놀이공간으로 적절하게 구성하여야 한다고 제시되어 있다(보건복지부, 2012). 예를 들어 기저귀 갈기 영역과 음식을 먹는 영역과 같은 일상생활과 관련된 영역과 더불어 대·소근육활동을 위한 영역, 언어 영역, 탐색 영역, 역할 놀이 및 쌓기 놀이 영역 등을 기본으로 하는 놀이 영역이 제시되도록 권고하고 있다. 놀이 및 활동 영역은 위의 영역들을 기본으로 하여 영아의 연령에 따라 추가하거나 분화시킬 수 있는 것이다. 실외 환경 역시 효과적인 활용을 위해서 공간을 놀이활동의 특성에 따라 구분하여 계획하는 것이 필요하다. 실외 공간도 실내 공간과 마찬가지로 동적 활동 영역과 정적 활동 영역으로 구분할 수 있다. 실외 놀이가 실내 놀이와 다른 가장 주된 차이는 소근육활동이나 상징활동뿐 아니라 신체 전반의 활동을 강조한다는 것이다. 실외의 공간과 적당한 시설은 유아의 활동 영역을 넓혀 주며, 유아가 실내에서의 계속적인 집중으로 인해 가지게 된 긴장과 억압으로부터 해방감을 느낄 수 있게 돕는다. 또한 훌륭한 실외 시설은 놀이와 사회화를 격려해 준다. 실외 공간의 활동 영역은 공간의 특성 및 유아의 연령 등에 따라 달라질 수 있지만 신체 영역, 역할놀이 영역, 자연학습 및 탐구 영역, 물·모래 놀이 영역, 작업 영역, 통로·보관 영역, 개방된 공간, 조용한 공간 등으로 구분할 수 있다(교육부, 2000).

실외에서 정적·동적 활동 간에 분명한 구분을 하기는 어려우나 대근육활동이 포함될 때, 이를 동적인 활동으로 분류할 수 있다. 실외 공간을 구성할 때 전체 실외 공간 크기의 약 1/3은 정적 활동 영역으로 구성하고, 그 나머지 영역은 테라스와 동적 활동 영역으로 구성해야 한다. 정적 활동을 위한 공간은 뜨거운 햇빛, 센 바람을 피할 수 있어야 하고, 동적 활동 영역과 떨어지도록 배치하여 활동이 방해되지 않도록 한다.

정적 활동 영역에는 유원장 구석이나 나무그늘 또는 유아가 들어갈 수 있는 큰 상자들을 준비하여 유아가 혼자 있거나 조용한 놀이를 하고 싶을 때 사용할 수 있도록 해준다. 동적 활동 영역은 바퀴가 달린 장난감을 사용할 수 있는 공간과 오르기, 미끄러지기, 흔들기, 밀기, 달리기 등을 할 수 있는 공간을 포함하며, 동적 활동을 위한 시설로는 세발자전거 등의 탈 것과 미끄럼틀, 그네, 철봉 등의 고정시설도 포함된다.

(1) 영아와 걸음마기 유아를 위한 환경

영아와 걸음마를 위한 프로그램의 질은 환경의 질과 그 환경에서 이루어지는 성인과 어린이 간의 관계의 질에 기초한다. 영아와 걸음마를 위한 물리적 환경은 예측할 수 있고, 자유롭게 선택할 수 있고, 탐험할 수 있는 공간이어야 한다. 영아와 걸음마기 유아의 물리적 환경은 실외만이 아니라 실내 환경도 반드시 운동을 할 수 있도록 고안되어야 한다. 영아의 신체적 발달과 운동의 욕구를 해소할 수 있는 공간이 제공되어야 하는 것이다. 외계에 대한 지각과 인식이 주로 감각 기능에 의존하는 시기이므로 아름다운 색, 소리, 형태, 질감(특별히 부드러운)과 패턴이 미적으로도 즐거운 환경이 되어야 한다. 영아와 걸음마기를 위한 물리적 환경에서 특별히 고려되어야 할 내용은 다음과 같다(Whaley, 2005).

① 실내 환경

영아들, 특히 걷지 못하는 시기일수록 영아들은 감각을 이용하여 탐색하므로 실내 환경의 자료들에 의한 자극이 매우 중요하다. 영아와 걸음마를 위한 실내 환경은 가정과 같은 분위기를 조성하여 영아들이 집에서 생활하는 것처럼 편안한 체험을 할 수 있는 안정적인 공간이 되어야 한다(Whaley, 2005). 또한 색, 소리, 형태, 부드러운 질감, 패턴 등을 이용하여 심미적으로 아름답고 즐거운 환경이어야 한다(Decker & Decker, 2005).

18개월 이하로 걸음마 이전의 영아 학급의 경우 주변 환경이 영아를 사랑하고 안전하게 돌보아 주고 있다는 믿음을 갖도록 환경을 구성해야 한다. 유아교육기관 및 교사를 통하여 올바른 환경을 제공받음으로써 나아가 타인과 세상에 대한 믿음을 가질 수 있고 또한 자기 존중에도 긍정적인 영향을 미칠 수 있기 때문이다. 영아를 위한 환경은 기본적인 생리적 욕구가 충족되고, 따뜻하고 온정적인 분위기로 구성되어야 하며, 신체적 · 정신적으로 편안한 상태를 유지하여 환경에 대한 영아의 기대가 언제나 만족될 수 있어야 한다. 교사는 영아를 위하여 반응적이고 예상이 가능한 환경을 제공해야 한다. 안전하고 편안하며 청결한 침구, 적절한 수유 도구와 수유환경, 기저귀 갈기와 배설물 및 오염물 처리를 위한 적절한 환경의 제공 등은 기본적 신뢰와 안정을 제공하기 위한 기초가 된다. 영아의 발달 측면에서 생후 1년간은 대근육을 중심으로 한 신체발달과 뻗기, 잡기, 쥐기 등의 소근육발달도 왕성한 시기이므로 대 · 소근육의 신체발달을 지원할 수 있는 환경과 놀잇감, 기회를 제공하여야 한다(김희진 외, 2004).

영아 학급에서의 환경 구성은 누워서 지내는 6개월 미만의 영아들을 위하여 시청각, 촉각 등의 감각기능을 자극하면서 호기심과 즐거움을 제공할 수 있어야 한다(예: 모빌, 음악, 딸랑이, 시각자료 등). 외부자극뿐만 아니라 교사와 영아 간의 다양한 신체 접촉과 상호작용을 통하여 경험하게 되는 감각자극은 영아의 정서적 안정을 도모하면서 감각적 경험을 가능하게 하는 부가적 가치가 있다. 6개월 이후로 영아가 운동능력이 발달하여 움직이기 시작하면, 운동능력을 향상시킬 수 있도록 넓은 공간을 제공하고, 여러 사물을 탐색하고 싶어 하는 경향을 충족시켜 줄 수 있도록 다양한 놀잇감을 제공해 줌으로써 더욱 다양한 기술을 습득해 나갈 수 있다.

영아에 따라 개인적으로 익숙한 것, 새로운 것, 흥미 있는 것이 다를 수 있고 같은 영아라 하더라도 상황이나 발달단계에 따라 선호도가 달라질 수 있다(유희정 · 이미화 · 우현경 · 신희연, 2000). 그러므로 영아를 위한 환경을 구성할 때는 선택의 범위가 넓어야 한다. 즉, 한 번에 몇 개의 놀잇감만으로 환경을 구성해도 충분하지만, 영아의 흥미를 지속시킬 수 있도록 변화와 유지가 이루어져야 한다.

걸음마(18개월~3세 미만)를 시작하면서부터 인간발달의 여러 가지 특징이 나타난다. 또 제공되는 자극에 주로 반응하던 시기를 벗어나 독립적이고 더욱 적극적으로 세상을 향해 나아가고 탐색할 준비를 시작한다. 신체적 · 언어적으로 폭발적 성장을 하고, 이에 따라 인지적 · 사회적 변화도 급속히 일어난다. 어휘가 급속하게 증가하고, 20개월을 전후하여 두 단어 시기가 나타나며, 점차 일상의 의사소통이 미숙하나마 가능해진다. 인지적으로는 표상능력이 발달함에 따라 모방이 가능해지고, 상징에 대한 이해, 상상놀이 등이 가능해지면서 다양한 놀이가 나타나기 시작한다. 이러한 언어적 · 인지적 특성은 점차 인적 · 물적 자원과의 다양한 상호작용을 가능하게 한다. 따라서 걸음마 시기에는 이러한 발달적 특성을 지원할 수 있도록 이동 공간이 안전하면서도 다양한 탐색거리가 제공되는 환경을 제공해야 한다. 영아와 걸음마기를 위한 실내의 물리적 환경에서 고려되어야 할 내용은 다음과 같다(Decker & Decker, 2005; Whaley, 2005).

- 물리적 환경은 반드시 움직임을 할 수 있도록 고안되어야 한다. 영아의 신체적 발달과 운동의 욕구를 해소할 수 있는 공간을 마련해 주어야 한다. 특별히 이동성이 높고, 주로 개방적인 활동을 하는 특성을 반영하여 이를 가능하게 하는 활동 공간이 필요하다.
- 모든 감각을 자극하되, 과잉 자극은 피하도록 해야 한다. 마음을 편안하게 하는 색과 향기, 다양한 소리가 중요하다. 영아의 피부는 가장 큰 감각기관으로 영아와의 효과적인 신체적인 접촉은 가장 중요한 요건이지만 쉽게 지나칠 수 있으므로 유의한다.
- 활동실 내부의 구성물은 재질이 부드러워야 한다. 영아들의 휴식을 위

그림 6-5 영아반의 휴식 영역 환경 구성

한 공간은 '부드러움'이 필요하고 영아들에게 반응적인 부드러운 물건들로 환경을 구성해야 한다. 그리고 여러 가지 활동을 위한 매체를 제공해야 한다. 로먼과 르만(Lowman & Ruhmann, 1998)은 걸음마기 유아를 위하여 가정용품, 예술 매체, 부드러운 블록, 청각·후각·촉각 및 감각 자극용 교구 등을 적합한 매체로 제시하였다.

- 활동실은 영아들에게 작은 공간을 많이 제공해야 한다. 영아들이 집단에서 벗어나 편안하고 안전하게 있을 수 있는 격리된 공간이 필요하다. 또한 영아와 걸음마를 위한 환경에서는 영역의 규모가 더 나이든 유아들을 위한 프로그램에서 제공되는 흥미 영역의 규모와는 다르게 한두 명의 어린이들이 함께 할 수 있는 보다 작은 규모의 활동 영역이 적절하다.

- 활동실은 흥미 영역으로 분명히 나누어져야 한다. 분명하게 구분된 흥미 영역의 제공 및 구분은 영아들에게 생각을 구성하도록 돕는다. 교실은 일반적인 실내 구성 원칙에서와 같이 정적·동적, 물이 있는, 건조한 공간, 다양하고 창조적인 활동이 가능한 공간 등을 포함하여 구성하여야 한다. 물론 나이든 유아들에게 제공되는 흥미 영역의 수보다는 많지 않지만 각각의 영역은 경계가 확실하여야 한다.

- 영아를 위한 시설은 학교와 같은 분위기보다는 가정과 같이 안정적인 공간이 되어야 한다. 영아에게 너무 압도적이거나 너무 작은 것보다는 안전함을 느끼게 하는 적절한 시설물과 놀잇감이 필요하다. 영아와 걸음마의 눈높이에 맞는 사진, 낮은 분리대와 선반은 영아와 걸음마 유아가 안정감을 느끼도록 돕는다. 로먼과 르만(1998)은 영아들이 충분히 접해 볼 수 있는 매체와 함께 환경 속에서 아이들이 애착을 형성할 수 있는 '애착물'들을 제공해 줄 것을 제안하였다.

- 영아들에게 명확한 메시지를 제공하는 물리적 질서와 체계가 필수적이다. 즉, 체계적으로 구성되어 있고, 정리정돈이 잘 된 환경이어야 한다. 이러한 체계는 영아의 사고를 체계화하는 데 기여할 수 있다. 그린맨(Greenman, 2002)은 영아들의 공간은 질서가 있어야 된다고 제안하면서, 질서는 영아에게 공간을 사용하는 방법과 모이거나 흩어지는 행동방법 같은 분명한 메시지를 준다고 하였다. 또한 공간의 질서는 영아가 보다 자료에 집중할 수 있게 해주고, 쉽게 되돌려 놓을 수 있도록 자극한다고 하였다. 다양하고 자극적인 교구의 안전하고 체계적인 보관, 영역별로 체계화된 놀잇감, 영아 스스로 쉽게 접근할 수 있는 놀잇

감은 체계적인 환경의 중요한 요인이다. 특히 이 시기의 영아들은 나누는 것에 익숙하지 않으므로 다양한 놀잇감을 한 개씩 주기보다는 영아들이 선호하는 같은 놀잇감을 여러 개 마련해 주도록 하는 것이 중요하다.

■ 영아와 걸음마기 유아를 위한 실내 환경은 '영아'와 '성인'을 모두 고려해야 한다. 환경은 영아들과 함께하고 있는 성인, 즉 교사 역시 지원할 수 있어야 한다. 종종 영아를 위한 환경을 창조할 때 어린이들만 고려하고 성인에 관해서는 거의 생각하지 않는 경향이 있다. 공간 안의 성인이 안락함을 느끼는 것도 필수적이다.

■ 영아와 걸음마기 유아를 위한 환경은 안전하고 위생적으로 구성되어야 한다. 매우 어린 유아들은 잡아당기거나 가구 위를 오르고, 손과 입으로 장난감을 탐색하므로 안전은 중시되어야 한다. 안전성에 있어서 각종 장치와 기구들은 부적합하거나 위험할 수 있다. 영아와 걸음마기 유아들의 놀잇감은 탐색을 유도하기 위해 놀이 상자 속에 넣지 않아야 한다. 기저귀 갈기, 화장실 가기, 식기, 낮잠 도구, 입으로 탐색하는 물건 등 모든 환경은 적절하게 청결하고 위생적이어야 한다.

■ 성인을 위한 소파, 벤치, 흔들의자 등 의자와 가구들은 활동실 안에서 분리되어 여유 있게 배치되어 있어야 한다.

우리나라의 보건복지부를 비롯한 많은 보육 프로그램에서는 학급의 실내 영역에 대해 영아의 각 월령별로 제시하고 있다. 각 월령별로 권장하는 영역에 약간의 차이가 있지만 대체로 1세 미만의 학급에는 기저귀 갈기 영역 및 영아용 화장실, 언어 영역, 신체 영역, 탐색·조작 영역을, 만 1세 학급에는 기저귀 갈기 영역 및 영아용 화장실, 언어 영역, 신체 영역, 탐색·조작 영역, 창의 영역을, 만 2세 학급에는 대근육 영역, 언어 영역, 미술 영역, 음률 영역, 쌓기 영역, 탐색·조작 영역, 역할 영역을 구성할 것을 제시하고 있다(보건복지부, 1999; 삼성복지재단, 2005; 서울특별시, 2005; 여성가족부, 2005).

보건복지부는 0~2세 영아의 활동 영역을 표 6-14와 같이 정리하였다. 영아의 학급에 구성할 수 있는 이와 같은 기본적인 영역의 특징을 설명하면 다음과 같다(김희진 외, 2004; 김희진·김언아·홍희란, 2005; 삼성보육재단, 2005).

영아 대상 보육프로그램 월간 보육계획안의 활동 영역

표 6-14	활동	0세	1세	2세
일상 활동		수유 및 이유식	식사 및 간식	식사 및 간식
		낮잠 및 휴식	낮잠 및 휴식	낮잠 및 휴식
		기저귀 갈기	대소변 가리기	–
놀이 활동		신체·움직임	신체·움직임	신체
		의사소통·사회관계	언어	언어
			역할·쌓기	역할
				쌓기
		탐색·표현	감각·탐색	탐색·조작
			창의적 표현	창의적 표현
		–	실외활동	실외활동

출처 : 보건복지부(2012), 보육프로그램 총론

- 일상생활 영역(기저귀 갈기, 식사 공간 등) : 일상생활 영역은 영아가 일상생활을 스스로 영위할 수 있도록 기본 생활 습관을 중심으로 한 자조기술발달을 지원하는 영역이다. 유아를 위한 교육과정과는 달리 일상생활 영역을 독립시킨 이유는 만 3세 미만의 영아에게 일상생활을 해가는 데 필요한 음식 먹기(수저 사용하기, 바른 자세로 먹기, 흘리지 않고 먹기, 골고루 먹기, 즐겁게 먹기, 뒷정리하기), 씻기(깨끗이 씻기, 수건·비누 사용하기, 수도 적절히 사용하기, 씻는 습관 갖기), 옷 입고 벗기(입기, 걸기, 벗기, 단추·지퍼 채우기, 적절한 옷 입기), 인사하기(친구와 성인에게 인사하기, 때와 장소와 상대에 적절한 인사하기), 대·소변 가리기(대소변 의사 표시하기, 실수하지 않고 대소변 보기, 대소변 후 뒷처리하기), 놀잇감 정리하기 등이 중요한 과업이기 때문이다. 기저귀 갈기 및 배변학습과 화장실 사용은 영아기 학습의 가장 중요한 부분의 하나이자 일상의 활동이기도 하다. 기저귀를 사용하는 기간 동안의 영아 학급에서는 기저귀 갈기 영역이 일상의 영역으로 학급의 한 공간에 배치되어 있어야 한다.

- 신체활동 및 대근육활동 영역 : 영아가 운동능력이 발달하여 움직이기 시작하면서 운동능력을 향상시킬 수 있도록 넓고 개방된 공간과 대근육활동을 위한 시설 및 자료를 제공하여야 한다. 기기를 하는 영아 시기에는 기어 다닐 만한

그림 6-6
대근육활동 영역 활동(만 2세)

넓이와 푹신한 바닥재질의 공간을, 걷는 시기에는 자신의 신체 움직임을 능숙하게 할 수 있도록 도울 수 있는 신체활동 기구들과 공간을 제공한다. 경사로, 오르내리기 활동을 할 수 있는 낮은 기구, 계단, 터널, 매트, 타는 놀잇감, 밀고 끄는 놀잇감, 공, 영아용 그네, 흔들 배, 흔들 말과 같은 흔들리는 놀이 기구 등이 비치될 수 있다. 또 종이 블록, 스펀지 블록, 우레탄 블록 등 다양한 블록 종류도 준비해 준다. 블록 선반에는 그림이나 사진을 붙여 두어 정리하기 쉽도록 한다. 대근육활동이 일어나는 공간은 활동량이 많으므로 안전하고 밝은 공간이 필요하다.

■ 언어 영역(의사소통 및 사회관계 영역) : 언어 영역은 영아들이 휴식을 취하기도 하고 개인적 · 정적인 활동을 할 수 있도록 편안하고 안정되게 구성되어야 한다. 따라서 그림책만이 아니라 봉제인형, 편안한 분위기 형성에 도움이 되는 쿠션,

그림 6-7 영아반의 언어 영역 환경 구성

그림 6-8
밀가루 점토놀이(만 2세)

카펫 등으로 영역을 구성한다. 책은 영아들이 아직 모두 경험하지 못한, 다가가지 못한 세상과 소통하는 가장 풍부한 통로이자 하나의 탐구 대상이다. 즉, 영아들은 책을 통해 책 속에 담긴 내용을 즐기는 것만이 아니라 책이 가진 속성(예 : 책장을 넘기면 다른 그림이 나타남)을 즐기는 시기이기도 하다(삼성복지재단, 2006). 사물을 알아가도록 돕는 사물 그림책, 간단한 자신들의 일상의 문제를 담은 짧고 줄거리가 분명한 책, 다양한 촉감과 재질의 책, 영아들 스스로 넘기기 쉬운 두께와 재질, 들기 쉬운 크기의 책을 제공하여 주는 것이 좋다.

■ 감각 및 조작 영역(탐색 영역) : 영아들, 특히 걷기 이전의 영아들은 세상에 대한 지각이 주로 시청각, 촉각 등의 오감각을 통하여 이루어지므로 이러한 감각 경험을 제공하는 환경과 놀잇감을 제공하여 주는 영역이다. 영아들은 자신이 직접 참여하여 보고, 듣고, 맛보고, 냄새 맡고, 만져서 느낌으로 자신을 둘러싼 세상을 이해하게 되고 점차 적극적으로 탐색하려는 태도를 보이게 된다(Fu, Stremmel, & Hill, 2002). 이처럼 영아기는 감각기능을 통한 탐색이 주로 이루어지는 시기이므로 표현보다는 오히려 탐색에 초점을 두는 활동이 필요하고 이를 위한 환경이 제공되어야 한다(김희진 외, 2005). 또한 이 영역에서는 영아의 소근육발달, 눈과 손의 협응력을 발달시키며, 여러 종류의 색, 모양, 질감 등을 경험할 수 있는 다양한 놀잇감과 자연물에 대한 탐색을 도울 수 있는 자료를 제공한다.

■ 미술 영역(창의적 표현 영역) : 미술을 통한 창의적 표현이 가능하도록 구성된 영역은 영아에게 다양한 재료의 탐색과 표현, 정서의 순화와 성취감을 느낄 수 있도록 하는 긍정적인 특성을 지닌다. 또한 각 발달특성에 맞는 다양한 자료의

사용은 소근육과 협응능력의 발달도 돕는다. 제공하는 미술자료들은 기본적으로 무독성이어야 하며, 안전하게 사용할 수 있는 것들이어야 한다. 다양한 재질과 크기의 종이, 구기고 찢기에 사용할 종이, 점토, 크레파스와 물감, 화판, 풀, 찍기활동을 위한 자료, 스펀지, 가위 등의 자료가 발달 정도에 따라 비치된다. 그러나 연령이 어릴수록 도구를 안정적으로 사용하는 능력과 대·소근육발달을 고려하여 제한적인 도구와 자료를 비치하며(예 : 크레용과 종이 등) 점차 다양한 재질의 종이 및 도구가 추가되거나 제시될 수 있도록 한다(김희진 외, 2005).

■ 역할 및 쌓기놀이 영역 : 놀잇감을 사용하여 일상생활에서 일어나는 상황을 흉내 내면서 상상놀이의 기회를 제공해 주도록 구성한다. 세탁하기 쉬운 다양한 크기와 색, 다양한 가족구성원을 나타내는 인형, 소리 나는 인형, 영아가 상상놀이에 참여하도록 실제 사물과 유사한 놀잇감을 준비해 준다. 상상놀이에 대한 연구결과들에서도 영아기에는 실제 사물과 같은 모양의 놀잇감이 오히려 상상놀이를 자극한다고 보고하고 있다(Johnson, Christie, & Yakey, 1999). 영아의 발달 정도에 따라 점차적으로 모형 음식, 의상, 구두, 모자 등 자료의 종류와 수를 늘려 준다. 또한 쌓기놀이 영역에는 구성이 일어날 수 있는 충분하고 편안한 공간을 준비하여야 한다. 영아와 걸음마 시기 유아들은 특히 더 어릴수록 부드럽고 가벼우며 안전한 재질의 쌓기놀이자료를 제공하여 주도록 한다. 예를 들면 스펀지 블록, 종이 블록, 헝겊 블록, 우레탄 블록과 같은 것들이다. 또한 구성 방식에 있어서도 끼우기보다는 쌓거나 늘어 놓는 것이 더 쉬운 형태이므로 더

그림 6-9
종이 찢기를 하며 창의
적인 표현을 하고 있는
영아(만 1세)

그림 6-10 스펀지 블록으로 쌓기놀이를 하고　　그림 6-11 역할놀이 영역에서 주스 만들기를
　　　　　있는 영아(만 1세)　　　　　　　　　　　　하는 영아(만 1세)

어린 월령일수록 이러한 구성방식의 쌓기 놀잇감을 비치하는 것이 적절하다. 끼우기 블록(예 : 와플 블록, 동물 모양 끼우기 등)은 소근육능력이 증가하면서 제공하며, 난이도가 쉬운 것부터 제시하도록 한다. 블록은 영아들이 수용할 수 있는 범위 내에서 재질과 형태를 다양하게 비치하며, 블록 이외에 놀이를 촉진할 수 있는 소품, 예를 들어 싣고 부릴 수 있는 덤프트럭, 다양한 모형 자동차 등을 같이 제시하는 것이 효과적이다.

그림 6-12
역할놀이 영역에서 아기 돌보기
놀이를 하는 영아(만 2세)

② 실외 환경

모든 영아는 적합한 실외 환경에서 실외 놀이를 할 기회를 매일 가져야 한다. 영아를 위한 실외 놀이환경에는 동적인 요소와 정적인 요소, 인공적 요소와 자연적 요소가 고루 포함되어 있어야 한다(Frost, 1992). 실외 공간은 얕은 구릉과 잔디, 흙과 모래, 아스팔트 등 다양한 표면으로 구성하며, 위치는 가능하면 남쪽에 배치하여 햇볕이 드는 공간과 그늘진 공간을 적절히 갖추도록 한다.

실외 놀이환경은 실내 놀이의 연장으로 생각하여 대근육활동을 위한 영역, 물·모래 놀이 영역, 작업 영역 및 조용한 영역, 자연물의 탐색 영역 등의 흥미 영역으로 구성해 준다. 신체활동을 할 수 있는 공간에는 밑바닥에 모래나 쿠션이 있는 재료를 깔아서 영아가 넘어지거나 떨어졌을 경우 안전에 대비하도록 한다. 다양한 연령의 영유아가 함께 생활하는 기관이라면, 영아 전용 놀이터를 갖추고 울타리 등을 활용하여 공간을 구분한다. 울타리를 치면 교사와 영아 모두 안정감을 느끼고 안전에 대한 부담도 적어진다.

(2) 만 3~5세 유아를 위한 환경

흥미 영역으로 구성된 활동실은 실내 자유선택활동시간에 유아들이 더욱 놀이에 집중하고 깊이 있는 구성을 할 수 있도록 격려할 뿐 아니라 다른 사람의 놀이를 방해하지 않으면서 놀이를 진행할 수 있도록 돕는다는 장점이 있다. 학급 내에 구성해 주는 영역은 연령과 프로그램의 특성, 또 시기와 유아의 흥미, 학급의 면적 등의 요인에 따라 달라지지만 3~5세 유아의 학급에서 쌓기놀이, 역할놀이, 언어·조작·조형놀이 영역은 기본적으로 운영되는 영역이다. 각 영역의 교육적 의의와 특성은 다음과 같다(교육과학기술부, 보건복지부, 2012; 이화여자대학교 부속이화유치원 편, 2002).

① 실내 놀이 영역

바람직한 실내 환경을 구성하기 위해서는 무엇보다 유아를 위한 미적인 측면과 기능적인 측면을 동시에 고려해야 하며, 환경의 구성원인 교사와 유아가 공간을 창의적이고 효과적으로 사용할 수 있도록 해야 한다.

- 언어 영역 : 유아들이 '듣기·말하기·읽기·쓰기'에 대한 관심을 가지고 이와 관련된 활동을 통해 언어 능력을 향상시킬 수 있다. 또한 올바른 의사소통을 위

그림 6-13
인형극틀에서 손인형을 가지고
극놀이를 하고 있는 유아
(만 3세)

한 태도와 습관을 형성하게 한다.

언어 영역에서는 언어발달뿐만 아니라 책 등의 다양한 자료를 활용하여 많은 간접 경험을 하고, 세계와 다른 사람들의 삶과 생각을 이해하며, 통찰력과 상상력을 키우며, 창조적으로 사고하고 표현할 수 있는 능력을 형성하도록 돕는다. 언어 영역은 유아들이 조용한 가운데 밝고 따뜻하며 안정된 분위기 속에서 집중할 수 있도록 배려되어야 한다. 바닥에 카펫을 깔고 낮고 편안한 의자를 따로 마련해 주고, 바닥에 푹신한 깔개나 쿠션 등을 두어 아늑한 분위기를 느낄 수 있게 한다. 조명은 특히 중요한데, 창문 옆에 위치하여 자연조명이 되는 것이 이상적이며 그렇지 못한 경우 불을 켜서 밝게 해준다.

언어 영역은 흔히 도서 영역이라고 불려지며, 동화책만을 준비해 주면 되는 것으로 생각하기 쉬우나 듣고 말하기, 읽고 쓰기와 관련된 다양한 환경적 배려를 해주는 것이 좋다. 손인형, 융판용 동화와 융판, 이야기가 될 수 있는 그림 조각, 녹음기와 동화가 담긴 녹음 테이프, 종이와 연필 등을 준비해 준다. 동화를 들려 준 후에는 동극으로 유도할 수도 있다. 이야기를 듣고 손인형으로 극화를 해본다든지, 녹음기의 동화를 들으면서 종이 위에 그려보고 이야기가 연결되는 그림을 이야기 순서대로 놓아 보는 활동도 가능하다. 책은 한꺼번에 쌓아 놓기보다는 책표지의 전면이 보일 수 있도록 설치하여 놓는다.

언어 영역의 자료는 생활 주제, 계절의 특성 및 유아의 흥미와 관련하여 제시되며 약 1~2주에 한 번씩 교체하여 제시한다. 언어 영역은 유아들에게 익숙하고 편안한 영역으로 교육활동이 이루어질 뿐만 아니라 조용히 쉴 수도 있는 곳이 되

그림 6-14
만 3세반의 수·조작 영역
환경 구성

도록 배려한다.

- 수·조작 영역 : 유아는 주로 개별적으로 탐색활동을 많이 하게 된다. 주로 소근육발달, 수 개념, 모양과 크기 개념, 언어발달을 도와줄 수 있는 교구와 인지적 사고를 도와줄 수 있는 그룹 게임을 마련한다. 다양한 발견학습에 참여하며 수 활동을 즐기는 경험을 제공하며, 그러한 경험을 통해 유아의 기초적 수 개념(분류, 배열, 공간, 시간 및 보존)의 발달이 촉진된다. 수와 관련된 용어의 인식은 언어발달에 도움을 주고, 또래와 함께 탐색하고 발견하는 과정을 통해 유아의 사회성 발달을 격려한다. 조작놀이는 유아의 집중력과 지구력을 증진시키고, 문제상황을 탐색하고 극복해 가는 과정에서 자신감과 자율성 발달이 이루어지도록 한다. 눈과 손의 협응력 발달과 창의적인 구성 능력을 길러 주며, 형태 구성의 즐거움과 함께 시·촉각 등 감각기관의 발달을 돕는다.

수·조작 영역은 언어 영역, 과학 영역 가까이에 있는 밝고 조용하며 안정된 공간이 적절하다. 교구는 낮은 교구장에 종류별로 진열해 놓음으로써 유아들이 언제나 손쉽게 이용할 수 있도록 해주고, 바닥에 카펫을 깔아 앉아서도 활동할 수 있도록 하고 동시에 책상과 의자를 적절히 배치해 준다.

수·조작 영역에는 교사가 제작한 교구와 상품화된 그림 맞추기(퍼즐)를 배치한다. 그룹 게임 교구는 함께 제시하거나 인접한 장소에 배치한다. 또한, 비교, 분류, 측정 등의 작업 결과를 게시할 수 있는 공간도 제공되어야 한다.

수·조작 영역의 교구는 일반적으로 쟁반이나 바구니 등을 사용하여 분실을 막고 쉽게 가져가고 되돌려 놓을 수 있도록 한다. 즉, 쟁반이나 바구니를 밑받

그림 6-15
만 3세반 과학 영역 환경 구성

침으로 사용하고 작은 조각은 적당한 작은 그릇에 담아 쟁반 위에 놓아 유아가 쉽게 선택하고 사용하게 한다. 수·조작 영역의 교구들은 주제와 난이도에 따라 종류별로 균형 있게 제시되며 최소한 1~2주에 한 번씩 교체한다. 유아는 원하는 교구를 선택하여 책상, 카펫과 위에서 개별적으로 또는 소수(2~3명)의 유아와 상호작용하며 교구로 놀이를 한다.

■ 과학 영역 : 유아의 호기심을 자극하여 유아가 보고 듣고 만지고 냄새 맡고, 맛 보는 등의 직접적인 경험을 통하여 관찰, 실험, 탐구할 수 있도록 설치된 영역이다. 사물이나 자연에 대한 유아의 호기심을 촉진시키고, 문제해결력과 과학하는 태도를 기르도록 돕는 데 그 가치가 있다. 또한 여러 도구를 적절히 사용하고 과학의 즐거움을 발견하며, 논리적인 사고를 기르고 다른 사람과 의견을 나누므로 사회적인 능력도 도모하게 된다.

과학 영역은 조용하고 햇볕이 잘 드는 안정된 공간에 배치하고 유아의 수집품과 다양한 자료를 전시한다. 과학 영역은 유아의 관찰력, 탐구력, 그리고 과학적인 사고력을 발휘할 수 있도록 직접 관찰, 실험해 볼 수 있게 구성한다. 각종 도구와 자연물, 과학 도서를 비치하고 유아가 관심을 갖는 여러 동물, 식물, 인체탐구를 위한 자료, 다양한 실물 등도 함께 제공한다. 또한 유아들이 수집한 자료들과 집단활동으로 함께 실험했던 자료, 교사가 제작한 자료도 제시한다. 다양한 자료들을 유아의 흥미와 생활주제, 계절 등에 맞추어 제시하되 지속적

그림 6-16
쌓기 영역에서 종이 블록으로
구조물을 만든 유아(만 4세)

인 관찰이 요구되는 동·식물을 계속 제시한다.

교사는 유아가 발견하고자 하는 진지한 태도를 가지고 호기심을 유발할 수 있는 심리적·물리적 환경을 풍부히 제공하며, 유아와의 상호작용 중 유아의 호기심을 자극하고 격려하며 유아의 질문에 대답해 주고 함께 실험하는 활동의 참여자이자 평가자로서의 역할을 수행한다.

■ 쌓기놀이 영역 : 유아들이 가장 매력을 느끼는 인기 있는 영역으로 유아는 준비된 자료로 자신의 경험과 생각을 재구성해 보고 여러 유아와 상호작용하는 가운데 전인적 발달을 이루게 된다. 이 영역에서 유아들은 손으로 적목을 조작하는 과정을 통해 눈과 손의 협응력, 시·지각적 인식, 대·소근육의 협응력 등의 신체발달을 이루게 된다. 유아들이 생활에서 보고, 듣고, 느낀 것의 경험을 재구성해 봄으로써 사람들의 역할, 기능 등에 관한 개념을 분명하게 수립하는 데 있어서도 적목은 효과적인 매개체가 된다.

쌓기놀이는 유아들에게 어떤 것을 사용하여 어떻게 공간 구성을 해야 할 것인가에 대한 구성력, 관찰력, 측정기술, 원인과 결과에 대한 체계적인 사고능력, 부분과 전체의 관계와 수의 많고 적음에 관한 개념 등을 길러 줄 수 있다. 쌓기놀이는 유아의 긍정적인 자아개념과 언어능력발달에도 도움이 된다. 적목을 쌓고 무너뜨리는 과정에서 부정적 정서를 해소하여 정서순화의 매개가 되기도 하며, 여러 유아가 한 가지 목표를 세우고 함께 작업하는 과정에서 유아의 사회성 발달을 촉진하고 사회·과학적 개념을 이해하도록 도움을 주기도 한다.

쌓기놀이 영역은 활동적이고 건조한 곳에 위치하는 것이 좋으며, 주로 역할놀이 영역 옆에 위치하게 된다. 적목을 쌓고 넘어뜨리는 과정의 소음을 줄이기 위해서 부분깔개를 블록장 앞에 깔아 주는 것이 좋고, 쌓기놀이를 할 수 있는 영역은 반드시 충분한 공간을 앞에 마련해 주어야 한다(유아 1, 2명당 약 2.2㎡(2/3 평) 정도, 3~5명당 약 6.6㎡(2평) 정도. 적목을 넣어 두는 장은 문을 닫지 않고 개방식으로 하여서 밑에는 주로 큰 적목을 쌓고 작은 것은 위에 쌓도록 한다. 영역을 재배열하거나 활동의 내용에 따라 움직임이 필요할 때 이동이 쉽도록 교구장 밑에 바퀴를 달아 둔다.

유아의 구성능력 및 자료를 조작하는 능력을 고려하여 다양한 종류의 블록과 소품을 난이도와 생활 주제를 고려하여 제공한다. 한 연령 안에서도 사용 인원, 유아의 흥미, 시간의 경과, 제시 시기에 따라 블록과 소품에 변화를 준다. 자료는 유아가 쉽게 파악하고 정리정돈을 용이하게 하기 위하여 그림이나 사진을 교구장에 붙여 둔다. 또한 유아 자신이 만든 것을 전시할 수 있는 공간을 준비하여 다른 유아들과 작품을 감상하고, 그 구성물로 놀이가 일어날 수 있도록 배려한다.

쌓기놀이 영역에 유닛 블록, 공간 블록, 종이 벽돌 블록, 우레탄 블록(교육부, 1995)과 함께 유아들이 흔히 적목과 함께 사용할 수 있는 조그만 동물이나 사람 인형, 자동차나 배와 같은 운송기관, 교통신호와 표지판, 관련된 책과 화보, 밀거나 끌 수 있는 바퀴달린 놀잇감 등의 보조자료를 같이 주어 놀이를 질적으로 확장할 수 있다. 치우는 시간을 이용하여 유아들에게 모양, 크기 개념을 길러 줄 수 있으므로 모양 등에 따라 일정한 곳에 치울 수 있도록 장 앞에 그 모양을 그려서 붙여 준다.

교사는 놀이가 잘 이루어지도록 여러 가지 방법으로 유도하기도 하며 환경을 안전하게 유지하기 위해 교구를 세심하게 관리, 점검, 배치하고, 유아들과 함께 놀이 규칙을 정한다. 유아의 놀이형태는 발달수준에 따라 다르므로 교사는 놀이의 진행과정을 주의 깊게 관찰하고 놀이의 유도, 촉진방법을 다르게 하며 문제가 발생했을 때는 상황에 적절하게 개입하여 유아들과 함께 상황에 대해 생각하고 토의하는 과정을 통해 문제해결에 도움을 준다.

■ 역할놀이 영역 : 유아가 자신의 경험과 희망, 요구를 바탕으로 주제에 따라 자유롭게 놀이를 구성하면서 내면적 욕구를 표현하고 부정적 감정을 발산하여 정서적인 안정을 찾을 수 있다. 실생활에서 유아가 보고 경험한 다양한 역할을 맡아

그림 6-17 만 3세반의 역할놀이 영역   그림 6-18 역할놀이 영역에서 놀이를 하고
있는 유아(만 5세)

해보면서 여러 가지 경험이나 생각, 느낌을 창조하는 능력과 동시에 지적인 발달이 촉진되는 등 확산적 사고력과 문제해결력이 발달되며 언어 표현력이 증진되고, 정서적인 만족감을 얻게 되며, 창의력과 자아 성취감을 느끼고, 사회·정서적 발달을 이룰 수 있다. 가정을 축소해 놓은 것과 같은 아늑한 분위기를 느끼게 해주며 성인들의 여러 가지 행동을 모방해 볼 수 있는 역할놀이, 상상놀이에 필수적인 곳이다.

역할놀이 영역은 움직임이 많고 활동이 다양하여 동적인 놀이 영역과 인접하여 배치하는 것이 좋다. 특히 쌓기놀이 영역과 가까이 두어 필요하면 언제든지 영역이 통합되어 놀이가 확장될 수 있도록 한다. 장소가 부족한 경우는 쌓기놀이 영역에 함께 배치해도 좋다.

역할놀이 영역은 여러 가지 활동으로 그때그때 상황에 따라 바뀔 수 있다. 가족 중에 아픈 아이가 생겼다는 상상놀이를 하게 될 때는 곧 역할놀이 영역이 병원으로 바뀌고 유아는 의사, 간호사 등의 역할을 맡아 병원놀이를 한다. 시장놀이가 시작되면 가게로 변해서 물건을 진열하고 가게 주인과 물건을 사는 사람 등으로 역할을 바꾼다. 이처럼 역할놀이에는 가정에서 사용하는 일상용품뿐 아니라 유아가 성인의 여러 가지 역할과 행동을 모방할 수 있도록 여러 종류의 직업과 관련된 복장이나 소도구를 마련해 주는 것이 좋다.

부엌가구, 방 안 가구 같은 기본 설비는 유아의 발달단계를 고려하여 사용하기 편리하고 안전한 것으로 준비한다. 유아의 연령이 어릴수록 가정과 같은 분위기를 느낄 수 있도록 구성하고 연령의 증가에 따라 다양한 직업과 사회구성원의 역할을 해볼 수 있도록 변화를 준다. 교구는 초기에는 조금 제시하고 점차 추가한다. 계절과 생활주제에 따라 교구를 바꾸어 주며, 다양한 놀이를 할 수 있도록 생활용품이나 폐품, 교사나 유아가 제작한 것 등을 준비한다.

자료로는 다양한 가구 및 주방용품, 여러 가지의 소품(시계, 신발류, 인형 등), 다양한 역할놀이(가족놀이, 병원놀이, 음식점놀이 등)를 위한 소도구와 역할과 관련된 복장을 준비한다. 교사는 다양한 자료를 제공하며 유아가 다양한 주제와 역할을 개발해 볼 수 있도록 격려한다. 또한 놀이과정을 면밀히 살펴보며 보충되어야 할 자료를 파악하고 놀이를 적절히 격려하기 위한 계획을 세운다.

이 영역의 활동을 통하여 유아들은 여러 가지 직업·사회적 역할을 경험해 보게 되는데, 교사는 이때 상투적인 성별 역할을 장려하지 않도록 주의해야 한다. 교사가 역할을 정해 주거나 이야기를 꾸며 주기보다는 유아 스스로 탐색해 보게 한다. 교사는 역할놀이가 일어나는 상황을 면밀히 관찰하여 그때그때 적절한 자료나 소도구를 공급하고 환경을 조성해 주어야 한다. 따라서 역할놀이 영역에서 요구되는 환경 구성의 자료는 상업적인 것 뿐 아니라 가정이나 주변에서 사용하던 폐품을 모아 사용하는 것이 좋다.

- 미술 영역 : 미술활동은 다양한 자료와 매체를 가지고 감각활동의 즐거움을 경험할 수 있게 한다. 유아는 그림물감, 크레파스, 밀가루 점토, 종이, 상자와 같은 다양한 매체를 가지고 활동하면서 사물의 색·선·형태·질감을 탐색하고, 시각적 구상과 구성활동을 통해 자신의 생각과 느낌을 표현하면서 성취감을 얻고 정서적 긴장감을 해소할 수 있는 기회를 가진다. 또한 그리기, 오리기, 풀칠하기, 색칠하기, 구성하기 등은 눈과 손의 협응과 같은 신체발달을 돕는다. 다양한 자료와 매체의 사용 경험을 통한 시행착오는 유아의 문제해결력 신장에도 도움을 주며, 공동작업은 협동과 양보, 차례 지키기 등의 친사회적 행동을 통한 탈중심화의 기회를 제공한다.

미술활동은 매우 활동적이고 소음이 많다. 주로 실내에서 하는 것으로 생각되나 날씨가 따뜻한 날은 바깥에 마련해 주도록 한다. 작업을 할 수 있는 책상과 의자, 화판, 그림을 그리기 위한 이젤 등이 설치되어야 하며 물감을 흘렸거나 손을 닦을 때 필요한 물을 쉽게 이용할 수 있도록 수도시설이 필요하다. 바닥은 물이나 물감이 흘렀을 때 쉽게 닦을 수 있는 재질로 된 것이 적당하고, 종이수건이

그림 6-19
만 3세반의 미술 영역

나 마른 수건, 스펀지 등을 준비해 두고 수시로 물기를 제거하여 바닥의 물기 때문에 미끄러지지 않도록 해야 한다. 비닐 가운을 가까운 곳에 걸어 두어서 유아 스스로 입고 작업을 마친 뒤에 벗어서 정리할 수 있도록 한다. 완성된 작품을 말릴 수 있는 건조대와 전시 책상 등도 함께 마련해 준다.

여러 명의 유아가 함께 앉을 수 있는 책상과 사용이 간편한 자료장, 작품건조대, 청소용구를 준비한다. 자료장에는 각종 종이(도화지, 색종이 등), 그리기 도구(크레파스, 색연필, 물감 등), 만들기 도구(가위, 풀, 스테이플러 등), 점토놀이 도구(흙, 찍기 틀, 밀대 등), 각종 자료(빨대, 모루, 수수깡, 나뭇가지 등), 재활용 품들(상자, 깡통, 플라스틱 병 등)을 준비한다.

안전을 고려하여 자료를 제시하고, 자료의 상태를 수시로 점검하여 채워 주며, 각 교육주제와 계절을 고려하여 첨삭하는 변화를 준다. 자료들은 학기 초부터 사용법과 관리법을 소개하고, 사용 시 안전하게 사용할 수 있도록 유의한다.

자유선택활동시간을 통한 미술활동에서는 유아가 계획한 활동과 교사가 유아의 흥미와 발달 정도, 계절, 주제 등을 고려하여 계획한 활동을 함께 준비하여 실시한다. 교사는 유아가 작품을 구성하는 과정을 주의 깊게 살펴보고 적절히 도우며 유아의 노력, 생각, 표현의 반영 등에 초점을 맞추어 유아들과 상호작용한다. 유아가 자신의 작품을 소중히 여기도록 하고 유아들의 작품을 전시하여 감상하도록 한 후 유아의 작품은 모아 관찰자료로 수집하거나 유아에게 정리하게 하여 집에 가져가게 한다.

■ 음률 영역 : 음악과 함께 유아가 율동하고 자유롭게 몸을 움직여 볼 수 있다. 음률활동은 유아의 정서적 감정과 감각기능을 발달시키고, 언어와 창의성 및 사회성을 발달시킬 수 있는 기회를 제공한다. 또한 신체 움직임을 통해 신체운동조절능력을 기르고 공간과 신체와의 관계를 인식할 수 있게 한다.

음률 영역에는 마룻바닥이나 카펫을 까는 것이 좋으며 유아가 소리를 정확히 변별할 수 있으면서도 소음이 다른 인접 영역을 방해하지 않도록 쌓기놀이 영역이나 역할놀이 영역 가까이에 배치한다. 이때 피아노나 선반 등으로 자연스럽게 영역을 구분 짓도록 한다. 유아가 자유롭게 신체활동을 할 수 있도록 충분한 공간이 허용되어야 하며, 움직이는 자신의 모습을 볼 수 있도록 벽에 큰 거울을 붙여 주는 것도 좋다. 악기장을 마련해 주고 악기 그림이나 악기의 윤곽을 그려 붙여 주어 유아 스스로 사용한 후에 쉽게 정돈할 수 있도록 해야 한다.

악기로는 리듬악기(탬버린, 트라이앵글 등), 멜로디 악기(실로폰, 피아노 등), 전통악기, 생활용품으로 만든 악기(곡식 마라카스, 방울 악기 등) 등을 제시하고 짧은 시간 감상할 수 있는 다양한 음악 테이프, 관련 음악책과 녹음기, 안락한 의자 등을 준비한다. 리본 막대나 스카프 등의 소품을 제공하여 창의적인 신체표현활동을 격려하며 벽면에는 악기를 연주하거나 동작을 표현한 그림자료를 붙여 준다. 교사는 유아들의 활동이 더 활발하고 창의적으로 진행될 수 있도록 도울 뿐 아니라 필요한 사회적 습관을 갖도록 지도한다.

■ 물·모래놀이 영역 : 촉각적 자극을 통한 감각 경험을 제공하여 유아의 신체발달과 사회·정서·언어·인지발달을 촉진하며 여러 가지 수학적 개념과 과학적 지식을 습득하게 한다. 다양한 탐색활동은 유아의 창의력과 문제해결력 발

그림 6-20
실내 물·모래놀이 영역에서 곡식놀이를
하고 있는 유아(만 3세)

달에도 도움을 주게 된다.

물·모래놀이 영역은 실내와 실외에 모두 설치해 줄 수 있는 영역이다. 물놀이는 실내에 설치할 경우 커다란 양동이를 사용하거나 플라스틱으로 만든 통을 이용하고, 물을 쉽게 이용할 수 있도록 수도시설이 가까운 곳에 배치하고 물을 잘 갈아줄 수 있게 한다. 모래놀이에서 사용하는 모래는 곱고 이물질이 섞이지 않은 것이어야 한다. 물놀이·모래놀이 영역은 되도록 통행이 많은 곳을 피하고 흐른 물이나 모래를 쉽게 치울 수 있도록 깔개를 깐다. 작업복과 함께 수건이나 빗자루, 쓰레받이를 준비한다.

물이나 모래뿐 아니라 여러 가지 용기와 측정 도구 등 다양한 놀이 기구를 함께 준비해 준다. 처음에는 간단한 물놀이·모래놀이 기구를 주고 나중에는 여러 가지 물체, 계량컵 등의 다양한 기구를 준다. 물이나 모래 대신에 다양한 감각을 경험할 수 있는 낙엽, 진흙, 눈, 스티로폼 조각, 톱밥, 쌀, 곡식 등을 갈아넣어 주어 무게를 달아보고, 만져보고, 종이로 만든 길고 가느다란 통 등을 이용해서 집어넣어 보게도 한다. 이와 같이 물·모래놀이 영역의 테이블은 반드시 물과 모래만을 사용해야 되는 것이 아니며, 통 위를 널빤지로 덮어서 그 위를 테이블로 이용할 수도 있다.

실내의 물·모래놀이는 필요에 따라 간헐적으로 제시되므로 교사는 시기와 방법을 결정하여 제시하고 철저한 계획하에 유아들이 즐겁게 놀이하고 스스로 정리정돈하는 환경을 제공한다. 또한 놀이의 주제에 따라 관련되는 책, 화보 등을 제시하여 유아들의 놀이가 보다 풍부해지도록 돕는다.

■ 목공놀이 영역 : 유아교육기관에서 소홀히 하기 쉬운 영역이나 유아들에게 많은 관심과 흥미를 유발할 수 있는 영역이다. 무거운 망치, 톱, 못 등의 사용이 위험한 것이라고 논의되어 이제는 많은 경우 유아교육기관에서 찾아보기 힘들게 되었으나 목공놀이 영역의 도구를 유아에게 맞게 계획 운영한다면 그 효율성을 높일 수 있다. 목공놀이 영역에서 다양한 물체의 물리적 특성과 차이점을 탐색하면서 유아는 물체의 부분과 전체의 관계, 공간관계, 원인과 결과의 관계를 이해할 수 있다. 목공놀이는 감각기능의 발달과 대·소근육발달, 눈과 손의 협응력을 키워줄 뿐 아니라 정서발달을 촉진시키고 창의성과 문제해결력, 긍정적인 자아개념과 사회성 발달에도 도움을 준다.

목공놀이 영역은 활동적인 곳에 배치하는 것이 좋고 목공활동에서 생기는 소음이 다른 활동에 방해가 되지 않도록 한다. 특히 안전을 위해 통행이 복잡하지 않아야 한다. 목공놀이과정에서 발생할 수 있는 안전사고를 예방하기 위해 항상 교사나 보조 교사가 지키도록 하고, 보안용 안경을 쓰게 하여 눈을 보호하게 해 주는 것이 좋다. 목공놀이는 항상 설치해 두기보다는 유아의 흥미와 교육 내용에 따라 그때그때 설치·운영되도록 한다.

목공놀이 영역에는 3~5명 정도의 유아가 함께 작업할 수 있는 튼튼한 테이블, 자료를 정리할 나무 선반이나 서랍장이 필요하다. 초기에는 나무를 사용하는 것이 힘들기 때문에 스티로폼 조각에 못으로 망치질을 하게 하면 쉽게 놀이를 할 수 있다. 스티로폼에 원으로 오린 고무조각을 바퀴로 달아 자동차를 만들어 볼 수도 있다. 유아의 연령이 증가함에 따라 다양한 연장과 보조자료, 활동과정을 설명하는 카드, 측정과 설계에 필요한 도구와 필기구 등을 첨가해 준다.

교사는 목공놀이가 시작되기 전에 올바른 인식을 고취시키고 유의해야 할 규칙을 유아들과 정한다. 목공놀이는 위험성이 많으므로 교사나 보조 교사 등 성인의 입회하에 진행하고 연장은 안전한 것으로 준비하며 만든 작품들을 전시하여 성취감을 느낄 수 있도록 배려한다.

■ 컴퓨터 영역 : 바람직한 컴퓨터 사용과정을 통해 문제해결력, 원만한 의사소통 능력발달과 유아들 간의 협동이 자연스럽게 이루어진다. 또한 컴퓨터 활동은 유아의 인지발달, 언어, 수학적 능력 및 사회·정서적 발달에 긍정적인 영향을 줄 수 있다. 따라서 유아들 간의 상호작용이 일어나도록 공간을 구성하고 유아의 능동적 활동과 창의성, 상호작용을 유발하는 소프트웨어를 제공한다.

컴퓨터 영역은 전원을 위해 콘센트가 있는 벽면을 중심으로 조용한 영역과 소음이 많은 영역의 중간에 배치하도록 한다. 기계가 햇빛의 반사, 추위, 열 등을 피할 수 있어야 하며, 이동을 위한 바퀴를 설치하는 것이 좋다. 약 30~45도 각도로 2대의 컴퓨터를 배치하고, 컴퓨터 1대에 2, 3개의 의자를 준비하여 유아가 개별적으로 혹은 2, 3명이 상호작용하면서 이용할 수 있도록 반원형으로 배치한다. 컴퓨터는 일반 개인용 컴퓨터 외에 유아용 '미디어 활용 매체' 등을 제시하고 스토리웨어(storyware)나 CD-ROM은 난이도와 주제, 유아의 흥미를 고려한 개방적인 것을 제시한다.

컴퓨터 영역에서 프린터를 통해 즉각적인 상호작용을 할 수 있도록 하고, 유아가 즐길 수 있는 좋은 소프트웨어를 구비하여야 한다. 교사는 유아들이 한글 프로그램 및 인터넷까지도 관심에 따라 탐색해 나가는 능력을 기를 수 있도록 돕고 좋은 소프트웨어를 선정, 제시하며 유아들의 활동이 원활히 진행되도록 돕는다. 또한 컴퓨터를 조작하는 순서와 방법을 그림과 함께 제시한 설명자료를 벽면에 게시해 둔다.

- 요리 영역 : 유아들이 직접 음식을 씻고 자르고 섞고 휘저어 보는 활동을 통해 손과 눈의 협응력과 소근육발달이 촉진되고, 여러 가지 음식을 냄새 맡고 맛보는 과정에서 감각기관을 활발히 사용하게 된다. 요리에 필요한 재료와 양을 측정하고 순서에 따라 요리활동을 하면서 물리적 지식과 수 개념을 습득하게 되며, 요리과정을 함께 계획하고 토의하면서 언어발달이 촉진되고 역할분배와 협동하기 등의 긍정적 사회관계도 경험하게 된다.

  요리 영역을 다른 영역과 분리하여 독립적으로 배치할 때에는 싱크대나 수도시설이 가까운 곳에 두도록 하고, 필요한 도구를 사용하고 운반대나 조리대를 이용할 때 동선이 줄어들 수 있도록 배려한다. 역할놀이, 과학 영역 등과 연결하여 배치하는 것이 좋고, 독립된 영역을 따로 두기 어려울 때에는 책상에 비닐 등의 덮개를 덮어 필요할 때마다 융통성 있게 쓸 수 있도록 한다. 특히 물이나 음식 부스러기를 쉽게 치울 수 있게 하여 위생적인 환경을 유지하여야 한다.

- 식사/낮잠이나 휴식하는 곳 : 유아가 올바른 식습관을 형성하고 적절한 휴식을 통해 생활의 리듬을 찾아 건강한 생활을 할 수 있도록 돕는다. 식탁과 식기는 유아의 신체에 적절한 크기여야 하며, 자신이 먹을 수 있는 적당한 양을 유아 스스로 준비하고 먹고 난 식사 도구를 정리할 수 있도록 한다.

  낮잠이나 휴식을 위한 공간은 놀이 공간과 분리하고 침구는 폐쇄된 정리장에 보관하는 것이 좋지만, 장소가 협소한 경우에는 활동실 내에 장소를 마련하고 설치와 정리가 편리하도록 접을 수 있는 간이침대를 이용한다. 특히 정기적으로 침구를 세탁하고 일광 처리하여 위생관리에 유의한다. 잠자는 곳은 조명을 조절할 수 있는 커튼이 필요하며 화장실 가까이 배치하도록 한다.

- 대근육활동 영역 : 대근육활동은 실외 놀이장이나 실내의 대근육활동실에서 주로 이루어진다. 대근육활동 영역에서 유아들은 신체와 운동능력을 발달시키고, 위험대처능력과 공간 개념이 향상하며, 다른 유아들과 사회적 경험을 하게 되고, 자신감과 성취감을 얻어 긍정적인 자아개념이 형성된다.

학급 내에 대근육활동 영역을 제공할 때는 동적 영역에 설치하고, 환기가 잘
되며 바닥이 미끄럽지 않아야 한다. 교사는 학급 유아들의 발달수준과 성향을
고려하여 철저한 계획을 세워 공간과 자료를 준비한다. 자료는 계절, 생활주제
등을 고려하여 교실 공간의 크기와 유아의 흥미에 따라 1~2개 정도 준비하고
교체해 준다. 어린 연령의 유아에게는 복합적인 놀이 기구와 공간을 제공하며,

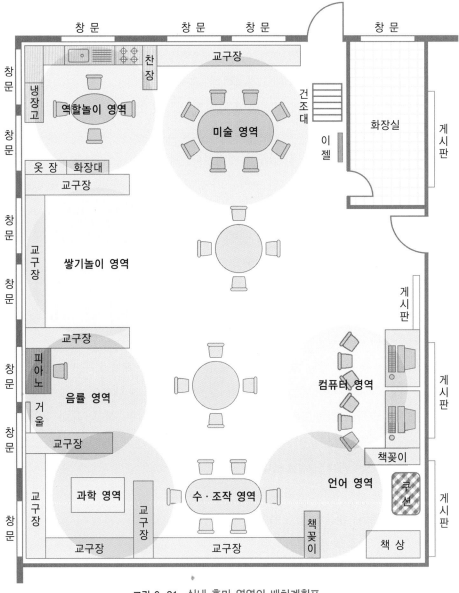

그림 6-21 실내 흥미 영역의 배치계획표

안전을 고려하여 놀이기구의 복잡성이나 크기를 조절한다.

대근육활동 기구는 작은 이동 기구가 적합하며, 재질은 나무, 플라스틱 등이 많이 사용된다. 평균대, 터널, 밀고 당기는 놀이 기구, 낮은 오르기 기구, 소형 흔들 배, 미끄럼틀, 공, 매트 등이 있다.

교사는 유아의 신체발달수준의 차이를 고려하여 활동계획을 세우고, 유아의 발달수준과 놀이 경험에 따라 단계적으로 지도하며, 유아를 관찰하여 적절하게 개입하고 서로 협동하는 경험을 하도록 하며 유아의 안전을 위하여 놀이 규칙을 잘 지키도록 지도한다. 이상과 같은 흥미 영역의 배치를 정리해 보면 그림 6-21과 같다(Spodek et al., 1991).

유아교육의 학습활동은 위에서 설명된 바와 같이 흥미 영역으로 구성된다. 따라서 교실도 반드시 흥미 영역으로 구분되어야 하며 경우에 따라서 흥미 영역을 다양하게 변화시킬 수 있다. 그러나 기본적인 영역, 예를 들면 쌓기놀이 영역, 언어 영역, 역할놀이 영역 등은 필수적으로 계속 조성해 주어야 한다. 이와 같이 흥미 영역을 중심으로 한 교실환경 조직은 유아의 활동·탐색·교육 내용을 중심으로 하여 유동적인 교육과정을 운영하게 한다.

흥미 영역에서 가장 중요한 것은 상호의사소통의 문제라고 할 수 있다. 교사는 자연스럽게 유아를 흥미 영역으로 유도하고 흥미에 따라서 여러 가지 활동을 시도해 보도록 한다. 이때 교사와 유아는 함께 각 영역에서 이루어져야 할 규칙을 정하고 지키도록 한다. 유아들이 학습을 진행해 나가는 동안 교사는 유아를 방관하는 것이 아니라 적극적으로 돕는 역할을 해야 한다. 즉, 유아의 말과 행동을 관찰하고 다양한 활동을 할 수 있도록 격려한다.

② 실외 놀이 영역

실외 놀이가 실내 놀이와 다른 가장 주된 차이는 소근육활동이나 상징활동뿐 아니라 신체 전반의 활동을 강조한다는 것이다. 실외의 공간과 적당한 시설은 유아의 활동 영역을 넓혀 주며, 유아가 실내에서의 계속적인 집중으로 인해 가지게 된 긴장과 억압으로부터 해방감을 느낄 수 있게 돕는다. 또한 훌륭한 실외시설은 놀이와 사회화를 격려해 준다.

공간의 효과적인 활용을 위해서는 실외 공간을 놀이활동 구역별로 구분하여 계획하는 것이 필요한데, 실외 공간도 실내 공간과 마찬가지로 동적 활동 영역과 정적 활

그림 6-22
실외 대근육활동을 위한
종합놀이시설

동 영역으로 구분할 수 있다. 실외에서 두 활동 간에 분명한 구분을 하기는 어려우나 대근육활동이 포함될 때, 이를 동적인 활동으로 분류할 수 있다. 실외 공간을 구성할 때 전체 실외 공간 크기의 약 1/3은 정적 활동 영역으로 배당하고 그 나머지 영역은 테라스와 동적 활동 영역으로 배당해야 한다. 정적 활동을 위한 공간은 뜨거운 햇빛, 심한 바람을 피할 수 있어야 하고, 동적 활동 영역과 떨어지도록 배치하여 활동이 방해받지 않도록 한다. 이를 위해 정적 활동 영역 근처에 낮은 관목을 심어 경계를 만들어 주면 효과적이다.

또한 정적 활동 영역으로 유원장 구석이나 나무 그늘 또는 유아가 들어갈 수 있는 큰 상자들을 준비하여 유아가 혼자 있거나 조용한 놀이를 하고 싶을 때 사용할 수 있도록 해준다. 동적 활동 영역은 바퀴가 달린 장난감을 사용할 수 있는 공간과 오르기, 미끄럼, 흔들기, 밀기, 달리기 등을 할 수 있는 공간을 포함하며, 동적 활동을 위한 시설로는 세발자전거 등의 탈 것과 미끄럼틀, 그네, 철봉 등의 고정시설이 필요하다.

미끄럼틀, 그네, 철봉, 종합 유구, 모래놀이 장소 등의 고정시설은 한번 설치하면 이동이나 개조가 곤란하므로 설치 시 다음의 관점에서 충분히 검토해 보아야 한다.

- 유아의 운동 기능을 골고루 발달시키도록 되어 있는가?
- 안전 · 지도 · 관리 면에서 적당한가?
- 설치장소가 다른 시설과의 관계 또는 고정시설과의 상호관계는 적당한가?
- 유아의 발달특징을 고려한 것인가?

- 유아의 연령 구성에 맞는 시설을 선택했는가?
- 고정시설의 종류 및 선택에 교육방침이 고려되어 있는가?

유원장을 효과적으로 구성하기 위해서는 이상과 같은 공간의 효율적인 활용의 문제 외에 시설이 한 곳으로 밀집되는 것을 피하는 방법도 중요하게 고려하여야 한다. 놀이시설을 분리시켜 설치해야 하는 이유는 놀이시설 및 기구들이 너무 가까이 배치되면 유아들의 움직임이 부자유스럽게 되고 그네, 로프, 시소, 바퀴 달린 탈 것 등의 경우에는 가까이에서 노는 유아들에게 위험 요인이 될 수 있기 때문이다. 또한 비슷한 종류의 설비를 실외 공간 전체에 분산시켜 놓는 것은 유아들의 경쟁심을 줄이고 유아들이 다른 영역으로 옮겨가는 동안 좀더 다른 대조적인 활동을 해볼 수 있으므로 효과적이다.

시설의 밀집을 막기 위한 한 가지 방법은 커다란 고정시설을 주요 왕래 지역에서 벗어난 유원장 외곽 지역에 설치하는 것이다. 이 방법은 시설물의 중복을 방지해 줄 뿐 아니라 놀이의 감독을 쉽게 해주고 달리기나 집단활동에 필요한 개방된 공간을 제공해 주는 효과도 있다.

실외 놀이 공간 구성에 있어서 통로(path)의 배치 또한 중요하게 고려해야 한다. 통로란 사람이 한 장소에서 다른 장소로 이동할 때 통과하는 바닥이나 땅 위의 빈 공간을 말하는 것으로, 통로가 분명히 구분되어 있지 않으면 유아들은 서로 부딪치게 되고 빈 공간이 있어도 마음대로 이동할 수 없어 유아의 놀이활동에 장애 요인이 될 수 있다. 그러므로 시설물들 간의 거리가 너무 멀지는 않더라도 통로는 반드시 있어야 한다.

결과적으로 실외 놀이 공간 구성에 있어서의 기본 원리는 정적인 영역과 동적인 영역, 통로에 대한 고려라고 할 수 있다. 그 밖에도 실외 놀이 공간을 계획할 때 다음과 같은 점을 함께 고려하도록 한다.

- 그룹의 크기나 연령에 따라 적당한 공간을 제공한다. 실외 놀이 공간은 울타리나 담장으로 둘러싸이도록 하며, 거리의 혼잡으로부터 안전하게 하는 동시에 교사의 감독이 쉽게 이루어질 수 있어야 한다.
- 사용할 수 있는 실외 공간의 크기가 제한되어 있을 경우에는 하루 중 실외 공간 사용시간을 서로 다르게 계획하여 한번에 적은 유아들이 유원장을 사용할 수 있도록 고려한다.

- 인근의 공원이나 학교 또는 그 밖의 놀이 공간을 이용하여 선택 공간을 넓혀 주도록 한다.
- 각 코너와 구석의 사용가능성을 계획 · 평가하며, 다목적시설을 구입 · 제작함으로써 공간을 효과적으로 사용한다. 그 중 놀이 공간의 1/3 정도는 자연적인 땅으로 둔다. 균형된 경험을 할 수 있도록 단단하거나 부드러운 바닥, 경사지거나 편평한 지역 등을 고루 배치하고 높은 곳과 낮은 곳의 비율이 알맞아야 한다.
- 남아 있는 시설과 부속물, 그리고 계절별 활동에 필요한 도구를 두기 위한 창고가 있어야 한다. 창고 위쪽에 편평한 지붕과 탄탄한 난간이 있을 경우, 이곳도 놀이 영역으로 사용될 수 있으므로 사다리, 계단 등을 추가해 준다.
- 실외 놀이공간은 교실, 화장실, 사물함과 접근하기 쉽도록 계획한다.
- 기후 · 풍토에 대비하여 그늘이 있어야 하고 바람막이 등을 세운다.
- 개방된 영역, 시설이 설비된 영역, 개인이나 집단이 사용할 수 있는 격리된 공간 등을 마련한다.
- 날씨가 허락할 때는 실내 흥미 영역의 일부를 실외 영역으로 이동한다.

이상의 원리들을 기초로 하여 실외 놀이 공간을 활동 영역별로 정리해 보면 다음과 같이 구성할 수 있다(교육부, 2000).

- 운동놀이 영역 : 활동적인 놀이 영역으로 가지가 낮게 달린 나무, 진흙더미 아래에 있는 원통형의 커다란 시멘트 터널, 모래나 나무 톱밥 속에 들어 있는 나무줄기나 통나무, 안으로 기어 들어갈 수 있는 작은 참호, 혼자 탈 수 있는 그네, 다양한 길이로 자른 통나무나 전신주로 만든 오르기 시설 등이 포함된다. 다른 영역보다 공간을 많이 차지하므로 다른 영역과의 조화를 고려하고, 조용한 영역과 떨어지도록 배치한다. 특히 놀이를 통해 사회적 상호작용과 협동놀이(우리 집에 왜 왔니, 대문놀이, 여우야 여우야 등)가 잘 일어날 수 있도록 격려한다.
- 역할놀이 영역 : 이 영역은 모래 영역과 가깝고 그늘진 곳에 배치하며, 작은 놀이집이나 의자를 마련하여 극화놀이가 확장될 수 있도록 한다. 실내 흥미 영역에서와 같이 주제와 관련된 다양한 도구와 의상을 함께 준비해 주는 것이 좋다.
- 자연탐구 및 관찰 영역 : 이 영역은 다양한 동 · 식물환경 속에서 물체의 성질에 흥미를 가지고 자연의 변화를 보고, 만지고, 듣고, 느끼는 과정을 통해 유아의 정서발달 및 인지발달에 긍정적인 영향을 주게 된다. 특히 동물 사육장은 햇빛

이 잘 들고 바람이 잘 통하며 배수가 잘 되고 물과 사료 공급이 쉬운 곳에 설치한다. 식물 기르기 영역은 유아들이 직접 가꿀 수 있는 화단을 만들고, 유실수와 꽃나무를 계절별로 적절히 안배하여 사계절 내내 꽃과 열매를 관찰할 수 있도록 하는 것이 좋다.

- 작업 영역 : 이 영역에서 유아는 실외에서 접할 수 있는 다양한 환경의 특성을 통해 다양한 주제와 활동으로 놀이를 확장해 간다. 그림을 그릴 수 있는 재료와 다양한 크기의 적목, 작업용 테이블과 목공놀이 기구를 마련해 준다.

- 물・모래놀이 영역 : 수도시설이 가까운 곳에 모래상자나 사방이 둘러싸인 모래더미, 진흙놀이나 구성놀이 등을 할 수 있는 진흙 구역을 이용한다. 햇빛이 비치고 그늘도 있는 곳에 배치하며, 강한 햇빛을 차단할 수 있는 지붕이나 차양을 설치한다. 실외 유원장이 넓은 경우에는 모래놀이 영역을 두 곳에 두어 연령과 활동 종류에 따라 사용하게 하는 것이 효과적이다. 모래가 유실되는 것을 막기 위해 모래밭 가장자리에 고무판을 대거나 곽을 짜주고, 유실되는 모래는 1년에 1, 2회 보충해 준다. 모래를 사용하지 않을 때는 뚜껑을 덮어 잡다한 물질이 들어가지 못하도록 한다. 실내 흥미 영역에서와 같이 물・모래놀이를 할 수 있는 다양한 보조자료를 함께 제공한다.

- 이동 구역(실내에서 실외로) : 통로는 넓은 곡선의 길을 만들어 주위를 돌 수 있게 하고, 집단놀이를 할 수 있도록 하며, 혼잡을 방지하도록 한다. 가능하다면 비탈이나 언덕을 두어 변화를 주도록 한다.

- 보관창고 : 남아 있는 놀이 기구를 정리하고 시기에 따라 놀이 기구를 바꿀 수 있도록 보관하는 창고가 필요하다. 창고는 물이 괴지 않도록 약간 경사진 곳에 위치하는 것이 좋고 딱딱한 바닥이 가까운 곳이어야 한다. 그리고 여러 가지 놀이 기구를 정리할 수 있는 선반이 필요하다.

- 편평하고 개방된 공간 : 실외 유원장에는 놀이시설이 배치되지 않은 넓은 공간이 필요하다. 이 영역에서 개인・소집단활동이나 게임을 할 수 있으며, 교육의 주제와 계절을 고려하여 실외 이동 기구를 첨가할 수 있다.

- 조용한 공간 : 다양한 크기나 색깔의 나무, 관목, 포도 덩굴 등을 사용하여 정적 활동을 할 수 있는 영역을 마련한다. 테라스를 설치한다든지 텐트나 비치파라솔 등의 임시시설 사용이나 잔디밭이나 앉을 수 있는 자리, 돗자리, 혼자 놀이할 수 있는 공간 마련도 고려한다.

그림 6-23
실외 물·모래놀이 영역에서
교실에서 가져온 콩을 심고
있는 유아들

 실내·외 환경은 물리적인 차원뿐 아니라 인적·심리적 차원도 함께 고려하여 구성해야 한다. 특히 종일제의 경우 오랜 시간을 기관에서 보내야 하므로 어린 유아를 위한 온수시설, 낮잠이나 휴식을 위한 커튼이나 조명 등을 고려해야 한다. 환경 구성에 있어서 무엇보다 우선되어야 하는 것은 청결하고 안정된 분위기이며, 유아와 함께 활동하면서 환경을 변화시키고 재구성해 가는 질적인 상호작용이 일어날 수 있도록 하는 것이 중요하다.

토의문제

1. 일과를 계획하기 위한 기본원리와 고려사항은 무엇인가?
2. 환경구성의 유형과 구성의 계획원리를 토의해 본다.
3. 유치원, 어린이집을 방문하여 환경구성이 구성원리에 따라 이루어지고 있는지 알아보고, 만일 잘 이루어지고 있지 않다면 그 원인이 무엇인지 알아본다.
4. 일과 계획표의 연령별, 시간별, 유형별 차이점에 대해 토의해 본다.
5. 유치원, 어린이집을 방문하여 환경구성이 어떻게 되어 있는지 그려 본다.
6. 만 3~5세의 실내 흥미 영역의 종류와 각 영역의 특징을 분석해 보고, 이것이 영아교육기관과 어떻게 다른지 토의해 본다.

부 록

3~5세 연령별
누리과정

부록
01

제 1 장 누리과정의 총론

Ⅰ. 구성 방향

누리과정의 구성 방향은 다음과 같다.

1. 질서, 배려, 협력 등 기본생활습관과 바른 인성을 기르는 데 중점을 두어 구성한다.
2. 자율성과 창의성을 기르는 데 중점을 두고, 전인발달을 이루도록 구성한다.
3. 사람과 자연을 존중하고, 우리 문화를 이해하는 데 중점을 두어 구성한다.
4. 만 3~5세아의 발달 특성을 고려하여 연령별로 구성한다.
5. 신체운동 · 건강, 의사소통, 사회관계, 예술경험, 자연탐구의 5개 영역을 중심으로 구성한다.
6. 초등학교 교육과정과 0~2세 표준보육과정과의 연계성을 고려하여 구성한다.

Ⅱ. 목적과 목표

1. 목적

누리과정은 만 3~5세 유아의 심신의 건강과 조화로운 발달을 도와 민주시민의 기초를 형성하는 것을 목적으로 한다.

2. 목표

가. 기본 운동 능력과 건강하고 안전한 생활 습관을 기른다.

나. 일상생활에 필요한 의사소통 능력과 바른 언어 사용 습관을 기른다.

다. 자신을 존중하고 다른 사람과 더불어 생활하는 능력과 태도를 기른다.

라. 아름다움에 관심을 가지고 예술 경험을 즐기며, 창의적으로 표현하는 능력을 기른다.

마. 호기심을 가지고 주변세계를 탐구하며, 일상생활에서 수학적·과학적으로 생각하는 능력과 태도를 기른다.

Ⅲ. 편성과 운영

1. 편성

가. 1일 3~5시간을 기준으로 편성한다.

나. 5개 영역의 내용을 균형 있게 통합적으로 편성한다.

다. 유아의 발달 특성 및 경험을 고려하여 놀이를 중심으로 편성한다.

라. 반(학급) 특성에 따라 융통성 있게 편성한다.

마. 성별, 종교, 신체적 특성, 가족 및 민족 배경 등으로 인한 편견이 없도록 편성한다.

바. 일과 운영 시간에 따라 심화 확장할 수 있도록 편성한다.

2. 운영

가. 연간, 월간, 주간, 일일 계획에 의거하여 운영한다.

나. 실내·외 환경을 다양한 흥미 영역으로 구성하여 운영한다.

다. 유아의 능력과 장애정도에 따라 조정하여 운영한다.

라. 부모와 각 기관의 실정에 따라 부모교육을 실시한다.

마. 가정과 지역사회와의 협력과 참여에 기반하여 운영한다.

바. 교사 재교육을 통해서 누리과정 활동이 개선되도록 운영한다.

3. 교수·학습 방법

가. 놀이를 중심으로 교수·학습활동이 이루어지도록 한다.

나. 유아의 흥미를 중심으로 활동을 선택하고 지속할 수 있도록 한다.

다. 유아의 생활 속 경험을 소재로 하여 지식, 기능, 태도 및 가치를 습득하도록 한다.

라. 유아와 교사, 유아와 유아, 유아와 환경 간에 능동적인 상호작용이 이루어지도록 한다.

마. 주제를 중심으로 여러 활동이 통합적으로 이루어지도록 한다.

바. 실내·실외활동, 정적·동적활동, 대·소집단활동 및 개별활동, 휴식 등이 균형 있게 이

루어지도록 한다.

사. 유아의 관심과 흥미, 발달이나 환경 특성 등을 고려하여 개별 유아에게 적합한 방식으로 학습하도록 한다.

4. 평가

가. 누리과정 운영 평가

(1) 운영 내용이 누리과정의 목표와 내용에 근거하여 편성·운영되었는지 평가한다.

(2) 운영 내용 및 활동이 유아의 발달수준과 흥미·요구에 적합한지를 평가한다.

(3) 교수·학습 방법이 유아의 흥미와 활동의 특성에 적합한지를 평가한다.

(4) 운영 환경이 유아의 발달특성과 활동의 주제, 내용 및 효율성 등을 고려하여 구성되었는지를 평가한다.

(5) 계획안 분석, 수업 참관 및 모니터링, 평가척도 등 다양한 방법을 활용하여 평가한다.

(6) 운영 평가의 결과를 반영하여 운영계획을 수정·보완하거나 이후 누리과정 편성·운영에 활용한다.

나. 유아 평가

(1) 누리과정 목표와 내용에 근거하여 유아의 특성과 변화 정도를 평가한다.

(2) 유아의 지식, 기능, 태도를 포함하여 평가한다.

(3) 유아의 일상생활과 누리과정 활동 전반에 걸쳐 평가한다.

(4) 관찰, 활동 결과물 분석, 부모면담 등 다양한 방법을 사용하여 종합적으로 평가하고, 그 결과를 기록한다.

(5) 유아평가 결과는 유아에 대한 이해와 누리과정 운영 개선 및 부모 면담 자료로 활용할 수 있다.

제 2 장 연령별 누리과정

제1절. 3~5세 누리과정의 영역별 목표

Ⅰ. 신체운동 · 건강

기본 운동 능력과 건강하고 안전한 생활 습관을 기른다.

1. 감각 능력을 기르고, 자신의 신체를 긍정적으로 인식한다.

2. 신체를 조절하고 기본 운동 능력을 기른다.

3. 신체 활동에 즐겁게 참여한다.

4. 건강한 생활 습관을 기른다.

5. 안전한 생활 습관을 기른다.

Ⅱ. 의사소통

일상생활에 필요한 의사소통 능력과 바른 언어 사용 습관을 기른다.

1. 다른 사람의 말을 주의 깊게 듣는 태도와 이해하는 능력을 기른다.

2. 자신의 생각과 느낌을 말하는 능력을 기른다.

3. 글자와 책에 친숙해지는 경험을 통하여 글자 모양을 인식하고 읽기에 흥미를 가진다.

4. 말과 글의 관계를 알고 자신의 생각, 느낌, 경험을 글로 표현하는 데 관심을 가진다.

Ⅲ. 사회관계

자신을 존중하고 다른 사람과 더불어 생활하는 능력과 태도를 기른다.

1. 자신을 소중히 여기며 자율성을 기른다.

2. 자신과 타인의 감정을 알고, 자신의 감정을 적절하게 표현하고 조절한다.

3. 가족과 화목하게 지내며 서로 협력한다.

4. 친구, 공동체 구성원들과 서로 돕고, 예의·규칙 등 사회적 가치를 알고 지킨다.

5. 우리 동네, 우리나라, 다른 나라에 관심을 가진다.

Ⅳ. 예술경험

아름다움에 관심을 가지고 예술 경험을 즐기며, 창의적으로 표현하는 능력을 기른다.

1. 자연과 주변 환경에서 발견한 아름다움과 예술적 요소에 관심을 갖고 탐색한다.

2. 자신의 생각과 느낌을 음악, 움직임과 춤, 미술, 극놀이를 통해 창의적으로 표현하는 것을 즐긴다.

3. 자연과 다양한 예술 작품을 감상하며, 풍부한 감성과 심미적 태도를 기른다.

V. 자연탐구

호기심을 가지고 주변세계를 탐구하며, 일상생활에서 수학적·과학적으로 생각하는 능력과 태도를 기른다.

1. 주변의 사물과 자연 세계에 대해 알고자 하는 호기심을 가지고 탐구하는 태도를 기른다.
2. 생활 속의 여러 상황과 문제를 논리·수학적으로 이해하고 해결하기 위한 기초 능력을 기른다.
3. 주변의 관심 있는 사물과 생명체 및 자연현상을 탐구하기 위한 기초능력을 기른다.

제2절. 3~5세 누리과정의 영역별 내용

Ⅰ. 3세 누리과정

1. 신체운동·건강

가. 내용체계

내용 범주	내용
신체인식하기	감각능력 기르고 활용하기
	신체를 인식하고 움직이기
신체 조절과 기본 운동하기	신체 조절하기
	기본 운동하기
신체 활동에 참여하기	자발적으로 신체 활동에 참여하기
	바깥에서 신체 활동하기
	기구를 이용하여 신체 활동하기
건강하게 생활하기	몸과 주변을 깨끗이하기
	바른 식생활하기
	건강한 일상생활하기
	질병 예방하기
안전하게 생활하기	안전하게 놀이하기
	교통안전 규칙 지키기
	비상 시 적절히 대처하기

나. 세부내용

내용 범주	내용	세부 내용
신체 인식하기	감각능력 기르고 활용하기	감각적 차이를 경험한다.
		감각기관을 인식하고, 활용해 본다.
	신체를 인식하고 움직이기	신체 각 부분의 명칭을 알고, 움직임에 관심을 갖는다.
		자신의 신체를 긍정적으로 인식하고 움직인다.
신체 조절과 기본 운동하기	신체 조절하기	신체균형을 유지해본다.
		공간, 힘, 시간 등의 움직임 요소를 경험한다.
		신체 각 부분의 움직임을 조절해 본다.
		눈과 손을 협응하여 소근육을 조절해 본다.
	기본 운동하기	걷기, 달리기 등 이동운동을 한다.
		제자리에서 몸을 움직여 본다.
신체 활동에 참여하기	자발적으로 신체 활동에 참여하기	신체 활동에 자발적으로 참여한다.
		다른 사람과 함께 하는 신체 활동에 참여한다.
	바깥에서 신체 활동하기	규칙적으로 바깥에서 신체 활동을 한다.
	기구를 이용하여 신체 활동하기	여러 가지 기구를 이용하여 신체 활동을 한다.
건강하게 생활하기	몸과 주변을 깨끗이하기	손과 이를 깨끗이 하는 방법을 알고 실천한다.
		주변을 깨끗이 한다.
	바른 식생활하기	음식을 골고루 먹는다.
		몸에 좋은 음식에 관심을 갖는다.
		바른 태도로 식사한다.
	건강한 일상생활하기	규칙적으로 잠을 자고, 적당한 휴식을 취한다.
		하루 일과에 즐겁게 참여한다.
		스스로 화장실에서 배변한다.
	질병 예방하기	질병의 위험을 알고 주의한다.
		날씨에 맞게 옷을 입는다.
안전하게 생활하기	안전하게 놀이하기	놀이기구나 놀잇감, 도구를 안전하게 사용한다.
		안전한 놀이장소를 안다.
		TV, 인터넷, 통신기기 등을 바르게 사용한다.
	교통안전 규칙 지키기	교통안전 규칙을 안다.
		교통수단을 안전하게 이용한다.
	비상 시 적절히 대처하기	학대, 성폭력, 실종, 유괴상황을 알고 도움을 요청한다.
		재난 및 사고 등 비상 시 적절하게 대처하는 방법을 안다.

2. 의사소통

가. 내용체계

내용 범주	내용
듣기	낱말과 문장 듣고 이해하기
	이야기 듣고 이해하기
	동요, 동시, 동화 듣고 이해하기
	바른 태도로 듣기
말하기	낱말과 문장으로 말하기
	느낌, 생각, 경험 말하기
	상황에 맞게 바른 태도로 말하기
읽기	읽기에 흥미 가지기
	책 읽기에 관심 가지기
쓰기	쓰기에 관심 가지기

나. 세부내용

내용 범주	내용	세부 내용
듣기	낱말과 문장 듣고 이해하기	낱말의 발음에 관심을 가지고 듣는다.
		일상생활과 관련된 낱말과 문장을 듣고 뜻을 이해한다.
	이야기 듣고 이해하기	다른 사람의 이야기를 관심 있게 듣는다.
	동요, 동시, 동화 듣고 이해하기	동요, 동시, 동화를 다양한 방법으로 듣고 즐긴다.
	바른 태도로 듣기	말하는 사람을 바라보며 듣는다.
말하기	낱말과 문장으로 말하기	친숙한 낱말을 발음해 본다.
		새로운 낱말에 관심을 가진다.
		일상생활에서 일어나는 일들을 간단한 문장으로 말한다.
	느낌, 생각, 경험 말하기	자신의 느낌, 생각, 경험을 말해본다.
	상황에 맞게 바른 태도로 말하기	상대방을 바라보며 말한다.
		바르고 고운 말을 사용한다.
읽기	읽기에 흥미 가지기	주변에서 친숙한 글자를 찾아본다.
		읽어 주는 글의 내용에 관심을 가진다.
	책 읽기에 관심 가지기	책에 흥미를 가진다.
		책의 그림을 단서로 내용을 추측해 본다.
쓰기	쓰기에 관심 가지기	말을 글로 나타내는 것에 관심을 보인다.
		자기 이름의 글자에 관심을 가진다.

3. 사회관계

가. 내용체계

내용 범주	내용
나를 알고 존중하기	나를 알고, 소중히 여기기
	나의 일 스스로 하기
나와 다른 사람의 감정 알고 조절하기	나와 다른 사람의 감정 알고 표현하기
	나의 감정 조절하기
가족을 소중히 여기기	가족과 화목하게 지내기
	가족과 협력하기
다른 사람과 더불어 생활하기	친구와 사이좋게 지내기
	공동체에서 화목하게 지내기
	사회적 가치를 알고 지키기
사회에 관심 갖기	지역사회에 관심 갖고 이해하기
	우리나라에 관심 갖고 이해하기

나. 세부내용

내용 범주	내용	세부 내용
나를 알고 존중하기	나를 알고, 소중히 여기기	나에 대해 관심을 갖는다.
		나와 다른 사람의 차이에 관심을 갖는다.
		나를 소중하게 여긴다.
	나의 일 스스로 하기	내가 할 수 있는 일을 알아본다.
		내가 하고 싶은 일을 선택해 본다.
나와 다른 사람의 감정 알고 조절하기	나와 다른 사람의 감정 알고 표현하기	자신에게 여러 가지 감정이 있음을 안다.
		다른 사람의 감정에 관심을 갖는다.
	나의 감정 조절하기	자신의 감정을 조절해 본다.
가족을 소중히 여기기	가족과 화목하게 지내기	가족의 소중함을 안다.
	가족과 협력하기	가족 구성원을 알아본다.
		가족을 위하여 내가 할 수 있는 일을 알아본다.
다른 사람과 더불어 생활하기	친구와 사이좋게 지내기	친구와 함께 놀이한다.
		나와 친구의 의견에 차이가 있음을 안다.
	공동체에서 화목하게 지내기	교사 및 주변 사람과 화목하게 지낸다.
	사회적 가치를 알고 지키기	다른 사람의 소유물을 존중한다.
		약속과 규칙을 지켜야 함을 안다.

내용 범주	내용	세부 내용
사회에 관심 갖기	지역사회에 관심 갖고 이해하기	우리 동네의 이름을 안다.
		우리 동네 사람들에 관심을 갖는다.
	우리나라에 관심 갖고 이해하기	우리나라를 상징하는 것에 관심을 가진다.
		우리나라의 전통놀이와 풍습에 관심을 갖는다.

4. 예술경험

가. 내용 체계

내용 범주	내용
아름다움 찾아보기	음악적 요소 탐색하기
	움직임과 춤 요소 탐색하기
	미술적 요소 탐색하기
예술적 표현하기	음악으로 표현하기
	움직임과 춤으로 표현하기
	미술 활동으로 표현하기
	극놀이로 표현하기
	통합적으로 표현하기
예술 감상하기	다양한 예술 감상하기
	전통예술 감상하기

나. 세부 내용

내용 범주	내용	세부 내용
아름다움 찾아보기	음악적 요소 탐색하기	다양한 소리, 음악의 셈여림, 빠르기, 리듬 등에 관심을 갖는다.
	움직임과 춤 요소 탐색하기	움직임과 춤의 모양, 힘, 빠르기 등에 관심을 갖는다.
	미술적 요소 탐색하기	자연과 사물의 색, 모양, 질감 등에 관심을 갖는다.
예술적 표현하기	음악으로 표현하기	간단한 노래를 듣고 따라 부른다.
		전래동요를 즐겨 부른다.
		리듬악기로 간단한 리듬을 표현해 본다.
		간단한 리듬과 노래를 즉흥적으로 만들어 본다.

내용 범주	내용	세부 내용
예술적 표현하기	움직임과 춤으로 표현하기	신체를 이용하여 주변의 움직임을 자유롭게 표현한다.
		움직임과 춤으로 자신의 생각과 느낌을 표현한다.
		도구를 활용하여 다양한 움직임으로 표현한다.
	미술 활동으로 표현하기	다양한 미술활동을 경험해 본다.
		미술활동에 필요한 재료와 도구에 관심을 가지고 사용한다.
	극놀이로 표현하기	일상생활의 경험을 극놀이로 표현한다.
	통합적으로 표현하기	예술 활동에 참여하여 표현과정을 즐긴다.
예술 감상하기	다양한 예술 감상하기	다양한 음악, 춤, 미술작품, 극놀이 등을 듣거나 본다.
		나와 다른 사람의 예술 표현을 소중히 여긴다.
	전통예술 감상하기	우리나라의 전통예술에 관심을 갖는다.

5. 자연탐구

가. 내용체계

내용 범주	내용
탐구하는 태도 기르기	호기심을 유지하고 확장하기
	탐구과정 즐기기
수학적 탐구하기	수와 연산의 기초개념 알아보기
	공간과 도형의 기초개념 알아보기
	기초적인 측정하기
	규칙성 이해하기
	기초적인 자료 수집과 결과 나타내기
과학적 탐구하기	물체와 물질 알아보기
	생명체와 자연환경 알아보기
	자연현상 알아보기
	간단한 도구와 기계 활용하기

나. 세부내용

내용 범주	내용	세부 내용
탐구하는 태도 기르기	호기심을 유지하고 확장하기	주변 사물과 자연세계에 대해 호기심을 갖는다.
	탐구과정 즐기기	궁금한 점을 알아보는 과정에 흥미를 갖는다.
수학적 탐구하기	수와 연산의 기초개념 알아보기	생활 속에서 수에 관심을 갖는다.
		구체물 수량의 많고 적음을 비교한다.
		다섯 개 가량의 구체물을 세어보고 수량에 관심을 갖는다.
	공간과 도형의 기초개념 알아보기	나를 중심으로 앞, 뒤, 옆, 위, 아래를 알아본다.
		물체의 모양에 관심을 갖는다.
	기초적인 측정하기	두 물체의 길이, 크기를 비교해 본다.
	규칙성 이해하기	생활주변에서 반복되는 규칙성에 관심을 갖는다.
	기초적인 자료 수집과 결과 나타내기	같은 것 끼리 짝을 짓는다.
과학적 탐구하기	물체와 물질 알아보기	친숙한 물체와 물질의 특성에 관심을 갖는다.
	생명체와 자연환경 알아보기	나의 출생과 성장에 대해 관심을 갖는다.
		주변의 동식물에 관심을 가진다.
		생명체를 소중히 여기는 마음을 갖는다.
	자연현상 알아보기	돌, 물, 흙 등 자연물에 관심을 갖는다.
		날씨에 관심을 갖는다.
	간단한 도구와 기계 활용하기	생활 속에서 간단한 도구와 기계에 관심을 갖는다.
		도구와 기계의 편리함에 관심을 갖는다.

II. 4세 누리과정

1. 신체운동 · 건강

가. 내용체계

내용 범주	내용
신체인식하기	감각능력 기르고 활용하기
	신체를 인식하고 움직이기
신체 조절과 기본 운동하기	신체 조절하기
	기본 운동하기
신체 활동에 참여하기	자발적으로 신체 활동에 참여하기
	바깥에서 신체 활동하기
	기구를 이용하여 신체 활동하기
건강하게 생활하기	몸과 주변을 깨끗이하기
	바른 식생활하기
	건강한 일상생활하기
	질병 예방하기
안전하게 생활하기	안전하게 놀이하기
	교통안전 규칙 지키기
	비상 시 적절히 대처하기

나. 세부내용

내용 범주	내용	세부 내용
신체 인식하기	감각능력 기르고 활용하기	감각적 차이를 구분한다.
		여러 감각기관을 협응하여 활용한다.
	신체를 인식하고 움직이기	신체 각 부분의 특성을 이해하고 활용하여 움직인다.
		자신의 신체를 긍정적으로 인식하고 움직인다.
신체 조절과 기본 운동하기	신체 조절하기	다양한 자세와 움직임에서 신체균형을 유지한다.
		공간, 힘, 시간 등의 움직임 요소를 활용하여 움직인다.
		신체 각 부분을 협응하여 움직임을 조절한다.
		눈과 손을 협응하여 소근육을 조절해 본다.
	기본 운동하기	걷기, 달리기, 뛰기 등 다양한 이동운동을 한다.
		제자리에서 몸을 다양하게 움직인다.

내용 범주	내용	세부 내용
신체 활동에 참여하기	자발적으로 신체 활동에 참여하기	신체 활동에 자발적이고 지속적으로 참여한다.
		다른 사람과 함께 하는 신체 활동에 참여한다.
		자신과 다른 사람의 운동능력의 차이에 관심을 갖는다.
	바깥에서 신체 활동하기	규칙적으로 바깥에서 신체 활동을 한다.
	기구를 이용하여 신체 활동하기	여러 가지 기구를 이용하여 신체 활동을 한다.
건강하게 생활하기	몸과 주변을 깨끗이하기	손과 이를 깨끗이 하는 방법을 알고 실천한다.
		주변을 깨끗이 하는 습관을 기른다.
	바른 식생활하기	음식을 골고루 먹는다.
		몸에 좋은 음식을 알아본다.
		음식을 소중히 여기고 식사예절을 지킨다.
	건강한 일상생활하기	규칙적으로 잠을 자고, 적당한 휴식을 취한다.
		하루 일과에 즐겁게 참여한다.
		바른 배변습관을 가진다.
	질병 예방하기	질병을 예방하는 방법을 알고 실천한다.
		날씨와 상황에 알맞게 옷을 입는다.
안전하게 생활하기	안전하게 놀이하기	놀이기구나 놀잇감, 도구를 안전하게 사용한다.
		안전한 장소를 알고 안전하게 놀이한다.
		TV, 인터넷, 통신기기 등의 위해성을 알고, 바르게 사용한다.
	교통안전 규칙 지키기	교통안전 규칙을 알고 지킨다.
		교통수단을 안전하게 이용한다.
	비상 시 적절히 대처하기	학대, 성폭력, 실종, 유괴상황 시 도움을 요청하는 방법을 알고 행동한다.
		재난 및 사고 등 비상 시 적절하게 대처하는 방법을 알고 행동한다.

2. 의사소통

가. 내용체계

내용 범주	내용
듣기	낱말과 문장 듣고 이해하기
	이야기 듣고 이해하기
	동요, 동시, 동화 듣고 이해하기
	바른 태도로 듣기
말하기	낱말과 문장으로 말하기
	느낌, 생각, 경험 말하기
	상황에 맞게 바른 태도로 말하기
읽기	읽기에 흥미 가지기
	책 읽기에 관심 가지기
쓰기	쓰기에 관심 가지기
	쓰기 도구 사용하기

나. 세부내용

내용 범주	내용	세부 내용
듣기	낱말과 문장 듣고 이해하기	낱말의 발음에 관심을 가지고 듣는다.
		일상생활과 관련된 낱말과 문장을 듣고 뜻을 이해한다.
	이야기 듣고 이해하기	다른 사람의 이야기를 듣고 이해한다.
		이야기를 듣고 궁금한 것에 대해 질문한다.
	동요, 동시, 동화 듣고 이해하기	동요, 동시, 동화를 다양한 방법으로 듣고 즐긴다.
		전래 동요, 동시, 동화를 듣고 우리말의 재미를 느낀다.
	바른 태도로 듣기	다른 사람의 이야기를 주의 깊게 듣는다.
말하기	낱말과 문장으로 말하기	친숙한 낱말을 정확하게 발음해 본다.
		다양한 낱말을 사용하여 말한다.
		일상생활에서 일어나는 일들을 간단한 문장으로 말한다.
	느낌, 생각, 경험 말하기	자신의 느낌, 생각, 경험을 말한다.
		주제를 정하여 함께 이야기를 나눈다.
		이야기를 지어 말한다.

내용 범주	내용	세부 내용
말하기	상황에 맞게 바른 태도로 말하기	듣는 사람의 생각과 느낌을 고려하여 말한다.
		차례를 지켜 말한다.
		바르고 고운 말을 사용한다.
읽기	읽기에 흥미 가지기	주변에서 친숙한 글자를 찾아본다.
		읽어 주는 글의 내용에 관심을 가진다.
	책 읽기에 관심 가지기	책 보는 것을 즐기고 소중하게 다룬다.
		책의 그림을 단서로 내용을 이해한다.
		궁금한 것을 책에서 찾아본다.
쓰기	쓰기에 관심 가지기	말이나 생각을 글로 나타낼 수 있음을 안다.
		자기 이름을 써 본다.
		자신의 느낌, 생각, 경험을 글자와 비슷한 형태로 표현한다.
	쓰기 도구 사용하기	쓰기 도구에 관심을 가지고 사용해 본다.

3. 사회관계

가. 내용체계

내용 범주	내용
나를 알고 존중하기	나를 알고, 소중히 여기기
	나의 일 스스로 하기
나와 다른 사람의 감정 알고 표현하기	나와 다른 사람의 감정 알고 조절하기
	나의 감정 조절하기
가족을 소중히 여기기	가족과 화목하게 지내기
	가족과 협력하기
다른 사람과 더불어 생활하기	친구와 사이좋게 지내기
	공동체에서 화목하게 지내기
	사회적 가치를 알고 지키기
사회에 관심 갖기	지역사회에 관심 갖고 이해하기
	우리나라에 관심 갖고 이해하기
	세계와 여러 문화에 관심 가지기

나. 세부내용

내용 범주	내용	세부 내용
나를 알고 존중하기	나를 알고, 소중히 여기기	나에 대해 알아본다.
		나와 다른 사람의 차이점을 알아본다.
		나에 대해 긍정적으로 생각하고 나를 소중하게 여긴다.
	나의 일 스스로 하기	내가 할 수 있는 일을 해 본다.
		하고 싶은 일을 계획하고 해 본다.
나와 다른 사람의 감정 알고 조절하기	나와 다른 사람의 감정 알고 표현하기	자신의 감정을 알고 표현한다.
		다른 사람의 감정을 안다.
	나의 감정 조절하기	자신의 감정을 조절해 본다.
가족을 소중히 여기기	가족과 화목하게 지내기	가족의 소중함을 안다.
	가족과 협력하기	가족 구성원의 역할에 대해 알아본다.
		가족을 위하여 내가 할 수 있는 일을 알아보고 실천한다.
다른 사람과 더불어 생활하기	친구와 사이좋게 지내기	친구와 협동하며 놀이한다.
		친구와의 갈등을 긍정적인 방법으로 해결한다.
	공동체에서 화목하게 지내기	도움이 필요할 때 다른 사람과 도움을 주고받는다.
		교사 및 주변 사람과 화목하게 지낸다.
	사회적 가치를 알고 지키기	정직하게 말하고 행동한다.
		다른 사람의 생각, 행동을 존중한다.
		친구와 어른께 예의 바르게 행동한다.
		다른 사람과 한 약속이나 공공규칙을 지킨다.
		자연과 자원을 아끼는 습관을 기른다.
사회에 관심 갖기	지역사회에 관심 갖고 이해하기	우리 동네에 대해 알아본다.
		우리 동네 사람들이 하는 일에 관심을 갖는다.
		물건을 살 때 돈이 필요함을 안다.
	우리나라에 관심 갖고 이해하기	우리나라를 상징하는 것을 안다.
		우리나라의 전통놀이와 풍습에 관심을 갖는다.
		우리나라에 대해 자부심을 갖는다.
	세계와 여러 문화에 관심 가지기	세계 여러 나라에 대해 관심을 갖는다.
		다양한 인종과 문화에 관심을 갖는다.

빠
파

4. 예술경험

가. 내용체계

내용 범주	내용
아름다움 찾아보기	음악적 요소 탐색하기
	움직임과 춤 요소 탐색하기
	미술적 요소 탐색하기
예술적 표현하기	음악으로 표현하기
	움직임과 춤으로 표현하기
	미술 활동으로 표현하기
	극놀이로 표현하기
	통합적으로 표현하기
예술 감상하기	다양한 예술 감상하기
	전통예술 감상하기

나. 세부내용

내용 범주	내용	세부 내용
아름다움 찾아보기	음악적 요소 탐색하기	다양한 소리, 음악의 셈여림, 빠르기, 리듬 등에 관심을 갖는다.
	움직임과 춤 요소 탐색하기	움직임과 춤의 모양, 힘, 빠르기 등에 관심을 갖는다.
	미술적 요소 탐색하기	자연과 사물의 색, 모양, 질감 등에 관심을 갖는다.
예술적 표현하기	음악으로 표현하기	간단한 노래를 듣고 따라 부른다.
		전래동요를 즐겨 부른다.
		리듬악기로 간단한 리듬을 표현해 본다.
		간단한 리듬과 노래를 즉흥적으로 만들어 본다.
	움직임과 춤으로 표현하기	신체를 이용하여 주변의 움직임을 자유롭게 표현한다.
		움직임과 춤으로 자신의 생각과 느낌을 표현한다.
		도구를 활용하여 다양한 움직임으로 표현한다.
	미술 활동으로 표현하기	다양한 미술활동을 경험해 본다.
		협동적인 미술활동에 참여한다.
		미술활동에 필요한 재료와 도구에 관심을 가지고 사용한다.
	극놀이로 표현하기	일상생활의 경험을 극놀이로 표현한다.
		소품, 배경, 의상 등을 사용하여 협동적으로 극놀이를 한다.

내용 범주	내용	세부 내용
예술적 표현하기	통합적으로 표현하기	음악, 움직임과 춤, 미술, 극놀이 등을 통합하여 표현한다.
		예술 활동에 참여하여 표현과정을 즐긴다.
예술 감상하기	다양한 예술 감상하기	다양한 음악, 춤, 미술작품, 극놀이 등을 듣거나 본다.
		나와 다른 사람의 예술 표현을 소중히 여긴다.
	전통예술 감상하기	우리나라의 전통예술에 관심을 갖는다.

5. 자연탐구

가. 내용체계

내용 범주	내용
탐구하는 태도 기르기	호기심을 유지하고 확장하기
	탐구과정 즐기기
	탐구기술 활용하기
수학적 탐구하기	수와 연산의 기초개념 알아보기
	공간과 도형의 기초개념 알아보기
	기초적인 측정하기
	규칙성 이해하기
	기초적인 자료 수집과 결과 나타내기
과학적 탐구하기	물체와 물질 알아보기
	생명체와 자연환경 알아보기
	자연현상 알아보기
	간단한 도구와 기계 활용하기

나. 세부내용

내용 범주	내용	세부 내용
탐구하는 태도 기르기	호기심을 유지하고 확장하기	주변 사물과 자연세계에 대해 지속적으로 호기심을 갖는다.
	탐구과정 즐기기	궁금한 점을 알아보는 탐구과정에 관심을 가지고 참여한다.
	탐구기술 활용하기	일상생활의 문제를 해결하는 과정에서 탐색, 관찰 등의 방법을 활용해 본다.
수학적 탐구하기	수와 연산의 기초개념 알아보기	생활 속에서 사용되는 수의 여러 가지 의미를 안다.
		구체물 수량에서 '같다', '더 많다', '더 적다'의 관계를 안다.
		열 개 가량의 구체물을 세어보고 수량을 알아본다.
	공간과 도형의 기초개념 알아보기	위치와 방향을 여러 가지 방법으로 나타내 본다.
		기본 도형의 특성을 인식한다.
		기본 도형을 사용하여 여러 가지 모양을 구성해 본다.
	기초적인 측정하기	일상생활에서 길이, 크기, 무게 등을 비교해 본다.
	규칙성 이해하기	생활주변에서 반복되는 규칙성을 알아본다.
		반복되는 규칙성을 인식하고 모방한다.
	기초적인 자료 수집과 결과 나타내기	필요한 정보나 자료를 수집한다.
		한 가지 기준으로 자료를 분류해 본다.
과학적 탐구하기	물체와 물질 알아보기	친숙한 물체와 물질의 특성을 알아본다.
		물체와 물질을 여러 가지 방법으로 변화시켜 본다.
	생명체와 자연환경 알아보기	나의 출생과 성장에 대해 관심을 갖는다.
		관심 있는 동식물의 특성을 알아본다.
		생명체를 소중히 여기는 마음을 갖는다.
		생명체가 살기 좋은 환경에 대해 관심을 갖는다.
	자연현상 알아보기	돌, 물, 흙 등 자연물의 특성과 변화를 알아본다.
		날씨와 기후변화에 관심을 갖는다.
	간단한 도구와 기계 활용하기	생활 속에서 간단한 도구와 기계를 활용한다.
		도구와 기계의 편리함에 관심을 갖는다.

Ⅲ. 5세 누리과정

1. 신체운동 · 건강

가. 내용체계

내용 범주	내용
신체인식하기	감각능력 기르고 활용하기
	신체를 인식하고 움직이기
신체 조절과 기본 운동하기	신체 조절하기
	기본 운동하기
신체 활동에 참여하기	자발적으로 신체 활동에 참여하기
	바깥에서 신체 활동하기
	기구를 이용하여 신체 활동하기
건강하게 생활하기	몸과 주변을 깨끗이하기
	바른 식생활하기
	건강한 일상생활하기
	질병 예방하기
안전하게 생활하기	안전하게 놀이하기
	교통안전 규칙 지키기
	비상 시 적절히 대처하기

나. 세부내용

내용 범주	내용	세부 내용
신체 인식하기	감각능력 기르고 활용하기	감각으로 대상이나 사물의 특성과 차이를 구분한다.
		여러 감각기관을 협응하여 활용한다.
	신체를 인식하고 움직이기	신체 각 부분의 특성을 이해하고 활용하여 움직인다.
		자신의 신체를 긍정적으로 인식하고 움직인다.
신체 조절과 기본 운동하기	신체 조절하기	다양한 자세와 움직임에서 신체균형을 유지한다.
		공간, 힘, 시간 등의 움직임 요소를 활용하여 움직인다.
		신체 각 부분을 협응하여 움직임을 조절한다.
		눈과 손을 협응하여 소근육을 조절해 본다.
		도구를 활용하여 여러 가지 조작운동을 한다.

내용 범주	내용	세부 내용
신체 조절과 기본 운동하기	기본 운동하기	걷기, 달리기, 뛰기 등 다양한 이동운동을 한다.
		제자리에서 몸을 다양하게 움직인다.
신체 활동에 참여하기	자발적으로 신체 활동에 참여하기	신체 활동에 자발적이고 지속적으로 참여한다.
		다른 사람과 함께 하는 신체 활동에 참여한다.
		자신과 다른 사람의 운동능력의 차이를 이해한다.
	바깥에서 신체 활동하기	규칙적으로 바깥에서 신체 활동을 한다.
	기구를 이용하여 신체 활동하기	여러 가지 기구를 이용하여 신체 활동을 한다.
건강하게 생활하기	몸과 주변을 깨끗이하기	스스로 몸을 깨끗이 하는 습관을 기른다.
		주변을 깨끗이 하는 습관을 기른다.
	바른 식생활하기	적당량의 음식을 골고루 먹는다.
		몸에 좋은 음식을 선택할 수 있다.
		음식을 소중히 여기고 식사예절을 지킨다.
	건강한 일상생활하기	규칙적으로 잠을 자고, 적당한 휴식을 취한다.
		하루 일과에 즐겁게 참여한다.
		규칙적인 배변습관을 가진다.
	질병 예방하기	질병을 예방하는 방법을 알고 실천한다.
		날씨와 상황에 알맞게 옷을 입는다.
안전하게 생활하기	안전하게 놀이하기	놀이기구나 놀잇감, 도구의 바른 사용법을 알고 안전하게 사용한다.
		안전한 장소를 알고 안전하게 놀이한다.
		TV, 인터넷, 통신기기 등의 위해성을 알고, 바르게 사용한다.
	교통안전 규칙 지키기	교통안전 규칙을 알고 지킨다.
		교통수단을 안전하게 이용한다.
	비상 시 적절히 대처하기	학대, 성폭력, 실종, 유괴상황 시 도움을 요청하는 방법을 알고 행동한다.
		재난 및 사고 등 비상 시 적절하게 대처하는 방법을 알고 행동한다.

2. 의사소통

가. 내용체계

내용 범주	내용
듣기	낱말과 문장 듣고 이해하기
	이야기 듣고 이해하기
	동요, 동시, 동화 듣고 이해하기
	바른 태도로 듣기
말하기	낱말과 문장으로 말하기
	느낌, 생각, 경험 말하기
	상황에 맞게 바른 태도로 말하기
읽기	읽기에 흥미 가지기
	책 읽기에 관심 가지기
쓰기	쓰기에 관심 가지기
	쓰기 도구 사용하기

나. 세부내용

내용 범주	내용	세부 내용
듣기	낱말과 문장 듣고 이해하기	낱말의 발음에 관심을 가지고 듣는다.
		일상생활과 관련된 낱말과 문장을 듣고 뜻을 이해한다.
	이야기 듣고 이해하기	다른 사람의 이야기를 듣고 이해한다.
		이야기를 듣고 궁금한 것에 대해 질문한다.
	동요, 동시, 동화 듣고 이해하기	동요, 동시, 동화를 다양한 방법으로 듣고 즐긴다.
		전래 동요, 동시, 동화를 듣고 우리말의 재미를 느낀다.
	바른 태도로 듣기	다른 사람의 이야기를 주의 깊게 듣는다.
말하기	낱말과 문장으로 말하기	정확한 발음으로 말한다.
		다양한 낱말을 사용하여 상황에 맞게 말한다.
		일상생활에서 일어나는 일들을 다양한 문장으로 말한다.
	느낌, 생각, 경험 말하기	자신의 느낌, 생각, 경험을 적절한 낱말과 문장으로 말한다.
		주제를 정하여 함께 이야기를 나눈다.
		이야기 지어 말하기를 즐긴다.

내용 범주	내용	세부 내용
말하기	상황에 맞게 바른 태도로 말하기	듣는 사람의 생각과 느낌을 고려하여 말한다.
		때와 장소, 대상에 알맞게 말한다.
		바르고 고운 말을 사용한다.
읽기	읽기에 흥미 가지기	주변에서 친숙한 글자를 찾아 읽어 본다.
		읽어 주는 글의 내용에 관심을 가지고 읽어 본다.
	책 읽기에 관심 가지기	책 보는 것을 즐기고 소중하게 다룬다.
		책의 그림을 단서로 내용을 이해한다.
		궁금한 것을 책에서 찾아본다.
쓰기	쓰기에 관심 가지기	말이나 생각을 글로 나타낼 수 있음을 안다.
		자신의 이름과 주변의 친숙한 글자를 써 본다.
		자신의 느낌, 생각, 경험을 글자와 비슷한 형태나 글자로 표현한다.
	쓰기 도구 사용하기	쓰기 도구의 바른 사용법을 알고 사용한다.

3. 사회관계

가. 내용체계

내용 범주	내용
나를 알고 존중하기	나를 알고, 소중히 여기기
	나의 일 스스로 하기
나와 다른 사람의 감정 알고 조절하기	나와 다른 사람의 감정 알고 조절하기
	나의 감정 조절하기
가족을 소중히 여기기	가족과 화목하게 지내기
	가족과 협력하기
다른 사람과 더불어 생활하기	친구와 사이좋게 지내기
	공동체에서 화목하게 지내기
	사회적 가치를 알고 지키기
사회에 관심 갖기	지역사회에 관심 갖고 이해하기
	우리나라에 관심 갖고 이해하기
	세계와 여러 문화에 관심 가지기

나. 세부내용

내용 범주	내용	세부 내용
나를 알고 존중하기	나를 알고 소중히 여기기	나에 대해 알아본다.
		나와 다른 사람의 신체적, 사회적, 문화적 차이를 존중한다.
		나에 대해 긍정적으로 생각하고 나를 소중하게 여긴다.
	나의 일 스스로 하기	내가 할 수 있는 일을 스스로 한다.
		하고 싶은 일을 계획하고 해 본다.
나와 다른 사람의 감정 알고 조절하기	나와 다른 사람의 감정 알고 표현하기	자신의 감정을 알고 표현한다.
		다른 사람의 감정을 알고 공감한다.
	나의 감정 조절하기	자신의 감정을 상황에 맞게 조절한다.
가족을 소중히 여기기	가족과 화목하게 지내기	가족의 의미와 소중함을 안다.
		가족과 화목하게 지낸다.
	가족과 협력하기	다양한 가족구조에 대해 알아본다.
		가족은 서로 도와야 함을 알고 실천한다.
다른 사람과 더불어 생활하기	친구와 사이좋게 지내기	친구와 협동하며 놀이한다.
		친구와의 갈등을 긍정적인 방법으로 해결한다.
	공동체에서 화목하게 지내기	다른 사람과 도움을 주고받고, 서로 협력한다.
		교사 및 주변 사람과 화목하게 지낸다.
	사회적 가치를 알고 지키기	정직하게 말하고 행동한다.
		다른 사람을 배려하여 행동한다.
		친구와 어른께 예의 바르게 행동한다.
		다른 사람과 한 약속이나 공공규칙을 지킨다.
		자연과 자원을 아끼는 습관을 기른다.
사회에 관심 갖기	지역사회에 관심 갖고 이해하기	우리 동네에 대해 알아본다.
		다양한 직업에 관심을 갖는다.
		일상생활에서 돈의 쓰임에 대해 안다.
	우리나라에 관심 갖고 이해하기	우리나라를 상징하는 것을 알고 예절을 지킨다.
		우리나라의 전통, 역사, 문화에 관심을 갖는다.
		우리나라에 대해 자부심을 갖는다.
	세계와 여러 문화에 관심 가지기	세계 여러 나라에 대해 관심을 갖고, 서로 협력해야 함을 안다.
		다양한 인종과 문화를 알아보고 존중한다.

4. 예술경험

가. 내용 체계

내용 범주	내용
아름다움 찾아보기	음악적 요소 탐색하기
	움직임과 춤 요소 탐색하기
	미술적 요소 탐색하기
예술적 표현하기	음악으로 표현하기
	움직임과 춤으로 표현하기
	미술 활동으로 표현하기
	극놀이로 표현하기
	통합적으로 표현하기
예술 감상하기	다양한 예술 감상하기
	전통예술 감상하기

나. 세부 내용

내용 범주	내용	세부 내용
아름다움 찾아보기	음악적 요소 탐색하기	다양한 소리, 악기 등으로 음악의 셈여림, 빠르기, 리듬 등을 탐색한다.
	움직임과 춤 요소 탐색하기	움직임과 춤의 모양, 힘, 빠르기, 흐름 등을 탐색한다.
	미술적 요소 탐색하기	자연과 사물에서 색, 모양, 질감, 공간 등을 탐색한다.
예술적 표현하기	음악으로 표현하기	노래로 자신의 생각과 느낌을 표현한다.
		전래동요를 즐겨 부른다.
		리듬악기를 연주해 본다.
		리듬과 노래 등을 즉흥적으로 만들어 본다.
	움직임과 춤으로 표현하기	신체를 이용하여 주변의 움직임을 다양하게 표현하며 즐긴다.
		움직임과 춤으로 자신의 생각과 느낌을 표현한다.
		다양한 도구를 활용하여 창의적으로 움직인다.
	미술 활동으로 표현하기	다양한 미술활동으로 자신의 생각과 느낌을 표현한다.
		협동적인 미술활동에 참여하여 즐긴다.
		미술활동에 필요한 재료와 도구를 다양하게 사용한다.
	극놀이로 표현하기	경험이나 이야기를 극놀이로 표현한다.
		소품, 배경, 의상 등을 사용하여 협동적으로 극놀이를 한다.

내용 범주	내용	세부 내용
예술적 표현하기	통합적으로 표현하기	음악, 움직임과 춤, 미술, 극놀이 등을 통합하여 표현한다.
		예술 활동에 참여하여 창의적으로 표현하는 과정을 즐긴다.
예술 감상하기	다양한 예술 감상하기	다양한 음악, 춤, 미술작품, 극놀이 등을 듣거나 보고 즐긴다.
		나와 다른 사람의 예술 표현을 소중히 여긴다.
	전통예술 감상하기	우리나라의 전통예술에 관심을 갖고 친숙해진다.

5. 자연탐구

가. 내용체계

내용 범주	내용
탐구하는 태도 기르기	호기심을 유지하고 확장하기
	탐구과정 즐기기
	탐구기술 활용하기
수학적 탐구하기	수와 연산의 기초개념 알아보기
	공간과 도형의 기초개념 알아보기
	기초적인 측정하기
	규칙성 이해하기
	기초적인 자료 수집과 결과 나타내기
과학적 탐구하기	물체와 물질 알아보기
	생명체와 자연환경 알아보기
	자연현상 알아보기
	간단한 도구와 기계 활용하기

나. 세부내용

내용 범주	내용	세부 내용
탐구하는 태도 기르기	호기심을 유지하고 확장하기	주변 사물과 자연세계에 대해 지속적으로 호기심을 갖고 알고자 한다.
	탐구과정 즐기기	궁금한 점을 알아보는 탐구과정에 참여하고 즐긴다.
		탐구과정에서 서로 다른 생각에 관심을 갖는다.
수학적 탐구하기	탐구기술 활용하기	일상생활의 문제를 해결하는 과정에서 탐색, 관찰, 비교, 예측 등의 탐구기술을 활용해 본다.
	수와 연산의 기초개념 알아보기	생활 속에서 사용되는 수의 여러 가지 의미를 안다.
		구체물 수량의 부분과 전체 관계를 알아본다.
		스무 개 가량의 구체물을 세어보고 수량을 알아본다.
		구체물을 가지고 더하고 빼는 경험을 해 본다.
	공간과 도형의 기초개념 알아보기	위치와 방향을 여러 가지 방법으로 나타내 본다.
		여러 방향에서 물체를 보고 그 차이점을 비교해 본다.
		기본 도형의 공통점과 차이점을 알아본다.
		기본 도형을 사용하여 여러 가지 모양을 구성해 본다.
	기초적인 측정하기	일상생활에서 길이, 크기, 무게, 들이 등의 속성을 비교하고, 순서를 지어 본다.
		임의 측정 단위를 사용하여 길이, 면적, 들이, 무게 등을 재 본다.
	규칙성 이해하기	생활주변에서 반복되는 규칙성을 알고 다음에 올 것을 예측해 본다.
		스스로 규칙성을 만들어 본다.
	기초적인 자료 수집과 결과 나타내기	필요한 정보나 자료를 수집한다.
		한 가지 기준으로 분류한 자료를 다른 기준으로 재분류해 본다.
		그림, 사진, 기호나 숫자를 사용해 그래프로 나타내 본다.
과학적 탐구하기	물체와 물질 알아보기	주변의 여러 가지 물체와 물질의 기본 특성을 알아본다.
		물체와 물질을 여러 가지 방법으로 변화시켜 본다.
	생명체와 자연환경 알아보기	나와 다른 사람의 출생과 성장에 대해 알아본다.
		관심 있는 동식물의 특성과 성장 과정을 알아본다.
		생명체를 소중히 여기는 마음을 갖는다.
		생명체가 살기 좋은 환경과 녹색환경에 대해 알아본다.
	자연현상 알아보기	돌, 물, 흙 등 자연물의 특성과 변화를 알아본다.
		낮과 밤, 계절의 변화와 규칙성을 알아본다.
		날씨와 기후변화 등 자연현상에 대해 관심을 갖는다.
	간단한 도구와 기계 활용하기	생활 속에서 간단한 도구와 기계를 활용한다.
		변화하는 새로운 도구와 기계에 관심을 갖고 장단점을 안다.

어린이집 표준보육과정

제 1 장   어린이집 표준보육과정 총론

어린이집 표준보육과정(이하, '표준보육과정'이라 함)은 어린이집의 만 0~5세 영·유아들에게 국가수준에서 제공하는 보편적이고 공통적인 보육의 목표와 내용을 제시한 것이다. 어린이집 표준보육과정은 0~1세 보육과정, 2세 보육과정, 3~5세 보육과정(누리과정 포함)으로 구성한다. 국가수준의 어린이집 표준보육과정을 시행함으로써 영·유아의 전인적 발달과 우리 문화에 적합한 내용을 일관성 있고 연계적으로 실천하며, 궁극적으로 사회에서 추구하는 인간상을 구현하고 전국 어린이집의 질적 수준을 높이는 데 기여하고자 한다.

Ⅰ. 표준보육과정의 기초

1. 추구하는 인간상

가. 심신이 건강하고 행복한 사람

나. 자율적이고 창의적인 사람

다. 자신과 타인을 존중하고 배려하는 사람

라. 자연과 우리문화를 사랑하는 사람

마. 다양성을 인정하는 민주적인 사람

2. 표준보육과정의 기본전제

가. 영·유아는 개별적인 특성을 지닌 고유한 존재이다.

나. 영·유아는 연령에 따라 발달적 특성이 질적으로 다르다.

다. 영·유아는 그 자체로서 존중 받아야 하는 존재이다.

라. 영·유아는 직접적으로 경험할 때 의미 있는 지식, 기술 및 바람직한 태도를 형성해 간다.

마. 영·유아는 일상생활이 편안하고 학습과 경험이 놀이 중심으로 이루어질 때, 최대의 능력이 발휘된다.

바. 영·유아는 민감하고 반응적인 성인과의 신뢰로운 관계 속에서 최적의 발달을 이룬다.

사. 영·유아가 속한 가정, 지역사회가 함께 협력할 때 영유아에게 가장 긍정적인 영향을 미친다.

3. 구성 방향 및 체계

가. 구성방향

(1) 영·유아의 발달 특성과 개인차를 고려하여 연령 및 수준별로 구성한다.

(2) 어린이집에서 편안하고 행복한 일상생활이 되도록 중점을 두어 구성한다.

(3) 질서, 배려, 협력 등 기본생활습관과 바른 인성을 기르는 데 중점을 두어 구성한다.

(4) 자율성과 창의성을 기르는 데 중점을 두고, 전인발달을 이루도록 구성한다.

(5) 사람과 자연을 존중하고, 우리 문화를 이해하는 데 중점을 두어 구성한다.

나. 구성 체계

(1) 어린이집 표준보육과정은 0~1세 보육과정, 2세 보육과정, 3~5세 보육과정으로 구성한다.

(2) 어린이집 표준보육과정은 영역, 내용범주, 내용, 세부 내용으로 구분하고, 내용 간에 연계가 이루어지도록 구성한다.

(3) 세부내용이라 함은 0~1세 보육과정, 2세 보육과정에서는 수준별 세부내용을 의미하고 3~5세 보육과정에서는 연령별 세부내용을 의미한다.

(4) 0~1세 보육과정은 기본생활, 신체운동, 의사소통, 사회관계, 예술경험, 자연탐구의 6개 영역을 중심으로 구성한다.

(5) 2세 보육과정은 기본생활, 신체운동, 의사소통, 사회관계, 예술경험, 자연탐구의 6개 영역을 중심으로 구성한다.

(6) 3~5세 보육과정은 신체운동·건강, 의사소통, 사회관계, 예술경험, 자연탐구의 5개 영역을 중심으로 구성한다.

(7) 3~5세 보육과정은 초등학교 교육과정과의 연계성을 고려하여 구성한다.

II. 목적과 목표

1. 목적

영·유아의 심신의 건강과 전인적 발달을 도와 행복을 도모하며 민주시민의 기초를 형성하는 것을 목적으로 한다.

2. 목표

가. 0~1세 보육과정
(1) 건강하고 안전한 일상생활을 경험한다.
(2) 감각 및 기본 신체운동 능력을 기른다.
(3) 말소리를 구분하고 의사소통의 기초를 마련한다.
(4) 친숙한 사람과 관계를 형성한다.
(5) 아름다움에 관심을 가진다.
(6) 보고, 듣고, 만지면서 주변 환경에 관심을 가진다.

나. 2세 보육과정
(1) 건강하고 안전한 생활습관의 기초를 마련한다.
(2) 감각, 신체조절 및 기본 운동 능력을 기른다.
(3) 의사소통 능력의 기초를 기른다.
(4) 나를 인식하고 다른 사람과 더불어 생활하는 경험을 한다.
(5) 아름다움에 관심을 가지고 예술경험을 즐긴다.

(6) 주변 환경에 호기심을 갖고 탐색하기를 즐긴다.

다. 3~5세 보육과정

(1) 기본 운동 능력과 건강하고 안전한 생활 습관을 기른다.

(2) 일상생활에 필요한 의사소통 능력과 바른 언어 사용 습관을 기른다.

(3) 자신을 존중하고 다른 사람과 더불어 생활하는 능력과 태도를 기른다.

(4) 아름다움에 관심을 가지고 예술 경험을 즐기며, 창의적으로 표현하는 능력을 기른다.

(5) 호기심을 가지고 주변세계를 탐구하며, 일상생활에서 수학적·과학적으로 생각하는 능력과 태도를 기른다.

III. 편성과 운영

1. 편성

가. 어린이집의 운영시간에 맞추어 편성한다.

나. 표준 보육과정에 제시된 각 영역의 내용을 균형 있게 통합적으로 편성한다.

다. 영·유아의 발달 특성 및 개인차, 경험을 고려하여 놀이를 중심으로 편성한다.

라. 영·유아의 일과 중 일상생활을 포함하여 편성한다.

마. 어린이집과 보육실의 특성에 따라 융통성 있게 편성한다.

바. 성별, 종교, 신체적 특성, 가족 및 민족 배경 등으로 인한 편견이 없도록 편성한다.

2. 운영

가. 보육계획(연간, 월간, 주간, 일일 계획 등)에 의거하여 운영한다.

나. 실내외 환경을 다양한 흥미 영역으로 구성하여 운영한다.

다. 영·유아의 능력과 장애 정도에 따라 조정하여 운영한다.

라. 부모와 각 기관의 실정에 따라 부모교육을 실시한다.

마. 가정과 지역사회와의 협력과 참여에 기반하여 운영한다.

바. 교사 재교육을 통해 어린이집 표준보육과정 운영을 개선해 나간다.

3. 교수 · 학습 방법

가. 주도적인 놀이를 중심으로 교수 · 학습활동이 이루어지도록 한다.

나. 흥미를 중심으로 활동을 선택하고 지속할 수 있도록 한다.

다. 생활 속 경험을 소재로 하여 지식, 기술, 바람직한 태도를 기르도록 한다.

라. 교사와 신뢰감을 형성하고 개별적인 활동이 이루어지도록 한다.

마. 교사, 환경, 또래와 능동적인 상호작용이 이루어지도록 한다.

바. 주제를 중심으로 여러 활동이 통합적으로 이루어지도록 한다.

사. 만 0~1세아, 만 2세아는 일상생활 및 개별 활동, 휴식 등이 균형 있게 이루어지도록 한다.

아. 만 3~5세아는 실내 · 실외활동, 정적 · 동적활동, 대 · 소집단활동 및 개별 활동, 일상생활 및 휴식 등이 균형 있게 이루어지도록 한다.

4. 평가

가. 운영평가

(1) 어린이집 표준보육과정의 목표와 내용에 근거하여 보육내용이 적절히 편성 · 운영되는지 평가한다.

(2) 어린이집 표준보육과정의 운영 내용 및 활동이 영유아의 발달 수준과 흥미, 요구에 적합한지 평가한다.

(3) 영 · 유아의 발달수준, 흥미, 요구에 적합한 경험 및 학습을 촉진할 수 있는 다양한 활동과 교수학습 방법이 계획되고 통합적으로 운영되는지 평가한다.

(4) 일과 운영 및 보육활동 구성 시 놀이 활동과 일상생활 활동의 양과 내용이 영아 및 유아 각 연령의 발달에 적합하게 계획되고 운영되는지 평가한다.

(5) 만 0~1세아, 만 2세아는 집단 활동보다 개별적인 상호작용과 교수법을 중심으로 상호작용이 진행되는지를 평가한다.

(6) 어린이집 표준보육과정 운영 평가 결과를 수시로 반영하여 보육과정 운영 계획을 수정 · 보완하거나 다음 연도의 계획 수립 및 운영에 반영하는지 평가한다.

나. 영·유아평가

(1) 어린이집 표준보육과정의 목표와 내용에 근거하여 영·유아의 특성과 변화 정도를 평가한다.

(2) 지식, 기술, 태도 등을 평가한다.

(3) 일상생활과 보육과정 활동 전반에 걸쳐 평가한다.

(4) 관찰, 활동 결과물 분석, 부모면담 등 다양한 방법을 사용하여 종합적으로 평가하고, 그 결과를 기록한다.

(5) 평가 결과는 영·유아에 대한 이해와 어린이집 표준보육과정운영 개선 및 부모면담 자료로 활용한다.

제 2 장 0~1세 보육과정

제1절. 0~1세 보육과정의 영역별 목표

Ⅰ. 기본생활

건강하고 안전한 일상생활을 경험한다.

1. 건강하고 편안한 일상생활을 경험한다.
2. 안전한 생활을 경험한다.

Ⅱ. 신체운동

감각 및 기본 신체운동 능력을 기른다.

1. 감각기능을 발달시키고 자신의 신체를 탐색한다.
2. 대소근육을 조절하고 걷기 등의 능력을 기른다.
3. 규칙적으로 신체활동에 참여한다.

Ⅲ. 의사소통

말소리를 구분하고 의사소통의 기초를 마련한다.

1. 주변의 소리와 말소리 듣기에 관심을 보인다.
2. 표정, 소리, 몸짓으로 자신의 생각과 느낌을 표현한다.
3. 짧은 그림책이나 친숙한 환경 인쇄물에 관심을 가진다.
4. 끼적이기에 관심을 가진다.

Ⅳ. 사회관계

친숙한 사람과 관계를 형성한다.

1. 자신과 다른 사람을 구별된 존재로 인식한다.
2. 기본 정서를 표현하고 다른 사람의 감정에 주의를 기울인다.
3. 안정적인 애착을 형성하고 또래나 교사와 함께 지낸다.

Ⅴ. 예술경험

아름다움에 관심을 가진다.

1. 자신의 신체와 주변의 감각 자극에 호기심을 가지고 반응한다.
2. 소리와 움직임으로 반응하고, 단순한 미술을 경험하며, 모방 행동을 즐긴다.
3. 친근한 소리나 노래를 즐겨 듣고, 자연물, 사물, 주변 환경에 관심을 가진다.

Ⅵ. 자연탐구

보고, 듣고, 만지면서 주변 환경에 관심을 가진다.

1. 주변 사물에 대한 탐색을 시도한다.
2. 주변에서 일어나는 수학적 상황을 지각한다.
3. 감각과 조작을 통하여 주변 사물과 자연환경에 대해 지각한다.

제2절. 0~1세 보육과정의 영역별 내용

Ⅰ. 기본생활

1. 내용체계

내용 범주	내용
건강하게 생활하기	몸을 깨끗이 하기
	즐겁게 먹기
	건강한 일상생활하기
안전하게 생활하기	안전하게 지내기
	위험한 상황에 반응하기

2. 세부내용

내용 범주	내 용	1수준	2수준	3수준	4수준 ◉
건강하게 생활하기	몸을 깨끗이 하기	몸이 깨끗해졌을 때 기분이 좋음을 안다.			
		도움을 받아 손을 씻는다.			
				도움을 받아 이를 닦는다.	
	즐겁게 먹기	편안하게 안겨서 우유(모유)를 먹는다.	이유식에 적응한다.	고형식에 적응한다.	다양한 음식을 먹어 본다.
				도구로 음식을 먹어 본다.	
		즐겁게 먹는다.			
	건강한 일상생활하기	수면을 충분히 취한다.			
		편안하게 쉰다.			
		하루 일과에 편안하게 참여한다.			
				배변 의사를 표현한다.	
안전하게 생활하기	안전하게 지내기	안전한 상황에서 놀이한다.			놀잇감을 안전하게 사용한다.
		안전한 장소에서 놀이한다.			
		차량 승하차 시 안전 장구를 착용한다.			
	위험한 상황에 반응하기		위험하다는 말에 반응을 보인다.	위험하다고 알려 주면 주의한다.	

II. 신체운동

1. 내용체계

내용 범주	내용
감각과 신체 인식하기	감각적 자극에 반응하기
	감각기관으로 탐색하기
	신체 탐색하기
신체조절과 기본운동하기	신체 균형잡기
	대근육 조절하기
	소근육 조절하기
	기본운동하기
신체활동에 참여하기	몸 움직임 즐기기
	바깥에서 신체 움직이기
	기구를 이용하여 신체활동 시도하기

2. 세부내용

내용 범주	내 용	1수준	2수준	3수준	4수준
감각과 신체 인식하기	감각적 자극에 반응하기	시각, 청각, 촉각, 후각, 미각으로 자극을 느낀다.			
		시각, 청각, 촉각, 후각, 미각으로 자극에 반응한다.			
	감각기관으로 탐색하기	감각기관으로 주변 환경을 탐색한다.			
	신체 탐색하기	손과 발 등을 바라보며 탐색한다.	주요 신체 부분의 움직임을 탐색한다.		
신체조절과 기본운동하기	신체 균형잡기	몸의 균형을 잡기 위한 자세를 시도한다.	붙잡고 서 있기 등의 자세를 취한다.	안정되게 서 있기 등의 자세를 시도한다.	
	대근육 조절하기	뒤집기 등 몸을 조절하여 위치를 바꾼다.	누웠다 앉기 등 몸의 움직임을 조절한다.		
	소근육 조절하기	보이는 물체에 손을 뻗는다.	눈과 손을 협응하여 소근육을 활용해 본다.		

내용 범주	내 용	1수준	2수준	3수준	4수준
신체조절과 기본운동하기	기본운동하기	배밀이 등 이동운동을 시도한다.	기기, 걷기 등 이동운동을 시도한다.	걷기 등 이동운동을 시도한다.	
		팔 다리 뻗기, 흔들기 등 제자리 운동을 시도한다.		서 있기, 앉기 등 제자리 운동을 시도한다.	
신체활동에 참여하기	몸 움직임 즐기기	몸을 활발히 움직인다.		몸의 움직임을 다양하게 시도한다.	
	바깥에서 신체 움직이기	규칙적으로 바깥환경을 경험한다.		규칙적으로 바깥에서 신체활동을 한다.	
	기구를 이용하여 신체활동 시도하기	간단한 기구를 이용하여 신체활동을 시도한다.			

III. 의사소통

1. 내용체계

내용 범주	내용
듣기	주변의 소리와 말소리 구분하여 듣기
	경험과 관련된 말 듣고 알기
	운율이 있는 말 듣기
말하기	말하는 사람을 보기
	발성과 발음으로 소리내기
	표정, 몸짓, 말소리로 말하기
	말할 순서 구별하기
읽기	그림책과 환경 인쇄물에 관심 가지기
쓰기	끼적이기

2. 세부내용

내용 범주	내 용	1수준	2수준	3수준	4수준
듣기	주변의 소리와 말소리 구분하여 듣기	여러 가지 소리와 말소리 듣기에 흥미를 보인다.			친숙한 낱말의 발음에 흥미를 보인다.
		익숙한 목소리를 듣고 그것에 반응한다.			
				높낮이와 세기 등 말소리의 차이에 반응한다.	
	경험과 관련된 말 듣고 알기	눈앞에 보이는 경험과 관련된 말에 반응한다.			
			자신의 이름이 불리면 듣고 반응한다.		
	운율이 있는 말 듣기	운율이 있는 짧은 말소리를 관심 있게 듣는다.			
	말하는 사람을 보기	말하는 사람의 눈을 마주 바라본다.		말하는 사람의 표정, 몸짓을 관심 있게 본다.	
말하기	발성과 발음으로 소리내기	여러 가지 소리를 내고 옹알이를 한다.		여러 말소리를 즐겁게 내 본다.	
				의미 있는 음절을 내 본다.	
		옹알이와 말소리에 대해 말로 반응해 주면 모방하여 소리 낸다.		교사의 말을 모방하여 발음한다.	
	표정, 몸짓, 말소리로 말하기	표정과 소리로 의사표현을 한다.	표정, 몸짓, 소리로 의사표현을 한다.	표정, 몸짓, 말소리로 의사표현을 한다.	
	말할 순서 구별하기	말할 순서에 따라 표정, 몸짓, 말소리로 반응한다.			
읽기	그림책과 환경 인쇄물에 관심 가지기	다양한 감각 책을 탐색해 본다.			
				사물과 주변의 친숙한 환경 인쇄물에 관심을 가진다.	
		읽어 주는 짧은 그림책에 관심을 가진다.			
쓰기	끼적이기		끼적이기에 관심을 가진다.		

IV. 사회관계

1. 내용체계

내용 범주	내용
나를 알고 존중하기	나를 구별하기
	나의 것 인식하기
나와 다른 사람의 감정 알기	나의 감정을 나타내기
	다른 사람에게 주의 기울이기
더불어 생활하기	안정적인 애착 형성하기
	또래에 관심 갖기
	자신이 속한 집단 알기
	사회적 가치를 알기

2. 세부내용

내용 범주	내 용	1수준	2수준	3수준	4수준
나를 알고 존중하기	나를 구별하기	거울 속의 나에게 관심을 가진다.		거울 속의 나를 알아본다.	
	나의 것 인식하기	자기 이름을 부르는 소리에 반응한다.			
				친숙한 자기 물건을 안다.	
나와 다른 사람의 감정 알기	나의 감정을 나타내기	나의 욕구와 감정을 나타낸다.			
	다른 사람에게 주의 기울이기	다른 사람의 말과 표정, 몸짓에 주의를 기울인다.		다른 사람이 나타내는 여러 가지 감정에 주의를 기울인다.	
더불어 생활하기	안정적인 애착 형성하기	양육자와 시선을 맞춘다.	양육자에게 적극적으로 관심과 욕구를 표현한다.		
		주변의 친숙한 사람의 얼굴과 목소리를 인식한다.		주변의 친숙한 사람에게 애정을 표현한다.	
	또래에 관심 갖기	다른 영아와 함께 지내는 것을 경험한다.			
	자신이 속한 집단 알기	담임교사를 구별한다.		자기 반에서 지내며 안정감을 가진다.	
	사회적 가치를 알기			친숙한 물건의 자리를 안다.	
		만나고 헤어지는 인사를 해본다.			

V. 예술경험

1. 내용체계

내용 범주	내용
아름다움 찾아보기	예술적 요소에 호기심 가지기
예술적 표현하기	리듬 있는 소리로 반응하기
	움직임으로 반응하기
	단순한 미술 경험하기
	모방행동 즐기기
예술 감상하기	아름다움 경험하기

2. 세부내용

내용 범주	내 용	1수준	2수준	3수준	4수준
아름다움 찾아보기	예술적 요소에 호기심 가지기	주변의 소리와 움직임에 호기심을 가진다.			
		주변 환경에서 색, 모양에 호기심을 가진다.			
예술적 표현하기	리듬 있는 소리로 반응하기	리듬 있는 소리에 관심을 가진다.		노래를 부분적으로 따라 부른다.	
		리듬과 노래에 소리로 반응한다.		리듬과 음높이에 맞추어 소리를 낸다.	
	움직임으로 반응하기	손발 흔들기와 몸 움직임으로 반응한다.			
				간단한 도구를 활용하여 움직인다.	
	단순한 미술 경험하기			감각적으로 단순한 미술경험을 한다.	
	모방행동 즐기기	소리나 얼굴 표정, 몸 움직임 등을 모방한다.		단순한 모방 행동을 놀이처럼 즐긴다.	
예술 감상하기	아름다움 경험하기	일상생활에서 반복되는 소리와 노래에 관심을 가진다.		일상생활에서 리듬 있는 소리와 노래를 즐겨 듣는다.	
		일상생활에서 자연이나 사물의 아름다움을 경험한다.			

VI. 자연탐구

1. 내용체계

내용 범주	내용
탐구하는 태도 기르기	사물에 관심 가지기
	탐색 시도하기
수학적 탐구하기	수량 지각하기
	주변 공간 탐색하기
	차이를 지각하기
	간단한 규칙성 지각하기
과학적 탐구하기	물체와 물질 탐색하기
	주변 동식물에 관심 가지기
	주변 자연에 관심 가지기
	생활도구 탐색하기

2. 세부내용

내용 범주	내 용	1수준	2수준	3수준	4수준
탐구하는 태도 기르기	사물에 관심 가지기		주변 사물에 관심을 가진다.		
	탐색 시도하기	나와 주변 사물을 감각으로 탐색한다.	주변의 사물에 대해 의도적인 탐색을 시도한다.		
수학적 탐구하기	수량 지각하기		있고 없는 상황을 지각한다.	'있다'와 '없다'를 구별한다.	'한 개'와 '여러 개'를 구별한다.
	주변 공간 탐색하기		도움을 받아 주변의 공간을 탐색한다.		
		주변 사물의 모양을 지각한다.			
	차이를 지각하기			주변 사물의 차이를 지각한다.	
	간단한 규칙성 지각하기			일상과 놀이에서 간단한 규칙성을 경험한다.	
과학적 탐구하기	물체와 물질 탐색하기	일상생활 주변의 몇 가지 친숙한 것들을 양육자와 함께 탐색한다.			
	주변 동식물에 관심 가지기			주변 동식물의 모양, 소리, 움직임에 관심을 가진다.	
	주변 자연에 관심 가지기		생활 주변의 자연물을 감각으로 느껴 본다.		
			바람, 햇빛, 비 등을 감각으로 느껴 본다.		
	생활도구 탐색하기			도움을 받아 생활도구를 탐색한다.	

제 2 장 2세 보육과정

제1절. 2세 보육과정의 영역별 목표

Ⅰ. 기본생활

건강하고 안전한 생활습관의 기초를 마련한다.

1. 건강한 생활습관의 기초를 경험한다.
2. 안전한 생활습관의 기초를 경험한다.

Ⅱ. 신체운동

감각, 신체조절 및 기본 운동 능력을 기른다.

1. 감각능력을 기르고, 자신의 신체 움직임을 탐색한다.
2. 안정된 자세로 대소근육을 조절하고 기본운동능력을 기른다.
3. 규칙적으로 신체활동에 참여한다.

Ⅲ. 의사소통

의사소통 능력의 기초를 기른다.

1. 다른 사람의 말과 짧은 이야기 듣는 것을 즐긴다.
2. 자신의 생각과 느낌을 말로 주고받기를 즐긴다.
3. 그림책이나 환경 인쇄물에 관심을 가지며 글의 내용에 흥미를 가진다.
4. 글자 형태 끼적이기에 관심을 가진다.

IV. 사회관계

나를 인식하고 다른 사람과 더불어 생활하는 경험을 한다.

1. 자기 존중감을 형성한다.
2. 자신의 감정을 알고 다른 사람의 감정에 반응을 보인다.
3. 가족을 사랑하고 또래, 교사와 즐겁게 지내며 간단한 규칙 등을 지킨다.

V. 예술경험

아름다움에 관심을 가지고 예술경험을 즐긴다.

1. 주변 생활에서 예술적 요소를 발견하고 흥미롭게 탐색한다.
2. 간단한 리듬이나 노래, 움직임, 자발적인 미술활동을 자유롭게 시도하고 모방이
   나 상상놀이로 표현한다.
3. 주변의 환경과 자연 및 다양한 표현에서 예술적 요소를 관심 있게 보고 즐긴다.

VI. 자연탐구

주변 환경에 호기심을 갖고 탐색하기를 즐긴다.

1. 호기심을 가지고 주변 세계에 대해 다양하게 탐색한다.
2. 주변에서 경험하는 수학적 상황을 인식한다.
3. 다양한 탐색을 통하여 주변 사물과 자연환경을 인식한다.

제2절. 2세 보육과정의 영역별 내용

Ⅰ. 기본생활

1. 내용체계

내용 범주	내용
건강하게 생활하기	몸을 깨끗이 하기
	바르게 먹기
	건강한 일상생활하기
	질병에 대해 알기
안전하게 생활하기	안전하게 놀이하기
	교통안전 알기
	위험한 상황알기

2. 세부내용

내용 범주	내 용	1수준	2수준
건강하게 생활하기	몸을 깨끗이 하기	스스로 손과 몸 씻기를 시도한다.	
		스스로 이 닦기를 시도한다.	
	바르게 먹기	음식을 골고루 먹는다.	
		도구를 사용하여 스스로 먹는다.	
		정해진 자리에서 먹는다.	
	건강한 일상생활하기	일과에 따라 규칙적으로 잠을 잔다.	
		정해진 시간에 알맞게 휴식한다.	
		하루 일과에 즐겁게 참여한다.	
		정해진 곳에서 배변한다.	화장실에서 배변한다.
	질병에 대해 알기	질병의 위험을 안다.	
안전하게 생활하기	안전하게 놀이하기	놀이기구나 놀잇감을 안전하게 사용한다.	
		안전한 장소에서 놀이한다.	
	교통안전 알기	교통수단의 위험을 안다.	교통수단의 위험을 알고 조심한다.
	위험한 상황알기	위험한 상황과 위험한 것을 안다.	위험한 상황과 위험한 것을 알고 조심한다.
		위험한 상황 시 어른의 지시에 따른다.	

II. 신체운동

1. 내용체계

내용 범주	내용
감각과 신체 인식하기	감각능력 기르기
	감각 기관 활용하기
	신체를 인식하고 움직이기
신체조절과 기본운동하기	신체 균형잡기
	대근육 조절하기
	소근육 조절하기
	기본운동하기
신체활동에 참여하기	신체활동에 참여하기
	바깥에서 신체활동하기
	기구를 이용하여 신체활동 하기

2. 세부내용

내용 범주	내 용	1수준	2수준
감각과 신체 인식하기	감각능력 기르기	다양한 감각적 차이에 반응한다.	
	감각기관 활용하기	감각기관으로 주변 환경을 탐색한다.	
	신체를 인식하고 움직이기	신체 각 부분의 명칭을 안다.	
		신체 각 부분의 움직임을 탐색한다.	
신체 조절과 기본 운동하기	신체균형 잡기	안정된 자세를 취하려고 시도한다.	
	대근육 조절하기	팔, 다리, 목, 허리 등 움직임을 조절한다.	
	소근육 조절하기	눈과 손을 협응하여 소근육을 조절해 본다.	
	기본운동하기	걷기, 계단 오르기 등 이동운동을 한다.	
		제자리에서 몸을 움직여 본다.	
신체 활동에 참여하기	신체활동에 참여하기	신체활동에 자발적으로 참여해 본다.	
	바깥에서 신체활동하기	규칙적으로 바깥에서 신체활동을 한다.	
	기구를 이용하여 신체활동하기	간단한 기구를 이용하여 신체활동을 한다.	

III. 의사소통

1. 내용체계

내용 범주	내용
듣기	말소리 구분하여 듣고 의미 알기
	짧은 문장 듣고 알기
	짧은 이야기 듣기
	말하는 사람을 주의 깊게 보기
말하기	낱말과 간단한 문장으로 말하기
	자신이 원하는 것을 말하기
	상대방을 바라보며 말하기
읽기	그림책과 환경 인쇄물에 흥미 가지기
쓰기	끼적이며 즐기기

2. 세부내용

내용 범주	내 용	1수준	2수준
듣기	말소리 구분하여 듣고 의미알기	친숙한 낱말의 발음에 흥미를 보인다.	친숙한 낱말의 발음에 관심을 가지고 듣는다.
		다양한 말소리의 차이를 구분한다.	
	짧은 문장 듣고 알기	낱말을 듣고 친숙한 사물과 사람을 찾아본다.	일상생활과 관련된 친숙한 낱말을 듣고 뜻을 이해한다.
		친숙한 짧은 문장을 듣고 반응한다.	
	짧은 이야기 듣기	짧은 이야기와 노랫말 등을 즐겁게 듣는다.	
	말하는 사람을 주의 깊게 보기	말하는 사람의 표정, 몸짓, 억양 등을 주의 깊게 보고 듣는다.	
말하기	낱말과 간단한 문장으로 말하기	눈앞에 보이는 친숙한 사물의 이름을 발음해 본다.	친숙한 낱말을 발음해 본다.
		일상생활에서 경험한 새로운 낱말에 관심을 가진다.	
		일상생활의 반복적인 일이나 친숙한 상황을 한 두 낱말이나 간단한 문장으로 말해 본다.	
	자신이 원하는 것을 말하기	표정, 몸짓, 말소리로 의사표현을 한다.	
		자신이 원하는 것을 한 두 낱말로 말해 본다.	자신이 원하는 것을 낱말이나 짧은 문장으로 말해 본다.
	상대방을 바라보며 말하기	말할 순서에 상대방을 바라보며 말을 주고받는다.	

내용 범주	내 용	1수준	2수준
읽기	그림책과 환경 인쇄물에 흥미 가지기	그림책과 환경 인쇄물에 있는 그림과 내용에 관심을 가진다.	
		친숙한 그림과 환경 인쇄물을 보고 읽는 흉내를 내 본다.	
		선호하는 그림책들을 읽어 주면 집중하여 듣는다.	
쓰기	끼적이며 즐기기	의도적으로 끼적인다.	
		자기 이름 끼적이기에 관심을 가진다.	

IV. 사회관계

1. 내용체계

내용 범주	내용
나를 알고 존중하기	나를 구별하기
	좋아하는 것 해보기
나와 다른 사람의 감정 알기	나의 감정을 나타내기
	다른 사람의 감정에 반응하기
더불어 생활하기	내 가족 알기
	또래와 관계하기
	자신이 속한 집단 알기
	사회적 가치를 알기

2. 세부내용

내용 범주	내 용	1수준	2수준
나를 알고 존중하기	나를 구별하기	나와 다른 사람의 모습을 구별한다.	
	좋아하는 것 해보기	내가 좋아하는 것을 찾아본다.	
		좋아하는 놀이나 놀잇감을 선택해 본다.	스스로 선택한 놀이나 놀잇감을 즐긴다.
나와 다른 사람의 감정 알기	나의 감정을 나타내기	여러 가지 감정을 말과 행동으로 나타낸다.	
	다른 사람의 감정에 반응하기	다른 사람이 나타내는 여러 가지 감정에 반응을 보인다.	

내용 범주	내 용	1수준	2수준
더불어 생활하기	내 가족 알기	내 가족에게 애정을 표현한다.	내 가족에게 다른 사람과는 구별된 특별한 감정을 갖는다.
	또래와 관계하기	또래에게 관심을 보인다.	또래의 모습과 행동을 모방한다.
		또래의 이름을 안다.	또래가 있는 곳에서 놀이를 한다.
	자신이 속한 집단 알기	자신이 속한 반과 교사를 안다.	자신이 속한 반의 활동에 즐겁게 참여한다.
	사회적 가치를 알기	도움 받아 물건을 정리한다.	스스로 물건을 정리한다.
		자기 순서를 안다.	순서를 기다린다.
		바른 태도로 인사한다.	
		간단한 약속을 지킨다.	

V. 예술경험

1. 내용체계

내용 범주	내용
아름다움 찾아보기	예술적 요소 탐색하기
예술적 표현하기	리듬 있는 소리와 노래로 표현하기
	움직임으로 표현하기
	자발적으로 미술활동하기
	모방과 상상놀이하기
예술 감상하기	아름다움 즐기기

2. 세부내용

내용 범주	내 용	1수준	2수준
아름다움 찾아보기	예술적 요소 탐색하기	주변 환경에서 나는 다양한 소리와 움직임을 탐색한다.	
		주변 환경에서 색, 모양을 탐색한다.	
예술적 표현하기	리듬 있는 소리와 노래로 표현하기	친근한 노래를 따라 부른다.	
		신체, 사물, 리듬악기 등을 이용하여 간단한 리듬과 소리를 만든다.	
	움직임으로 표현하기	노래나 리듬에 맞춰 몸으로 표현한다.	
		간단한 도구를 활용하여 몸으로 표현한다.	

내용 범주	내 용	1수준	2수준
예술적 표현하기	자발적으로 미술활동하기	자발적으로 그리기, 만들기를 한다.	
		간단한 도구와 미술재료를 다룬다.	
	모방과 상상놀이하기	모방행동을 놀이처럼 즐긴다.	일상생활 경험을 상상놀이로 즐긴다.
예술 감상하기	아름다움 즐기기	자연이나 생활의 소리나, 움직임, 친근한 음악과 춤을 관심 있게 듣거나 본다.	
		일상생활에서 자연과 사물의 아름다움에 관심을 가지고 즐긴다.	
		자신과 또래가 표현한 노래, 춤, 미술품 등에 관심을 가지고 즐긴다.	

VI. 자연탐구

1. 내용체계

내용 범주	내용
탐구하는 태도 기르기	호기심 가지기
	반복적 탐색 즐기기
수학적 탐구하기	수량 인식하기
	공간과 도형에 관심 가지기
	차이에 관심 가지기
	단순한 규칙성에 관심 가지기
	구분하기
과학적 탐구하기	물체와 물질 탐색하기
	주변 동식물에 관심 가지기
	자연을 탐색하기
	생활도구 사용하기

2. 세부내용

내용 범주	내 용	1수준	2수준
탐구하는 태도 기르기	호기심 가지기	주변 사물과 자연 세계에 호기심을 가진다.	
	반복적 탐색 즐기기	관심 있는 사물을 반복하여 주도적으로 탐색하기를 즐긴다.	
수학적 탐구하기	수량 인식하기	많고 적음을 구별한다.	
		두 개 가량의 수 이름을 말해 본다.	세 개 가량의 구체물을 말하며 세어 본다.
		구체물을 일대일로 대응해 본다.	
	공간과 도형에 관심 가지기	나를 중심으로 익숙한 위치, 장소를 인식한다.	
		주변 사물의 모양에 관심을 가진다.	
	차이에 관심 가지기	주변 사물의 크기(속성의 차이)에 관심을 가진다.	
	단순한 규칙성에 관심 가지기	주변에서 단순하게 반복되는 규칙성에 관심을 가진다.	
	구분하기	주변 사물의 같고 다름에 따라 구분한다.	
과학적 탐구하기	물체와 물질 탐색하기	친숙한 물체와 물질을 능동적으로 탐색한다.	
	주변 동식물에 관심 가지기	주변 동식물의 모양, 소리, 움직임에 관심을 가진다.	
	자연을 탐색하기	돌, 물, 모래 등의 자연물을 탐색한다.	
		날씨를 감각으로 느낀다.	
	생활도구 사용하기	생활 속에서 간단한 도구에 관심을 가진다.	
		간단한 도구를 사용한다.	

유아교육 관련 국내·외 웹사이트

1. 유아교육 관련 국내 웹사이트

1) 학회 및 협회

- 대한어린이교육협회 : http://www.kacei.org/
- 미래유아교육학회 : http://www.futureece.or.kr/
- 열린유아교육학회 : http://www.open33.or.kr/
- 한국놀이치료학회 : http://www.playtherapykorea.or.kr/
- 한국미술치료학회 : http://www.korean-arttherapy.or.kr/
- 한국방과후아동지도학회 : http://www.afterschool.or.kr/
- 한국보육지원학회 : http://www.educarechild.org/
- 한국보육학회 : http://www.kcec.or.kr/
- 한국생태유아교육학회 : http://www.ecoece.or.kr/
- 한국심리학회 : http://www.koreanpsychology.or.kr/
- 한국아동학회 : http://www.childkorea.or.kr/
- 한국아동교육학회 : http://www.childedu.or.kr /
- 한국아동권리학회 : http://www.kccr.or.kr/
- 한국아동심리재활학회 : http://www.playtherapy.or.kr/
- 한국어린이미디어학회 : http://www.childrensmedia.org/
- 한국영유아교원교육학회(구 중앙유아교육학회) : http://eceteacher.com/
- 한국영유아보육학회 : http://www.kce.or.kr/
- 한국유아교육학회 : http://www.ksece.or.kr/
- 한국유아체육학회 : http://www.kscpe.or.kr/
- 한국유아체육협회 : http://www.childpe.or.kr/

- 한국유아특수교육학회 : http://www.kecse.org/
- 한국육아지원학회 : http://www.edukid.org/
- 한국음악치료학회 : http://www.musictherapy.or.kr/
- 한국정서행동장애아교육학회 : http://www.ksebd.org/
- 한국행동분석학회 : http://post.cau.ac.kr/~jpmhong/

2) 기 관

- 교육과학기술부 : http://www.mest.go.kr/
- 보건복지부 : http://www.mw.go.kr/
- 여성가족부 : http://www.mogef.go.kr/
- 노동부 : http://www.molab.go.kr/
- 서울특별시 교육청 : http://www.sen.go.kr/
- 한국국공립유치원 교원연합회 : http://www.kapkt.info/
- 한국유치원총연합회 : http://www.yoochiwon.or.kr/
- 한국보육시설연합회 : http://www.koreaeducare.or.kr/
- 한국여성정책연구원 : http://www.kwdi.re.kr/
- 한국보건사회연구원 : http://www.kihasa.re.kr/
- 한국교육개발원 : http://www.kedi.re.kr/
- 공동육아와 공동체교육 : http://www.gongdong.or.kr/
- 한국보육교사회 : http://www.kdta.or.kr/
- 보육시설 평가 인증사무국 : http://www.kcac21.or.kr/

3) 육아종합지원센터

「영유아보육법」 제5조에 의해 설립된 보육정보센터는 영유아보육에 대한 제반 정보제공 및 상담을 통하여 일반주민에게 보육에 대한 편의를 도모하고 보육시설과의 연계를 구축하여 보육시설 운영의 효율성을 높이는 것을 목적으로 하고 있다.

- 서울특별시 육아종합지원센터 : http://children.seoul.go.kr/
- 중앙육아종합지원센터 : http://www.educare.or.kr/

4) 건강가정지원센터

「건강가정기본법」 제35조에 따라 국가 및 지방자치단체에 의해 설립된 건강가정지원센터는 가정문제의 예방, 상담 및 치료, 건강가정 유지를 위한 프로그램의 개발, 가족문화운동의 전개, 가정 관련 정보 및 자료 제공을 위하여 중앙, 시·도 및 시·군·구 등에 배치되고 있다. 이 중 영유아기 자녀에 대한 내용을 포함하고 있어 도움을 받을 수 있다.

- 서울 강남구 건강가정지원센터 : http://www.kfwc.or.kr/
- 서울 강북구 건강가정지원센터 : http://www.gbhome.or.kr/

5) 유아교육 관련 사이트

(1) 건강in

- http://www.hi.nhic.or.kr/
- 국민건강보험공단의 건강정보전문사이트로 국민에게 올바른 건강정보제공으로 의료소비자를 보호하기 위하여 설립되었다. 신생아부터 영유아기 아동들의 건강에 대한 정보를 제공하고 있다.

(2) 경상남도 유아교육원

- http://www.gnchild.go.kr/
- 경상남도 교육청에서 개설한 경남유아교육원은 유아, 학부모, 유치원 교원들을 대상으로 현장 지원과 다양한 유아교육 정보를 제공하고 있다.

(3) 삼성아동교육문화센터

- http://www.child.samsungfoundation.org/
- 삼성생명공익재단에서 설립한 아동교육문화센터로써 가족, 지역 사회, 교육기관 등의 발전에 도움을 주고자 하는 목적을 가지고 아동복지를 위한 제반사항을 제공한다.

(4) 아가사랑

- http://www.aga-love.org/
- 인구보건복지협회에서 개설한 임신·출산·육아와 관련된 포털 사이트로 유아교육과 관련된 각종 정보를 제공하고 있다.

(5) 아동선상 – 건강길라잡이

- http://www.hp.go.kr/
- 보건복지부에서 개설한 건강에 관련된 종합적인 정보를 제공하고 있는 사이트로 영유아의 건강과 질병에 대한 내용이 포함되어 있다.

(6) 아이코리아(구 한국어린이육영회)

- http://www.aicorea.org/
- 어린이들의 교육환경을 개선하고, 부모교육을 통하여 유아의 건전한 성장을 돕기 위하여 설립되었다. 각종 연구 및 정보 제공 등의 활동을 하고 교사교육, 치료교육, 건강가정지원 등과 한국육영학교, 새세대유치원 등의 부속기관이 있다.

(7) 에듀넷

- http://www.edunet4u.net/
- 한국교육학술정보원에서 개설한 중앙교수학습센터 웹사이트로 유아교육 분야에서 평가, 교육과정편성운영, 교수학습, 종일반 운영, 부모교육 등과 관련된 정보를 제공하고 있다.

2. 유아교육 관련 국외 웹사이트

1) 유아교육 관련 학회 및 기구

(1) Organization for Economic Cooperation and Development(OECD)

- http://www.oecd.org/
- 경제협력개발기구로서 경제발전과 세계무역 촉진을 위하여 발족한 국제기구 사이트이다.

(2) National Association for the Education of Young Children(NAEYC)

- http://www.naeyc.org/
- 유아교육의 발전을 도모하고 효과적이며 질 높은 교육방법, 유아를 위한 교육과 발달에 적합한 프로그램들에 관하여 정보를 제공해 주는 미국의 국제유아교육협회 사이트이다.

(3) National Child Care Information Center(NCCIC)

- http://www.nccic.org/
- 미국의 보육정보센터로 유아교육, 보육정책, 아동과 관련된 여러 연구들에 대한 정보들을 살펴볼 수 있는 사이트이다.

(4) National Association of State Boards of Education(NASBE)

- http://www.nasbe.org/
- 미국교육위원협회 사이트로서 각 주의 교육 분야에서 핵심역할을 하는 주교육위원단이 속해 있는 중앙협회이다. 교육의 질을 높이는 데 힘쓰며, 평등한 교육 기회를 지지하는 사람

들이 직접 참여하며 의견을 나눌 수 있고, 교육계의 현안과 교육 정책, 출판물 등이 소개되어 있다.

(5) Society for Research in Child Development(SRCD)

- http://www.srcd.org/
- 아동발달에 대하여 여러 연구활동이 이루어지고 정기적으로 간행물을 출판하는 아동발달 연구학회 사이트이다.

(6) The National Institute for Early Education Research(NIEER)

- http://nieer.org/
- 유아교육 연구에 근거를 두어 연구 결과를 통해 알게 된 객관적인 지식을 유아교육에 반영하는 것을 목적으로 하면서 지속적인 연구가 이루어지는 국제적인 유아교육연구단체 사이트이다.

2) 유아교육 관련 전자 저널

(1) Early Childhood News

- http://www.earlychildhoodnews.com
- 유아교육 지도자 및 교사에게 유아교육의 미래와 오늘을 알 수 있는 다양한 연구활동이나 관련된 소식을 제공하는 사이트이다. 유아교육의 보다 전문적인 발전을 위한 저널이다.

(2) The Future of Children

- http://www.futureofchildren.org
- 어린이의 건강과 행복을 위하여 그와 관련되어 이슈가 되는 저널들을 제공하는 사이트이다. 1년에 3번《The Future of Children》을 출판한다.

(3) Instructor Magazine

- http://www.scholastic.com
- 유아교사를 위하여 교실 안에서의 교수자료뿐만 아니라 교사의 전문적인 발전을 위한 유용한 정보를 제공하는 저널 사이트이다.

3) 유아교육 프로그램

(1) America Montessori Society(AMS)

- http://www.amshq.org/
- 몬테소리의 교육철학을 바탕으로 한 미국 몬테소리교육협회 사이트이다.

(2) Association Montessori Internationale(AMI)

- http://www.montessori-ami.org/
- 몬테소리 교육철학을 바탕으로 창설된 국제몬테소리협회(AMI) 사이트이다.

(3) National Head Start Association(NHSA)

- http://www.nhsa.org/
- 취학 전 빈곤 아동을 대상으로 이루어지는 포괄적 서비스인 미국의 '헤드 스타트(Head Start program)' 사이트이다.

(4) High/Scope Educational Research Foundation

- http://www.highscope.org/
- 미국의 소외된 지역 아이들의 발달을 돕기 위해서 시작한 (High/Scope) 프로그램 교육 연구 재단의 사이트이다. 신생아, 유아부터 청소년의 교육과정 및 교육방법 등을 살펴볼 수 있다.

(5) Reggio Emillia Approach to Early Childhood Education

- http://zerosei.comune.re.it/
- 레지오 에밀리아의 전반적인 교육적 동향을 알 수 있는 사이트이다.

(6) North American Reggio Emilia Alliance

- http://www.reggioalliance.org/
- 레지오 에밀리아의 북미 연합 사이트이다.

(7) Bank Street of Children's Programs

- http://www.bankstreet.edu/cp/
- Bank Street Program의 Family Center, School for Children, After School과 관련된 다양한 정보들을 살펴볼 수 있는 사이트이다.

(8) The Waldorf School/Early Childhood Programs

- http://www.thewaldorfschool.org
- Waldorf School의 유아교육 프로그램과 관련하여 다양한 정보들을 살펴 볼 수 있는 사이트
  이다.

4) 유아교육 재정 및 법률

(1) Alliance for Early Childhood Finance

- http://www.earlychildhoodfinance.org/
- 유아교육과 관련된 정책활동의 연계, 조사 및 분석을 통해 미국의 유아교육 재정에 관련된
  정보를 살펴볼 수 있는 사이트이다.

(2) Child Care Law Center(CCLC)

- http://www.childcarelaw.org/
- 법률 관련 서비스 비영리단체로 유아들과 가족, 미국 지역 사회에서의 유용한 법적 내용 등
  을 제공하는 사이트이다.

5) 유아 교사

(1) The Center for Child Care Workforce(CCW)

- http://www.ccw.org/
- 유아교육과 교육의 질을 증진시키고자 좀더 질 높은 유아교육 프로그램 등을 계발하고, 유
  아 교사와 관련된 연구들을 정책적인 면에서 발전시키고자 하는 사이트이다.

(2) The Center for Early Childhood Leadership

- http://cecl.nl.edu/
- 유아교육기관의 지도자로서 운영관리능력, 전문적인 지도와 판단, 교육 행정에 관한 지도
  력을 강화시키는 것을 목적으로 하는 유아교육지도자협회 사이트이다.

(3) National Coalition for Campus Children's Centers(NCCC)

- http://www.campuschildren.org/
- 유아교육 관련 협회 및 의회에서 제공되는 정보를 교사가 제공받을 수 있는 사이트이다.

(4) National Association of Early Childhood Teacher Educators (NAECTE)

- http://www.naecte.org/
- 유아 교사로서의 전문적인 지도력이나 유아교육과 관련하여 다양한 정보를 제공하는 유아교육 관련 교수들의 모임으로 조직된 협회 사이트이다.

(5) National Association for Family Child Care(NAFCC)

- http://www.nafcc.org/
- 가정보육시설에서 이루어져야 하는 관련 정보를 교사에게 제공하는 미국의 가정보육협회 사이트이다.

(6) Council for Professional Recognition

- http://www.cdacouncil.org/
- 일정한 교육과정을 통하여 CDA(Children Development Associate)와 관련하여 전문적인 교사 승인 허가를 내어 주며 유아교육에 관련되어 있는 교사들을 보다 전문적인 자격증을 받을 수 있도록 프로그램 및 자료 등을 소개하고 있는 협회 사이트이다.

6) 유아 건강 및 복지

(1) Food and Nutrition Information Center(FNIC)

- http://www.nal.usda.gov/fnic/
- 가족, 아이들의 건강에 맞는 음식과 영양에 관련된 정보를 제공해 주는 사이트이다.

(2) Council for Exceptional Children(CEC)

- http://www.cec.sped.org/
- 장애를 가지고 있거나 또는 타고난 천부적인 재능이 있는 아이들의 개인적 상황에 맞게 효과적인 교육적 성장을 추구하는 미국 특수교육협의회의 사이트이다.

(3) Division for Early Childhood of the Council for Exceptional Children

- http://www.dec-sped.org/
- 특수교육협의회의 17개 중 하나로서 심신이 불편한 아이라거나 특별한 재능을 가진 어린이를 개별적으로 보육하는 것을 담당하는 기관이다.

(4) America Academy of Pediatrics(AAP)

- http://www.aap.org/
- 모든 유아, 아동, 청소년, 청년을 위한 신체적 · 정신적 안정과 사회복지와 복리(well-being)를 달성하고자 구성된 사이트이다.

(5) Child Welfare League of America(CWLA)

- http://www.cwla.org/
- 800개가 넘는 공공 또는 개인의 비영리단체로서 가정에서 학대받고 있고 버림받은 아이들을 도와주는 미국 아동복지연맹협회 사이트이다.

(6) Children's Defense Fund(CDF)

- http://www.childrensdefense.org/
- 건강(healthy start), 교육(head start), 안녕(fair star), 보호(safe start), 윤리(moral start)와 같이 자라나는 아이들에게 성공적인 성인의 삶을 위하여 필요한 부분을 도와주고 채워 주는 아동보호기금단체 사이트이다.

(7) National Association for Sick Child Daycare(NASCD)

- http://www.nascd.com/
- 아픈 아이들의 보육에 대한 전문적인 지식 및 정보를 제공하고, 그 아이들에게 효과적인 교육 및 정책 등을 관리하고 있는 협회의 홈페이지이다.

7) 영아발달 및 교육 프로그램

(1) Zero to Three: National Center for Infants, Toddlers, and Families

- http://www.zerotothree.org/
- 신생아(0세)부터 3세까지 영아와 유아의 발달에 대하여 전문적인 정보를 제공하고 있는 사이트이다.

(2) Early Head Start National Resource Center

- http://www.ehsnrc.org/
- 취학 전 빈곤 아동들 중에서도 신생아와 3세까지의 유아, 그리고 그 가족들을 대상으로 이루어지는 포괄적 서비스인 미국의 '헤드 스타트(Head Start program)' 사이트이다.

8) 가족 지원

(1) Families and Work Institute(FWI)

- http://www.familiesandwork.org/
- 변화하는 직업 및 인력과 장소 및 환경, 이 모든 변화와 함께 변화하는 가정과 지역 사회에 대해 연구하고 정보를 제공해 주는 가정과 직업 연구소 사이트이다.

(2) National PTA

- http://www.pta.org/
- 학부모가 교육에 참여하는 데 도움이 되는 교육 내용, 교육 관련 정책 자료들을 제공하고 있는 협회 사이트이다.

(3) National Association for Child Care Resource and Referral Agencies (NACCRRA)

- http://www.naccrra.org/
- 유아교육/보육 관련 국가적 정책, 시설 등의 발전을 조장하며, 최근 유아교육에 대한 자료를 조사 및 연구·분석하여 부모에게 제공하는 공공기관 사이트이다.

NAEYC와 NAECS/SDE의 유아교육과정, 유아평가, 프로그램 평가에 대한 입장(2003)

교육과정

(영아, 걸음마기, 학령전기 , 유치원생, 초등학생을 위한 교육과정)

입장 표명 권고: 철저하게 계획되고, 도전적이며 매력적인, 발달적으로 적합한, 문화적 · 언어적으로 반응적이고 포괄적인, 모든 유아의 긍정적인 성취를 촉진하는 교육과정을 이행한다.

영아/걸음마기	학령 전기	유아/초등
철저하게 계획된 교육과정: 유아의 연령에 관계없이 교육과정의 목표는 중요한 발달적 과업과 관련되고 영역에 있어서 포괄적이다. 교수 전략은 유아의 연령, 발달적 능력, 언어와 문화, 장애/비장애 여부에 맞춰진다. 유아가 유치원이나 초등학교에 들어가는 것 같은 주요한 변화는 그들의 발달적 기준과 주제 영역에 초점을 맞춘다.		
• 영아의 움직이는 방식, 의사소통 방식, 생각하는 방식뿐만 아니라 자신이나 타인에 대해 배우는 발달에 목표의 초점을 맞춘다. • 양육자와의 안전하고 민감한 상호작용과 탐색에 목표를 둔다. • 걸음마기 영아를 위한 목표는 독립, 발견과 통제의 욕구와 사회적 상호작용의 시작을 이끈다.	• 목표는 유아의 탐색, 탐구, 어휘의 확장에 초점을 맞춘다. • 목표는 아동의 신체적인 웰빙(well-being)과 운동적 발달, 사회와 감정적 발달, 학습에의 접근, 언어 발달, 인지와 일반적 지식을 이끈다. • 경험은 문해 능력, 수학, 과학, 사회학, 시각과 수행적인 예술에의 지식과 기술 학습을 제공한다.	• 목표는 모든 주제 영역에 있어서 문해 능력, 수학, 과학, 사회학, 건강, 체육, 시각과 행동적인 예술을 포함한 아동의 지식과 기술에 초점을 맞춘다. • 목표는 계속해서 사회 정서적 발달과 학습에의 접근을 포함하여 모든 발달 영역과 연결되어 지속된다.

영아/걸음마기	학령 전기	유아/초등

교육과정은 도전적이고 매력적이다: 모든 연령을 위한 교육과정은 유아가 흥미와 활동적인 참여를 유지하면서 새로운 성취를 하는 것을 이끈다. 연령별로 아동에게 매력적인 요소는 주의 깊은 관찰과 적응을 요구하면서 발달과 새로운 경험에 따라 변한다.

영아/걸음마기	학령 전기	유아/초등
• 영아는 장난감, 안전한 물체를 조작하고 혼자, 주 양육자, 주변에 있는 다른 영아와의 놀이에 참여하는데 있어서 그들의 신체와 감각을 사용할 수 있다. • 영아의 탐구에 대한 열정은 도전적인 교육과정 안에서 그들의 흥미와 연관하여 지원된다. • 교육과정은 유아와 교재교구, 또래간, 성인과의 상호작용을 통해 지식의 구성을 촉진 한다.	• 교육과정은 간단한 것에서 복잡한 것으로, 구체적인 것에서 추상적인 것으로의 유아의 사고 운동 경험을 촉진한다. • 교육과정은 교사의 유도와 비계설정뿐만 아니라 유아 스스로의 활동 기회를 제공한다. • 교육과정은 유아 스스로에 대한 성취의 인식을 이끈다.	• 교육과정은 그들의 호기심, 창의성, 독창력을 이용하여 "학습자"로서의 유아발달 태도를 촉진한다. • 교육과정은 유아의 기술 레퍼토리를 확장하고 지식 기초 구축을 위한 유아가 사용하는 말, 표기 언어, 수학적이고 과학적인 사고, 조사기술에 대한 경험을 제공한다. • 교육과정은 유아이 자신의 능력을 스스로 인식할 수 있도록 해준다.

교육과정은 발달적으로 적합하고 문화적·언어적으로 민감하다: 유아의 연령에 관계없이, 교육과정은 그들의 발달적 레벨, 능력과 장애, 개인적 특성, 가족과 지역사회, 문화적 맥락에 적합해야 한다. 교육과정은 제 2의 언어를 배우는 유아에게 교육적 평등을 지원한다. 유아를 위한 교육과정은 관계, 하루 일과, 의식을 통해 문화적 관련성을 갖는다. 높은 연령 아동은 문화적으로 적절한 교재교구를 활용한 통합된 학습 기회뿐만 아니라 주제 중심 학습 기회를 통해 더 이익을 얻는다.

영아/걸음마기	학령 전기	유아/초등
• 교육과정은 영아와 걸음마기 영아의 흥미, 기질, 성장과 발달 패턴에 있어서 다양한 변화를 이끈다. • 교육과정 계획과 실행은 가족문화에 대한 존중과 이해, 가족의 가치와 활동을 통합하려는 노력, 기대와 프로그램 사이의 차이에 대한 가족과의 토론 등을 강조한다.	• 주제영역에 걸친 통합 활동이 이루어진다. • 교육과정 계획과 실행은 유아의 문화와 문화적 가치를 반영하는 경험을 강조한다.	• 교육과정은 주제 영역과 학문분야 통합 학습의 계속성에 초점을 맞춘다. 교육과정은 또한 어려움을 가지거나 더 많은 도전을 요구하는 유아를 위한 수업적응을 촉진한다. • 유아는 다른 사람과 건설적인 관계를 발달시키고 개인이나 문화적 차이를 존중하는 방식을 배운다.

영아/걸음마기	학령 전기	유아/초등

교육과정은 포괄적이다: 유아의 나이에 관계없이, 교육과정은 넓은 범위의 주제영역과 발달적 학습 결과를 담당한다. 나이가 있는 아동의 경우, 교육과정은 구체적인 내용영역에 주의를 기울이게 한다.

영아/걸음마기	학령 전기	유아/초등
• 교육과정은 사물, 양육자, 친구와의 놀이경험 뿐만 아니라 그들의 양육자와 일상생활(잠자기, 화장실/기저귀 갈기)과 영아의 관계를 학습의 기회로써 통합한다. • 교육과정은 각각 영아의 학습 기회를 계획함에 있어 교사가 영아의 신체적 웰빙(well-being), 사회·정서적 발달. 학습에의 접근, 언어발달. 인지에 대한 그들의 지식을 사용할 수 있도록 한다.	• 교육과정은 개인적이거나 대소집단 경험을 통해 신체적 웰빙(well-being)과 운동능력, 사회·정서적 발달, 학습에의 접근, 제 2언어 발달을 포함한 언어발달, 인지와 일반적 지식에 대한 유아의 학습을 촉진한다. • 교육과정은 유아가 놀이를 포함하여 의미있는 매일의 경험을 통해 배움의 맥락을 제공한다. • 이 맥락 안에서, 수학, 문해 능력, 과학, 사회학, 예술을 포함한 다양한 학문적 영역의 발달을 도모한다.	• 교육과정은 통합적 발달 속에서 유아가 점점 깊이 있는 주제 영역(예: 언어, 문해 능력, 과학, 수학, 사회학, 시각과 행동적 예술)의 정보와 기술의 이해를 얻도록 돕는데 초점을 둔다. • 교육과정은 유아가 학문분야와 지식의 연결에 대해 인식하는 것을 돕는다. • 경험에 기초한 교육과정은 개인 혹은 소집단으로 탐구하고, 발견, 입증하거나 문제들을 해결하는 다양한 활동 전략을 포함한다.

교육과정은 긍정적인 결과를 촉진 한다: 유아의 연령에 관계없이, 교육과정은 유아의 긍정적인 발달을 촉진하기 위해 선정되고 적용되며, 개정된다. 교육과정의 결과는 즉각적인 즐거움과 양육, 장기간의 이익을 포함한다. 유아를 위한 교육과정은 이후의 발달에 중요한 영향력을 갖는 발달적 성과에 특별히 주의를 기울인다. (단순히 학문의 초기 버전 습득에 관심을 기울이는 것이 아니라)

영아/걸음마기	학령 전기	유아/초등
• 교육과정은 영아들이 그들 스스로나 다른 사람에 대해 배우는 것, 그들의 요구에 대해 성인과 의사소통 하는 것, 기초적인 개념의 이해를 얻는 것, 그들 연령에 적절한 운동능력이나 협력기술을 발달시키는 것에 대한 문서화된 증거를 이끌어내는 경험을 촉진시킨다. • 이러한 결과는 또한 각 영아의 신뢰, 호기심, 독립에 대한 감정의 발달 증거를 포함한다.	• 교육과정은 학령 전기 유아가 이후 학교에서의 성공을 위해 중요한 기술뿐만 아니라 신체적 웰빙과 운동능력발달, 사회·정서적 발달. 학습에의 접근, 언어발달, 인지와 일반적 지식에 대한 기술과 지식을 적용하고 얻는 것에 대한 문서화된 증거를 이끄는 것을 경험을 포함한다. • 유아는 학습과 그들의 다양한 방식으로 경험한 것을 그림 그리기/색칠하기, 말하기/쓰기와 역할극을 통해 표현하는 능력에 대한 긍정적인 태도를 증명한다.	• 교육과정은 유아가 인지, 신체, 사회 정서적 능력이 발달하는 것뿐만 아니라 문해 능력, 수학, 과학, 시각과 행동적인 예술의 중요한 능력을 얻고 있다는 서류화된 증거를 이끄는 경험을 제공한다. • 유아는 학습과 주요 개념, 기술, 주제영역의 도구에 대한 증가하는 이해; 다양한 상황에 대한 이해의 적용; 학문적 분야에 걸친 관계의 이해를 통하여 긍정적인 태도를 형성한다.

유아평가

(영아, 걸음마기, 학령전기 , 유치원생, 초등학생을 위한 유아 평가)

입장 표명 권고: 모든 유아기 프로그램의 주요 부분에 대하여 윤리적, 적합한, 타당한 그리고 신뢰할 수 있는 평가를 하도록 한다. 어린 유아들의 강점, 발달, 그리고 요구를 평가하기 위해 발달적으로 적합하고 문화적 · 언어적으로 반응하고 유아들의 매일의 활동과 연계되고 전문적인 발달에 의해 뒷받침되고, 가족을 포함한다. 교수학습에 대해 합리적인 결정을 하게 하며 개별유아에 초점을 두고 그들의 교육적 발달적 개입을 향상할 수 있게 도와야 한다.

영아/걸음마기	학령 전기	유아/초등
평가는 발달적으로 적합하고 문화적 · 언어적으로 민감하다: 유아들의 나이가 어떠하든지, 평가의 초점은 유아들을 위한 프로그램의 목표와 일치한다. 그 평가 체계는 나이, 문화, 가정의 언어, 사회경제적 지위, 능력과 장애를 가진 유아들에 대한 사용이 입증된 방법을 포함하고 다른 특성들은 평가가 사용될 유아와 유사하다. 평가방법은 장애를 가진 유아에게 잘 적응되도록 적용되어야 한다. 더 높은 연령의 유아 평가는 더 직접적인 측정과 공식적인 방법에 의존한다.		
• 평가는 영아 자신 스스로와 타인에 대해 배우는 능력, 대화하는 능력, 생각하는 능력, 근육을 사용하는 능력의 상태와 진전에 초점을 맞춘다. • 평가척도는 교사가 문화적 표현에 있어서 차이점과 가족들의 가정에서의 가치, 언어, 경험, 예절 등에 대해 유사한 개념과 기술을 갖도록 해준다.	• 평가는 유아의 탐색, 요구되는 훈련, 확장된 단어에 초점을 맞춘다. 측정(measure)은 유아의 신체적 웰빙과 운동신경의 발달, 사회적이고 감정의 발달, 학습에의 접근, 언어발달, 그리고 인지와 일반적 지식을 다룬다. • 척도는 교사가 문화적 표현에 있어서 차이점과 가족의 가치와 언어를 포함하는 문화에 기초한 경험을 공유하면서 이들과 유사한 개념과 기술을 갖도록 해준다.	• 평가는 계속해서 발달의 폭넓은 측면을 다루지만 점점 주제 영역에서의 학습 뿐만 아니라 언어와 문해 능력, 수학, 과학, 사회적 학습, 건강, 체육, 시각 및 공연 예술 영역에 걸친 통합에도 초점을 맞춘다. • 교사들은 유아가 스스로의 작품을 평가해 보도록 해준다. • 평가척도는 교사가 문화적 표현에 있어서 차이점과 가족의 가치와 언어를 포함하는 문자에 기초한 경험을 공유하면서 이들과 유사한 개념과 기술을 갖도록 해준다.

영아/걸음마기	학령 전기	유아/초등
평가는 유아의 매일의 활동과 연계되어 있다: 유아의 연령이 어떠하든지, 평가는 교사의 관찰기록과 그외 문서들에 의해 이루어진다. 이것은 주로 일상적인 교실활동 중에서 일정한 간격을 두고 조직적으로 수집된다. 유아의 연령에 관계없이 교사는 유아가 그들 스스로 할 수 있는 것과 숙련된 성인의 촉진과 지원이 있어야 할 수 있는 것을 모두 관찰한다. 어린 유아들의 경우, 평가는 주로 그들의 놀이나 상호작용이 포함된다. 높은 연령의 유아는 평가 방법이 더욱 명확하게 규정되고 다른 활동과 구분되고 지필방식이 포함될 것이다.		
• 평가는 영아의 일상생활이나 활동 중, 유아의 수행에 대한 교사의 관찰 기록을 포함한다. 또한 다른 자료 (예: 유아 놀이의 사진 혹은 비디오테이프, 그림의 샘플)가 포함된다.	• 평가는 교실에서의 경험 동안 유아가 수행한 것에 대한 교사 관찰 기록을 포함한다. 또한 다른 자료 (예: 유아의 블록 구성의 사진, 이젤 그림의 샘플)가 포함된다.	• 평가는 교육적 활동 동안, 유아의 수행에 대한 교사 관찰 기록을 포함한다. 또한 다른 자료(예: 유아의 지식이나 기술 습득에 대해 쓰인 기록, 완성된 작품의 샘플)를 포함한다.
평가는 전문적인 발달에 의해 뒷받침 된다: 출생부터 8세 까지 모든 유아의 교사들에게 있어, 전문적인 발달은 평가체계와 기준과 관련된 연구 기반 정보를 포함하고 교사들이 그들의 평가와 기술 분석을 개선하는 기회들을 포함한다. 전문적인 발달은 어린아이와 좀 더 나이 든 유아를 담당하는 교사들이 비공식적이고 놀이 기반의 평가에서 학습 표준들과 연관된 공식적인 평가들에 대한 지식들을 포함할 필요가 있다.		
• 평가는 관찰기록과 다른 놀이와 상호작용에 초점을 둔 척도를 다룬다.	• 평가는 관찰기록과 다른 유아들과의 놀이와 상호작용에 관련된 기록형식(유아의 쓰기 샘플, 양적 경험을 표현한 그래프)을 다룬다.	• 평가는 관찰기록, 유아의 작품 모음, 더 많은 공식적인 평가 방법 (예: 교사가 유아에게 그들의 주제에 관련된 지식을 물은 것의 응답이나 유아의 문제해결 과업의 수행)다룬다.
평가는 가족들이 포함된다: 가족들은 유아(모든 연령)의 평가에 대하여 잘 알고 있다. 교사들은 부모로부터 명확하고 존중적이고 건설적인 방식으로 유아들에 대한 정보를 얻고 정보를 공유한다. 어린유아의 경우, 그 정보는 주로 건강이나 발달에 초점을 맞추어 공유된다. 유아의 나이가 들어감에 따라, 가족들은 유아의 학문적 분야의 진보에 대한 더욱 공식적이고 종종 주정부가 요구하는 형식으로 평가된 정보를 공유한다.		
• 교사들과 부모들은 정기적으로 영아의 잠자고 먹는 것 같은 일상적인 것에 참여하는 것과 경험(까꿍 놀이나 숨겨진 물건 찾기)에 대한 정보를 공유한다. • 영아를 위해 부모들은 또한 매일 유아들이 먹고, 자고, 배설한 정보를 얻는다.	• 교사들과 부모는 정기적으로 유아의 모든 영역의 발달에 대한 정보를 공유한다. • 교사와 부모는 유아의 학습 목표와 학습의 접근법과 관련된 결정을 하는 것을 함께 한다.	• 교사와 부모는 정기적으로 유아의 모든 영역과 규율에 관련된 발달에 대한 정보를 공유한다. • 평가척도는 글자나 숫자로 된 점수가 포함될 것이다. 이러한 점수들은 유아의 여러 학습영역에 관한 서술적인 설명과 함께 부모들에게 보고한다. • 교사는 부모에게 대규모 평가가 가지고 있는 제한점, 의미, 사용방법에 대해 알린다.

영아/걸음마기	학령 전기	유아/초등

평가는 교수와 학습에 대한 타당한 결정을 하는데 사용되어진다: 유아의 나이에 상관없이, 평가 정보는 교육과정의 목표와 일치하는 학습을 지지하는데 사용된다. 어린 유아들에게 있어 그들 각각의 성장과 발달에 대한 정보는 그들이 환경, 상호작용, 경험의 중요한 변화에 관련된 결정을 하는데 사용된다. 좀 더 높은 연령의 유아들에게는. 평가정보가 각각 유아의 내용역역에 있어서 현재의 이해와 기술, 그들이 다음 학습을 위해 준비해야 하는 것, 유아가 중요한 발달적이고 학습 목표를 성취하는 도구적인 방법을 결정하는데 역시 사용된다.

영아/걸음마기	학령 전기	유아/초등
• 평가는 영아들이 자기 자신과 타인에 대해 배우고, 의사소통하고 생각하고 그들의 근육을 사용하는 능력을 다룬다. • 교사는 영아의 기술습득, 기질, 흥미, 그리고 다른 요소의 평가에 기초하여 각 영아의 경험과 일상생활을 조절한다.	• 평가는 유아들의 신체적 웰빙과 운동적 발달, 사회적이고 정서적 발달. 학습에의 접근, 언어발달 그리고 인지와 일반적인 지식을 다룬다. • 교사들은 유아의 지식과 기술, 흥미와 다른 요소들에 기반을 두고 각각 유아와 그룹을 위한 단기적이고 장기적인 계획을 개발한다.	• 평가 결과의 기초로 만들어진 교수와 학습 결정은 점점 더 어떻게 문해능력, 수학과 다른 특정 영역의 내용의 습득을 더 잘 촉진시키는지에 대한 초점을 포함한다. 하지만 광범위한 평가는 교육적 결정을 하는데 있어 계속해서 강한 영향력을 낳는다. • 교사들은 평가 정보를 교수 전략이 효과적인지, 어려움을 가진 개별 유아에게 필요한 적응이나 필요한 도전에 효과적인지를 결정하기 위해 사용한다.

평가는 개입이 반드시 필요한 것에 초점을 맞추어 중요한 점들을 찾아내는데 사용되어진다: 연령에 관계없이, 건강과 발달적인 검사는 좀 더 심층적인 평가가 필요한 유아를 판별하는데 사용된다. 아주 어린 영아들은 정기적으로 잠재적인 건강 문제와 발달적인 지연이 있는지 검사된다. 나이가 더 많은 유아들은, 검사(screening)와 후속 평가가 어릴 때는 분명하지 않았던 장애나 다른 특별한 문제들을 발견하도록 이끌 것이다. 장애나 다른 문제가 진단되었을 때, 적절한 개입이 계획되고 시행된다.

영아/걸음마기	학령 전기	유아/초등
• 평가는 건강요소와 정상 발달 단계의 습득에 초점을 맞춘다. • 판별검사는 영아 웰베이비(well-baby)보육이나 조기 헤드 스타트 프로그램 등의 프로그램 일환으로 시행되어질 수 있다.	• 평가는 계속해서 건강요소와 발달적 지연정도에 초점을 맞춘다. • 판별검사(screening)는 통상 유아들이 헤드 스타트나 다른 프로그램에 들어가면서 수행된다. 종종 이 프로그램의 종사자들은 평가를 수행하기 위한 특별한 훈련을 받는다.	• 시력과 청력 검사를 포함하여 평가는 전형적으로 유치원에 들어가는 모든 유아들에 대하여 수행된다. • 모든 유아를 위해 공식적인 학교 구역이나 주에 규정된 검사(screening), 그리고 위탁 첨부서가 덧붙여진다.

영아/걸음마기	학령 전기	유아/초등
평가는 프로그램이 그들의 교육적이고 발달적인 개입을 원활하게 증진시킬 수 있도록 도와 주기 위해 사용되어진다: 모든 영유아기 프로그램에서, 정보는 교사들과 프로그램의 관리자가 유아와 가족에게 제공되는 프로그램 활동의 효과를 잘 알도록 유지하는 것을 돕는데 사용된다. 이러한 사용을 통해 프로그램의 개선이 이루어진다. 어린 유아를 위한 평가 정보는 대부분 신체적인 특성과 건강의 이슈를 다루고, 계속해서 나이가 있는 유아들의 지식과 기술의 직접측정으로 옮겨간다. (예: 지필테스트 등)		
• 평가 데이터는 영아 보육에서 받은 예방주사, 그리고 감각과 지각의 능력에 관련하여 모아진다. • 평가 정보의 분석은 주요 보호자의 책임감, 상호작용 스타일, 언어발달의 촉진과 관련된 전략, 실내와 실외 환경 그리고 다른 프로그램의 측면에 변화를 이끌 것이다.	• 평가 정보는 신체적인 웰빙과 운동기능의 발달, 사회적이고 정서 발달, 학습에의 접근, 언어 발달, 그리고 인지와 일반적인 지식과 관련하여 모아진다. • 평가 정보의 분석은 매일의 스케줄과 교육과정 그리고 교수 전략과 상호작용 스타일, 흥미 영역의 배치, 실외 놀이 영역의 재료, 그리고 다른 프로그램의 측면에 변화를 이끌 것이다.	• 평가 정보는 주로 직접적인 측정을 통해 모아진다. (훈련에 걸쳐) • 평가 정보의 분석은 모든 그룹을 위한 교수 전략, 소그룹 유아들을 위한 활동의 디자인과 실행, 그리고 다른 프로그램 측면에 변화를 이끌 것이다.

프로그램 평가와 책무성

(영아, 걸음마기 영아, 유아, 초등기 아동을 위한 프로그램)

입장 표명 권고: 정기적인 유아교육프로그램에 대한 평가가 프로그램 목적의 측면에서 이루어지도록 한다. 이것은 프로그램이 의도된 결과뿐 아니라 의도되지 않은 결과를 점검해 보고, 기대하는 질적 기준을 충족할 수 있도록 다양하고 적절하며 개별적이고 기술적인 증거를 사용하도록 한다.

영아/걸음마기	학령 전기	유아/초등

효과적인 프로그램 평가와 책무성: 모든 연령에 해당하는 유아프로그램들은 확실한 목적에 기반을 두고 평가가 지속되어야하며 효율적인 결과를 유산출할 책임이 있다. 비록 모든 질높은 유아교육프로그램들에서 많은 유사점들이 발견되지만 특별한 질적 기준이 프로그램을 평가하기 위해 사용되어지곤 한다. (예를 들면, 프로그램기준과 조기 학습기준 등) 가장 적절한 것이 무엇인가하는 이슈와 책무성 시스템에 관련한 특정 문제들은 연령에 따라 다양할 수 있다. 좀 더 높은 연령을 대상으로 하는 프로그램의 경우 대개는 대규모의 표준화된 평가척도를 사용하는 것이 정형화되어 있다. 이러한 경우 여러 가지 안전 장치를 마련해 두어야 한다. 예를 들면 발달에 적합해야 하고 사용되는 언어가 유아에게 가장 적합해야 하며, 기타 사항 등이 적절하여야 한다. 한 개의 자료보다는 누적된 자료를 사용하여 책무성을 높이고 얻어진 점수들은 프로그램의 한 측면만을 나타내는 것으로 해석될 필요가 있다.

영아/걸음마기	학령 전기	유아/초등
• 프로그램 평가와 책무성은 영아와 걸음마기 시기에 특별히 적절한 질적 기준을 사용한다(예를 들면 프로그램과 조기학습기준들). 또한 발달적인 영역들(신체적 웰빙, 운동발달: 사회성과 정서발달; 학습접근법; 언어발달; 인지와 일반적 지식)과 함께 모든 프로그램에 적절한 것들을 다룬다. • 프로그램의 효율성을 평가하는데 있어 가족과 관련된 목적과 결과를 가장 중요한 것으로 간주한다. 그 이유는 영아와 걸음마기를 위해서는 그것이 결정적으로 발달에 중요하기 때문이다. • 책무성의 일환으로 영아의 성취점수를 사용하는데 있어 여러 가지 다른 유형의 비교를 사용하는 것도 좋겠지만 영아기의 다양성과 불균형성 때문에 상당한 주의가 필요하다.	• 프로그램평가와 책무성은 프로그램의 목적을 확인하고 그 효율성을 평가하는데 있어 상당히 포괄적인 발달과 학습의 결과를 반영할 수 있도록 해야 한다. • 학령전기 프로그램이 점차 주 정부의 책무성 시스템의 일부분이 되어감으로써, 결과들은 학문적인 영역에만 국한되어져서는 안되며 발달의 여러 영역–즉 신체적 웰빙과 운동발달; 사회성과 정서발달; 학습접근법; 언어발달; 인지와 일반적지식-과 함께 적용 가능한 평가기준을 고수하도록 이끌어야한다. • 유아에게는 형식적이고 표준화된 평가사용의 어려움이 주어지므로 대안적인 방법을 사용하거나 과정을 샘플링하는 것이 강조되어야 한다.	• 유치원과 초등학교 연령의 아동에게 제공되는 프로그램에 대한 프로그램 평가와 책무성은 전형적으로 정부, 주, 지역의 기대 체계와 연관되어 수행된다. • 유아는 형식적인 평가에 참여할 수 있지만, 6~8세 유아는 프로그램에 대한 잘못된 결과를 이끌수 있는 평가 상황에서 여전히 그들 능력 수준을 보여 주는 데 실패한다. • 이 시기 유아를 위한 책무시스템은, 프로그램 목표의 전체를 보지 못하고 좁은 범위에 초점을 맞추는 위기에 빠지게 한다.; 학습 기준뿐 아니라 프로그램 기준에 초점을 맞춘 이해적이고 발달적으로 적합한 시스템을 유지하기 위해서는 특별한 집중이 요구된다. • 유치원과 초등학생이 형식적인 표준화 된 평가를 사용하는 것은 계속해서 문제가 있다. 과정을 샘플링하는 대안적 방법은 강조되어야 한다.

강문희 · 문미옥 · 박경자 · 서영숙 · 우남희 · 이강이 · 이숙재 · 이순형 · 이영 · 이옥(2002). 21세 기유아교육. 학지사.

강석훈(2008). 생애초기 교육의 경제적 효과. 미래를 위한 교육투자: 생애초기교육. 2008 한국육아 지원학회 춘계학술대회, 한국육아지원학회. 2008. 4. 12.

강숙현(2000). 교수-학습과정 되돌아보기: 유아교사의 자기반성적 평가탐구. 창지사.

강숙현(1994). 유아교육 프로그램 평가 척도(APECP)의 이해와 활용. 동문사.

강영욱(2002). 영유아보육정책의 변천에 관한 사적 고찰. 한국행정사학지, 11, 295.

강현석 · 주동범(2004). 현대교육과정과 교육평가. 학지사.

경제기획원 조사통계국 · 가족계획연구원(1977). 1974년 한국 출산력 조사.

곽노의(1996). 발도르프유치원의 교육이론과 활동. 유아교육연구, 16(1), 5-22.

곽병선 · 허경철(1986). 제5차 교육과정 총론 개정 시안의 연구 · 개발. 한국교육개발원.

곽향림(2005). 구성주의 교실에서 진자활동을 위한 과학적 내용지식과 지식구성에 관한 연구. 유 아교육연구, 25(5), 257-536.

곽향림(2004). 탐구생활 영역 교육활동에서 다루어야 할 개념의 범위: 과학적 탐구를 중심으로. 대한어린이교육협회 정기 총회 및 연구 발표회 자료집, 69-100.

교육개혁위원회(1997). 세계화 · 정보화 시대를 주도하는 신교육 체제 수립을 위한 교육개혁방안 (IV). 제5차 대통령 보고서, 1997. 6. 2.

교육고전문헌연구회 편(1981). 20세기 교육고전의 이해. 이화여자대학교 출판부.

교육고전문헌연구회 편(1996). 통합교과의 교육과정: 교과서 구조개선. 한국교육개발원.

교육과정개정연구위원회(1997). 제7차 초등학교 통합교과 교육과정 개발 연구. 한국교육개발원.

교육과학기술부 유아교육정책과(2008). 2008년 각 시도별 유치원종일제 운영 시간현황 및 비율. 미간행.

교육과학기술부(2013). 유아교육발전 5개년 계획수립정책연구.

교육과학기술부(2013b). 2012년 4월 기준 내부자료.

교육과학기술부(2012a). 교사용 지도서 9 - 세계 여러 나라.

교육과학기술부 · 보건복지부(2013a). 3세 누리과정 교사용 지도서(1~10권).

교육과학기술부 · 보건복지부(2013b). 4세 누리과정 교사용 지도서(1~11권).

교육과학기술부 · 보건복지부(2013c). 5세 누리과정 교사용 지도서(1~11권).

교육과학기술부 · 보건복지부(2012a). 누리과정 3-5세 연령별 누리과정 해설서.

교육과학기술부 · 보건복지부(2012b). 「3-5세 연령별 누리과정」 고시문(2012. 7. 10.).

교육과학기술부 · 보건복지부(2012c). 5세 누리과정 교사용 지침서.

교육과학기술부 · 보건복지부(2011). 「5세 누리과정」 고시문(2011. 9. 5.).

교육부 유아교육정책과(2003). 유치원 현황.

교육부 유아교육정책과(1998). 1998 지역별 종일반 유치원 현황.

교육부(2000). 유치원교육활동 지도자료 총론. 교육부.

교육부(1998). 유치원교육과정 해설. 대한교과서주식회사.

교육부(1998). 1998 지역별 종일반 유치원 현황.

교육부(1995). 유치원교육활동지도자료 1: 총론. 교육부.

교육부(1995). 유치원교육과정에 기초한 유아관찰 척도. 교육부.

교육부(1993). 유치원교육과정 해설. 대한교과서주식회사.

교육부(1993). 유치원 교사용 지도서-종일반 운영지도 자료. 교육부.

교육부(1992). 유치원교육과정. 대한교과서주식회사.

교육부(1992). 제6차 유치원 교육과정 시안의 연구 개발. 한국교육학회 유아교육연구회.

교육부(1988). 제6차 유치원교육과정. 교육부.

교육인적자원부 유아교육정책과(2003). 유치원 현황.

교육인적자원부(2007). 「2007 유치원교육과정」. 교육인적자원부 고시 제2007-153호.

교육인적자원부(2007). 2007 개정 유치원교육과정 확정. 보도자료, 2007. 12. 13.

교육인적자원부 · 육아정책개발센터(2007). 2007년도 유치원 평가 매뉴얼: 시범 평가.

국립교육평가원(1994). 유치원교육평가연구. 국립교육평가원.

권영례(1999). 유치원교육환경 평가척도. 유아교육 · 보육기관 평가의 질적 준거. 열린유아교육학
　　　회 1998 국제학술대회 자료집, 101-108.

권영례(1982). 유치원교육의 효과와 지속성에 관한 연구. 아동학회지, 3, 97-113.

권정윤, 정미라, 박수경(2011). 뇌발달 연구에 기초한 영유아교육의 방향. 뇌과학과 유아교육의 만
　　　남. 2011한국육아지원학회 춘계학술대회 주제강연Ⅲ. 한국육아지원학회.

김경배 · 김재건 · 이홍숙(2005). 교육과정과 교육평가. 학지사.

김경자(2000). 학교교육과정론. 교육과학사.

김경철 · 김영호 · 엄익명 · 조옥희(2001). 영유아교육과정. 학지사.

김명순 · 이기숙 · 이옥(2005). 한국 유아교육 · 보육과정의 역사와 미래. 한국 유아교육과 보육의 자리매김. 한국유아교육학회 학술대회 자료집. 한국유아교육학회.

김명희 · 신화식(2001). 다중지능에 의한 부모-교사의 유아 잠재능력 평가 간의 인식 비교 연구. 아동학회지, 22(4), 33-50.

김미정(2006). 가베 활용 프로그램이 유아의 다중지능에 미치는 효과. 숙명여자대학교 대학원 석사학위논문.

김승권(2005). 한국사회 저출산의 원인과 대응 전략. 한국보건사회연구원.

김안나 · 김남희 · 김태준 · 이석재 · 정희욱(2003). 국가수준의 생애능력 표준설정 및 학습체제 질 관리 방안연구(Ⅱ) 연구보고, RR 2003-15. 한국교육개발원.

김영숙(2005). 우리나라 보육정책의 개선방안에 관한 연구. 경희대학교 행정대학원 석사학위논문.

김영실(1991). 상황적 읽기 교수 전략이 유아의 읽기 능력에 미치는 영향. 이화여자대학교 박사학위논문.

김영옥(2008). 유아사회생활이론과 실제. 2008학년도 서울시 유치원장 자격연수교재. 서울교육대학교 교육연수원.

김영옥(2002). 유아를 위한 다문화 교육. 정민사.

김영옥(2001). 유치원교육과 교사의 수업전문성. 한국교사교육, 18(1). 한국교사교육연구협의회.

김영옥(1995). 한국 현대 유아교육사. 양서원.

김영옥(1989). 유아교사 양성대학의 유아사회교육과정 모형 연구. 한국교육학회 유아교육연구회 (편). 유아교육연구, 9, 27-51.

김인식(1996). 최신 교육과정 및 평가. 교육과학사.

김재복(1998). 교육과정의 통합적 접근. 교육과학사.

김정옥(1990). 유아기 자녀를 둔 어머니의 아버지 역할 인식과 역할수행 기대에 관한 연구. 이화여자대학교 교육대학원 석사학위논문.

김정원 · 김영숙(2006). 자연체험 프로그램이 유아의 친환경적 태도와 과학탐구능력에 미치는 영향. 열린유아교육연구, 11(6), 435-457.

김정원 · 김유정(2006). 방과 후 프로그램의 실태와 부모와 교사의 요구에 관한 연구. 아동권리연구, 10(1), 49-72.

김정원 · 심은희 · 이경화 · 이연규 · 장은주 · 전선옥 · 조순옥 · 조화연 · 최일선(2005). 보육학개론. 정민사.

김정원 · 이경화 · 이연규 · 전선옥 · 조순옥 · 조혜진(2006). 보육과정. 파란마음.

김정임(2003). 발도르프 유아교육원리에 대한 고찰. 교육과학연구, 34(2), 117-130.

김종서(1980). 교육과정과 수업(교육신서 76). 배영사.

김혜선(1996). 유아교육과정 운영에서의 프로젝트 접근법 적용에 관한 연구. 이화여자대학교 교육대학원 석사학위논문.

김희연·정선아(2006). 어린이의 삶의 관점에서 본 유아보육 교육과정의 본질. 유아교육연구, 26(5), 355-376.

김희진(1997). 레지오 에밀리아 유아교육의 특징과 실제. 한국유아교육학회. 대구·경북지회발표 자료를 저자의 허락을 얻어 「레지오 에밀리아의 접근법」의 내용에 일부 인용.

김희진·김언아·홍희란(2005). 영아교사를 위한 교사교육 매뉴얼. 창지사.

김희진·김언아·홍희란(2004). 영아를 위한 프로그램의 이론과 실제. 창지사.

김희진·박은혜·이지현(2000). 유아교육기관에서의 관찰. 창지사.

나성식(2005). John Dewey 교육론의 유아교육적 함의. 유아교육학논집, 9(1), 103-128.

나정(2005). 출산율의 핵심 요소인 영유아 보육, 교육정책을 우선하라. 교육개발, 154, 한국교육개발원, 2005. 11.

대통령 자문 교육개혁위원회(1995). 세계화·정보화 시대를 주도하는 신교육 체제 확립 수립을 위한 교육개혁방안. 제2차 대통령 보고서, 1995. 5. 31.

덕성여자대학교 유아교육연구소(1993). 상호작용이론에 기초한 유아교육과정. 창지사.

덕성여자대학교 유아교육연구소(2000). 상호작용이론에 기초한 유아교육과정의 운영 및 활동의 실제. 창지사.

문교부(1987). 유치원교육과정. 대한교과서주식회사.

문교부(1981). 유치원교육과정. 대한교과서주식회사.

문교부(1979). 유치원교육과정. 대한교과서주식회사.

문교부(1969). 유치원교육과정. 대한교과서주식회사.

민자순·이경우(1982). 아동을 위한 수학 개념 교육의 내용과 교구제작. 덕성유아교육연구, 1. 덕성여자대학 유아교육학회.

박숙희·염명숙(2001). 교수-학습과 교육공학. 학지사.

박영배(1998). 교육평가 연구의 새로운 동향. 평가방법 탐구: 열린교과교육적 접근. 형설출판사.

박은혜·이은화(1998). 반성적 사고 신장을 위한 교육실습지도. 교과교육학연구, 2(1), 187-204.

박의수(1994). 루돌프 슈타이너와 발도르프 교육. 안암교육학연구, 1(1), 107-126.

박정한(2007). 임산부와 신생아의 건강을 위한 적령기 출산. 부모기 탐색: 건강한 육아를 위한 예비부모 지원. 한국육아지원학회 춘계학술대회 발표자료집, 9-23. 2007. 4. 14.

반운경(1981). 유아교육 교수방법에 따른 효율성에 관한 연구. 이화여자대학교 석사학위논문.

방인옥(1994). 존 듀이의 교육철학과 유치원교육과정. 서원.

배호순(1994). 프로그램평가론. 원미사.

변영계·김영환·손미(2000). 교육방법 및 교육공학. 학지사.

보건복지부(2013). 제3차 어린이집 표준보육과정(보건복지부 고시 제2013-8호).

보건복지부(2012). 제2차 표준보육과정.

보건복지부(2012). 제2차 표준보육과정(보건복지부 고시 제2012-28호).

보건복지부(2012). 보육프로그램 총론.

보건복지부(2012). 5세 누리과정에 기초한 어린이집 프로그램.

보건복지부(2012). 2012 어린이집 평가인증 안내(40인 이상).

보건복지부(2010). 보육프로그램 총론.

보건복지부(2010). 2세 보육 프로그램.

보건복지부(2010). 0세 보육 프로그램.

보건복지부(2000). 보육사업안내. 보건복지부.

보건사회부 가정복지과(1991). 영유아보육법령집. 보건사회부.

보육시설평가인증사무국(2006). 2006년도 평가인증 지침서.

보육시설평가인증사무국(2005). 2005 보육시설 평가인증 지침서(영아전담보육시설). 여성부 보육
　　　　지원과.

부래운(1932). 활동에 기초한 아동교육법. 이화보육학교.

삼성복지재단(2006). 삼성어린이집 영아프로그램, 1세. 다음세대.

삼성복지재단(2004). 삼성어린이집 영유아프로그램. 삼성어린이개발센터 새책. 다음세대.

서문희・이상헌・임유경(2000). 보육시설 평가인증제도 도입 방안 연구. 정책보고서, 2000-09. 한
　　　　국보건사회연구원.

서울시교육연구정보원(2012). 2012 유치원 평가를 위한 교원 연수 자료.

서울특별시 교육위원회(1981). 서울교육사.

서울특별시 교육위원회(1979). 유치원교육과정 운영자료집.

서울특별시(2005). 영아보육프로그램. 현문미디어.

서울특별시교육청(2012). 서울특별시 유치원 교육과정 편성 운영 지침.

성태재(1998). 수행평가의 본질과 장단점: 우리나라에서의 수행평가의 문제점과 원인 분석 그리
　　　　고 해결방안, 수행평가 어떻게 할 것인가?. 제5차 교육개혁 대토론회자료집, 39-67.

손영의(1973). 한국 유치원 교육발달에 관한 일 연구. 이화여자대학교 대학원 석사학위논문.

송해영(2008). 레지오 에밀리아에 관한 사진 및 일부 내용 제공(2008. 8).

신은수(2007). 생애 초기 기본 학습능력과 유치원교육과정, 생애 초기 기본 학습능력과 유아교육
　　　　의 과제. 2007 한국유아지원학회 추계학술대회 발표자료, 77-103. 2007. 11. 10.

신은수(1991). 놀이에 있어서의 교사의 역할 및 교수전략. 유아교육과 놀이. 한국어린이육영회, 45-
　　　　75.

신은수 외(1991). 협동학습활동에 기초한 유아교육 프로그램 방향모색. 한국어린이육영회.

신은수·박현경(2006). 가장놀이에 대한 교사교육이 교사의 놀이교수 효능감 및 놀이 개입 실제와 유아 가장놀이 사회수준에 미치는 영향. 유아교육연구, 26(6), 287-310.

신화식(2007). 유치원에 적용하는 다중지능이론-자연물을 통한 실외놀이를 중심으로. 2007년 정기 학술대회자료집. 한국유아교육학회.

신화식·김헌수(1992). 몬테소리교육 모형. 양서원.

신화식 외(2004). 영유아교육 프로그램. 교문사.

신화식·주은희·이경선·소현아(2001). 프로젝트 스펙트럼에 기초한 영역별 교수·학습평가 도구 개발-만 4, 5세 유아를 대상으로. 한국교원대학교 부설 교과교육공동연구소.

심성경·조순옥·이정숙·이춘자·이선경·이효숙(2004). 개정 유아교육개론. 창지사.

양미경(1997). 교과 통합지도의 의의 및 방법적 원리 탐색. 교육학 연구, 35(4), 111-132.

양승희·공병호·유지연·조현정(2006). 보육과정. 동문사.

양옥승(1987). 유아교육과정 연구의 재개념화. 유아교육연구, 7. 한국교육학회 유아교육연구회.

양옥승·김미경·김숙령·김영연·김진영·박선희·서현아·오문자·장혜순·조성연·조은진·최양미·현은자(2001). 유아교육개론. 학지사.

엄정애(2004). 놀이와 교육과정연계에 대한 교사인식과 현황. 유아교육연구, 24(1), 145-164.

여성가족부(2007). 보육사업안내. 여성가족부 보육정책국.

여성가족부(2007). 표준보육과정.

여성가족부(2007). 표준보육과정의 구체적 보육내용 및 교사지침.

여성부(2005). 2004년도 전국보육교육실태조사. 보육시설 실태조사보고.

연세대학교 어린이생활지도연구원 편(2005). 어린이생활지도연구원 2004년도 보고서.

연세대학교 어린이생활지도연구원 편(1995). 개정 연세 개방주의 유아교육과정. 창지사.

영유아보육법(1991). 1991. 1. 14. 법률 제4328호.

유소정(2005). 보육정책의 활성화 방안에 관한 연구-출산장려정책을 중심으로. 건국대학교 석사학위논문.

유현숙·김태준·이석재·송선영(2004). 국가수준의 생애능력표준설정 및 학습체제 질 관리 연구(Ⅲ), 연구보고. RR 2004-11. 한국교육개발원.

유현숙·박영숙(1997). 사립유치원 평가준거 개발. 한국교육개발원.

유혜령·강은희·박지영(2003). 유아 교수공학과 교수·학습방법. 창지사.

유희정·이미화·우현경·신희연(2005). 영아보육 프로그램. 서울특별시.

육아정책연구소(2011). 만5세 공통과정 시행 방안 연구-5세 누리과정 개발을 중심으로-. 연구보고 2011-3.

육아정책연구소(2011). 유치원교육과정과 표준보육과정의 통합 추진을 위한 단·중기 전략. 연구보고 2011-08.

윤기영(1998). 유아교육의 사회적 기초. 이영석·이항재 편. 최신유아교육학개론, 85-106. 교육과학사.

윤애희·박정민(200). 유아환경교육. 보육사.

이경우·이은화 편역(1999). 반편견교육과정: 어린이에게 대응능력을 길러주는 도구. 창지사.

이계학·유혜령·손직수·이홍우(1994). 한국인의 전통교육사상과 전통 가정교육. 전통가정교육사상. 한국정신문화연구원.

이귀윤(1996). 교육과정연구. 교육과학사.

이기숙(2008). 유아교육과정 3판. 서울: 교문사.

이기숙(2007). 유아의 일상생활보고서: 동아시아 5개 도시 조사. Benesse교육연구개발센터, 2006. 3. 연구소 보고 vol. 36을 기초로 국제 유아교육심포지움 발표자료. 서남재단, 2007. 10. 25.

이기숙(2000). 한국유아교육기관의 질적 향상을 위한 인준평가체제 방향모색. 이화여자대학교 유아교육학과 BK 21 핵심사업팀 세미나 자료.

이기숙(2000). 유아교육과정(개정2판). 교문사.

이기숙(1992). 유아교육과정(개정판). 교문사.

이기숙(1983). 유아교육과정. 교문사.

이기숙·김정원·이현숙·전선옥(2008). 영유아교육과정. 공동체.의 내용을 저자들의 허락을 얻어 일부 사용.

이기숙·박은혜(2002). 한국의 유아교육기관 인정기준 및 체제의 개발. 제10회 국제학술대회자료. 삼성복지재단.

이기숙·장영희·정미라·배소연·박희숙(1997). 영유아를 위한 안전교육. 양서원.

이기숙·홍순정(2001). 유아교육과정. 한국방송통신대학교출판부.

이민정·권정윤·배지희·인혜준·전홍주(2008). 생애 초기 종단연구의 장단기 효과. 미래를 위한 교육투자 : 생애초기교육. 2008 한국육아지원학회 춘계학술대회. 한국육아지원학회, 2008. 4. 12.

이상금(1995). 해방 전 한국의 유치원. 양서원.

이상금(1987). 한국 근대 유치원 교육사. 이화여자대학교 출판부.

이성호(2004). 교육과정 개발과 평가. 양서원.

이소현(2005). 장애아동 통합을 위한 보육프로그램 개발. 삼성복지재단 연구보고서.

이소현(2003). 유아특수교육. 학지사.

이숙자(2005). 여성부 보육시설 평가인증지표에 관한 보육교사의 인식 연구. 성균관대학교 생활과학대학원 석사학위논문.

이숙재(1988). 유아의 놀이와 문제해결력에 관한 연구. 성신연구논문집, 27.

이영석(1989). 한국 유아교육기관 시설 표준평가척도 개발에 관한 연구. 사회과학, 29(2), 성균관 대 사회과학연구소.

이영자 · 권용례 · Harms(1998). 유치원과 초등학교 저학년 교육환경 평가척도 개발 예비연구. 초 등교육연구, 12(1), 141-160.

이영자 · 이기숙(1990). 유아교육 프로그램. 교문사.

이영자 · 이기숙 · 이정욱(1999). 유아 교수-학습방법. 양서원.

이옥(2002). 보육시설 평가인증제 도입과 보육의 질. 사회과학연구, 8. 덕성여자대학교 사회과학 연구소.

이용일 · 현충순(1986). 유아를 위한 건강지도. 창지사.

이은해(1995). 아동발달의 평가와 측정. 교문사.

이은해(1985). 아동연구방법. 교문사.

이은해 · 이기숙(1995). 유아교육 프로그램 평가척도의 타당화를 위한 연구. 유아교육연구, 15(1), 157-178.

이은해 · 이기숙(1992). 유아교육 프로그램의 효과. 양서원.

이은해 · 이기숙(1990). 유치원교육의 효과에 관한 제 2차 종단적 연구: 청년 전기를 중심으로. 교 육학연구, 28(3), 147-162.

이은해 · 이기숙(1987). 유치원교육의 효과에 관한 종단적 연구. 교육학연구, 25(2), 119-137.

이은해 · 이기숙(1983). 유아교육 프로그램 유형에 따른 효율성에 관한 연구. 교육학연구, 21(2), 83-104.

이은화(1999). 유아교육과 평화교육. 13회 유아교육학술대회 자료집, 3-12. 한국어린이육영회.

이은화 · 김영옥(2000). 유아사회교육. 양서원.

이정민(1997). Vygotsky 이론에 기초한 교사와 유아 간 동화책 읽기가 유아의 이야기 이해력에 미 치는 영향. 건국대학교 교육대학원 석사학위논문.

이정환(1999). 개정판 유아교육 교수학습방법. 교문사.

이차숙(2003). 한글의 특성에 따른 한글 해독 지도방법 탐색. 유아교육연구, 23(1), 191-215.

이화어린이연구원(2007). 만 2세 학급의 일과. 어린이연구원프로그램(만 2세). 미간행.

이화여자대학교 부속유치원 편(2002). 이화유치원교육과정. 교문사.

이화여자대학교 부속유치원 편(1992 · 1995). 3세 유치원 교육과정 운영의 실제 1~10권. 교문사.

이화여자대학교 부속유치원 편(1992 · 1995). 4세 유치원 교육과정 운영의 실제 1~11권. 교문사.

이화여자대학교 부속유치원 편(1992 · 1995). 5세 유치원 교육과정 운영의 실제 1~13권. 교문사.

이화여자대학교 부속유치원 편(1977). 유치원교육과정 및 운영. 이화여자대학교 출판부.

이화여자대학교 사범대학 유아교육과 BK21핵심사업팀(2000). 한국유아교육기관의 질적 향상을 위 한 인준평가체제 방향모색.

임갑빈 · 김순녀 · 박영란 · 이진수(2002). 자연친화 생태유아교육 프로그램. 양서원.

임부연(2005). 포스트모던 유아교육과정의 미학적 탐색: 해체를 넘어 생성을 위하여. 교육과정연구, 23(4), 207-230.

임부연 · 오정희 · 최남정(2008). 비구조적인 자유놀이 시간에 유아들이 보여 주는 '진짜 재미있는 놀이'에 대한 현상학적 연구. 유아교육연구, 28(1), 185-209.

임양금(2005). 유아의 이름글자를 활용한 균형잡힌 문자 언어 접근법의 효과. 원광대학교 대학원 박사학위논문.

임재택(1995). 유아교육기관 운영관리. 양서원.

임재택(1983). 유아교육 환경평정척도 표준화를 위한 예비연구. 부산대 사범대학 교육논집, 10, 107-143.

임재택 외(2002). 얘들아 텃밭 가자. 양서원.

장영희(1998). 반편견교육과정을 통한 인간교육. 제12회 한국 어린이 육영회 유아교육학술대회자료집. 한국어린이육영회.

전선옥(1996). 한국 유치원 교육과정의 변천과정. 이화여자대학교 대학원 박사학위논문.

전윤식(1992). Vygotsky의 ZPD개념에 입각한 아동의 잠재능력과 교수 효과성 측정. 교육학연구, 30(2), 151-175.

전인옥 · 박선희(2001). 현대사회와 아동. 한국방송통신대학교 출판부.

정기원 · 오미영 · 안현애(1995). 보육시설 평가기준 및 평가체제 개발. 한국보건사회연구원.

정미라 · 허혜경 · 박은혜 · 권정윤(2007). 생애초기 기본 학습능력 보장방안연구. 연구보고 CR 2007-2, 한국교육개발원.

정윤경(1994). 발도르프 교육학. 학지사.

조경원 · 이기숙 · 오욱환 · 이귀윤 · 오은경(1991). 교육과정. 교육학의 이해. 이화여자대학교 출판부. 210-266.

조경자 · 이현숙(2004). 유아건강교육. 학지사.

조부경(2005). 유아교사의 과학교수 능력향상: 무엇을, 어떻게. 대한어린이교육협회 2005년도 하기연수회 자료집, 9-31.

조부경(2004). 구성주의 유아과학활동의 방향: 무엇을, 어떻게. 2004년 WISE 충북지역센터 교사 연수 자료집, 1-23.

조부경 · 곽향림 · 이정욱(2006). 교육부 고시 제7차 유치원교육과정 탐구생활영역 시안개발연구. 유치원교육과정 개정방안세미나. 한국유아교육학회 · 한국교육과정평가원 공동개최 세미나 발표자료, 2006. 12. 5.

조부경 · 백성혜 · 이은진(2005). 물에 물체가 뜨고 가라앉는 것에 대한 탐색활동에 나타난 유치원 교사의 과학교수지식에 대한 고찰. 유아교육연구, 25(6), 59-85.

조선총독부(1926). 조선법령집람. 경성.

조연순 · 김경자(1996). 주제 중심 통합교육과정구성: 숙의과정. 교육학연구, 34(1).

조철환(2007). 출산율, 바닥 찍고 상승세로. 한국일보, 2007. 8. 14.

중앙교육연구원 조사연구부(1976). 유아교육의 현황과 추세. 중앙교육연구원 조사연구부.

중앙대학교 부속유치원 편(1999). 활동 중심 통합교육자료집 1. 양서원.

중앙대학교 부속유치원 편(1997). 활동 중심 통합교육과정. 양서원.

중앙대학교 부속유치원 편(1989). 활동 중심 통합교육과정. 양서원.

중앙대학교 부속유치원 편(1983). 활동 중심 교육과정. 양서원.

지옥정(1996). 프로젝트 접근법이 유아의 학습준비도, 사회 · 정서발달, 자아개념 및 프로젝트 수행능력에 미치는 효과. 한국교원대학교 대학원 박사학위논문.

최경숙(2001). 발달심리학: 아동 · 청소년기. 교문사.

최석란 · 신은수(1999). 평화교육 프로그램의 실제. 유아교육과 평화교육. 13회 유아교육학술대회 자료집, 133-163. 한국어린이육영회.

최소자(1993). 주제접근방법(Project Approach)의 사례연구: 자동차 주제를 중심으로. 중앙대학교 석사학위논문.

최영애(2006). 다중지능이론에 기초한 유아음악교육 프로그램이 유아의 전인발달에 미치는 효과. 한국외국어대학교 교육대학원 석사학위논문.

최윤정(2005). 국가수준 유치원교육과정의 국제비교연구: 8개국을 중심으로. 유아교육연구, 25(4), 5-31.

통계청(2008). 인구 동태 건수 및 동태율 추이.

한국교육개발원(1987). 유아교육기관 평가 준거 개발 연구. 한국교육개발원.

한국교육과정평가원(2007). 유치원교육과정 개정 시안 수정 · 보완 연구. 연구보고, CRC 2007-3.

한국교육학회 유아교육연구회(1992). 제5차 유치원 교육과정 시안의 연구 · 개발. 교육부.

한국여성개발원(2006). 2006 여성통계연보.

한국여성정책연구원(2007). 2006년도 여성정책연차보고서.

한국유아교육학회(2006). 한국유아교육 현장의 정체성 확립을 위한 노력. 공동체.

한국유아교육학회(1997). 제6차 유치원교육과정 개정 시안 연구 · 개발. 교육부.

한국유아교육학회(1995). 유아교육백서. 양서원.

현웅강 · 이완정(1997). 영아 · 걸음마기 아동환경평정척도 타당화 연구(I). 대한가정학회지, 35(6).

홍순정(2007). 평화교육과정탐구. 에피스테메.

홍순정 · 이기숙(2008). 유아교육과정. 한국방송통신대학출판부.

홍용희(1997). 프로젝트 접근법. 교과교육학연구, 1, 186-201을 저자의 허락을 얻어 「프로젝트 접근법」의 내용 중 일부 인용.

홍지연(2002). 영유아교육 프로그램. 창지사.

환경처(1997). 유치원 환경교육 프로그램 개발 연구. 한국교육개발원.

황해익(2000). 유아교육평가. 양서원.

황해익·송연숙·최혜진·정혜영·이경철·민순영·박순호·손원경(2001). 유아교육기관에서의 포트폴리오 평가. 창지사.

Almy, M. (1975). *The early childhood education at work*. New York: McGraw-Hill.

American Psychological Association(1974). *Standards for educational and psychological tests and manuals*. Washington, D.C.: Author.

Anderson, P., & Lapp, D. (1979). *Language skills in elementary education*. New York: Macmillan.

Armstrong, T. (1994). Multiple intelligences: seven ways to approach curriculum. *Educational Leadership, 52*(3), 26-28.

Arnheim, R. (1954). *Art and visual thinking*. Berkeley: University of California Press.

Barnett, W. S. (1996). Lives in the balance: Age-27 benefit-cost analysis of the High/Scope Perry preschool program. *Monographs of the High/Scope Educational Research Foundation, 11*.

Barufaldi, J. P., Ladd, G. T. & Moses, A. J. (1981). *Health Science, Level K*. Lexington, Mass: Heath.

Bayman, G. A. (1995). An example of a small project for kindergartners that includes some 3Rs learning. *Young Children, 50*(6), 27-31.

Beller, E. K. (1973). Research on organized programs in early education. In R. M. Travers (Ed.). *Handbook for research on teaching*(pp. 530-600). New York: Rand McNally.

Bennett, J. (2004). *Curriculum issues in national policy-making*. Malta, EECERA. Paris, France: OECD.

Berk, L. E. (1997). *어린이들의 학습에 비계설정: 비고스키와 유아교육(A Scaffolding children's learning: Vygotsky and early childhood education)*. 홍용희(역). 창지사.(원본: 1997)

Berk, L. E., & Winsler, A. (1995). *Scaffolding children's learning: Vygotsky and early childhood education*. Washington, D.C.: National Association for the Education of Young Children.

Berrueta-Clement, J. R., Schweinhart, L. J., Barnett, W. S., Epstein, A. S., & Weikart, D. P. (1984). *Changed lives: The effect of Perry preschool program on youth through age 19*(Monographs of the High/Scopes educational research foundation, 8). Ypsilanti, MI: High/Scope.

Biber, B. (1973). *Early Education and psychological development.* New Haven: Yale University Press.

Biber, B., Shapiro, E., & Wickens, D. (1971). *Promoting cognitive growth: A developmental-interaction point of view.* Washington, D.C.: National Association for the Education of Young Child.

Bissell, J. S. (1973). The cognitive effects of preschool programs for disadvantaged children, In G. H. Frost (Ed.). *Revisiting early childhood education readings*(pp. 223-240). NY: Holt, Rinehart and Winston, Inc.

Blough, G. O., & Schwartz, J. (1979). *Elementary school science and how to teach it*(6th ed.). New York: Holt, Rinehart & Winston.

Bowe, F. G. (2004). *Birth to five: Early childhood special education*(3rd ed.). Albany, NY : Delmar.

Brandwein, P. F., Cooper, E. K., Blackwood, P. E., & Hone, E. B. (1966). *Concepts in Science.* New York: Harcourt, Brace and World, Inc.

Bredekamp, S. (1992). The early childhood profession coming together. *Young children, 47*(6), 36-39.

Bredekamp, S. (1987). *Developmentally appropriate practice in early childhood programs serving children from birth through age 8.* New York: Teachers College Press.

Bredekamp, S. (1986). *Developmentally appropriate practice.* Washington D.C.: National Association for the Young Children.

Bredekamp, S., & Coople, C. (1997). *Developmentally appropriate practice in early childhood programs serving children from birth through age 8*: (Rev, Ed). Washington, D.C.: National Associated for Education of Young Children.

BredeKamp, S., & Rosegrant, T. (1992). Reaching potentials through appropriate curriculum: Conceptual frameworks for applying guidelines. In S. Bredekamp & T. Rosegrant (Eds.). *Reaching potentials: Appropriate curriculum and assessment for young children.* Washington, D.C.: NAEYC.

BredeKamp, S., & Rosegrant, T. (1985). *Reaching potentials: Transforming early childhood curriculum and assessment*(Vol. 1). Washington, D.C.: National Association for the Education of Young Children.

Broman, B. L. (1978). *The early years in childhood education.* Chicago: Rand McNally College Publishing company.

Bronfenbrenner, U. (1986). Ecology of family as a context for human development: Research perspectives. *Developmental Psychology, 22,* 723-742.

Brophy, J. E., Good, T., & Nedler, S. (1975). *Teaching in the preschool.* New York: Harper & Row.

Brown, B. L. (1987). *The early years in early childhood education.* Chicago: Rand McNally.

Brown, P. C. (1991). *Developing an integrated unit for kindergarten.* In B. Spodec (Ed.). Educationally appropriate Kindergarten practices. A national Educational Association.

Chard, S. C. (1995). 프로젝트 접근법. 중앙대학교 유아교육과 초청세미나 자료.

Chard, S. C. (1994). 프로젝트 접근법: 교사를 위한 실행 지침서*(The project approach).*지옥정 (역). 창지사.(원본: 1992)

Copple, C., Bredekamp, S. (2009). *Developmentally Appropriate Practice in Early Childhood Programs Serving Children from Birth through Age 8.* National Association for the Education of Young Children.

Caine, R., & Caine, G. (1990). *Understanding a brain-based approach to learning and teaching.* Educational Leadership.

Cannella, G. S. (1986). Praise and concrete rewards: Concerns for childhood education. *Childhood Education, 64,* 297-301.

Carlsson-Paige & Levin, D. E. (1985). *Helping young children understand peace. war and the nuclear threat.* Washington, D.C.: National association for the education of young children.

Cartwright, G. A., & Cartwright, G. P. (1984). *Developing observational skills.* New York: McGraw-Hill.

Chomsky, C. (1972). *Stages in language development and reading exposure.* Harvard Educational Review.

Clarke-Stewart, K. A. (1988). Evolving Issues in Early Childhood Education: A Personal Perspective. *Early Childhood Research Quarterly, 3,* 139-149. Consortium for longitudinal studies(1983). As the twig is bent ⋯ Lasting effects of preschool programs. Hillsdale, NJ: Erlbaum.

Christie, J. F., & Stone, S. J. (1999). Collaborative literacy activity in print-enriched play centers: Exploring the "zone" in same-age and multi-age groupings. *journal of Literacy Research, 31*(2), 109-131.

Cryan, J. R. (1986). Evaluation: Plague or promise?. *Childhood Education, 62,* 344-350.

Cuffaro, H. K. (1991). A view of Maternal as the Texts of the Early Childhood Curriculum. *Yearbook in Early Childhood Education, 2: Issues in Early Childhood Curriculum*, New York: Teachers College, 64-83(Ch. 4).

Cuffuro, K., Negar, N., & Shapiro, K. (2000). The portage project: An International Home Approach to early intervention for Young children and their families. In J. L. Roopnarine, & J. Johnson (Eds.). *Approaches to early childhood education*(pp. 263-276). NJ: Merrill/Prentice Hall.

Decker, C. A., & Decker, J. R. (2005). *Planning and administering early childhood programs*(8th ed.). NJ: Pearson Merrill-Prentice Hall.

Decker, C. A., & Decker, J. R. (2000). *Planning and Administering Early Childhood Education*(8th ed.). New Jersey: Pearson Merrill-Prentice Hall.

Decker, C. A., & Decker, J. R. (1997). *Planning and administering early childhood programs* (6th ed.). NJ: Allyn & bacon.

Decker, C. A., & Decker, J. R. (1984). *Planning and administering early childhood programs*(3rd ed.). Columbus, Ohio: Charles, E. Merrill Publishing Co.

Decker, C. A., & Decker, J. R. (1980). *Planning and administering early childhood programs*. Columbus, OH: Merrill Publishing Co.

Derman-Sparks, L. (1989). *The Anti-bias curriculum*. Washington, D.C.: National Association for the Education of Young Children.

Derman-Sparks, L. (1999). *반편견교육과정: 어린이에게 대응 능력을 길러 주는 도구(Anti-bias curriculum: Tools for empowering young children)*. 이경우·이은화(역). 창지사.(원본: 1989)

Dewey, J. (1916). *Democracy and education*. New York: The Macmillan.

Dewey, J. (1897). My pedagogic creed. *School Journal, 54*, 22.

Doherty-Derkowski, G. (1995). *Quality matters excellence in early childhood programs*. Don Mills, Ontarino: Addison-Wesley Publishers Limited.

Donaldson, M. (1978). *Children's mind*. New York: Norton.

Fischer, K. W. (2012). Starting well: Connecting research with practice in preschool learning. *Early Education and Development, 23*(1), 131-137.

Eagan (1983). *Education and psychology. Plato, Piaget, and scientific psychology*. New York: Teachers College Press.

Easton, F. (1997). Educating the whole child. Head, Heart and Hands: Learning from the Waldorf experience. *Theory into practice, 36*(2), 87-94.

Eisner, E. W. (1995). 학문기초 미술교육운동(*The art and education*). 김인용 · 김대현(역). 학지사.(원본: 1984)

Eisner, E. W., & Vallance, E. (1974). *Conflicting conception of curriculum*. CA: MacCutchan Publishing Corporation.

Eliason, C. F., & Jenkins, L. T. (2003). *A Practical Guide to Early Childhood Curriculum*. Person Education, Inc., Upper Saddle River, New Jersey.

Eliason, C. F., & Jenkins, L. T. (1986). *A Practical guide to early childhood curriculum*(3rd ed.). Merrill Publishing Company. A bell & Howell Company.

Eliker, J., & Marthur. (1997). What do They do All Day · Comprehensive Evaluation of Full-Day Kindergarten. *Early Childhood Research Quarterly, 12*, 459-480.

Elkind, D. (1988). Early childhood education on its own terms. In S. L., Kagan, & E. F. Wigler (Eds.). *Early Schooling: The national debate*. New Haven: Yale University Press.

Elkind, D. (1966). Piaget and Montessori. *Harvard Educational Review*, 535-545.

Enz, B., & Christie, J. (1997). Teacher play interaction styles: Effects on play behavior and relationships with teacher training and experience. *International Journal of Early Childhood Education, 2*, 55-75.

Evans, E. D. (1979). *Handbook of research in early childhood education*(pp. 107-134). New York: Free Press.

Evans, E. D. (1975). *Contemporary influences in early childhood education*(2nd ed.). New York: Holt, Rinehart & Winston.

Evans, E. D. (1982). *Curriculum models and early childhood education*. In Spodek (Ed.).

Fien, G., & Schwartz. (1982). Developmental theories in the early education. In B. Spodek (Eds.). *Handbook of research in early childhood education*(pp. 82-104). New York: Free Press.

Fogarty, R. (1998). 교사를 위한 교육과정 통합의 방법(*The mindful school: How to integrated the curriculua. palatine*). 구자억 · 구원회(역). 원미사.(원본: 1991)

Follari, L. M. (2007). National Association for the Education of Young Children: Defining best practices. In L. M. Follari (Eds.). *Foundations and Best Practices in Early Childhood Education*(pp. 104-124). NJ: Merrill, Prentice Hall.

Forman, G. (1993). Multiple symbolization in the long jump project. In C. Edwards, L. Gandini, & G. Forman (Eds.). *The hundred languages of children*(pp. 171-188). Norwood, NJ: Ablex Publishing.

Frost J. L., & Kissinger J. B. (1976). *The young child and the educative process*. Holt, Rinehart & Winston.

Frost, J. (1992). *Play and playscapes*. Albany, NY: Delmar.

Fry, P. S., & Addington, J. (1984). Comparison of social program solving of children from open and traditional classrooms: A two year longitudinal study. *Journal of Education Psychology, 76*, 318-329.

Fu, V., Stremmel, A., & Hill, K. (2002). *Teaching and learning*. Merrill-Prentice Hall.

Gallahue, D. (1995). *Understanding motor development in children*. New York: Wiley.

Gandini, E. C. (1996). 어린이들의 수많은 언어: 레지오 에밀리아의 유아교육*(The hundred languages of children: the Reggio emilia approach to early childhood education)*. 김희진·오문자(역). 정민사.(원본: 1993)

Gardner, H. (2001). 다중지능: 인간지능의 새로운 이해*(Intelligence reframed: Multiple intelligences for the 21st century)*. 문용린(역). 김영사.(원본: 2000)

Gardner, H. (1998). 다중지능이론과 실제*(Multiple intelligences: The theory in practice)*. 김명희(역). 양서원.(원본: 1993)

Gardner, H. (1993). 마음의 틀*(Frames of mind: The theory of Multiple intelligences)*. 이경희(역). 문음사.(원본: 1984)

Gardner, H. (1993). *Multiple intelligences: The theory in practice*. New York: Basic Books.

Gardner, H. (1987). Beyond the IQ: Education and human development. *Harvard Educational Review, 57*, 187-193.

Gardner, H. (1969). Early Childhood Education: A look ahead. *Contemporary education, 143*.

Garrad, K. (1987). Helping young children develop mature speech patterns. *Young Children*.

Gatzke, M. (1991). Creating meaningful Kindergarten programs. In B. In B. Spodek (Ed.). *Educationally appropriate Kindergarten practices*. A national Educational Association.

Goffin, S. G. (1994). *Curriculum models and early childhood education: Appraising the relationship*. Upper Saddle River, NJ: Merrill/Prentice Hall.

Goldman, J. (1981). The Social Participation of pre-school children in same-age versus mixed-age groupings. *Child Development*.

Golemann, D. (1995). *Emotional intelligence*. BantamBooks.

Goodman, Y. M. (1986). Children coming to know literacy. In W. H. Teale & E. Sulzy (Eds.). *Emergent Literacy*. Lorwood, NJ: Ablex.

Gordon, I. J. (1972). *Early childhood education: The seventy-first yearbook of the national society for the study of education*. Chicago: University of Chicago Press.

Gottfried, A. E. (1983). Research in review: Intrinsic motivation in young children. *Young Children, 39*(1), 64-73.

Gray, S. W., Ramsey, B. K., & Klaus, R. A. (1982). *From 3 to 20: The early training project.* Baltimore: University Park Press.

Gullio, D. F. (2000). 유아발달과 교수·학습과정(*Developmentally appropriate theaching in early childhood*). 이기숙·강숙현(역). 창지사.(원본: 1992)

Gullo, D. F. (1994). *Understanding assessment and evaluation in early childhood education.* New York: Teachers College Press.

Gullo, D. F. (1992). *Developmentally appropriate teaching in early childhood: Curriculum, implimentation, evaluation.* Washington, D.C.: National Educational Association.

Gullo, D. F., & Ambrose, R. P. (1987). Perceived competence social acceptence in kindergarten: Its relationship to academic performance. *Journal of Educational Research, 8*(1), 28-32.

Hall, N. S., & Rhomberg, V. (1995). *The effective curriculum teaching the anti-bias approach to young children.* Canada: Nelson.

Hendrick, J. (Ed.). (1997). *First steps toward teaching the Reggio way.* NJ: Merrill/Prentice Hall.

Hilderbrand, V. (1986). *Introduction to early childhood education*(4th ed.). MacMillan Publishing Company.

Hills, T. W. (1992). Reaching potentials through appropriate assessment. In S. Bredekamp & T. Rosengrant (Eds.). *Reaching potentials: Appropriate curriculum and assessment for young children.* Washington, D.C.: National Association for the Education of Young Children.

Hinitz, B. F. (1987). Social studies in early childhood education. In C. Seefelt (Ed.). *The early childhood curriculum.* New York: Teachers College Press.

Hohmann, M. (1997). *A study guide to educating young children in action: Exercises for adult learners.* Ypsilanti, MI: High/Scope Press.

Huston-Stein, A., Friedrich, C. L., & Susman, E. (1977). The relation of classroom structure to social behaviors, imaginative play, and self-regulation of economically disadvantaged children. *Child Development, 48*, 908-916.

Ingram, J. B. (1995). 교육과정 통합과 평생교육(*Curriculum integration and lifelong education*). 배진수·이영만(역). 창지사. (원본: 1979)

Jacobs, H. H. (1989). *Interdiscplinary curriculum : design and implementation.* ASCD.

Johnson, E., Christie J. F. & Yawkey, T. D. (1999). *Play and early childhood development*(2nd ed.). New York : Longman.

Jones, E., & Reynolds, G. (1992). *The play's the thing: Teacher's role in pretend play*. New York: Teacher's College Press.

Kamii, C., & DeVries, R. (1977). Piaget for early education. In M.C. Day, & R. K. Parker (Eds.). *The preschool in action*(pp. 394-395). Boston: Allyn and Bacon.

Karnes, M. B., Shwedel, A. M., & Williams, M. B. (1983). A comparison of five approaches for educating young children from low-income homes. In Consortium for Longitudinal Studies. *As the twig is bent…Lasting effects of preschool programs*(pp. 133-170). Hillsdale, NJ: Erlbaum.

Katz, L. G. (1996). 프로젝트 접근법의 이론과 실제. 한국유아교육학회 교사 워크숍.

Katz, L. G. (1996). Child Development Knowledge and Teacher Prepatation: Confronting Assumption. *Early Childhood Research Quarterly, 11*, 135-146.

Katz, L. G. (1994). *The Project Approach*. Urbana, IL: ERIC Clearinghouse on Elementary and Early Childhood Education. EDO-PS-94-6.

Katz, L. G., & Chard, S. C. (2000). The project approach. In Roopnaine J. L. & J. E. Johnson (Eds.). *Approaches to early childhood education*(3rd ed.)(pp. 175-189). Englewood Cliffs, NJ: Prentice Hall.

Katz, L. G., & Chard, S. C. (1993). The project approach, In Roopnarine, J. L., & Johnson, J. E. (Ed.). *Approaches to early childhood education*. New York: Macmillan.

Katz, L. G., & Chard, S. C. (1989). *Engaging children's minds: The project approach*. Norwood, NJ: Ablex publishing.

Katz, L. G., Evangelou, D., & Hartman, J. A. (1990). *The case for mixed-age groupings in early education*. Washington, D.C.: National Association for the Education of Young Children.

Keene, J. (1982). A history of music education. New York: Van Nostrand.

Kendrich, A., Kaufmann, R., & Messenger, K. (Eds.)(1991). *Healthy young children: A manual for programs*. Washington, D.C.: National Association for the Education of Young Children.

Kessler, S. A. (1991). Alternative perceptive on early childhood education. *Early Childhood Research Quarterly, 6*, 183-97.

Kessler, S. A. (1991). Early childhood education as development: Critique of the metaphor. *Early Education and Development, 2*, 137-152.

Kilpatrick, H. W. (1925). *Foundation of methods: Informal talks on teaching*. New York: The Macmillan Company.

Kilpatrick, H. W. (1914). *The Montessori system examined*. Boston: Houghton Mifflin.

Kneller, G. F. (1971). *Introduction to the philosophy of education*(2nd ed.). New York: John Wiley & Sons.

Kohlberg. & Mayer. (1972). Developmental as the aim of education. *Harvard Educational Review, 42*, 449-496.

Kontos, S. (1986). Research in review: What preschool children know about reading and how they learn it. *Young Children*.

Kostelnik, M. J. (1997). *What it means to be developmentally appropriate*. 연세대학교 생활과학대학 생활과학연구소 초청세미나 자료.

Krechevsky, M. (1994). *Project spectrum: school-assessment handbook*, New York: Teachers College Press.

Krogh, S. (1990). *The integrated early childhood curriculum*. New York: McGraw-Hill.

Lamb, M. E. (1987). *The Father's role-cross cultural perspectives*. NJ: Lawrence Erlbaum.

Lartz, M. N., & Mason, J. M. (1988). Jamie: One child's journey from oral to written language. *Early Childhood Research Quarterly*.

Lay-Dopyera, M. L, & Dopyera, J. E. (1990). Child-centered curriculum. In C. Seefedlt (Ed.). *Con-tinuing issues in early childhood education*. Columbus, OH: Merrill.

Lay-Dopyera, M. L, & Dopyera, J. E. (1982). *Becoming a teacher of young children*. Lexington, MA: Health.

Lazar, I. (1983). Discussion and implication of the finding. In Consortium for Longitudinal Studies, *As the twig os bent··· Lasting effects of preschool programs*(pp. 461-466). Hillsdale, NJ: Erlbaum.

Lazerson, M. (1972). The historical antecedents of early childhood education. In I. J. Gordon(Ed.). *Early childhood education: The seventy-first yearbook of National society for the study of education, part II*(pp. 33-35). Chicago: University of Chicago Press.

Leekeenan, D., & Edwards, C. P. (1992). Using the Project Approach with toddlers. *Young Children, 47*(4), 31-35.

Leekeenan, D., & Nimmo, J. (1993). Connections: Using the Project Approach with 2- and 3-year-olds in a University Laboratory School. In C. Edwards, L. Gandini, & G. Forman (Eds.). *The hundred languages of children*(pp. 251-267). Norwood, NJ: Ablex Publishing.

Litjens, I., & Taguma, M. (2010). "Revised Literature Overview for the 7th Meeting of the Network on Early Childhood Education and care". *Paris: OECD*.

Lubeck, S. (1996). Deconstructing Child Development knowledge and teacher preparation. *Early Childhood Research Quarterly, 11*, 147-167.

Maccoby, E., & Zellner, M. (1970). *Experiments in primary education: Aspects of Project Follow Through*. New York: Harcourt.

Marotz, L., Ruth, J., & Cross, M. (1997). *Health, safety, and nutrition for the young children*(4th ed.). Albany, New York: Delmar.

Marotz, L., Ruth, J., & Cross, M. (1989). *Health, safety, and nutrition for the young children*(2nd ed.). Albany, New York: Delmar.

Mason, J. (1986). Kindergarten reading: A proposal for a problem-solving approach. In B. spodek (Ed.). *Today's kindergarten: Exploring the knowledge base, expanding the curriculum*. New York: Teachers College Press.

McCarthy, M. A. & Houston. J. P. (1980). *Fundamentals of early childhood education*. Winthrop publishers, Inc.

Mechling, K., & Oliver, D. (1983). *Characteristics of a good elementary science program*. Washington, D. C.: National Science Teachers Association.

Melhuish, E. C. (2007). *유아교육의 장기적 효과와 영국정부의 역할. 차기정부에 바란다: 유아교육의 정책 방향*. 2007 환태평양 유아교육연구학회 한국학회 국제세미나, 환태평양 유아교육연구학회 한국학회. 2007. 11. 23.

Miller, L. B., & Bizzell, R. P. (1983). Long-term effects of four preschool programs: 6th, 7th, and 8th grade effects. *Child Development, 54*, 725-741.

Miller, L. B., & Dyer, J. L. (1975). Four Preschool programs: Their dimensions and effects. *Monographs of the society for research in child development, 40*(5-6, Serial No. 162).

Morrison, G. S. (1998). *Early childhood education today*(7th ed.). Macmillan, Publishing Company.

Morrison, G. S. (1984). *Early childhood education today*. Columbus, Ohio: Charles E. Merrill Publishing Co.

Morrison, G. S. (2001). *Early childhood education today*(8th ed.). NJ: Prentice Hall.

Morrow, L. M., & Smith, J. K.(Eds.) (1990). *Assessment for instruction in early literacy*. Englewiid Cliffs, NJ: Prentice Hall.

Mounts, N. S., & Roopnarine, J. L. (1987). Social cognitive play patterns in same-age and mixed-age preschool classroom. *American Educational Research Journal*.

National Association for the Education of Young Children. (2006). *Self study kit: for Program quality improvement through NAEYC early childhood program accreditation*. Washington, D.C.: NAEYC.

National Association for the Education of Young Children. (1998). *Accreditation criteria and procedures*. Washington, D.C.: National Association for the Education of Young Children.

National Association for the Education of Young Children. (1998). *Accreditation criteria and procedures*. Washington, D.C.: National Association for the Education of Young Children.

National Association for the Education of Young Children. (1991). Guidelines for appropriate curriculum content and assessment in programs serving children ages 3 through 8. *Young Children. 30*, 21-67.

National Association for the Education of Young Children. (1991). Guidelines for Appropriate curriculum Content and Assessment in Programs Serving Children Ages 3 Through 8. *Young Children*, March, 21.

NAEYC and NAECS/SDE (2003). Early childhood Curriculum, Assessment, and Program Evaluation. Building an Effective, Accountable System in Programs for Children Birth through Age 8., Position Statement, NAEYC(National Association for the Education of Young Children), NAECS/SDE(National Association of Early Childhood Specialists in State Departments of Education).

NAEYC & NCTM (2002). Early childhood mathematics: Promoting good beginning. Position statement. http://www.naeyc.org/resources/position.statements/psmath.htm

Nager, N., & Shapiro, E. (Eds.) (2000). *Revisiting progressive pedagogy: The developmental interaction approach*. Albany, NY: SUNY Press.

Naisbitt, J. (1987). *첨단시대의 새로운 물결: 지구촌 어떻게 변할 것인가*. 이병국(역). 청하출판사.

NCTM (1989). *Curriculum and evaluation standards for school mathematics*. Reston, VA: Autho.

NCTM (2002). *Principles and standards for school mathematics*. Reston, VA: NCTM.

New, Rebecca S. (2000). Reggio Emilia: An Approach or An Attitude. In J. L. Roopnaine & J. E. Johnson (Eds.). *Approaches to early childhood education*(3rd ed.). (pp. 341-360). NJ: Prentice-Hall.

NIEER (2007). "Preschool Curriculum Decision-Making: Dimentions to Consider", Policy Brief, NIEER, New Jersey.

Nourot, P. M. (2005). Historical perspectives on early childhood education, In Roopnarine, J. L. & Johnson, J. E.(4th ed.). *Approaches to early childhood education*. NJ: Prentice Hall, 3-33.

OECD (2012). Starting Strong III: A Quality Toolbox for Early Childhood Education and Care. OECD.

Parker, R. K., & Day, M. C. (1977). *The preschool in action: Exploring early childhood programs*(2nd ed.). Boston: Allyn & Bacon.

Peters & Klinzing (1990). The content of early childhood teacher education programs. In B. Spodek & O. Saracho (Eds.). *Yearbook in early childhood education*. 1. Teachers College Press, 67-81.

Peters, D. L., & Neisworth, J. T., & Yawkey, T. D. (1985). *Early childhood education: From theory to practice*. Monferey, Cal.: Brooks/Cole.

Pinar, W. F.(Ed.)(1988). *Contemporary curriculum discourses*. Scottsdale, AZ: Corsuch Scaisbrick.

Powell, D. R. (1986). Research in review. Effects of Program models and teaching prctices. *Young Children, 41*(6).

Rhine, W. R. (1981). *Making schools more effective: New directions from Follow Through*. New York: Academic Press.

Rinaldi, G. (1993). The emergent curriculum and social constructivism. In C. Edwards, L. Gandini, & G. Forman (Eds.). *The hundred languages of children* (pp. 101-111). Norwood, NJ: Ablex Publishing.

Roopnarine, Jaipaul L., & Johnson, James E. (2005). *Approaches to Early Childhood Education, Merrill Prentice Hall: Columbus, Ohio.*

Roskos, K., & Neuman, S. (1993). Descriptive observations of adults' facilitation of literacy in play. *Early Childhood Research Quarterly, 8*, 77-97.

Royce, J. M., Murray, H. W., Lazar, I., & Darlington, R. B. (1982). Methods of evaluating program outcomes. In B. Spodek (Eds.). *Handbook of research in early childhood education*. New York: Free Press.

Royce, L. M., Darlington, R. B., & Murray, H. W. (1983). Pooled analysis: Findings across studies. In Consortium for Longitudinal Studies. *As the twig is bent⋯ Lasting effects of preschool programs*. Hillsdale, NJ: Erlbaum.

Sapon-shevin, M. (2000). 유아교육과정의 재개념화: 그 대화의 시작(*Reconceptualizing the early childhood curriculum: Beginning the dialogue*). 신옥순 · 염지숙(역). 창지사.(원본: 1992)

Sapon-Shevin, M.(1983). Teaching young children about differnces: Resources for teaching. *Young Children, 38*(2), 24-32.

Schubert. (1986). Curriculum: Perspective, paradigm, and possibility. New York: Macmillan.

Schwartz, E. (1995). *Playing and thinking*. Available online at: http://www.bobnancy.com/waldorf/es_play.doc

Schwartz, S. L., & Robinson, N. F. (1982). *Designing curriculum for early childhood.* Boston: Allyn & Bacon Inc. 15.

Schweinhart, L. J., & Weikart, D. P. (1997). Lasting differences: the High/Scope preschool curriculum comparison study age 23. *Monographs of the High/Scope Education Research Foundation,* 12.

Schweinhart, L. J., & Weikart, D. P. (1980). *Young children grow up: The effects of the Perry preschool program on youths through age 15*(Monographs of the High/Scope Educational Research Foundation). Ypsilanti, MI: High/Scope Press.

Schweinhart, L. J., Weikart, D. P., & Larner, M. B. (1986). Consequences of three preschool curriculum models through age 15. *Early Childhood Research Quarterly, 1*(1), 15-45.

Schweinhart, L. J., Barnes, V., & Weikart, D. P. (1993). Significant benefits. The High/Scope Perry preschool study through age 27. *Monographs of the High/Scope Educational Research Foundation, 10.*

Seefeldt, C. (1980). *A curriculum for preschool.* Columbus, OH: Chares E. Merrill.

Seefeldt, C. (1974). *A curriculum for child care centers.* Charles E. Merrill Publishing Co.

Shapiro, E. K. (2003). Precedents and precautions. In J. Silin & C. Lippman (Eds.). *Putting the children first: The changing face of Newark's public schools.* New York: Teachers College Press.

Shapiro, E., & Biber, B. (1972). The education of young children: developmental-interaction point of view. *Teachers College Record, 74,* 55-79.

Sharan, S., & Sharan, Y. (1992). *Expanding cooperative learning through group investigation.* New York: Teachers College Press.

Silin, J. (1987). The early childhood educator's knowledge base: A consideration. In L. Katz (Eds.). *Current topics in early childhood education.* Vol 7. Albex Publishing Co.

Silin, J., & Lippman C. (Eds.)(2003). *Putting the children first: The changing face of Newark's public schools.* New York: Teachers College Press.

Snow, C. E. (1983). Literacy and language: relation ships during the preschool years. Harvard Educational Review.

Spodek, B. (1996). The kindergarten: A perspective and contemporary view. *Sorurce: Notable Selections in Early Childhood Education.* in Kprea Paciorech and Joyce Huth Munroed, 92-101(Ch. 4. 3).

Spodek, B. (1992). 유아교육활동은 어떻게 선택하며 전개할 것인가?. 한국어린이교육협회 하기 워크숍 자료. 한국어린이교육협회.

Spodek, B. (1991). Early childhood curriculum and cultural definitions of knowledge. In B. Spodek, & O. N. Saracho (Eds.). *Issues in early childhood curriculum.* New York : Teachers College Press.

Spodek, B. (1988). Conceptualizing Today's Kindergarten Curriculum. *Elementary school journal, 89*(2).

Spodek, B. (1985). *Teaching in the early years*(3rd ed.). Englewood Cliffs. NJ: Prentice Hall.

Spodek, B. (1978). *Teaching in the early years.* Prentice Hall, Inc.

Spodek, B. (1973). *Early childhood education.* Englewood Cliffs, NJ: Prentice-Hall.

Spodek, B., & Brown, P. C. (1993). *Handbook of research on the education of young children*(pp. 91-104). New York: Macmillan.

Spodek, B., & Saracho, O. (1997). Issues in early childhood educational assessment and evaluation. *Yearbook in early childhood education*(Vol. 7). New York: Teachers College Press.

Stallings, J. (1975). Implementation and child effects of teaching practices in Follow-Through classroom. *Monograph of the society for research in child development, 40*(7-8, serial No. 163).

Stellaccio, C. K., & McCarly, M. (1999). Research in early childhood education. In C. Seefelt (Ed.). *The early childhood curriculum*(3rd ed.). NY: Teacher college press.

Sulzby, E. (1986). Writing and reading: Signs of oral and written language organization in the young child. In W. Teale, & E. Sulzby (Eds.). *Emergent literacy: Writing and reading.* Norwood, NJ: Ablex.

Tanner, O. and Tanner, L. (1980). *Curriculum Development.* New York: Macmillan

Teale, W. H., & Sulzby, E. (1986). Emergent Literacy as a perspective for examining how young children become writer sand readers. In W. Teale, & E. Sulzby (Eds.). *Emergent literacy: Writing and reading.* Norwood, NJ: Ablex.

Thomas, M. R. (1985). *Comparing theories of child development.* CA: Wadsworth.

Torrence, M. & Chattin-McNicholas, J. (2000). Montessori education today. In J. L. Loopnarine, J. Johnson (Eds.). *Approaches to early childhood education*(pp. 191-220). NJ: Merrill Prentice Hall.

Tudge, J. (1986). *Beyond Confilct: The role of reasoning in collaborative problem solving.* Paper presented at the Piaget conference, Philadelphia(ERIC Document Reproduction sevice No. ED 275 395).

Tyler, Ralph W. (1949). *Basic principle of curriculum & Instruction*. Chicago: The Univ. of Chicago Press.

Vygotsky, S. L. (1978). *Mind in Society*. Cambridge, MA: Harvard University.

Walsh, D. J. (1991). Extending the discourse on developmental appropriateness: developmental perspective. *Early Education and Development, 2*, 109-119.

Walsh, H. M. (1980). *Introducing the young child to the social world*. New York: Macmillan.

Wardle, F. (2003). *Introduction to early childhood education : A multidimensional approach to child-centered care and learning*. Allyn and Bacon Co.

Weber, E. (1984). *Ideas influencing early childhood education: A theoretical analysis*. NewYork: Teachers College Press.

Weber, E. (1970). *Early childhood education: Perspectives on change*. Belmont, CA: Wadsworth.

Weikart, D. P., & Schweinhart, L. J. (2000). The High/Scope curriculum for early childhood care and education. In J. L. Roopnarine, & J. Johnson (Eds.). *Approaches to early childhood education*(pp. 277-292). NJ: Merrill/Prentice Hall.

Weikart, D. P., Epstein, A. S., & Bond, J. T. (1978). *The ypsilanti preschool curriculum demonstration project*. Ypsilanti, MI: High/Scope Educational Research Foundation.

Whaley, K. L. (2005). Programs for Infant and toddlers. In J. L. Roopnarine, J. E. Johonson (Eds.). *Approaches to early childhood education*(4th ed.). NJ: Pearson merrill-Prentice Hall.

Williams, L. R. (1999). Determining the Early Childhood Curriculum: The Evolution of goals and strategies through consonance and controversy. In C. Seefeldt. *The early childhood curriculum: Current Findings in Theory and Practice*(2nd ed.). NY: Teachers College Press.

Williams, L. R. (1997). *Developmentally appropriate practice in early childhood education: Changing visions*. 이화여자대학교 사범대학 유아교육과 초청 세미나 자료.

Williams, L. R. (1987). Determining the curriculum, In Seefeldt, C. (Ed.). *The early childhood curriculum*. a review of current research. New York: Teachers College Press. 1.

Williams, L. R., & Fromberg, D. P. (1992). *Encyclopedia of early childhood education*. New York: Garland.

Wood, D., McMahon, L., & Cranstoun, Y. (1980). *Working with under fives*. Ypsilanti, MI: High/Scope.

Wortham, S. C. (1990). *Tests and measurement in early childhood education*. Columbus, OH: Merrill Publishing Company.

Zais, R. S. (1981). Conceptions of curriculum and the curriculum field, In H. A. Giroux et al (Eds.). *Curriculum & instruction*. Berkeley, CA: McCutchan.

Zimiles, H. (1993). The Bank Street approach. In Roopnarine, J. L. & Johnson, J. E. (Eds.). *Approaches to early childhood education*. New York: Macmillan.

*참고 사이트

중앙보육정보센터 http://www.educare.or.kr

중앙일보 http://www.joins.com

통계청 http://www.nso.go.kr

한국여성정책연구원 http://www.kwdi.re.kr

교육복지우선지원사업(2013) http://eduzone.kedi.re.kr

한국보육진흥원 평가인증국 http://kca.childcare.go.kr

auto-education 36

저자 소개

이화여자대학교 사범대학 유아교육학과 학사(문학사)
미국 피바디 사범대학교 대학원 석사
미국 피바디 사범대학교 대학원 박사(유아교육 전공)
한국유아교육학회 회장
세계유아교육기구 한국위원회 회장
한국 육아지원학회 회장 역임

현재 이화여자대학교 사범대학 유아교육학과 교수
이화어린이연구원 원장
대한어린이교육협회 회장
한국교육학회 부회장

저서 『유아교육과정』, 『유아교육 프로그램』, 『유아를 위한 교수−학습방법』, 『서둘지 않는 엄마의 타이밍학습법』, 『유아안전교육』, 『유아교육개론』, 『영유아교육과정』

역서 『효과적인 영유아교육 어떻게 할 것인가?』, 『종일제 유치원 : 교육과정의 계획에서 실천까지』, 『유아를 위한 친사회적 행동지도』

논문 「일본의 유보일원화와 인정어린이원의 발전과정에 대한 고찰」, 「한국 · 일본 · 중국 유아들의 일상생활에 대한 비교 연구」, 「유치원에서의 특별활동 실시현황 및 교사의 인식」, 「가정에서의 유아 조기 특기교육 현황 및 부모의 인식」, 「보육시설의 질과 경험이 영유아의 발달에 미치는 영향」, 「한국 · 일본 · 중국 부모들의 자녀양육에 대한 비교 연구」 등 다수

제5판

유아교육과정

2008년 9월 10일 초판 발행
2013년 2월 27일 5판 발행
2018년 8월 17일 5판 7쇄 발행

지은이 이기숙
펴낸이 류원식
펴낸곳 **교문사**

편집부장 모은영
본문디자인 신나리
표지디자인 반미현
제작 김선형
영업 이진석 · 정용섭 · 진경민

출력 현대미디어
인쇄 삼신문화사
제책 과성제책사

주소 (10881)경기도 파주시 문발로 116
전화 031-955-6111(代)
팩스 031-955-0955
등록 1960. 10. 28. 제406-2006-000035호

홈페이지 www.gyomoon.com
이메일 genie@gyomoon.com

ISBN 978-89-363-1336-4 (93370)

*잘못된 책은 바꿔 드립니다.
값 23,000원